明清珠江三角洲商业化与社会变迁

隐堂题

叶显恩 著

·广州·

版权所有　翻印必究

图书在版编目（CIP）数据

明清珠江三角洲商业化与社会变迁/叶显恩著. —广州：中山大学出版社，2020.6
ISBN 978-7-306-06866-8

Ⅰ. ①明… Ⅱ. ①叶… Ⅲ. ①珠江三角洲—社会史—研究—明清时代②珠江三角洲—区域经济—经济史—研究—明清时代　Ⅳ. ①K296.5②F129.48

中国版本图书馆 CIP 数据核字（2020）第 063751 号

出 版 人：	王天琪
责任编辑：	叶　枫
封面设计：	刘　犇
责任校对：	王延红
责任技编：	何雅涛
出版发行：	中山大学出版社
电　　话：	编辑部 020-84111996，84113349，84111997，84110779
	发行部 020-84111998，84111981，84111160
地　　址：	广州市新港西路 135 号
邮　　编：	510275　　传　真：020-84036565
网　　址：	http://www.zsup.com.cn　E-mail: zdcbs@mail.sysu.edu.cn
印 刷 者：	佛山市浩文彩色印刷有限公司
规　　格：	787mm×1092mm　1/16　29.125 印张　510 千字
版次印次：	2020 年 6 月第 1 版　2020 年 6 月第 1 次印刷
定　　价：	92.00 元

如发现本书因印装质量影响阅读，请与出版社发行部联系调换

"预流"乃"古今学术之通义"①

(代序)

陈春声

1984年年底,叶显恩老师应约为《傅衣凌治史五十年文编》作跋,近结尾处引用了陈寅恪先生于1930年所作《敦煌劫余录·序》的一段名言:"一时代之学术,必有其新材料与新问题,取用此材料研究新问题,则为此时代之新学术。治学之士得预于此潮流者,谓之预流,其未得预者,谓之未入流。此古今学术之通义,非彼闭门造车之徒所能同喻者。"傅衣凌先生是中国社会经济史学科的重要奠基者,叶显恩老师自称"我虽无缘受业于傅老,承他之耳提面命,尚幸得为私淑而自足"。在跋文中,他这样阐发傅衣凌先生半个世纪研究工作的学术价值:"陈先生把用新材料研究新问题,作为一个时代新学术的标准,亦即一个人的学术是否入流的标准,不愧为真知灼见之言。我觉得傅先生的可贵之处,也正在于他能够随着时代的潮流,不断地发掘新的材料,提出新的问题,做出新的探索。"当年,叶显恩老师被傅先生赞誉为"治学严谨的中年学者"②,卓尔不群,风华正茂。在中国学术界刚刚拨乱反正、百废待兴、许多新的学术方向仍在探索和寻求理解的背景之下,叶显恩老师引述前辈哲言,敏锐提出学术研究"预流"与否的问题,阐述的虽是傅衣凌先生工作的重要意义,而实际上也可视为一种自况,表达了中国学术转型时期一位勇立潮头的优秀学者的理想与胸襟。陈寅恪先生当年在"预流"二字下面特别注明:"借用佛教初果之名",也隐约地昭示着,后继者要达至这样的境界,是要兼具某种宗教感的。

---

① 本文原为为《叶显恩集》(海南出版社2018年版)所作之序。陈春声,中山大学历史系教授,中山大学党委书记。

② 傅衣凌、杨国桢:《喜读叶显恩新著〈明清徽州农村社会与佃仆制〉》,刊于《中国社会经济史研究》1983年第3期。

叶老师为《傅衣凌治史五十年文编》作跋的时候，笔者还是中山大学历史系明清经济史研究室的一名硕士生。蒙老师错爱，常常有机会在各种场合向老师请教，也不时到老师家中聆听教诲，真的是获益良多。时隔30多年之后，再通读海南出版社编辑出版的《叶显恩集》书稿，更是深深感悟到，以叶显恩老师当年对傅衣凌先生的评价，回过头来认识和理解叶老师自己的学术，也是再恰如其分不过的。回顾学术史，人文学科的研究确有"预流"与"未入流"之别，而居于其间决定性的影响因素，在于学术的传承。

在中国社会经济史的学术发展中，叶显恩老师那一辈的学者做出了承前启后的重要贡献。叶显恩老师于1962年从武汉大学考入中山大学历史系，跟随中国社会经济史学科的另一位重要奠基者梁方仲教授攻读硕士研究生，从此开始了其中国社会经济史研究的学术旅途。其时的中山大学历史系，因地处岭南且得院系调整之赐，汇聚了陈寅恪、岑仲勉、刘节、梁方仲等十数位卓越的人文学者，先生们读书问学，授业解惑，也在系内培植了那个年代颇为难得的某种学人间独有的文化氛围。在梁方仲教授的悉心指导下，叶老师决定以明清徽州农村社会与佃仆制度作为研究生毕业论文的选题。1965年8月，他与几位同学随同梁方仲教授做"北上学术之旅"，在北京向严中平、李文治、彭泽益、吴晗、邓广铭、唐长孺等学界前辈讨教请益；同年10月，独自取道曲阜、芜湖、合肥，前往歙县、休宁、祁门、黟县、绩溪等地做为期两个月的徽州历史文化田野考察。多年以后还经常被叶老师提起的这次学术旅行，不但奠定了本文集①收录的成名著作《明清徽州农村社会与佃仆制》的风格与根基，而且从根本上影响了这位当时就受到诸多前辈关爱和器重的年轻学者毕生的学术方向。

20世纪五六十年代中国的学术环境，应该是未曾亲历其境的后来者所难以臆想的。半个世纪以后，人们常常会提到那个年代对知识分子的不公，对学术发展的压制，对国际学术交往的自我封闭。而事实上，那也是一个年轻读书人的头脑充满理想与憧憬的时代，不少年轻人受到时代感召，较少为"论资排辈"之类的思想所束缚，敢想敢干，从而超越了个人日常生活较为细微琐碎、计较利害得失的经验，怀着后辈所难以理解的情怀投身研究工作。对那一代青年学者来说，"不断地发掘新的材料，提出新的问题，做出新的探索"，其实是带有某种不自觉的必然性的。问题在于，历史学作为人

---

① 指《叶显恩集》（海南出版社2018年版）。下同。

文学科的一部分，还得讲究"家法"，必须"学有所本"。对于人文学者来说，学术更重要的是一种思想与生活的方式，人文学科的价值标准，更多地以本学科最优秀学者活生生的榜样为准绳。正因为如此，在提倡"大鸣大放"和"敢想敢说敢做"的年代，一个刚刚步入学术之门的有志向的青年学者，能够受到名师教导，得到众多可谓"得一时之选"的前辈学者的指点与熏陶，在自觉与不自觉之间得以"传承"，从而避免像许多同辈人那样在有意无意中坠入"野狐禅"之道，既是由于叶老师的真诚与睿智，更是一种造化。数十年后，叶老师在接受访问时，对此仍念念不忘："有幸得如此众多的名师指点，有幸亲睹他们的治学风采，不仅当时激动不已，今日念及依然有如沐春风之感。"①

中国社会经济史学科的发展，与开始于20世纪初的"社会史大论战"关系密切。近一百年前，让当年那批刚接受了欧洲社会科学理论（包括马克思主义理论）的青年学者苦苦思索的问题，是与"亡国灭种"的深重危机联系在一起的，即中国封建社会为什么长期发展缓慢？为什么中国没有与欧洲同步，自主地发展成为先进的资本主义社会？直至晚年，傅衣凌教授在授课时，还不止一次讲到自己年轻读书时，一直致力于探求这个问题的思想历程。1949年以后中国历史学研究所谓"五朵金花"学术论争的出现，在某种意义上，也可视为"社会史大论战"所提出的许多重要问题得以延续讨论，在新一代学者普遍接受马克思主义理论之后，特别是在毛泽东《中国革命与中国共产党》所提出的一系列论断的启发下，成为兼具较多政治意涵的一次学术的"集体行动"。孕育和成长于这样的政治与学术环境，叶显恩老师的徽州研究，不可避免地利用了那个时代流行的理论分析工具，受到那个时代中国史学界主流问题意识的影响。例如，他最早为国际学术界所关注的《从祁门善和里程氏家乘谱牒所见的徽州佃仆制度》《明清徽州佃仆制试探》和《关于徽州的佃仆制》三文，结语的最后一句阐述文章的问题指向与作者的学术期待，三篇论文的表述几乎完全一致，分别为"这对我们理解中国封建社会的一些问题特别是长期缓慢发展的特点，是有帮助的"、"这对我们理解中国封建社会的某些特点特别是长期缓慢发展的特点是有补益的"和"这对我们理解中国封建社会的某些特点，特别是长期缓慢发展的特点，是有补益的"。由此细节不难看出，半个多世纪前"社会史

---

① 邓京力：《我与区域社会史研究——访叶显恩研究员》，刊于《历史教学问题》2000年第6期。

大论战"提出的核心问题，直至改革开放初期，仍然深深地植根于中国社会经济史研究者的心中。这些论文较多地使用了"奴隶制""农奴制的残余形态""租佃关系""定额租""劳役地租制""从实物地租转向货币地租的过渡形态""资本主义萌芽"等分析概念，从中可体验到在20世纪五六十年代史学界"五朵金花"的讨论中，关于古代史分期、封建土地所有制形式、农民战争和资本主义萌芽等诸多带有时代特质的问题影响之深。而难能可贵的是，在关于明清徽州佃仆制度具体的研究过程中，叶显恩老师的工作已经展现了许多别开生面的特色。他于1965年和1979年两次深入徽州乡村进行田野调查，搜集并利用了丰富的契约、谱牒、碑刻、诉讼辞状、财产簿册、档案、方志、文集等民间文书与地方文献。他在研究中注重历史文献与实地调查所得口述资料的结合，注重相关典章制度的考证及其历史演变，注重个案研究及其与地域社会变迁的内在联系，这样的工作明显地超越同时代的研究者，从而引起了国内外同行的广泛关注。这一从研究生学习阶段就得到梁方仲教授亲自指导的研究工作，也自然而然地带着前文提到的许多为近代中国学术发展做过奠基性贡献的卓越学者的学术思想影响的痕迹，蕴含了学术传承应该"学有所本"的深刻哲理。

《明清徽州农村社会与佃仆制》于1983年出版，系统展现了叶显恩老师徽州研究的学术成就与思想创新，其重要的贡献之一，就是从"区域体系"的视角来把握徽州社会的总体历史变迁。对这一工作的价值，叶老师自己有这样的判断："就一个具有典型性的地区做区域体系的分析研究，在国内可以说是具有开创性的。"① 徽州研究的现代学术发展，至少可以追溯到20世纪三四十年代藤井宏、傅衣凌等学者的工作，而1958年以后以契约文书为主的大量徽州历史文献的陆续发现，更使关于明清徽州商人、土地制度、佃仆制度、宗族组织等问题的研究吸引众多学者的关注，但将诸多具体的社会经济史问题置于一个具有典型意义的区域社会的总体历史脉络中进行考察，则是从《明清徽州农村社会与佃仆制》一书开始的。叶显恩老师自己表述了这一思想发展过程："随着我对徽州地区历史资料掌握的增多，明清时期徽州农村社会的许多问题逐渐在我脑海中明晰起来，比如缙绅地主的强大、商业资本的发达、宗族土地所有制的发展和宗族势力的强固、封建文化的发达、佃仆制的顽固残存，等等。这些问题互相关联、互相作用。对以上这些问题要做出合理解释，必须将它们置于徽州历史的总体中进行考察，

---

① 《徽商》编辑部：《特别专访稿》，刊于《徽商》2008年第3期。

并做区域体系的分析。我头脑中的这些问题在我的《明清徽州农村社会与佃仆制》一书中进行了探讨，诸如徽州的历史地理、资源、土地、人口的变动，徽州人的由来及其素质等问题都曾涉及。"① 可以毫不夸张地说，能否理解"区域体系"视野的意义，是能否读懂这一学术著作的关键所在。

我们现在都知道，建基于"总体历史"观念的区域历史研究的学术传统，在欧美学术界影响最广者，首推滥觞于20世纪30年代的法国"年鉴学派"，历经数代学者的传承与发展，这一学派的思想影响至今仍历久而弥新。叶显恩老师徽州研究"区域体系"视野的形成，也受到这一学派学术思想的影响，用他自己的话说："建国后很长的时期，我们基本上是与外界隔绝的，像法国年鉴学派的情况可以说一无所知。1976年美国耶鲁大学郑培凯先生来广州，1979年美国加利福尼亚洛杉矶大学黄宗智教授访问中山大学，向我介绍了这一学派的情况和美国学者从事区域性专题研究的情况，这样也就更加坚定了我的信念——拓展关于徽州社会史的研究。"② 改革开放初期，正值欧美的各种学术思潮与中国学术界重新直接接触的时候，叶显恩老师敏锐地把握住其中具有"主流"意味的学术思想的启示，从而使建基于中国丰厚的历史文献分析和长期田野调查相结合的工作，具有了更强的国际学术对话的禀赋与能力。这样的研究，在某种意义上超越了其老师那一辈的成就，体现了"学有所本"与"叛师"的辩证统一，也超越了徽州研究这一课题本身的价值，具有了某种方法论上的意义，这就是学术的"预流"。

年鉴学派的奠基者之一马克·布洛赫在其不朽的《历史学家的技艺》中写道："各时代的统一性是如此紧密，古今之间的关系是双向的。对现实的曲解必定源于对历史的无知；而对现实一无所知的人，要了解历史必定也是徒劳无功的。""这种渴望理解生活的欲望，确确实实反映出历史学家最主要的素质。"他强调一位优秀历史学家"由古知今"和"由今知古"的素质，认为人类历史的研究者必须关注现实社会生活，掌握关于当今的知识以培养历史感，这样才能理解总体的历史，而"唯有总体的历史，才是真历史"。叶显恩老师正是这样，他一直保持着一位历史学家对当代社会变迁的

---

① 邓京力：《我与区域社会史研究——访叶显恩研究员》，刊于《历史教学问题》2000年第6期。

② 邓京力：《我与区域社会史研究——访叶显恩研究员》，刊于《历史教学问题》2000年第6期。

专业敏感与学术热情，并与时俱进地发展新的学术方向。从 20 世纪 80 年代初开始，叶老师就一直以非凡的毅力和勇气，直面各种疑虑，排除诸多困难，与一批同辈学者和年轻的学生一起，积极推动中国社会经济史的区域研究，拓展了珠江三角洲社会经济史研究的新领域。从 1983 年开始，他就与汤明檖教授共同担任"七五"期间国家社会科学重点研究项目"明清广东社会经济研究"的主持人，该项目为其时国家社会科学规划办公室同时推出的三个社会经济史区域研究重点项目之一。1987 年，他又筹划组织了由傅衣凌教授担任大会主席的"国际清代区域社会经济史暨全国第四届清史学术讨论会"，主编会议论文集《清代区域社会经济研究》。这次会议汇聚了国内外从事中国区域社会经济史研究的众多一流的中青年学者，可谓得一时之选，且论文选题及立论都富有新意，至今 30 余年，还常常被学界同仁提起，影响深远。2001 年出版的《珠江三角洲社会经济史研究》一书，集中反映了叶显恩老师这一时期的学术成果。正如他在 1987 年的一次演讲中讲到的，这一学术兴趣的发展，除了得益于年鉴学派学术思想的启发，以及作为徽州研究学术实践的自然延伸这些因素外，还有一个重要的缘由，就是出于对改革开放之后中国经济社会区域性发展的学术敏感与关怀："就中国而言，三中全会以后党中央在现代化建设中允许各地区实行一系列特殊政策和灵活措施，发挥中央和地方两个积极性，我们只有分别研究各个地区历史发展的特点和规律，以及这些特点对当代社会的影响，才能适应改革、开放的形势，真正发挥历史研究对现代化建设和精神文明建设的借鉴作用。"①这种敏感与关怀，不是人云亦云的"跟风"，亦非削足适履的"硬套"，而是以对中国社会发展的不平衡性和历史整体性的学术思考为前提的："以中国社会为例，面积几与欧洲相等的广袤国土上自然条件千差万别，各个地区的人文社会情况又由于历史上本地区开发的先后、人口的迁徙、风俗习惯的差别等因素而出现了千姿百态的面貌，只有分区域进行深入的研究，才能概括全国历史的总体"；"历史的总体是由多系统网络复合构成的，一个局部地区只是总体的一部分，受总体的制约，与其他地区有千丝万缕的联系。因此，全国性的综合研究自当以各地区的研究为基础，同样，地区性的研究，也不能局限于狭窄的小天地，而必须放眼于全国历史发展的整体。把个别的局部的历史，无限推衍，描绘成普遍的历史，其荒谬是不言而喻的。但离开

---

① 叶显恩：《谈社会经济史的区域性研究》，刊于《中国经济史研究》1988 年第 1 期。

中国历史的整体，囿于一隅之见，孤立研究地方史，无疑也不能揭示历史的真谛"。① 这些在今日的学者看起来仍然兼具辩证逻辑与实践常识深度的道理，在30多年以前更是充满学术启迪的洞见，其中蕴含着一个重要的学术判断，即大一统中国历史发展的内在一致性，是以其相互密切联系的区域发展的巨大的时空差异为前提的。只有明白了这个道理，才能从历史学学科的本位上，真正理解30余年来中国社会经济史区域研究学术发展的价值所在，感同身受地体验中国社会经济史研究者们当代关怀的精神实质及其意义。区域社会经济史研究作为体现"此时代之新学术"的学术探索，自然而然地因为其"预流"的特质"由附庸而成大国"②。

进入21世纪，人类历史最重要的发展之一，是快速发展的"全球化"进程。在这一进程之中，世界各地人们的物质生活、精神生活与交往方式发生了翻天覆地的变化，中国政府也适时提出了影响深远且反应热烈的"一带一路"倡议。面对这样的变化，具有当代关怀的中国历史学家首先要回答的，就是这一空前的"全球化"潮流的历史渊源及其对中国的影响。诚如叶显恩老师所言："16世纪（明中叶）是发现新大陆，开通东方航线，肇始世界一体化的海洋商业殖民的时代；是建立殖民地和商业系统最活跃的时代；是西方重商主义盛行，海洋贸易发生历史性变化的时代。西方冒险海商东来中国沿海寻找商机，并建立殖民地；由此出现了中西两半球海商直接交遇的新局面。东亚海域的贸易网络，既连结太平洋彼岸的南美洲，又重新伸展到永乐之后中断往来的印度洋，并扩及大西洋，初步形成横跨亚、非、欧、美四大洲的世界性海洋贸易圈。与此同时，中国境内商品经济趋向繁荣，商机愈益增多；以商业增殖财富的途径日益广阔。中国传统社会经济开始发生转型。"③ 令人感佩的是，当时已过花甲之年的叶老师仍然保持了足够的学术敏感，有计划地把研究的重点转移到海洋史研究上。本文集收录的多篇论述海上贸易、海上丝路、海洋文明、海岛文化与海外华人的文章，可以视为这位在中国社会经济史研究领域辛勤耕耘了半个多世纪的历史学家壮心不已、努力追踪国际学术潮流的阶段性成果。我们知道，这一努力还在继

---

① 叶显恩：《谈社会经济史的区域性研究》，刊于《中国经济史研究》1988年第1期。

② 杨国桢：《〈傅衣凌治史五十年文编〉序》，刊于《中国社会全经济史研究》1985年第4期。

③ 《徽商》编辑部：《特别专访稿》，刊于《徽商》2008年第3期。

续之中，我们期待着叶老师不断有新的成果面世。

学生辈对于叶显恩老师的感情与感谢，除了学问上入门的指点和学术思想的启迪外，还更多地表现在对老师有教无类、诲人不倦、分享资源、奖掖后进的精神风范的感佩上。不管是受业门生还是私淑弟子，几乎所有被叶老师指导过的年轻学人，都能感受到老师那份亲切、热情与细致入微以及对学生认真负责的态度。笔者本人就一直得到老师的鼓励、关怀与指点，真的是没齿难忘。学界有不少同仁关注近20年"历史人类学"学术取向在中国的发展，其实，我们这些来自内地、香港、台湾和欧美各地的十多位同辈学人能因缘际会走到一起，逐渐凝聚共识，形成所谓"华南研究"的学术群体，其中一个重要的缘由，就是我们之中的大多数人，都是在近30年前就因叶老师而结识。或自己就是老师的学生，或到中山大学向老师请益，或受老师之邀到广州访问，或因老师介绍到外地求学，我们借助老师举办讲座、会议乃至家宴的机会，参加由老师主持的各种合作项目，在老师大度包容、充满学术热情的推动之下，有意无意之间，自然而然地形成了共同的研究兴趣与学术追求。可以说，正是因为有许多像叶显恩老师这样的对中国学术发展充满使命感和责任感的前辈学者的关心、扶持与指点，"华南研究"的同仁们才能说自己的工作是"学有所本"的，才敢于期待这样的工作"能够成为一个有着深远渊源和深厚积累的学术追求的一部分"①。

叶显恩老师是在三年前就交代笔者要为这个文集作序的。当时不知深浅，自以为近40年来一直在老师的关心、指点下工作，不止一遍地读过老师所有的论著，完成这个任务应该不难，就不假思索地应承下来了。以后儿次动笔，却发现要理解老师的学术思想，把握其内在脉络并非易事，加之行政事务繁杂，时时分心分神，结果老是功败垂成。为了等待这样一个不成熟的序言，令老师的文集延迟出版，三年来老师虽偶有督促，但一直和风细雨，理解包容，任由学生交作业的期限一拖再拖，其中的温情与宽容，真的令学生感动并惭愧。

陈寅恪先生在《清华大学王观堂先生纪念碑铭》中说道："士之读书治学，盖将以脱心志于俗谛之桎梏，真理因得以发扬。"陈先生强调读书人要追求"独立之精神，自由之思想"的境界，首先自己要"脱心志于俗谛之桎梏"，是为学术史上不朽的至理名言。笔者以为，要理解一位卓越学者学

---

① 陈春声：《走向历史现场——"历史·田野丛书"总序》，刊于《读书》2006年第9期。

术思想的发展脉络,除了要认真研读其全部论著之外,更重要的是,必须尽量超越各种各样先入为主的世俗的成见,超越"立竿见影""急用先学"的世俗的功利动机,超越日常生活中难免的世俗的追求和标准,正心诚意,将其置于时代变迁与学术发展的历史大背景中,努力去理解作者"其持论所以不得不如是之苦心孤诣"①,才能真正学有所获。在即将结束这篇文字的时候,笔者愿意提出这样的期待,与本文集的各位读者共勉。

是为序。

2018 年 7 月 31 日
于广州康乐园马岗

---

① 陈寅恪:《冯友兰〈中国哲学史〉审查报告》,见《金明馆丛稿二编》,生活·读书·新知三联书店 2009 年版。

目　录

上编　珠江三角洲的生态环境与冲积平原的开发

第一章　适宜于海洋经济的自然环境 / 3
　一、珠江三角洲的位置、范围和历史沿革 / 3
　二、珠江三角洲的地形、土壤和气候 / 4
　三、南海和珠江水系的水文地理 / 6

第二章　北方士民的南迁和珠江三角洲冲积平原的开发 / 10
　一、唐代之前的移民与三角洲农业的缓慢发展 / 10
　二、宋代北方士民的南迁与三角洲冲积平原的开发 / 17
　三、明清三角洲冲积平原的扩大与深入开发 / 31

第三章　人口的增殖与耕地的扩大 / 39
　一、明代以前人口状况的简略回顾 / 39
　二、明代人口统计失实的检讨与实际增殖态势 / 40
　三、清代人口消长概况 / 52
　四、耕地的增辟及其与人口比例变动的大势 / 63
　五、人口压力对社会经济的影响 / 75

第四章　宗法土地制度与商业化 / 80
　一、以乡族集团地主所有制为特点的土地占有关系与商业化 / 80

1

二、沙田的开发与宗族制的发展 / 120

第五章　继承与变异：珠江三角洲与徽州宗族制比较研究 / 142
　　一、待开发的生态条件下进行竞争的工具 / 142
　　二、宗法制传承的典型与变异 / 144
　　三、社会特权的追求与族内经济关系的商业化 / 150
　　四、渗透商品意识的宗族伦理与宗族制的特点 / 152

下编　广州市场的转型与珠江三角洲商业化

第六章　广州于明后期的转型与珠江三角洲社会结构、风尚的变化 / 161
　　一、中国海上贸易的故乡与广州在海贸史上的地位 / 161
　　二、广州市场结构、功能与运作方式的历史性变化 / 173
　　三、珠江三角洲社会结构与社会风尚的变化 / 185

第七章　明清之际社会经济凋敝与清代经济的复兴 / 188
　　一、李士桢受命于广东经济凋敝、藩孽横行之时 / 188
　　二、整顿吏治，以兴利除弊，安定商民 / 194
　　三、"恤商裕课"与经济复苏 / 198
　　四、广州十三行的创立和"恤商"思想 / 202

第八章　18、19世纪世界商业扩张时代的广州贸易 / 207
　　一、南海贸易格局的变化 / 207
　　二、"独口通商"与广州贸易 / 211
　　三、广州华商资本的发展与卷入世界市场 / 217

第九章　商风炽烈下各种商人的商业活动 / 224
　　一、海贸中心港市的产物：口岸商人 / 224
　　二、庶民海贸商人的兴起 / 228

三、内地贩运商人 / 232
　　四、小商贩的活跃 / 237
　　五、商业资本在当地所起的作用 / 241

第十章　商品性农业的发展 / 246
　　一、在生计胁迫下的利润动机与经济作物的种植 / 246
　　二、经济作物专业区的形成 / 249
　　三、出现果木专业区域和以雇佣劳动经营的果园 / 258
　　四、农业商业化的发展水平及性质 / 261

第十一章　桑基鱼塘生态农业与珠江三角洲社会 / 266
　　一、桑基鱼塘的出现及其历史演变 / 267
　　二、商业性基塘生态农业与相关的社会因素 / 275
　　三、丝货的海贸市场取向促使贸—工—农经济体系的确立 / 279
　　四、率先近代化的丝业推动珠江三角洲近代化风云 / 283

第十二章　由广州市场转型而出现的水上航运业的发展 / 286
　　一、水上交通运输业与区位优势 / 286
　　二、以广州为中心地的水运体系的形成与穗、港、澳三足鼎立 / 290
　　三、水运业的近代化 / 300

第十三章　信贷金融业及其在商业化中的作用 / 321
　　一、明清时期，珠江三角洲高利贷资本的经营形式 / 321
　　二、借贷资本的来源 / 329
　　三、借贷资本盛行的原因 / 335

第十四章　地方市场网络的形成与不断完善 / 344
　　一、商品性农业、手工业的发展 / 344
　　二、墟市发展的概况 / 349

三、墟市的分布网络、层次与功能 / 358
　　四、墟市的建立、管理与封建宗族势力 / 366

第十五章　华侨与珠江三角洲近代化 / 373
　　一、珠江三角洲乃中国著名的侨乡 / 373
　　二、珠江三角洲的所谓"猪仔""猪花"等华工 / 377
　　三、坚守传统文化，报效乡里，推动家乡近代化 / 387

结语　珠江三角洲的开发及其近代化进程 / 390

附　录

疍民源流及其生活习俗 / 399
中山县移民夏威夷的历史考察 / 416
19世纪下半叶夏威夷华人首富陈芳 / 434

后记 / 447
跋 / 450

上 编

珠江三角洲的生态环境与冲积平原的开发

第一章 适宜于海洋经济①的自然环境②

一、珠江三角洲的位置、范围和历史沿革

珠江三角洲位于中国的南陲、广东省的中南部。濒临南海，范围在北纬 21°55′~23°73′，东经 112°45′~114°33′ 之间。它与围绕南海的东南亚弧形岛国隔海相望，是中国重要的大江河三角洲之一。它原是一个多岛屿的浅海湾，西、北、东三江从不同的方向汇入其间。三江所带来的巨量泥沙，不断地在这浅海湾中淤积；又由于世界海洋平面升降变化的巨大影响，这一浅海湾反复经历着由陆至海和由海至陆的交替沉积的复杂过程。到了全新世晚期，即距今 2000 多年前，古海湾终于被沉积物不断淤浅而形成岭南最大的冲积平原。

流入这一古海湾的西、北、东三江各自形成三角洲。此外，还有潭江、绥江、流溪河和增江等小河也直接流入这片古海湾而形成各自的小三角洲。这些大小三角洲，相互穿插、相互连接，形成了复合三角洲平原。因古海湾

---

① 这里所谓"海洋经济"，是指面向海洋、仰资海洋，以经营海洋贸易为主，包括从事与海洋贸易相关的海上运输业、商品性农业、手工业等经营活动。它是相对于以农业活动为主的农耕经济而言的。

② 撰写本章时，曾参阅以下著作，并利用了他们的研究成果。计有：陈正祥《广东地志》（香港天地图书有限公司 1978 年版）；《珠江三角洲农业志》（全 6 册，佛山地区革命委员会《珠江三角洲农业志》编写组 1976 年版）；中国科学院地理研究所编《中国农业自然条件和农业自然资源》（农业出版社 1983 年版）；中国科学院地理研究所地理研究室《中国农业地理总论》（科学出版社 1983 年版）；周源和《珠江三角洲水系的历史演变》[《复旦学报》（社会科学版）1980 年第 S1 期，第 85－95 页]；徐俊鸣《广东自然地理特征》（广东人民出版社 1957 年版）；梁仁彩《广东经济地理》（科学出版社 1956 年版）；陈特国等编《浩瀚的南海》（科学出版社 1985 年版）；曾昭璇、黄少敏《珠江水系下游河道变迁》[《华南师院学报》（自然科学版）1977 年第 1 期，第 60－77 页]；缪鸿基等《珠江三角洲水土资源》、中山大学地理系《珠江三角洲自然资源与演变过程》《珠江三角洲城市环境与城市发展》（以上三书皆系中山大学出版社 1988 年出版）；等等。

原来主要因地盘断裂陷落而成，因此，以珠江口漏水湾（狮子洋和伶仃洋）为界，西、北江三角洲地势呈西北向东南倾斜，东江三角洲则由东北向西南倾斜。从这一地貌仍可隐约看出地盘断裂的痕迹。

对于珠江三角洲的地域范围，学术界尚未取得一致的看法，其源出及划分的标准尚有争议。有人主张以三角洲的顶点为河流分汊处；有人认为应以潮流能到达的河段为范围；还有人以有否海河交互沉积层为准。又因三角洲的边缘有过渡地带，不易划清界限。一般地说，狭义的珠江三角洲（亦称小三角洲）是指以佛山市三水区的思贤窖、东莞市的石龙为顶点，南至珠江口海岸地区。其范围包括今天的广州市、中山市、珠海市的全部，佛山市、江门市、东莞市、深圳市的大部，以及惠州市、肇庆市的一部分，土地面积为17200平方公里，占广东省总面积的7.8%。

广义的珠江三角洲（亦称大三角洲）则以小三角洲为主体，包括其外围平原，如肇庆盆地、清远盆地、惠阳盆地、广花平原、潭江谷地、四会平原等。其范围西自肇庆，东至惠州，北起清远—佛冈一线，南至沿海岛屿，包括广州、佛山、江门、中山、东莞、肇庆、惠州、深圳、珠海等九市，以及清远、佛冈两市县的一部分。土地面积约48000平方公里，占广东省总面积的23.3%，约为小三角洲面积的两倍。

珠江三角洲，在西周之前，属《禹贡》所说的"扬越之域"。春秋属越，战国属楚，是百越人的住地。秦始皇三十三年（前214），秦军征服岭南，设南海、桂林、象三郡。珠江三角洲属南海郡。秦二世元年（前209），南海郡尉赵佗自立为王，建立南越国。汉武帝派十万楼船南征之。元鼎六年（前111）平定南越后，三角洲隶南海郡，属交趾刺史部。汉献帝建安八年（203），交趾刺史部改名为交州刺史部。三国孙吴黄武三年（224），析交州合浦以北之南海、苍梧和郁林郡，创置广州。广州自此得名。尔后，广州属下领土，或大或小，变化无常，但是小三角洲一直属于广州（府）。明清两代，大三角洲除博罗、归善（今惠州市惠阳区）属惠州府，四会、高要、恩平、开平、新兴属肇庆府外，其余各县皆为广州府属下。①

二、珠江三角洲的地形、土壤和气候

珠江三角洲濒临南海，有数列东北—西南走向山脉沉没海湾而形成的群

---

① 参见缪鸿基等《珠江三角洲水土资源》，第1—3页。

岛，诸如内伶仃岛、横琴岛、三灶岛、大屿岛、桂山岛、万山群岛、担杆列岛和佳蓬列岛等，耸峙屏列海中。小三角洲有丘陵、山地穿插其间，但基本上是平原地带。小三角洲的外围虽不乏平原地带，诸如潭江谷地、高要盆地、惠州盆地、广花平原、清远盆地、四会平原等，然而，其余皆系丘陵和山地，唯山丘大都零星散布，不及旁区那样绵亘。这些构成一幅南临海洋，中间低平而又有孤丘错落，湖沼星罗，西、北、东三面边缘有丘陵孤山坐落于盆地、平原之间的自然景观。

根据地貌和自然条件，珠江三角洲内地可分为四种不同类型的地区。①

（1）西、北江三角洲北部的平原和丘陵台地区。其范围大致西起羚羊峡口，东至狮子洋边，北抵飞来峡口，南达江门、小榄、容奇、市桥到黄埔一线。这一地区成陆较久，地面略高，称为"老沙区"。因地势高，咸潮已不易到达，有利于农作物生长。但又因距海稍远，汛期洪水排泄不及，易招水患，需要于沿江高筑堤围，故又有"围田区"之称。由于洪水倒灌，一些低洼地渍水难排，形成不少渍水区，即所谓"垦"。在这些野草蔓生的垦中，血吸虫及其毛蚴之宿主钉螺孳生，危害居民的健康。

（2）西、北江三角洲中部的冲积平原沙田区。其范围为江门、小榄、容奇、市桥、黄埔连线以南，古井、石岐、横门连线以北。除散布一些低矮的山丘外，都是冲积平原。那里平原坦荡，河汊满布，水网稠密，便于利用水利资源。这块冲积平原成陆较晚，其田面高程为海拔 $-0.2 \sim 0.7$ 米。地面较低之处易于灌溉而难于排水，故土质较黏重；其余则多为轻黏土或重壤土，内含有机质多。

（3）西、北江三角洲南部的丘陵山地、平原区。本区在古井、石岐、横门连线以南，东自伶仃洋，西至崖门，南抵横琴诸岛。山丘有中山市的五桂山，珠海市斗门区的大黄杨山，以及介于虎跳门和崖门之间的崖山等。其中，大黄杨山高达591米，为珠江三角洲境内最高峰。

（4）东江三角洲的冲积平原和滨海平原区。其范围以石龙为顶点，东江由此分歧向西南三角形地辐射而流。以狮子洋为三角形的底线，黄埔与虎门为这一底线的两端，形似等腰三角形。境内几乎是一马平川，没有山丘凸出，为典型的三角洲平原。除东江三角洲外，还有广州市增城区南部由增江形成的局部平原（那里偶有残丘存在）和伶仃洋东侧直到深圳市宝安区以南一带的狭长的滨海平原。

---

① 参见《珠江三角洲农业志》第1册《珠江三角洲形成发育和开发史》。

珠江三角洲平原的错落山丘，是由古海湾的岛屿发展而成的，据粗略统计，有290多座。珠江口外还有许多岛屿屏列。

从上可见，这一复合三角洲内含有丘陵、台地和平原；有旱地、水田；水田中又有老沙田、新沙田、潮田之别。地理条件的多样化，为农业的多种经营提供了有利的条件。

珠江三角洲地处亚热带南部，全境几乎都处于北回归线以南，气候属亚热带的海洋季风气候。"三冬无雪，四季常花"，是它的气候与自然景色的特点。全年平均气温为21～22℃，最冷月（一月）平均气温在12～15℃之间。绝对最低气温可达0℃以下，出现霜冻。年平均霜日1～3天。最热月（七月）平均气温在28～29℃之间。活动积温（10℃以上）在6500～7500℃之间。珠江三角洲属华南多雨地区。受东南季风影响，冷锋、暴雨和台风亦强烈。年平均降水量一般在1500毫米以上，四月至九月的降水量占全年降水量的80%，尤以五月至七月最为集中。土壤大部分为红壤和水稻土。红壤分布于山丘台地，水稻土分布于平原，主要在沙田区，丘陵地带的坑垌田区亦有一部分。土壤有机质含量1.5%～2.5%，含氮量0.15%～0.25%。植被属亚热带季风雨林区。

三、南海和珠江水系的水文地理

西、北、东三江原本各自成一水系，流入三角洲后汇成扇状，彼此沟通，形成珠江水系。珠江水系横贯岭南地区，其流域总面积达450700平方公里，主干河道总长11000多公里。它是中国三大水系之一。

珠江的主流西江，其主源位于云南省东部的南盘江和北盘江。它自云贵高原奔腾而下，穿越广西、广东两省区，流经不同的地段，有不同的名称：南、北盘江汇流称为红水河；红水河与柳江相汇后称黔江；黔江会郁江后称浔江；浔江在梧州会桂江后始称西江。西江流至三水，受昆都山的阻挡而折向东南行，和北来陡转东流的北江构成两个相背的弓形。其间有长约2.5公里的思贤滘水道相连。西江的主流经过南海、九江、新会外海，从中山市磨刀门出海。西江分流经江门流到新会的银洲湖，同发源于阳春大岭头，流经恩平、开平、台山诸县的潭江相汇，汇流从崖门出海。西江源远流长，支流纷繁。

北江，是由发源于南岭山地的浈水和武水于韶关合流后的称呼。古代北江主流从芦苞涌直趋广州。其分流至四会的马房，有发源于广西贺州的绥江流入。合流到沙湾后分流从蕉门和虎门入海。

东江，是由发源于江西省安远县姐妹岗的定南水和从江西流来的寻乌水于龙川县老隆合流后的称呼。东江流至石龙，分为两支：一支流经新家埔和从增城南来的增江相汇注入狮子洋；一支流到峡口和寒溪水汇合，又分成多支河汊流入狮子洋，从虎门出海。

还有发源于从化七星岭的流溪河流至和顺附近和官窑水道合流，经广州入狮子洋，由虎门出海。

从上可见，珠江水系是一多源的、多支流的、流域广阔的水系，尤其是它进入珠江三角洲之后，交歧辐射，河汊纵横，密织如蛛网，大小干支河道多达千余条。[①] 低洼的渍水区，湖沼罗列，与孤山错落相映，浑然成趣，气象万千。有8个通海门口，即虎门、蕉门、洪奇沥、横门、磨刀门、鸡啼门、虎跳门和崖门。珠江水系通过这些出海口门，与南海连成一体。

珠江水系的河道历尽沧桑，变化无常。例如秦汉时的出海口在黄埔、江门。前述的8个通海口门，是到晚清才形成的。以上描述，主要以现状为准。

珠江的水文，有如下特点：

（1）水量丰富。珠江流入海中的总水量年均达3659亿立方米，占全国已有统计的河流总水量的17.44%，仅次于长江（48.44%），而为黄河（2.3%）的7倍以上。其相对流量更为突出。平均每公里流出25.90秒公升，仅次于闽江（34.13秒公升），而为长江（17.54秒公升）的1.5倍，为黄河（1.98秒公升）的13倍，为黑龙江（5.34秒公升）的5倍。珠江有的支流的相对流量甚至超过40秒公升，为全国相对流量最大的地区之一。

（2）汛期长，发水急，涨落大。珠江水系，主要是由雨水补给的。因雨量充沛，雨季长，所以汛期也长。每年清明以后，江水渐涨，直至十月始行下降。汛期约为半年（四月至九月）。一年中水位变化复杂。每年大约出现五次洪峰，即民间所流传的"头造水"（农历三月底）、"四月八"（农历）、"龙舟水"（农历五月）、"慕仙水"（又称"烧衣水"，农历七月初）和"中秋水"（农历八月底），尤以"龙舟水"为最大。珠江各支流所处纬

[①] 据光绪《广州府志》卷十三《舆地略五·山川》记载："顺德去海尚远，不过港内支流环抱诸村，而前明以来，所谓支流者，当时类皆辽阔，帆樯冲波而过，率谓之海，其名目甚繁。"可见，珠江支流河道也甚宽阔。中华人民共和国成立后，经人工联围筑闸，堵塞了很多汊涌。现在仍有较大的支、汊河道近百条，总长1300多公里。

度相差不大，分布犹如扇状，下雨期又较集中，加之中上游河床比降大，中下游又无湖泊调节，因此，当台风挟暴雨俱来时，每每山洪暴发，迅疾如箭。尤其是北江，其洪峰有日行200余里者。集水快，退水亦速。洪峰一般不长，短者5~7天，最长的不超过20天。唯西江与北江在思贤窖相通，与绥江纬度又相差不大，在汛期上游洪峰迭来，互相激涨，如再遇下游发生潦水，两相凑集，水势益烈，加之大潮或台风涌潮顶托，每每酿成水灾。

（3）水清澈，含沙量少，却易沉沙淤浅。珠江的含沙量不大，平均只占万分之一二。西江水含沙量（梧州）为每立方米0.344千克；北江水（石角）为每立方米0.123千克；东江水（博罗）为每立方米0.148千克，比黄河、长江都少。但由于潮汐的影响而发生潮水顶托现象，因潮水顶托而出现水流缓慢，泥沙因而大量沉积。这是沙洲不断扩大，河道易于淤浅的原因。潮水顶托既带来泥沙沉积，使成陆日益扩大；又带来咸潮，使三角洲低洼之地易受咸水侵蚀。由此可见南海的水文和珠江三角洲关系之密切。

南海，又称"南中国海"，古称"涨海"。它是我国最大的一个海，位于亚洲的东南部，太平洋的西部。其形似一斜菱，是一个半封闭的边缘海。它一边依靠大陆，即西北和西南边倚靠亚洲大陆的中国、越南、柬埔寨、泰国、马来西亚和新加坡；东南边则以印度尼西亚、文莱和菲律宾等岛国与太平洋分开。属于中国的南海岛屿，星罗棋布于南海的北部、中部和南部。南海为太平洋、印度洋之连锁，并且扼欧洲、印度、远东与澳洲之孔道，在交通上处于极其重要的位置。南海孕育和栖息着繁多的海洋生物种类。海洋生物资源极为丰富，有海藻、海参、海星、海胆、珊瑚、海蜇、沙蚕、贝类和多足类软体动物，虾、蟹，以及各种鱼类。或可供食用，或可供药用，或可作工业原料，其用途广泛。气候常夏无冬，强风和夏秋季节台风频繁。根据1949—1981年的资料，影响南海周围地区的台风平均每年达14次之多。强台风中心附近最大风力达十二级以上。还盛行季风，即冬季气流往往来自亚洲内陆，出现东北风向；夏季气流则常常来自太平洋和印度洋，产生西南风向。季风驱动海水移动，形成纵贯南海的漂流。两种季风所形成的漂流方向，恰好相反。这就为珠江三角洲的古代居民乘简陋的舟楫来往于南海对岸的南洋诸岛国提供了天然的方便。

珠江水系和南海相通，继而可通各大洋。这种自然条件使珠江三角洲有可能成为"海洋总汇之地""河海分汇之区"，使珠江三角洲居民便于从事水上生计，又为当地海洋贸易提供了优越的条件。

马克思曾经指出，人类劳动生产力受自然条件所制约。① 在前资本主义社会科学技术、生产力发展水平低下的情况下，"生活资料的自然富源"，对劳动生产率"具有决定性意义"。② 而且自然条件是对社会历史长期起作用的因素。珠江水系对岭南地区起了长期的统合作用，并使之形成经济巨区，珠江三角洲即其经济核心区。珠江三角洲通过珠江水系及沿海水道可同岭北、东南、西南各地进行经济文化交流；通过南海可与南海沿岸的中南半岛、南洋群岛诸国，乃至经各大洋而同世界各国相交往。

从珠江三角洲的地形、气候、土壤、水文、植被等自然因素看，它既适宜于发展多种亚热带经济林木和水果种植，适合于发展多种经营模式的农业经济；又可利用便捷的水上交通输入周边的非生物资料（如矿铁等）发展手工业；又因其南面有浩瀚的南海提供了丰富的海洋生物和矿物资源，可使当地居民从事与海洋相关的经济活动。这是一处具有海洋经济特点的区域。

---

① 《马克思恩格斯全集》第23卷，人民出版社1972年版，第563页。
② 《马克思恩格斯全集》第23卷，第560页。

第二章　北方士民的南迁和珠江三角洲冲积平原的开发

一、唐代之前的移民与三角洲农业的缓慢发展

远在三四千年前的新石器时代，珠江三角洲的台地、丘陵地带已有人类居住，从事原始农业、渔猎和采集活动。据文献记载，在那里生息的越族人民于先秦时期就已同中原地区的华夏族发生了经济和文化的往来。[①] 但是，南岭山脉的阻隔，妨碍了彼此间更密切的交往。楚国势力虽伸展到岭南，但未曾建立巩固的统治。岭南的越人也未曾出现统一的君长。社会发展水平远比中原地区落后。

[①] 《逸周书·王会解》（黄怀信等撰，李学勤审订：《逸周书汇校集注》（修订本）下册，上海古籍出版社2007年版，第914-915页）提及岭南各族向商王朝进贡珠玑、玳瑁、象齿、文犀、翠羽等土特产；《诗经·大雅·江汉》（王延海：《诗经今注今译》，河北人民出版社2000年版，第759页）记载：周宣王（前827—前781年在位）时，"于疆于理，至于南海"；考古资料也证明，珠江三角洲之西江上游地区的确受到楚文化的影响。在这一地区发现的许多战国时期的青铜器墓葬，说明楚文化是沿着湘江、漓江、贺江传播到这里来的。参见叶显恩主编《广东航运史（古代部分）》，人民交通出版社1989年版，第23-24页。

第二章　北方士民的南迁和珠江三角洲冲积平原的开发

秦始皇使尉屠睢发卒五十万分五路征戍五岭，① 又发女无夫家者一万五千人，为士卒衣补。② 这支军队是由逋亡人、赘婿、商人组成的。处番禺之都的一军，驻守于珠江三角洲北缘的广州地区，与越人杂处。这是中原有组织地移民岭南之始，也是中原文化和珠江流域百越民族文化交融之开端。尔后，汉武帝于元鼎五年（前112）秋派楼船十万师征南越，也难免有余部留居广州一带。当时珠江三角洲地区水域面积广阔，已形成以种植业为主的农、牧、渔、猎相结合的经济结构，其内部的社会经济发展是不平衡的。由

---

① 〔汉〕刘安《淮南子·人间训》（刘康德：《淮南子集解》，复旦大学出版社2001年版，第1036页）记载："（秦始皇）又利越之犀角、象齿、翡翠、珠玑，乃使尉睢发卒五十万，为五军：一军塞镡城之岭，一军守九疑之塞，一军处番禺之都，一军守南野之界，一军结余干之水。三年不解甲弛弩，使监禄无以转饷，又以卒凿渠而通粮道。"关于秦分五军进攻南越的部署，据近人考证，分述如下：

"一军塞镡城之岭"。镡城即今之广西越城岭，是长江支流湘江进入珠江支流桂江的必经之路。湘、桂二江上游很近，地势较平缓，因此，监禄在此开凿灵渠，沟通湘、桂两江。灵渠在广西兴安县境，又称兴安运河。南下的舟船通过桂江进入西江，使军队和粮饷顺此水道源源不断地运来广东。

"一军守九疑之塞"。九嶷山在今湖南江华县附近，是湘江别源潇水通过萌渚岭进入珠江支流贺江的重要山隘。贺江上源临水，据嘉庆《广西通志》卷一一三"山川"记载："今土人言：自富川县由钟山至贺县东门浮桥者为临水，其自桂岭来者径会宁司而下，在贺县南五里与临水合者为贺水。临水可通巨舰，桂岭江水浅滩高，仅容小舠，则临水大于贺水之说益信。""临水可通巨舰。"从此可见，秦时贺江河道宽阔，航行便利，可走大船，因此驻守九嶷山，目的在于控制贺江水道。

"一军守南野之界"。南野在今江西赣州市南康区。长江支流赣江上源章水流经其地，通过章水可达粤赣边界的大庾岭下。越过大庾岭（梅关），便可进入广东北江上源浈水，顺流而下，可达广州。驻守南野，军事意图十分明显。

"一军结余干之水"。余干水即今江西注入鄱阳湖的上饶江，虽然它主要通往福建，但必要时可以从闽越进入广东东部，出击番禺。旨在有备无患，以收到军事上稳操胜券之效。

"一军处番禺之都"。《淮南子》的作者不用"守"，不用"塞"，也不用"结"，而用"处"字，这是值得深究的。据《说文解字注》第十四篇上所说："处，止也。"就是说军队停驻在番禺之都。此乃问题的症结所在。番禺地处东、西、北三江之总汇，南濒大海，水路四通八达，沿着东、北、西三江可通往腹里，海路又可至东冶（福州）而达闽越。在秦军进入岭南的军事形势下，番禺无疑是军事指挥的中心所在。停驻于番禺的一路秦军，当有移住于珠江三角洲北缘的广州一带。

② 《史记》卷一一八《淮南衡山列传》。

于与南海地区贸易的需要，番禺（广州）已成为集散海外奇珍异宝的都会。广州附近地区发展水平较高，今之河南至沙湾的丘陵区和西樵山至佛山一带地区，是当时重要的居民点。北来的移民带来了先进的中原文化和生产技术，开启了一代文化的新风，促进了移居地的农业生产。当地居民开始使用铁器①和牛耕②。在文献上已有于西樵山周围垦辟土地的记载。③ 1961年在佛山郊区澜石出土的东汉陶器中，发现有陶制水田，田面被田塍分为六格，有二具"V"形的犁铧模型及六个半球形的凸包，象征着禾堆或肥堆，田里的六个农夫俑，分别作磨镰、割禾、犁耕、检查秧苗等不同姿态。④ 从考古资料看，珠江三角洲有的地区农业生产似乎已经进入传统农业的精耕细作的初级阶段。⑤ 但就珠江三角洲总体而言，其依然停留于"刀耕火种"的原始农业，或从原始农业向传统农业过渡的"火耕水耨"阶段。所谓"刀耕火种"，即砍烧山林，以获得可耕地和灰烬，然后用木棒点种，几乎对土地不做任何加工。这种原始的农业生产，固然可以开拓人类活动的领域，增殖天然品，却破坏了再生产的条件；"火耕水耨"，则如东汉应劭在《史记·平准书》"集解"中所解释的："烧草，下水种稻，草与稻并生，高七八寸，因悉芟去，复下水灌之。草死，独稻长，所谓火耕水耨也。"⑥

自东汉末年黄巾起义至南北朝终结的400年间，如东汉末年各地军阀之

---

① 徐恒彬：《汉代广东农业生产初探》，刊于《农业考古》1981年第2期，第56－60页。

② 赵佗致汉文帝书中说："马、牛、羊即予，予牡，无予牝。"（见《史记·南越列传》）《汉书》卷九五《南越传》："高后自临用事，近细士，信谗臣，别异蛮夷，出令曰：'毋与蛮夷外粤金、铁、田器。马、牛、羊即予；予牡，毋与牝'。"

③ 据〔明〕郭棐撰，黄国声、邓贵忠点校《粤大记》卷二六（中山大学出版社1998年版，第752页）记载："吴霸，阳山人，少以材勇为兵率，镇中宿湟浦关。……昭帝元凤五年（前76）秋，罢象郡，分属郁林、牂牁。霸族在桂阳者，欲往广郁就腴田，霸不许。惟令垦近土，庐居番禺县之西，有江浦焉。"

④ 广东文物管理委员会：《广东佛山市郊澜石东汉墓发掘报告》，刊于《考古》1964年第9期。

⑤ 无论是从纵向还是横向考察，都很难相信珠江三角洲已进入初步精耕细作的农业发展阶段。出土文物可理解为偶发的特例。正因为是特例，才受到墓主的重视，并塑成陶俑。如果习以为常，广泛流行，就不值得当随葬品了，除非墓主生前对之有偏爱。这一推论是否成立，可参见后文。又，参见李剑农《魏晋南北朝隋唐经济史稿》，生活·读书·新知三联书店1959年版。

⑥ 《史记》卷三〇《平准书》集解。

攻伐，三国之纷争，西晋八王之乱、永嘉之乱，以及尔后北方少数民族之相互兼并，导致战祸连绵，社会动荡不安。这期间出现于汉末和西晋末年永嘉之乱的两次大的民户流徙潮，皆以从中原流入江南的一路为最大群，① 这是江南得以开发的契机。

这两次流入江南的士民中，有一小部分后来继续南徙到岭南。据明天顺年间《东莞县志》记载："邑在晋为郡，东〈西〉晋永嘉（307—313）之际，中州人士避地岭南，多留兹土，衣冠礼义之俗，实始于此。"② 据《交广记》载：西晋建兴三年（315），"江、扬二州经石冰、陈敏之乱，民多流入广州"。③ 当时广州管辖的范围很大，包括今日的广东和广西的大部分领土。这些流民中有一部分经东南沿海或取道北江，南下珠江三角洲的北部边缘是有可能的。又据《晋书·庾翼传》记载："时东土多赋役，百姓乃从海道入广州，刺史邓岳大开鼓铸，诸夷因此知造兵器"。④ 这里的东土，指会稽郡，即今浙江绍兴一带。浮海南逃到广州的"东土"百姓，将冶铸技术传入岭南，⑤ 这对岭南土地的开发显然是一项重大的贡献。当时仕宦岭南的官僚，也往往将佃客部曲随同带来。东晋长沙豪族王机为争做广州刺史，就"将奴客门生千余人入广州"。⑥ 东晋卢循起义军自元兴三年至七年（404—408）转战岭南并进驻广州，唐末黄巢起义军挥师南下，并一度攻陷广州，都难免有余部留居广州地区。口碑相传，散布于珠江三角洲沿海的卢亭户是卢循余部的后裔⑦即一例。此外，士大夫或以宦游、或以避祸而留寓；商人卜居者，亦有之。例如，唐提督区恺为避武后祸，先迁春州，后卜居龙江

---

① 李剑农：《魏晋南北朝隋唐经济史》，第1-5页。
② 天顺《东莞县志》卷一《风俗》。民国《东莞县志》卷九《舆地略八·风俗》："邑本晋郡。永嘉之际，中州人士避地岭表，多止兹土，衣冠礼义之俗，实由于此。"
③ 嘉靖《广东通志》卷四《事记上》："建兴三年……冬，江扬流民入广州，诏抚赈之。《交广记》："江扬经石冰、陈敏之乱，民多流入广州，诏加存恤。"
④ 《晋书》卷七三《庾翼传》。
⑤ 岭南使用铁器，素仰赖北方输入。汉初吕后当政时，汉朝一度禁输铁器给南越，这成为赵佗自立为南越武帝后发兵攻打长沙王的口实。岭南自铸铁器是否自此始，尚待考据。
⑥ 《晋书》卷一〇〇《王机传》。
⑦ 〔清〕屈大均：《广东新语》卷一《天语·星》，中华书局1985年版，第7页："晋义熙六年……卢循寇湘中，陷没巴陵。"〔唐〕刘恂：《岭表录异》载"卢亭者，卢循昔据广州，既败，余党奔入海岛。"

（今属顺德）；陈竟，江西太和人，也因官广东提刑副使而卜居龙江；五代因官卜居龙江者，则有黄捐、邓逵因耻事二姓，而隐居于此。①

应当指出，秦汉至唐代，除军事上移民外，中原士民还不断零星地迁入珠江三角洲的北缘一带；而且汉末至隋统一前的400年间，岭南地区较之北方是相对安定的。晋砖刻文就有"永嘉世，天下荒，余广州，皆平康"② 的文字；广州自晋代起成为南海交通的首冲，而至唐代更加繁盛一时，以"世界东方大港"而著称。③ 但是，农业生产的发展却是缓慢的。据《史记·货殖列传》记载："楚越之地，地广人稀，饭稻羹鱼，或火耕而水耨。"④ 其后，《汉书》《晋书》《隋书》等史书也相继有类似的记载。⑤ 这些史书的记载都是泛指江南或楚越之地。但农业生产发展水平相对较高的江南地区尚且采用火耕水耨，就遑论相对落后的珠江三角洲了。据徐陵《广州刺史欧阳頠德政碑》的记载，岭南地区于6世纪下半叶，还是"火耕水耨，弥亘原野"。⑥ 这一耕作方法至唐代依然流行未衰。据《唐大诏令集》记载："如闻岭外诸州居人，与夷獠同俗，火耕水耨"。⑦ 上述的刀耕火种、火耕水

---

① 道光《顺德龙江乡志》卷一《冠裳》。
② 此文物今收藏于广东省博物馆。
③ 唐代广州的繁荣，是因海外贸易发达之故，并非周围地区经济发达所使然。这种"特殊的繁荣"，中外学者已有论述，请参见曾华满《唐代岭南发展的核心性》（香港中文大学1973年版）；［日］中村久四郎《唐代之广东》（《史学杂志》第28编第3－6号）；张难生、叶显恩《海上丝绸之路与广州》（《中国社会科学》1992年第1期，第207－227页）。关于曾华满提出"核心性"发展的研究构架，对之表示质疑者，可参见刘健明《再论唐代岭南发展的核心性》（见周天游《地域社会与传统中国》，西北大学出版社1995年版，第180－187页）一文。
④ 《史记》卷一二九《货殖列传》。
⑤ 《汉书》卷二八下《地理志下》："楚有江汉川泽山林之饶。江南地广，或火耕水耨，民食鱼稻，以渔猎山伐为业。"《晋书》卷二六《食货志》："后军将军应詹表曰：……江西良田，旷废未久，火耕水耨，为功差易。"《隋书》卷三一《地理志下》："江南之俗，火耕水耨，食鱼与稻，以渔猎为生。"按：关于火耕水耨，日本渡部忠世、樱井由躬雄编的《中国江南的稻作文化—其学际的研究》（日本放送出版协会1984年版）一书的第一章做了专门的论述，所论甚详；国内如彭世奖的《"火耕水耨"辨析》（《中国农史》1987年第2期，第10－18页）一文，可资参考。
⑥ 《全陈文》卷十一。
⑦ 《唐大诏令集》卷一〇九《禁岭南货卖男女敕》，学林出版社1992年版，第520页。

耨和初步精耕细作，是三种依次递进的耕作方法。从秦汉至隋唐的1100多年中，这三种耕作方法，一直并存于珠江三角洲地区。之所以长期不能冲破这种落后的耕作制度结构，是由以下原因所致的。

（1）因当时地广人稀，粗放的农业与自然水产已足供"饭稻羹鱼"之需。在西汉元始二年（公元2年），南海郡面积为95670平方公里，人口94253人，人口密度为每平方米1人。到东汉永和五年（140），即经过138年之后，人口升至250282人，人口密度增至每平方公里2.5人。到唐代，岭南道的人口密度也仅为每平方公里2.71人。① 由此可见，经过六七个世纪之后，珠江三角洲人口增加甚微，基本上还是地广人稀。唐代及其之前，珠江三角洲植被繁茂，岸边、台地和丘陵地带布满亚热带的丛林，形成浩瀚的原始森林，禽鸟野兽甚多；河面宽阔，低洼之地尚有积水；珠江三角洲北部和南部之间，还有许多尚未淤积成陆的浅海，如今天的顺德境内在当时便有30多处浅海。自然的植物果品和水产资源可以补充填饱稀疏居民的口腹。马克思曾经指出："过于宽大的自然，使人类依赖于自然，就像儿童依赖于引绳一样。这种情形，使人类自身的发展，不成为一个自然的必要。"② 的确如此，自然的"富足"，容易使人安于现状，而不对自然做能动的改造和进取。

（2）恶劣的自然环境摧残人体，使之不能迅速提高农业生产的水平。《史记》记载："江南卑湿，丈夫早夭。"③《汉书》记载："南方卑湿，蛮夷中西有西瓯，其众半赢，南面称王。东有闽粤其众数千人亦称王。"④《后汉书》亦载："南州（指岭南一带）水土温暑，加有瘴气，致死亡者十必四五。"⑤ 卑湿的自然环境有利于生物的成长，也容易孳生病菌，对人体是极

---

① 梁方仲：《中国历代户口、田地、田赋统计》，上海人民出版社1980年版，第18－19页甲表4，第26－27页甲表8，第114页甲表28。
② ［德］马克思：《资本论》第1卷，人民出版社1975年版，第630页。
③ 《史记》卷一二九《货殖列传》。
④ 《汉书》卷九五《南越传》。又，《汉书》卷六四上《严助传》记载："越，方外之地，剪发文身之民也，……非有城郭之邑里也。处溪谷之间，篁竹之中，……林中多蝮蛇猛兽，夏月暑时，欧泄霍乱之病相随属也。……南方瘴热，暴露水居，蝮蛇蜇生，疾疠多作。"
⑤ 《后汉书》卷八六《南蛮传》。

为不利的。尤其烟瘴①流行,对人伤害更大。有学者估计,岭南人口的平均寿命在 30 岁左右。② 此外,毒蛇猛兽横行,对人们的活动亦是一个威胁。五代南汉时(10 世纪中叶),东莞城郊还有群象出没,危害农作物。③ 古代越人的干栏式建筑,正是为适应这种自然环境而设计的。西汉时的南越王赵佗说"其众半羸"④;南宋人周去非也说当地人"率皆半羸,而不耐作苦,生齿不蕃"⑤。可见,从赵佗至周去非之间经历 1000 余年,珠江三角洲的人们羸弱的体质并没有多大的变化。人的体质之所以羸弱,据周去非的解释,是因为"五谷湿而不甘,六畜淡而无味,水泉腥而黯惨,蔬茹瘦而苦硬"。⑥ 我们知道,农业生产并非单纯的自然再生产的过程,它本质上是一个不断的经济再生产的过程,它是以人类对生物自然再生产过程的干预为其特征的,人类不仅要适应自然,而且要改造自然。在当时的生产技术条件下,是要靠人自身活劳力的消耗干预生物自然的再生产过程的。没有足够的强壮的劳动力,莫说发展农业生产力水平,就是单从数量上提高农业生产也是做不到的。

(3)珠江三角洲是一滨海沼泽地,不仅有鱼、虾、蚌、蛤之利,而且土地肥美,水利资源丰富,其潜在的优势是巨大的,但利弊是互相依存的。每当汛期来临之时,西、北、东三江洪水同时暴发,江水横溢,浊浪滔天,造成洪涝之患。当地发展农业生产,关键在于兴修水利,治理水患,改低洼盐卤之地为良田。在仰赖原来的生产方式和技术条件就能获得"足够"的生存资料的情况下,人们本已不会兴治理洪涝灾害之念的;何况当时地广人稀,劳力不足,尤其缺乏健壮的劳力,更不可能改良土地,提高耕作技术。如前所述,当时靠自然环境已得以"自足"的珠江三角洲人民,缺乏在改造自然环境中求得自身发展的动力。

---

① 据南宋人周去非《岭外代答》(远东出版社 1996 年版,第 83 页)卷四《瘴》记载:"南方凡病皆谓之瘴。"瘴疾可分为冷瘴、热瘴和痖瘴。

② 参见刘希为、刘盘修《六朝时期岭南地区的开发》,刊于《中国史研究》1991 年第 1 期,第 3 - 13 页。

③ 民国《东莞县志》卷八九《金石略·镇象塔》:"在县治西北资福寺前,南汉时(905—971)群象害稼,官杀之。大宝五年(962)禹馀宫使邵廷琯聚其骨,建石塔以镇之。今在一小庙中,俗呼象塔庙。"

④ 《汉书》卷六四上《严助传》。

⑤ 〔宋〕周去非:《岭外代答》卷四《广右风气》,第 81 页。

⑥ 〔宋〕周去非:《岭外代答》卷四《广右风气》,第 81 页。

此外，还有一重要因素是当时的政权体制和社会结构缺乏组织当地居民推进生产的广度和深度的机能。岭南乃边陲蛮荒之地，封建帝国政府向来仅以归入领土和征取珠玑、玳瑁、象牙、翠羽等珍玩自足，同时由于生产力之落后，也确无"油水"可供其榨取。由于文献记载的阙如，唐代及其之前的历朝历代对当地赋税征收数额不得而知。从宋代田亩、田赋的记载来看，广东地区的耕地、税收很少。据统计，北宋元丰年间（1078—1085），广南东路的田地仅占全国田地总亩数的 0.7%，征收的夏、秋二税数额只占全国税额的 1.5%。① 宋代之前的田粮数额之微，更是可想而知了。因此，各级官府对广东地区的生产是不会给予关注的。

二、宋代北方士民的南迁与三角洲冲积平原的开发

珠江三角洲的初步开发始自宋代，这是以大量流民的移入为契机的，也同江南的开发，农业生产上所出现的第一次"绿色革命"分不开。江南地区存在的低洼沼泽地，历来是一难以处理的问题，宋代通过修筑堤围来排涝，将它改造成围田、圩田高产水稻区，还创造出淤田、沙田、山田、葑田、涂田等形式；农具也得到改进，可锻铸铁（俗称"熟铁"）应用于制造农具，促使耕犁的多用途化和手耕铁农具的出现；具有早熟和抗旱性能的占城稻（即后来的籼稻）被加以推广；矮株桑和植桑园林化得到发展，农艺学取得了进步。这一切使我国的传统农业臻于成熟。② 应当说，宋代是完成了经济重心从中原移往江南的朝代，也是农业经济划时代发展的朝代。

草莱未辟的岭南，较之于经过数百年开发的长江流域，自当更有经济发展的潜力；江南开发的经验，又使以洪水经常泛滥成灾、沼泽低洼之地难以处理为其特点的，与江南条件近似的珠江三角洲的开发成为可能。因此，从宋代以降，北方士民从江南迁徙岭南者日益增多。他们先越过南岭，寄寓南雄地区，然后继续南移至珠江三角洲。这从现存的岭南各族姓的宗谱中可找到例证。③

---

① 根据梁方仲《中国历代户口、田地、田赋统计》第 290 页乙表 10 计算所得。
② 参见许涤新、吴承明主编《中国资本主义萌芽》第一卷，人民出版社 1985 年版，第 7-8 页。
③ 黄慈博辑：《珠玑巷民族南迁记》，广东省立中山图书馆 1957 年手写刻印本。

17

移民是取自然水道作为迁移的路线,他们主要有下列几条路线①:

(1) 西江路线:由湘江经灵渠进桂江,或沿湘江源头之一的潇水越萌渚岭入贺江,两路皆可从西江进来。

(2) 北江路线:逾大庾岭进北江东源浈水,顺北江南下;或由湖南宜章入北江西源武水,或由今湖南临武入北江支流连江,后两路均须经骑田岭峤道。三路分别从浈水、武水、连江进入北江顺流南下。

(3) 东江路线:由福建汀江进入韩江流域,再从梅江上源转东江进来。

(4) 南洋沿海线:由东部沿海的南洋航线趁东北季风浮海而下。

唐代之前以西江路线为主。西江上游的封开、罗定、高要一带为移民首站,人口密度居于首位;社会经济相对较早地得到发展。② 唐开元四年(716)大庾道开凿后,北线升居首位,尤以北线之大庾岭、浈水一路为最主要。移民越过南岭而来,"下浈水者十七八焉"。③ 南雄、韶关一带是这一移民路线的第一站,人口剧增,跃居封开、高要地区之上,社会经济也因而继封开地区之后得到发展。处于东江路线和南洋沿海的潮州、梅州、循州一带,到了宋代由于人口的移入,人户密度才追上封开、高要地区。潮州人口因韩江三角洲的开发甚至已接近粤北韶、连人户密度。④ 可见,北方士民的南迁对广东地区人口的分布及其增减影响甚大。

关于北方士民迁入珠江三角洲的经过,近人黄佛颐(字慈博)辑录的《珠玑巷民族南迁记》一书,为研究这一问题提供了极为丰富的史料。该书是作者从诗文集、族谱中摘出有关记载珠玑巷移民珠江三角洲的资料,加以考证、编排而成。该书所辑之资料,主要采自珠江三角洲各宗族的族谱,共计40余种。这些族谱几乎都是在明清年间修撰的。关于他们先祖南迁珠江

---

① 参见叶显恩主编《广东航运史(古代部分)》,第44-63页。
② 据〔明〕郭棐《粤大记》卷二六,第752页记载:"吴霸,阳山人,少以材勇为兵率,镇中宿洭浦关。……昭帝元凤五年(前76)秋,罢象郡,分属郁林、牂牁。霸族在桂阳者,欲往广郁就腴田,霸不许。惟令垦近土,庐居番禺县之西,有江浦焉。"按:广郁,在今广西百色、凤山一带;江浦,即今南海西樵山附近官山一带。广郁,在西江上源红水河和右江之间的谷地,即今广西凤山与百色之间一带地区。江浦即今佛山市南海区西樵山附近官山一带。可见,西江上源地区在汉代被视为腴田,耕种条件胜于今日的三角洲。
③ 〔宋〕余靖:《武溪集》卷五《韶州真水馆记》。
④ 参见徐俊鸣《隋唐宋元间广东人口分布变迁的初步分析》,见《岭南历史地理论集》,中山大学学报编辑部1990年版,第238-250页。

第二章 北方士民的南迁和珠江三角洲冲积平原的开发

三角洲的原因、经过，东莞英村《罗氏族谱》对一次集体南徙之记录较为完整。黄慈博先生以此为底本，与新会泷水都莲边里《麦氏家谱》、番禺市桥《谢氏族谱》相对照，考其互异。现将其抄录如下：

宋季间（新会泷水都莲边里《麦氏家谱》作宋度宗咸淳九年癸丑，《谢谱》不著年代）有宫人苏氏，貌美性淫，贪私无已。一夕上幸宫，失调雅乐，上怒，命下冷宫。时季宋宫禁不严，妃乃潜逃，无人知觉。自度不可复入，因扮作游妇，混杂京省。踪迹飘泊，所遇辄投。时有富民黄贮万，系南雄府始兴郡保昌县牛田坊人。贮万备船运粮上京，遂得至关口市下，（《麦谱》作"至临安湾泊"）湾泊船只，备牲酬福。时有歌舞近前，似有献媚之态。万见女貌美，稍以意挑之，女即下船，与万言娓娓不已，愿托以终身之事，因载而归。后来上行敕复取苏妃，而不知逃亡久矣。上怒，敕兵部尚书张钦（《麦谱》作"张英宾"）行文各省缉访，经年无迹，乃复奏，上准歇，不行追究。不知贮万所遇之女子，即苏妃也。已改姓胡，立为宠妇矣。一日，其家人刘壮因隙走出，（《麦谱》作"家仆刘庄憾其主，走京师，诣英宾告其事"）扬泄弊端，传溢京省。兵部官知此，恐上究因，乃诈谓民违法作孽，会同五府六部，所有文武官僚，共掩前迹，密行计议，欲芟洗其地以灭踪，伪称南雄府保昌县牛田坊，有贼作乱，流害良民。冒挟圣旨准行，以南雄府始兴郡保昌县牛田坊地方，择地建筑寨所，聚兵镇守，庶国泰民安等事。时贵祖有婿梁乔辉（《麦谱》作"罗贵祖者，其姑夫乔辉仕京为指挥"，《谢谱》亦作"姑丈"）现在京都，任兵部职方司，得闻声息，遂遣家人密报。未旬月，部文行批，立令照议，严行迁徙。

时始兴郡牛田坊五十八村，居民亿万之众，莫不嗟怨惶惶。惟珠玑里居民九十七家，贵祖密相通透，团集商议，以为南方烟瘴地面，土广人稀，必有好处。大家向南而往，但遇是处江山融结，田野宽平，及无势恶把持之处，众相开辟基址，共结婚姻，朝夕相见，仍如今日之故乡也。众议而相语曰："今日之行，非贵公之力，无以逃生。吾等何修而至此哉！今日之德，如戴天日，后见公子孙，如瞻日月。"九十七人即相誓曰："吾等五十八村居民亿万之众，而予等独藉公之恩，得赖逃生，何以相报？异日倘获公之福，得遇沃壤之地土，分居安插之后，各姓子孙，贫富不一，富者建祠奉祀，贫者同堂共飨，各沾贵公之泽，万代永不相忘也，世世相好，无相害也。"即签名团词赴县陈告，准立文

19

案、文引，仍赴府告准案结引，立号编甲，陆续向南而行。（《麦谱》云：以竹结簰，浮湞水而下，至连州水口，遇风簰散，溺毙男女无数，至广属香山县黄角大良，各投土人草屋安歇，分寻居住，成聚落焉。麦氏有五弟一妹及同族二百余人，始居黄角。）

　　所有案卷文引、备列于后。

绍兴元年仲冬望后志①

　　其言凿凿，尤其是罗贵等三十三姓九十七家之南迁，此谱附有申请路引词、官府公牒（详见本节末尾附录：东莞英村《罗氏族谱》（罗氏手抄本）刊载的迁徙词、官府公牒），似彰彰可考，毋庸置疑。但我们对这些族谱记载加以仔细考察，发现其讹舛纰漏之处甚多。内中收录的所谓宋代行文，既非当时之式样，且把明清时期的省、府等地方建制载于其中。而且香山此时尚未立县，大良亦未曾属香山管辖。南迁的岁月，各姓族谱之记载，靠历代口碑相传，因年代久远，误传附会也就充满其间了。该书所辑的有关诗文，其作者也是明、清两朝之人，对珠玑巷南迁史事同样据之传闻，各参己见，所说也自当互异了。有的还对南迁之传说提出种种质疑。连究心于乡梓、宗族事务的霍韬，在《霍渭厓家训》中也说其霍氏祖先迁来南雄之年代有种种说法，未知孰是，并指出其先人从南雄朱玑（按：霍家训之"朱玑"是否就是"珠玑"，存疑）巷再徙南海之原因有不同传说，且已无文献可足稽考。②

　　关于南迁岁月及其原由，是历来聚讼纷纭之公案，到了今天，我们要完全还原这一段历史似已不可能。我们只能从这些传说中弃其枝节之论，理出一个历史的梗概来。我们看到，这些互有矛盾的记载反映出许多共同点，即都说迁自南雄，时间则多说是在北宋末年或南宋末年，迁徙的原因是社会动乱，南迁的路线多说是"以竹结筏"③，沿北江顺流南下。把这几方面的共同点参证以正史的记载，笔者认为，北方士民移住珠江三角洲当是无争的事实。

　　据文献记载，北宋末年的确发生过较大规模的北方士民移入南雄地区的事件。北宋灭亡后，宋高宗仓皇南逃以躲避金兵。中原士民一部分随高宗进

---

① 黄慈博辑：《珠玑巷民族南迁记》，第6页。
② 〔明〕霍韬：《霍渭厓家训》续编卷十六《先德第十六》。
③ 见新会泷水都莲边里《麦氏族谱》。

入太湖流域，而大部分则随隆佑太后前来赣南。据《宋史·高宗本纪》记载，建炎三年（1129）六月，宋高宗诏谕中外："以迫近防秋（按：防秋即防金兵秋侵），请太后率宗室迎奉神主如江表；百司庶府非军旅之事者，并令从行。朕与辅臣宿将，备御寇敌，接应中原。官吏士民家属南去者，有司毋禁。"① 由杨惟忠率领的护卫太后的军队有万人，估计随同隆佑太后南下者当有数万人之众。他们沿赣江先抵洪州（今南昌市），继而到吉安，终达虔州（今赣州市）。护卫太后的万员将士，沿途溃散、叛逃，抵虔州时已不满百人。在金兵步步追击下，这些逃散的兵士当南下度大庾岭避难。当隆佑太后自虔州往临安后，原随同太后南下的这部分士民便沿赣江的上源章水继续南迁，跨过大庾岭，寄寓南雄。② 李心传在《建炎以来系年要录》中就此事写道："时中原士大夫避难者多在岭南。"③ 这些士大夫就道时所携带的随行人员和族人，以及邻里乡党中的大部分人，当随同他们越岭避难。

粤北地区山多田少、土地贫瘠。自唐代以来，人口密度已跃居广东省首位。④ 南迁的士民，利用当地的崇山峻岭来当战乱的避难所犹可，要在那里定居，实属不可能。所以，他们稍作喘息，便顺着北江水道，南移至北江中游的谷地，乃至尚待开发的土地肥美的珠江三角洲，是理所当然的了。

据文献记载，宋代北方士民移入珠江三角洲规模较大的有两次。一次是前述的宋室南渡期间，拥随隆佑太后南下的士民，先到南雄地区暂住之后，经过了解岭南各地的自然资源、人文景观，并经筹划，终于采取继续南迁珠江三角洲的行动。东莞英村《罗氏族谱》等书所记载的以罗贵为首的三十三姓九十七家的迁移，当是这一次迁徙中的一个集团性的行动。《珠玑村三十三姓九十七人流徙铭》记载的名单，今可考者有 13 人。⑤ 据族谱记载：

---

① 《宋史》卷二五《高宗本纪二》。
② 《宋史》卷二六《高宗本纪三》："（建炎四年八月）庚辰，太后至自虔州。"〔宋〕徐梦莘：《三朝北盟会编》卷一二七"炎兴下帙二十七"：《建炎复辟记》曰：建炎二年十二月十六日乙卯，隆佑太后御舟至于杭州。"按：卷一三七"炎兴下帙三十七"："（建炎四年三月）先是……卢益、辛企宗、潘永思赴虔州迎隆佑皇太后。"又，卷一一九"炎兴下帙十九"："（建炎二年）十二月五日乙卯，隆佑皇太后至杭州。隆佑皇太后至杭州，以州治为行宫。"
③ 〔宋〕李心传：《建炎以来系年要录》卷六三，绍兴三年三月癸未。
④ 参见徐俊鸣《隋唐宋元间广东人口分布变迁的初步分析》，见《岭南历史地理论集》，第 238－250 页。
⑤ 黄慈博辑：《珠玑巷民族南迁记》，第 9－11 页。

21

罗贵一家，男丁六口，女丁一口，男仆五口，女仆三口，共15口；麦秀一家兄弟五人，家属共达200余口；冯元昌一家七兄弟，家属人数阙如，想来也当属不少。从这几家的人口数类推，九十七家迁移集团的人口总数可达数千人。① 这一次陆续迁入珠江三角洲的人口数当以万计。

还有一次是发生在南宋末年。咸淳六年（1270），因潮州王兴领导的起义军转战于广州，广州属下各县人口在战乱中死亡或逃散，人口剧减，故"诏徙保昌（即南雄县）民实广州"。② 德祐二年（1276），元军挥戈南下，元将吕师夔攻陷南雄、韶州，宋守将曾逢龙、熊飞先后战死。为避兵燹，那些于北宋末年及以后移居南雄地区的北方士民，又于宋末元初继续顺北江南迁珠江三角洲。

除上述的两次较大规模的珠江三角洲移民外，南宋首都临安陷落后由文天祥、张世杰先后拥立的赵昰、赵昺小朝廷，转战于东南沿海，后为元朝所灭。其逃散的皇室成员、朝廷官僚和士卒，当改名换姓，隐匿于珠江三角洲一带。宋末帝赵昺在崖山投海自尽后，其宗室成员就"更易姓名，潜居山林"。③ 我们知道，在德祐二年（1276）宋端宗赵昰流闯闽粤海上时，据区仕衡（顺德陈村人）的估计，宋军尚有江淮兵1万、诸路民兵20万、正军17万。④ 到1279年崖山之役，当张世杰与元将领张弘范决战时，宋军还有兵民20余万。这些人除战死外，多逃匿于闽粤一带，尤以珠江三角洲一带为多。他们显然也作为一支劳动力大军加入开发珠江三角洲的队伍。正是由于宋代大量人口迁入三角洲地区，又随着三角洲的开发，人口不断增殖，呈直线上升的趋势，宋元时期，三角洲的人户已跃居广东首位。⑤

根据族谱记载，现将宋代及元初自南雄地区迁入珠江三角洲的姓氏分居

---

① 参见东莞英村《罗氏族谱》（罗氏手抄本）、新会泷水都莲边里《麦氏家谱》、番禺市桥《谢氏族谱》。

② 简朝亮：《顺德简岸简氏家谱序》："五季后梁时，契丹寇北方。范阳世孙宦岭表，不得归，旅居南雄，渐来广州。宋淳熙二年，先人相宅，乃氏斯乡，所谓简岸也。"

③ 参见赵善庭（新会三江）《赵氏族谱》（宣统刻本）。校按：《赵氏浚仪郡三江源流族序》"十世祖赵必迎"条作"更易姓字，潜迹山中。"

④ 咸丰《顺德县志》卷二二《区士衡传》，见顺德市地方志办公室点校《顺德县志（清咸丰·民国合订本）》，中山大学出版社1993年版（点校本），第663页。

⑤ 参见徐俊鸣《元代广东经济地理初探》，见《岭南历史地理论集》，第219－237页。

地点列举如下①：

南海

银塘康族　绿潭李族　大涡张族　邵边邵族　罗格孔族　石江李族
澜石梁族　海舟梁族　蠔冈姚族　九江朱族　九江关族　弼塘庞族
盐步简族　上淇陆族　恒顺陆族　湖涌简族　黎边黎族　大同程族
黎涌简族　云路简族　河清陈族　白沙简族　平地黄族　石肯梁族
横江简族　麦村麦族　九江陈族　大朗冼族　罗格冼族　大桐冼族
简村冼族　鹤园陈族　冲霞北乡海口麦族　金瓯松塘区族

番禺

沙湾李族　韦涌简族　礼园黎族　沙亭屈族　鹭冈李族　鹿步冼族
车陂简族　屏山简族　都那简族　小洲简族　市桥韩族　市桥谢族
大田村谢族　番禺麦族

顺德

陈村区族　马齐陈族　逢简李族　古楼冯族　古楼潘族　石涌陆族
桃源黎族　碧江苏族　大良陈族、卢族、罗族　马宁何族
龙山梅族　龙山温族　龙江陆族、黄族、简族、张族
桂洲里村陈族

新会

瑶溪区族　凌村陈族　石头陈族　恩州陈族　大口冲冯族
丹灶吕族　河塘李族　河塘容族　天河谭族　水尾朱族
冈州陆族　中乐陆族　七堡李族　务前李族　鸢台简族
新会邝族　新会麦族　泷水、连塘、竹坑、冲澄、鹿峒等地李族
江门范罗冈吕族　潮连大蠹冈背区族　城南新魁窖黎族

鹤山

隔朗陆族　平地岭冼族

---

① 参见黄慈博辑《珠玑巷民族南迁记》，第26—42页。

香山（中山）

南屏张族　谭井刘族　平岚林族　大都陈族　大车林族　麻子陈族
濠涌严族　南塘简族　冈背陈族　坎下梁族　张溪梁族　古霸韩族
赤坎阮族　海洲魏族　莆山陈族　南村曹族　永原缪族　象角阮族
北山杨族　四字都陈族　山场吴族　山场鲍族　鸦冈郭族
鸦冈郭族　鸦冈刘族　良都郭族　良都杨族　麻洲李族　麻洲蓝族
隆都刘族　隆都余族　水塘头陈族　龙头环侯族　唐家湾唐族
婆石村陈族　过城高族　过城任族
小榄梁族、李族、麦族、孙族、朱族、何族、吴族、邓族、杜族、刘族、甘族、罗族、石族、李族（按：与前李同宗不同族）
四都藜村梁族　大涌南文萧族

东莞

栅口张族　茶园袁族　赤冈何族　茶窖黎族　长表刘族　文顺丁族
古梅萧族　靖康麦族　东莞李族、封族、祁族、陈族、房族

恩平

圣堂梁族、司徒族

清远

琶江朱族

宝安

何族、黄族

增城

刘族

以上罗列的是文字的族谱。单寒弱族以及被歧视为"贱民"的疍户（旧时也作"蛋民"）等的口头"族谱"，也说他们的祖先同样迁自珠玑巷。本是浮荡于江海之上的疍民，甚至嘲笑一些珠江三角洲足趾甲凹陷的族姓，说他们从珠玑巷迁来时，因贫穷从陆路步行把趾甲弄破了，以至于子孙趾甲

凹陷。而疍民有钱坐着船南来，所以趾甲完好。①

笔者曾于 1985 年夏和 1990 年春两度专门前往实地考察。在南雄城北通往大庾岭道上，确有一名曰"珠玑巷"者，巷长约 1500 米，巷之石刻匾额犹存（见图 2-1）。面对这充满传奇色彩的古巷，笔者作为与这一传说无关的局外人，也不禁浮想联翩，陷入深沉的历史思索之中，难怪传说为珠玑巷后裔的明清文人墨客、官宦士大夫每当途经此地要下马凭吊盘桓，留下许多歌咏感慨的诗文。

图 2-1 珠玑巷古楼石刻匾额

为什么区区小巷竟如此神奇地成为源发珠江三角洲各姓氏，乃至疍民的圣地呢？清代番禺人黎遂球在《度梅岭记》中说，北宋末年，中原诸豪杰"卜居于广，不则，今珠玑巷不过寥寥数十人家（按：此地段确只能容纳数

---

① 参见陈忠烈、罗一星《1989 年在三水县卢苞镇的田野调查报告》（未刊稿）。

十户），姓氏俱异。何吾乡诸大姓，俱云从彼至哉！"① 《珠玑巷考》（收录于香山翠微《韦氏族谱》）的作者也认为"旧谱称我祖后居珠玑巷"，"一巷之微，安能容百数十家？故省志载其地而略其人，最为有识"。② 他们或怀疑，或表示不解。

其实，关于迁自同一地方的传说，并非广东所仅有。日本学者牧野巽早已指出，除广东流行迁自南雄的传说外，华北一带有同迁自山西洪洞县大槐树的传说；山西北部有迁自山西马邑乡的传说；客家人有迁自福建宁化县石壁洞的传说；湖南人有迁自江西的传说；四川人有宋、元时僖宗（按：宋、元两代皇帝庙号均无"僖宗"者）扈从的传说和现代的湖广传说；云南民家有迁自明代南京的传说；广西壮族有迁自山东青州的传说。③ 凡此种种传说，皆各有深意焉。近人陈乐素教授对珠玑巷移民的传说曾撰专文做过解释。他认为战乱流徙他乡者，总忘不了故乡。把珠玑巷作为中原和江南的象征，代表南迁者的故乡，其意义已不仅限于纪念南雄的珠玑巷，而且含有纪念广泛的中原和江南的故乡的意味。这种各大族源自珠玑巷的传说，具有维护同宗、同族以至同乡团结互助的作用。④ 这里的确道出了其中的一些奥妙。因历来相信南海县的"梁文康、霍文敏诸望族，俱发源于此"⑤，一些土著单姓弱族，出于攀附这些名宗大族的动机，也假冒认同，以求庇护，当亦是其中一个原因。

我们从族谱所载的珠玑巷移民申请路引词、官府公牒一类文件的措辞可以判断这一传说盛行于明代。自明代中叶始，尤其至清代中叶，是移住者深入珠江三角洲内部开发的时期。各族姓源自珠玑巷的传说，有助于消融以祖籍意识为基础的团体壁垒，促进彼此间的认同意识，起整合移住者群体的作用。正是因为他们意识形态上的认同点从祖籍和神明信仰转移到珠玑巷的传说，我们未曾发现移住者以祖籍地缘为基础的团体间有大规模冲突纠纷的记载。他们能顺利地对三角洲水网区进行有效的治理与开发，无疑是与此有

---

① 〔清〕黎遂球：《莲须阁集》卷十六《度梅岭记》。
② 〔清〕韦勋表等：香山翠微《韦氏族谱》卷十二《珠玑巷考》，传经堂光绪三十四年（1908）刻本。
③ 参见〔日〕牧野巽《广东原住民族考》，见《牧野巽著作集》第五卷，御茶の水书房1985年版。
④ 陈乐素：《珠玑巷史事》，刊于《学术研究》1982年第6期，第71－77页。
⑤ 康熙《广东通志》卷二三《古迹·南雄府保昌县珠玑巷》；雍正《广东通志》卷五三《古迹·保昌县》。

关的。

将移住者以珠玑巷的传说为认同点整合起来,显然有利于与土著居民抗衡。移住者随着对开发三角洲做出贡献,加之自明代中叶起在科举仕宦上取得成功,①因此反客为主,不是他们土著化,而是土著归附他们,认同珠玑巷的移民。至于他们之所以将所谓申请路引词、官府公牍一类文件载诸族谱,且历代口碑相传,是由于他们在还没有站住脚之时,担心当地"势恶"制造事端,导致日后产生"入住权"的纠纷。譬如罗贵集团移入珠江三角洲之前,就曾了解当地是否有"势恶把持"。②将所谓"路引"和官府公牍载入族谱,正是为了争得入住权的合法化。③这反映了入住权在当时的重要性。

南移的这些士民,自称来自中原。中原的范围是不断扩大的。到了唐代,湖北、江苏都算中原了。④其中不少人是从江南地区迁来的,说自己是来自中原,也说明了这一点。当他们来到珠江三角洲时,可耕之地早为土著居民所占有。他们只能落户于生活和生产条件相对恶劣的地方。他们面临的任务是将低洼的、卑湿的冲积平原开辟成田。那里布满浅海、沼泽、洪、

---

① 通过商业化取得经济实力以培养子弟,然后经科举考试而进入统治集团。如明中后期农民出身的伦文叙和以训、以谅、以诜四父子获得"四元双进士"之誉。养鸭户出身的霍韬、冶铁户出身的李待问等,都是从社会的底层上升为朝廷重臣。入清之后,科举仕宦者更多。他们成为地方控制的强大势力。可参见〔日〕西川喜久子《珠江三角洲の地域社会と宗族・乡绅》,刊于《北陆大学纪要》第14号(1990年),第129-149页;〔日〕松田吉郎《明末珠江三角洲デルタの沙田开发と乡绅支配の形成过程》,刊于《社会经济史学》第46卷第6号(1981年),第55-81页。

② 黄慈博辑:《珠玑巷民族南迁记》,第7页。

③ 入住权有时历数代百余年而未能取得。据记载,南宋末年蒲甫山从广州迁至顺德县之蒲庐。三传至蒲胜,又迁往南海之西鸦。因无户籍,"托人檐宇,他族实逼"。后由于与杜胜宇有结兰之谊,故于明洪武二年(1369)再迁至甘蕉村。〔蒲肇扬等:《南海甘蕉蒲氏家谱》册二《甘蕉蒲氏始迁祖秋涛公传》,光绪三十三年(1907)刻本〕又传至第三代蒲观美时,尽管田地广僻,家室安居,但"仍挂籍于人,借户输税"(册三《甘蕉蒲氏三世乐善祖传》),对未能注籍编图,焦虑万分。直至永乐二十二年(1424),蒲镜兴才得以开户于南海甘蕉籍,编为沙丸堡之十图十甲。自此时起,才感到"乡园已异旅居,井里益相守望"。关于这一问题,可参见〔英〕科大卫《明清珠江三角洲家族制度发展的初步研究》(《清史研究通讯》1988年第1期)一文。

④ 周大鸣:《斩不断的历史——许倬云先生访谈录》,见叶显恩等编《"中国传统社会经济与现代化"学术研讨会论文集》,广东人民出版社2001年版。

涝、碱等经常为害,如果不修筑堤围以防洪、防碱并排涝,就无法垦种。江南修筑圩围、改造沼泽地的经验给他们提供了借鉴。南海北缘的珠江三角洲浅海湾滩涂的开发因此兴起。先是在三角洲顶部的干流修筑堤围,继而不断下移,深入珠江三角洲底部。堤围原是防水患以耕浮露之滩涂,自明代中叶起,尤其清代乾嘉之后,便在浅海中拍围,以促进滩涂成陆,然后将成陆的滩涂垦耕成田。

据史籍记载,宋代300余年间,主要沿西、北、东三江干流两岸修筑堤围,尤以西江沿岸为多。在海滩和沿海边缘的冲积平原也修有围堤,如东莞南部滨海一带的咸潮堤和番禺县黄阁之东的黄阁石基等。堤围计有10余处,大小共28条。据不完全的资料统计,堤长达66024丈。堤围的规模一般较大,尤以桑园围和东江围为最。桑园围建于北宋末年,"基延袤万二千余丈,捍卫良田千五百顷,为广属中基围最大者"。[①] 北宋元祐二年(1087)修筑的东江堤"延袤万余丈,护田九千八百余顷"。[②] 从修筑堤围的技术看,人们已能巧妙地根据地形、水文等自然条件,因地制宜,因势利导,或修成堤,或修成围。而围中又有闭口围和开口围之别。修堤固定了河床,加速了水流,以水攻沙,有利于防止河床淤塞,保持水道畅通。同时既可防洪、防潮,又可收到灌溉之效。因此,一些原被潦水浸没的江边、海边之地,被垦辟为田,例如新会外海、三江、睦洲和中山小榄四沙,都是在宋代垦辟,并有居民聚居。[③] 原已开垦成田的,收成也有了保障。据不完全的资料统计,宋代的堤围,捍卫农田面积达24322顷。[④]

元代在对前朝旧堤做加高培厚的修缮的同时,集中在西江沿岸继续修建新堤,计有11处,堤围34条,长50526丈,捍卫田地面积2332顷。元代的堤围规模比宋代小,捍田面积一般在100顷以下,最大者为500顷,最小者仅得7顷,[⑤] 但技术有所提高。例如西江支流高明河西岸堤围多建有石

---

① 〔清〕温汝适:《桑园围志》卷一《甲寅》:"照得南海县属桑园围基,延袤万二千丈,捍卫良田千五百余顷,为广属中基围最大之区。"
② 民国《东莞县志》卷二一《建置略六》。
③ 参见〔清〕卢子骏《潮连乡志》;赵善庭(新会三江)《赵氏族谱》;〔清〕蔡垚爔《新会乡土志辑稿》;李喜发(中山榄镇)《李氏族谱》,民国三年(1914)刻本;《中山乡土史资料》,1960年油印本。
④ 参见《珠江三角洲农业志》第2册《珠江三角洲堤围和围垦发展史》,第11页。
⑤ 参见《珠江三角洲农业志》第2册《珠江三角洲堤围和围垦发展史》,第14页。

窦；暗珠堤外有石坝；秀丽围内有间基。① 从河床上下游水位差值考虑，堤围的高度也都比宋代时修的要高。

宋元所建的堤围均散布在珠江三角洲的西北部及东部地区。由于堤围固定河床，使水流加速，泥沙被冲积在堤围以下的南部地区，这就加速了甘竹滩以下的中山县北部平原的浮露。

到了元末，原来处于海中的三江、睦洲、五桂山、大黄圃、潭洲、黄阁等大小岛屿，已因泥沙淤积成陆而与北部的平原基本连在一起了。人为的开发加速了三角洲的发育。西、北江三角洲的前缘已推至古井、西安、港口、下河、横档、黄阁一线；东江三角洲的前缘则伸展到漳澎、道窖一线。范围比之前扩大了不少。

在修筑堤围的同时，人们已利用水车进行农田灌溉，并已使用轻便的曲辕犁，用于深耕的铁搭和适合南方水田作业的耖、耘荡等农具。精耕细作阶段基本的农业生产技术都已掌握，因而农业生产有了发展。南宋时，粮食不仅能够自给，而且有余粮输往闽、浙。② 蚕桑业虽早在汉代已见诸文献记载，但得到较大的发展则是在宋代。北宋末年修的最大的一处堤围以"桑园"命名，可见，当时已种植了不少蚕桑。从每年向北宋政府奉纳丝绢③中亦可佐证。半野生的果树，已经被广泛利用，主要的果树种类，当时都已具备了。

在九江—桂洲—沙湾连线以北的南海、顺德、番禺一带，村落日趋稠密，呈现出初步的繁庶。芦苞、官窑、金利、青岐等原有居民点更趋繁盛。胥口、三水、大通、扶胥等，则已发展成市镇。据元大德年间陈大震修的《南海志》记载，单以南海县统计，长河渡有金利、丹灶、奇石等33处；横水渡有宁口、西岸、官窑等46处。④ 从交通之便捷看，人烟当已比较稠密。从广州至紫坭、市桥、沙湾一带地区，成为当时封建官吏聚居和活动频繁之地。外海至新会一带，也渐趋繁荣。珠江三角洲南部原属南海、番禺、新会、东莞四县的五桂山一带岛洲，也于南宋绍兴二十二年（1152）建置

---

① 光绪《高明县志》卷十《水利志·堤岸》。
② 《宋史》卷四〇一《辛弃疾传》："闽中土狭民稠，岁俭则籴于广"；又，卷三五《孝宗本纪三》："淳熙九年（1182），籴广南米赴行在（杭州）。"
③ 据〔宋〕李心传《建炎以来朝野杂记》甲集卷十四《财赋一·东南折帛钱》记载，广东于南宋绍兴中年每岁奉纳的绢有4600多匹。
④ 参见广州市方志办编《元大德南海志残本》卷十《河渡》，广东人民出版社1991年版，第88—90页。

香山县，治所设于石岐。这标志着当地人口有了较大的增殖。

珠江三角洲的开发，除前述的因移民带来了劳动力，又带来了先进的生产技术等因素外，同当时的政治、经济形势也甚有关系。宋代北部边境不宁，辽与西夏时时扰边，金兵更深入淮河地区，大肆侵扰。北宋对北方意在防御而不是进取，因此把经济发展的重心放在江南和东南沿海。南宋偏安杭州后，更是如此。宋代以向南发展来求得出路。经济重心南移的趋势，江南低洼地垦辟的成功，促使宋政权关注对珠江流域尤其是珠江三角洲的开发。宋政权所采取的鼓励垦荒、以兴修水利作为对官僚考绩的根据等措施，对发展农业生产是起了积极作用的。

附录：东莞英村《罗氏族谱》（手抄本）刊载的迁徙词、官府文牍[①]

为逃难案寄生团情事，贡生罗贵，居民麦秀、李福荣、黄复愈等，原籍南雄府始兴郡保昌县牛田坊十四图珠玑村。贡生罗贵等陈，俯乞立案，安广州、冈州、大良等处定籍，安恤生灵，上缮国课（原校：《麦谱》作"上膳国粒"）。贵等祖历洼住珠玑村，各姓分户籍，有丁应差，有田赋税，别无亏缺外，无违法向恶背良。天灾地劫，民不堪命，十存四五，犹虑难周。及今奉旨颁行，取土筑设寨所，严限批行，无遗（原校：违）等因。近处无地堪迁，远闻南方烟瘴，土广人稀，堪辟住止，未敢擅自迁移。本年正月初十日，赴府立案批引，严限正月十六日起程。沿途经关津岸陆，此照通行。于本年四月二十六日（原校：《麦谱》作"四月十三日来，邑属大良"），来到邑属冈州、大良都古蓢甲郎底村，盘费乏尽，难以通行，借投上人冀应达草屋，未敢擅作窝兜，百口相告，签名粘引，团赴冈州大人阶下，俯乞立案，安插各处，增图定籍，保恤生民。仍乞执照缴引施行，庶子孙万代，戴恩罔极。上词。绍兴元年五月初六日，团情贡生罗贵等叩呈。

冈州知县批词[②]

普天之下，莫非王土；率土之滨，莫非王臣。贡生罗贵等九十七人，

[①] 《赴冈州告案立籍缴引词》，见黄慈博辑《珠玑巷民族南迁记》，第13页。
[②] 《冈州知县李丛芳批》，见黄慈博辑《珠玑巷民族南迁记》，第13页。

既无过失，准迁移安插广州、冈州、大良等处，方可准案，增立图甲，以安户籍。现辟处以结庐，辟地以种食，合应赋税，办役差粮，毋违。仍取具供结册，连路引缰（原校：《麦谱》作"连引缴"）赴冈州。

三、明清三角洲冲积平原的扩大与深入开发

明、清两代则在宋、元的基础上扩大开发范围，开发的深度又有突出的增进。水利是农业之本，明、清两代继续改进水利设施。宋、元修筑堤围多限于西、北江三角洲西北部和东江三角洲东部。明代在宋、元的基础上，继续在西、北江干流及其支流修筑堤围。有明一代 276 年中，共筑堤 181 条，长达 220399.75 丈，比宋、元两代堤围长度之和 116550 丈多近一倍。① 修筑的堤围延伸到甘竹滩附近一带的河涌沿岸。西、北江干道及其支流，基本上筑起了护水堤围。因工程规模大小不一，收益也各有区别。大的如丰乐围，护田面积达 700 顷，其他的都在 300～500 顷。筑堤技术也有所提高，西、北江三角洲顶部的堤围，采用石料修筑的逐渐增多，宋、元两代在高要县修建的土堤，此时也多改为砌石坡，换用石窦。明代还创造了载石沉船截流堵口的方法。② 尤其值得注意的是，海滩围垦方面取得很大的发展。如果说宋代已将沙滩围垦成田的话，那么，大量围垦沙田却是从明代开始的。明代沙滩浮露成陆的范围主要在香山县北部和新会县南部一带，其他如番禺县南部和东莞县西部也有浮露。明代前期，人们已在香山北部浮露成陆的西海十八沙和新会东南部的海坦垦辟。明代中叶以后扩展到围垦浮露成陆的东海十六沙和禺南一带。东莞西部海滩也有一些围垦，不仅围垦"已成之沙"，就是"新成之沙"也做拍围、垦种，开始与江海争田，扩大耕地面积。据粗略的统计，包括军屯与民垦共有 1 万顷以上。

---

① 参见《珠江三角洲农业志》第 2 册《珠江三角洲堤围和围垦发展史》，第 22 页。
② 〔清〕冯栻宗：《桑园围志》卷三《丁丑续修志·桑园围考》："洪武二十八年乙亥六月初九日，吉赞横基被潦冲决，各堡议筑。时有九江陈公博民，号东山叟，慷慨有才，谓：夏潦岁至，倒流港，为害最剧。乃度其深广工程，伏阙上书议塞。旨下有司，属公董其役。洪流湍激，人力难施。公取数大船，实以石，沉于港，水势渐杀，遂由甘竹滩筑堤，越天河，抵横冈，络绎亘数十里。"卷八《癸巳》："明洪武二十九年（1396），九江陈处士博民，塞倒流港……洪流激湍，人力难施。公取大船，实以石，沉于港口，水势渐杀。遂由甘竹滩筑堤越天河，抵横江，络绎数十里。"

香山县随着西海十八沙和东海十六沙的成陆,已不再是孤悬海外,而是与大陆相连接了。

应当指出,由于宋、元修筑围堤,加速泥沙淤积,在明代不到 300 年间,西、北江三角洲的前缘已经推展到磨刀门附近;沿海的黄杨山、竹篙岭、五桂山和南沙等岛屿,已与北部陆地相接连。原来的三角洲冲积平原面积比前扩大几近一倍。东江三角洲也往前推移至漳澎、道窖一线以下。

清代,修筑堤围的分布从甘竹滩一带向南伸展到三角洲的漏斗湾内部和沿海地带。修筑的堤围有 272 条,比明代增加了 50% 以上。其扩展的范围则比明代增加一倍有余,相当于宋、元、明三朝堤围分布的范围。至清末,堤围已遍布三角洲的河网地带。筑堤技术较明代也有了进一步发展。堤围在距河岸两三里处修筑,筑堤材料改为泥、石并用。注意选泥,"以老土为佳","堤根宜阔,堤顶宜狭,堤无太峻"。新旧堤交界处"用铁杵力筑,层层夯硪,期于一律坚实",并于堤边"栽种草根"。还创造了有效的护堤方法,即栽柳,"卧柳、长柳相兼栽植";或栽种"茭苇草子"。于临水的堤面要"密栽芦苇或菱(茭)草",以使"即有飙风大作终不能鼓浪"。① 可见,人们在堤围的修筑和护围方面都积累了较完整的经验。围垦沙田方面也比明代有进步。"昔筑堤以护既成之沙,今筑堤以聚未成之沙;昔开河以灌田,今填海以为陆"。② 海坦的围垦已从"新成之沙"扩展到"未成之沙",与海争田更为迫切。原来浩瀚的沙滩,陆续变成了耕田。例如香山县蜻蜓洲山"昔在海中,今皆成田,有民居"。蜻蜓洲以北的粉洲山、横山"四际巨浸,今成潮田"。③ 漏斗湾内的万顷沙,在清末也淤积成陆,并围垦成田了。

从上可见,明、清两代,堤围修筑的范围愈加扩大,沙田得到大规模的开发。三角洲冲积平原经过人为的开发,加速了其发育。三角洲的范围从唐代的泷水—江门—桂洲—沙湾—黄埔一线,不断地向南伸展,到了清末,终于形成西、北、东三江从今日的虎门、蕉门、洪奇沥、横门、磨刀门、泥湾门、虎跳门和崖门等 8 个口门出海的自然景观。

---

① 道光《南海县志》卷十六《江防略二》。
② 道光《南海县志》卷十六《江防略二》。
③ 道光《新修香山县志》卷一《舆地上·蜻蜓洲山》。又,同卷《横档山》:"面临海,山势如屏,以折怒潮之冲。山下为镇南村,自乾隆己卯始有居民,今潭田日高,海水不溢,生聚渐繁。"

三角洲冲积平原开发程度的加深，还表现在农业生产技术水平的提高。如，人们推广双季稻，采取农作物间作、套作、混作、轮作等方法，提高复种指数。这样既可扩大耕地面积，又可充分而有效地利用、保持地力，使之趋向集约化的耕作。在耕作、选种、栽培、施肥、密植、田间管理等民间农艺学方面均有了长足的进步。而且注意因地制宜，根据节令做出合理的农事安排。尤其令世人瞩目的是，明代中叶以后创造出独特的"桑基鱼塘"型生态农业，并在日后不断完善。这是一种以种植桑蚕与水产养殖相结合，进行农产品综合加工利用的经营形式。它是在明代中叶以后，首先在顺德的龙江、龙山和鹤山的坡山等地不断发展起来。当地农民将地势低洼、"淹水易为患"的土地深挖，"取泥覆四周为基，中凹下为塘"。基上种果、蔗和桑等经济作物，塘用以养鱼。经过反复实践，不断改进，基塘形式的经营越发完善。"基六塘四。基种桑，塘蓄鱼，桑叶饲蚕，蚕矢饲鱼，两利俱全。"①这种经营形式合理利用自然环境，开展多种经营，使之互为条件，互相依托，互相促进，形成水陆结合的良性循环的生产体系，既改造利用了低洼易涝的土地，又提高了经济效益。这种集约化、专业化而多样化的农业经营，把我国传统农业发展水平推到了极致。

19世纪下半叶，前往美国加州的珠江三角洲劳工，将家乡改造低洼易涝土地，进行集约化、专业化和多样化经营的农业生产经验传入当地的农场，为加州农业发展做出了贡献。②

---

① 光绪《高明县志》卷二《地理·物产》。
② 参见叶汉明《美国加州农场上的华工（1870—1894）》，见陈明球主编《中国与香港工运纵横》，香港基督教工业委员会1986年版，第249－257页。

附：历代围垦示意图

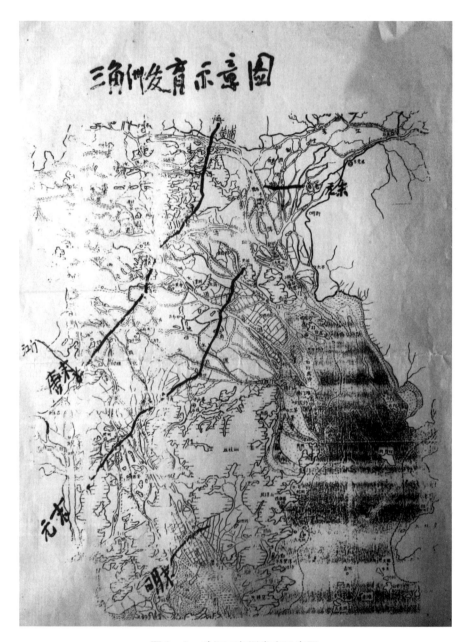

图2-2 珠江三角洲发育示意图
("唐末"线为当时的海岸线;"元末""明末"线是当时三角洲的前缘线)

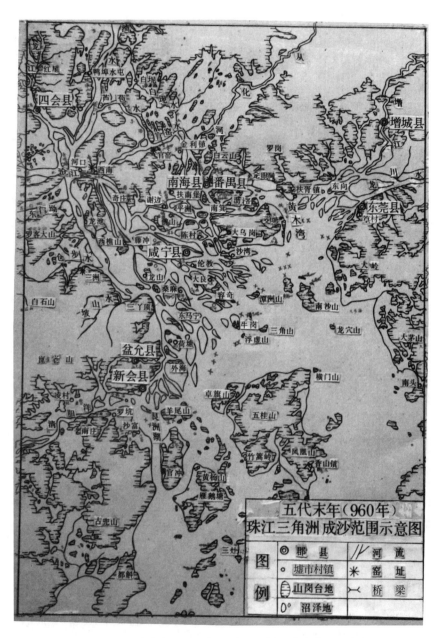

图2-3 五代末年（960年）珠江三角洲成沙范围示意图

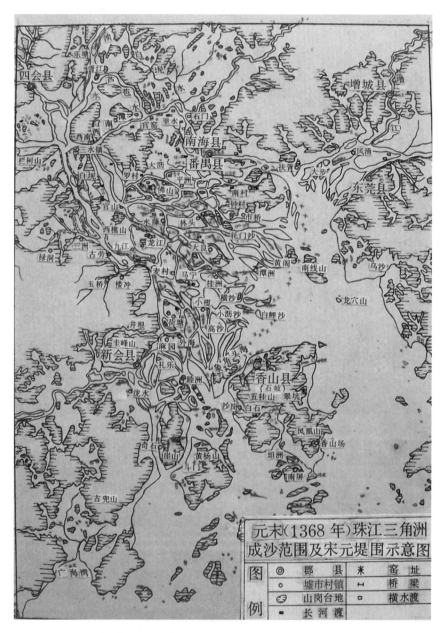

图2-4 元末（1368年）珠江三角洲成沙范围及宋元堤围示意图

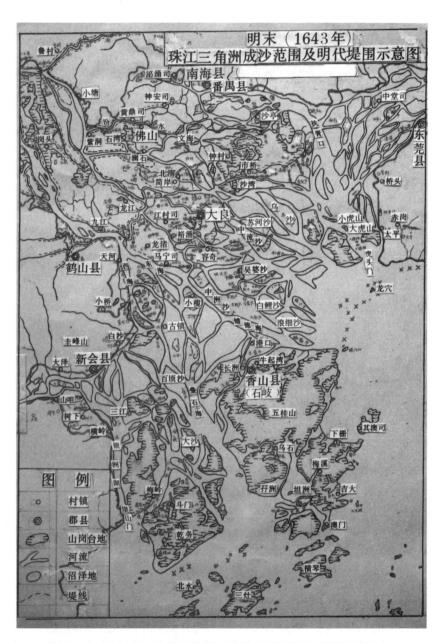

图 2-5 明末（1643年）珠江三角洲成沙范围及明代堤围示意图

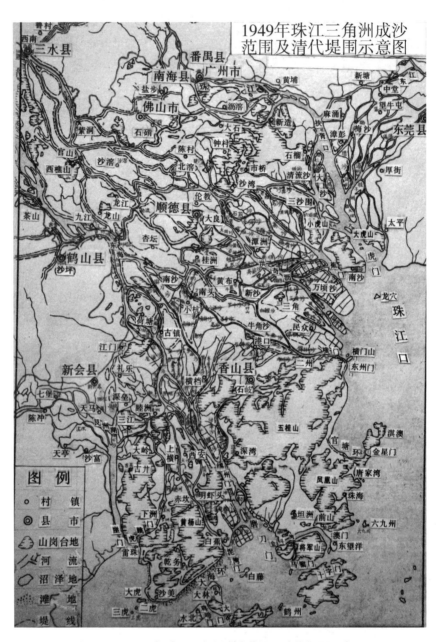

图 2-6 1949年珠江三角洲成沙范围及清代堤围示意图

第三章　人口的增殖与耕地的扩大

一、明代以前人口状况的简略回顾

人自身的生产和自然物的生产之间是辩证统一的关系。这两种生产互为条件，相辅相成。两者之间比例合理，社会经济才能获得协调的发展。人的生产环境包含社会和自然两个方面。人具有社会属性和自然属性。人口的状况，即出生率、死亡率、性别比例、寿命、素质（身体和心智）、地区分布，等等，反映着自然环境、社会生产和人类本身的能动作用之间的复杂关系。因此，人口状况与一个区域社会和经济的变迁，有密切的联系，特别是，人的文化心理素质一旦形成，并世代传承，将成为一个地区潜在的长期的影响因素。这里着重探讨人口的消长与社会经济演变之间的关系。

关于明代以前珠江三角洲的人口状况，由于数据的缺略，我们只能做一简括的叙述。

汉元始二年（公元2年），珠江三角洲所在的南海郡即领有番禺、四会、中宿、博罗、龙川、揭阳六县，包含了今天珠江三角洲的范围，以及惠州市惠阳区、汕头市、梅州市和肇庆市的一部分，可以说，今天广东省的大部分地区都包括在内了。全郡户数19613，口数94253，人口密度为每平方公里1人，在全国103郡中列倒数第7。[①] 当时全国人口密度最高的济阴、颍川郡每平方公里已超过200人。汉朝的政治、经济重心都在北方，南方很少开发，处于南陲的珠江三角洲更是属于蛮荒之地。如前所述，"江南卑湿，丈夫早夭"，在中原人看来，珠江三角洲还是一处"生番化外"的可怖地区。

东汉永和五年（140），南海郡增设增城县。全郡户数71477，口数250282，人口密度增至每平方公里2.6人，在各郡国中也升至倒数第26。[②]

唐代，岭南道的人口为1161149人，人口密度为每平方公里2.71人

---

① 参见梁方仲《中国历代户口、田地、田赋统计》，第14-19页甲表3-4。
② 参见梁方仲《中国历代户口、田地、田赋统计》，第22-27页甲表7-8。

（全国的人口密度为每平方公里 13.8 人），在全国各道中处于倒数第 3，即略胜于陇右道和黔中道。① 珠江三角洲的人口密度为每平方公里 1～2 户，仍属卑湿难居之地，其密度居于粤北山区（每平方公里 2～3 户）、西江沿岸的高要地区和高凉（今阳春、电白一带）地区（每平方公里 2～3 人）之下。② 宋代，珠江三角洲的人口密度逐渐加大而接近粤北地区（韶、连等州）。北宋崇宁元年（1102），广州属下有南海、番禺、增城、新会、清远、东莞、怀集、信安等 8 县，户数为 143261 户，口数阙如。元代，广州路管辖南海、东莞、增城、番禺、香山、新会、清远等 7 县，170216 户，1021296 口，人口密度为每平方公里 36.6 人，跃升至广东省首位。③ 这显然同宋元间北方士民不断迁入珠江三角洲及由此引起的对珠江三角洲的开发有关（详见第二章）。

二、明代人口统计失实的检讨与实际增殖态势

到了明代，对于珠江三角洲人口的数据，文献记载虽残阙甚多，而且彼此互有歧异，但较之前代丰富多了。从表 3-1 看，原有的番禺、南海、新会、东莞、香山、增城、清远、博罗、归善、高要、四会等 11 县的人口统计数中，唯有东莞县呈现增加的趋势，以天顺年间（1457—1464）为高峰，其余各县从永乐年间（1369—1402）起，出现递减之势。这一不断下降的趋势，同全省、全国官方人口统计数的趋向是基本一致的（详见表 3-2）。

必须指出，明代原有县人口统计数下降的一个重要原因，是析地增置新县，管辖地域范围缩小。番禺等旧县，从明代中叶至明末，已先后析地增置顺德、高明、恩平、从化、新宁（今台山市）、三水、新安（民国午间更名为宝安县，今深圳市）等 7 县。此外，还先后析三角洲以外的土地增置 3 个县，即弘治六年（1493），增城、博罗县分别析出三角洲以外的地域设置龙门县；隆庆三年（1569），归善县析三角洲范围外的鸿雁洲置长宁县（今新

---

① 参见梁方仲《中国历代户口、田地、田赋统计》，第 114 页甲表 28。
② 参见徐俊鸣《试论唐代广东的人文地理概况》，见《岭南历史地理论集》，第 170 页。
③ 参见梁方仲《中国历代户口、田地、田赋统计》第 178-184 页甲表 49；第 461 页附表 32。又，据徐俊鸣的研究，隋代广州（约略相当于珠江三角洲范围）每平方公里仅有 0.7 户，唐代为 1.2 户，宋代陡增至 4.8 户，元代又增至 6 户（《隋唐宋元间广东人口分布变迁的初步分析》，见《岭南历史地理论集》，第 238-250 页）。

表 3-1　珠江三角洲各县明清历朝官方人口统计

年代	番禺	南海	新会	东莞	香山	增城	清远	博罗	归善	高要	四会	顺德	高明	恩平	从化	新宁	三水	新安	开平	花县	鹤山
洪武	同治县志 31230户 81230口	万历省志 81422户 241221口	万历县志 36088户 81280口	崇祯县志 24968户 76364口	万历省志 8888户 36758口	嘉庆县志 14968户 52938口	万历省志 5685户 13815口	乾隆县志 7764户 42224口	乾隆县志 6458户 31900口	万历省志 30070户 112471口	万历省志 10491户 42206口	（景泰三年析南海、新会县地设置）	（成化十一年析高要县地设置）	（成化十四年析新会县部分土地及阳江、新兴县地设置）	（弘治二年析番禺、增城县地设置）	（弘治十一年析新会县地设置）	（嘉靖五年析南海、高要县地设置）	（万历元年析东莞县地设置）	（顺治五年以新兴县开平屯设置，析新会、恩平二县地益之）	（康熙二十五年析南海、番禺二县地设置）	（雍正十年析新会、开平县地设置）
永乐	同治县志 29413户 72523口	万历县志 80313户 333740口	万历县志 26227户 70565口	崇祯县志 21304户 79674口	万历省志 6064户 24034口	万历省志 12788户 38763口	万历省志 3336户 11926口	万历省志 7059户 31119口	万历省志 6134户 28261口												
宣德										万历省志 226856户 94033口	万历省志 9921户 42213口										
正统				康熙县志 5115户 21435口																	
景泰																					
天顺	同治县志 22540户 72419口	万历省志 49725户 153740口	万历县志 28690户 100480口	嘉靖府志 24453户 151378口	康熙县志 4846户 19477口	万历省志 12470户 44196口	嘉靖府志 2091户 8792口					万历省志 24914户 70654口									
成化	万历省志 22540户 72419口	万历省志 49725户 153740口	康熙县志 20776户 98215口	崇祯县志 24677户 141455口	康熙县志 4684户 16082口	万历省志 12470户 44196口	万历省志 2957户 8113口			万历省志 24580户 口数缺	万历省志 8068户 口数缺	万历省志 25914户 72129口	康熙县志 4685户 12352口	道光县志 3411户 12665口							
弘治	万历省志 22540户 72419口	道光县志 50834户 161221口	万历省志 25280户 72623口	嘉靖府志 24875户 141962口	康熙县志 4975户 17718口	嘉庆县志 12262户 42870口	嘉靖府志 1753户 7862口					万历省志 28784户 73699口	康熙县志 4805户 13557口			道光县志 7712户 23282口					
正德	同治县志 22437户 62552口	万历省志 49952户 153890口	万历县志 17998户 60277口	嘉靖府志 25227户 142512口	康熙县志 5076户 17088口	万历省志 12767户 43000口	嘉靖府志 1882户 8361口					万历省志 25750户 61957口	康熙县志 4917户 14487口			万历省志 2536户 12633口	道光县志 7741户 25497口				
嘉靖	同治县志 22728户 63584口	万历省志 52151户 127686口	万历县志 18242户 63362口	崇祯县志 25099户 142471口	康熙县志 6054户 18090口	万历省志 10656户 42885口	嘉靖府志 2076户 8885口	万历省志 9183户 28895口	万历省志 6518户 28496口	万历省志 16335户 49018口	万历省志 6095户 38239口	万历省志 25677户 62217口	康熙县志 5100户 15146口	康熙县志 3918户 14791口	万历省志 2819户 16097口	万历县志 7762户 20807口	嘉庆县志 8910户 20607口				
隆庆	同治县治 24396户 68910口	万历省志 54317户 113699口	万历县志 18251户 64373口	雍正县志 25153户 143598口	万历省志 7443户 21427口	万历省志 13431户 43701口	万历省志 3012户 10553口	万历省志 10347户 29951口	万历省志 5763户 25558口	万历省志 16794户 50588口	万历省志 6270户 332041口	万历省志 26494户 647021口	万历省志 5372户 16354口	万历省志 4086户 15233口	万历省志 2756户 12545口	万历省志 7840户 16357口	万历省志 8777户 24834口				
万历	同治县志 21170户 63650口	万历省志 35126户 114229口	万历县志 17536户 73127口	雍正县志 19068户 107032口	万历省志 7220户 21598口	万历省志 13431户 43701口	万历省志 3020户 10581口	万历省志 10371户 29975口	万历省志 6814户 26878口	万历省志 16629户 47332口	万历省志 6677户 31511口	万历省志 24841户 66680口	康熙县志 4968户 16983口	康熙县志 4224户 17334口	万历省志 2773户 12391口	道光县志 7787户 16502口	万历省志 8762户 24843口	康熙县志 7752户 34520口			

续表 3-1

年代	番禺	南海	新会	东莞	香山	增城	清远	博罗	归善	高要	四会	顺德	高明	恩平	从化	新宁	三水	新安	开平	花县	鹤山
天启													康熙县志 4858 户 15788 口			康熙县志 7850 户 18020 口		康熙县志 3500 户 16248 口			
崇祯	同治县志 21700 户 62795 口	道光县志 54467 户 114361 口	康熙县志 16975 户 72168 口	嘉庆县志 13768 户 85730 口		嘉庆县志 10048 户 29505 口			乾隆县志 6876 户 9509 丁口				康熙县志 14217 口	道光县志 10428 口		道光县志 7861 户 17907 口		康熙县志 3589 户 17871 口			
顺治	同治县志 21700 户 62795 口		康熙县志 16103 户 6644 口		康熙县志 5071 户 乾隆县志 11508 口				乾隆县志 9505 口		光绪县志 20821 口	咸丰县志 36995 口	康熙县志 13551 口	道光县志 6534 口		道光县志 2995 户 13653 口		嘉庆县志 2966 户 6851 口	民国县志 15818 口		
康熙	同治县志 59059 口	道光县志 101921 口	道光县志 29229 口	嘉庆县志 8674 户 41400 口	乾隆县志 12633 口	嘉庆县志 30339 口	光绪县志 6791 口		乾隆县志 14331 口	光绪县志 22835 口	咸丰县志 11704 口	咸丰县志 36779 口	康熙县志 14318 口	道光县志 5065 口		道光县志 13738 口	嘉庆县志 18398 口	嘉庆县志 3972 口		康熙县志 5222 户 14518 口	
雍正八年	雍正省志 53199 口	雍正省志 101673 口	雍正省志 31674 口	雍正省志 11400 口	雍正省志 15488 口	雍正省志 30339 口	雍正省志 7508 口	雍正省志 13403 口	雍正省志 14331 口	雍正省志 22834 口	雍正省志 21392 口	雍正省志 36783 口	雍正省志 13552 口	雍正省志 4889 口	雍正省志 7082 口	雍正省志 18812 口	雍正省志 18398 口	雍正省志 7294 口	雍正省志 17769 口	雍正省志 16246 口	
乾隆			县乡土志 144667 口	嘉庆县志 446802 口		嘉庆县志 102487 口			乾隆县志 16601 口			咸丰县志 60534 口				光绪县志 23993 口	嘉庆县志 26293 口	嘉庆县志 32194 口	民国县志 13486 口		道光县志 8871 口
嘉庆		道光县志 244799 户 1149093 口		嘉庆县志 465570 口	光绪县志 429355 口	嘉庆县志 199408 口	民国县志 137046 口					咸丰县志 488965 口						嘉庆县志 239115 口	民国县志 68991 口		
道光		道光县志 212325 户 1119344 口	道光县志 127958 户 688412 口									咸丰县志 1033473 口				道光县志 254235 口		道光县志 196972 口			
咸丰																					
同治																					
光绪						宣统县志 280000 口						光绪县志 96548 口				民国县志 47433 户 242448 口					
宣统	民国县志 176090 户 996513 口			民国县志 103315 户 822180 口		民国县志 701000 口						民国县志 1356487 口								民国县志 19110 户 152500 男丁	

丰县），另析英德、翁源两县地益之；归善县又析安民镇置永安县（今紫金县），另析长乐县（今五华县）地益之。旧县的属地既已缩小，人口的增长又不足以弥补析出地域的人口，其人口统计数之下降是可以理解的。例如，新会县洪武年间人口为81280口，明末崇祯年间（1628—1644）降至72168口，减少了9112口。但该县于景泰三年（1452）与南海县析地置顺德县，成化十四年（1478）析地新置恩平县，弘治十一年（1498）析地置新宁县。而单新宁县于崇祯年间（1628—1644）人口已达17907口。除抵补新会县减少的9112口外，尚有8795口系增加数，相当于洪武年间（1368—1398）新会县人口的10.8%。如果加上析置顺德、恩平两县地区的人口，新会于明代增加的人口就远非此数了。各县属地屡有变动，因此，原县地人口无法统计。唯有香山县的辖地在明代未曾变化，该县到嘉靖年间（1522—1566）其户口跟洪武朝的统计数相比，户减少32%，口减少50.8%。隆庆（1567—1572）以后，因"图籍无存，概不可考"。[①]

这里应当指出，以上所述，是仅就官方人口统计数而言的。这些官方所掌握的人口统计数，只反映政府对民户控制的程度，但同历史上的实际人口数并不是一回事。下面试以香山县为例做一考察。

香山县在洪武二十四年（1391）有8888户，36758口，到永乐十年（1412）骤降为6064户，34024口，即21年里减少了2824户，2734口，户减少31.77%，口减少7.4%。对于这一户口数的骤减，乾隆年间《香山县志》的编者解释为"因黄梁都三图、四图居三灶者迁边卫，户口始减"[②]之故。按当时110户为1里，三灶一都两个图（里）至多也只200多户，与所减的户数相差十倍之多。可见，"迁边卫"并不能造成户口如此剧减。单从减少的户与口相比较看，户多于口已是舛谬不经了。[③]成化十八年（1482）户口降至最低点，户数比洪武二十四年减少47%，口数则减少56%。该县在距明朝建立之前7年，即元至正二十一年（1361）曾发生李祖二之乱；洪武十九年（1386）又发生农民起义，直至洪武二十四年才被平定。可见，洪武二十四年的户口数是在小动乱的情况下统计的，基数本来就不高。此后，小动乱也屡有发生，但这是中国传统社会的正常现象。有明一代，香山

---

① 乾隆《香山县志》卷二《户役》。
② 乾隆《香山县志》卷二《户役》。
③ 户多于口，可解释为口是经过折算的丁徭的单位。但于永乐年间，尚未发现有折丁的现象。

表 3-2　明清广东与全国官方人口统计数变动比较

年代	广东人口	指数（以洪武十四年为100）	全国人口	指数（以洪武十四年为100）
洪武十四年	3171950	100	59873305	100
洪武二十四年	2581719	81	56774561	95
洪武二十六年	3007932	95	60545812	101
弘治四年	1817384	57	50503356	84
万历六年	2040655	64	60692856	101
顺治十八年	1000715	32	19137652	32
康熙二十四年	1109400	35	20341738	34
雍正二年	1307866	41	26111953	44
乾隆十四年	6460638	204	177495039	296
乾隆二十二年	6699517	204	190348328	318
乾隆二十七年	6818931	215	200472461	335
乾隆三十二年	6938855	219	209839540	350
嘉庆十七年	19174030	604	361693379	604
道光十三年	23019000	726	398942036	650
咸丰元年	28389000	895	431896000	721
光绪十三年	29763000	938	377636000	631

资料来源：梁方仲《中国历代户口、田地、田赋统计》，严中平等编《中国近代经济史统计资料选辑》"附录"。

附注：洪武十四年人口数未包括两广、云贵等边远地区少数民族人口在内。

县又未曾发生重大的自然灾害，户口如此锐减，其背离历史事实是不言而喻的。就是其他各县的人口统计数，依笔者看来，也是偏低的。这种人口统计数的偏低是带有全国普遍性的。其所以如此，《明史·食货志》里指出：

> 太祖当兵燹之后，户口顾极盛。其后承平日久，反不及焉。靖难兵起，淮以北鞠为茂草，其时民数反增于前。后乃递减，至天顺间为最衰。成、弘继盛。正德以后又减。户口所以减者，周忱谓："投倚于豪

门，或冒匠窜两京，或冒引贾四方，举家舟居，莫可踪迹也。"而要之，户口增减，由于政令张弛。①

这里已指出户口统计之不确，并把户口之增减归咎为"政令张弛"之不同。这一论断是符合历史实际的。

户口统计是否接近历史的实际，很大程度上取决于官僚是否认真负责，抑或敷衍塞责；同时，跟统计方法是否正确并前后一致亦甚有关系。

现存的文献证明，洪武初年的确实行了认真的人口调查。洪武三年（1370）十一月辛亥下诏令："核民数，给以户帖。"② 户帖开有户主姓名、籍贯和全家口数。口数又分为男子成丁、不成丁；妇女大口、小口各若干。每项下分记各人姓名、年龄及其与户主的关系。方法较为完善。这是世界上最早试行人口普查的记录。洪武朝的人口调查，始终是认真的，反映了其对民户的控制力是强大的。毋庸置疑，洪武朝的人口统计数比较接近历史实际。

尔后的人口统计数之所以没有达到洪武年间的额数，原因是多方面的。有的是因流亡失记。例如香山县南端的澳门，本是一处依山傍海的适宜停泊船只的港湾，嘉靖三十二年（1553）为葡萄牙人租借后，因对外贸易发展的需要而兴起。到万历中期（即16世纪末17世纪初），澳门的人口已增至数万人，其中相当大的部分当系香山县人。因澳门已为葡萄牙人所窃踞，这些迁入澳门的流民显然不再载诸户籍。

有的则为豪绅所隐瞒漏报。自明代中叶起，因商业化的兴起，宗族制盛行，新出现的官僚士绅集团竞相叙谱追宗寻祖，聚族而居。康熙时新会县人薛起蛟指出："昔之村大者或数千家，小者亦数百家。"③ 这些仕宦大族动辄"家口数十"④，不仅本宗族的族众繁庶，而且往往拥有一批奴婢、佃仆。编审户口之时，这些豪绅大族除按规定优免丁粮外，还往往恃势瞒报户口。而佣仆、奴隶、佃仆等豪门大族的封建依附者，向来"皆不例于丁"⑤，至多在主人户下注明。嘉靖年间巡按广东的戴璟据亲身调查，痛切地指出：

---

① 《明史》卷七七《食货志一》。
② 《明实录·太祖高皇帝实录》卷五八，洪武三年十一月辛亥。
③ 康熙《新会县志》卷四《建置志·坊都》。
④ 光绪《新宁县志》卷二十《人物传下·陈宜生》。按：陈宜生，清顺治年间人。
⑤ 〔清〕张玉书：《张文贞公集》卷七《纪顺治间户口数目》。

访得按属州、县殷实军、民之家。见其户内人丁粮居多，畏避编点重役，每遇攒造，百计千方买嘱里书，或父子分析二户，或另立女户，或将税粮飞寄绝户、畸零，或隐蔽丁口不报。①

可见这种势豪家族隐瞒漏报户口的情况之严重。

官僚的例行公事、敷衍塞责，亦一重原因。现将康熙《新安县志》关于户口的记载开列如表3-3所示：

表3-3 明末广东新安县户口统计②

年　　代	户	口
万历元年	7608	33971
万历十年	7752	34502
万历二十一年	7752	13302
万历三十一年	3525	16675
万历四十一年	3500	16696
天启二年	3500	16248
崇祯五年	3491	16992
崇祯十五年	3589	17871

从以上数字看，万历十年、万历二十一年，户数未变，口数减少61%。万历三十一年至天启二年的20年间，户口则几乎未曾变动。这种人口统计之讹舛是显而易见的。这一情况并非仅限于珠江三角洲地区。明代史学家王世贞（1528—1590）针对当时人口统计数骤减骤升的情况，曾经指出："国家户口登耗，有绝不可信者"；"有司之造册与户部之稽查，皆仅儿戏耳"。③

---

① 嘉靖《广东通志初稿》卷二五《差役》。
② 康熙《新安县志》卷六《田赋志·户口》。
③ 〔明〕王世贞：《弇州史料后集》卷六十《奇事述》："户口登耗之异"；〔清〕王棠：《燕在阁知新录》卷二十《户口》也曾指出："天下户口之盛，历代稽考，莫甚于隋大业、唐开元、宋庆历，而明嘉、隆之间为更盛"。但"明洪武中，户一千零六十五万，口六千零五十四万"，"嘉、隆户一千一百一十三万四千，口五千五百七十八万三千"。嘉、隆户口还不及洪武时数。

由赋役改革而引起的户口统计着眼点的变化，亦属一重要原因。万历年间推行"一条鞭法"之后，役由丁、地编派，亦即丁徭的负担已经部分摊入地亩，逐步转向"丁随粮办"。鱼鳞图册成为征派赋役的主要根据，户的意义已经丧失。在官书和方志中仍可以看到户口数，说明黄册依然向例编造，但只是徒具形式罢了。正如《明史·食货志》所云："其后黄册只具文，有司征税编徭，则自为一册，曰白册云。"① 这份白册同呈送中央的黄册所载大半是不相符的，与本地的鱼鳞图册的记录也不尽相同。政府关心的是地丁，而不是户口。所以，有的州县只计丁而不计户，丁数要做到符合事实也是困难的。够应役年龄者增补，逾役年龄或死亡者剔除，处于年年变动之中。我们发现明代后期的一些地方志关于户口的记载历多年甚至历数朝而丁数未变，也正说明黄册编审的马虎从事，敷衍塞责。广东省自"万历三十年（1602）左布政使陈性学议允随田均丁"② 以后，各州县虽然也按期例行编审，实际"乃纸上户口，非实在之繁庶"③ 也。

从上可见，明洪武朝以后，珠江三角洲各县户口的递减失实，是逃亡失记，豪绅的隐瞒漏报，官僚的敷衍塞责和因"一条鞭法"推行后统计着眼点的变化等原因所造成的，并非实际人口的减少。如果结合考察与人口相关的社会经济变迁的史实，便不难看出，香山县和珠江三角洲其他各县的户口不仅没有减少，反而应有不同程度的增长。理由是：

第一，明代是珠江三角洲地区开始大规模围垦沙田的历史时期。西、北江三角洲中部冲积平原沙区的大部分是在元末以后才浮露成陆的，从而使南部的岛屿与北部陆地相衔接。西、北江三角洲的范围比之前几乎扩大了一倍。东江三角洲的前缘也因泥沙不断淤积成陆往前推移至漳澎、道窖一线以下。在明代，当地人一方面在宋、元的基础上继续修筑堤围，将修筑的堤围伸展到甘竹滩一带的河涌沿岸；另一方面将这些淤积成陆的沙区陆续耕垦成田，不断扩大耕地面积。这种大兴围垦、与江海争田之举，在传统农业技术条件下，没有日益增多的劳动力是不可能实现的。

第二，明代，特别是明代中后期，是商品性农业兴起并得到初步发展的时期。商业化农业的一个特点是劳动力密集型的集约化的耕作，而商业化的农业又引起了农产品加工业的勃兴。这都意味着需要更多的劳动力投入农业

---

① 《明史》卷七七《食货志一》。
② 康熙《广东通志》卷九《贡赋上·户口》。
③ 康熙《花县志》卷二《赋役·户口》。

和手工业的生产。从另一个角度看，商业化农业的出现，其重要的原因之一是来自人口增长带来的压力。关于这一点下文还要论及。

第三，明代封建生产关系做了局部调整，最明显的表现是地租形态的变化。分成制地租基本上让位于额租制，而且还出现了货币租。这都意味着封建束缚有所松弛，农民对生产的支配权在加大。"一条鞭法"在广东推行之后，又减轻了丁税的负担。凡此种种，都会刺激人口增长。

第四，农业和手工业的生产得到长足的发展。农田的单位面积产量有了较大的提高。这是传统社会人口增长的重要因素。南海的一些高产田稻谷量已达 10 石（每亩），约折 650 斤。① 经营商品性农业和手工业，又可取得比传统的耕织结合的农业大得多的经济效益。明末又从海外引进了玉米、番薯等高产作物。这些都意味着容纳人口的能量比以前增多。历史事实也证明，人口会随着生产的发展而发生布局上的变化。由流沙淤积而成的沙区，被围垦成田，出现了居民点。例如，香山县北部西海十八沙和东海十六沙变成了居民的耕作区，宋元时期原有的小村庄变成了大聚落。位于西海十八沙区域的小榄，于南宋开村之始，曾姓居凤山西北麓，罗姓居凤山西南麓，杜、毛、曹三姓居飞驼岭西北麓之岗头，后因人口的增殖，这五姓各扩大居住范围，加之新移入的族姓，终于形成连接一片的大聚落。明初还是人口稀少的穷乡僻壤，也发展成物阜民稠的巨乡。顺德龙山乡原属鼎安，洪武四年（1371）才开图户册籍。"明初户口不过七百余家。男妇共计不过一千八百余口，嘉靖年间编户则已三千余家，阅明季则又七千八百余家"。② 有明一代，龙山乡的户数从 700 余家增至 7000 余家，增加了 9 倍。另一著名的基塘区南海县九江乡，"自宋度宗朝（1265—1274）始渐有田庐"，"逮元代犹榛狉也"。③ 到了明代，人口增殖日多，清初（17 世纪后期）胡方咏《九江村》诗云："岭海一村落，人家十万烟"④，已是一派繁庶的景象了。作为珠江三角洲中心市镇的佛山，在元代还只是一个渡口，到明景泰年间（1450—1457）已经是"民庐栉比，屋瓦鳞次，几乎万余家"⑤ 的市镇，清

---

① 〔明〕霍韬：《霍渭厓家训》卷一《田圃第一》："乡俗以五升为斗。"按：这里按"五升为斗"折成斤数。
② 嘉庆《龙山乡志》卷四《食货志·户口》。
③ 清顺治年间黎春曦《南海九江乡志》云："宋咸淳六年（1270），诏徙保昌民实广。十年（1274）正月朔，众至九江大洋湾，筏破，登岸，散处本乡，生聚自此始繁。"
④ 〔清〕胡方：《金竹先生全集》卷三《鸿桷堂诗》。
⑤ 道光《佛山忠义乡志》卷十二《金石志》，《祖庙灵应祠碑记》。

初全镇人口增至数十万。

根据以上分析,我们有充分理由相信,珠江三角洲地区的人口数在明代的变化趋势是不断地上升的。当然,这并非直线上升,而只能是波浪式上升。正统十四年(1449),广州府爆发了黄萧养领导的较大规模的农民起义。据《双槐岁钞》记载,在黄萧养起义中死亡的人口达十万之众,① 在这一时期内人口无疑是会消减的。但值得注意的是,顺德县龙山乡乃黄萧养起义军转战地区之一,该乡并没有因此次农民起义遭到的屠杀而出现人口长期消减;相反,如前所述,由于龙山乡农业的商业化程度高,容纳人口的能量较大,因此,明末的人口比明初增加了9倍左右。可见,对人口的变化长期起作用的是人的生产和物质生产辩证统一的原理。就是说,两种生产之间必须保持一定的比例关系,一旦失去平衡,就会产生社会和经济危机;一旦危机解决,建立新的平衡,社会经济就会协调发展。明代珠江三角洲地区人的生产和物质生产,基本上是在协调的、互相促进的情况下发展的,因而,总的来说,人口的增长速度是较快的。

那么,应该如何估算明代增长的人口呢?

针对明代人口统计的失实,学者们曾做出种种推断。以全国而论,宁可教授认为北宋末年加上辽、西夏,南宋加上金、西夏,人口为近1亿之谱。② 何炳棣教授推断14世纪末(即洪武年间),全国人口在6500万以上。1600年(万历二十八年)增至15000万。③ 洪武年间的人口调查,不管如何严格,隐漏仍在所难免。洪武十四年(1381)全国的人口额已达59873305口。如考虑到隐漏的人口和未曾登记在内的云、贵及两广少数民族人口,6500万的估计数当不会背离历史事实太远。按照这一估算,全国的人口从洪武十四年的6500万增至万历二十八年的15000万,在219年间是以3.826‰的年均增长率增长的。依此推算,广州府人口在洪武二十四年(1391)为621228口,到崇祯十七年(1644)当为1632025口,增加了1.63倍。如果就有人口数据记载的番禺、南海、新会、增城、归善、博罗、

---

① 〔明〕黄瑜:《双槐岁钞》卷七《黄寇始末》,中华书局1999年版,第125—126页:"设开都伪官,招诱愚氓渐至十余万……景泰元年……叛萧养者渐多,留者不满一千。"

② 宁可:《试论中国封建社会的人口问题》,刊于《中国史研究》1980年第1期,第3—19页。

③ Ping-ti He, *Studies on the Population of China, 1368—1958*. Cambridge, Massachusetts: Harvard University Press, 1959, p.264.

高要等县旧地,按 3.826‰ 的年均增长率推算,到崇祯十七年,人口已从 812407 口增至 2159481 口(详见表 3-4)。这是一个保守的估计数。珠江三角洲的人口实际增长数,当比此数略高。在明代,尤其是明代中叶以后,珠江三角洲农业商业化的发展速度,以至于整个社会经济的发展速度,较之别地都要快,人口的增殖也当相应地加快。

表 3-4　番禺等县从洪武年间至崇祯十七年人口增殖估计数

县名	洪武年间人口官方统计数	崇祯十七年人口估计数
番禺	81230	213453
南海	241221	658544
新会	81280	213584
增城	52938	139108
香山	36758	96591
归善	31900	83825
博罗	42224	110954
高要	112471	295547
东莞	76364	200666
清远	13815	36302
四会	42206	110907
合计	812407	2159481

注:洪武年间统计数,除南海县为洪武十四年数字,其余县均为洪武二十四年数字。

三、清代人口消长概况

清代人口变动情况同样或因人口数据的缺略,或因统计方法的弊端,难以做出准确的估算。以康熙、雍正、乾隆三朝而论,正如许多学者所指出的,官方人口统计数之所以远离历史人口的实际,除隐漏在所难免外,主要是编审对象改为"丁"而不是像明初包括男女老幼在内的"口"的缘故。①其实,以丁为对象的编审方法,如前所述,在明代后期已经存在。清初也有人指出:"按明制,田立户,节年推收,田亩或并或增无常额。至万历则只照丁编银,此志丁不志户所由来也。"②但两者不同的是:在明代,此种统计方法非属朝廷意旨,而是地方官擅图简便;在清代,则系朝廷的指令,顺治五年(1648)题准一条则例中规定:"编审天下户口,责成州县印官,照旧例攒造黄册。……令人户自将本户人丁,依式开写。……民年六十岁以上者开除,十六岁以上者增注"③,即一例。值得注意的是,官方统计数中的户并不是指具有独立经济的个体的户。珠江三角洲多聚族而居,以自然村为编制图甲的基础。据同治《南海县志》记载:"以图(里)统甲","以甲统户,户多少不等。有总户,有子户。子户多少更不等。然由甲稽其总户,由总户稽其子户"。④一般来说,一甲止设一总户。⑤这一总户的姓名往往从清初至民国初年都未曾更改。正如历任陆丰、南海知县的徐赓陛所指出:"而粤则户立一名,历数百年而不易。"⑥总户往往是指一个自然村的一个宗族,或一个大宗族中的一个派系;⑦子户则指一个群体单位,如宗族中的分房,由若干个体家庭所组成。丁的含义更为纷纭。有的丁是指单一的经济实

---

① 近年对这一问题做研究的论文主要有:全汉昇《清代的人口变动》,见《中国经济史论丛》第2册,香港新亚研究所1972年版;郭松义《清初人口统计中的一些问题》,见《清史研究集》第2辑,中国人民大学出版社1982年版;郭松义《清代的人口增长和人口流迁》,见《清史论丛》第五辑,中华书局1984年版;马小鹤《清代前期人口数字勘误》,刊于《复旦学报》(社会科学版)1980年第1期,第78—82页。

② 康熙《江都县志》卷四《田赋·户口》。

③ 嘉庆《大清会典事例》卷一三三《户部·户口·编审》。

④ 同治《南海县志》卷六《经政略》,"图甲表补序"。

⑤ 〔清〕蔡垚爔:《新会乡土志辑稿》卷六《户口》:"国朝州县仍明旧制,大率十里立都,都统若干图,图编十甲,每甲一户,丁粮少者或合二、三姓为一户,谓之奇零。"这里所说的"每甲一户",即指总户。从方志、族谱记载的图甲看,也是一甲立一总户。

⑥ 〔清〕徐赓陛:《不慊斋漫存》卷五《覆本府条陈积弊禀》。

⑦ 〔清〕翁张宪等纂:(乾隆顺德)《翁氏族谱》卷一六《杂记》记载:"连村翁氏,六图五甲则曰翁进,九甲则曰翁复隆;五十九图一甲则曰翁万昌,七甲则曰翁永昌。"这些总户名,当是指翁氏的一个派系。名称均有吉兆的含义,犹如徽州宗族的祠堂用"崇本堂""报本堂"作为纳税户名一样。

体，即丁与户同义。① 有的丁是在"摊丁入地"过程中出现的所谓"折丁""爬平丁"之类名称的纳税单位。这里的丁，既非指人，也不是指户，是一个为征税而造出来的非驴非马的东西。例如，新会县于顺治十四年（1657）共有16013户，6644口（丁），每户平均只有0.41丁，② 一户不及一丁。有的丁未包括河泊所管辖之疍民人丁。南海县康熙六年（1667）、十一年（1672）所统计得出的57148丁，就仅指坊乡之民丁。③ 有的丁除坊乡民丁外，又包括河泊所下辖人丁、纳盐钞女口和未成丁在内。雍正《广东通志》所记载的雍正八年（1730）南海县人丁101673的数字，在乾隆《南海县志》中则系雍正四年（1726）坊乡民丁、河泊所下辖人丁、纳盐钞女口和未成丁四者丁口数之和。我们还看到，一个丁口数维持多年不变，有的长达半个多世纪。据嘉庆《三水县志》记载，该县康熙十一年（1672）男9231丁，女9167口，共18398丁口，直至58年后，即雍正八年的"现在人丁"数④依然照抄此数。

人丁统计的标准既不统一，统计数所属的年代又不确定，这就为还原珠江三角洲的历史人口情况带来困难。

乾隆年间（1735—1795），户口的统计由原来只限于统计丁改为"大小男妇咸登版籍"。乾隆五年（1740），饬令各省抚督于每年十一月将各州的人口和谷数，具折奏闻。户口编审逐渐改为利用保甲查报户口。就全国而言，乾隆朝的人口统计是比较准确的。但是珠江三角洲各县大概是鞭长莫及之故，并没有遵旨进行户口查报。我们看到归善、清远、三水、顺德等县也按五年一届编审，但只统计新增丁和食盐课口；没有按朝廷指令做过大小男

---

① 丁与户（一家一户的户）同义之说，日本学者根岸佶早已提出。他认为壮丁（16～59岁男子）是课税单位，大半是户报一丁，很少有报数丁的。（根岸传之说见于王士达《近代中国人口的估计》下篇，刊于《社会科学杂志》1931年第2卷第1期，第63页。）中国人民大学潘哲、唐世儒近来根据对获鹿县遗存的自康熙四十五年至乾隆三十六年（1706—1771年）的230余本编审册研究结果，指出编审册编造的基本单位是按丁而不按户，所有丁银、地粮各项都分别登载于丁下。各"户"人数量之多寡相差悬殊，多则可达数十名至一百数十名，少则只有两三名，乃至仅一名（《获鹿县编审册初步研究》，见《清史研究集》第3辑，四川人民出版社1984年版）。

② 康熙《新会县志》卷十一《赋役志》。按：这一丁数至康熙元年（1662）亦未曾变动。

③ 乾隆《南海县志》卷六《食货志·户口》。

④ 参见雍正《广东通志》卷十九《贡赋志一·国朝丁口》。

妇的全面调查，①而是将旧额加上孳生人丁数，作为该县的人口数。嘉庆年间修纂的《增城县志》记载的该县嘉庆二十四年（1819）的人口数"实共一十九万零"②，就是将"查报孳生人丁"和"旧管人丁"相加而得。如前所述，旧管丁本是一个内容复杂、含义纷纭的数字，以之同孳生人丁相加作为人口数，其失实是不言而喻的。

乾隆以后所谓的"孳生人丁"，也没有按朝廷规定做男妇大小口数的统计，而是指除开除外实孳生的男丁。在道光《广东通志》中开列的各县"雍正九年至嘉庆廿三年丁"数，③即孳生和旧管的男丁数。该书所列的新安县146922丁数，在嘉庆《新安县志》中记载为"男丁"数④即一证。

道光以后的人口数据更为缺略，偶有记载，也是多出自官方的估计。尽管如此，我们对这些官方的人口统计数仍不能取全盘否定或置之不理的态度。它仍不失为我们研究历史人口问题的基础和依据，只要参照其他资料，经过长期深入的研究，去伪存真，就有可能做出日渐接近历史实际的结论。但就目前的研究状况看，尚远不能达此目的。下面仅将清代珠江三角洲人口的变动情况分为四个时期，谈些看法。

（1）消减期：顺治元年至康熙二十三年（1644—1684）。早在明末（17世纪初），受到全球气候变冷的影响，关于自然灾害的记载屡见于广东地方志。单以崇祯一朝（1628—1644）而言，新会、归善、恩平、高明、高要、博罗、新安、增城、南海、顺德、香山、东莞等县均有有关饥荒的记载。入清之后，自然灾害有增无减，饥荒益烈。顺治年间（1644—1661），地方志上记载饥荒的有东莞、增城、清远、三水、新会、香山、高明、番禺、恩平、南海、顺德、高要、新安、博罗、佛山和新宁等16个县。范围益大，

---

① 参见乾隆《归善县志》卷十一《赋役》；光绪《清远县志》卷五《经政》；嘉庆《三水县志》卷三《赋役》（三水县方志办1987年版点注本，第82页）；咸丰《顺德县志》卷六《经政略·户口》："顺治五年（1648），定三年一次编审。……十三年，定五年一次编审。"
② 嘉庆《增城县志》卷一《舆地·户口》。
③ 道光《广东通志》，卷九十《舆地略八·户口一》。
④ 嘉庆《新安县志》卷八《经政略·户口》。

灾情更重。崇祯时，饥年斗米百钱至银一钱六分，① 顺治年间，斗米涨至六百钱（三水县），② 乃至千钱（南海县）。③ 有男女一口，易米一斗者（新安县）。新会、恩平、新安等县"饿殍盈道，人有相食者"。

祸不单行，天灾又遇上战乱。明王朝虽于崇祯十七年（1644）灭亡，但朱明皇室成员相继在东南沿海一带自立为王。顺治三年（1646）唐王朱聿鐭自立于广州，年号绍武；桂王朱由榔亦自立于肇庆，年号永历。他们企图收集残部，卷土重来。未几，清两广总督佟养甲和广东提督李成栋（明降将）率清兵攻下广州。朱聿鐭自杀，绍武政权倒台。永历政权继续与清军对抗。在南明残部及其后来同张献忠余部大西军联合与清军的拉锯战中，珠江三角洲是重要的战场。顺治四年（1647），清远县城被李成栋攻陷时，合城4万余口横遭屠戮。这一城池先后五次罹兵火之后，"民不满百户"。④ 顺治五年（1648），李成栋叛清"反正"，诱杀佟养甲，归附永历政权。顺治七年（1650），尚可喜、耿继茂两藩王出兵平定李成栋之叛，攻克广州时，"人民死至几万"。⑤ 顺治十一年（1654）冬，李定国围攻新会县城达数月之久。这期间，珠江三角洲境内的小股农民、佃仆起义又趁机蜂起。例如，由新会张酒尾、关逢三发难，以百峰山为根据地，从崇祯十六年（1643）起，三四十年间，转战于新宁、南海、顺德、高明、开平、恩平、高要等十余县，"杀戮男妇以百万计"⑥；其他如花县杨光林，新安县李万

---

① 光绪《高明县志》卷十五《前事志》："（崇祯）四年（1631）春，大饥，斗米百钱"；道光《高要县志》卷十《前事略》："（崇祯）四年春，大饥，斗米百钱"；嘉庆《新安县志》卷十三《防省志·灾异》："（崇祯）四年夏，米贵，斗米银一钱六分。九年（1637）夏四、五月，旱，斗米银一钱六分"。按：比崇祯年间稍前的万历四十三年（1615），年成较好的石城县（今廉江市）斗米二十余钱；万历四十五年（1617），海丰县大有年，斗米银三分。两者相比较，可见饥年米价之昂贵。

② 嘉庆《三水县志》卷十三《编年》，第274页："（顺治）五年戊子，米贵，斗米六百钱，盈野饿殍。"

③ 康熙《南海县志》卷三《编年志·灾祥》："（顺治）十年癸巳春，大饥，斗米千钱。"

④ 民国《清远县志》卷二《县纪年上》。

⑤ 李一奇：《世变小记》，见《李氏族谱》；〔清〕钮琇：《觚剩》卷八《粤觚下·共冢》；《岭南冼氏族谱》卷七《备征谱·轶事》记载："清初，耿、尚二王督师南下广州，城陷，居民多匿六脉渠以避屠戮，……值大雨倾盘，渠水暴涨，溺死者无算。"又，《番禺县志》则记载为"屠杀七十万"。此乃信口开河之说，不可信。

⑥ 〔清〕蔡垚爔：《新会乡土志辑稿》卷三《国初土寇》。此数应是夸大。

荣、番禺周王、李荣等，先后率众起义；还有顺德、清远、开平、香山、新会、新宁等县的所谓"土贼""社贼""仆贼""佃仆"的起义。在这些农民、奴仆起义中，死亡的人数当属不少。

康熙初年的"迁海"事件对人口消减的影响也甚值得注意。自顺治十八年（1661）起，为了防范郑成功父子的反清势力，清廷下令迁沿海岛屿及沿海30～50里范围内的居民入内地，使这些地区村庄夷为废墟，田园荒芜。规定"片板不许下海，粒货不许越疆"。这一坚壁清野的"迁海"之举，闽省首当其冲，浙、吴、粤随之，山东亦遭此劫难。在珠江三角洲，先于康熙元年（1662）迁虎门以西、崖门以东的大奚、黄梁和潭州等地居民；康熙三年（1664），番禺、顺德、新会、东莞、香山、宝安、新宁等七县沿海之民，皆在续迁之列；康熙八年（1669）二月下令展界，① 迁民重归家园，但海上依然封禁；三角洲西南沿海的一些乡村与岛屿的迁民，直至康熙二十三年（1684）禁海令取消，方尽复业。② 被迁之民少壮流离四方，老弱转死于沟壑，也造成人口的减少。

康熙十二年（1673）爆发了三藩之乱，珠江三角洲亦遭其害。响应吴三桂叛乱的广西提督马雄，勾结尚之信，于康熙十五年（1676）在新会、顺德、番禺一带掳杀居民。仅在新会杜阮地区，马雄便杀戮居民数千，掳者数万。③

战乱与饥荒，如果说，以全国而言主要发生在明末的话，那么，在珠江三角洲则出现于清初。在兵荒马乱、饥寒交迫下，人口剧减自当难免。正如时人薛起蛟所描述的："昔之村，大者或数千家，小者亦数百家。今则闾井萧条，无复鸡犬相闻之旧。乡村之盛衰不同。而户口盈缩因之矣。"④ 因数

---

① 参见民国《东莞县志》卷三二《前事略四》："［康熙八年（1669）］二月，诏复迁海居民旧业。"

② 见咸丰《顺德县志》卷三一《前事略》，第901页："（康熙三年）九月初八日，桂洲等村始迁界"；第902页："（康熙八年）八月初二日，桂洲等村复界"。又，见李应荣《广州五县迁界事略》。

③ 参见〔清〕蔡垚爔《新会乡土志辑稿》；康熙《新会县志》卷首，苏楫汝"序"文中说：马雄驻兵杜阮，"土贼应之，杀掠之惨，古今未有。尸山血海，盈野盈城，而系累载道者，更不下十余万"；又，参见〔清〕仇巨川纂《羊城古钞》卷四《事纪》，"王师剿灭诸盗"条，广东人民出版社1993年版，第370-371页。

④ 参见康熙《新会县志》卷四《建置志·坊都》。薛起蛟是该书的修撰者之一（见卷一）。

据缺略，我们对清初的人口很难做出全面的估计，这里仅以南海、番禺、新会、香山、增城、顺德、从化、新宁、三水等九县做估算（见表3-4）。学者们认为清初的丁与户同义，一般户有五口。对清初人口的估算，用五乘以丁数求之。南海等九县在地方志上有康熙十一年（1672）的丁数。但如前所述，珠江三角洲地方志记载的丁含义纷纭，有的县一户不及一个丁。所以，以5.5口乘以丁数得出92万多人，较之于明末的132万减少了40万人，相当于明末这些地区人口数的30.28%。17世纪后半叶，因气候变冷，自然灾害具有全球性的特点。天灾又引起社会危机，从而致使人口剧减。一些历史学家称这一时期为"路易十四小冰期"。他们估计，这期间德国人口减少45%，英国减少35%，中国也减少约35%。① 珠江三角洲的情况与这一估计大致相近。

（2）恢复期：康熙二十四年至康熙六十一年（1685—1722）。康熙十九年（1680），康熙帝将平南王尚之信赐死于广州，结束了平南王长达30年横征暴敛的统治，民气因而得以舒展；二十二年（1683），收复台湾，解除了来自东南海上的郑氏势力的威胁；二十三年（1684），取消禁海迁界的法令，沿海岛屿居民得以恢复正常生活，社会趋向稳定，经济日渐复苏。因迁界而荒芜的沙田，复界后也逐步得到垦辟。如果说，康熙中期因人手缺乏，沙田租佃供胜于求，佃人多耕至3年，"又复荒之，而别佃他田以耕"② 的话，那么，康熙后期已经消除了沙田"多荒弃"的现象，粗放的耕种也日趋精细。

这一时期，珠江三角洲没有发生大的饥荒。康熙三十五（1696）、三十六（1697）和五十二年（1713）曾出现过饥荒，但程度较顺治年间要轻得多且历时也不长，又因社会安定，易度荒年，所以没有造成社会危机，它对人口的恢复没有产生大的影响。

值得注意的是，康熙二十四年（1885），清廷成立粤海关，正式宣布开海贸易。次年，广东巡抚李士桢成立洋货行（即广州十三行），负责"外洋贩来货物及出口贸易货物"事宜，海外贸易出现新的气象。由于国内各地经济的逐步恢复，商品经济也开始活跃起来。在海内外贸易的刺激和国外市场取向的影响下，到康熙晚期，珠江三角洲社会经济已经得到恢复，甚至有

---

① 参见［美］魏斐德《关于中国史研究的几个问题》，刊于《广东社会科学》1985年第2期，第111-112页。

② 〔清〕屈大均：《广东新语》卷二《地语·沙田》，第52页。

增进。于明代中后期出现的农业商业化不仅得到了复苏,在有些地区甚至有进展,例如南海、顺德和鹤山的交界处,形成了以九江为中心的龙江、龙山、坡山等十乡以桑基鱼塘为主的商品性农业区域,它的地域比晚明扩大了。商品性的手工业、交通运输业等也得以抬头。这意味着经济机会的增多,显然有利于人口的繁衍。

经过近40年重建家园,恢复经济,除某些惨遭屠杀的村落、墟镇人口未完全得到复原外,其余的均已得到恢复。在商品性农业发展迅速的九江、龙山等地,人口甚至有增长。总之,人口的恢复,有过之,也有不及,过之与不及两相抵补。我们有理由相信,当地的人口已经恢复到明末爆发战乱前的水平。

(3) 迅速增长期:雍正元年至嘉庆二十五年(1723—1820)。在这近100年内,珠江三角洲社会经济各个方面都以前所未有的高速度向前发展。围垦沙田方面比前取得更大的成绩。耕地面积的扩大,农业的商业化和由此而引起的手工业、商业、交通运输业的发展,都有力地刺激了人口的增殖。从表3-5看,南海等十县的人口已从康熙六十一年(1722)的130万增至嘉庆二十三年(1818)的530万,增加了3倍,年均增长率为14.3‰。

(4) 缓慢增长期:道光元年至宣统三年(1821—1911)。这是清王朝的晚期,政治腐败,西方资本主义国家因而乘虚侵入。内忧外患,社会危机日甚。英国以鸦片作侵华工具,以珠江口的伶仃洋为鸦片走私中心,日益扩大对华鸦片走私。鸦片战争前夕,中国贩进的鸦片一年达3.5万箱,价值2000余万银元,造成烟毒泛滥,白银外流。当时出现了两国间掠夺与反掠夺、贩毒与禁毒的严峻斗争。在这场斗争中,珠江三角洲首当其冲,成了鸦片战争的主战场。当地居民战时蒙受英国侵略军和清朝官军的洗劫,战后又被迫承担沉重的战争赔款,遭受的祸害是可以想见的。

鸦片战争之后,在太平天国革命的直接影响下,咸丰四年(1854)六月,天地会首领何六等在石龙起义,七月,陈开等在佛山竖旗起义,标志着两广天地会大起义的爆发。这次起义以珠江三角洲为中心地区,很快便扩展到包括广西、五岭南北在内的广大地区。从起义爆发至同治三年(1864)最后失败,前后坚持了11年之久。在珠江三角洲,起义军遭到清朝官军的残酷镇压,英国也助纣为虐,派军舰协助围捕退入海上的义军。目击过现场情况的容闳说,咸丰五年(1855)夏季,清朝广东当局在广州一地就杀了

表 3-5 明清珠江三角洲南海等县人口变动情况

县名	南海	番禺	新会	香山	增城	顺德	从化	新宁	三水	花县	合计
						（景泰三年设）	（弘治三年设）	（弘治十一年设）	（嘉靖五年设）	（康熙二十五年设）	
洪武二十四年	241221（洪武十四年）	81230①	81280①	36758①	52938①						493427
崇祯	114361①（658544）②	62795①（213453）②	72168①（213584）②	?（96591）②	29505①（139108）②						（1321280）②
康熙十一年	57148③（314314）	28956③（159258）	16066③（88363）	6825③（37537）	17445③（95947）	20474③（112607）	3458③（19019）	7885③（43367）	9231③（50770）		167488（921182）
康熙六十一年					430251①						（1321280）④
嘉庆二十三年	1149093⑤	399628（879617）⑥	332876（732327）⑥		199408（438698）⑧	488965（11075723）⑥	39635（87197）⑥	127323（280110）⑥	68456（150603）⑥	67564（148640）⑥	（5372259）⑥

续表 3-5

县名	南海	番禺	新会	香山	增城	顺德	从化	新宁	三水	花县	合计
							从左面数县析地设置的县				
宣统	(1508866)⑪	996513⑨	(961613)⑪	822180⑨	(576051)⑪	1356487⑨	(114498)⑪	(367810)⑪	(197756)⑪	152500⑩ (335500)⑪	(7237274)

注：

① 见表3-1。
② 按明代全国人口年递增率3.826‰乘以洪武年间口数而得，从南海等五县于崇祯前析地设置的顺德等四县的人口包括在其中，见表3-4。
③ 来自道光《广东通志·丁数下》，原书记有分厘毫等细数，于此省去，丁数从此省去，从而可见此数是折丁数。
④ 笔者的估计数。
⑤ 道光《南海县志》记载的嘉庆十九年（1814）全县大小男妇数。
⑥ 来自道光《广东通志》《丁数下》，原书记有分厘毫等细数，于此省去，男丁与大小男妇之比例估计为 1：22，以 2.2 口乘以嘉庆二十三年丁数而得括号内数。
⑦ 光绪《香山县志》记载的嘉庆十九年全县大小男妇数。
⑧ 据嘉庆《增城县志》记载的嘉庆的归管人丁，加上至嘉庆二十四年（1820）的滋生丁而得，民国《香山县志续》，民国《番禺县志》，以 2.2 口乘以丁数而得括号内之数字。
⑨ 数据分别源自民国《番禺县志续》，民国《香山县志》，民国《顺德县志》。
⑩ 民国《花县志》记载的男女丁数，以 2.2 口乘以丁数而得括号内的数字。
⑪ 系根据番禺、香山、顺德和花县等四县从嘉庆末年至宣统年间的年递增率乘以该县嘉庆的人口估计数而得。
⑫ 系嘉庆《增城县志》记载的嘉庆二十四年丁数，加上至宣统年间的滋生丁，以 2.2 口乘以丁数而得。原来只说："连四管人丁实共十九万零。"省去万以下细数，括号内数据根据民国《花县志》，顺德和花县等四县的年递增率乘以该县嘉庆的人口估计数而得。

7.5万余人。① 又据中外资料记载，咸丰五年至七年（1855—1857）的两年多时间内，两广总督叶名琛在广东共杀了40余万人。② 这其中主要是珠江三角洲之居民。也正是咸丰五六年间，南海、新会、恩平、博罗、新宁等县饥荒流行。恩平县有以15岁以上男童易米一二斗者。③ 饥荒引发人祸，人祸又加剧灾荒。据民国《清远县志》记载："吾邑人丁以咸丰年匪乱损失最惨。据白朴石所载，滨（按：滨江）属各乡死人四成半。"④ 战乱、饥荒中，或遭杀戮，或流落他乡死于沟壑者当属不少。

连绵不断的土客械斗是珠江三角洲西南部的又一祸害。开平、恩平等县土著与客家人为争夺土地，素来纷争不休，积怨甚深。道光年间（1821—1850），他们彼此相斗仇杀，已时有发生。咸丰年间（1851—1861）天地会起义后，土客械斗益烈。屠村劫舍，至为惨烈。开平和恩平两县在土客连年的焚掠杀戮中，村落残破不堪，"几无完土"。新会、新宁、鹤山等县，亦惨遭其祸。直至同治五年（1866），析新宁县地置赤溪直隶厅（今台山市赤溪镇），以安置客家人，械斗平息。

战祸连绵、社会动荡的地区，是谈不上人口增长的。某些战乱的中心地带，如珠江三角洲西南部开平、恩平等县，人口有下降之趋势。鸦片战争后，上海取代广州成为对外贸易的中心，的确一度给三角洲的经济以沉重打击。然而，小三角洲各县的商品经济并未因此而一蹶不振。经过短时期的调整，人们便抓住世界市场对粤丝需求扩大的有利时机，引进先进机器改良缫丝工艺。这种产业革命的精神使三角洲成为近代工业化的先行者，商品经济也跃上一个新的高度。由于机器缫丝工业的带动，三角洲的农业、商业、外贸、金融等行业皆取得不同程度的增进。社会经济既然在发展，人口无疑也当有继续增长。遗憾的是，珠江三角洲各县遗下的清末人口数据不多（详见表3-1），幸得留存者有的却不可信。例如，宣统《东莞县志》记载该县宣统年间（1909—1911）人口，男丁为1043693，如果加上女口当在200万之谱；而该县在嘉庆（1796—1820）末年才46万口，民国三十七年

---

① 容闳：《西学东渐记》，中州古籍出版社1998年版，第95页。

② 参见骆宝善《太平天国时期的广东天地会起义述略》（下），刊于《中山大学学报》（社会科学版）1982年第1期，第54-61页。

③ 民国《恩平县志》卷十四《纪事二》："是年［嘉庆六年（1801）］大饥，客人连营恩阳南路，交通断绝，升米价七十文，十五岁以上男童卖价值一两数钱，或易米一二斗。"

④ 民国《清远县志》卷十三《民政·户口》。

（1948）也只有76万口。前后相比较，此数显而易见是不可信的。综观三角洲各县人口，除恩平、开平、新宁、鹤山、高明等县或停滞不前，或稍减外，其他各县均有程度不同的增加。据表3-5所做的南海等十县的人口估算，清末已增至720多万人，比嘉庆末年的530多万人增加了186万人。这时期的人口年均增长率降至3.73‰，处于缓慢增长的阶段。

四、耕地的增辟及其与人口比例变动的大势

在中国传统社会，耕地是人们赖以生存的食用之源。人口的消长同土地的开垦是密切相关的。下面就土地的开垦及其与人口比例变动的大势做一考察。

历史文献留下的田亩数据，和前面引用的人口数据一样，往往彼此矛盾，互有歧异。对于这些官方的统计数字，笔者虽做了一些版本的比较，并参照与土地相关的其他资料，判其真伪是非，然后定取舍，但因所用的地方志以清代修的居多，许多难得的版本未克获见，引用数字的失误自属难免。现根据地方志记载的各县田亩数据列表统计（见表3-6）。应当指出，这些田亩数仅是政府掌握的耕地纳税单位数字，而并非真实的田亩面积。基于度量衡制度的混乱，田、地、山、塘、荡的折算弊病繁多；新垦的沙田又动辄数顷，乃至数十顷，对之多用目测估算，并没有做过严格的测量；而且"欺隐于猾民"，亦始终难免。所以，要做到统计数据的准确无误是不可能的。一般来说，这些田亩数较之于耕地面积的真实数当属偏低。

从表3-6看，大部分县的耕地面积均呈现出稳步上升的趋势。出现骤升骤跌的现象，是析地设置新县之故。

南海县，洪武年间（1368—1398）耕地面积为27万亩，尽管景泰三年（1452）曾与新会县分别析地增设顺德县，至天顺年间（1457—1464），即经过半个世纪之后，仍然增至53万亩[①]，增加了几近一倍。又经历一个世纪之后，到了嘉靖年间（1522—1566），虽然也曾和高要县分别析地设置了

---

① 据光绪《广州府志》卷七十《经政略一·田赋》记载，南海县洪武年间耕地面积为270万多亩，天顺年间为53万亩。经过大量垦辟土地之后，还出现如此锐减，绝无是理。景泰三年（1452）虽曾析地置顺德县，但顺德县到嘉靖年间才拥有田地65万亩，内中还有部分是从新会析出的领土，即令65万亩全系南海县地，再加其本身的53万亩，也才118万亩，与270万亩尚距遥遥，这可能是将27万亩误写为270万亩。

三水县，但还是增至 154 万亩。这反映了南海县辟荒垦田的飞速步伐。该县到万历朝（1573—1620）增至 158 万亩，此数保持至顺治朝未变。康熙二十五年（1686），降至 146 万亩，是因割 11 万多亩给新设置的花县之故。到嘉庆二十二年（1817），据道光《广东通志》记载，降至 126 万亩，无缘无故地比前数减少了 20 万亩。经查对，其源出自误抄乾隆《广州府志》。该府志记载：南海县田亩原额为 1581082 亩，康熙二十五年（1868）割花县后实存 1215262 亩（等于割去 365820 亩给花县）。乾隆二十一年（1756）将报垦数加上旧额变成 1260333 亩。阮元所修的省志不加考察，照抄了这一错误的数据。事实上，南海县的田亩于清前期不仅不减，从康熙十一年至道光七年（1672—1827）还新垦沙坦 50395 亩，连旧额已经增达 1519356 亩。

番禺县，弘治朝（1488—1505）比天顺朝减少 2 万亩，是因弘治二年（1489）割部分辖地设置从化县之故。从明末的 119 万亩降至康熙年间的 104 万亩，是因已割 15 万亩给新设的花县。该县的田亩数同样呈现出逐步增加的趋势。

顺德县，顺治年间的 559143 亩的首一个"5"字，当系"8"字之误。从各县田亩数看，顺治年间的数字均系转抄自明末的旧额。顺德县未曾发生特别的事故，没有理由顿减 30 万亩。该县辖地面积为 752 平方公里（折为 1128000 亩），土田面积从嘉靖朝至嘉庆二十二年（1522—1817）的近 300 年间，始终平稳地保持在 85 万亩的水平，占总面积的 76.2%。这种停滞不前的状况，反映了顺德因地域狭小，早在嘉靖时可耕土地业已开发，可供开垦的余地不多了。

新会县，尽管于景泰三年（1452）和成化十四年（1478）两次析部分辖地设置顺德县和恩平县，但田亩数依然保持稳步上升。弘治十一年（1498）割 24 万亩给新设的新宁县，故正德年间（1506—1521）降至近 92 万亩。顺治年间又因增设开平县，土地面积从万历朝（1573—1620）的 120 万亩降至康熙朝的 83 万亩。如果包括析置新县的田地在内，该县的田亩数同样在不断增加。

东莞县，万历元年（1573）单独割地设置新安县。万历九年（1581）的田亩数仍然从嘉靖初年的 122 万亩增至 131 万亩。从万历至清代乾隆年间，经历了 200 余年，依然保持此数。东莞县经析地增置新安县后，尚有 2721 平方公里，折为 4081500 亩。乾隆年间的田亩数，只占全县总面积的 32%。尽管该县丘陵山地较多，但多少尚有可供开辟的土地。200 年间田亩数未曾变化，显然是历任县太爷均在敷衍上司，未曾据实上报。

表 3-6 明清珠江三角洲各县官方统计的田亩变动情况

县名	洪武	永乐	天顺	弘治	正德	嘉靖	万历	崇祯	顺治	康熙	雍正	乾隆	嘉庆	备注
南海	道光县志 270913	道光县志 271090	道光县志 530311			嘉靖省志稿 1541207	光绪府志 1580922	光绪府志 1580912	道光县志 1581082	道光县志 1468961	雍正省志 1454562	乾隆府志 1260333（系1468961之误）	道光省志 1263590（系1510000之误）	至道光七年，就垦达1519356亩
番禺	同治县志 876882	同治县志 877605	同治县志 990411	同治县志 970104		同治县志 1194308			同治县志 1194308	同治县志 1041590	雍正省志 1038468	同治县志 1041590	道光省志 1278282	
顺德						嘉靖省志稿 858054	咸丰县志 871655		咸丰县志 559143（859143）		咸丰县志 857275	咸丰县志 871753	道光省志 859836	
新会	康熙县志 1117931	康熙县志 1121818	康熙县志 1157711		康熙县志 919868	嘉靖省志稿 921169	万历县志 1204151		康熙县志 937970	康熙县志 830515	康熙县志 916583		道光省志 971673	
东莞						嘉靖省志稿 1224018	嘉庆县志 1313536	嘉庆县志 1313536	嘉庆县志 1313536		雍正省志 1312053	嘉庆县志 1312131	道光省志 1428549	
花县										康熙县志 264839	雍正省志 264628		道光省志 298058	
从化						嘉靖省志稿 78773					雍正省志 184267		道光省志 193653	
增城	嘉庆县志 814595		嘉庆县志 675750			嘉靖省志稿 675750	嘉庆县志 675995			雍正省志 675982	雍正省志 675982		宣统县志 487416	
香山	康熙县志 390240	康熙县志 437858	康熙县志 525673	康熙县志 570003	康熙县志 576916	康熙县志 585695		康熙县志 755911	康熙县志 707535	康熙县志 707535	雍正省志 707535		道光省志 1253758	
三水						嘉靖省志稿 455860	嘉庆县志 501759	嘉庆县志 501759	嘉庆县志 501759	嘉庆县志 501759	嘉庆县志 501759	嘉庆县志 501759	道光省志 555970	
高明				康熙县志 298491	康熙县志 298574	康熙县志 303912	康熙县志 339565	康熙县志 339565	康熙县志 339565	康熙县志 339565	雍正省志 339565		道光省志 343425	
新宁			道光县志 243667	道光县志 245267		道光县志 253029	道光县志 342730	道光县志 342730	道光县志 354567		雍正省志 349073	道光县志 371581	道光省志 561721	
恩平						康熙县志 220269	道光县志 220642	康熙县志 220269	康熙县志 169623	康熙县志 169623	雍正省志 129841		道光省志 249912	
开平											雍正省志 353535		道光省志 337970	
鹤山											道光县志 240426		道光省志 250232	
归善	乾隆县志 714537	乾隆县志 539002				乾隆县志 573391	乾隆县志 927038	乾隆县志 927028	乾隆县志 927028		雍正省志 926750		道光省志 939968	
博罗	乾隆县志 768762	乾隆县志 751102				乾隆县志 762456					雍正省志 780726	乾隆县志 778605	道光省志 787842	
高要	道光县志 185126						道光县志 883687				雍正省志 882061	道光县志 881666	道光省志 888463	
四会									光绪县志 430846		雍正省志 342399		道光省志 360043	
新安							康熙县志 402082	康熙县志 406042	嘉庆县志 403956		雍正省志 359659	嘉庆县志 381594	嘉庆县志 403956	
清远						嘉靖省志稿 460348					雍正省志 591393		光绪县志 676258	

香山县，从明初的 39 万亩稳步增至崇祯年间的 75 万亩。康雍时期（1662—1735）降至 70 万亩，是"迁界"荒废之故。至嘉庆二十二年，即不到 100 年内，跃升至 125 万亩。这同清代中期沙田的大量开发是有关系的。

增城县，从明初的 81 万亩降至弘治朝的 67 万亩，当因弘治六年（1894）析地建置龙门县之故。

恩平县，从嘉靖至崇祯（1522—1644）均保持在 22 万亩。康熙年间骤降至 16 万多亩，是因已将近 6 万亩割给顺治五年（1648）新置的开平县。

其余各县的田亩数也都显示出不同程度的稳步增加趋势。

综观表 3-6 的统计数，虽然掺杂了不切实的成分，但大体说来，反映了珠江三角洲土地不断增辟的历史事实。

乾嘉年间（1736—1820），土地的开发和人口的繁衍一样，都已达到前所未有的高峰。道光（1821—1850）以后，除淤积成陆的沙区继续围垦外，几乎已无处女地可供开辟了。再者，鸦片战争后，随着珠江三角洲半殖民地化，货币商品经济更加发展，商品化的过程更加迅速，出现了多元化的劳动力从业结构。居民已经不是主要从扩大硗确之地来寻找出路，而是从手工业、商业、交通运输业和服务行业去寻找经济机会。道光以后，田亩虽有增加，例如东莞的万顷沙被围垦成田等，然而为数不多。究竟增加多少，因缺略记载，不得其详。

现将明代南海、番禺、新会、香山、增城等老五县与全国人均耕地面积变化比较统计（见表 3-7）。南海等老五县到明末已陆续析出本县土地设置顺德、从化、新宁、三水等四个新县，虽然新置的三水县辖地中也有南海等老五县之外的原高要县部分，但是老五县中的新会县又曾析地益增表中新设县之外的恩平、开平县地，故两者相互弥补。表中明末的九个县辖地的总面积，大抵等于明初老五县旧地之总面积，因而可做明初与明末人均耕地数的比较。

从表 3-7 看，南海等老五县于洪武年间人均耕地面积为 7.04 亩，只相当于当时全国人均耕地面积 14.05 亩的一半。到了崇祯年间，尽管耕地总面积增加了一倍多，但人均耕地面积却减至 5.47 亩，说明人口的繁衍与土地的增辟是不协调的。

表3-7 明代南海、番禺、新会、香山、增城等老五县与全国人均耕地变化比较

年代	地区	人口	田地（亩）	人均耕地（亩）
洪武	南海等五县	493427①	3470561②	7.04
	全国	60545812③	850762368③	14.05③
明末	南海等五县田地（崇祯）	1321280④	7226181⑤	5.47
	全国（万历六年）	150000000⑥	701397628⑦	11.56

注：
①见表3-5洪武年间南海等五县人口合计数。
②根据表3-6南海等五县田亩数相加而得。
③见梁方仲《中国历代户口、田地、田赋统计》，第340页。
④表3-5崇祯年间南海等五县田地人口估计数。
⑤根据表3-6南海等五县和从这五县析出的顺德、从化、新宁、三水等四县在崇祯年间或靠近崇祯朝的田亩数相加而得。
⑥何炳棣等历史学家的估计数。
⑦见梁方仲《中国历代户口、田地、田赋统计》，第341页。

清康熙二十五年（1686），南海等老五县析地增设花县后，珠江三角洲从原来的九县增至十县。现将十县人口在清初锐减期〔数字断限于康熙十一年（1672），此时花县尚未设置〕、恢复期、迅速增长期人均耕地变化情况做统计（见表3-8）。从表3-8看，因康熙初年正是战乱期间，人口剧减，因此，人均耕地面积升至7.48亩，比明初略高；但到了康熙六十一年（1722），人口已经恢复至战乱前的明末水平，人均耕地面积也降至5.26亩，与明末相差无几。但到了嘉庆末年，尽管田亩比康熙六十一年增加了120万亩，亦即增加了18%，但同一时期的人口却增加了400万，比原额增加了3倍，使得人均耕地面积降至1.52亩。从道光至清末（1821—1911），人口的增殖变缓慢了，年均增长率从4.23‰降至3.73‰，至宣统（1909—1911）年间，人口增至约705万。耕地推想应稍有增加，但还是远不及这一时期比较缓慢的人口增殖速度，因此，人均耕地面积当比前期稍为降低。

综上所述，耕地的增辟与人口的繁衍，从明代起便出现两者不协调的现象，尤以乾嘉时期最为突出。道光以后，这种不协调的情况依然没有解决，而后有加剧之势（见图3-1）。

表 3-8 清代南海等十县人口密度和人均耕地变动比较

(辖地面积：平方公里；人口密度：人/平方公里；耕地面积：亩)

年代	项目	南海	番禺	新会	香山	增城	顺德	从化	新宁	三水	花县	合计
康熙十一年	辖地面积	1264	1794	1923	2877	1748	752	1809	2991	851	864	16873
	人口	314314	159258	88363	37537	95947	112607	19019	43367	50770		921182
	人口密度	?[①]	?[①]	50	13	55	149	11	14	60		55
	耕地面积	1581082[②]	1194308[②]	830515	707535	675982	857275[③]	184267[④]	354567	501759		6887290
	人均耕地面积	5.03	7.5	9.4	18.85	7.05	7.61	9.69	8.18	9.88		7.48
康熙六十一年	人口											1321280[⑤]
	耕地面积	1454562[⑥]	1038468[⑥]	916583[⑥]	707535[⑥]	675982[⑥]	857275[⑥]	184267[⑥]	349073[⑥]	501759[⑥]	264628[⑥]	6950132
	人均耕地面积											5.26
嘉庆末年	人口	1149093	879617	732327	430251	438698	1075723	87197	280110	150603	148640	5372259
	人口密度	909	490	381	149	252	1430	48	94	177	172	318
	耕地面积	1519356	1278282	971673	1253758	687416	859836	193653	561721	555970	298058	8179723
	人均耕地面积	1.32	1.45	1.33	2.91	1.57	0.8	2.22	2.01	3.7	2.01	1.52
宣统年间	人口	1508866	996513	961613	822180	576051	1356487	114498	367810	197756	335500	7054274
	人口密度	1194	555	500	286	331	1804	63	123	232	388	418
	耕地面积											
	人均耕地面积											

注：本表根据前面数表编制。

①南海、番禺两县析地置花县是在康熙二十五年（1686）。康熙十一年（1672）时这两县的辖地面积当包括花县在内。两县辖地面积之和为3058方公里，人口之和为473572，人口密度为每平方公里155人。

②表3-6中，南海、番禺两县康熙年间的田亩数系析地置花县之后统计的，故在本表中这两县的田亩数取顺治年间数据。

③顺德县缺康熙年间田亩数，顺治年间的为559413亩，疑首一"5"字系"8"字之误（详见正文），故取雍正年间数。

④从化县缺略顺治和康熙年间田亩数，故取雍正年间的统计数。

⑤系根据南海等五县县志记载的洪武年间人口数按年递增率3.826‰推算出来的明末人口数，没有做分县估算。

⑥取自表3-6中雍正年间数，此乃雍正八年（1720）以前的田亩数，以它充康熙末年的田亩统计数字当相差不太远。

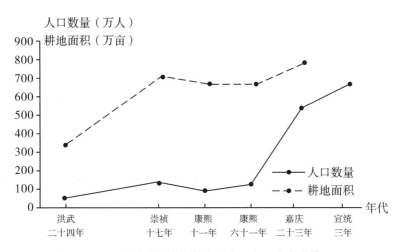

图 3-1　明清时期南海等十县人口和田亩变动情况

五、人口压力对社会经济的影响

人口虽然不是社会发展的首要因素，却是社会系统演化的重要机制。在中国传统的农业宗法社会，以农为本，土地是人们赖以生存的食用之源。在生产力落后、资源充裕的条件下，人口增长意味着社会的进步，甚至是社会生产增长的前提。但当人口的增殖超过人口与资源的适合度时，就会对社会经济的发展起负面作用了。所以，人口与耕地比例的变化，影响着社会经济的运作及其演变的轨迹。

如上所述，从明代中叶起，便开始出现人口繁衍速度超过田地增辟的不协调的现象，在局部地区已感受到人口压力。清代中叶以后，人口的压力尤为突出，而且呈日益加剧之势。历史上的有识之士已为此而忧心忡忡。早在明末，文学家冯梦龙（1574—1646）于《太平广记·古元之》一文的批语中便指出："不若人生一男一女，永无增减，可以长久。若二男二女，每生加一倍，日增不减，何以养之？"① 这是中国历史上首次有人提出节制生育的主张。清代中叶人洪亮吉（1746—1809）认为：人口不断增加，田地不

---

① 〔明〕冯梦龙：《太平广记钞》卷七《仙六·古元之》，见《冯梦龙全集》第 8 册，江苏古籍出版社 1993 年版，第 143 页。

增加，加之世家大户兼并，分配不均，势必发生动乱，结束"治平"之世。他曾考察一个人需要多少田地方足以养活的问题。根据江南亩产平均一石的生产力水平，估算"一岁一人之食约得四亩"。① 明末清初，珠江三角洲人均耕地在 5～7 亩。但当时的单位面积产量比江南低下，又有 1/4～1/3 的土地改种经济作物，所以已感粮食缺乏，需要从广西、湖南和江西等地运来粮食接济。到清代中叶，虽然单位面积粮食产量有所提高，但人均耕地面积已降至约 1.52 亩。同时，人口密度急剧上升，康熙十一年（1672）为每平方公里 55 人；嘉庆末年升至每平方公里 318 人；清末更升至每平方公里 418 人（见表 3-8）。清代中叶以后，珠江三角洲的人口密度除略低于全国密度最高的江苏省［嘉庆十七年（1812）为每平方公里 382.95 人；咸丰元年（1851）为每平方公里 448.32 人］外，皆远超其他地方。按当时的生产力水平，清代中叶以后珠江三角洲的土地已难以养活迅速增加的人口。人口对土地与日俱增的压力，对社会经济产生了深远的影响。

第一，它直接影响到传统农业的演变形式。当地推广双季稻，采取间作、套作、混作等方法，提高复种指数，以增加耕地产出。在犁耙、选种、栽培、施肥、密植、田间管理等各个耕作环节上，不断追加劳动力，使农业耕作愈益集约化。尤其是因地制宜，创造一种以桑蚕与水产养殖相结合的所谓"桑基鱼塘"型的经营模式，以高密集劳动力为代价，把中国的传统农业发展水平推到极致。甘蔗、果木、茶、蒲葵、香等经济作物专业化的种植，同样是劳动力高密集型的耕作。这种以商品性生产为内容的高度集约化农业，为相对过剩的劳动力提供了出路。而且，由商品性农业而引发的手工业、包装运输业、商业等行业的勃兴，也为社会提供了更多的经济机会。例如，东莞的种香区，"人无徒手，种香之人一，而鬻香之人十，且蓺香之人且千百"。加之为制造成香而"蒸炙"，以及包装、运输等，对劳动力的需求便更多了，单"为香箱者数十家，借以为业"。②

第二，商品性农业和家庭手工业、副业相结合的经营方式，拥有繁多的工种，可为老弱妇幼等各类型劳动力提供选择。这些工种又不受场所、季节的限制，雨天、晚上也可劳作。充分开发的劳力资源不断追加投入，即使边际报酬已递减至最低限度，但其经济效益比起单纯种植粮食作物显然要高得

---

① 参见〔清〕洪亮吉《洪北江诗文集》之《文甲集》卷一，台湾世界书局 1964 年版，第 33、34 页。

② 〔清〕屈大均：《广东新语》卷二六《香语·莞香》，第 677 页。

多。例如，清末一亩田种桑养蚕，据宣统《南海县志》记载统计，一年可得纯收入46.4两银；如种水稻，至高也只收10石谷，折米6.7石，值银13.53两。① 种水稻的收入只相当于种桑养蚕的1/3。正因为如此，清初屈大均说："家有十亩之地，以桑以蚕，亦可充八口之食矣。"② 民国《东莞县志》的作者说：清末，种桑之户"家有十亩，可以致富"。③ 以十亩地种桑养蚕从"可充八口之食"到"可以致富"，反映了经营水平的不断改善，经济效益也愈来愈高。时人赞之为"足食有方"。④ 应当指出，总收入的提高，掩盖了边际效益实际上的下降；靠不断增加劳动力投入来增加经济效益，也掩盖了实际上的隐蔽失业。正是存在隐蔽失业者，劳动力过剩，阻碍了产业从劳动力密集型向技术密集型过渡。明清时期生产技术之停滞，人口因素实为一重要原因。

传统农业在珠江三角洲演变成专业化、集约化的高劳力密集型的耕作系统，以及商品性农业与家庭手工业、副业、商业相结合的多种经营形式，就是在人口压力的驱使下，加诸其他因素的合力作用而建立起来的。

此外，人口压力导致了越来越多的人移居海外。移民，本来古已有之。除政治性强行迁移外，皆因天灾人祸而引发。基于中国人"安土重迁"的观念，即使一时流徙，只要有可能，移民还会倒流回原地的。中华民族史之所以是一部从中原向周边不断移殖的历史，究其深层的原因，还是环境驱使的结果。哺育我们先祖的黄河流域，本是碧草如茵、潺潺流水的沃野，先人们之所以忍痛离去，实源于生态环境被破坏而逐渐变成一片黄土之缘故。

珠江三角洲的居民，如前所述，本也是中原地区的士民几经辗转而迁来

---

① 亩产高达10石，是根据屈大均《广东新语》卷十四《食语·谷》，第374页记载："广州之稻，……五月中，即有新米……此谷既升，又复插莳，晚谷也。晚谷每亩所收少于早稻三之一，是为两熟。其一熟者为潮田，秋分而获、寒露而获，至霜降而毕获。谚云：好禾不过降也。每亩丰者四石"；清末，据实地调查依然如此。谷出米率按67%折算，据自广东省银行经济研究所1938年出版的《广州之米业》第2页的记载；折银则采用彭信威《中国货币史》（上海人民出版社1988年版）第851页"清代米价表（六）"中宣统年间的米价数据。
② 〔清〕屈大均：《广东新语》卷二四《虫语·八蚕》，第587页。
③ 民国《东莞县志》卷十五《舆地略十二·物产下》。
④ 〔清〕赖逸甫：《岭南蚕桑要则》，佛山同文堂宣统三年（1911）刊刻。又，〔清〕卢燮宸：《蚕桑刍言》："窃思顺德地方，广仅六七十里，其袤亦不满百，人之所得，足食有方，遂生有道者，固赖蚕桑为衣食之本原。"

的。历史造就了他们不断流徙、不断开拓之志,以及忍辱负重、坚忍不拔之精神。珠江三角洲濒临南海,因经商而出没海外各地者,有的定居于异域,繁衍子孙而成为华侨。这种情况出现甚早,明初已有人迁往东南亚各地谋生①,明中后期渐多,但大量地移民海外,则在19世纪之后。有人估计,19世纪上半叶,全国出国华工人数为32万,平均每年为6400人左右;1850年以后的25年间猛增至128万人,平均每年为51000多人,为上半叶的8倍。这些人原居住地主要系闽、粤两省。② 在广东,则以珠江三角洲为多。据不完全统计,19世纪50年代以后的二三十年间,广东沿海移民赴澳洲谋生的人数在8~10万,其中也以珠江三角洲的移民居多数。澳洲的新南威尔士殖民地及悉尼的移民主要来源于中山、东莞、高要、增城等县;维多利亚殖民地和墨尔本的移民则以四邑(旧时台山、新会、恩平和开平的统称)为多,其次是南海、顺德、番禺等县。③ 美国西部的加州是三角洲移民的又一主要目的地。珠江三角洲因而成为我国著名的侨乡。华工在出洋途中备受虐待、勒索之苦,入境时又遭到移民局的刁难。出洋的路费往往是借贷筹集而来,找到后必须连本带利偿还。至于当"猪仔""猪花"被贩卖外洋者,更是惨不堪言。他们之所以出外谋生,是为了活命养家。在海外谋生者中,90%以上是充当各种行业的工人。据说,19世纪60年代,一个美国华工每年只能寄回家30美元,而这一笔侨汇已足以养活一个成年人及一到两个小孩。④ 由此可见,迁移海外不仅可以减少本地人口数量,而且他们将凝集其血汗的侨汇寄回家乡,也起到增加消费资料、缓解本地人口压力的作用。

第三,为适应生存竞争需要的帮会集团纷起,导致社会动荡不安。人口数量超出资源供应额,加之社会的不平等带来的资源分配不均,势必导致一部分人作为"多余人"而被驱逐出生产领域。这些游离于墟镇、城市的无业者,包括流氓、赌徒、乞丐、小偷、娼妓、迷信职业者,等等,为了在激

---

① 参见《明史》卷三二四《三佛齐传》;〔明〕严从简《殊域周咨录》卷八"三佛齐",中华书局1993年版,第297-301页;〔明〕马欢《瀛涯胜览》,中华书局1991年版。

② 彭家礼:《十九世纪西方侵略者对中国劳工的掳掠》,见《中国社会科学院经济研究所集刊》第1集,中国社会科学出版社1979年版,第253-254页。

③ 许檀:《鸦片战争后珠江三角洲的商品经济与近代化》,刊于《清史研究》1994年第3期,第70-78页。

④ 成露西:《美国华人历史和社会》,见《华侨论文集》第2辑,广东华侨历史学会1982年版。

烈的斗争中幸存下来,他们便组织起了秘密会社。会社成员间称兄道弟,虚拟亲属结构,以加强内部凝聚力。经常出现的失业者、散兵游勇又不断地补充其队伍。他们或下海为盗,或拦途劫掠,杀人越货,造成社会动荡不安。咸丰、同治年间的洪兵起义,正是以这些人为骨干的。其直接的起因,固然来自阶级压迫、剥削造成的分配不均,以及上海取代广州外贸中心的地位使直接或间接为广州外贸服务的行业陷于停顿、衰落而造成大批员工失业;但是,作为深层原因的人口压力,确实起着不可低估的作用。

第四,为争取空间生存权而发生连绵不断的集团性械斗。随着人口与土地间增长速度的失调,争地、争山、争沙纷起。汇集明崇祯年间广州府档案的《盟水斋存牍》一书,就留下了大量关于这方面的案牍。前述的南迁士民,皆托言来自珠玑巷,并在传说的基础上,于明清时期出现所谓宋代南迁案牍文引,其目的显然是取得"入住权",即占据空间生存权的合法性。中国传统社会群体意识浓厚,群体集团之盛行,也正是为适应生存空间的竞争而出现的。以父家长为中心的家族制和宗法组织,就是主要的社会群体组织形式。名宗大族既凭其人多势众而耀武扬威,霸占山头、沙田;单姓弱族也自可通过歃血结盟形成虚拟的宗族,以与大族抗衡。族产本为尊祖、敬宗、睦族的费用,此时也被用作宗族间争斗的经费。游离于生产领域之外、在饥饿上挣扎的人们,往往充当"顶凶"、打手,成为宗族间械斗的骨干。因此,宗族间的械斗禁而未止,且愈演愈烈。更甚者,珠江三角洲于咸丰四年至同治六年(1854—1867)爆发大规模的土客械斗,连绵13年,波及新宁、开平、恩平、鹤山、高明等五县,死伤者达20万,亡散者30万人以上。[①] 顺带指出的是,大量人口死亡与逃散,以及械斗期间出生率的降低,却起到缓解人口压力的作用。这是当事者所不能意识到的。

综上所述,我们可以看到,珠江三角洲在传统农业的历史阶段所能容纳的人口数量是有限度的。明代中叶以降,随着人口的繁衍,人口压力从局部逐渐扩大到广大地区,并且日益严重。社会经济也出现相应的危机和变化。为了应付日渐加剧的人口压力的挑战,从明代中叶起,朝廷采取了集约化耕作、商业化经营的对策。清代中叶以后,转变为以商业化为主轴,并以此带动各行各业,形成以出口为导向的"贸—工—农"经济体系。珠江三角洲所走的商业化的道路,固然有天时、地利等种种原因,但人口也不失为一重要因素。

---

① 参见民国《赤溪县志》卷八《开县事纪·土客械斗起源及其蔓延》。

第四章　宗法土地制度与商业化

一、以乡族集团地主所有制为特点的土地占有关系与商业化

作为衣食之源的土地，不仅有其自身的历史，而且是农业社会传统风俗与信仰的故园。土地关系与土地所有权反映了中国传统社会的财产关系和法权观念。[①] 财产法权观念不仅影响、制约经济领域的各个方面，而且影响、渗透到习俗、信仰，乃至政权体制、耕作系统等各个层面。它对两千多年来以农立国的、以家族为中心的中国传统社会结构，起着深层的、长时期的作用。这是一个具有深层意义而缺乏深入研究的课题。

明清时期珠江三角洲的土地占有形态经历了从明代以士绅地主占有土地为主，到清代中叶以降为宗族集团地主占有为主的迅速发展，沙田区在清末终于为其所取代的过程。自清代晚期开始，还出现跨宗族的更大规模的乡族土地占有形态。地权的转移及其表现出来的法权观念，一方面，和内地的省份一样，依然受到传统习俗的限制和支配；另一方面，又表现出明代中叶以降日益增进的商业化社会的特点。

1. 士绅地主与宗族集团地主土地占有形态

乾隆十五年（1750），《香山县志》记载：土地占有关系是"一人而数十、百顷，或数十、百人而无一顷"。这当指清初的土地占有关系。在明代，缙绅地主占有的土地远超此数。从笔者涉猎的资料看，这一时期以士绅地主占有土地为主。正统年间（1436—1449），中山县小榄何月溪占有土地

[①] 关于中国传统社会土地所有权问题，杨国桢在其《明清土地契约文书研究》（人民出版社1988年版）一书中已做了详细的论述。这是目前研究这一问题必读之著作。［加］魏安国《清代华南的土地所有制、赋税制和地方控制》（见叶显恩主编《清代区域社会经济研究》，中华书局1992年版，第903－920页）、［美］居蜜《从各省习惯法和土地契约看清代土地权的特质》（见《清代区域社会经济研究》，第898－902页）、梁方仲《关于孙中山家族的两件土地契约文书释文》（见中山大学历史系编《中山大学史学集刊》，广东人民出版社1994年版，第2－7页）等也是值得参考的著作。

达2万余亩。① 正德年间（1506—1521），顺德人梁储任吏部尚书，有人诉状于朝廷，"尝请没储赀，可减天下田租之半"，由此来看，其占有田产当属不少。另据罗天尺的《五山志林》记载，当时南海富民谭观海"坐法诛，家有田百余顷"，其子谭振遂将这些田地献给梁储子锦衣百户梁次摅等四人为业，仅这一次，梁次摅接受投献的田地当在数十顷。从以上例子可见，梁储广占田产之说并非空穴来风。② 崇祯朝官至东阁大学士的中山小榄何吾驺占有的田产达14000多亩。③ 明末，士绅薛明德"遗产颇饶"，"产几二百余顷"。④ 二百余顷被视为"颇饶"，可见，"最饶"者非止此数。我们还可从当时寄庄田之盛行，推知士绅地主广占土地之风气。南、番、顺、莞、新、香等大县是士绅聚集之地区。这几个望县，壤地毗连，户籍交置。以香山而论，该县征收的赋税，顺、新、香、南四县的寄庄田已占总额的35.6%，其中尤以顺德为最多。⑤ "桂洲南青步海中叶沙等，则与香山壤界，其田五百余顷"，⑥ 就是属于顺德的寄庄田。而顺德也有各县的寄庄田，如南海县寄庄田于顺德者就有44853.5亩，番禺也有5363.8亩。⑦ 关于这些寄庄田的所有者，据嘉靖《香山县志》记载："弘治初，番、南、香、顺寄庄益繁，自恃豪强，赋役不供，吾邑里甲贻（赔）累日甚。"⑧ 康熙《香山县志》也有记载，香山"沿海一带，税业俱系别县寄庄，田归势家"。⑨ 官至礼部尚书的南海人霍韬也曾指出："番禺、南海、新会、顺德、东莞五邑之民，皆

---

① 参见清乾隆时人、何月溪之孙何大佐《榄屑》，"旌义祖事"。
② 参见咸丰《顺德县志》卷二三《梁储传》，顺德市地方志办公室点校：《顺德县志（清咸丰·民国合订本）》，第697页；〔清〕罗天尺《五山志林》卷四《传疑·锦衣受投献》，中华书局1985年版，第69页。按：梁储是一争议人物。万历《广东通志》卷二四《梁储传》则说他"归橐萧然"。
③ 何仰镐：《据我所知道中山小榄镇何族历代发家史及其他有关资料》（原件藏于佛山市档案馆）。
④ 〔明〕颜俊彦：《盟水斋存牍》二刻，"谳略"二卷《争田薛抡祯等由详》，中国政法大学2002年版，第532页。
⑤ 〔清〕罗天尺：《五山志林》卷七《辨物·香田顺税》，第138页。关于香田顺税的问题，可参见［日］松田吉郎《明末清初广东珠江デルタの沙田开发と乡绅支配の形成过程》，刊于《社会经济史学》第46卷第6号（1981年），第55–81页。
⑥ 万历《顺德县志》卷七《人物志一·梁储传》。
⑦ 〔清〕罗天尺：《五山志林》卷七《辨物·香田顺税》，第138页。
⑧ 嘉靖《香山县志》卷二《民物志·户口》。
⑨ 康熙《香山县志》卷三《食货》。

托籍寓产焉。一邑丛五邑之产，则多大姓。五邑大姓丛产一邑，征赋督逋，扰哓无宁。"① 由此可见，这些寄庄田主无疑是士绅地主和豪民富户。

士绅地主在明清嬗递之际，由于迁海、"社贼"运动造成的社会动荡，其势力无疑受到了一定程度的打击、损害。但清初仍可看到他们广占田产的记载，如康熙年间顺德望族罗文昭占有"百顷之田"。②

所谓豪民，则指没有功名的地方豪强。例如明末被"乡绅父老"推举充当地方团练之"练长"者，是一些所谓"谋勇"之辈。他们"借团练名色弄兵于一方"，为非作歹。三水县练长陆文海"武断一方，三水知有练总，不知有令"。③ 这些人也属兼并土地者之列。

至于富民，即指在明代中叶珠江三角洲商业化中④得益而发家致富者。关于他们"买田置宅""增置田宅""买田园卢舍"等记载，在族谱、方志中是不乏其例的。⑤ 早于嘉靖元年（1553），因经营棉业致富的顺德龙翠云便购买田产300亩，⑥ 初现了货币经济的力量。这种力量随着商业化的深入而愈益发挥其作用，特别是在清代之后。例如，乾隆年间，番禺五凤乡林大懋经营广西贵县（今广西贵港市）米粮贸易发了大财，时有"林百万"之称。他买了几十万斤租谷的田地，还在贵县买了七八十间铺子，成为当地的富豪。⑦ 又如，乾隆年间，顺德胡朝宗"承先业沙田百余顷，嗣以派充盐商，缺资数十万。朝宗持家四十年，善经营，递年田亩复增"。从分家时"析分同祖兄弟九人，各数十顷"看，朝宗占有的沙田已达数百顷。⑧ 这都是经商致富而占有沙田的例子。

---

① 〔明〕霍韬：《渭厓文集》卷五下《序·赠黄大尹宰香山序》。
② 〔清〕罗天尺：《五山志林》卷四《传疑·元孝后生》，第74页。
③ 〔明〕颜俊彦：《盟水斋存牍》二刻，"谳略"二卷《人命冯汝时等》，第46－51页；又，二刻，"谳略"二卷《诬告陆文海等》，第505页。
④ 参见叶显恩、林燊禄《明代后期广州市场的转型与珠江三角洲社会变迁》，见吴智和主编《明史研究专刊》第12期，台湾宜兰县1998年版。
⑤ 参见何天衢（中山小榄）《何氏族谱》卷一；《顺德龙山乡邓氏族谱》；南海《霍氏族谱》卷九；卢子骏《潮连乡志》卷五。
⑥ 民国顺德大良《龙氏族谱》卷七《华山堂祠堂记》："高祖翠云公……弱冠，以贩棉为业……不数年，而赀本渐充……以其余蓄分置田业。"
⑦ 参见广西壮族自治区通志馆编《太平天国革命在广西调查资料汇编》，广西人民出版社1962年版，第28－30页。
⑧ 民国《顺德县续志》卷十八《胡汝开传》，见《顺德县志（清咸丰·民国合订本）》，第1264页。

如果说明代是以士绅地主占有土地为主的话，那么，清代中叶以后，在沙田区的宗族集团地主则日益强大。宗族集团土地占有制于清末在沙田区终于取代士绅地主，成为土地占有的主要形式。

族田制度，源远流长。自北宋范仲淹创立义田始，官绅阶层仿效此法者日多；① 而族田成为民间时尚，则在明代中叶之后。据文献记载，珠江三角洲的族田，早在南宋已经出现。新会泷水豪山村张安于庆元元年（1195）写的《安祖遗书》中，将"塘租计租谷三百七十五石"作为烝尝业，口嘱由长房管理。② 又如建安郡王赵心迎于南宋末年将田"八顷为赡祭"③。肇庆渡头梁氏在南宋嘉定十三年（1220）"鼎建祠堂，设立烝尝"，置族田"共税一顷□十亩零"。④ 顺德大良北门罗氏六世祖罗景壬在元代购置"祭田"。⑤ 据鹤山《易氏族谱》记载，元代购置的祭田已有租谷930石，又田64亩和租谷数百石的田。⑥ 东莞人何真于洪武二十一年（1388）逝世后，"以惠州私第为义祠，斥私田百余顷为义田。世俾宗子主祀事"。⑦ 新会外海陈湘在永乐十四年（1416）写的嘱书中"将大步田四十顷，岁收租谷九千六百石作烝尝祭祀并赈济子孙之贫者"。⑧

明代中叶以后，创置族田者日多，数量亦巨。这同民间祠堂的建立有

---

① 关于族田制度的源流，可参见［日］清水盛光著，宋念慈译《中国族产制度考》，台湾中华文化出版事业委员会1956年版。就珠江三角洲内而言，请参见笔者与谭棣华合著《论珠江三角洲的族田》，见广东历史学会编《明清广东社会经济形态研究》（广东人民出版社1985年版）第22-64页。

② 张灿奎：《张氏族谱》卷一《遗言》，光绪六年（1880）刻本，第17页："余租谷一千一百余石，母舅高能让定交安管业，通共塘租计租谷三百七十五石，父存日，口嘱长房管理，次房无分。"

③ 新会三江《赵氏族谱》，"宋王十世孙"条："配容氏……共拨去奁田二十四顷……止存八顷四十亩为赡祭。"

④ 宋嘉定十五年（1222）《宋渡头梁氏宗祠碑》，见《肇庆文物志》，肇庆市文物志编辑委员会1987年版，第97-98页。

⑤ 顺德北门《罗氏族谱》卷十九《附祀录》。

⑥ 易学清：（鹤山）《易氏族谱》。

⑦ 《广东通志》卷二四《郡县志十一·何真传》。

⑧ 参见陈云翥（新会）《陈氏族谱稿》之《四世祖泉石公嘱》；又见《新会龙溪志》。

83

关。嘉靖年间，夏言上疏"乞诏天下臣工建立家庙"，① 虽未见明旨钦允，但民间已冲破"庶人无庙"的规矩。珠江三角洲自此时始，建祠庙以敬宗收族。从居室脱离出来的祭祖圣坛——祠堂，必须有租息，以提供烝尝祭祀之费用。因此，"鼎建宗祠"必与"置立田土"并举。南京刑部主事、佛山人冼桂奇于嘉靖年间捐己地，建宗祠，并同时拨鸡洲田15亩做祠田，以供祭祀。② 屈大均曾指出："其大小宗祖祢皆有祠，代为堂构，以壮丽相高。每千人之族，祠数十所。小姓单家，族人不满百者，亦有祠数所。"③ 由于祠堂的广泛建立，族田也随之而大量购置。新会潮连乡区越在嘉靖年间，将承祖田5亩并自置田共41亩拨入庙，充当其祖父的祭田。④ 万历朝户部侍郎李待问致仕归故里佛山后，与族老合资购买族田190亩，"又置田85亩"以作子孙之力学者膏火之资。⑤ 曾任万历朝南京刑部、工部尚书的新会人何熊祥将田地6040亩作为属下子孙田，遗嘱规定不许分占变卖。其后人以其谥号称为"文懿公尝田"。⑥ 番禺官宦世家何氏留耕堂于万历十五年（1587）始置族田15亩，明末已积至2144亩。⑦ 庶民宗族在商业化中积累了货币，也将其用于购置族产，除田产以外，还有族墟、族店、族窑等。"（东）莞之有祖祠者以千计，祠有尝租"。⑧ 经营族墟、族窑、族店等所得，也投入购置田产，而族田则"永为烝尝，不得议卖"⑨，只能购进，不能卖出，因此愈积愈多。到清代中后期，属烝尝留祭之外的族田，经族绅商议决定是可以出卖的。但由于土地买卖多在宗族间进行，所以族田不断增殖的趋势并不因为民间冲破了族田禁卖的规定而受影响。

---

① 〔明〕夏言：《夏桂洲先生文集》卷十一《请定功臣配享及令臣民得祭始祖立家庙疏》，"乞诏天下臣工建立家庙"条。关于祠庙的演变及其普及化、庶民化，请参见叶显恩《明清徽州农村社会与佃仆制》（安徽人民出版社1983年版），第161－162页。
② 冼宝干：《岭南冼氏宗谱》卷四之一《列传谱》，《明进士授阶承德郎南京刑部江西清吏司主事少汾冼公行状》："首捐俸金以建宗祠，拨己田以供祭祀。"
③ 〔清〕屈大均：《广东新语》卷十七《宫语·祖祠》，第464页。
④ 卢子骏：《潮连乡志》卷六《艺文六》，区越《追远堂祀事凡例》。
⑤ 佛山《李氏宗族》卷七《祀业》，崇祯刊本。
⑥ 江门市新会区档案馆藏有巨量何文懿公尝田的丰富文献档案资料，可供个案分析研究。
⑦ 参见番禺沙湾何氏《留耕堂祖尝契券各件汇记簿》。
⑧ 印光任：《重修金鳌洲塔碑记》，见民国《东莞县志》卷三八《古迹略》。
⑨ 石湾《太原霍氏崇本堂族谱》卷二。

清末至 20 世纪 20 年代，珠江三角洲已经建立以蚕丝业为主的贸—工—农经济体系，是近代化取得长足进展的时期；也是当地华侨汇回侨汇最多，侨汇和蚕丝业被称为珠江三角洲经济的两大支柱的时期；也正是虚拟宗族流行，大小宗族皆有族田，族田广泛设置的时期。据民国二十三年（1934）陈翰笙先生等的调查，珠江三角洲地区一些县的族田占本县土地总面积的比例不低（详见表 4-1）。而就整个珠江三角洲而言，据陈翰笙先生估计，族田已占总耕地面积的一半。[①] 在中山等地的沙田区，族田比例甚至高达 80%，居全国之冠。

表 4-1 珠江三角洲番禺等县族田占土地总面积比例

县名	番禺	顺德	中山	新会	南海	东莞	鹤山	宝安	惠阳
百分比	50	60	50	60	40	20	40	30	50
县名	博罗	高要	开平	恩平	台山	四会			
百分比	40	40	40	40	50	30			

族田的迅速扩大是同沙田的开发联系一起的。自明代中叶之后，珠江三角洲以前所未有的速度沿着西、北、东江干流沿岸修筑堤围，不仅有效地起到防洪护田的作用，一些沙坦也因而得到开发。广州府推官颜俊彦在崇祯初年写的《清核田亩》中指出：

> 粤东（指广东）之田，强半沙坦，茫茫海畔，无从履亩，忽可化无为有，忽可化有为无。沧桑转眼，靡定盈缩，弓手何施。如昨《赋役全书》自洪武年间到今［按：崇祯三年（1630）］增十一万顷，共得三十四万顷。……所报增十一万顷，尚是纸上约略之言。非凿然之定额也。[②]

[①] 陈翰笙：《解放前的地主与农民》，中国社会科学出版社 1984 年版，第 38 页；又，陈翰笙：《广东农村生产关系与生产力》，中山文化教育馆 1934 年版，第 14-17 页。

[②] ［明］颜俊彦：《盟水斋存牍》二刻，"谳略"三卷《公移·清核田亩详·署府》，第 641 页。

可见，新垦辟的沙田成为明末土地增殖的重要部分。但大规模围垦沙田要在清乾隆朝（1736—1795）以后才展开。由于西江上游遍筑堤围，泥沙被迫从河道流出，使下游的沙坦于明代迅速增长，形成由西海十八沙与东海十六沙所组成的中山冲缺三角洲的地貌。其面积巨大，单东海沙面积就有60多万亩，其中十六沙有40多万亩。这些土地随着速度愈来愈快、规模愈来愈大的堤围修筑而不断地被开发。

堤围的修筑，总的趋势是从北到南推进。明末，堤围已伸展到甘竹滩一带的河涌沿岸。清乾隆朝以后，尤其是19世纪，筑堤围田已伸展至磨刀门、鸡啼门、横门、蕉门与虎门等各大口门的出海道和沿海地带。这是沙田开发的黄金时代。以东海十六沙为例，嘉庆末年，围垦的沙田已达2100余顷；[1] 到了20世纪初，更扩大至4600余顷。[2]

对沙田的占有，乾隆五十九年（1794）规定："凡本身田地原有十顷以上，虽田界相连，不得再种沙田。其小民围筑沙滩亦不得过五顷之数。……其有愿出工本资助贫民圈筑者，听其资助，但止许量收租息，其田仍归贫民。"[3] 尽管缙绅地主面对这一政策规定自可用"减价购买"、"引作"（投献）、"冒承"等对策以继续占有沙田，但毕竟在一定程度上受到了法律的制约。又因沙田的开发"工筑浩繁"，"有沙田十亩者，其家必有百亩之资，而始能致之也；有百亩者，必有千亩之资，而始能致之也"[4]，所以，能够有足够的资金向官府承垦沙田而不受田额限制者，唯有名宗大族或得益于商业化而致富的宗族。因利之所在，围绕着占沙而展开的争垦、霸垦、地权的争讼等争斗，花样百出，其激烈者甚至诉诸械斗。族田成为显示宗族势力的标志，也是宗族得以确立和维护的基础。

清代形成的沙坦，几乎都成为各宗族的族田。我们从现有的文献材料中可以看到，族田的增殖几乎是与沙田的开发同步的。兹将何氏留耕堂购置族田的经过分段统计如表4-2所示。

---

[1] 《珠江三角洲农业志》第2册（珠江三角洲堤围与围垦发展史），第1-71页。

[2] 广东香山公会：《东海十六沙纪实》，"业户之分属"条；又，可参见曾昭璇《中山县沙田形成考》，见华南农业大学农业历史遗产研究室编《农史研究》第十辑，农业出版社1990年版，第181-186页；〔日〕佐佐木正哉：《顺德县乡绅与东海十六沙》，见近代中国研究委员会编《近代中国研究》第3辑，东京大学出版会1959年版。

[3] 《粤东省例新纂》卷二《户例上·田赋》。

[4] 〔清〕陈在谦：《与曾勉士论沙田书》，《广东文征》第2册（卷二三《书》），香港珠海书院出版委员会1975年版，第307页。

表4-2 留耕堂历年置族田分段统计①

年 代	占地情况	面积（亩）	占总面积%
万历十五年	领赏蚝门沙 领赏乌沙、石项、铺绵沙熟田	14 1224	
万历四十四年	与王姓构讼，经藩司委官丈出大小乌沙并新生沙	906	
小 计		2144	3.8
康熙二十二年	何志报承小乌沙接生子沙 报承大小乌沙西樵窖尾囊等坦 何承忠报承大小乌窖尾囊沙	1535 7474 845	
康熙三十八年	何承忠、何承志等报承大小乌、西樵窖尾锦南各沙	3300	
康熙五十六年	何留耕报承大肚田 何忠报承大小乌沙窖尾囊西樵锦南	31 1040	
康熙五十七年	何志报承虾塘	40	
小 计		14265	25.2
雍正十一年	何留耕、何志新、何承忠、何志等同承大小乌、窖尾、西樵	3824	
乾隆二十九年	何人鉴买受蔡美瑞等报承濠下白水潭新沙	1351	
乾隆三十年	买受大鹏西翼田	49	
乾隆三十二年	何宏修等报承大小乌窖尾西樵及各沙溢坦	1037	
乾隆三十四年	何流芳报承窖尾白水坦	1535	
乾隆四十一年	何德明买受暗沙坦田	40	

---

① 转引自叶显恩与谭棣华合著《论珠江三角洲的族田》，见《明清广东社会经济形态研究》，第34-36页。

续表 4-2

年 代	占地情况	面积（亩）	占总面积%
乾隆四十六年	买受博淑嫩草尾田 买受博叔 买受福草堂濠下 买受永裕堂车草坦	6 12 12 1	
乾隆五十一年	何肯堂等报承濠下白水潭坦 何忠贤等报承濠下白水潭尾白坦 何忠贤等报承窖子沙白坦 何忠贤等报承大沙头子沙白坦	3600 2751 562 487	
小　计		15267	27.0
嘉庆三年	买受道铭乌沙石涌田	4	
道光十九年	何象贤、何心田、何思贤买受伞洲沙田坦 何象贤买受三洲围坦 何思贤买受三洲围坦 何心田买受三洲围坦	1773 3155 355 355	
道光二十三年	何述等报承濠下白水潭新沙 何体仁等报承小乌沙 何体志等报承大乌沙 何朝芳等报承青窖沙	1041 306 725 5678	
小　计		13392	23.8
咸丰二年	何尔庵买受大坳牛尾	254	
咸丰七年	何昌燕报承青窖沙东南侧 何光衍报承青窖沙尾西侧	600 1999	
咸丰十年	何昌燕报承青窖沙东南侧 何昌燕报承青窖沙尾南侧	807 1714	
小　计		5374	9.5
同治四年	何穗明新受何鉴人三洲散石田	60	

续表 4-2

年　代	占地情况	面积（亩）	占总面积%
同治七年	何大有等报承青窖沙何昌燕原升坦外接生溢坦 何大有等报承青窖沙何昌燕原升坦外接生溢坦 何大有等报承青窖沙何昌燕原升坦外接生溢坦 何大有等报承青窖沙何昌燕原升坦外接生溢坦	2506 1000 1000 500	
小　计		5066	9.0
光绪十一年	买受下庙贝沙	200	
光绪十三年	新郎中牛沙（原先大坳车涌口）	15	
光绪十五年	何尔庵领赏	62	
小　计		277	0.5
民国四年	买受张宜安堂亭角洲溢生围田并坦	250	
民国九年	亭角洲中则税补升上则税 何象贤报承亭角洲白坦外斥卤税下税	150 300	
小　计		700	1.2
总　计		56485	100

从上表看出，道光至同治年间，留耕堂族田年均增殖400亩以上，增殖的速度比此前加快。新会的何世德堂于嘉庆二十三年（1818）族田仅有0.9亩，到光绪十七年（1891）增至2189亩。清末出现了一些由官宦大族控制的、由血缘和地缘相结合的乡族地主，其占有的沙田也是大量的。顺德县团练总局（后改称新青云文社）、龙山堡义仓、安良会、劝学会、长生会，番禺县禺山书院，香山县崇义祠等即是如此。[①] 东莞县乡族地主占有沙田之多，更是首屈一指。明伦堂于道光二十九年（1849），占有万顷沙9500亩

---

① ［日］西川喜久子著，曹磊石译：《清代珠江三角洲沙田考》，刊于《岭南文史》1985年第2期。

沙坦，光绪十九年（1893）增至42200亩，宣统三年（1911）续增至67000亩，民国三十二年（1943）已达76000亩。① 这种大规模的乡族地主土地占有形态是值得注意的。

此外，还有庙田、会田、书院田和慈善团体田等集团地主占有土地形态，但其占有的田地数量甚微。以庙田为例，民国年间，中山县只占3%，惠阳占1%，远不如长江流域各省显得重要。

2. 土地所有权的转移与法权观念

珠江三角洲由于沙田不断地扩大开发，沙田距业主住地愈来愈远，业主不易亲临查验，加之新沙界限往往含混，子沙纷生更易混淆，自明代中叶以降，田土争讼纷起。官宦豪右"假威炀焰，动辄插杙竖旗"，公然霸占田产。② 地方的衙役、无赖、神棍等土宄，又勾结豪右势宦，以投献、影射、局骗等伎俩霸占田产。所以，地权的转移，或巧立机关局骗，或恃强豪夺，层出不穷。明末崇祯初年的案牍汇编《盟水斋存牍》一书对这种弊端有充分的记载。例如，苏隆有鸡洲田370亩，神棍"梁和出名，影射礼部梁宦，恣其截占"，禾熟便"诈冒抢割"；③ 土宄黎禹台、潘念吾勾结严宦之仆徐季龙将曾志冲之田立契投献与严宦；④ 无赖卢卓雄冒官绅潘士桐之名色"以潘府木签标钉"硬占孀妇吴氏之田。⑤ 占田抢禾之风，尤以香山、顺德两邑为甚。官绅豪右派遣其仆从驾高船，悬挂官宦之旗号，公然"逐佃卷租"。香山土宄梁仲采、肖诚志、陈万祥等便影射宦仆，蚕食民产，以领批守沙为名，在严宦之子懋伦的支持下聚徒抢割。⑥ 关于"抢割"之风，明末清初人屈大均曾写道："粤之田，其濒海者，或数年，或数十年，辄有浮生。势豪

---

① 关于明伦堂占沙情况，可参见［美］伍若贤《清代及民国时期的土地开垦、商业资本和政治权力：东莞明伦堂》，见叶显恩主编《清代区域社会经济研究》，第510－521页。
② 〔明〕颜俊彦：《盟水斋存牍》一刻，"谳略"四卷《假冒占田梁储廷等》，第195页。
③ 〔明〕颜俊彦：《盟水斋存牍》二刻，"谳略"二卷《冒宦占田梁和等》，第524页。
④ 〔明〕颜俊彦：《盟水斋存牍》二刻，"谳略"二卷《讼产冯维梓》，第527页。
⑤ 〔明〕颜俊彦：《盟水斋存牍》二刻，"谳略"二卷《冒宦占田卢卓雄》，第525页。
⑥ 〔明〕颜俊彦：《盟水斋存牍》一刻，"谳略"二卷《冒宦抢禾何基伯等》，第107页；又《抢禾梁仲采、肖诚志》，第107－108页。

家名为承饷，而影占他人已熟之田为已物者，往往有之，是谓占沙。秋稼将登，则统率打手，驾大船，列刀张旗以往，多所杀伤，是谓抢割。"① 有的则设局混骗以占田。崔斯健便"以赌局勒写崔尔秀之田"而占之。② 土宄借助权势，谋夺民田的手法是，"或既得其业而揹价不敷；或已卖他人而复行强买；或原按本银而乘危勒券"，③ 而且贼喊捉贼，刁讼害人。其巧立机关局骗占田，同样是以暴力做背景的。

至于颜俊彦在案牍中所谓"冒宦"云云，实为豪绅掩饰之词。豪绅势家通过其家人仆从勾结土宄占田最为上策，一旦被揭穿受追究，便推之于仆从身上，由他们充当替罪羊。颜俊彦自诩奉清明、持平为圭臬，并题其署为"盟水斋"以自励。但他在审理这些案件中，也只以惩办宦仆土宄为满足，未敢触及势豪家之逆鳞。面对豪绅势家的恃强吞占，他也只能无限感慨地说："粤中献占成风，言之发指，以一青衿而敢横行吞噬，进而上之，民间无寸土矣。"④ 又说："小民铢积寸累，苦置数亩以糊八口，而平空攫之，宁复有人心哉。"⑤

珠江三角洲的豪绅阶层本是伴随着商业化而形成的，他们身上固然带有一些商品意识的观念，但因其受正统文化的熏陶，自难摆脱传统恶习的支配。霸占田产成为其扩大家产的重要法门。大宗的如锦衣百户梁次摅、故罢职尚书戴缙子仲明和豪民欧阳元、李润成四人，朋比为奸。正德年间（1506—1521），他们四人便合伙占夺谭观海百余顷和富民杨端等祖遗田产。⑥

豪右官绅在施展投献、影射等伎俩占田时，往往以某宦府的本签作为标志，钉插于田头以冒做凭据；有的则通过伪造契约和迫勒书券的形式。从后者看，明代土地契约已作为地权归属的依据之一，也意味着以契约作为地权转移的证明文书，在民间已形成习俗。虽未曾发现明代土地契约的原文，但从《盟水斋存牍》的案牍所摘引的契约片断中，已窥见其大要，而且也足证其在地方上已普遍。

---

① 〔清〕屈大均：《广东新语》卷二《地语·沙田》，第52页。
② 〔明〕颜俊彦：《盟水斋存牍》二刻，"谳略"二卷《赌局占田崔斯健》，第526页。
③ 〔明〕颜俊彦：《盟水斋存牍》一刻，"谳略"四卷《争田何忠杖》，第193页。
④ 〔明〕颜俊彦：《盟水斋存牍》二刻，"谳略"二卷《争田黄泽鸿》，第535页。
⑤ 〔明〕颜俊彦：《盟水斋存牍》一刻，"谳略"四卷《重卖周日章》，第202页。
⑥ 〔清〕罗天尺：《五山志林》卷四《传疑·锦衣受投献》，第69页。

或明或暗地以暴力侵占地权的行径,虽然没有取得合法的地位,但其严重威胁寒姓弱族的财产安全,打击了个人积聚财产的积极性,也影响了土地契约买卖的公平交易。

珠江三角洲和中国其他地区一样,存在着地权不能自由处置,缺乏完全支配权的现象。从笔者涉猎的档案、契约文书上看,地权转移的过程,包括买卖、继承、典质和让渡,受到了种种干预。

第一,作为共同体的集中代表,国家政权在必要的情况下可以横加干预。例如,为了筹集镇压太平天国革命军的军费,咸丰皇帝钦准了顺德人、户部左侍郎罗惇衍于咸丰三年(1853)的《奏官屯改作民田以济急需疏》,把道光二十四年(1844)民间向广州府诸县的新生沙坦申报承佃开发了的1900余顷屯田拿来出售。① 据广东巡抚郭嵩焘的《屯田溢坦变价已在八成以上,余坦无可变缴,分别应留应豁,以期核实而免苛扰疏》记载:自咸丰三年(1853)至同治年间(1862—1874),总共出售了600余顷屯田溢田,约得银122万两。② 事实上,不属屯田溢田范围内的沙田,也被强行作为屯田向政府备价承买。例如,顺德潘松阴堂(即潘伯霖,番禺龙乡人)有土名骝冈沙下八学围田一丘,该税1034.5亩。早在道光十三年(1833),它以二万两价银被卖给卢丕远、卢信孚为业,有"围田契布颁寸字九十五号"为凭。道光二十七年(1847)卢氏转卖与苏吉六、苏澹如为业。从道光十三年至二十七年的14年内,此田已易三主,作为私田,也已获得政府红契的认可,但政府依然遵旨责令田主苏氏"备价承买,遵照规定章程,每亩缴纹银十二两,共价银一万二千四百一十二两,照依上则例",于同治七年(1868)四月二十九日颁发"沙田执照广藩新字第一号"作为业主的凭证。③

第二,乡族共同体对地权转移做经常性的干预。"产不出户""先尽乡族"的俗例,就是受到乡族共同体的限制和支配的具体表现。南海深村蔡氏宗族规定:"族内房居屋地,不论典卖,总要典卖与族人,不可典卖与外姓人。"④ 兄卖与弟、支祠卖与祖祠等族内互做土地买卖,在契约文书中是

---

① 〔清〕罗惇衍:《罗文恪公遗集》卷上《奏官屯改作民田以济急需疏》,咸丰三年十一月廿六日。

② 参见〔日〕西川喜久子著,曹磊石译《清代珠江三角洲沙田考》,刊于《岭南文史》1985年第2期。

③ 又可参见番禺县示(同治七年五月廿三日)。此例所引的契约均见《华南土地契约文书汇编》(为笔者收藏、整理的契约文书结集,未刊)。

④ 〔清〕蔡文俊:(光绪)《南海深村蔡氏族谱》卷十七《训族规略》。

不乏其例的。① 只有在宗亲族邻无人认购的情况下，才可将土地出卖与外人，而且在契约上一般都写明"先招至亲，各不就买，次凭中人某某引至某某入头承买"。② 如不先招亲邻而擅卖外人者，族亲可以出面干预。明崇祯初年，伦文叙之后裔伦绍英将分得的祖祠前的一块田园出卖给他人。族亲伦道溥诉诸公庭，称伦绍英为"逆子"，控告他"竟以己所分授，不谋之通族，转售之冯钟奇兄弟"。本已成交的买卖，被官府判为"收价回赎"，"粤中契约例有虚数，契上1320两，折半追于冯，而其地仍归伦氏管业"。③ 之所以出现违俗擅将土地卖给族邻之外者，显然是由族内至亲认购，往往被压价，不能按其价格成交之故。又如明崇祯初年，余叔良卖田与陈道洪，双方已立契，并价银交割完毕。后两造争讼，余叔良"以祖产不忍捐弃"为由，而得胜诉，将田银交回买主，取回田产管业，原立的契约则交公庭附诸案卷，即所谓"契追抹附卷"④。道光十六年（1836），龙山黎荣斯因急用，将父遗下的税田195亩（实田220.1229亩）"立下永远绝卖围田文契"，于当年三月十七日卖与佛山由8个商店（即立成店、厚和店、春和店、松茂店、金益店、昭隆店、文泰店和晋丰店）组成的公受堂。公受堂后来觉得田地"远涉难管"，又转卖给顺德卢承庆堂。此田虽易三主，但道光十九年（1839）十月初三日，原主黎荣斯的母亲投状控告其子未经她允许而私卖田产，经新买主卢承庆堂的经办人卢汝第"充补田价银两"及"耕人庞宏谅之"，公庭"着令黎冯氏母子的笔将在原契签名点指，日后永无反悔"，以此结案。⑤

以上事例表明，古代中国没有法人制度，从而给商业行为的顺利进行制造了种种阻力。有鉴于此，精明的买家往往要求卖主所有的家属皆列名沿

---

① 参见咸丰元年（1851）四月五日，南海县里水郑玉衡妻杜氏卖田与其夫胞弟郑乐衡立下的白契；又，同治六年（1867）五月十六日，南海县布颁鞠字二十号。
② 参见东京大学东洋文化研究所附属东洋文献センター刊行委员会《许舒博士所辑广东宗族契据汇录》（上、下），见《日本东洋文献センター丛刊》1987年第49辑、1988年第54辑。
③ 〔明〕颜俊彦：《盟水斋存牍》一刻，"谳略"四卷《争祖祠业伦道溥》，第196页。
④ 〔明〕颜俊彦：《盟水斋存牍》一刻，"谳略"四卷《争田陈道洪等》，第190页。
⑤ 缯沙围田契，见《华南土地契约文书汇编》。

签，甚至不成年的幼童也由亲人代笔加签。① 正如同治年间的新会知县聂尔康所指出的："此间按、买田产，卖主凡有兄弟，俱应列名沿签，以杜私弊。"② 地权的转移受到乡族的干预，原因在于中国的封建土地所有权是由乡族共同体所有和个人所有相结合的。乡族共同体享有部分所有权，私人对土地的所有权是不完整的，其支配权自当是有限度的。这是古代东方部落共同体土地所有制形态的遗影。③

在土地买卖、让渡过程中，珠江三角洲同福建、安徽等省一样，有活卖、断卖之分，还有按、典的形式。珠江三角洲从活卖转为断卖，同样需要加找田价，称为"洗业"银。例如崇祯末年，"吴茂元用价五十二两买方明芳兄弟田地共税二亩零，中契甚明，印税可据。明芳复将前业瞒按梁家"，因而引起争讼。官府"断茂元出银十两与明芳为洗业之资，抵还梁家。其地听茂元管业。假契俱作故纸。倘十两之外尚有余欠，不得再累茂元"。④ 又如"王瑞焜父于天启四年（1624），凭中张名扬，用价八十两买梁起鸾税地四分，管业有年。里长庞裔兴及房邻梁起鸿俱能证之。起鸾或有洗业之想，据实以陈，未为不可"，而他却"捏词妄控"，官府"断出加价银十两给起鸾，不得再有后言"，"其地听瑞焜照旧管业"。⑤ 可见，原为买卖契约，经加找洗业银后，即可断卖。洗业银占活卖价的比例无一定标准，似以补足

---

① 缯沙田契，布颁为字十八号，嘉庆二年（1797）二月廿二日，徐远新立下断卖田契中写道："埠胜年幼不能书写，父远新代笔。"

② 〔清〕聂尔康：《冈州公牍》之《张朝瑞批》。

③ 关于中国封建土地所有权及其演变，可参见杨国桢《明清土地契约文书研究》第一节。

④ 〔明〕颜俊彦：《盟水斋存牍》一刻，"谳略"四卷《争田文明芳等》，第195页。按：这里土地的洗业价与原田价之比为10∶52，约占1/5。房屋也有断、活卖之分。据同书"谳略"四卷《争屋邝太一等》，第185－186页记载："叶遂荣之屋于万历四十七年（1619）得邝太一银价三百四十两，明中正契，卖付管业，已推收过户。今十一年矣。太一既收入册，一整而新之。遂荣起而告赎，夫过册之业，改造之屋，可以翻复，人何惮而不以屋鬻人，伺其修造完毕而即赎之也。此风何可长也。已经前府断明，申详批允在案。遂荣复迭告不休，亦贪而狡哉！但三百四十两之产，而洗业仅五两，不既太寡？应以十分之一加之。除前五两则二十九两也。太一若复有吝色，其曲在（校按：脱'太'）一；若遂荣复有后言，则以卖产为诈局。有三尺在矣。遂荣杖不尽辜，太一以悭起衅，并杖。"

⑤ 〔明〕颜俊彦：《盟水斋存牍》一刻，"谳略"四卷《争地梁起鸾、陈如璧》，第178页。

时价为准。在清代，凡属断卖田契，都写明包括洗业银在内。①

在明末，活卖与典、按在契约上往往含混。有时典、按契也使用卖契。正如颜俊彦所指出的："粤中俗例，以按写买，实无半价。"② 例如，天启七年（1627），"（陈）卓璧因贫将田三亩八分，虽写卖券而实得按银二十四两，原非绝价。乃斗虚（按：斗虚为买主，陈姓）揹业妄执为买，致县断洗业，不甘，复有本司之控。第查此田，卓璧另典与彭定宇，价倍其半，则斗虚买值未登，可知也"。③ 正因为卖与典、按契约的含混，导致人们在诉讼时指斥对方之卖为典。例如，"岑希景将园塘典（与）麦大积，契开四百两，则二百两其实也……希景、希贻又立一契卖其园于庞尔珍，中契甚明。据麦谓庞系重典，而庞坚称所典不同"。④ 再者，典与活卖，皆不足绝价。契面所写价银，也遵"粤价虚半"之俗，即实得之价仅是契约上价银之一半。这些都是容易造成混淆的原因。但严格来说，典与卖是有区别的。卖契应有签押，并附有原税帖。例如，"麦启鳌先以田三亩按吴勤银三十两，复将田七亩写与麦充足。前三亩亦在其中"⑤，引起吴勤与麦充足争讼。官府断为：以三亩归吴勤，责吴勤补价28两而领回原契。以四亩归麦充足，责麦充足补价33两，令麦启鳌另立新契。后来麦充足以"明买之田损失其半"为由，不服再讼。官府改判：七亩之田尽归麦充足，而责令补价33两抵还吴勤之原按。从这个案例可见，原判把按、买等同处置，官府对两者并没有明确的法规；同时说明卖契的手续要比典、按契完备。活卖、断卖契约的含混，尤其明末活卖与典、按契约往往相通，反映了民间法权观念的含糊。正因为民间典卖契约混淆，争讼甚多，为此，乾隆六十年（1795），朝廷不得不做出规定："嗣后，民间置买产业，如系典契，务于契内注明回赎字样；如系卖契，亦于契内注明绝卖，永不回赎字样。其自乾隆十八年定例以前，典卖契载不明之产，如在三十年以内，契无绝卖字样者，听其照例分别找赎。若远在三十年以外，契内虽无绝卖字样，但未注明回赎者，即以绝

---

① 缯沙围田契，见《华南土地契约文书汇编》。
② 〔明〕颜俊彦：《盟水斋存牍》二刻，"谳略"三卷《争屋卢我振等》，第587页。
③ 〔明〕颜俊彦：《盟水斋存牍》一刻，"谳略"四卷《争田陈卓璧等》，第187页。
④ 〔明〕颜俊彦：《盟水斋存牍》一刻，"谳略"四卷《争产岑希贻》，第178页。
⑤ 〔明〕颜俊彦：《盟水斋存牍》一刻，"谳略"四卷《重复典卖麦启鳌》，第203页。又，据同书一刻，"署府谳略"一卷《争产黄廷臣》，第390页记载：罗学海与黄廷臣争地，"学海出原契及司给税帖，凿凿可据，廷臣则仅出空头一纸，并无签押，其非卖契，不待辨而明也"。也说明典与活卖是有区别的。

卖论，概不许找赎。如有混行争告者，均照不应重律治罪。"① 很明显，这一规定是从简政省事出发，主要目的并非为了划清典、卖的界限，以确立法律观念。由于产权的不明确，既使产权不易转移，侵权行为也屡有发生。明崇祯年间，尤逊趁其兄尤洪远出外经商之机，将其兄入继叔父所得13亩田产"尽举而荡费之"。尤洪上控公庭。官府的判词为："无从追还，今听逊开出买主，议追洗业，少少偿洪。"② 弟侵兄之产权，便如此结案。

从笔者掌握的土地契约文书看，卖、典契的界限，经历了从模糊到逐步明确的过程。卖而不断，说明对出卖土地之慎重，也说明产权不易转移，体现了农民对土地的执着依恋。但是随着商业化的深入，在土地转移日益加速的情况下，断卖日渐占上风。据笔者手头的301份土地契约统计，断卖的有298份，典出的只有4份（契主与年代分布等，详见表4-3）。

表4-3 珠江三角洲土地契约分类统计

类别		叶显恩收藏田契	东莞张氏田契	东莞张氏田契	东莞张氏田契	东莞张氏田契	东莞张氏田契	东莞张氏田契
小计		213	29 其中红契14	17 其中红契4	17 其中红契1	9 其中红契8	12 其中红契11	4 其中红契1
断卖	乾隆	6						
	嘉庆	21			1			
	道光	71			2	4 全系红契		
	咸丰	11						
	同治	25			1	1 系红契		

---

① 《大清律例》卷九《户律·田产》，第九十五条"典卖田宅"，第381例，天津古籍出版社1993年版，第213页。

② 〔明〕颜俊彦：《盟水斋存牍》二刻，"谳略"二卷《署府·荡费继产尤逊》，第728页。

续表4-3

类别		叶显恩收藏田契	东莞张氏田契	东莞张氏田契	东莞张氏田契	东莞张氏田契	东莞张氏田契	东莞张氏田契
断卖	光绪	78	10 其中红契3	1	2		2 其中红契1	2
	宣统						3 全系红契	1
	民国		17 其中红契11	16 其中红契4	8 其中红契1	4 其中红契3	7 全系红契	1 系红契
典			2（嘉庆1，道光1）		2（年代不明）			

资料来源：笔者收藏契约和《许舒博士所辑广东宗族契据汇录》。

这一比例不一定符合实际情况，但断卖占绝大多数，当是无可置疑的。在清代后期和民国年间，断卖契约除声明"先招房亲人等，各无人承买"外，还多有"言明时价折花银""银契两相交讫，并无低伪少欠""系明买明卖，并非债折抑勒加写，又非烝尝流祭""实银实价契，不是债利按当倍写等弊""不是先典后卖与烝尝等项""并非长子油灯①债折等情""签书、酒席、洗业一应俱在价内"②等字句。此田如已经典过，也注明曾于何时典与何人，还有"今备足典价赎回"字句，并附上赎回典契。这些措辞显然是针对此前所出现的弊端，书此以防患于未然。

地权的分化，也是产权不易完全转移的原因。清代出现了永佃权，使土

---

① 据东莞《张豫泉与各孙分定章程》说："遗产应由各子孙平均分配，无长次嫡庶之别。余所分给嫡孙田二十亩者，不过依乡中向来习惯，援上代之意而已。各宜晓谕此意，共同遵守之。"[参见《许舒博士所辑广东宗族契据汇录》（上），见《日本东洋文献センター丛刊》第49辑，第192页] 可见，留作嫡长子、长孙香火祭祀之资的所谓"长子油灯"，其源已久。按：张豫泉，光绪壬辰进士，甲午恩科补翰林院庶吉士，官至署理安徽提学使。

② 参见前揭《华南土地契约文书汇编》。

地所有权与使用权分离；而且地权中分化出田底权和田面权，这在珠江三角洲虽不多见，但依然是存在的。关于田面权，请看下面的例契：

> 立推田契人叔公朝应，先年有祖父承德〈得〉廖宅祖田一段，土名井头垄，实种□〈壹〉石贰斗，载原租谷陆石柒斗弍①升。□已经分名下该壹丰，大小叁圻，种陆斗，载原租谷参石参斗陆升。应为年月凶荒，家计无算，叔侄酌议情愿将田出推与人。问到侄孙捷昌家内学说，允意入头承接。当面言明时值，酬还价粪尾工本铜钱拾千文。就日立数，其钱壹齐当面交足与朝应亲手接回，归家应用。其田即日踏明点出与捷昌侄孙过耕管业。拟定推陆年方得收赎，钱到数回，不得反悔自心。倘或上手拖欠旧谷，不干捷昌下手之事，系朝应之〈自〉理。此系二家情愿，实钱实契，不事〈是〉债折等情。恐口无凭，立契□人叔公朝应存照。
>
> 咸丰五年二月初十日立推田契人朝应存照。
>
> 咸丰六年八月十七日，此数再贴田价钱柒千文与金方手，亲手接回归家应用。杜有信笔记。
>
> 　　　　　　　　　　　　　　　　　代笔人外甥杜有信□
>
> 右（又）：咸丰九年二月二十日，再贴田价钱壹千伍百文。
>
> 同治十三年十一月十一日，再贴铜钱参千伍百文。
>
> 此系两家情愿，实钱实契，不是债折等情。恐口无凭，特此注明。②

这里明言此田本系先年承租于廖宅祖，又写明租谷，并声明"倘或上手拖欠旧谷，不干捷昌下手之事，系朝应之（自）理"，可见，田底权仍属廖宅祖。卖价说是酬还粪尾工本钱，说明所谓"过耕管业"，是在出卖田面权。这一点从契名也可看出。通常"推契"用于佃权转让，不用于地权的让渡。顺带指出的是，卖主无力于 6 年内收赎，20 年间找贴三次，仍未断

---

① 弍、叁、参即叁（三），是地契文书中常用的数字写法，他如弍（贰）等，亦是这般。下文不再一一注释。

② ［英］科大卫、陆鸿基：《向东村杜氏地契简介》附录 4，刊于《香港中文大学中国文化研究所学报》1980 年第 11 卷，第 145–146 页。

卖，显然是属于活卖性质。

又如，前引的冯黎氏因其子黎荣斯出卖土地未曾征得她同意而讼诸法庭，后两造协商息讼。在这一过程中，曾得到"耕人庞宏谅之"，方能结案。庞宏对此田无疑享有永佃权，否则就无须多此一举了。由此可见，同一块土地中，并存着不同层次的权利和分离出不同的权能。因此，地权的独占愈加困难了。

珠江三角洲的商业化加速了地权的转移；而地权的分化又限制了地权的彻底让渡。沙田的开发源自商业利润；沙田的开发中又出现了一批以逐级承包围垦、租佃沙田而取利的大小耕家（详见下文），躬身佃耕的农户，有的又取得了永佃权。围绕土地而结成的错综复杂的关系，益使土地的买卖更加受到种种牵制。

值得注意的是，民间的土地买卖逐步演变成主要在宗族间进行。如前所述，作为集团地主占有的族田面积不断扩大，清代中叶以后日渐成为土地占有的主要形式。名宗大族祠堂之间的土地买卖数量甚巨，一次成交可达数十亩乃至数百亩。顺德容奇的大族关竹溪祖祠属下的诒翼堂，一次便典出400亩土地与羊额卢氏宗族。其典契如下：

围田契　宙字第贰号①

立明离业典围田人，顺德县容奇乡关氏竹溪祖，兹因修葺祠宇，需银急用，各房父兄绅耆集祠商议，愿将土名雁企沙围田贰个，系顺德中则民税约四顷，递年上期租银壹千两，愿出典与人，取银应用。凭中罗迴魁等，执帐问到龙山乡黄四美，愿典为业。再三订实典价银捌千叁佰两，连典五年为期，银不计利，田不计租。其田现批与邓永好等耕种。禾稻递年上期租银壹千两正，分两季上期交收。倘至期耕人拖欠过期，银系竹溪祖父兄身上照数补足；其田任从黄四美堂另佃收租抵息。各父兄不得执拗；如耕人肯阻，仍系各父兄身上理明，交与典主收租。期满之日，银到田还。如期未满收赎，自愿补回典主费用银捌佰叁十两，乃得收赎。此系两家情愿，后无异言。至该年所收租银，按月计。除期满不赎，仍系黄四美堂收租抵息。即日备足典价银捌千叁佰两，在祠交各父兄收讫，毫无少欠，其围田即日着该耕人立领输租，两相交讫。此田的系竹溪祖之业，与别房无涉，其田无重复按典与人。倘有来历不明，

---

① 见《华南土地文契约汇编》。

系竹溪祖父兄身上理明,不得推委。今欲有凭,立此离业典契壹纸,各父兄中证沿签,并该田印契柒纸,统交典主收执为照。

——实典出雁企沙围田贰个,该田约四顷,递年交黄四美堂租银壹千两。

——实各父兄在祠收到黄四美堂典田价银捌仟叁佰两司码兑。

——实交出邓永好等耕领壹纸,统收作按。

中　　人:罗迥魁　关太联

六房父兄:关腾裔　维子　宗裔　权子　抡孙　茂才　广孙　礼彬　连子　昭临

值　　事:宪文　缉熙　抡才笔　凌裔　松孙　华子　敏夫　翔东　长裔

道光元年　十二月二十六日　立明典围田契人容奇乡关氏诒翼堂
宗子关叶帝笔

后来诒翼堂按照契约规定,补回典主银,在期满前赎回,并将此田卖给羊额卢氏宗族。此田截分成20块,分别立契卖给卢氏宗族的六个祠堂,即卢承庆堂(3块)、卢淡庵祖(4块)、卢卓昭祖(3块)、卢碧池祖(3块)、卢松科祖(3块)和卢汝棣祖(4块)。

私人之间的土地买卖也要蒙上宗族的色彩,用堂号的名义进行。豪绅富户尤其如此。他们自取堂号用以买田,旨在让后裔沿用,转为一房支祠堂田。这是族田增殖之一途。光绪二十六年(1900)九月初十日,马贞石、马子新卖给何恒安堂草坦两段;光绪三十四年(1908),此田以何献琳名义卖给爱育善堂,所立的卖契上说明原买自马贻谷堂。由此可以判断:何恒安堂即何献琳,马石贞、马子新即马贻谷堂。[①] 如果说这里是推断的话,那么道光二十五年六月□日立下的"白坦契布颁持字95号"就说得更清楚了。该契约写道:

---

① 参见草坦契,黄字第五号;又,光绪三十四年(1908)十二月十八日何献琳卖给爱育善堂立下的契约。

> 立永远断卖草白坦文契人三水县邓章、南海县潘以观、潘以和、东莞县陈北坦等，前用邓光裕堂、邓四美堂、潘振顺堂、潘履道堂、陈氏、陈二氏、陈三氏等名，先后合买香山县属土名塞口沙坦一段（四至略）共该起征斥卤税五十三顷。今因同伴意见不齐，难以分筑，爰集商议，均愿此坦一统出卖，每顷取实价银九百五十两，连签书、洗业在内。（下略）①

由此可见，此田原契上的堂号非指祠堂，而是富户自用的堂号。大族富户好用祖祠、堂号购置田产，反映了宗族意识和集团观念的浓厚。

有的在宗族内部组成"会"，以会的名义购买土地。例如，容奇徐氏宗族组织的"徐积庆会"，便是由徐居坦、其善、赞雄、敬善、贤相、斌胜、会友兄弟等组成。凡由会购置的土地要出卖时，应"先召本姓会内至亲兄弟等"，不愿承买，才次及会外人。②

如前所述，由于私人享有的地权是不完整的，如同出卖的土地不能完全自由支配一样，田产的承继虽有成法，但同样受到乡族势力的干预。例如，崇祯年间，麦氏以父（夫）大联故绝，遗下田产，无承祀之人，"质之通族，麦雁门及亲闻斯行等，以本枝已无可继，求他枝之可继者尧年"充当继承人。③麦氏对选择承祀之人是不能自作主张的。又如，"陈明厚、陈明宜亲兄弟也，明宜以长房次子承嗣于次房，理也。及明宜绝嗣，而以明厚之次子陈廉入继，亦理也"。但族人加以干预，自创"并继"说，硬将三房廷钦之子亚三与陈廉并继。④在与族外亲戚的争讼中，官方也往往会做出偏袒本族的判决。前揭颜俊彦书在一"争田产"的案件中便批道："陈姓之事还须陈姓者料理，陈姓之产还须姓陈者主张，族先于亲。"⑤

土地所有权没有游离出来成为一个独立的个体，而是成为一个被共同体（国家、宗族）和个人分层占有的客体。个人缺乏绝对的处置权是地权的特质。换言之，私人土地所有权之上还附着共同体所有权，尤其是宗族所有

---

① 白坦契，布颁持字九十五号。
② 乾隆五十一年（1786）六月廿五日徐积庆会出卖缯沙田坦契。
③〔明〕颜俊彦：《盟水斋存牍》二刻，"谳略"二卷《署府·争继黄无象等》，第729页。
④〔明〕颜俊彦：《盟水斋存牍》二刻，"谳略"二卷《争继陈廉等》，第543页。
⑤〔明〕颜俊彦：《盟水斋存牍》一刻，"谳略"四卷《争田产刘原墨杖》，第192页。

权。土地不是与个人,而是与家族相连。土地权家族化与以传统家族为核心的文化是相适应的。为了避免绝卖,典和活卖成为一种维护家族利益、个人权宜变化处置土地的方法,与西方产权概念大相迥异。①

土地私有权之上还附着了共同体所有权,这同中国传统社会中一个人的个人权利取决于其在共同体的地位这一特点是互相关联的。由于没有绝对确定的产权,因而没有明晰的法律观念,也没有形式性的法律。尽管历朝有详备的法典律例,但执法者却可以因人而异,上下其手,并美其名曰"合情合理"。从颜俊彦于明末判案留下的案牍看,大凡断决时,须照顾种种情由,即所谓"情法兼尽"。② 有时甚至以"情胜于法"作"三分情七分法之处分"。③ 根据中国传统的分家规定,"子无嫡庶分授",分产不得偏颇,但又得"参之亲族,酌之情理",才算善处人情骨肉之间的关系。④ 在"情法并论",甚至"情胜于法"的情况下,人们宗奉的不是一视同仁的"形式性的法律",而是追求人伦的和谐。在处事中,在人际交往中,人们遵循的是人情法则。在办案中,施之于情的范围是广阔无边的。官绅大户的情厚固不待言,就是对贫而无赖刁钻者,出于息事宁人,有时也以"助其贫"为由做出偏袒的判决。⑤ 情有厚薄、亲疏之分,在情的驱动下,"法"变成了任意伸缩的弹簧。

人情愈盛行,"法"的地盘也随之而愈小。在官场依然如此。在考核应举者、官员时,本有铨选、功令法,但多系具文,在暗中起作用的还是人情,"人情练达即文章"即谓此也。人们既然用心于作人情的文章,自不致力于学理的研究了。这一痼疾依然困扰着当今社会,可见其流毒之烈。

尤其重要的是,由于缺乏形式性的法律,不能对追求财富和拥有私产者提供有力的保护,市场机制的启动和运转就会受到压抑。对珠江三角洲来说,这是其小农经济商业化不能跨上更高台阶的重要原因之一。

---

① 参见〔美〕居蜜《从各省习惯法和土地契约看清代土地权的特质》,见叶显恩主编《清代区域社会经济研究》,第898—902页。
② 〔明〕颜俊彦:《盟水斋存牍》二刻,"谳略"二卷《争继马邦祚》,第542页。
③ 〔明〕颜俊彦:《盟水斋存牍》二刻,"谳略"三卷《争军田谭进吾等》,第586页。
④ 〔明〕颜俊彦:《盟水斋存牍》二刻,"谳略"二卷《署府·争产钟景淳等》,第715页。
⑤ 〔明〕颜俊彦:《盟水斋存牍》二刻,"谳略"二卷《争地陈瑞超》,第540页。

3. 地权转移过程中的商业化精神

产权的转移，即土地的继承、买卖、典质、让渡，尽管受到传统习俗的限制和支配，但是，汩汩缓流的历史长河依然向前。由于珠江三角洲近代化程度的日渐加深，地权的转移过程中也呈现出与以前不同的商业化的特点。

土地愈加商品化，地权转移越发频繁快速，白契愈加流行、普遍（见表4-3）。它说明土地买卖已不必经官府认可，而且土地转手更加迅速。例如，道光十六年（1836）三月十七日，顺德龙山黎荣斯将缯沙围田195亩，以价银5040两，另补锹筑基底银4800两，共9840两，卖给佛山商人集团公受堂。过了两个多月，即五月二十四日，公受堂又照原价将此田卖给顺德羊额卢承庆堂。过了14年，即道光三十年（1850）十二月十五日，卢氏又将此田卖给居广州十八甫的南海人伍氏宗族属下的伍祥和堂、伍宝世堂、伍和丰堂、伍长发堂（此堂在香山一图末甲立户名"伍吉祥"作为办纳税户）、伍永安堂、伍嘉瑞堂和伍年丰堂等7个堂号。此田被均截为7份，分别立契交由7个堂号收执。再过42年，即光绪十八年（1892）八月初一日，伍氏宗族又将此田卖给爱育善堂，价银8484.6454两。此田在56年内变卖4次，田价也从5040两增至8484.6454两，增价68%。① 巨额的土地买卖往往采取公开投标的方法。例如前述的关氏诒翼堂于道光三年（1823）出售400亩围田时，便先于一月十二日"标召各乡财东到祠投买"，"以价高者得"。羊额卢氏承庆堂到投，以每亩实价55.735两，签书酒席每两2分投得。当日田主收其投责标银100两，26日写立定帖，收定银9800两（包括投责标银100两在内）。将该田上手红契10纸，耕人批领1纸，交买主卢庆堂收执。二月初，"齐至田所，踏明界至，四处树碑，丈量明白，然后另卜立券交易"，终于同年二月二十四日将此田截分立契，售与卢氏属下的承庆堂等6个祠堂。卖契上关诒翼堂下属6房衿耆共同签字。② 这种招标方法有利于公平交易。随着商业化的不断深入，土地多系断卖，活卖日渐减少，典和卖也从"混行"趋向界限分明；"俗虚半价"，也趋向实价。这同前引的乾隆六十年（1795）的规定有关，但更重要的是，它在深层意义上反映了在珠江三角洲商业化对消除买卖行为弊端的客观要求。

土地商品化还表现在把土地买卖作为经营物业的一种形式。

香山塞门外沙于道光十六年（1836）以前还是白坦。豪绅富户何兆隆、

---

① 见缯沙围田顶兑单。
② 见《华南土地契约文书汇编》。

马桂森等以每亩花息 2 两报承围垦，照依斥卤例，造具图册，起征输粮。自工筑永丰围以后，垦辟成良田。围内有基茔、木石、禾场等设施，还在基上种果木。除收取地租外，还有果木、鱼虾、鸭埠、禾埠等项之利。到光绪七年（1881），马桂森将份内"割出东边一段，该税四百三十八亩七分三厘八毫"，以每亩价 50 两，共价银 21936.9 两，断卖与爱育堂。出售的原因只说是"今因急用"。① 急用两万多两的巨款，想必是做别项产业的投资。一般来说，一亩白坦的工筑费为 10 余两（有估计为 10 两的，也有估计为 20 两的），加之花息银 2 两，15 年左右收回成本（成熟沙田的购买年一般在 10 年光景，但系一次付款，不同于围垦沙田分多次投入，详见下文）。经 45 年后，以每亩 50 两银子的高价卖出，显然是赚了大钱。如果说，马桂森卖田的目的"今因急用"用词仍嫌含糊的话，那么，道光二十七年（1847）二月十七日卢芸翘立下的卖契就说得更明确了。该契约写道：

> 立明断卖契围田文契人卢芸翘，系顺德县龙山乡人氏，现住省城海味街。今因生理凑本急用，情愿将先人遗下，兄弟经分，自家名份物业，土名八学垾围田该税十顷三十四亩五分。东至原照内系海，今成官佃田亩外涌心为界，西至邓戴庆成围外涌心为界，南至乌洲北侧石埠垾为界，北至蛋家涌心为界，四至分明。周围田基，内外河道，所有基茔树木、明暗水窦、馆所、禾场、鱼塘、沙骨、鱼虾、鸭埠、围外护基草坦约三四丈余，另涌，一应出售。兹将该围田分作两份，每份该田五顷十七亩二分五厘，出帐召人承买，取实价银九千五百两正。先向至亲人等商议，各嫌价高不买，次凭中人黎顺明等引至苏吉六堂，情愿买受全围之一半，依口还实价银九千五百两净员司平兑，连签书酒席利市，一概统在价内。三面言明，二家允肯。先经立有定帖，同赴该田，看明丘段，四至相符，竖明界，就日当中立契交易。此系明买明卖，实银实契，并无低伪少欠，亦非债利准折等情。即日银契两相交讫。其田委系卢芸翘名份物业，与兄弟无干，并无重复典当及蒸尝留祀之物。但此田东边与官佃毗连相接，即当各立明界址。所有围护基草坦，俱经量明，滚入税内卖清。买主情愿照数认足税亩，彼疆此界，各管各业。此田坦并无有碍河道。倘来历不明，沙邻争占界址，与及官司事务不清，系卢芸翘同中理妥，交回买主收管。此围苏吉六堂与苏澹如堂合本买受，分

---

① 见《华南土地契约文书汇编》。

为两份，每份应得田五顷十七亩二分五厘。田虽同丘，为价各出，自应分写卖契两纸，俾各执照，以便照管业。自卖之后，任买主永远管业，召人承佃输租，雇人看守，悉从买主之便，无得阻。其税载在番禺南箕二十七图另甲卢恒业户内，任买主割税归户，办纳粮务。其未买以前，如有少欠钱粮，系卢芸翘完纳。自道光二十七年起，系买主完纳。至卢姓买受此业，原有印契两纸，又潘姓原买此业，又有印契八纸，并藩照一纸，分别注明交付执照。此外并无别样契照。如有后来搜出，视为废纸。今欲有凭，立此断卖围田文契一纸，交与买主苏吉文堂收执存据。

中人　黎顺明　　　　　　生母　潘氏
道光二十七年二月十七日　　立断卖围田文契人卢芸翘 的笔①

之所以对此契不顾烦琐地全文引录，是因为它给我们提供了当时土地关系和土地经营的丰富信息。

第一，从契中得知，田主是侨居广州的富户、大商人，继承的田产中自己份内的下八学垿围田已达1034.5亩，可见，此田（截分两块立契）和基围、围上的设施（另立契约）同时卖给苏氏，价银共达3万两（其中基围等设施为11000两）之巨。卖田的目的是筹集资金，以应急用，即所谓"因生理凑本急用"；一反"以商致富，以本守之"的传统原则，而视之为"物业"处置，反映了观念的更新。

第二，反映了沙田区的经营特点：周围有围堤，内有基，内外皆有河涌、沟渠，并配有明暗水，以供排灌；基上种有果木，围内有鱼塘；有禾场作为收租晒谷之用；沙骨、鱼虾、鸭埠等则为田主坐享的权益；还有馆所（多称"围馆"），以供管理人员居住，有的还沿河涌搭棚寮以供耕仔居住。后来于光绪八年（1882）立下的出卖此田的契约中便将耕仔住的寮与馆所并称为"寮馆"。同治元年（1862）正月初二日"立承领田地人郭贤高"等给南海里水谭世德堂的"批领"契约中说："其田地以批三十年为期"，"自承批之后，毋得窝场聚赌，屯积违禁之物。如有此弊，任从驱逐。但其田满期不住之日，各涌俱要填回，照前潮田一式，毋得异言。"② 由此"批领"契中也可见，耕夫可在围内居住，允许按照耕作的需要改造所承耕的

---

① 围田契，布颁途字十五号。
② 批领，玄字第五号。

105

土地。此"批领"中还提到交租取联保法,即"或有一人欠租,各家填足,不得少欠"。既是集体承耕,又要互保,当有一承耕人为头目,这份"批耕"契约领头的郭贤高可能即是此角色。南海洲村乡李修业堂批耕时,也是郭贤高领头承批,在其"批领"书上也说:"承领批到草场堡洲村乡李修业堂围内屋地、禾堂、东住场地一段,……其住场果木,向日系业主自种,即随后各家添种亦归业主。……或有未满批,迁往别处住者,仍要照租额派至满批为止。"① 李修业堂于光绪五年十二月二十二日(1880 年 2 月 2 日)给爱育善堂的卖契中就写明:"围里住屋六十余家,其屋上盖系住客自建,共地租归本堂兑收。"② 这些住屋不同于耕仔在涌边所搭的简陋茅寮,是长期批租的佃户租地建置的。耕仔住的茅寮有的是围馆提供的。③ 租期长的达 30 年,这期间,佃耕人享有充分的支配权,有的经投资而使土地增值;如田主要夺佃,每年要给佃户补偿。例如,同治六年(1867)十二月初一日,李荫贤、梁则驱向顾本潮领耕潮田 0.523 亩,"捐本工筑成塘",批期 20 年,年租银 1.887 两,"如业主领回,每年补回工筑银五两"。④ 佃耕人于租期内享有了佃权,说明地权中支配、使用的权利在租期内已经分离出来,并为佃耕人所有。这种长达 30 年的租期同商业化的农业经营有关,因为商品性的经济作物有的是多年为生长期,如此长的租期方便了佃耕者对田地进行改造,并做种种投资。

在拍围不久的、边远的沙区,其土地经营模式与其他地区有明显的不同。明末清初,屈大均就曾经指出:

> 广州边海诸县,皆有沙田,顺德、新会、香山尤多。农以二月下旬,偕出沙田上结墩,墩各有墙栅二重以为固,其田高者牛犁,低者以人秧莳,至五月而毕,名曰"田了",始相率还家。其佣自二月至五月谓之一春,每一人一春,主者以谷偿其值。七八月时耕者复往沙田塞水,或塞箖箔,腊(猎)其鱼、虾、蟳、蛤、螺之属以归,盖有不可

---

① 同治十三年(1874)一月十二日郭贤高等给李修业堂《立承领围田内屋地禾堂》文书。
② 围田契,光绪五年(1879)十二月二十二日,布颁迹字八十七号。
③ 参见光绪十八年(1892)七月四日伍荣禄堂给余庆堂写的缯沙定帖;同治十三年三月初十日,大坦田契,布颁志字七十三号。按:有的契约上称"耕寮",有的称"耕馆"。
④ 李荫贤、梁则驱给顾本潮立还的领批契。

第四章 宗法土地制度与商业化

胜食者矣。

禾既获，或贮墩中，或即舟载以返。盛平时，海无寇患，耕者不须结墩，皆以大船载人牛，合数农家居之。丧乱后，大船为官府所夺，乃始结墩以居。

沙头者何？总佃也。盖从田主揽出沙田，而分赁与诸佃者也。其以沙田为奇货，五分揽出，则取十分于诸佃，不俟力耕，而已收其利数倍矣。此非海滨巨猾不能胜任。①

这里所说的沙头、总佃，即后来的所谓大耕家、二路地主。结墩而耕则逐步演变成围馆经营。

在大耕家中，有的是官僚兼买办，有的集金融、工业和商业资本于一身。民国年间拥有7万多亩沙田的东莞明伦堂，其最有势力的大耕家邹殿帮和何同益即是具有代表性的例子。邹殿帮本人是一买办，其家庭与民国的政治要人如胡汉民等均有密切的关系；何同益则是名宗大族沙湾何氏留耕堂的族人。他俩在广州开有银号和丝绸庄，还在珠江三角洲粮食集散中心陈村开有谷库，设有米机和屯谷的栈房。他们用自己银号的银单向明伦堂交纳租银，明伦堂将此款存入其银号中。实际上，租批银交纳的只是一纸银单罢了。他们还以延续租期为条件，给明伦堂贷款，或认购明伦堂的股份。② 这些大耕家的租地除有的是雇工直接经营外，更多的是转租出去。层层转租，竟有多达五个层次者，即所谓"五路地主"。③

所谓"围馆"，如前所述，是在围内选一平坦的高地建置房屋、禾场、炮台，以作为该围田的管理机构。出于治安的需要，围馆的四周环绕着涌渠。大耕家派其代表（称"师爷"，或称"大青"）常住其中，总管围内事宜，经营未租出的土地和负责土地的租赁是其经常性的工作；并招雇数量不等的勇夫（民国时称"马仔"），配有武器，以负责保卫、催租等事宜；还根据自营土地的需要，雇请一些长工，负责耕种，并监督围内耕仔的生产。

由大耕家租出的土地有两种经营形式。一是如同前面所述，有期限地租出。在期满前，一任佃农随意经营土地，放弃了对土地的使用、支配权。二

---

① 〔清〕屈大均：《广东新语》卷二《地语·沙田》，第51—52页。
② 参见〔美〕伍若贤《清代及民国时期的土地开垦、商人资本和政治权力：东莞明伦堂》，见叶显恩主编《清代区域社会经济研究》，第510—521页。
③ 钟功甫：《珠江三角洲农业地理》，刊于《华南师范学院学报》1951年第4期。

是租给耕仔耕种，保留支配权。例如，著名的沙湾何氏留耕堂大耕家何生利，便同时采用了这两种土地经营形式。何生利是一个上攀官府、下结盗匪的"大天二"，亦即屈大均所说的"海滨巨猾"。据顺德五沙三村冯泉（1915 年出生）回忆说，1943 年以前，他家向沙湾何生利租种土地 22 亩，在何生利的围田内搭茅寮居住（因是自搭，茅寮为自己所有）。也有一种所谓"水棚"的，由围馆建置，提供给耕仔入住。耕牛、农具、水犀和种子等，也皆由地主提供。重要的生产活动，如浸种等，由围馆统一指挥。收割时日可自定，但要先通知围馆，以便围馆派"行岗"（土音，为围馆雇请的生产管理监督人员）前来监督。稻禾必须运往围馆的禾场脱粒风干，然后在行岗的监督下，按照二八分成，二归耕仔，八归围馆，经过交割完毕，耕仔才能将自己所得运走。① 大凡拥有巨量土地的宗族集团地主，都把土地租与大耕家，任其做围馆式的自由经营。但在私人地主中，有的则派其代表，即所谓的师爷常住围馆替其经营。例如，顺德县逢沙的肇德围及围内的 600 亩田皆为肇庆余吉闲所有。20 世纪三四十年代，地主余吉闲常住广州，他派其代表文洪来该围当师爷；并从肇庆老家雇来两个勇夫（称"武装自卫队"），负责保安事务；雇有 6 个长工，其中，3 人负责基围上的种蕉工作，内有 1 人是种蕉师傅，其余 2 人在协助种蕉师傅工作之余，还兼有巡视围内生产情况，一旦发现问题，及时向师爷报告的职责；另 3 人负责管理围内的 8 个鱼塘；捕鱼时，请临时工 8～10 个。长工食宿由围馆负责，每月发一次薪金，来去自由。堤围的维修由师爷视情况请临时工解决。围内 600 亩全部出租。耕夫也可在围内搭寮居住。前述的冯泉于 1943 年 12 月从番禺沙角迁来顺德五沙后，即租余吉闲肇德围的土地 60 亩，充当其耕仔。地主每年大体要给他提供 1500 斤种子（每亩约 25 斤）。分成时，要先扣下种子，然后按照 22∶78 的比例分成，冯泉得 22%。对生产的管理监督则与前述的何生利的围馆大致相同。② 耕仔与围馆间没有人身依附关系，可以随时搬走。他们卷起铺盖，装进小艇，便可到条件更优厚的地方租种，民国年间称这种

---

① 1990 年 12 月 20 日在顺德大良五沙三村访问老农冯泉记录。又，可参见笔者与滨岛敦俊、片山刚教授等合作调查，后由滨岛、片山用日文整理出版的《华中华南农村实地调查报告书》的珠江三角洲部分［《大阪大学文学部纪要》第 34 卷，平成六年（1994）出版，第 305－576 页］。按：冯泉的口述记录是根据笔者和冼文生先生、陈忠烈先生的笔记整理，与前揭书中第 407－408 页所载略有出入。

② 1990 年 12 月 22 日在逢沙管理区办事处访问冼锦（1905 年出生）记录；前揭的冯泉口述记录，可参见前揭滨岛、片山报告书，第 419－423 页。

人为"水流柴"。在这里，耕仔已类似近代的农场工人，不同的是，他们领取的不是工资，而是相当于工资的产品分成。以舟楫为家，漂荡在河涌上的疍民，以及在人口压力下四处谋生的流民，成了围馆源源不绝的耕仔来源。

从上可见，在地权中的支配权、使用权分离出来而为围馆占有的情况下，围馆式的经营既保留传统的租佃制的成分，又具有近代农场式的经营因素，是一种珠江三角洲小农经济商业化和特定的生态环境下的衍生物。

土地既可当作物业经营以牟利，有时也如同商品般炒买炒卖。有的商人既是海味、纸张等店铺的老板，又是土地的买卖者。他们在抛售土地时，往往采取截卖背海的部分，保留孳生沙裙的沙骨（即濒海的一方），以便日后扩大沙田面积。表4-4中的第87号、第89号和第91号等，即属这种情况。以第87号为例，关竹溪向李汝宽购来雁企沥沙田25亩，亩价银4.05两，总价银101.25两。过了15年，关竹溪截出17.5亩卖给卢氏宗族，亩价银为55.7两，总价银975.36两，留下6.5亩沙骨做增殖沙田之用。关氏享有的15年租息，当已超过购买年；截卖的17.5亩和留下部分，皆系赚得的利润。

地价的不断提高有力地吸引了商人富户投资土地。康雍时期，田价低廉，"田价止数钱"。[①]广东是康熙五十五年（1716）率先实行"摊丁入亩"的省份。[②]赋税"杂派最多，有年例、季例、月例，有奉行取办者、帮贴各役工食者、修城池塘汛衙署者、支应各管者、供应邮使者。各费皆取给于民。……胥吏从中侵渔，往往借一派十，故时田价甚贱。有虚立价契，贴银赠人者。有弃产远逃，经官招认者"。[③]雍正后，田价才渐升，"贵至数金"一亩。据雍正年间（1723—1736）在广东任职的官员张渠说，这是官府实行"均平"法，取消杂派，正额外每两加收千文，一切公务，官为置办的缘故。这是就广东而言的。在珠江三角洲，更重要的诱因是康熙晚期以后日益增进的农业商业化。田价的提高势头甚猛。据嘉庆时顺德人龙廷槐说："粤中上腴之产，亩值三十金，中腴二十。坦成熟后可比中腴，计其围筑之

[①]〔清〕张渠：《粤东闻见录》卷上《均平》，广东高等教育出版社1990年版，第39页。

[②]〔清〕王庆云：《石渠余记》卷三《纪丁随地起》："是年〔康熙五十五年（1716）〕准广东所属丁银就各州县地亩摊征，每地亩一两，摊丁银一钱六厘四毫不等。"

[③]〔清〕张渠：《粤东闻见录》卷上《均平》，第38页。

费与年岁之久，其值亦与买置中腴之田相埒。"① 到了清代末年，上腴之田价格已高达102两（见表4-4第56号）。表4-4给我们提供了同一块田递年增价的实例。如第17号田契所载，道光三十年（1850），亩价为银25.85两，到了光绪十八年（1892），同一块田的亩价已经提高至43.54两（见第24号）。又如据第46、51、56号田契记载，同一块田的亩价是：光绪七年（1881）为58两；光绪二十六年（1900）增至85两；光绪三十二年（1906）续增至102两。25年间增价几近一倍，总的趋势是增价愈来愈猛。诚然，物价也在上涨，例如，康雍年间，谷价每官石"一两或八九钱"，嘉庆年间"则贵至三倍"。② 但是，土地这一商品，还可通过收取租息以补偿田价，如收取谷租的话还可弥补物价的上涨。

表4-4 珠江三角洲土地买卖情态举例③

序号	年代	契据	卖主	买主	卖因	土名	面积/亩	亩价/两	总价/两	备注
1	乾隆五十一年	断卖/红	徐积庆会	徐远新	难于工筑	缯沙田坦	27.297	2.38	65	
2	乾隆五十一年	断卖/红	徐积庆会	胡元长	难于工筑	缯沙田坦	54.6	2.38	130	
3	乾隆五十一年	断卖/红	徐积庆会	龙碧山	难于工筑	缯沙田坦	54.6	2.38	130	
4	乾隆五十年	断卖/红	徐彬胜等	潘鸣新	难于工筑	缯沙田坦	54.6	2.38	130	
5	嘉庆二年	断卖/红	潘鸣新	黎祖德	工筑不前	缯沙田坦	54.6	6.6	360	另补工筑银75两
6	嘉庆二年	断卖/红	龙碧山	黎德韬祖	工筑浩繁	缯沙田坦	54.6	6.63	362	另补工筑银75两

① 〔清〕龙廷槐：《敬学轩文集》卷一《与瑚中丞言粤东沙坦屯田利弊书》。
② 〔清〕龙廷槐：《敬学轩文集》卷一《与瑚中丞言粤东沙坦屯田利弊书》。
③ 本表资料来源于《华南土地契约文书汇编》、未及编入前书的手藏拍照影印件、《佛山义仓总录》卷四过录的买田契证等。

续表 4-4

序号	年代	契据	卖主	买主	卖因	土名	面积/亩	亩价/两	总价/两	备注
7	嘉庆二年	断卖/红	徐远新	黎德韬	工筑不前	缯沙田坦	27.297	6.63	181	另补工筑银37.5两
8	嘉庆二年	断卖/红	胡元长	黎德韬	工筑不前	缯沙田坦	54.6	6.63	362	另补工筑银75两
9①	道光十六年	断卖/红	黎荣斯	公受堂	今因凑用	缯沙田坦	195	25.85	5040	筑基底银4800两
10	道光十六年	断卖/红	公受堂	卢宜杰	远涉难管	缯沙田坦	截27.3	25.64	700	
11	道光十六年	断卖/红	公受堂	卢宜杰	远涉难管	缯沙田坦	截27.3	25.64	700	
12	道光十六年	断卖/红	公受堂	卢荨楼	远涉难管	缯沙田坦	截27.3	25.64	700	
13	道光十六年	断卖/红	公受堂	卢承庆堂	远涉难管	缯沙田坦	截27.3	25.64	700	
14	道光十六年	断卖/红	公受堂	卢承庆堂	远涉难管	缯沙田坦	截25.1	27.89	700	
15	道光十六年	断卖/红	公受堂	卢承庆堂	远涉难管	缯沙田坦	截27.3	25.64	700	
16	道光十六年	断卖/红	公受堂	卢荨楼	远涉难管	缯沙田坦	截33.3769	25.18	840	
17	道光三十年	断卖/红	卢承庆堂	伍祥和堂		缯沙田坦	截27	26.66	720	
18	道光三十年	断卖/红	卢承庆堂	伍保世堂		缯沙田坦	截27.8517	25.85	720	
19	道光三十年	断卖/红	卢承庆堂	伍和丰堂		缯沙田坦	截27.8517	25.85	720	

续表 4-4

序号	年代	契据	卖主	买主	卖因	土名	面积/亩	亩价/两	总价/两	备注
20	道光三十年	断卖/红	卢承庆堂	伍长发堂		缯沙田坦	截27.8517	25.85	720	
21	道光三十年	断卖/红	卢承庆堂	伍永安堂		缯沙田坦	截27.8517	25.85	720	
22	道光三十年	断卖/红	卢承庆堂	伍嘉瑞堂		缯沙田坦	截27.8517	25.85	720	
23	道光三十年	断卖/红	卢承庆堂	伍年丰堂		缯沙田坦	截27.8517	25.85	720	
24	光绪十八年	断卖/白	伍祥和堂	爱育善堂		缯沙田坦	截27+	43.54	1212.0922	
25	光绪十八年	断卖/白	伍长发堂	爱育善堂		缯沙田坦	截27+	43.54	1212.0922	
26	光绪十八年	断卖/白	伍年丰堂	爱育善堂		缯沙田坦	截27+	43.54	1212.0922	
27	光绪十八年	断卖/白	伍永安堂	爱育善堂		缯沙田坦	截27+	43.54	1212.0922	
28	光绪十八年	断卖/白	伍嘉瑞堂	爱育善堂		缯沙田坦	截27+	43.54	1212.0922	
29	光绪十八年	断卖/白	伍保世堂	爱育善堂		缯沙田坦	截27+	43.54	1212.0922	
30	光绪十八年	断卖/白	伍和丰堂	爱育善堂		缯沙田坦	截27+	43.54	1212.0922	
31	光绪十八年	断卖/白	伍荣禄堂	爱育善堂	今因凑用	雁企缯沙	600+	40+	26500	
32	光绪二年	断卖/白	林简氏	陈明远堂	今因急用	崩坑	25	15.2	380	

续表 4-4

序号	年代	契据	卖主	买主	卖因	土名	面积/亩	亩价/两	总价/两	备注
32附②	光绪六年	断卖/红	林简氏	陈明远堂	今因急用	崩坑	25	10	250	
33	光绪二十二年	断卖/红	陈瑞峰	爱育堂	今因急用	雁坑大窝桥	14	35.7	500	
34	光绪二年	断卖/红	江怡安堂	余庆堂	今因急用	大坦围田	4.71	28	131.88	
35	同治十三年	断卖/红	胡龙骧	余庆堂	今因急用	大坦尾	14.828	67.58	1008.58	
36	同治十三年	断卖/红	胡龙骧	余庆堂	今因急用	大坦尾	31.2	67.58	2108.54	
37	同治十三年	断卖/红	胡龙骧	余庆堂	今因急用	大坦尾	8.3084	67.58	561.481	
38	同治十三年	断卖/白	顾刘氏等	余庆堂	今因急须	大坦尾	0.523	55	29	
39	同治十三年	断卖/白	潘赞勤	余庆堂	今因急用	大坦尾	9+	54	345.6	
40	同治十三年	断卖/红	潘赞勤	余庆堂	今因急用	大坦尾	9.4551	54	510.575	
41	同治十三年	断卖/红	李宽	余庆堂	今因急用	大坦尾	3.1447	55	172.958	
42	光绪五年	断卖/红	李章	余庆堂	今因急用	大坦尾	3.67	60	220.2	
43	咸丰十一年	断卖/红	梁友德堂	李彩新堂	今因急用	大坦尾	3.145	32	100.061	
44	同治十一年	断卖/白	李彩新堂	□□□	今因急用	大坦尾	3.145	50	缺	

续表 4-4

序号	年代	契据	卖主	买主	卖因	土名	面积/亩	亩价/两	总价/两	备注
45	光绪五年	断卖/红	李发彩	余庆堂	今因急用	黎窖石涌尾	2.71	60	162.6	
46	光绪七年	断卖/红	余庆堂	陈修梅	今因急用	大坦尾	39.5548	58	2294.18	
47	光绪七年	断卖/红	余庆堂	陈修梅	今因急用	大坦尾	6.38	58	370.04	
48	光绪七年	断卖/红	余庆堂	陈修梅	今因急用	大坦尾	29.941	58	1736.58	
49	光绪七年	断卖/红	余庆堂	陈修梅	今因急用	大坦尾	31.2008	58	1809.65	
50	光绪七年	断卖/红	余庆堂	陈修梅	今因急用	大坦尾	32.7821	58	1901.37	
51	光绪二十六年	断卖/红	陈修梅	黄合德堂	今因需用	大坦尾	29.941	85	2544.98	
52	光绪二十六年	断卖/红	陈修梅	黄合德堂	今因需用	大坦尾	6.38	85	542.3	
53	光绪二十六年	断卖/红	陈修梅	黄合德堂	今因需用	大坦尾	39.5548	85	3362.16	
54	光绪二十六年	断卖/红	陈修梅	黄合德堂	今因需用	大坦尾	32.7821	85	2786.48	
55	光绪二十六年	断卖/红	陈修梅	黄合德堂	今因需用	大坦尾	31.2008	85	2652.07	
56	光绪三十二年	断卖/白	黄合德堂	爱育善堂	今因急用	大坦尾	139.8587	102	14265.587	
57	同治十三年	断卖/红	胡龙骧等	余庆堂	今因急用	大坦尾塘田	17.8641	67.58	1207.255	

续表 4-4

序号	年代	契据	卖主	买主	卖因	土名	面积/亩	亩价/两	总价/两	备注
58	同治十三年	断卖/红	胡龙骧等	余庆堂	今因急用	大坦尾围田	39.5548	67.58	2673.113	
59	咸丰九年	典契	梁永思堂	梁福如堂等	今因急用	郡马遗田	200+		7000典价	利息7%，典期3年
60	同治六年	断卖/红	梁绳武堂	始祖祠堂	因赈久款	祭外余产	273.33673	1.54	420	
61	光绪五年	断卖/红	郡马祠	爱育善堂	合族急用	非留祭围田	240	63.33	15200	
62	嘉庆四年	断卖/红	麦起章	郑贤佐	钱粮紧急	盟海涌	1.5	16	24	
63	咸丰一年	断卖/白	郑杜氏	郑乐衡	殡葬费用	盟海涌	1.5	34.5	51.75	
64	同治十年	断卖/白	郑乐衡	谭开传等	今因急用	盟海涌	1.5	53.33	80	
65	同治二年	断卖/红	邓樵乐祖	谭开传等	今因急用	盟海	2.388	30	71.64	
66	同治四年	断卖/红	郑沛豪	谭开传等	今因急用	盟海西边涌	1.1	55	60.5	
67	同治一年	断卖/白	谭永通等	谭世荣堂	因岁荒收	舵同	3.14	35	109.9	
68	同治十二年	断卖/红	谭世荣堂	李修业堂	今因急用	修业围	104	60	6240	连同田上设施
69	同治十三年	断卖/红	谭积贵堂	李修业堂	今因急用	白泥涌口	3.2211	38	122.402	
70	光绪五年	断卖/红	李修业堂	爱育善堂	今因急用	捌拾亩	115.7136	64	7500	

续表 4-4

序号	年代	契据	卖主	买主	卖因	土名	面积/亩	亩价/两	总价/两	备注
71	道光二十五年	断卖/红	邓章等商人	马苏荫堂	意见不齐/准以分筑	塞口沙	截400	9.5	3800	分写4奏,各1顷
72	光绪七年	断卖/红	马桂森	爱育堂	今因急用	塞口沙	438.738	50	21936.9	
73	光绪二十六年	断卖/红	马贞石等	何恒安堂	今因急用	塞口沙	23	21.73	500	斥卤
74	光绪三十四年	断卖/白	何献琳	爱育堂	今因急用	同上田	23	19.56	450	斥卤
75	道光十三年	断卖/白	潘松荫堂（即潘伯霖）	卢丕远祖	今因急用	八学等	517.25	19.33	10000	
76	道光二十七年	断卖/红	卢芸翘	苏吉六堂/苏澹如堂	今因生理凑本急用	八学围田	1034.5	18.37	19000	分2契各1半
77	道光二十七年	断卖/红	卢芸翘	苏吉六堂/苏澹如堂	今因生理凑本急用	上基基底			11000	包括基田设施
78	光绪八年	断卖/红	苏佐赓等	爱育善堂	荒崩难修筑	八学围田	1034.5	2511	25862.5	
79	光绪八年	断卖/白	苏佐赓等	爱育善堂	荒崩难修筑	上田基底			22759	包括基田设施
80	嘉庆一年	断卖/白	胡拱坦	关惠东	为因急用	雁企南侧	20	1.25	25	白坦
81	嘉庆三年	断卖/红	马日汉祖	关广谋祖	无力工筑	雁企南侧	20	2.5	50	白坦
82	嘉庆十年	断卖/红	关惠东	关竹溪祖	今因凑用	雁企南侧	40	3	120	草坦

续表 4-4

序号	年代	契据	卖主	买主	卖因	土名	面积/亩	亩价/两	总价/两	备注
83	嘉庆十年	断卖/红	周应新	关垂本堂	为因凑用	雁企沙	60	6	360	
84	嘉庆十年	断卖/红	罗裕和	关厚积堂	今因凑用	雁企沙	10.7	5.6	60	
85	嘉庆二十三年	断卖/红	吴裕盖祖	关广业祖	修山急用	雁企沙	75.233	11.77	885.4	
86	嘉庆二年	断卖/红	郑永炽	李卓周	无力工筑	雁企沙	100	1.8	180	
87	嘉庆十三年	断卖/红	李汝宽	关竹溪祖	父丧债急	雁企沥心	25	4.05	101.25	
87	道光三年		关竹溪祖	卢汝棣		雁企沥心	截17.5	55.7	975.36	在前契批注
88	嘉庆二年	断卖/红	郑永炽	关朝有	无力工筑	雁企沥心	50	1.8	90	
89	嘉庆十三年	断卖/红	关国贤	关竹溪祖	今因凑用	雁企沥心	50	4.1	205	
89	道光三年		关竹溪祖	卢澹庵等		雁企沥心	截35	55.7	1951	在前契批注
90	嘉庆二年	断卖/红	郑永炽	李昭汉	无力工筑	雁企沥心	25	1.8	45	
91	嘉庆十三年	断卖/红	李昭汉	关竹溪祖	今因凑用	雁企沥心	25	4.08	102.5	
91	道光三年		关竹溪祖	卢汝棣		雁企沥心	截17.5	55.3	975.36	在前契批注

续表 4-4

序号	年代	契据	卖主	买主	卖因	土名	面积/亩	亩价/两	总价/两	备注
92	嘉庆十六年	断卖/红	黄峨岭祖	关肇基祖	筑费浩繁	雁企沙南滘	67.4	3.2	216	
	道光三年		关肇基祖	卢承庆堂		雁企沙南滘	截52.5	55.7	2926	在前契批注
93	嘉庆十七年	断卖/红	黄峨岭祖	关壹堂祖	筑费浩繁	雁企沙南滘	72.3	2.5	181	
	道光三年		关壹堂祖	卢承庆堂		雁企沙南滘	截66	57.1	3678.5	
94③	道光一年	典	关竹溪祖	黄四美	修葺祖祠	雁企沙	约400		8300	典价
95④	道光三年	断卖/红	关竹溪祖	卢氏宗族	建祠需用	雁企沙	363.5	55.735	20259.62	提前赎回
96	道光十六年	断卖/红	关竹溪祖	卢澹庵	为需急用	雁企沙	5.6932	53	284.66	
97	道光二十二年	断卖/红	关竹溪祖	卢澹庵	修祠急用	雁企沙	27.34819	36	984.535	
98	道光二十七年	断卖/红	关竹溪祖	卢澹庵	粮务急用	雁企沙	10	28	280	
99⑤	道光三十年	断卖/红	卢承庆堂	伍氏宗族		雁企沙	414.04139	28.4	11760	买自关氏
100⑥	光绪十八年	断卖/红	伍氏宗族	爱育喜堂		雁企沙	414.04139	43.48	18002.52	买自卢氏
101	光绪十八年	断卖/红	伍氏宗族	爱育喜堂		雁企沙	10	10	100	买自卢氏
102	道光九年		帝尊连枝堂	佛山义仓	今因急用		25.93391	84.83	2200	田与塘两块

说明：

① 序9：公受堂——由佛山8家商店组成。

② 序32附：这是前丘田的税契，价银有意少写130两。
③ 序94：此田递年交上期租1000两，以5年为期，"银不计利，田不计租"。
④ 序95：此田提前赎回，截分21块立契。
⑤ 序99：此田连同面上建筑，均分12块立契卖给伍氏宗族12个堂。
⑥ 序100：此田连同面上建筑，均分12块立契卖给爱育善堂。

做巨额土地买卖的多是富商大贾，表4-4可提供实例。表中的公受堂（第9—16号）是佛山8个商店的堂号，余庆堂（第34—42、46—50号）则系经营纸张生意的裕诚纸店的堂号，他们都是巨额土地的买主和卖主。以价银11760两买进，以18000多两卖出的伍氏（第99—101号），是侨居广州十八甫的富商，他在田契上是用伍和丰堂、伍长发堂、伍永安堂、伍嘉瑞堂、伍年丰堂和伍保世堂等堂号立契的。一次出卖价值3万两沙田和基底的卢芸翘（第76、77号），是侨居广州海味街的大贾，其卖契上就写明："今因生理凑本急用"。可见，卖出是商业资本运作的一种举措。

民间小本生意也有以出卖田产来解决资金短缺问题的。如，光绪十六年（1890）闰二月二十八日，东莞县李演东"因贸易需银"便将10.4亩田以总价银100两卖给何敬福堂。① 据笔者手藏的22张属东莞出卖土地契约统计，在卖田目的中明确说是"因经商需本用"者4张，"需银急用"者（也可能用于商业活动）3张，"因税粮紧急"者12张，"因饥荒"者2张，"因葬夫"者1张。由此可见，卖田从商者在民间已占一定的比例。我们还看到因合伙做生意赚钱而共购土地，后蚀本而以应得部分填账的情况。如嘉庆十五年（1810）四月二十六日刘澜茂给黄敬宇立下的卖契中就追溯此田的来源："有先年与刘奋上开张广利店，同作生意，置得田七丘"，共6.37亩，"兹因嘉庆十五年店中生意淡泊，两人分数。（刘）奋之子刘显邦愿将此田退与刘澜茂填账"，刘澜茂将此田以价银70两卖出。② 顺便指出，民间零星小量的土地买卖，亩价一般都很低，可见多属一些硗确土地，而腴田沃土则几已为豪绅巨富所占有。

土地作为"守本"的不动产，变成可随意买卖、填账、典当③的商品，由"产"变"财"，显得愈加商品化，从政府征收的契税中也可以看到其灌注的商品意识。据康熙《徽州府志》记载："税契银，江南例以亩征，徽独

---

① 笔者藏有影印件。
② 笔者藏有影印件。
③ 缯沙田契，布颁接字三十二号。

论价。"① 事实上，税契银论价征收，并非作为明清时期商业资本大本营的徽州所独有，珠江三角洲亦然。论价征收税契银，在不同时期有不同的规定。顺康雍时期，价银一两收3分，清末已提高到一两收6分，典、按半之。此外，还有诸多的附加银，如雍正七年（1729）征收作学堂补给经费，称"科场银"；光绪末年征收印花税；连发卖契纸的地保也收手续费每张5文制钱。税额由原来的3%增至7%～8%。② 这说明土地买卖频繁，政府视之为脔肉，才给契税以示重视。

二、沙田的开发与宗族制的发展

1. 农业耕作系统与宗族制

就珠江三角洲自然生态而言，如同我们在第一章中所指出的，水量丰沛，热量充裕，适宜水稻和甘蔗、香蕉等经济作物的种植；西江带来云贵高原广袤的表土，淤积成大面积的淤泥质的且不断地向外伸展的滩涂，又可以开辟成肥沃的沙田，给农业的发展带来巨大的潜力。但是，这里也存在着台风及由此而引起的暴潮的袭击，尤其是洪水和内涝频繁，通常每年有五次洪水，即农历三月的"头造水"、农历四月的"四月八水"、农历五月的"龙舟水"、农历七月的"慕仙水"和农历八月的"中秋水"。其中，"龙舟水"的威胁最大。洪水过后，积为内涝。洪、涝成为农业开发的主要障碍。

自秦始皇遣大军经略岭南起，虽不乏中原士民零星地移入珠江三角洲，但他们多在三角洲的边缘台地居住，旨在避开洪水的淹没，一如石器时代的聚落分布。据地理学家曾昭璇教授的考察，今广州市番禺区的北部台地，即为汉、晋居民点所在。③ 这些南来的北方士民对传播中原先进的汉文化做出了贡献；然而，他们并没有对珠江三角洲进行有效的开发。直至宋代，以珠玑巷移民为代表的集团性的移民源源不断地迁入后，珠江三角洲才得到初步的开发。从近年编著出版的珠江三角洲各市县的地名志，以及其他文献资料

---

① 康熙《徽州府志》卷五《名宦·张贾传》。
② 参见李龙潜《清代广东土地契约文书中的几个问题》，见广东省社会经济史研究会编《十四世纪以来广东社会经济的发展》，广东高等教育出版社1992年版。
③ 参见曾昭璇、曾宪珊《宋代珠玑巷迁民与珠江三角洲农业的发展》，暨南大学出版社1993年版，第13页。

看，移住于珠江三角洲内部沙丘的主要是珠玑巷的移民。① 正是珠玑巷移民胼手胝足的开发，这一栖息于历史角落的荒服之地才被唤醒。

这些南迁的士民在参考、利用江南治理沼泽地经验的基础上，② 逐步建立了一种水陆交相作用的农业系统。通过兴修大堤、基围，既可防洪涝，又可利用潮水涨落，进行排灌；堤围还可束水归槽，促进下游流沙的淤积，人为地制造了更多的沙田。随着开发的深入，这一农业系统日趋复杂，并成为多层次的结构。例如，在这一大的系统下，出现了于明代中叶兴起，完善于清末的基塘系统，其下又包含基面的陆地系统、鱼塘的淡水系统和蚕丝系统三个子系统。总而言之，在珠江三角洲的农业系统中，水体与陆面之间进行复杂多样的能量交换和物质循环，水体资源与陆地资源互相依存和互相制约，彼此联结成一个不可分割的整体。③

一种完整的农业系统并非仅仅是自然条件的彼此关系，还应当包括与之相适应的社会组织。从堤围的兴修到沙田的开发，乃至管理防卫，都需要有组织的群体力量，并往往需要协作一致的行动。

以威胁最大的洪涝灾害言之，个体家庭的力量对其是无能为力的，唯有依靠有组织的群体的力量才能战胜之。先是西、北、东江的主干，继及三江的各支流两岸，皆筑起堤围。其作用在于防洪、防涝。它与度水势、积沙而圈筑以成沙田的基围有所不同。后者是以垦田为目的。所以，清代以前纂修的地方志，修筑堤围多载入"江防"栏目内。堤围之修筑是需要群体的力量的。据文献记载，"有专护田陇者，有但卫村舍者，有村舍、田陇并防者"，"有数村合筑者，有各自为筑者"，④ 往往由士绅创筑，也有的是分段由各村"各姓按名下照数认筑"。⑤ 一个族姓固然可以独力兴修某些堤围，如顺德的里沙围、北洲围和沙咀围，是道光十五年（1835）由梁氏宗族兴

---

① 参见曾昭璇、曾宪珊《宋代珠玑巷迁民与珠江三角洲农业的发展》，第14页。

② 据光绪《陆氏世德记》记载，南海鳌头堡梧村乡陆氏"原籍江南松江府清（青）浦县"，新会县朗头村陆氏"原籍金陵上元县泗水门"，乐都小桥村陆氏祖籍浙江平湖县。他们可能如新会台山赵常荣《清溪赵氏族谱》之《报本堂宗谱旧序》所说："高宗南来，人各播迁，自汴而杭，自杭而闽，由闽而入东粤者。"

③ 参见钟功甫等《珠江三角洲基塘系统研究》，科学出版社1987年版。

④ 咸丰《顺德县志》卷五《建置略二·堤筑·丞属》，见《顺德县志（清咸丰·民国合订本）》，第139页。

⑤ 咸丰《顺德县志》卷五《建置略二·堤筑·江村属》，见《顺德县志（清咸丰·民国合订本）》，第144页。

修的；但较大的堤围则需要集数村之力协同兴修，如顺德的乐成围，是道光十九年（1839）由龙山堡的官田、沙富、旺村、冈头和冈贝五埠合筑；① 至于大型的堤围，更需要联堡、联都，乃至联县兴修，如桑园围横跨南海、顺德两县，就需要集两县的力量兴修。堤围需要经常维护，每逢汛期尤其需要日夜巡逻，以防不测。据实地调查，每遇洪水，巡基人要分班日夜巡逻，一有险情出现，便立即派人边敲锣边奔走通告下站的居民，口喊"×××地方危险"。收到警报的下站村落，又照样派人敲锣奔走，往下通告，依次相传。村民闻讯即奔往有险情处，进行抢救。这一切都是约定俗成的。敲锣报警以及修补堤围的专门技术如打桩等，是有专人负责的。技术含量较高的打桩，还须加以训练，并代代相传。② 1949 年参加过护堤抢险的蔡勤（顺德龙江镇集北管理区东胜坊人）向我们描述了他参加防洪的经过。他说："1949年4月27—28日（农历）发生了一次大的洪水。傍晚在家一听到从万安方面传来万安段有险情的警报后，我村报警者便敲着锣往西溪方面跑；西溪闻警，又接着敲锣往南海方面相传。我们各家各户的人，先在村内集中，分派任务。传统规定：16 岁以上者必须上堤。如果一家有 5 口人，可以只去 3 人。但到危险时刻，则凡是合格的人都要上堤。老幼和妇女留在村里搞后勤，负责送饭。上堤的人到'社公'集中，并在'社公'前点着香火。工具放在'社公'处，有专人保管。我们取了工具便奔往有险情处，持香烛的人走在前面，大家跟着香火前进。香火插在有险情的堤上，便表示把'社公'请来了。护堤抢险结束，收队回村后，要安排酒席，拜谢'社公'，然后大家大吃一顿。这些费用是按鱼塘亩数分摊负担的。"③ 他还说，这一切都是约定俗成的，为每个村民所自觉执行。可见，这种群体性、协调性是南方稻作文化的一部分。

清代中叶以后，拍围积沙，人为开发沙田的基围，也非个体家庭的力量所能胜任。关于围垦沙田的详情，最早的文献记载是龙廷槐（1749—1827）的《与瑚中丞言粤东沙坦屯田利弊书》。其文写道：

---

① 民国《顺德续县志》卷四《建置略三·堤围》，见《顺德县志（清咸丰·民国合订本）》，第 1016 - 1017 页。

② 据 1990 年 12 月 19 日笔者在顺德大良五沙三村管理区做实地调查时，1963—1988 年担任过该管区党支部书记的郭根口述记录以及同年 12 月 21 日顺德大良蓬沙管理区黄松（1968—1986 年曾担任该管区党支部书记）口述记录。

③ 根据 1990 年 12 月 9 日在龙江镇集北管理区访问蔡勤的口述整理。

民之报垦者，每或数人，或十数人，以至数十人不等。报垦税数，自数顷以至数十顷、百顷亦不等。皆视水势之缓急、广狭，以定其纵横长短之数。议既定，则各出赀，以为衙门报承领帖之费。准垦之后，俟其水势渐浅，人力可施，又合赀雇工赁舟运石沉累海底，周围数百丈，以至数千丈，不等。名曰石基。又名底基。石基既累，幸不为风浪冲刷之，数年或十数年，潦泥淤与基平，则又运石再累。至再至三，如是者又数年十数年，渐积渐高，于是潮退尽时而坦形可见。乃运高田有草之硬泥，四周筑为大堤。中间间以小堤，纵横棋布，又曰硬泥基。基既成，又幸不为风浪冲刷，阅数年潦泥复淤与基平，又再筑。又积之数年十数年泥复与基平，则坦形亘然出面矣，名曰水坦。水坦泥土如浆，践之灭顶，乃用小艇载芦荻散栽之（粤人名为塱）。数年后，荻茂根蟠，其土渐实，则去荻而种之以草。四周仍留荻以御风涛，名曰草坦。计自累底基以后，有岁修、有小修，有守基之人、守荻守草之艇，防偷掘，亦以候风信。种草后数年，或十数年，坦益高，泥益实，乃相其高阜之处，试种稻之能耐咸潮淹浸者，名为出水莲（俗名虾稻，言如虾之日在水中也）。由此渐开渐拓，迟之十数年，乃可种上稼而名之为田。

然地濒大海，去乡村远者数日之程，近者亦有一日。耕者既费舟楫之力，若遇飓风及旱而潮卤不熟，夫以如此工筑之费，经营之劳，又必延之数十年，或百年始成田。迨成田矣，又有争讼之累，风涛卤水之虞。已非易易，况未成田之时，或屡筑而屡圮，或才筑而被风一扫荡然，以致力竭不支，展转相售，因而破家荡产者踵相接。①

龙氏乃顺德人，乾隆丁未（1787）进士，授翰林院编修。嘉庆三年（1798）自京辞官家居，不复出都门。家居期间，他关心、操纵地方的利弊兴革。龙廷槐及其父龙应时、其子龙元任祖孙三人均中进士，其侄龙元僖、龙元俨也先后中进士，龙廷槐之孙及侄孙9人亦先后得举人。科举鼎盛，为一时之佳话。龙氏也因而成为当地的望族，在东海十六沙占有大量的沙田，②他本人也可能参预围垦沙田事。这篇于嘉庆五年（1800）以给他的同

---

① 〔清〕龙廷槐：《敬学轩文集》卷一《与瑚中丞言粤东沙坦屯田利弊书》。
② 参见民国顺德大良《龙氏族谱》卷一《报本堂缘起》，第103页；卷七《孔安会缘起》，第48页。又，〔日〕西川喜久子《顺德团练总局的成立》第二节《龙氏与罗氏》，见《东洋文化研究所纪要》第105册，昭和六十三年（1988）出版。

科翰林、广东巡抚瑚图礼写信的形式讨论沙田问题的文章，是站在沙田地主的立场上，为了反驳广东布政使常龄关于增加沙田税额的奏请。尽管他过分强调了围垦沙田的困难及其冒险性，围垦沙田也未必都经历他所描述的每一个阶段，时间也未必如他所说的长久，但他对于围垦沙田过程细节的描绘应当是合乎事实的。至于他所说的因承垦沙田而"破家荡产"者，那仅是特例；相反，自明代以来，工筑沙田一直是势宦巨族敛财致富的法宝。

关于围垦沙田之费，龙廷槐的看法是："粤中上腴之产，亩值三十金；中腴二十。成熟后可比中腴。计其圈筑之费与年岁之久，其值亦与买置中腴之田相埒。独经营之苦，争讼之累，视中腴劳数倍焉。"清代嘉、道时人陈在谦则说："有沙田十亩者，其家必有百亩之资而始能致之也。有百亩者，必有千亩之资而始能致之也。"这里未免有夸大之词，但耗费浩繁却是事实。除大族势家、商贾富户外，个体农民是不能承担的。

为了切实把握文献上关于围田耕作系统的记载，笔者曾到顺德大良蓬沙管理区等沙田区开展田野调查。蓬沙管理区在新中国土地改革时期有肇德围等15个围，这些围的规模都不大（见表4-5）。此地处于潭洲水道旁边，其在顺德地势最低，围田圈筑较晚，时在晚清、民国年间。在那里，"围"的概念复杂，既含有基围和田，也是聚落的名称。沿着河涌，面水背堤搭架的茅寮（或称"水棚"），便是承佃人或耕仔的住屋。这种村落多为线状型。一个围的规模，是由最初淤积沙坦的大小，还有围垦者的财力所决定的。虽然不可能做统一的规划，但是万一某人有插花地在其中，可以换田或购买等形式解决，以便于圈筑。围基的高度，自田面至基面约有1.5米（田面低于珠江水位0.2米），基面宽0.7～0.8米。小基围遇到洪水来临，必定漫过基面，不能抗拒大的灾害。所以，1950年在人民政府的主持下，人们将大良、伦教和勒流三镇区的小围进行联围，即由三镇区共同修筑一条大围，将其所有的围田都圈围在内。蓬沙管理区的14个围田，自此亦被围圈在其中。这一工程迄1955年才竣工。原来的小基围，凡具有排灌功能的一概保留；一些不起作用的则予以铲平，加设排灌站。在顺德与番禺接壤外的沙田，也由番禺、顺德两县共同负责，将众多的小基围联成番顺围。①

---

① 参见《华中华南农村实地调查报告书》，见《大阪大学文学部纪要》第34卷，第412-416页。

表4-5 顺德县大良蓬沙管理区土地改革时期各围状况

基围	人口	户	面积（亩）
振东围	80	30	300
三益围	80	25	300
汇龙围	110	37	600
公益围	40	15	150
合益围	35	13	250
大东围	70	20	300
利济围	90	26	500
肇德围	110	35	600
德丰围	40	15	250
合耕围	95	30	700
东记围	45	13	300
利泰围	35	10	250
板尾围	50	19	350
合群围	40	13	250
民安围	60	17	300
合计	980	318	5200

在水乡泽国的珠江三角洲，人们往往以舟艇代步。舟艇成为一个人谋生的必备手段，水道交通至为重要。甘竹滩以下的三角洲漏水湾内原是一片片浅海，舟楫本可以自由来往，但淤积成陆并经围垦之后，便形成了沙田和纵横其间的涌渠。这些涌渠往往是归属涌渠两旁或其中某一边的田主，由其享受内中的鱼虾之利。舟楫行驶有时受到约束。各宗族通常在涌边设有"活水步（步通'埗'，或作'埠'），以利人上落"。有的豪族在河涌道上私设关卡，横征勒索。总之，河涌水道也在巨族的控制之下。水道交通也是当地农作系统的重要方面。

至于沙田的耕作、管理和防卫，也需要动员群体的力量和采取相对统一的行动。因沙田距住家甚远，明代晚期，每逢耕种，"耕者皆以大船载人、牛，合数家居之"；清初则"大船为官府所夺，乃始结墩以居"。所谓

"墩",即搭茅寮以做临时居住。自二月下旬至五月,耕作结束才相率还家。① 清代中叶以后改取围馆的经营形式。在同一围田,有的划成若干片"间田",在一间田中有一供排灌的水窦。大的间田要由数人合租耕佃,排灌本身就要求农事的安排统一。据笔者实地调查,在番禺万顷沙,如数人合租一间田的话,要推选一管窦人,水窦的开关必须共同商定,再通知管窦人执行。关于"一间田"的概念,乃是据同兴村陈全水口述绘成图,如图4-1所示。

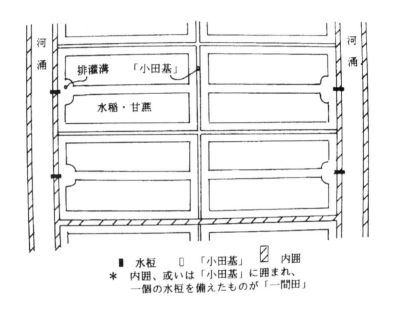

图4-1 "一间田"概念图（作图：片山刚）

一片围田内部,如不分间田,因排灌的需要,同样要求农事安排步调一致。笔者到顺德大良蓬沙等地围田区做田野考察时,当地的老农说,围内的农事,从下种、耕耘到收割,都由围馆统一指挥。② 由此可见,大片的沙田,由于是利用共同水利设施,不可能零散分割由小农户占有并单独经营。这从一份1951年印行的《土地改革学习资料》③ 中也可得到证明,其文

---

① 参见〔清〕屈大均《广东新语》卷二《地语·沙田》,第51页。
② 1990年12月20日顺德县大良镇五沙三村老农冯泉口述记录。
③ 收藏于佛山市档案馆。

写道：

> 沙田土地大部分必须具备大的水利工程设施，经营面积是较大的。它也有利于发展大的经营，而不利于分散的小生产……土地改革时，凡应没收与征收的沙田，如系属于水利工程较小，适合于分散经营的（如一般老沙区），均尽可能分配给农民所有，使原来的沙田农民能用以耕种生产。至属于水利工程较大，不利于分散经营的，分给一般农民实际上是搞不来的，均收为国有，并按照各种有利的方式，合理的经营。

在土改过程中也实施了这一文件的规定。例如，东莞明伦堂的万顷沙，基于共同的大型水利工程不适合分散的个体经营，因此，土改时被收归国有，并在此建立沙头乡华侨集体农场，又于1954年与国营万顷沙农场合并而成为珠江华侨农场（今广州市南沙区珠江街道）。

另外，由于盗匪横行，抢割成风，沙田需要有强有力的保护，才有"春耕秋获之安，无风波争讼之累"，因此，负责沙田防卫的沙局、公约等由乡族士绅操纵的地方性组织纷起，并成为地方重要的控制力量之一。例如，顺德县先后成立的容桂公约、东海护沙局，就是专门负责办理东海沙田事务的组织。县内各地也先后成立公局或公约，如大良公局（内属下有南关、东关、北关、大良城内四个公约）、古楼公约、旧寨公约、羊额公约、伦教公约，等等。[①] 乡族士绅对地方的控制力成为农作系统的一个环节。

---

① 参见民国《顺德县续志》卷三《建置略二·团局公约》，见《顺德县志（清咸丰·民国合订本）》，第 980－988 页。按：作为维持地方治安的"团练"，早于明末已出现，可参见〔明〕颜俊彦《盟水斋存牍》；公约，于嘉庆五年（1800）出现的。据咸丰《顺德县志》卷二一《沈权衡传》，见《顺德县志（清咸丰·民国合订本）》，第 649 页记载："权衡（按：嘉庆五年至十一年任顺德知县）至，严行保甲，使乡各择适中地建宇舍，曰公约。"推选士绅执乡族"戳记"，"入约司乡事"。公局、公约的普遍建立，当在道光、咸丰之后。关于乡绅对地方的控制，日本的学者发表了一系列的研究成果，如：佐佐木正哉《顺德的乡绅与东海十六沙》（《近代中国研究》第三辑）；西川喜久子《顺德団练総局の成立》[东京大学东洋文化研究所：《东洋文化研究所纪要》第 105 卷（1987），第 283－378 页] 与《珠江デルタの地域社会》[《东洋文化研究所纪要》第 124 卷（1994），第 189－290 页]；松田吉郎《明末清初広东珠江デルタの沙田开发と乡绅支配の形成过程》[社会经济史学会：《社会经济史学》第 46 卷第 6 号（1981），第 55－81 页]。

从上可见，农业耕作系统需要有与之相适应的社会结构。珠江三角洲以宗族组织为核心，建立了乡族士绅对地方有控制力的社会结构。宗族组织因为沙田耕作系统的需要而形成，也因而伴随着沙田的开发而得到长足的发展。在以宗族土地所有制为主的土地占有形态下，采取既保留传统的租佃形式，又含有近代农场式经营要素的围馆经营方式，成为沙田耕作系统的重要方面。农作系统不仅受制于自然条件，而且与社会组织互为因果。宗族组织一旦确立，又为农业系统的稳定性发挥作用。而当地面临的最大问题，是资本的投入与开发沙田的劳动力问题。下面我们将探讨宗族组织如何解决这个问题，从而确保既已形成的农业耕作系统的稳定性。

2. 以宗族为主聚集资本与疍民在开发沙田中的贡献

关于沙田的开发，由于耗费巨资，工筑浩繁，集聚资金与解决劳动力来源问题，实属关键。始自宋代末年不断深入的开发，尤其是明代中叶广州市场的转型而引起的商业化，为珠江三角洲积累了可供开发沙田的资本。[①] 工筑沙田始自明代晚期，这同得益于明代中叶兴起的商业化有关。乾嘉时期的大规模围垦沙田的出现，又同乾隆二十二年（1757）广州成为中西唯一通商口岸从而直接刺激、加深了珠江三角洲的商业化密切相联。同光年间，再次掀起围垦沙田的高潮，而且工筑越发精细，排灌更加畅通，这又显然因为当时经营蚕丝业有利可图，所得的利润成为珠江三角洲的主要经济支柱，[②] 具有雄厚的资金可投入开发沙田的缘故。下面我们将看到的绅商相结合的势力充当了开发沙田的主角，也证明了这一点。从总体观之，沙田的开发同商业化、近代化几乎是同步的。商业化支持了开发沙田的资金；沙田的开发，又以粮食支持了改种经济作物的地区，促进了商业化、近代化的发展，两者是互为因果的。

沙田的开发并非纯属资本的投入，而是乡族势力与资本相结合的产物。一些被视为脔肉的大片沙田，庶族商人即便拥有足够的开发沙田的资金，但由于没有政治势力做后盾，往往唯恐被势家大族所争夺而不敢出首报承，只好充当出资工筑的包佃人（或称"大耕家""二路地主"）。唯有资本雄厚的势家大族可以坦然承垦。例如，出身于养鸭专业户的霍韬，因举业的成功，一跃而成为朝廷重臣，"气焰煊赫"，铁炭、木植、盐醛等行业，无不

[①] 参见本书第九章《商风炽烈下的商业活动》。

[②] 关于近代珠江三角洲主要经济支柱——丝织业的情况，可参见许檀《鸦片战争后珠江三角洲的商品经济与近代化》，刊于《清史研究》1994年第3期，第70-78页。

染指。佛山商业经济命脉一度为其所控。霍氏家族赚得的商业利润，不仅足以通过报承的形式占据沙田，还可恃势压价购买大量沙田。霍韬本人对开发沙田十分重视，他曾说："顺德、香山之讼惟争沙田，……盖沙田皆海中浮土，原无税业。……语曰，一兔在野，众共逐焉，无主故也；积兔在市，过而不问，有主也。海中沙田，野兔之类也。其争也，逐兔也。"① 犹如在野之兔的沙田，自当由如同霍氏般势宦大族恃势先得。但因文献记载缺略，关于他报承开发的沙田，不详其情。似霍韬般的势宦巨族并不以报承开发沙田为满足，还以种种手段兼并沙田。嘉靖初年，霍韬家居时，他就曾购置寺田300亩作族田；他死后，其家属经两度补价才确认为祀产，可见当时作价之低。他在吏部任内也常致函其兄弟商量增置沙田事。因其家人频频压价购置沙田，引起民间不满，他才不得不致书家中子侄，嘱他们"早当收敛"。② 一些缺乏政治特权的宗族所开发的沙田，往往就这样被霍韬一类势宦以压价购买等形式兼并。

又如顺德北门罗氏，据族谱记载，始祖罗辉于宋绍兴四年（1134）迁自南雄珠玑巷。明景泰三年（1452），有罗忠者，当顺德建县时，上书自愿捐地建城，③ 为开县做出贡献，因而名震一时。到了明嘉靖、万历年间，族人罗仁誉（1526—1596）与其子罗良相本都属意于举子业，皆因落第而先后弃儒为贾，营商大获成功而成为乡里富豪。继而这一家族的罗良信于万历十年（1582）、罗良策于万历十六年（1588）、罗应耳于天启元年（1621）先后中举人，使顺德罗氏成为当地的望族。取得科举与商业成功的罗氏也就于万历年间统合宗族：在八世祖以下的七房各建有宗祠，并置有祭田的基础上，于万历二十年（1592）起筹备修建大宗祠——本原祠（祭始祖至七世祖），于万历三十八年（1610）落成。同年首次编纂族谱、订族规，以使宗

---

① 〔明〕霍韬：《霍文敏公全集》卷十下《两广事宜·公行》。
② 〔清〕霍熙：（南海石头）《霍氏族谱》卷一《祠记》；《霍文敏公全集》卷七下《书·家书》；又，见《霍文敏公全集》卷五。
③ 〔明〕龙葆诚：《凤城识小录补编》，见《广州大典》第221册（第34辑史部·地理类第12册），广州出版社2015年版。

族组织制度化。也正是在万历年间，报承沙田，设置族田。① 如果说，我们对明代霍氏家族开发沙田的经过不得其详的话，那么，从《罗氏族谱》收录的有关明代开发沙田的档案资料便可得到大致的情形。兹将其承垦沙田的申报书抄录如下：

告承状

业户罗辉系东涌都大良堡四图人，为增饷保业事。辉原有经奏开垦土名半江、东翼等税田，枕连巨海，历筑防流，积有海垾子沙。复于万历四十一年遵例报承，纳饷给帖升科，正收入户粮差。旧年十一月内，呈蒙天台驾临□界开涌，经弓步手罗材丈明回报在案。尚有垾尾一带茫海望影，工筑耗费多资。虽一泓深水，尚未成坦，虑恐奸棍生端，有伤税业。辉自愿遵报水坦伍拾亩。上报国课，下保血业，并杜妄觊。为此状赴爷台前，伏乞准详司，纳饷给帖，照管施行。

知县黄（讳全贵）批：仰粮厅勘报。

天启七年二月　　日告②

从申报书并参照族谱的其他记载看，业户以始祖罗辉的名义申报，表示此田属大宗祠——本原祠，是全族的公产。早在万历四十一年（1613）以前，原已报承开垦的沙田，位于今番禺潭洲一带，连接巨海；后其旁出现淤积子沙，又于万历四十一年申报承垦。但当时发现同县西宁甘溪堡十九图区吴进也提出同一沙坦的申报，后来区吴进知道其竞争对手为罗氏宗族后，"自动"退出，官府才认定此沙坦系罗氏税田"子母田脚接生"，批准由罗氏承垦。由此可见竞争之激烈。而能否争得胜券，则往往取决于诉讼者的宗族在地方上的威望。当发现一处地方浮沙淤积，有可能形成沙田，哪怕还是"茫海望影"时，也要先向官府申报承垦，以杜绝争端。这里申报的垾尾一带沙坦，就属此情况。每当准予承垦，颁发确定业权的执照时，要由官方派

---

① 据光绪《顺德北门罗氏族谱》卷十九《祀典谱》记载，至万历三十八年（1610），已有小宗祠30余间，大宗祠1间。"计大小宗祠之祭田，亦几（按：'几'为'几乎'之意）万亩"。按：关于顺德北门罗氏宗族，[日] 西川喜久子著有《〈顺德北门罗氏族谱〉考》（载《北陆史学》1983年32号和1984年33号）一文，研究深入精细。承作者见赠，得以拜读。本文参考并利用了这一研究成果，特此致谢。

② 顺德北门《罗氏族谱》卷二十《宪典》。

人连同业户、弓步、算手、画匠，并里排、沙邻、土老，前往沙所测验，确定面积。其实是例行公事，官样文章罢了。实地的测验的结果，唯听由乡族士绅操纵的胥役步手之所为，不可能据实登记。值得注意的是，如此"工筑浩繁、多赀"，唯有如罗氏这样商业取得成功，拥有足够资金的地方巨族才可能独家承垦。此外，如此激烈的竞争，非有如同罗氏这样科举取得成功，在地方享有势力的宗族是不敢轻易染指的。

清代乾隆以后，随着商业化的深入，种植农作物愈加有利可图，地价日增，① 更鼓励了商人资本投入沙田的开发。因而围垦沙田进入大规模的阶段。前面就提到过的顺德富商胡朝宗，本已"承先业沙田百余顷"，但不以此为满足。他持家四十年，因经营有方，不仅清还了由于派充盐商而欠缺的"数十万"，而且积资雄厚，不断地将资金投入开发或购买沙田。分家时，"拆分同祖兄弟九人，各数十顷"。可见，在他手中增殖的沙田已达一万亩以上。兼官、商为一体的东莞张氏家族，也经常留意可能淤积成沙之处，并将其载诸族谱。在该族的族谱《张氏如见堂族谱》所开列的族田中，便每每有"此田有坦可堪工筑""此田有水渊可用工筑"字样，以提醒下代注意围筑。由此可说明他们对开发沙田的重视。更甚者，"有香山某商，拟筑沙田，乞（许应锵）为言之大府，愿以半相酬"。② 表明商人对沙田的工筑是汲汲以求，不惜代价的。同治年间，番禺富商张凤华在广州"河南龙尾导乡筑同德围，于凤凰冈麓筑务本围，……从本乡岐山起，南至香山县黄阁，北暨茭塘新造司新造乡……批筑田地数百顷，锹塘筑基，植桑养蚕，同时并举"。③ 可见，斥巨资投入沙田开发，是为了做商业性的多种经营。即使沙田被单纯用作水稻种植，客观上也支持了民田区、围田区的农业商业化。而且，有的商人往往以开发沙田与米粮生意相结合，作为其商业行为的一个环节。所以，这种商人资本投入沙田开发，与传统商人在"以末致富，用本守之"的观念支配下投资于土地，有本质性区别。

清代的围田，设施愈加完善。不仅基围的质量远比明代高，围内还有小基、窦勘、围馆等设施，因而投入的资金便更加巨大了。一些工筑浩繁，需耗费巨资而独力不能胜任者，则合资共同工筑。道光十六年（1836），豪绅

---

① 参见本章表4-4"珠江三角洲土地买卖情态举例"。
② 民国《番禺县续志》卷二二《人物·许应锵传》。
③ 张锡麟：(番禺)《张氏克慎堂家谱》；民国《番禺县续志》卷二一《张殿铨子凤华传》。

富户何兆隆、马桂森便共同工筑香山塞口外沙一丘。马氏应得的一份有438.738亩,以工筑费的平均价每亩15两计,投入的资金已达6581.07两,还有每亩2两的花息银尚未计在内。又如海洲心沙田,由东莞张氏、何姓、邓姓三家合同工筑。① 这也是单一的家族建筑资金不足之缘故。

集股筹措资金,是解决工筑沙田资金短缺的一种方法。东莞的海心洲沙田,就由张梯云馆、邓荫兰堂、何醉经堂、何修德堂于晚清分九股出资合同工筑的。到了光绪二十一年(1895),需要出资维修,又订出"合同",申明所得利益,"归九份同分"。② 又如同治十二年(1873),东莞广业堂长沙的报承工筑更是大规模的集股之举。共分196股。"是沙成田耕种,一有出息,先除出纳粮银两,次派围伴工金,余则按股均派,一宿不延"。因认股者族姓众多,为杜绝日后争端,共同制定"承领长沙合约",对股员的权利、义务和注意事项做了明确规定。③ 尤其值得注意者,是有的宗族向族众集股。例如民国三年(1914),东莞张如见堂原有的太和洲沙田被水冲塌,社溢坦陆续增生,急需维修、工筑。所需资金,因张氏祠堂当时经费支绌,"为了增进家族经济起见",经集祠公议,"订集股一千元,凡祠内子孙均可附股。每股毫银十元"。这种集米成山的集资方法,与民间的"合会"类似。

合会是流行于珠江三角洲的庶民金融组织。④ 其名称繁多,方法也各异。名称往往根据其目的、用途而定。例如,义会是以救济、互助为目的;报本会则旨在创置或增殖族产;平粜会是为了应付荒年;益会,则用以营运

---

① 参见《许舒博士所辑广东宗族契据汇录》(上),见《日本东洋文献センター丛刊》第49辑,第200页。

② 参见《许舒博士所辑广东宗族契据汇录》(上),见《日本东洋文献センター丛刊》第49辑,第166页。

③ 参见《许舒博士所辑广东宗族契据汇录》(上),见《日本东洋文献センター丛刊》第49辑,第70－186页。

④ 关于合会,可参见王宗培《中国之合会》,中国合作学社1935年版;[日]滨下武志《传统社会与市民金融》一文的《庶民金融中的资金筹措—合会》一节,见[日]尾上兼英编《关于东南亚华人传统戏剧、曲艺综合调查、研究》(日本东京大学东洋文化研究所1984年版)。

牟利。① 除报本会一类宗族合会由族绅主持外，要有人出头创办，当会首。会首与会友商定会期、会金等。会期有一月一会，有一年两会。一开始就规定恭养至多少会为止。每一会以投标的方式决定执会人，以出最高利息者得该期会额。零散的资金以此方法集聚起来，用于应付急需。其初有周人之急，以免受高利贷的剥削；后来用途日广，既可用作商业资金的应急之用，又可用来发放高利贷，牟取高利；也自可用来增殖沙田。例如，高明谭氏宗族便组织"千益会"，出息银两，"购置田亩三百余亩"。② 顺德大良龙氏宗族在乾隆二年（1737）凑集139人组成百益会，用会银的一部分付给"质库"，放贷取利；到了乾隆七年（1742），用生息的银两赎回典出的尝业，并购进土地70亩。③ 正如民国龙氏《请会章程》中所说："查近年（按：指清末）尝项多因凑会（按：指合会）积蓄，渐次广置尝业。"④ 当时炒卖土地成风，有的围垦者往往以炒卖沙田牟利为目的。因得益于商业化而储存有少量货币的平民百姓也通过合会的形式把零散资金集聚起来，用于开发或购买沙田。可见，合会是筹集开发沙田资金的途径之一。

大型沙田的开发更需要商业资本与乡族士绅政治势力相结合。万顷沙的开发即一例。据民国《东莞县志》所收的《沙田志》记载，当东莞县南沙村前面的海中（处于东莞与香山的交界处）略见沙影之时，顺德龙山堡温承钧以温预顺堂（温氏宗族祠堂）的名义，于道光十八年（1838）向中山县报准在这一沙坦上承垦约60顷。据说"历年所费围筑计银数十万"。⑤ 如此浩大的沙坦，尽管申报获准后可以分片招商承包围垦，但如不拥有巨资和

---

① 以牟利为目的的合会，其典型者，如番禺碧沙王氏宗族的"三益银会"，此会以其祖王秋波命名，共吸引其裔孙，以及各地不同姓氏者454人参加。内设51首会（亦称51大股），每个首会为33股。全会共1683股，会银除去合会经营费用外，有5100两用于放贷取息。参加合会的有士绅、地主、商人，以及不同族姓的祠堂。详见笔者与谭棣华合著《略论明清珠江三角洲的高利贷资本》，见笔者主编《明清广东社会经济研究》（广东人民出版社1987年版），第176－205页。
② 高明三玉《谭氏族谱》卷十八《文集·千益会始末序》，民生书局民国二十一年（1932）版，第24页。
③ 咸丰顺德大良《龙氏族谱》卷三《碑记·百益会碑记》，第20－21页。
④ 龙建章：《请会章程》，见龙景恺纂（民国顺德大良）《龙氏族谱》卷一，第96页。
⑤ 〔清〕张之洞：《张文襄公全集》卷二八《参革劣绅折》〔光绪十五年（1889）十月十八日〕。

政治势力做后盾，是绝不敢出面报承的。龙山温氏宗族正可堪此。温氏自乾隆以降，科举蝉联，温汝适、温承悌父子皆进士，其弟温汝述、温汝进亦中举人，族中的从兄弟如温汝枢、温汝成、温汝骥、温汝科等也中举人。乾嘉年间，温汝适"兄弟皆以仕宦显"。① 温汝适官至兵部右侍郎，致仕乡居期间，为维修桑园围，曾"言于当事，奏借帑金八万生息为岁修资"。他死后二十余年，道光皇帝召见其同郡罗文俊时，"犹蒙垂谕，称其品学兼优，追悼者久之"。② 清代晚期，温氏宗族在地方的势力可谓炙手可热，其经济实力同样雄厚。龙山和龙江、九江、坡山四乡，自明万历年间起，率先搞桑基鱼塘型的商业化农业，尔后成为珠江三角洲商业化的核心区。乾嘉以后，"居者力乎农桑，行者勤于商贾"。③ 其商人"或奔燕齐，或往来吴越，或入楚蜀，或客黔滇。凡天下省郡市镇，无不货殖其中"。④ 温氏自当厕身巨商之列，筹措开发万顷沙的资本是胜任裕如的。温预顺堂报准承垦万顷沙之后，按当时的惯例，分段往下承包，将这块沙坦分成五段：第一、二段包给番禺县沙湾的郭亚宝、郭进祥围筑并承佃；第三段包给香山黄角的王居荣围筑、佃耕；第四、五段则分别包给南海佛山的邓嘉言和张炳华围筑。每一段也可能采取往下承包佃耕的办法。按当时的习惯，承佃者应承担一部分工筑经费，以后再逐年从地租扣除。这块肥沃的沙田一经开发，东莞和中山两县乡族集团便围绕其归属问题展开了激烈的争夺，彼此争讼不休。在道光二十八至二十九年（1848—1849）间，经过两县官绅会勘，终于将这片沙坦划为两块，一块归香山，称大澳沙，另一块归东莞，称万顷沙。⑤

晚清同治至20世纪20年代末的60年间，珠江三角洲的侨汇有大幅度的增长，它对沙田的开发也起了直接或间接的作用。据许檀根据文献记载所做的统计，自19世纪六七十年代起至抗日战争爆发前，华侨对珠江三角洲

---

① 咸丰《顺德县志》卷二七《温汝遂传》，见《顺德县志（清咸丰·民国合订本）》，第842页。

② 咸丰《顺德县志》卷二七《温汝适传》，见《顺德县志（清咸丰·民国合订本）》，第824–825页。

③ 咸丰《顺德县志》卷三《舆地略·风俗》，见《顺德县志（清咸丰·民国合订本）》，第82页。

④ 嘉庆《龙山乡志》卷四《食货志》。

⑤ 关于万顷沙的开发与争讼，[日]西川喜久子《清代珠江三角洲沙田考》和[美]伍若贤《清代及民国时期的土地开垦、商人资本和政治权力：东莞明伦堂》等论文均有详论，可供参考。

的投资达 24000 万元。其中，房地产的投资最多，为 13188 万元，占总额的 54.9%；商业服务业、金融、交通业次之，达 8778 万元，占 36.5%；工矿业的投资为 2125 万元，占 8.8%。① 直接投资于沙田的侨汇金额虽乏于记载，但汇回家乡的零碎侨汇，无疑可通过"合会"等形式，将一部分转为开发沙田的资金；再是先做商业等行业的投资，然后再有一部分转充开发沙田资本也是可能的。正如伍若贤教授所指出的："从 19 世纪后期到 20 世纪 30 年代的世界性经济萧条这一时期，广东的华侨汇款和蚕桑业带来的利润均有大幅度的增长，扩大了投入围垦沙田的资本来源。"②

珠江三角洲边缘山区的瑶民、浮荡江海的疍民和因破产而被逐出生业之外的流民，则为沙田的开发提供了足够的劳动力。尤其是疍民，其数量甚夥，又善于水上劳役，最适合雇佣来开发沙田。在明代，三角洲边缘山区的瑶民，往往被勒作沙田（即今日俗称的"民田区"）的佃户，被称为"佃瑶"，③ 有的也当用以工筑沙田。随着商业化的加深，阶级、贫富分化加剧，不少人变成无业游民，他们或成为盗匪之源，或以被临时雇用维生。其中，自有部分投入工筑沙田的民夫队伍。而疍民则充当了工筑沙田的基本队伍的角色。

疍民，与乐户、佃仆、惰民、娼妓、优伶在古代皆属"贱民"阶层，被编入专门的户籍。其籍"属河泊所，岁收渔课"。④ 在广东，凡河海之处皆有疍户，遍及各府州，其中，尤以广州府（其属地大体为今之三角洲）为最多。文献中的"卢亭"户，也属这一类人。随着生态环境、经济条件的变迁，他们愈来愈多地聚集于珠江三角洲的河网区，尤以广州城河面最为密集。据西人的记载，鸦片战争前，广州城的疍家艇约有 84000 艘之多。⑤ 关于疍民的人数，人言人殊。根据前人的记述，广东全省，明代估约 50 万人；清代估约百万之谱。单广州城一地，鸦片战争前夕，已有人估计为 10

---

① 许檀：《鸦片战争后珠江三角洲的商品经济与近代化》，刊于《清史研究》1994 年第 3 期，第 70－88 页。

② 参见〔美〕伍若贤《清代及民国时期的土地开垦、商人资本和政治权力：东莞明伦堂》一文。

③ 〔清〕罗天尺：《五山志林》卷四《传疑·锦衣受投献》，第 69 页。

④ 〔清〕顾炎武：《天下郡国利病书》之《广东备录下》，上海古籍出版社 2012 年版，第 3426 页。

⑤ 姚贤镐：《中国近代对外贸易史资料（1840—1895）》第 1 册，中华书局 1962 年版，第 304 页。

余万至 20 万。① 1952—1953 年间，广东省人民政府民族事务委员会组织的疍民调查组前往沿海、内河各地做实地调查后所做出的人数估计为：沿海各港湾约 15 万；内河区约 15 万；珠江三角洲沙田区约 40 万，滨海区约 20 万，两者共 60 万；全省总共 90 万。② 这同清代的估计数相差无几。据笔者对明清珠江三角洲南海、番禺、新会、香山、增城、顺德、从化、新宁、三水和花县等 10 县的人口统计，嘉庆二十三年（1818）为 5372259 人；宣统年间为 7054274 人。③ 其中，疍民约占总人口的 1/6 至 1/8，其所占的比例是很大的。他们"以舟为宅"，终年浮荡于河海之上，或编蓬濒水而居。这种被称为"水栏""蛋棚""草寮"的住宅，处于岸边的水陆之间。其形很像一只船，其顶部是圆拱形，内部间隔也同船上差不多。④ 他们同水域结下了不解之缘，终生终世，而且世代相传，皆生息于水上，从水域索取生活之源。河海是其劳动对象，船艇是他们的主要劳动工具，也是栖身生息之所，他们以"鱼钓编竹为业"。⑤ 屈大均在《广东新语》中说，清初广州河泊所额设的编竹织网的专业户，便共有 19 色（种）。⑥

对于疍民来说，筑堤耕佃原非其业。然而，沧海桑田，生态发生了巨变。宽阔的海域变成了沙坦，居住于珠江漏水湾上的疍民生活天地日益缩小。围圈工筑沙田的兴起，使他们失去生活的天地的同时，又为他们提供了新的生路：在水中工筑沙田的劳役，最容易为他们所适应。因此，自明代起，疍民被势家大族役使圈筑、耕佃沙田。嘉庆时，龙廷槐为力阻增赋于沙田，曾指出："贫民蛋户皆借耕佃工筑之业以糊口，承垦息，则人皆失业"，其结果是，"欲赡贫而贫者转多，欲弭盗而盗将益炽"。⑦ 可见，沙田区的疍户已以工筑耕佃生计。随着围筑沙田范围的扩大，需要承担工筑耕佃的疍户，其数量也日巨。如前所述，疍民人口从明至清末成倍增加，又满足了工筑民夫越来越大的需求。沙田的耕种，也大都以批耕或"耕青"的形式由

---

① 陈序经：《疍民的研究》，商务印书馆 1946 年版，第 58 页。
② 广东省人民政府民族事务委员会：《阳江沿海及中山港口沙田蛋民调查材料》，1953 年，第 10 页。
③ 参见本书第三章《人口的增殖与耕地的扩大》。
④ 广东省人民政府民族事务委员会：《阳江沿海及中山港口沙田蛋民调查材料》，1953 年，第 15 页。
⑤ 〔清〕顾炎武：《天下郡国利病书》之《广东备录下》，第 3198 页。
⑥ 参见〔清〕屈大均《广东新语》卷十八《舟语·蛋家艇》，第 486 页。
⑦ 〔清〕龙廷槐：《敬学轩文集》卷一《与瑚中丞言粤东沙坦屯田利弊书》。

疍民承担。据1952—1953年间广东省人民政府民族事务委员会调查组到中山沙田区港口乡的实地调查，该乡农民绝大多数是疍民，计全乡共有3245户，14342口。该乡群众村的老疍民自称，他们到港口乡居住，已有四五代之久。他们的祖上大多数来自顺德的容奇、陈村和大良等处。从前本靠渔业为生，以艇为家，尔后到陆上沙田区从事农业和蚕桑业。因顺德人口渐繁，谋生不易，才向中山移居，其中一部分迁到港口乡。他们初到港口乡时，绝大多数住艇，从事农业。他们或批耕围田、潮田；或为沙田地主"耕青"。所谓"耕青"，是雇工的一种形式，即充当长工（耕仔）和短工。他们习惯于深水作业，刻苦耐劳，大约每人可耕种10亩土地。他们自豪地说："村上的农民种不了那么多田，只有我们才行。"每年在夏、秋农忙季节，疍民受雇于地主，负责包种（从下种、插秧、除草等至收割前的工序）或包割（从割稻、脱粒至晒谷、入仓）。每亩报酬谷，前者为30～50斤，后者为30斤。① 疍民不仅为沙田的开发做出了贡献，而且成为珠江三角洲耕作系统中一种不可或缺的角色。

　　沙田的开发和宗族的发展是联系一起的。珠江三角洲各宗族都以开发沙田作为增殖族产的主要方式。在20世纪30年代，沙田区的族田已占总耕地面积的80%，其比例之大居全国首位。② 沙田的开拓增强了宗族的经济实力，而经济实力和政治实力是互相转化的。大凡族产丰厚的宗族，都是当地的势宦巨族。族产和祠堂、族谱是判断一个血缘群体是否形成宗族的标志。族田增殖达如此高度，正是宗族制发达的重要标志。如前所述，清代法律限定私人占沙，而用宗族名义承垦则不受此法律规定的限制，客观上鼓励民间建立宗族制。因此，珠江三角洲宗族制的发达，不仅表现为势家宦族繁多，而且体现在其普及性。据笔者实地调查，清末民初，一些未具备独自组成宗族的寒姓单家，也联合起来，以抽签、占卜方式来确定共同的姓氏，并且虚拟共同祖先，共同组成一个宗族。例如，三水县芦苞镇属下江尾村，有林、何、黄三小姓，以耕佃族田为活。三姓合置有田产、鱼塘，并以"林何黄户"作为纳税粮的户名，关系密切，如同宗亲。后来，三姓决定用抽签的办法合成一姓，何姓临时退出，林、黄二姓以抽签决定合称林姓。两姓杀鸡

---

① 广东省人民政府民族事务委员会：《阳江沿海及中山港口沙田蛋民调查材料》，第15页。
② 叶显恩、[美]居蜜：《地权、法权与家族主义》，刊于《现代与传统》1995年第8期，第70页。

盟誓,用红布包起鸡骨,并且建祠堂共同奉祭"鸡骨太公"。1934年两姓拆修祠堂,顺便换下包扎"鸡骨太公"的红布时,鸡骨犹在。① 顺德龙江镇南坑村的小姓也有类似的情况。

3. 沙田的开发与主从关系的宗族聚居格局

沙田的开发同宗族的聚居分布是密切相关的。一般来说,唐代之前,南迁的汉人和土民聚居于三角洲边缘的台地和三角洲内的岛屿高地,他们只利用了三角洲边缘小平原、台地、谷地和垌地。例如,三角洲北缘市桥台地(今番禺新造至市桥间),其中心地坑头村便于秦代开村。唐村今有鹤溪、梅山、鹤庄等。三角洲东缘东莞东部的台地丘陵,也是早在唐代之前已被利用。东莞城是在至德二年(757)由宝安南头迁至此的。唐代之前的聚落多建在莞城的东侧:有的依山丘建置,如富竹山、浮竹山、主山、乌山等;有的依坑田而建,如洋杞坑。在三角洲内部的岛屿高地,如佛山、西樵山、龙江镇的锦屏山等,也早为唐代的先民所利用。在那里,可避开洪水的浸淹,也可以利用山泉灌溉。② 这些地方习惯上称之为民田区。③ 宋代珠玑巷移民才开始深入三角洲内部的沙田区。他们先是居住于三角洲内部的洲坦、埔地,以及一些三角洲边缘、生存条件相对恶劣而"无势恶"之处(其聚居的分布,详见第二章第二节),并由此开始了对沙田的开发。他们首先开发了西、北江老三角洲(即以三水河口镇为顶点,北以西南水道,南以西江到甘竹滩段正干为界的三角洲范围),在那里最早圈筑基围,并有排灌设置,通常称之为围田区。尔后,随着开发的深入,三角洲的前缘不断向海外延伸,东海十六沙、西海十八沙等被开发出来了,称之为沙田区。沙田区的村落是被雇用工筑沙田的疍民和失业游民因耕佃需要在此留居而形成,即所谓"因农成村"。④ 如果说,唐代之前的南来士民是或因官宦,或因经商而定居的话,那么,珠玑巷的移民主要是为了寻求经济机会而来,具有进取精神。沙田区的居民则在大族的役使下以耕垦糊口,并因此而定居下来。这里所说是概括言之。事实上,明清以降,随着商业化的不断深入,人口流动加

---

① 参见陈忠烈《芦苞地区村落的形成和发展初探》,见《三水文史》第20辑,三水市政协文史委员会1995年版,第190页。

② 参见曾昭璇、曾宪珊《宋代珠玑巷迁民与珠江三角洲农业的发展》,第223—229页。

③ 民田区与围田区的概念是相对的。民田本是与屯田对称的,后来随着屯田的私有化,屯田的概念日渐淡化。

④ 广州香山公会:《东海十六沙纪实》。

速,为经济机会而迁徙者愈加频繁。因此,居住于民田区、围田区和沙田区的居民属性要复杂得多。

珠玑巷的移民有相当一部分是北宋末年随护赵宋皇室而来,他们先在大庾岭驻足,然后南移至三角洲。也有的先流徙江南,再辗转而来。这些集团性的移民,有官宦士大夫及其宗族、随员,也有富户、农业劳动者,还有具备江南治理低洼沼泽地经验的士民。① 他们有文化知识,有中原和江南的农业科技,又有开发沙田的资金和经营农业的劳动力。随着兴修水利和开发沙田的成功,他们不断地取得对三角洲的控制权。从明代中叶起,得益于商业化,他们因而具有雄厚的经济实力。与此同时,一个通过科举仕宦而形成的官僚士绅集团也被培植出来了。诸如顺德的梁储、南海的霍韬、香山的何吾驺,等等,都是炙手可热的朝廷名公大臣,其宗族也自成为当地的势族。出于攀附势族和认同珠玑巷移民的动机,一些单寒小姓也冒称自家为珠玑巷移民。据新会《芦鞭开族琐记》说:"尝约查各谱,其始迁本境之祖,皆唐以后人。至宋度宗咸淳九年(1273)由南雄珠玑巷迁至者,约占全邑民族之六七焉。"② 这显然是包括一些出自攀附动机的弱姓寒族,乃至本属越人的土著在内。珠玑巷移民的传说在明代以后愈加盛行,并被演绎成家喻户晓的美丽动人的故事。不仅围田区居民,连在他们南来之前已被利用的民田区的居民,也多自称珠玑巷移民。他们开发沙田,最初只在住地附近的洲坦筑堤垦田。例如,南宋末年陈鹤家族移住于今广州市郊的基岗和桥头,将这两地同时开村。据传说,他率众开村辟田时,先将大襄置于高岗上才动工。③ 说明先在村落周围垦辟沙田,也可见他带来的人口之众。明代中叶以降,在他们取得对三角洲控制权的同时,利用他们在商业化中积累的资金,役使疍民、卢亭户等"贱民"和失业游民,进行规模愈来愈大的沙田开发。随着沙田开发的扩大,沙田距村落愈来愈远。到清代中期以后,因垦沙有利可图,人们从原来的围垦既成之沙到圈筑未成之沙,向河海要田。这样,沙田距村落更远了。如前所述,顺德的大族便有大量的寄庄田在香山。大良龙氏在东海十六沙的沙田,龙山温预顺堂承垦远在东莞、香山之间的大鳌沙,距村落便有一两天的水程。除非移居田头,开村另立宗族,否则是不能亲自经营的。而当时沙区一片茫茫,生活条件恶劣,人们不习惯沙区水上的生活,

---

① 详见本书第二章《北方士民的南迁和珠江三角洲冲积平原的开发》。
② 卢子骏:(新会潮连芦鞭)《卢氏族谱》卷二六《杂录谱·芦鞭开族琐记》。
③ 《广州市地名志》,广东经济出版社1989年版,第528-529页。

在此定居称为"落沙",水上生活被视为畏途。最初的"落沙"者主要是习惯水上生活的疍民。后来一些单寒小姓被生活逼迫得走投无路,才不得不移居沙区。据道光《南海县志》记载:"业户固居乡中大厦,即家人、佃户亦不出乡。其于田者,止为受雇蛋户、贫民、佃户,计工给足米薪,驾船而往。出入饮食皆在船中,无须庐舍。"① 可见,莫说作为沙田业主的大族不"落沙",即使是其家人、奴仆、佃户,也不移居沙区。前述的沙区因农成村、因村成市的盛况,是沙区经过改造,条件有所改善之后才出现的。

在沙田区承担耕垦的疍民,在文献记载中多与"蛮蛋"或"猺蛋"并列,被视为"蛮、猺"一类"生番化外"之民而"非我族类"。法律上他们被划入"贱民"阶层:疍民犯法,量刑要比凡人重。又规定他们不准上岸定居,不准与凡人通婚,不准入学读书,不准参加科举考试,等等。其他不成文的民俗规定更是不胜枚举,诸如喜庆不准张灯结彩,上岸不准穿鞋,不准穿华丽的衣裳,陆上走路要弯腰缩颈,靠路旁行走,等等。② 尽管雍正七年(1729)降旨开豁疍民为良,取消了其属"贱民"的法律规定,也的确有一些疍民中的幸运儿"渐知书,有居陆成村者",③ 但是不成文的民俗依然起作用。而且,由于疍民文化传承的最高稳定性和最小进化度,在千百年来面临种种自然的和社会的生态条件变迁的情况下,他们只做了适应性的调整和某些边际性的变迁。所以,绝大多数疍民依然眷恋着世代生于斯、食于斯的水域和水滨。在沙田区,他们也是沿着涌渠架搭茅寮居住,村落呈线状分布。他们在耕种沙田的同时,还在涌道沟渠从事传统的捕捞鱼虾作业,以补贴生活。但是,本属于他们天地的水域被"寄庄豪右"占沙围垦之后,"田畔之水埠,海面之罾门,亦将并而有之"。④ "豪有力者",也"假宦势之雄,指一海面(按:因此地系由浅海淤积成陆,故凡水域皆称海),捏两土名,借此罾门,截彼鱼埠,漫影图占"。⑤ 疍民在水中捕捞鱼虾,也必须向地主交纳鱼虾或货币作为租金。他们除经济上受剥削外,有时还被役使充当大族械斗的工具。

---

① 道光《南海县志》卷十六《江防略二·疏浚》。
② 关于疍民的身份地位和生活习俗,请参见叶显恩《明清广东蛋民的生活习俗与地缘关系》(《中国社会经济研究》1992年第1期,第56-62页)。
③ 〔清〕屈大均:《广东新语》卷十八《舟语·蛋家艇》,第486页。
④ 康熙《香山县志》卷二《建置》。
⑤ 嘉庆《新安县志》卷二二《艺文志·知县周希曜条议》。

珠玑巷移民的聚落分布于围田区和民田区，其因开发沙田和得益于商业化，并取得科举的成功而成为珠江三角洲的控制力量。而聚居于沙田区的疍民，以及为生活所迫而在沙田区落沙者，几乎没有形成宗族。从区域的聚落而言，民田区、围田区和沙田区是因沙田的开发先后而形成的。由于居住沙田区的疍民以及失业游民为大族役使工筑和耕佃沙田，因而民田区、围田区与沙田区之间形成主从关系的格局。

值得注意的是，这种主从关系的聚落格局也成为农业系统的一个环节。民田区、围田区因改种经济作物以及经营桑基鱼塘的生态农业而缺乏的粮食，其中一个补给来源就是专种水稻的沙田区。清末和民国年间，珠江三角洲的商人通过在广州的银号和在陈村等米粮集散中心的谷埠，把资金投入沙田的垦筑，然后又以货币地租的形式，迫使佃户、耕仔向陈村谷埠等米粮集散中心低价出售粮食。商人把沙田开发和米粮贸易结合起来，使沙田的开发和商业资本的增殖相得益彰。而且陈村等谷埠收购的粮食又有力地支持了民田区和围田区的商业化。可见，珠江三角洲内部的聚落格局反映了耕作系统中的地域分工，而这种地域分工正是为了适应商业化、近代化的需要而产生的。

第五章　继承与变异：珠江三角洲与徽州宗族制比较研究

宗族制的故乡本在北方的黄河流域。起源于氏族公社，盛行于西周。尔后，虽然其形式和内容为适应社会变迁的需要，几经改变，但前后依然有一脉相承的关系。随着汉族与各少数民族间的相互融合，宗族制也逐步向周边地区扩展。到明代以后，作为越人故地的南方地区，宗族组织反而更加盛行。得益于商业化的一些单寒家族冲破宗族制为官宦世家所垄断的藩篱，也开始修坟墓祠堂、撰写族谱、置族产，按照宗族制的原则组织起来。宗族组织因而趋向民间，逐步庶民化、普及化。宗族组织也因而成为社会结构的基础，对中国政治、经济、文化生活的各个方面，发生深层的、长时段的影响。假如不研究、不了解农村宗族社会的性质，自然无从了解近现代中国社会的症结所在。

南方各地的宗族制，虽然同是源于中原地区，但在传承过程中，却因山川异域、风俗各殊而有所不同。珠江三角洲的宗族制由于受商业化的影响，较之于徽州宗族制却有所差异。

一、待开发的生态条件下进行竞争的工具

珠江三角洲在唐代之前是越人所居住的、栖息于历史角落的荒服之地，"越俗犹未甚变"。[①] 今天的珠江三角洲核心区当时还处于岛屿峙立的浅海之中。汉末、晋、宋的移民并没有直接移住此地；零星的移住，可追溯到秦、汉，但几乎都集聚于汉人的边疆城市——番禺（即今日的广州）和三角洲边缘的台地。珠江三角洲是以宋代的移民为契机而得到初步的开发的。[②] 明

[①] 〔明〕丘濬：《送梁宏道教谕序》，见《广东文征》第3册（卷三七《序》），第289页。

[②] 叶显恩、许檀：《珠江三角洲的开发与商品经济的发展》，刊于《珠江三角洲经济发展与管理》1992年第5期，第23—27页。

代中叶以降,在广州市场转型的推动下,珠江三角洲商业化兴起并日益加深,① 社会经济因而取得迅速进步。

徽州位于皖、浙、赣三省交界处,本属古代越人的故地。自汉末始,尤其于晋、刘宋、唐末,北方衣冠巨族源源迁入徽州。他们依然坚持世家大族式的宗族组织,往往选择易于守御之地屯聚为坞壁,② 并组成以本宗族的族人为核心,由部曲、佃客等依附农民参加的武装队伍,即所谓宗部、宗伍,其首领称作"宗帅"。宗帅既是武装组织的首领,亦即宗族的族长。作为越人后裔的土著山民,有的也仿汉人组织成宗部,其酋长亦自称为宗帅。一些人众势雄的宗部甚至据守山头,恃险割据称雄,不纳王租,与中央政权相对抗。例如歙县宗帅金奇率有万户,屯守勤山;毛甘万户屯乌聊山;黟县宗帅陈仆、祖山等领有二万户,屯守林历山。孙吴政权费了九牛二虎之力才将他们镇压。③ 文献上记载的宗部、宗帅究属汉人抑或越人后裔,已难以区分。南迁的北方士族之所以坚持世家大族式的宗族组织,是为了适应新移住区待开发的生态环境下进行斗争的需要。汉末"孙吴的建国乃是以孙氏为首的若干宗族对于另外各个宗族集团即宗部的胜利"。④ 这些士族除为争取南方政权而进行角逐外,就是为占有山场,争夺劳动力,而在彼此间以及与各少数民族的宗部展开斗争。他们通过坚持和强固原有的宗族制,加强内部的凝聚力,并不断地扩大其部曲、佃客(明、清时代演变成所谓佃仆、郎户之类的依附者)的队伍。这些部曲、佃客且耕且战,既是封建依附者,又是地主武装。从中原移植于此的宗族制成为在这块荒服的待开发的生态环境下进行竞争的工具。南迁的北方士族在靠武力扩张其势力的同时,又用浸透着宗法思想的中原正统文化对越人进行教化。他们终于在越人酋长控制下的徽州地区,取而代之,反客为主。随着时间的流逝,汉人的源源移住,唐代以后,不仅越人的习俗日渐泯灭,连"山越"之称也不见了——说明汉、越已经融合。在这块"辟陋一隅,险阻四塞"的土地上,经过长期的土客斗争,遗留下来的是:"聚族成村到处同,尊卑有序见淳风。"⑤ 宗族组织成为

---

① 叶显恩、林燊禄:《明代后期广州市场的转型与珠江三角洲社会变迁》,刊于《明史研究专刊》第 12 期,第 265—289 页。
② 参见叶显恩《明清徽州农村社会与佃仆制》,第 301 页。
③ 参见拙作《明清徽州农村社会与佃仆制》,第 11 页。
④ 唐长孺:《孙吴建国及汉末江南的宗部与山越》,见《魏晋南北朝史论丛》,商务印书馆 2010 年版,第 24 页。
⑤ 吴梅颠:《徽歙竹枝词》(手抄本),歙县图书馆藏。

当地社会结构的基础。

宋室南迁,偏安杭州之时,朝廷官宦、士大夫也纷纷南移。随隆佑太后来赣南的一路数万人,沿赣江的上源章水继续南来。他们跨过南岭寄寓南雄。① 这些士大夫就道时所携带的随行人员和族人,以及邻里乡党,经在南雄地区暂住之后,便下浈水,入北江,顺江而下,移住珠江三角洲。与为了避难而迁入徽州的北方士族有所不同,他们移入珠江三角洲,是出自寻找优越的经济机会和求生计的目的。他们的后裔因得益于商业化,通过科举仕宦跻身于权贵集团之后,追源溯本,把自己的家世与中原名族联系起来是明代以后的事。当他们进入珠江三角洲之时,如同当年北方士族移住徽州一样,面临着在已被占领了的生态条件环境中进行竞争的问题。凡在艰难的生存条件下,就必须依靠群体的力量。迁入珠江三角洲的北方士民为了取得入住权、土地开发权的需要,为了兴修水利、开垦沙田的需要,他们也不得不高扬宗族制大旗。他们把江南治理低洼地的经验运用于此地,沿东、北、西三江的主干修筑堤围,防水垦沙,既开辟了沙田,又加速了珠江水域的淤积。这一古老的浅海湾淤积成陆,并垦辟成良田,是同宋代以后源源迁来的移住者所付出的辛勤劳动和智慧联系一起的。移住者对此地开发的成功,使他们取得了对当地的控制权,这与在徽州的北方士族一样,反客为主。明代以后,土著的俚人不见了,亦即被融合了。他们取得成功的法宝,也是宗族制。

迁入珠江三角洲和徽州的移住者尽管迁移的动机以及各自的情况不同,但他们都共同面临着一个在已被占领的生态环境中为求得生存而进行竞争的问题。宗族制既可用以表示对中央正统文化的认同,又可用以团结自己,以之作为同对方进行竞争的社会手段。由此也可见开发较晚的东南沿海宗法组织反而比其滥觞地中原地区更盛行的原因所在了。

二、宗族制传承的典型与变异

移住徽州的衣冠巨族,在迁移之前宗族组织严密,皆有系统的谱牒,门第森严。南迁时依然保持原来的宗族组织。移住徽州之后,聚族而居,尊祖敬宗,崇尚孝道,讲究门第,以家世的不凡自诩。他们还撰写家法以垂训后

---

① 《宋史》卷二五《高宗纪二》;〔宋〕李心传:《建炎以来系年要录》卷六三,绍兴三年三月癸未。

代，力图保存其过去的一套家风。他们采取种种方法，极力维护并进一步强固原有的宗族制度。到了宋代，程朱理学（又称新安理学）① 对其故乡徽州的影响尤其深远。在程朱理学的鼓吹下，宗族伦理被提到"天理"的高度。张载提出以宗族制度来"管摄天下人心"。② 程颐则认为加强对家族的管制，要有"法度"，治家者"礼法不足而渎漫生"。③ 就是说，对族众要绳之以宗规家法。朱熹也撰修《家礼》等书，制定了一整套宗法伦理的繁文缛节，用以维系与巩固宗族制度。经与理学糅合起来，宗族组织就越发制度化了。"尊祖"必叙谱牒，"敬宗"当建祠堂、修坟墓，"睦族"需有族产以赈济。族谱、祠墓和族产成为实现尊祖、敬宗和睦族的必不可少的举措。根据理学的伦理纲常制定的宗规家法则作为约束族众以及佃仆举止的规范。当地各大族都按一家一族来建立村寨，形成一村一族的制度。村内严禁他姓人居住，哪怕是女儿、女婿也不得在母家同房居住。具有主仆名份的佃仆一类单家小户，则于村寨的四周栖息，以起拱卫的作用。随着宗族的繁衍，有的支房外迁另建村寨，也仍然保持派系不散。关心乡梓事务的清初官僚赵吉士曾指出：

> 新安各姓，聚族而居，绝无一杂姓搀入者。其风最为近古。出入齿让。姓各有宗祠统之。岁时伏腊，一姓村中千丁皆集。祭用文公家礼，彬彬合度。父老尝谓，新安有数种风俗胜于他邑：千年之家，不动一杯；千丁之族，未尝散处；千载之谱系，丝毫不紊。主仆之严，数十世不改，而宵小不敢肆焉。④

他的这一段话颇能概括徽州宗族制度的特点。由此可以看出，徽州的宗族制，坚持以父系为中心的严格的血缘关系，并与地缘相结合；坚持严格的尊卑长幼的等级制度和主仆名分；重祖坟、祠堂，坚守尊祖敬宗和恤族，崇

---

① 据程昌《祁门善和程氏谱》记载：程颢、程颐"胄出中山，中山之胄出自新安之黄墩，实忠壮公之裔"，被视为歙县人。朱熹之先人亦婺源人。因此，程朱理学又称为新安理学。
② 〔宋〕张载：《经学理窟·宗法》，见《张载集》，中华书局1978年版，第258页。
③ 〔宋〕程颐：《伊川易传》卷三《周易下经》之《家人·上九》。
④ 〔清〕赵吉士：《寄园寄所寄》卷十一《泛叶寄·故老杂纪》，黄山书社2008年版，第872页。

尚孝道。

应当指出，这里所说的徽州风俗——"千年之冢，不动一抔；千丁之族，未尝散处；千载之谱系，丝毫不紊"——似是绝无仅有的。因为历代战乱，兵燹所及，各大族都难逃厄运。尤其在唐末黄巢起义中，世家大族遭到毁灭性的打击。因在这次动乱中，士族官僚"丧亡且尽"①，以至于五代以后，"取士不问家世，婚姻不问阀阅"。②谱牒也在战火中烧毁或散佚。唯独逃到远离战乱的"世外桃源"徽州地区的世家大族安然无恙。入宋之后，他们虽然不能恃其门第之高崇而取得官职，却可以凭借其家学渊源，通过科举仕宦而进入统治集团，即所谓"宋兴则名宦辈出"。他们原有的谱牒、祖坟，也被保存下来了，并且坚持聚族而居。徽州宗族制一直保持与正统文化相一致，堪称正统宗族制传承的典型。

珠江三角洲的开发始于宋代，为时较晚。宋代集团性的移民，见诸族谱的有以罗贵为首的33姓97家。其中今可考者有13家。③据文献记载，这些人均不属官宦世家。因官或因流徙而卜居当地者，也曾"蝉连而居"④，并有在宋、元建祠堂、置族田的记载，⑤但这些家族并不能世代相承地保持其显赫的地位。宗族制在珠江三角洲没有普遍推行，未见以恪守中原宗族制自诩者，却有士族与土人合流的先例。时为罗州刺史的新会冯融，本是燕主冯弘之裔，以其子高凉太守冯宝婚于俚族首领冼夫人。后来冼冯氏家族成为独霸一方，历梁、陈、隋、唐四代而未衰的大族。唐初冼冯氏之孙冯盎"所居地方二千里，奴婢万余人，珍货充积"。⑥"贞观（627—649）初，或告盎叛，盎举兵拒境"，唐太宗下诏将讨之。魏徵谏曰："王者兵不宜为蛮夷动，胜之不武，不胜为辱。"⑦视冯盎为"蛮夷"。

珠江三角洲各大族以中原高贵血统相标榜是在明代以后的事。明代中叶，得益于商业化的单寒小姓在当地经济普遍增长中所起的作用，使他们感到自己存在的价值，于是也仿效大族建立起宗族组织来。这就冲破了传统的

---

① 《新五代史》卷二八《豆卢革传》。
② 〔宋〕郑樵：《通志》卷二五《氏族略一·氏族序》。
③ 黄慈博：《珠玑巷民族南迁记》，第4页。
④ 〔清〕屈大均：《广东新语》卷十七《宫语·祖祠》，第464页。
⑤ 参见叶显恩、谭棣华《论珠江三角洲的族田》，见《明清广东社会经济形态研究》，第144-164页。
⑥ 〔宋〕司马光：《资治通鉴》卷一九三《唐纪九》，贞观五年辛卯十二月壬寅。
⑦ 《新唐书》卷一一〇《冯盎传》。

宗族制与庶民隔绝的藩篱，使原为名门大姓所垄断的宗族制也走向民间，成为庶民的组织。庶民的子弟通过入学、科举而仕宦的道路，跻入统治集团。明代中后期活跃于政坛上的珠江三角洲籍官僚，如伦文叙和伦以训、以谅、以诜父子，霍韬、李待问等，就分别从农民、鸭户、冶铁户等社会底层出身而出任朝廷大臣或地方高级官僚。顺德梁储更是入踞正德朝内阁首辅。他们相互援引、互相攀附。例如，正德九年（1514）梁储充会试考官，擢霍韬为第一；① 礼部尚书霍韬倚重佛山梁焯和番禺王用仪。这一新兴的官僚士绅集团更是大倡宗法制，竞相叙谱追宗寻祖，都说是源于中原名宗大族，迁自南雄珠玑巷。如：伦氏，望出京兆，黄帝臣伶伦之后；霍氏，望出太原，周文王之叔虔（因封于霍，亦称霍叔）之后等。各大族迁自珠玑巷之传说，更编演成美丽动人的故事，自明代起，盛传不衰，妇孺皆知。新贵宗族附会的族谱，敷张成故事传说，传说又成为后来编写族谱的依据。有谱牒以尊祖，自可立祠堂以敬宗、置族产以睦族。

在谱系建构中，珠江三角洲的着眼点与徽州有所不同。以名宗右族自居的徽州大族，特别注重世系，即所谓"千载之谱系，丝毫不紊"，唯恐他姓冒宗掺入，因而对族谱的撰写和保管格外庄重。② 珠江三角洲宗族叙谱的目的却在于攀附官宦势族，或为了联族，统合族众，以壮大宗族势力，加强本宗族在地方上的竞争力。在谱写世系时，并非着力于考究其准确，事实上，正如屈大均所指出的："大率有族而无宗。"③ 世系已多失传，也不可能如实重建。例如当地的名族番禺沙湾何氏，始祖何人鉴，据说在南宋绍定六年（1233）由广州迁居沙湾。生有四子，皆得功名。尔后子孙出任州县地方官者，代不乏人，成为官宦之家。传至第五代何子海者，登洪武四年（1371）进士。此时，这一家族的人口已增殖至一定的规模，家谱的撰修因而被重视起来，由何子海编写《谱图》此书已佚。何子海在其书序言中说："余观诗礼之家，文献之后，莫不有族谱传焉。然或舍其祖而宗人之祖，或求其前代名贤以为祖者，皆妄也。"可见在当时，攀附显贵为祖是受鄙视的。后来该族在撰写《继述堂谱》时引述这篇序文之后，加按云："子海公此序，当时我族止数十人，故未修谱，而推四世府判公为积德祖。"府判公，即何人

---

① 万历《广东通志》卷六《藩省志·事纪五》。
② 参见叶显恩《明清徽州农村社会与佃仆制》第四章第三节《家谱的撰修和宗规家法》。
③〔清〕屈大均：《广东新语》卷十七《宫语·祖祠》，第464页。

鉴，字德明，府判即其号。由此可推知，《图谱》只将祖宗追溯至何人鉴，记叙了由之而下的世系。自明代中叶以后，如前所述，因商业化而兴起的士绅集团，如梁、霍等名族皆自称迁自南雄珠玑巷，属中原望族之裔。珠玑巷的传说愈加盛行。珠玑巷人成为正统文化的代称，又是新兴的士绅群体得以认同的标志。也正自此时起，各大族在开发沙田和控制地域社会等方面争夺愈加激烈。为了被正统文化和当地士绅集团认同，以及为了增强在地域社会中的竞争力，何氏竟请出一位在南雄备受尊崇的神化了的人物——何昶为其始祖；而真正的始祖何人鉴，因其子孙出自功利考虑，反而屈居为四世祖。①

对始祖的附会、对祖宗的粉饰，几乎成为修谱的通病，非珠江三角洲所独然。唯同姓不同宗者，采取虚立名号，联宗通谱，建立共同的宗祧继承关系的做法，在徽州是一禁忌；而在珠江三角洲，却是公然盛行的。更甚者，一些居住相邻近的寒姓单家，也以抽签、占卜方式来确定共同的姓氏，并且虚拟共同祖先，共同组成一宗族。虚拟宗族的流行成为珠江三角洲宗族制的一个特点，这同以父系为中心的血缘关系组织起来的徽州宗族制迥异。

聚居性本是宗族的一个特点，地缘是血缘的投影。② 但是卜居珠江三角洲的官宦之家，虽曾"蝉连而居"，但并非一味追求单姓村。例如，"族属之蕃，甲于一郡"③ 的名族沙湾何氏是在13世纪来到由泥沙淤积形成的名为"沙湾"的冲积平原的。与何氏先后陆续移住于此的还有李、王、黎和赵等四姓。今天聚居沙湾的大姓即这5个姓氏。据口碑相传，在何氏来此之前，已有张、劳、曹、康、麦和朱等姓，但今已亡绝无遗。④ 据笔者披阅近年出版的有关珠江三角洲地名志的资料，有的村落是由数姓共建的。宋代立村的东莞李屋（原由李、黄、胡三姓立村，因李姓人多，以李名村）、麦屋、朱屋（此二村也因麦、朱人多而以其姓名之）等即是。⑤ 有的古老村落兴废无常，村名是随着移住者的嬗替而不断改变的。例如增城县新村，唐代

---

① 参见刘志伟《祖先谱系的重构及其意义——沙湾何氏宗族的个案研究》，《中国社会经济史研究》1992年第4期，第18－30页。
② 费孝通：《乡土中国》，生活·读书·新知三联书店1985年版，第72页。
③ 〔清〕龙廷槐：《敬学轩文集》卷七《书外海陈氏家谱后》。
④ 参见刘志伟《祖先谱系的重构及其意义——沙湾何氏宗族的个案研究》，刊于《中国社会经济史研究》1992年第4期，第18－30页。
⑤ 参见东莞市地名委员会编《广东省东莞地名志》，广东高等教育出版社1987年版。

时由江西迁来，名为四门村；元代有林、郑、张、赖等姓移住，取名新村；后因郑姓取得对该村的控制权，又叫郑新村。① 之所以各姓先后迭住一村，是因为三角洲的丘陵、台地有限，为了就近垦辟沙田，受生态特点的局限，自不能像徽州的大族般以堪舆风水术卜定聚落方位。晚清以后，随着大片沙田的垦辟，居民沿着河涌搭茅棚，村落形成线状，番禺冲决三角洲上的鱼窝头的大涌村、良角村等即是。这些所谓村落有的绵延数里，居住于此的或为属"贱民"等级的疍民，或为被大族役使的称作"水流柴"的"耕仔"（又称"开边人"，意为"外边人"）。除有的耕仔系离宗主村别居的族员外，一般来说，新沙区的线状（或带状）村落都没有宗族组织，其中一个原因就是缺乏地域的聚居性。在徽州，从宗主村分迁的支派，则坚持聚族而居，"仍以祖居为宗"。据《休宁范氏族谱》记载：始祖范传正于唐代元和（806—820）末移住博村。自宋至明初，依次分迁出汊口、林塘、油潭、合干、闵口和瑶关等6村，皆以博村为宗主村。村居形胜图详载于族谱，不容他姓掺居其中。可见对单姓聚居的重视。

祠堂作为对应作用于敬宗，并和谱牒、族田共同作用于宗族制的宗旨而备受重视，并且成为判定一血缘群体是否形成宗族的重要标志。在珠江三角洲，祠堂尤其受到重视。屈大均曾经指出："其大小宗祖祢皆有祠，代为堂构，以壮丽相高。每千人之族，祠数十所，小姓单家，族人不满百者，亦有祠数所。"② 在广州等大中城市，联姓祠甚多。据统计，光绪元年广州城内便有联姓祠宇85处。③ 对于缺乏血缘和地缘关系的虚拟宗族，祠堂更成为加强凝聚力的法宝。尤其值得注意的是，祠堂也采取股份制合同兴建。民国年间，就有由国民党军长黄国梁首倡，增城、龙门、惠州和从化等地黄姓集资，分5股出资兴建者。④ 祠堂是宗族身份的标志，番禺沙湾就以是否有祠堂作为判定"埋边人"（意为里边人，指大族）和"开边人"（意为"外边人"，指被役使的小姓）的根据，而且可以提高一个人的社会地位，增强商业上的信誉。可见，在珠江三角洲，祠堂之所以特别被重视是同虚拟宗族之盛行和商业化有关。凡此种种，都可看出珠江三角洲的宗族制较之于徽州的显然是一种已经变异的亚种形态。

---

① 《广州地名志》，第544页。
② 〔清〕屈大均：《广东新语》卷十七《宫语·祖祠》，第464页。
③ 光绪《嘉应州志》卷二三《禁联姓祠》。
④ 《广州地名志》，第542页。

三、社会特权的追求与族内经济关系的商业化

宗族组织是与传统的家族主义文化相适应的。它具有政治、文化和经济的功能。作为传统宗法制传承典型的徽州宗族组织，其主要功能在于：①谋求并维护本宗族的社会地位和特权。因此，选拔精英，以科举仕途求高官，和以经商致富，以捐输、捐纳而得官衔，便成为其取得宗族社会地位和特权的途径。由于重视族内子弟的培养，"宋兴则名臣辈出"；明、清时期，出现"人文郁起"的局面。"以才入仕，以文垂世者"愈多。所谓"一科同郡两元者"①"兄弟九进士，四尚书者，一榜十九进士者"②"连科三殿撰，十里四翰林"③等佳话频传。单以歙县为例，居科名之先者，如中状元的，有唐皋、金榜、洪莹、洪钧等；立相国之隆者，有许国、程国祥等；阐理学之微者，有朱升、唐仲实等；大经济之业者，有唐文风、杨宁等；宏政治之才者，有唐相、吴湜等；擅文章之誉者，有汪道昆、郑桓等；副师武之用者，有汪宏宗、王应桢等；因商致富而上交天子者，如得乾隆帝欢心的盐商江春、鲍廷博等。④这里虽只略举一二，但已足见人才之盛了。②通过祭祖、分胙、读谱、宣约（即宗规家法，有的还读"圣谕"）等活动，培养对家族本位理念的认同，以加强族内的凝聚力，所以，这些宗族经历千余年而"未尝散处"。③通过赡济贫穷族员，培养族众对宗族依赖的情感。有的族田较多的宗族，"节妇孤儿与出嫁守志，以及贫乏无依者，生有月粮，寒有冬衣，死有棺衾，葬有义冢，嫁有赠，娶有助，莫不一均沾其惠"。⑤宗族内部，还可"有无得以相通""吉凶有以相及"⑥，具有道义经济的功能。总而观之，徽州宗法制的功能着重于谋求尊崇的社会地位和政治特权。

珠江三角洲是因明代以后得益于商业化而引起宗族制的普及化，又由于生态环境、文化背景的特点，其宗族制已发生了变异。不同于徽州宗族制是直接移植于北方，具有正统性；它虽然具备传统宗族制的一般功能，但又有

---

① 〔清〕徐卓：《休宁碎事》卷一《万青阁偶谈》。按："两元"指康熙辛未状元戴有祺，会元张瑗。

② 〔清〕赵吉士：《寄园寄所寄》卷十一《泛叶寄·新安理学》，第864页。

③ 许承尧：《歙事闲谭》卷十一《科举故事》，黄山书社2014年版，第355页。

④ 参见叶显恩《明清徽州农村社会与佃仆制》第三、第五章。

⑤ 《重修古歙东门许氏宗谱》卷首《许氏总阖族公撰观察公蘧园公事实》。

⑥ 苏大：《大宗小宗说》，见《新安苏氏族谱》。

其特点，这就是经济功能的扩大化。

珠江三角洲的族产较之于徽州的要丰厚而且多样，这同珠江三角洲特有的生态环境密切相关。其宗族的发展，以及经济实力的增强，是同沙田的开发联系一起的。清朝政府规定：占地10顷以上者"不得再种沙田"，"小民圈筑沙滩亦不得过五顷之数"。用宗族的名义承垦则不受此限。而且工筑浩繁，"有沙田十亩者，其家必有百亩之资，而始能致之也；有百亩者，必有千亩之资，而始能致之也"。唯名宗大族，或得益于商业化的寒门宗族，才有足够的资金向政府申报承垦。因此，围垦沙田成为增强宗族经济实力的重要途径。有的宗族也因经营沙田和其他族产而日益向经济实体转化。在20世纪30年代，80%的农户生活在宗族组织之中；族田约占土地总面积的50%，所占比例之高为全国之冠。私人土地所有制在向宗族集团土地所有制转化，似是清代中叶以后东南地区出现的一种趋势。但是，这种转化如此之迅速，则珠江三角洲的耕作系统所使然。沙田的开发、基围的修筑、沟渠的开凿、水窦的排灌，都需要统一组织和管理。在难以监督的个体耕作情况下，小规模的田场经营，其优势则远胜于大规模的农场经营。这种适合于大面积的土地占有和小规模的田场经营的生态环境，正是宗族集团土地所有制盛行的重要原因。

珠江三角洲沙田的承垦与管理也因而成为宗族的重要功能。明代中叶以降，农业商业化的日益发展，并由此而赚取的愈来愈多的利润，是沙田开发的资金来源。漂荡在河面上的疍民又成了充足的廉价的劳动力来源。据笔者的实地调查，顺德县大良镇东门外的云路（原称海沥沙），就是在大族的组织下，由胼手胝足的疍民开发出来的。在宗族资金不足的情况下，则采取合股的形式来筹集。例如，东莞县张梯云馆、邓荫兰堂、何醉经堂、何修德堂于光绪二十年（1894）合伙出银建筑海心洲沙田；民国三年（1914）张如见堂集股领照筑堤以保护太和洲沙田等。① 连沙田的田场管理、割禾、收租，乃至谷物储所、平抑米价等事务，有的宗族也下公文、出告示，做出规定，行使司法权。②

除拥有族田外，珠江三角洲的宗族还有族墟、族店、码头、族窑等，而不同于徽州宗族的祖产几乎仅限于族田和山场。一些有政治特权的宗族甚至

---

① 参见黄豪《许舒博士所辑广东宗族契据汇录·序言》，见《日本东洋文献センター丛刊》第49辑，第7—8页。此文作者是《汇录》的主编。
② 参见番禺县沙湾镇乡族组织处理乡族事务的文件《辛亥壬子年经乡族文件草部》。

相竞控制重要的经济行业。例如，作为佛山的经济支柱、享有官准专利的冶铁业，就为冼、霍、李、陈等巨族所竞相争夺。明人陈子升曾经指出："佛山地接省会，向来二三巨族为愚民率，其货利，唯铸铁而已。"① 可见，控制这一行业，即可掌握佛山的经济命脉。因霍韬的发迹而显赫起来的霍氏家族就控制有铁、炭、陶瓷、木植等，以及其他"便民同利"的产业，诸如墟场、市肆、码头、店铺等。石头霍氏宗族设有纲领田事一人、司货一人；司货之下又设司窑冶一人，司炭铁一人，司木植一人，各司其职，以适应经济管理的需要。

珠江三角洲的族产也不同于徽州的只作为宗族的活动经费和恤族之用，它已注入商品意识，属于营利性质。族店、族窑等，本是商业行为，以盈利为目的，固不待言；就是族田的收入，除去宗族活动经费、"留存备用"（主要用以追加，或做新的投资）外，余者"均分""均荫"。② 集股开发或集股购置的沙田收入，有的明文规定"按股均派，一宿不延"。③ 显示出其分益的商业行为，而不是实行徽州的道义经济。

珠江三角洲宗法组织的经济功能，还表现在通过族规家法限制、禁止或规范族众的某些经济行为。例如，石湾《霍氏崇本堂族谱》中，就有"农有百谷之当布""工有百艺之当做""商有百物之当货"等作为家训，要族众"能依此嘱，永为福人"。还有"商贾三十六善""农家三十六善"等规范族众从事商贾、农业等经济行为。④

四、渗透商品意识的宗族伦理与宗族制的特点

在以农立国的中国农村宗法社会中，对众多农民产生最大影响的，与其说是儒、释、道等，不如说是正统文化本土化了的宗族伦理。宗族伦理不仅支配着农民的思想，而且规范农民的行动。宗族伦理，或记载于族规、家法、家训、家箴；或因世代相传，约定成俗，变成农民的自觉行动。宗族伦

---

① 光绪《广州府志》卷十五《舆地略七·风俗》。
② 《佛山梁氏家庙世守书》第三《经产》，光绪十四年刻本；韩锋：《番禺县古霸乡志》，民国刊本。
③ 参见《许舒博士所辑广东宗族契据汇录》（上），见《日本东洋文献センター丛刊》第49辑，第170页。
④ 〔清〕霍春洲：《家训》，见佛山《霍氏族谱》卷二。

理习俗，对农村宗法社会的影响是不容忽视的。

珠江三角洲宗族制的一个鲜明的特点是其宗族伦理渗透着浓厚的商品意识。在中国大陆一度流行的学术分析模式中，人们认为，商品经济的发达导致了资本主义萌芽；宗族组织是一种落后的、阻碍社会进步的保守力量。但是在珠江三角洲，宗族制与商品经济这两种似应互相冲突、矛盾的事物，却表现出相遇而安、互相适应，甚至有时表现出相辅相成、相得益彰。这显然同已经本土化了的宗族伦理有关。

如前所述，珠江三角洲的宗族组织，是因商业化的出现而形成的，并随商业化的加深而日益庶民化、普及化。宗族制与商业化，有互相依存的关系。宗族制的盛行，既表示边陲地区对正统文化的认同，又是新兴的士绅阶层将正统文化与自己带有商品意识的价值观相糅合的结果。我们从族规、家训中可以看出商品意识已经渗入宗族伦理之中。明代中叶，以酿酒生意发迹的南海"太原霍氏"晚节公把"酿酒之法"写入"家箴"，告诫子孙世代遵守。在清代，这一家族又将有关手工业和商业的注意事项，如关于所谓"工有百艺之当做""商有百物之当货"等的具体规定写进家训，以规范子孙的行为。① 这里不仅表现了其对工商业的关注和支持，也意味着其把工商业作为家族的传统行业。

珠江三角洲宗族伦理的商品意识表现在职业观的变化上。"士农工商"本是传统社会职业构成的次序，《岭南冼氏宗谱》中却提出"四民皆本"的职业伦理，② 与徽州地区出现的把商业置于农工之上而与士并列的"新四民论"有互通之处。职业观的变化显然同国内外的经济形势的变化有关，最引人注目的是作为商品构成部分的日用百货的流通日益频繁，商品经济的发展显示出与以前不同的特点。加之五代之后，"取士不问家世"，而以科举为晋身之阶。清人沈垚对此曾感叹道："古者士之子恒为士，后世商之子方能为士。此宋、元、明以来之大较也。"为何"商之子方能为士"？"非父兄先营事业于前，子弟即无由读书以致身通显"。③ 很显然，缺乏经济作为基础，欲读书仕宦是不可能的。求富便捷之途莫过于营商。商业的成功关系着

---

① 南海石湾《霍氏崇本堂族谱》卷三。
② 冼宝干：《岭南冼氏宗谱》卷五之一《艺文上·祖训》，第12页："士、农、工、商，各执一艺。"第18—19页："天下之民，各有本业：曰士、曰农、曰工、曰商……此四者，皆人生之本业。"
③〔清〕沈垚：《落帆楼文集》卷二四《别集·费席山先生七十双寿序》。

家族的荣耀及其绵延不衰,因而,提高商人地位的新职业观随之出现。

珠江三角洲和徽州一样宗奉家族主义。在浸渍家族本位的宗族理念中,个人的升迁荣辱是同家族联系一起的,即个人的身份地位取决于所在的等差次序的伦理构架中的位置,取决于所属社会集团的势力。唯有提高本宗族的社会地位,方能实现自己的价值。所以,追求家族荣耀的终极价值观念成为驱动族人经商的精神力量。但是,在珠江三角洲并不如同徽州一样坚持"官本位"的观念,以经商致富求缙绅化作为实现家族荣耀的唯一途径。他们在缙绅化的同时,也直接用其货币经济的力量以通显。他们有的通过捐资举办公益事业,诸如善堂、医院、育婴堂,以及修桥、补路、筑堤,等等,而取得地方上与士绅并列的名流地位。因捐资于公益慈善事业而谋得的"善董"头衔被视为一种"社会地位"。① 自晚清以后,这些慈善机构和商会既参与对地方的控制,甚至连同商业机构(如商会、商行会)干预时政,又可充当官、民之间的中介。广州的商会和慈善机构(如广州的九善堂②,即爱育善堂、两粤广仁善堂、方便医院、广济医院、崇正善堂、惠行善堂、明善堂、黄沙述善堂和润身善社)在当地的社会生活中所起的作用尤其令人刮目。有报纸称赞广州的九善堂、总商会和七十二行的善举:"公益同举,公害同驱,公愤同伸。而总商会、九善堂、七十二行之名,遂轰轰烈烈于五岭之南,妇人孺子,皆啧啧称道不置。……盖自政界以及上下流社会,莫不注视于总商会、九善堂、七十二行矣。"③ 善董、商董的作用与士绅几同,出现绅商合流的趋势。④

尤其到了晚清,珠江三角洲出现了"以商立国"的职业观。香山县人郑观应在《盛世危言》中关于"商务"的论述无不贯穿这一观点。他指出:"商务者,国家之元气也;通商者,疏畅其血脉也。"又说:"士无商则格致之学不宏,农无商则种植之类不广,工无商则制造之物不能销。是商贾具生

---

① 陆羽:《广州的方便医院》,见《广东文史资料》第八辑,中国人民政协广东省委员会文史资料研究委员会1963年版,第139-150页。

② 关于广州的九善堂,中山大学历史系熊燕的硕士学位论文《九善堂与清末民初广州社会》(未刊稿)做了研究,可资参考。

③ 金炎:《上总商会九善堂七十二行书》,刊于《总商会报》光绪三十三年(1907)七月二十六日。

④ 参见贺跃夫《晚清士绅与近代社会变迁》,广东人民出版社1994年版,第113-161页。

财之大道，而握四民之纲领也。"① 在徽州，以商作为第一生业的观点早在明末的小说中已经出现，但是，徽州商人嘴里说商业重要，心中却依然盯着科举仕宦。珠江三角洲的视商为四民之纲和以商立国思想，与之相比已有质的差别了。

宗族伦理中的商品意识，在宗族组织的各种活动中都有明显的表现。诸如承垦沙田、开办宗族实业、操纵地方市镇的某一行业，都以牟利为目的，被视为商业行为，并利益均沾，按股分红。在宗族内部出现利益均沾，宗族日益趋向以牟利为目的的经济实体的同时，宗族内部也出现了投资与借贷的关系。凡不能偿还本宗族债务的族员，要变卖家产抵足。"产业尽变仍不足抵偿之数"，将其本人，及其子孙"革祭"。② 温情脉脉的宗亲道义在这里已被不论宗亲的商业关系所取代。又如，修建祠堂本是为了实现尊祖、敬宗、收族的宗族制原则，有的宗族却采取"合股"修建的方法，其商品意识不仅在于取商业上"合股"的用语，而且意味着把此举视为商业投资。以祠堂作为身份的一种标志，投入祠堂的股份愈大，其在商场上的信用度便愈高。

从当地志书关于风俗的记载来看，人们的价值观了发生了变化。据万历《新会县志》记载：

> 正、嘉以前，仕之空囊而归者，闾里相慰劳，啧啧高之；反是，则不相过。嘉、隆以后，仕之归也，不问人品，第问怀金多寡为重轻。相与姗笑为痴物者，必其清白无长物者也。③

以贪赃之多寡作为判断其能、痴的标准，意味着商品意识浸透官场。它同当地的宗族伦理也是有关系的。

注入商品意识的宗族伦理引发了珠江三角洲人营商的动机，并在商业行

---

① 〔清〕郑观应：《盛世危言》卷三《富国》，上海古籍出版社2008年版，《商务一》，第1页（总第201页）；《商务二》，第3页（总第207页）。又，〔清〕关百康：《粤商自治会函件初编·序》（戊戌序印本）："迨文明进步，出产丰富，器用繁多，万国交通，因利生利。而商人居中控御，骎骎乎握一国之财政权，而农工之有大销场，政界之有大举动，遂悉唯商人是赖。"

② 南海《潘式典堂族谱》卷一《家规》，同治六年（1867）刻本，民国十三年（1924）续刻本，第74页。

③ 万历《新会县志》卷二《风俗纪》。

为中发挥了作用,从而成为导致当地的宗族制在社会、经济功能等方面发生变异,而与传统的宗族制有所不同的一个重要原因。

有的宗族出现向经济实体转化的趋向。据康熙年间的《沙湾何氏留耕堂尝租簿》"序"记载:"至嘉、隆之朝,沙田积税日增,租赋倍于先代。递年租尝所入,除纳粮饷、供祭祀各项外,有余分作甲田,以荫子孙之有室者,诒谋不亦善乎。初编为十甲,以十年为一周;继联为五甲,以五年为一周;继联为三甲,以三年为一周。"这里是说,将族田的收入按编甲轮流收用。从十年轮一次至三年轮一次,说明族田的不断增殖。到民国初年,留耕堂拥有的族田已增至近六万亩。据实地调查,其族人自豪地说:"我们关起门来也不会饿死。"① 三水县芦苞欧阳村欧阳氏载德堂于民国初年甚至组织了永发公司来管理族产。②

在明代中叶以后的商品性农业的扩张中,在近代建立以出口贸易带动本地区手工业、农业发展的贸—工—农经济体系和建立一系列商业企业过程中,③ 尤其在举世熟知的、着中国民族工业近代化先鞭的机器缫丝取代手工缫丝的带有产业革命精神的壮举中,宗族组织都发挥了作用,这体现在引进侨资、集聚零散的资金以建置机器缫丝厂,利用一些祠堂、庙宇作为厂房等举措。可以说,珠江三角洲的宗族组织充当了农业商业化、乡村工业近代化、商业企业化的推动者,乃至组织者的角色。

综上所述,宗族组织的建立,需要有士绅倡导,并具备足以维持生计以外的余资充当修谱、建祠和置族产的费用。因商业的发达而取得经济发展和文化进步,并由此而出现新兴士绅集团的珠江三角洲,恰恰具备这些条件。加之水陆交相作用的耕作系统需要群体的力量以维持运作,因而宗族制得以盛行。得益于商业化而取得科举仕宦成功的士绅,既以推行宗族制来认同于正统文化,又将自己的商品意识糅合进宗族伦理之中。宗族伦理不仅引发营

---

① 刘志伟:《祖先谱系的重构及其意义——沙湾何氏宗族的个案研究》,刊于《中国社会经济史研究》1992年第4期,第21页。

② 参见陈忠烈《清代、民国对芦苞圩地和成公洲的占有及纷争》,见《三水文史》第20辑,第198页。

③ 关于商品性农业的扩张,贸—工—农经济体系和近代商业企业的建立等问题,限于篇幅,不能在此展开讨论,参见叶显恩《略论珠江三角洲的农业商业化》(《中国社会经济史研究》1986年第2期,第16-29页)和《地利、传统市场、与珠江三角洲的海外贸易》(见《珠江三角洲历史、地理、经济情况及南洋华侨发展史》,香港第二次世界华商大会1993年版,第47-80页)。

商动机，而且在商业行为中发挥作用。商业利润被用作开发沙田的资本，具有投入产业的意义。此举扩大了就业的机会，增殖了财富，沙田区所出产的粮食又支援了改种经济作物的围田区和民田区，从而支持了当地商业化的进程。生态特点和政府限制私人占沙的政策使被开发的沙田几乎都转为族田。圈筑沙田加强了宗族组织的实力，又促进了宗族的普及化。族田的不断增殖、宗族制的日益盛行和商业化的持续加深，三者是并驾齐驱的，它们彼此互相关联、互相依存、互相促进。

珠江三角洲的宗族伦理浸透商业意识，因而有着力扩大其经济功能的特点，不同于徽州地区的宗族制以维护和谋求社会地位、政治特权为主要功能。珠江三角洲的宗族直接经营产业，并出现向经济实体转变的迹象。宗族内部也相应出现利益均沾或按股分益的商业行为，而不是徽州余缺互济的道义经济。徽州宗族制对商业的支持主要着意于因商致富而缙绅化，坚持"官本位"的价值观，因而在引发营商致富的动机中已包含了否定或摧毁商业企业发展的因素。商业经济作为传统社会经济的附丽，而不是其异化的力量，因而，徽州商业资本自不能超越传统社会所规范的商业运作的轨迹。而珠江三角洲因商致富之后，却出现通过发挥货币经济的力量直接谋求与士绅并列的社会名流地位的趋势，没有恪守"官本位"的价值观。也正因为如此，宗族组织在农业商业化、商业企业化、乡村工业近代化中充当了或为支持者，或为组织者的作用，其商业行为也已越出常轨，并发出"以商立国"的呼唤。20世纪七八十年代社会主义经济特区首建于珠江三角洲，似有其历史选择的必然性。

下　编

广州市场的转型与珠江三角洲商业化

第六章 广州于明后期的转型与珠江三角洲社会结构、风尚的变化

一、中国海上贸易的故乡与广州在海贸史上的地位

1. 中国海上贸易的发祥地

中国的海上贸易滥觞于南方,这是由历史环境造成的。发轫于中原地区的中华民族,因世居内陆,原本对大海是陌生的,只知道东边是大海,有鱼盐之利;又觉得深不可测,望而生畏。加之基于当时的航海装备和技术,相对平直的东边海岸线不利于航行,海路长期被视为贸易障碍。山东半岛至长江口之间的海上贸易活动,要到公元前5世纪吴越两大国兴起时才见诸载籍。① 濒临南海的岭南地区②,海岸线曲折,岛屿众多,又有珠江与红河水系纵横其间,而终归南海。南海岸边的珠江三角洲等地的越人③生于斯,息于斯,靠从海中取得的海产生物维持生活。他们自古"以船为车,以楫为马"。④ 据刘安《淮南子》记载:越人"被发文身,以象鳞虫;短绻不绔,以便涉游。短袂攘卷,以便刺舟"。⑤ 可见,其装束也是为了适应水上活动的需要。越人素以"擅舟"著称,水上生活的实践使他们积累了丰富的航海经验。因此,海上贸易出现最早,秦、汉之前,人们已与南海沿岸各地发生了海上交往,也出现了从事南海贸易的越族商人。正是他们以南海沿岸地区产品与从中原地区来的汉族商人相交易,才诱发秦始皇"利越之犀角、

---

① 参见《国语》卷十九《吴语》,卷二十《越语上》。
② 本书所说的岭南地区,其范围包括今天的两广、海南和越南中、北部。
③ 百越、蛮越、南越等称呼,是对东南地区少数民族的总称。就珠江三角洲的初民而言,当系黎族(唐以前称俚、僚人)。参见谭其骧《粤东初民考》,见《长水集》上册,人民出版社1987年版,第258—261页。
④ 〔汉〕赵晔:《吴越春秋》卷十《句践伐吴外传》,台湾三民书局1993年版,第364页。
⑤ 刘文典:《淮南鸿烈集解》卷一《原道训》,中华书局1989年版,第19页。

象齿、翡翠、珠玑"①的动机，发动征伐岭南的军事行动。在秦始皇派遣经略岭南的五十万大军中，有一军"处番禺之都"，即驻扎于今天的广州地区。值得注意的是，这支军队有被征发的"贾人"。这些"贾人"很可能是曾在南方贸易，或当时正在岭南贸易的商贾。他们熟悉岭南的道路、语言和习俗。②他们中有的成为番禺的新居民，带来了中原陆上经商的传统。

关于番禺始建的年代，古来众说纷纭。考古学家麦英豪先生在《广州城始建年代考》一文中对前人的考订逐一加以评议，认为根据汉代文献与考古发现的地下材料相互印证，"秦、汉始建说"确凿可信。③据出土的秦代文物，番禺作"蕃禺"，意即"岭外蕃国蛮夷之地"。麦先生此说富有历史感，较诸说为优。自秦、汉起，中国海上贸易的主要对象是南海沿岸的国家和地区。驻守岭南的秦军将领赵佗在秦末自立，建立南越国之后，番禺的海上的贸易得到增进。据《史记·货殖列传》记载："番禺亦一都会也。珠玑、犀、象、玳瑁、果、布之凑。"番禺是汉代全国19个都会之一。《汉书·地理志》也记载："粤地……处近海，多犀、象、玳瑁、珠玑、银、铜、果、布之凑。中国往贾者多取富焉。番禺其一都会也。"这里所列的产品，已比《史记》所列的多出银与铜，这意味着番禺贸易有所发展。当时的番禺是来自交趾湾各港市的海上商品的转运站；与东部今日的汕头地区之间的沿海贸易也偶有发生，可谓一集散海上奇珍异宝港市。④又据《汉书·地理志》记载：

> 自日南障塞、徐闻（今雷州市）、合浦（今广西北海市北面）船行可五月，有都元国；又船行可四月，有邑卢没国；又船行可二十余日，有谌离国；步行可十余日，有夫甘都卢国。自夫甘都卢国船行可二月余，有黄支国（一般认为即今印度东南部的康契普拉姆），民俗略与珠厓相类。其州广大，户口多，多异物。自武帝以来皆献见。有译长，属黄门，与应募者俱入海市明珠、璧流离、奇石异物，赍黄金杂缯而往。所至国皆禀食为耦，蛮夷贾船，转送致之。亦利交易，剽杀人。又苦逢

---

① 刘文典：《淮南鸿烈集解》卷十八《人间训》，第617页。
② 参见［新加坡］王赓武著，姚楠译《南海贸易与南洋华人》，中华书局香港分局1988年版，第14-15页。
③ 刊于广州市文物博物馆学会编《广州文博》1986年第3期，第4-11页。
④ 参见［新加坡］王赓武著，姚楠译《南海贸易与南洋华人》，第21页。

风波溺死，不者数年来还。大珠至围二寸以下。平帝元始中，王莽辅政，欲耀威德，厚遗黄支王，令遣使献生犀牛。自黄支船行可八月，到皮宗；船行可二月，到日南、象林界云。黄支之南，有已程不国（今斯里兰卡），汉之译使自此还矣。①

这是关于番禺海上贸易最早、最明确的文献记载。从以上记述看，西汉朝廷组织的船队，自南海之滨的日南（今越南境内）、徐闻、合浦入海，沿着海岸先后到达中南半岛（包含马来半岛）、印度东南海岸、斯里兰卡等地，当属无疑。因船小，抗风力差，不宜深海航行，故西汉朝廷的船队只能沿着北部湾沿岸及中南半岛行驶。一般来说，船队到了马来半岛的克拉地峡（Khokhok Kra）东岸后，便舍舟登陆，步行十多天，经过缅甸境内的夫甘都卢国而到达西岸，再西航经孟加拉国湾抵达印度东南部。② 此时前往印度还是海、陆接驳。在当时的条件下，直达还不可能，转船是正常的。中国的"缯"（丝绸）就是这样从岭南的沿海港市出发，几经辗转而流布四方的。

这里值得注意的是，这次船队的所谓"应募者"，当是熟悉海路和沿线地区语言的越族商人和水手，出任船队"译长"的宦官，也可能是被掠为奴隶后受阉的越人。因为就当时熟悉南海商路，并有海贸经验而言，珠江三角洲等地的越人当较能胜任。由于南海贸易交通的需要，番禺航海和造船技术也居领先地位。汉代的楼船有重楼、有十桨一橹，而番禺是楼船制造的中心之一。而且水手已懂得依赖季候风、借用牵星过洋的办法航行。③ 珠江三角洲和濒海的岭南其他地区是海贸活动最早开始的地区，番禺也因经营海贸而成为汉代的一大都会。珠江三角洲堪称中国海上贸易的故乡。

2. 广州作为中国海贸中心港市地位的确立及其日益繁盛

岭南地区自汉武帝平定南越国后，分设南海等7郡统归交州管辖。交州的治所嬴陵（今越南河内），因邻近中南半岛的其他地区，又有经广西的商道直通首都长安，在汉代，此处是中国海上贸易的主港。但岭南的另一要港番禺较之于河内却具有潜在的优势：通过珠江水系可同岭北各地交通，浮海

---

① 《汉书》卷二十八下《地理志下》。
② 参见许云樵《古代南海航程中之地峡与地极》，刊于《南洋学报》1948年第5卷第2辑，第26－36页。
③ 参见叶显恩主编《广东航运史（古代部分）》第一章《先秦至宋元时期广东的航运活动》。

而出可抵南海沿岸各要枢,具有海、河港的功能。随着航海与造船技术的进步,海舶可以离开沿岸行驶而直经深海而过。三国时期,自番禺启航,经海南岛东部海面,直穿西沙群岛海面而抵达东南亚地区的便捷航线开通后,大大缩短了从番禺到东南亚各地的航程。它奠定了番禺作为南海交通首冲的地位。东吴黄武五年(226),孙权以合浦为界,把交州一分为二:其南划归交州,其北划为广州,广州之名自此始。三国晚期,交州发生叛乱,兵燹屡兴,严重影响了正常的海贸活动。广州便于此时取代交州,成为南海交通的首冲。自此时起,各国前来广州者"舟舶继路,商使交属"。据统计,在南朝169年间,南海沿岸各国派来的朝贡使团达100次之多。[1] 公使朝贡是贸易的一种重要形式,使团频来,意味着贸易量的增长。广州因海上贸易发达而享有富名,广州刺史一职被视为肥缺而争相牟取。当时曾流传这样的谚语:"广州刺史但经城门一过,便得三千万也。"[2] 可见,随着货币经济的发展,广州官僚的贪欲也因之剧增。晋代石崇(249—300)之所以富极一时,就是因为他控制着广州通往首都洛阳的商道。5世纪前后(即东晋末年至南朝宋、齐间),从广州启程,历南海、印度洋、阿拉伯海、波斯湾,直驶幼发拉底河口巴士拉港的海上商路得以开通,航程约14000公里。这是当时世界上最长的航线。关于这条被称为"广州通海夷道"的航线,唐人贾耽留

---

[1] 参见[新加坡]王赓武著,姚楠译《南海贸易与南洋华人》,第69页。
[2] 《南齐书》卷三二《王琨传》。

下了详细的记载。① 因通过这条商路输出的商品以丝绸为主,后人又称之为"海上丝绸之路"。

自汉代以来,中西交通一直以横贯中西的陆上丝绸之路为主,但广州通海夷道日显重要。到了唐代中叶,海上丝绸之路取代陆上丝绸之路而成为中西交通的主要通道。这是由于东西方的政治和经济形势发生了有利于海上丝路畅通的种种变化:唐王朝传统的贯通东西方的内陆丝路在7世纪通阻无常;8世纪中叶,扼内陆丝路要道的陇右、河西相继沦陷于吐蕃之手。吐蕃乘"安史之乱"向外扩张,其势力一度南至天竺,西接大食,唐王朝对吐蕃的控制力大为削弱。因此,中唐之后,东西方的交通自然越发依赖于海路。

早在萧梁时期(502—507),波斯已出现于从海路到广州入贡的行列。570年(陈朝太建二年),波斯萨珊王朝占领阿拉伯半岛南端,使波斯湾成为印度洋交通的中心。尔后其势力不断地渗入东南亚,进而抵达中国的南方口岸。继此之后是大食帝国的兴起。622年(唐武德五年),穆罕默德创建伊斯兰教。阿拉伯人乘其宗教的狂热,拼命向外扩张。于651年向东消灭波

---

① 《新唐书》卷四三下《地理志下》,所收录的贾耽《广州通海夷道》的原文如下:"广州东南海行,二百里至屯门山,乃帆风西行,二日至九州岛岛石。又南二日至象石。又西南三日行,至占不劳山,山在环王国东二百里海中。又南二日行至陵山。又一日行,至门毒国。又一日行,至古笪国。又半日行,至奔陀浪洲。又两日行,到军突弄山。又五日行至海硖,蕃人谓之质,南北百里。北岸则罗越国,南岸则佛逝国。佛逝国东水行四、五日,至诃陵国,南中洲之最大者。又西出硖,三日至葛葛僧祇国。在佛逝西北隅之别岛,国人多钞暴,乘舶者畏惮之。其北岸则个罗国。个罗西则哥谷罗国。又从葛葛僧祇四五日行,至胜邓洲。又西五日行,至婆露国。又六日行,至婆国伽蓝洲。又北四日行,至师子国。其北海岸距南天竺大岸百里。又西四日行,经没来国,南天竺之最南境。又西北经十余小国,至婆罗门西境。又西北二日行,至拔(风日)国,又十日行,经天竺西境小国五,至提(风日)国。其国有弥兰太河,一曰新头河,自北渤昆国来,西流至提(风日)国北,入于海。又自提(风日)国西二十日行,经小国二十余,至提罗卢和国,一曰罗和异国,国人于海中立华表,夜则置炬其上,使舶人夜行不迷。又西一日行,至乌剌国,乃大食国之弗利剌河,南入于海。小舟沂流,二日至末罗国,大食重镇也。又西北陆行千里,至茂门王所都缚达城。自婆罗门南境,从没来国至乌剌国,皆缘海东岸行,其西岸之西皆大食国。其西最南谓之三兰。自三兰国正北二十日行,经小国十余,至设国。又十日行,经小国六七,至萨伊瞿和竭国,当海西岸。又西六七日行,经小国六七,至没巽国。又西北十日行,经小国十余,至拔离诃磨难国。又一日行,至乌剌国。与东岸路合。"

斯萨珊王朝，占领中亚及印度西部；向西先后占据中东、埃及、北非及西班牙。到8世纪初期已形成一个横跨欧、亚、非的大帝国——大食国（阿拉伯帝国），其势盛一时，在当时唯有唐帝国可与之相抗衡。大食继承了萨珊王朝的海上力量，大力拓展东向的海上贸易。在南亚，印度河口和锡兰岛依然是该地区的贸易中心。东南亚地区，室利佛逝于675年（唐上元二年）兴起，并且不断扩张势力，北控马六甲海峡、南扼巽他海峡这一东西方海上丝路必经的两条水道，成为东南亚地区的贸易中心。中国商人和阿拉伯商人在南海、印度洋上的商业活动终于将中国和三大地区的贸易中心——东南亚的室利佛逝、南亚的印度河口和锡兰岛、西亚北非的大食连接起来。

中国东向的海上通道——与朝鲜、日本的交通，也发生了变化。8世纪之前，日本船只来华须取道百济，渡黄海在登州上岸，或沿高句丽西海岸北上至辽东半岛，越渤海湾，同样在登州上岸。这是传统的航线，称为北路。8世纪起，日本船只来华可径渡东海而到达长江口，比以前便捷多了；公元750年以后，从日本利用东北季候风直航江、浙沿岸明州、越州等，顺风则十日可抵达；后来甚至可径航温州、台州、广州等。日本、朝鲜来华船只可直航广州，这意味着中国传统的东向和南向①分途贸易于此时出现衔接的趋势。换言之，以广州为起点的中、西海上丝路开始向东伸展，接通朝鲜、日本。它标志着以唐帝国与大食帝国为轴心的世界性海洋贸易圈趋于形成，广州则是当时世界性海洋贸易圈的东方大港。

关于以广州为起点通向印度洋沿岸国家的航线，据贾耽对"广州通海夷道"的记载：从广州至巴士拉港称作东路航道。其途次大致包括今越南、马来西亚、印度尼西亚、斯里兰卡、印度、巴基斯坦、伊拉克等国境内的沿海港口。以阿拉伯半岛沿岸—亚丁湾—红海航线称为西路航道，地点大致包括今沙特阿拉伯、阿拉伯联合酋长国境内的沿海港口。巴士拉是东、西路商道的交汇点，作为波斯湾早期贸易中心的巴士拉，与大食重镇末罗（在巴士拉以南祖贝尔地方）有运河相通。贾耽对"广州通海夷道"的途次、航期有详细记载。其途次，用今天的地域名称来说，即：船从广州出航，经大屿山以南，扬帆西行二日，到海南岛西北角。南航二日到海南岛东部的独珠山。再折向西南航行三日，到越南岘港东南的占婆岛。又往南二日，到越南

---

① 中国古代海上交通，大致分东向和南向两途。东向一途，指与朝鲜、日本等地区的交通；南向一途，指与南海地区交往。东向一途远没有南向一途交通的地区广阔而重要。

第六章 广州于明后期的转型与珠江三角洲社会结构、风尚的变化

归仁以上的燕子岬。再行一日，抵达越南的芽庄，半日到藩朗。又二日，到昆仑岛。又行五日，到马六甲海峡。海峡南北宽约百里，北岸是马来半岛，南岸是苏门答腊。从苏门答腊东南部的旧港东航，四五日可达爪哇岛。爪哇岛是南洋正中的一个大岛屿。从苏门答腊旧港一带西行海峡三日，到布罗瓦尔诸岛，北岸是马来半岛西岸的吉打。复从布罗瓦尔岛西航，抵今棉兰海中。西航五日，到今苏门答腊海岸中的婆罗师洲。续航六日，到尼科巴群岛。转北航行四日，到斯里兰卡。斯里兰卡的北部和印度南岸只相距百里。西航四日到今印度西南角喀拉拉邦的奎朗港，这是印度的南境了。再西北航行，进入阿拉伯海，经过十余处小国，到印度西岸。再西北行二日，到孟买附近巴洛奇。继续沿岸北航，再行十日，抵巴基斯坦境。经过五处小国，抵达海港卡拉奇东部。这是印度河的出海口。又从卡拉奇西行二十日，经过二十来个小国，到波斯湾的阿巴斯一带。当地人在海湾口立华表，夜间燃火炬于其上，以做导航信号。由此进入波斯湾，湾内航行一日，到幼发拉底河口的巴士拉。在此转换轻舟，溯河而上，二日就到大食帝国的重镇末罗。再由驿道西北行，就是大食国首都巴格达了。以上是东路航道。自印度南境的奎朗到巴士拉，是沿东岸航行，西岸以西就是大食帝国境内了。沿着阿拉伯半岛沿岸，经红海，绕了一个圆圈，又回到巴士拉，这就是所谓西路航道。[①]

为了证实广州通海夷道这条航道通行的实际可能性，1980年，阿曼航海家根据《天方夜谭》中阿拉伯商人辛伯达航海的故事，驾驶中世纪阿拉伯的风帆由波斯湾起航，沿着这条海上丝路来到了广州，并朝拜了中世纪阿拉伯人在广州建立的宗教圣地——怀圣寺。

这一航线开通的时间虽已难做确考，但从其形成到官方记载，当经历一段漫长的时间。其在唐代之前开通当属无疑。晚近学者根据其他资料的研究，也几乎一致认为，中国帆船越过印度洋到达红海地区的时间，最迟应在5世纪前后，即在两晋南朝时期。[②] 诚然，印度与两河流域（今伊拉克）间经印度洋的海上交通早在公元前1000年就已经发生，但由中外人民共同开辟的这条航线是当时世界上最长的航线。有学者统计，其航程已不下14000

[①] 参见沈光耀《中国古代对外贸易史》第六章第一节，广东人民出版社1985年版。笔者对此做了一些订正。

[②] 参见田汝康《十七世纪至十九世纪中叶中国帆船在东南亚洲船运和商业上的地位》，刊于《历史研究》1956年第8期，第1-22页。

公里，其意义将永垂史册。①

广州作为当时的国际性港市，其港口设施是完善的。扶胥镇作为蕃舶聚泊之港，早在隋开皇（581—604）中期已建有南海神庙，世称波罗庙。海商在南海神庙祭祀后，方由此出海。广州城前宽阔的河面也可供商船停泊，城内还有供舟楫避风的内港。唐会昌（641—846）年间，节度使卢钧在东吴交州刺史陆允开浚甘溪的基础上，"疏导其源，以济舟楫"。② 唐末城内河道淤浅，南汉时重新开浚，"凿山城以通舟楫，开兰湖，辟药洲"。③ 兰湖（又名芝兰湖，在大北门内，今流花湖附近一带）和浮丘石港④是当时重要水陆码头，也是供舟船避风的内港。今兴塔寺附近一带也是一重要码头，其邻近就是来广外商的聚居地——蕃坊。还有石门、大通（今花地附近）、白田等作为内河外港，供商船停泊，接驳货物。广州港于唐代已能够容纳大小船舶千艘。城区不断向西南发展，今天的解放路一带已列入唐城范围。天祐元年（904），"节度使刘隐以南城尚隘，更凿平禺山以益之"。⑤

广州港市之繁盛，可从前来经商的国家和地区之广泛，商舶之繁多，商货之丰富看出来。日本文学家真人元开撰的《唐大和上东征传》记载了天宝（742—756）年间各国来舶之盛况："江中有婆罗门、波斯、昆仑等舶，不知其数。并载香药、珍宝，积载如山。其舶深六、七丈。狮子国、大石国、骨唐国、白蛮、赤蛮等来往居住，种类极多。"与广州有海上交通往来者，"由流求、诃陵、西抵大夏、康居，环水而国以百数"。⑥ 唐代以前没有来往的国家，此时也"重译而至"了。韩愈在《送郑尚书序》中说："外国

---

① 参见汶江《唐代的开放政策与海外贸易的发展》，刊于《海交史研究》1988年第2期，第1-13页。

② 〔宋〕方信孺：《南海百咏》之《甘溪》。

③ 〔清〕刘应麟：《南汉春秋》卷八九。

④ 浮丘石港，据屈大均《广东新语》卷五《石语·三石》，第178-179页云："浮丘，去城西一里，为浮丘丈人之所游，古时浮丘在海中（按：指珠江河面），与海印、海珠若离若合（按：浮丘、海印和海珠合称三会城三石，皆在珠江河中）。宋初有百二十岁老人陈崇艺言，儿时见浮丘山足，舟船数千。山四畔篙痕宛然。"

⑤ 乾隆《南海县志》卷二《建置志·城》。

⑥ 〔唐〕柳宗元：《柳河东集》卷二六《记·岭南节度使飨军堂记》，中华书局1979年版，第706页。

之货日至，珠、香、象、犀、玳瑁，奇物溢于中国，不可胜用。"① 广州港市的景象，诚如刘禹锡所云："连天浪静长鲸息，映日航多宝舶来。"②

沿海上丝路前来广州居住的外国商人主要来源大食、波斯、天竺、狮子国、真腊、诃陵等，据说有十余万之众，③ 有的留居数十年而未归。唐朝为了便于管理，指定城西南濠东岸蕃舶码头区作为外国人居住地，于是便出现了历史上的所谓"蕃坊"。由于声名远播，繁盛一时，当时的外国人甚至把广州误作中国。例如，"印度俗呼广府为支那"。④ 同住广州的人，语言宗教信仰、习俗各异，海外舶来品充塞市场，一派国际性港市的气氛。

广州作为国际性港市，其兴衰不仅与当时的国际政治、经济形势密切相联，而且同当时朝廷的对内、对外政策，官员的作风，以及内地都市对广州商货的需求，联结这些都市与广州间的商道是否畅通也有十分重大的关系。唐朝政治开明，又采取休养生息、发展经济、对外开放的政策。至迟于开元二年（714），在广州已有市舶使之设，直隶朝廷。这是当时官方唯一掌管海外贸易的机构。朝廷还宣布对外商采取"任其来往通流，自为交易，不得重加税率"，并"常加存问"以示"绥怀"的政策。⑤ 因此，广州迎来空前的繁荣。同时，我们也看到广州港市的另一面，即随着唐初60年广州港市蓬勃发展的同时，政府官员的贪污腐败也随之而俱增。它导致了光宅元年（684）广州都督路元叡被外商刺杀事件。⑥ 幸得继任者王方庆是一位有革新精神的官长，他不仅清廉，"在任数载，秋毫不犯"，而且约束僚属，善处与属下各州越人酋领的关系。史书称颂之为"有唐以来，治广州者无出方庆之右"。⑦ 王方庆开创的清明的政治局面又促进了广州港市的繁荣。天宝十四年（755）爆发安史之乱，广州商货的主要消费市场洛阳和大运河沿岸

---

① 〔唐〕韩愈：《韩昌黎文集校注》卷四《序·送郑尚书序》，中华书局香港分局1972年版，第166页。

② 〔唐〕刘禹锡：《刘禹锡集笺证》外集卷五《杂诗》之《南海马大夫远示著述兼酬拙诗辄着微诚再有长句时蔡戎未弭故见于篇末》，上海古籍出版社1989年版，第1307—1308页。

③ 《旧唐书》卷一三一《李勉传》。

④ 〔宋〕赞宁：《宋高僧传》卷二《唐广州制止寺极量传》注，中华书局1937年版，第31页。

⑤ 《全唐文》卷七五《文宗七·大和八年疾愈德音》。

⑥ 〔宋〕司马光：《资治通鉴》卷二〇三《唐纪十九》，光宅元年七月戊午。

⑦ 《旧唐书》卷八九《王方庆传》；《新唐书》卷一一六《王方庆传》。

的城市陷入战火之中，导致商路梗阻。广州的官员反而趁火打劫，肆意勒索。因此，至德三年（758），"波斯与大食（商人）同寇广州，劫仓库，焚卢舍，浮海而去"。① 这导致广州港市一度衰微。

宋代，广州港依然保持其繁盛的景象。外国商人梯山航海，纷至沓来，有的携带妻儿在广州居住。外国人居住区沿唐人之旧称为"蕃坊"，神宗熙宁年间（1069—1077）已是"城外蕃、汉数万家"。"三城南临海，旧无内濠，海飓风至则害舟楫。大中祥符（1008—1016）间，邵旷知广州，始凿内濠，以通舟楫。州人便之。庆历（1041—1048）间，魏瓘再知广州，环城浚池。熙宁初，王靖成东城，复濠其外。嘉定三年（1210），经略陈岘重浚，长一千六百丈，东、西置闸二，濠之两旁皆民居，岁久淤壤埋塞。开庆己未（1259），谢经略子强大兴工役，广斥至二十丈，深三丈余，东、西坝头高鳌以石"。② 可见，宋人已经利用人工沟濠做城内交通之用；还开辟内港，以停泊商舶。另据陈大震大德《南海志》记载："南濠，在越楼下，限以闸门，与潮上下，古西澳也。景德（1004—1007）间，经略高绅所辟。纳城中诸渠水，以达于海。维舟于是者，无风涛恐。"③ 南濠和清水濠④皆为宋代的重要内港。嘉祐（1056—1062）年间，经略魏炎建置海山楼做宴请海外客商之用，每当海舶初来，海山楼有阅货之宴，临别又有饯行之宴。

北宋时的广州港市还是边陲地区的汉人聚居地。因珠江三角洲是在两宋之交北方士民的南移后才得到初步开发的，当时广州的周围还没出现如同明代以后的澳门、佛山等可以起截流、分流涌向中心地广州的货物等功能的外港或卫星市镇，因而，为了适应海外贸易的发展，北宋时广州城区由一而扩大为三。汉唐旧城之东，建成与旧城面积约略相当的东城；其西又建大于旧城三倍的西城。南宋人朱彧在《萍洲可谈》中指出："崇宁（1102—1106）初，三路各置提举市舶司，三方唯广最盛。"⑤ 直至南宋初年，广州的市舶收入仍然"倍于他路"。⑥ 可见，广州港市的地位未曾动摇。

元代，广州作为中国海贸主港的地位虽为泉州所夺而降居其次，但仍不

---

① 《旧唐书》卷一九八《波斯传》。
② 广州市方志办编：《元大德南海志残本》卷八《城濠》，广东人民出版社1991年版，第52-53页。
③ 《元大德南海志残本》卷八《城濠》，第53页。
④ 关于清水濠，参见《元大德南海志残本》卷八《城濠》，第54页。
⑤ 〔宋〕朱彧：《萍洲可谈》卷二，中华书局1985年版，第17页。
⑥ 《宋会要辑稿》之《职官四十四·市舶司》，中华书局2000年版，第3365页。

失为一个繁荣的港市。曾于至治二年（1322）到过广州的意大利旅行家鄂多立克写下这样的观感："该城有数量极其庞大的船舶，以致有人视为不足信。确实，整个意大利都没有这一个城的船只多。"① 并说，广州之大，三倍于中世纪名城威尼斯。至正六年（1346）曾到过广州的"中世纪四大旅游家"之一的阿拉伯人伊本·白图泰在他的《游记》中也写道："泰尼克兰（广州）是一大城市，街道很美，最大的街市是瓷器市。由此运往中国各地和印度、也门。"② 据陈大震大德《南海志》记载，当时来广州贸易的国家和地区达140个以上。从孙蕡于元末写的《广州歌》"峨峨大舶映云日，贾客千家万家室"③ 的诗句也可看出其盛况。

广州较之于泉州，从历史传统因素和地理条件看，皆明显处于优势。它之所以降居泉州之下，是政治等因素一时作用的结果。④ 所以，当明王朝一建立，广州又恢复了作为中国主港的地位，并且牢不可破地保持至19世纪50年代才为上海所取代。

明初，朝廷于宁波、泉州和广州分别设置市舶提举司，指定宁波通日本，泉州通琉球，广州通占城、暹罗和西洋诸国。广州包揽了南向一途的广阔区域。而且有明一代，其他市舶司有罢革之时，广州市舶司却一直未曾关闭。入明之后，朝廷一如唐宋以来的做法，注重建筑城池，疏浚沟濠，以利防卫和舟楫。"洪武十三年（1380），永嘉侯朱亮祖以旧城低隘，请连三城为一，因浚旧濠，周二千三百五十六丈五尺"，濠宽"十丈有奇"。⑤ 正统年间，王莹在其《重修羊城街记》中说："使价之客与守土之臣参半，而豪商

---

① ［意］鄂多立克著，何高济译：《鄂多立克东游录》，见《海屯行纪·鄂多立克东游录·沙哈鲁遣使中国记》，中华书局2002年版，第70页。

② ［摩洛哥］伊本·白图泰著，马金鹏译：《伊本·白图泰游记》，宁夏人民出版社1985年版，第552页。（校按：Tim Mackintosh Smith 编、苑默文译：《伊本巴杜达游记》，台湾商务印书馆2015年版，第460页："我们从刺桐河道航行了二十七天，抵达穗城。城里规模较大的几座城市集中有座陶器市集，贩卖销往中国各省、印度和也门的陶器。"）

③ ［明］孙蕡：《西庵集》卷四《歌行·广州歌》。

④ 参见叶显恩、张难生《海上丝绸之路与广州》，刊于《中国社会科学》1992年第1期，第207－223页。

⑤ 黄佛颐：《广州城坊志》（广东人民出版社1994年版）卷一"内城"条引乾隆《南海县志》卷二《建置志》"城""池"条，第35－37页。

大贾,珍物奇货,亦于斯萃焉。"① 可见,广州城居民也同宋元一样,是由封建官员、富商大贾及为之服务的市民组成的。传统的土贡产品和舶来品等,即所谓"珍物奇货"亦依然是商品的主要构成者。正德之前,广州依然保持传统港市的性质。

广州海贸市场经营的是供权贵集团消费的奢侈品。在魏晋南北朝及其之前,珠江三角洲为之提供的产品是南方的珍异物产。据《晋书·吴隐之传》记载:"广州包山带海,珍异所出,一箧之宝,可资数世。"② 这里的所谓"珍异",即当地所特有的犀、象、珠玑、玳瑁等产品。这一类自然产品,若只顾一味地索取而没有做人为的养殖,货源自当很快枯竭。到了唐代,特别是宋代,陶瓷成为广州出口的重要产品,珠江三角洲也因应发展陶瓷业。在宋代,供出口的瓷窑有广州西村窑、惠州窑、博罗窑、佛山奇石窑等。

由于海上贸易商品价值高昂,运输风险又大,因此为广州地方帅臣和越人豪酋所把持。大凡广州地方帅臣,都利用其职权直接或间接地染指广州贸易,史书上所记载的"前后刺史皆多黩货"③,指的是除贪污受贿外,还指使其属下、亲信从事广州贸易。最明显的例子是,曾任唐代广州刺史的王锷,就因为操纵广州贸易而大发其财,"锷家财,富于公藏",连京师的权门也多分享到王锷的余润。④ 至于地方豪酋进行海贸活动者,莫若冯冼家族之突出。

冼氏为越族大姓。冼夫人与入居番禺的汉人冯业的曾孙高凉太守冯宝结为夫妇后,势力益张。冯冼家族经历梁、齐而隋、唐,素受封赏,为岭南越人之首领,同时恃其把持从珠江三角洲到东京湾东北岸的沿海地盘,从事南海贸易。除承包买卖海外珍玩、"输出高凉生口(奴隶)"外,就是劫掠海上商舶。这种古代亦商亦盗的海上贸易,也唯有冯冼家族一类的豪酋能够胜任。冯冼家族由于经营南海贸易而富极一时。族人冯子猷于唐贞观年间入朝时,"载金一舸自随"⑤,以供沿途挥霍,并显示其富。冼夫人的孙子冯盎更是奴婢万人,"珍玩充积"。

五代十国割据期间,南汉政权以南海贸易为立国根基。为增加其财政来

---

① 〔明〕王莹:《重修羊城街记》,见道光《南海县志》卷二九《金石略三》。
② 《晋书》卷九十《吴隐之传》。
③ 《晋书》卷九十《吴隐之传》。
④ 《旧唐书》卷一五一《王锷传》。
⑤ 《新唐书》卷一一〇《冯子猷传》。

源,致力于招徕外商,鼓励华商下海贩鬻。它开启了尔后华商大量下海,变被动为主动局面的先河。宋元时期,朝廷一反过去等候外商前来贩运的被动状态,主动出海,大量输出陶瓷等产品。关于从广州输出宋瓷的情况,时人朱彧在《萍洲可谈》(成书于北宋末年)中写道:"船舶深阔各数十丈,商人分占贮货,人得数尺许,下以贮物,夜卧其上,货多陶器,大小相套,无少隙地。"① 近百年来,东由日本,西至非洲东岸、波斯湾沿岸,常发现宋瓷出土,也印证了宋代陶瓷贸易之发达。从广州启航的海商,不仅贩运本地产品出海外销售,而且还在兰里(今苏门答腊岛西北角)等地采购当地的苏木、白锡、长白藤等产品,运往大食诸国出售。②

宋代,南海贸易为官宦豪绅所把持,但珠江三角洲的庶民百姓已开始参与海贸活动。缺乏资金者,有专人提供借贷。据朱彧《萍洲可谈》称:"广人举债总一倍,约舶过回偿。住蕃虽十年不归,息亦不增。富者乘时畜缯帛陶货,加其直,与求债者计息,何啻倍蓰。"③ 这里是说借贷不计年限,当海舶归来时加倍偿还。而富户却趁机囤积出口的丝货和陶瓷,抬高价格,牟取暴利,较之于向债者计息,何止数倍?这些举债从商,备受富户囤积居奇、肆意盘剥之苦的人属于庶民固不待言,前述的在海舶上分占舱位贮货,夜卧其上的商人也当属庶民阶层。宋代庶民开始从事海贸之举,开启了明代中后期平民百姓大量经营海贸事业的先河。这种情况的出现,同宋代北方士民南迁珠江三角洲,促进当地越人汉化,越人酋领控制力日渐削弱有关。

二、广州市场结构、功能与运作方式的历史性变化

1. 从怀柔贡舶到计价贸易,从贡舶到商舶

朝贡贸易是一种古老的贸易形式,周边的国家都以通过朝贡得到回赐的方式进行贸易。从晋代起,南海诸国前来朝贡都取道广州。从太康五年到八年(284—287),扶南、林邑及其他二十余国曾相继前来进贡,以恢复与中国的正常通商关系。④ 据统计,从南朝宋永初元年至陈祯明三年(420—589),据统计,林邑、师子、婆皇、盘盘、扶南、于陀利等六国先后派来

---

① 〔宋〕朱彧:《萍洲可谈》卷二,第18页。
② 参见〔宋〕周去非《岭外代答》卷三《大食诸国》,第53页。
③ 〔宋〕朱彧:《萍洲可谈》卷二,第19页。
④ 《晋书》卷三《世祖武帝纪》。

的朝贡使团便达100次。① 唐、宋、元三朝实行对外开放政策，除接受朝贡外，还允许外商前来中国自由贸易。明王朝建立后，一改前朝海外贸易自由的方针，实行闭关禁海和备战的海防体制。只有钦允朝贡的国家才能前来进行贡舶贸易，贡期和贡舶规模视朝贡国对中国顺服态度而定② 入贡期限一般规定为1～10年一次；对来船的艘数与人数也做了不同的规定，一般不超过3艘200人，而且"以金叶勘合表文为验"。在广州设有市舶提举司负责占城、暹罗和西洋诸国的贡舶贸易。从洪武元年至正德四年（1368—1509）"凡十二国，皆尝来往广东者"。③

各国来使所带货物，属贡品者加封识，造册报户部，随贡使一起运解京师；附带的货物，先由市舶司按需要收买，余下部分"许令贸易"。④ 官府名为给价收买，实际上未必是等价交易；对贡品的回赐更是从怀柔的动机出发的。

从正德年间起，广州的贸易开始从由官府控制逐渐向民间自由贸易转化。首先，对贡舶附带的货物实行"抽分制"。据嘉靖《广东通志》记载："惟正德四年（1509），该（广东）镇巡等官都御史陈金等题，将暹罗、满剌加国，并吉阐国夷船货物，俱以十分抽三。"⑤ 正德十二年（1517）改为"十分抽二"。这里是说贡舶附带货物经按成数抽收实物后，允许出卖。"抽分制"是一种征收实物的税饷，税率原为30%，后调整为20%。再是对贡舶贸易对象、贡期、规模等控制的放松。正德九年（1514），广东布政使吴廷举为了收购龙涎香以满足朝廷的需要，"不问何年，来即取货，致番舶不绝"⑥，冲破了贡期和贡舶规模的限制。尔后，有不属朝贡国者，也假冒他国之名前来进行贡舶贸易。例如，葡萄牙便冒充朝贡国要求通市，终经照例

---

① 据〔新加坡〕王赓武《南海贸易与南洋华人》第四章《圣物朝贡》，第69－72页"表一"所做的统计。
② 《明史》卷八一《食货志五》记载："琉球、占城诸国皆恭顺，任其时至入贡，惟日本叛服无常，故独限其期为十年。"
③ 〔清〕屈大均：《广东新语》卷十五《货语·诸番贡物》，第431页。
④ 《大明会典》卷一一一《礼部第六十九·外夷上》。校按：此为对满剌加国的标准，其余各国待遇不一。
⑤ 嘉靖《广东通志》卷六六《外志三》。
⑥ 咸丰《顺德县志》卷二三《何鳌传》，见《顺德县志（清咸丰·民国合订本）》，第707页。

抽分后，允许与民间贸易。①

随着商品经济的发展，贡舶贸易的体制已愈来愈不适应中外双方的需要。如果说从对贡舶贸易控制的放松已见其端倪的话，那么，嘉靖年间海上走私贸易的盛行更是明显的证据。从明代中叶起，东南沿海的居民冲破海禁，百十为群，结伴走私于东南亚各国者日多。嘉靖年间更发展成与官军对抗的连舡结队的武装海商贩运集团。王直、林凤、林道干等就是当时横行海上的著名武装贩运集团的首领。这种走私在广州也公然出现。明人霍与瑕在《上潘大巡广东事宜》中写道：

> 近日，闽、浙有倭寇之扰，海防峻密，凡番夷市易，皆趋广州。……广东隔海不五里而近乡名游鱼洲，其民专驾多橹船只接济番货。每番船一到，则通同濠畔街外省富商搬磁器、丝绸、私钱、火药违禁等物，满载而去，满载而还。追星趁月，习以为常，官兵无敢谁何。比抽分官到，则番舶中之货无几矣。②

由此可见，在广州的内地商人也参与了走私活动。走私贸易的盛行，更有力地推动了贡舶制向商舶制转化。隆庆元年（1567）明王朝实行"引票制"就是在这一背景下出现的。所谓"引票"，即一种出海贸易的通行证。凡持有官府颁发的引票者，可以合法前往海外指定地点贸易。虽然引票制受到指定地点和票额的限制，是有限度的开海贸易之举；但它使原来的走私贸易因而合法化。与此同时，对海外来舶，在税收方面也从原来的抽分制改为"饷银制"：一是水饷，由抽分制改为"丈抽法"，即通过丈量，按照船的广狭征税，这是征于舶商之税；二是陆饷，即按照货物之多寡或价值高低计算

---

① 〔明〕郑舜功：《日本一鉴·穷河话海》卷五《海市》，民国二十八年（1939）据旧钞本影印。

② 〔明〕霍与瑕：《霍勉斋集》卷十二《书·上潘大巡广东事宜》。

而征收的进口税,这是征之于收购进口货物的铺商。① 税制趋于完善,无疑有利于广州商舶贸易的正常进行。

王临亨在《粤剑编》中写道:

> 西洋古里,其国乃西洋诸番之会,三、四月间入中国市杂物,转市日本诸国以觅利。满载皆阿堵物也。余驻省时,见有三舟至,舟各赍白金三十万,投税司纳税,听其入城与百姓贸易。②

这是作者于万历二十九年(1601)从苏州来广州阅狱办理案件时据其所闻见写下来的,当属可信。由此可见,海外来舶只要交纳税饷后就可入广州贸易。这里顺带指出的是,这条常为学者引用的史料,把其中的"白金三十万"当作交饷税之额,三舟累计为90万两,实系误解。据万历年间郭棐纂的《广东通志》记载:万历年间,广东每年税银4万余两。③ 可见,所赍的"白金"当属商人运来的白银。南洋、西洋各国的商人因没有足够的货物和中国进行交易,只有携带银元前来购物。至17世纪末18世纪初,无论是英国东印度公司还是后来的美国商人都是如此。美国人威廉·C.亨特在《广州"番鬼"录》中说,1824年,他乘美国"公民"号前来广州贸易时,船上便用小桶装着35万西班牙银元,以及其他货物。④

广州商舶贸易的繁荣还表现在专设与外商贸易的定期市集。从万历六年到崇祯四年(1578—1631),为了适应海外商舶采购中国商货的需要,每年

---

① 据万历《广东通志》卷六九《番夷·丈量》载:"隆庆间,始议抽银,檄委海防同知、市舶提举及香山正官,三面往同丈量、估验。"又据〔清〕梁廷枏《粤海关志》卷二二《贡舶二·意达里亚》所载:康熙二十四年(1685)监督宜尔格图奏曰:"明隆庆五年(1571),以夷人报货奸欺,难于查验,改定丈抽之例。按船大小以为额税,西洋船定为九等。后因夷人屡请,量减抽三分,东洋船定为四等"。福建方面,也于隆庆六年(1572)议征饷银。万历三年(1575),海防同知沈植条陈海禁便宜十七条,"着为令"。十七条全文已佚,但其主要内容保存在张燮的《东西洋考》卷七《饷税考》(中华书局1981年版)第132页。〔明〕谢杰:《虔台倭纂》上卷《倭原二》说:"闽、广事体,大体相同。"《饷税考》内记载的饷税规例,广东当亦大体相同。
② 〔明〕王临亨:《粤剑编》卷三《志外夷》,中华书局1987年版,第91页。
③ 万历《广东通志》卷六九。
④ [美]威廉·C.亨特著,冯树铁译:《广州"番鬼"录》,广东人民出版社1993年版,第1—2页。

夏、冬两季在广州举行定期市集,每次历时数星期乃至数月不等。岭北各地商人源源运来丝绸等商品,以供外国商人选购。葡萄牙商人是市集上的主要采购者,他们从澳门前来广州,在定期市集上收揽丝货。他们把其中一部分运往菲律宾出售而大取厚利。荷兰驻台湾第三任长官讷茨写道:"(葡萄牙商人)每年两次到广州(那边每年举行两次盛大的集市)去买货。他们的确从这种通商中获得比马尼拉的商人(按:指西班牙商人),或我们(指荷兰商人)更多的利润"①,颇有垂涎之态。葡萄牙人在广州市集上所搜购的另一部分丝货则运往日本长崎和印度果阿。②

综上所述,明代广州对外贸易的形式,有贡舶制和商舶制两种类型。贡舶制从怀柔为主趋向计价贸易,并日渐式微;商舶贸易迅速发展,明后期商舶制终于取代贡舶制成为外贸的主要形式。

2. 从经营高价奢侈品到以民生日用百货为主

明代中叶之前,经广州出口的商货是所谓"随其土宜以为货"③,亦即各地出产的传统的土贡式产品,并不考虑海外市场需求的变化。从汉代至明代中叶的1000多年间,出口的产品无外乎丝货、漆器和陶瓷等中国传统名产。正如屈大均所指出的:"豪商大贾,各以其土所宜,相贸得利不赀。"④ 进口的也是南海沿岸所出产的珍异、犀角、象牙、香料之类高价奢侈品。商品结构决定贸易的性质,这种高值奢侈品的贸易只为满足少数特权阶层享乐生活的需要,不可能惠及平民百姓。

明代后期,广州贸易的商品结构发生了变化。随着东南亚地区市场的不断开拓,以及通过东南亚市场而转运至欧美地区,出口的商品不仅需求量大,品种也增多;已经扩及民生日用商品,尤以丝、糖、铁器、陶瓷等为大宗;贸易的对象已从特权阶层扩大到民间的普通老百姓;出口的商品是根据海外市场的需求来确定的。

据嘉靖《广东通志》记载:

---

① 《讷茨提交给巴达维亚荷印总督和东印度公司评议会的关于中国贸易问题的简要报告》,摘自〔英〕甘为霖《荷兰人侵占下的台湾》,见厦门大学郑成功调查研究组编《郑成功收复台湾史料选编》,福建人民出版社1982年版,第108页。

② 参见全汉昇《自明季至清中叶西属美洲的中国丝货贸易》,见《中国经济史论丛》,香港新亚研究所1972年版,第451–473页。

③ 〔清〕屈大均:《广东新语》卷二《地语·茶园》,第59页。

④ 〔清〕屈大均:《广东新语》卷十五《货语·黩货》,第432页。

> 东洋贸易，多用丝纻……回易鹤顶等物；西洋交易，多用广货，回易胡椒等物。①

这里所谓的东洋，主要是指菲律宾。当时马尼拉的生丝市场是太平洋丝路的中转站，对丝货的需求量很大。16世纪末，墨西哥从事丝织业者有14000多人，其需要的原料生丝，就靠广州的海商运往马尼拉丝市，然后由西班牙商人转运去供应。全汉昇先生经过深入研究后指出：江南蚕丝业就是在马尼拉丝市的影响下急速发展起来的。这显然是合乎历史事实的。广州所在的珠江三角洲也在这一市场取向的刺激下创造出"桑基鱼塘"这一以蚕桑与水产养殖相结合的生态农业经营形式，蚕丝业也于此时抬头。明代晚期，珠江三角洲所生产的广纱、粤缎为东、西二洋所贵。他们向江南奋起急追，以力争在马尼拉丝市上占一席之地。其余的产品，如丝绸、糖、果箱、铁器、蒲葵等所谓"广货"，则成为西洋贸易市场的主要商品。正如关心乡梓事务的岭南学者屈大均所指出的：

> 广之线纱与牛郎绸、五丝、八丝、云缎、光缎，皆为岭外京华、东、西二洋所贵。②

> 广州望县，人多务贾与时逐。以香、糖、果、箱、铁器、藤、蜡、番椒、苏木、蒲葵诸货，北走豫章、吴、浙；西走长沙、汉口。其黠者南走澳门，至于红毛（指荷兰）、日本、琉球、暹罗斛、吕宋。帆樯二洋，倏忽数千万里，以中国珍丽之物相贸易，获大赢利。农者以拙业力苦利微，辄弃耒耜而从之。③

从上可见，东南亚地区的市场取向直接影响广州出口商品的结构；产销关系也从传统的"以产求销"转为"以销求产"。顺带指出的是，同样是丝货，此时的丝货生产同过去已经有所不同。它已经不是"因土所宜"的传统土贡式生产，而是趋向专业化，成为广大平民百姓的生计。

广州市场商品结构从高价奢侈品趋向民生日用百货品，从"随其乡宜

---

① 嘉靖《广东通志》卷六六《外志三·夷情上》。
② 〔清〕屈大均：《广东新语》卷十五《货语·纱缎》，第427页。
③ 〔清〕屈大均：《广东新语》卷十四《食语·谷》，第371–372页。

以为货"到"以市场取向为货"的转变,冲破了传统出口贸易从属于进口贸易的格局,从而使出口贸易取得独立的发展。这就导致广州贸易出超日益加剧,墨西哥、秘鲁的白银便成为这一失衡贸易的补偿。据梁方仲先生估计,自万历元年至崇祯十七年(1573—1644)的72年间,葡萄牙、西班牙、日本诸国由于贸易而输向中国的银元在1亿元以上。① 这还未包括广东商舶从吕宋等地运回的银元在内。白银的大量流入显然对明后期中国商品货币经济的发展起了重大的作用。

3. 民间海贸商人的兴起

基于海贸的性质与特点,广州贸易历来皆为官府、势家豪绅所把持。唐代及其之前是由帅臣和越族豪酋,宋、元则由官宦豪绅所垄断。明代后期,海外贸易主导者趋向民间,平民百姓充当海商者日益增多。明人郑晓说:"(广东)人逐山海、矿冶、番舶之利,不务农田。"② 顾炎武也说:"富者出货,贫者出力,懋迁居利。"③ 可见,海贸已不仅是特权阶层的专利,而且成为庶民百姓赖以为生的一种行业。珠江三角洲"望县"之民参与广州海贸固不待言,就是内地商人,尤其是闽商,也前来广州从事外贸活动。"福、泉、徽商人皆争趋焉"④,时人称之为"走广"。据咸丰《顺德县志》记载:

> 闽商聚食于粤,以澳为利者,亦不下数万人。⑤

这里说的是明末之事。闽商在澳门者已不下数万人,在广州的当属不少。又据郑若曾《筹海图编》记载:

> 浙人多诈,窃买丝绵、水银、生铜、药材、一切通番之货,抵广变卖。复易广货归浙……曰走广。⑥

---

① 梁方仲:《明代国际贸易与银的输出入》,刊于《中国社会经济史集刊》1939年第6卷第2期,第267-324页。
② 〔明〕张萱:《西园闻见录》卷六二《兵部·广东》。
③ 〔清〕顾炎武:《天下郡国利病书》之《广东备录下》,第3444页。
④ 〔明〕郑若曾:《筹海图编》卷十二《降宣谕》。
⑤ 咸丰《顺德县志》卷二四《胡平运传》,见《顺德县志(清咸丰·民国合订本)》,第751页。
⑥ 〔明〕郑若曾:《筹海图编》卷十二《行保甲》。

因利之所在,"走广"成为时尚。广州南城的濠畔街,是"天下商贾"云集,"番夷辐辏"之地。①

广州牙行商人因明代后期牙行转为承销外国商品的商业团体而成为广州商人的重要组成部分。凡充牙商者,必系殷富之家,并要彼此互保,经官府批准,发给牙帖,方取得合法资格。由于其特殊的地位,他们在同外商洽谈贸易中容易得到比普通商人更优惠的价格。因利之所在,未领到牙帖者,也冒充牙人,从中渔利。牙行有客纲、客纪之设。客纲是由若干牙行结成一纲的纲首,总理该纲行事宜;客纪,即牙行经纪人。嘉靖三十五年(1556),海道副使汪柏整顿牙行时,"乃立客纲、客纪以广人及徽、泉等商为之"。②据法国传教士裴化行《天主教十六世纪在华传教志》一书记载,此时"商业的利源,是被原籍属于广州、徽州(安徽)、泉州(福建)三处的十三家商号垄断着","他们不顾民众的反对,一味致力于发展外人的势力"。③由此可见,他们同外商联系密切,利益攸关。他们对广州商业利润的垄断,表明其拥有的商业资本之雄厚。牙商的职责比明前期有了扩大。外商货物上岸之前,广州牙商先到船上估价商货,议定税额,并负责征收。他们还负责供给外商船上人员所需的粮食和日用品,从中攫取30%~50%的利润。④脱胎于元代舶牙的明代牙商,在明代后期负责管理外商生活,以及在对外贸易中所起的半官方的作用,为后来清代广州特殊的行商制度开启了先河。

广州的商人主动走出去,在东南亚地区开拓市场,他们"帆踔二洋,倏忽数千里,以中国珍丽之物相贸易"。据《马尼拉帆船》一书记载:"每年驶抵菲律宾的大型货船大都来自广州和澳门。有200吨的,也有250吨的,还有少数300吨的。"⑤一些备办货物来广州与外商直接交易的内地商人,在夏、冬两季广州定期市集上看到葡萄牙商人运丝货到马尼拉贩卖有利可图时,竟然将卖不出去的货物用自己的船运往海外销售。荷兰驻台湾第三任长官讷茨在给国王的报告中写道:

---

① 〔清〕屈大均:《广东新语》卷十七《宫语·濠畔朱楼》,第475页。
② 〔清〕俞昌会:《海防辑要》卷十五《广东略下》;嘉靖《广东通志》卷六八《外志三·杂蛮》。
③ 〔法〕裴化行著,萧浚华译:《天主教十六世纪在华传教志》,台湾商务印书馆1964年版,第94页。
④ 参见李龙潜《明代广东三十六行考释——兼论明代广州、澳门的对外贸易和牙行制度》,刊于《中国史研究》1982年第3期,第33-37页。
⑤ 转引自《中外关系史译丛》第1辑,上海译文出版社1984年版。

中国是一个物产丰富的国家。它能够把某些商品大量供应全世界。中国人把货物从全国各地运到他们认为有现款购买他们的市镇和海港。……但后来他们运往广州市集上的货品的数量如此之大，以致葡萄牙人没有足够的资金购买。……参加这些市集的商人们看到他们的货物卖不出去，就用自己的船，责任自负地把货运往马尼拉、暹罗、望加锡等地去。①

广州商人在国内外已经建立起相互联系的网络。当他们到达东南亚各国时，自有已经在此居住的华侨与之接应，并准备好回程的商货。据哥尔勒尼斯·德·侯德孟《航海日记》记载：

（1596，即万历二十四年，在下港——万丹）侨居的中国人……个个手提天平秤前往各村腹地，先把胡椒的分量秤好，而后经考虑付出农民应得的银钱。这样做好交易后，他们就在中国船到达前，预先把胡椒装好。他们购得的胡椒，两袋可按十万缗钱等于一个卡迪（Cathy）的价格卖出。……这些装去胡椒的中国船，每年正月间有8艘至10艘来航。每船只能装50吨。②

这里没有说明这些船来自中国哪里，但当时去万丹的船都是从漳州和广州启航的。当广州商人从海外回到广州时，则有揽头负责接应。据屈大均《广东新语》记载：

以通商故，闽、粤人多贾吕宋银至广州。揽头者就舶取之，分散于百工之肆。百工各为服食器物偿其值。③

这里是说，揽头向舶主海商取得银两，用以分发制造服食器物的手工业

---

① 《讷茨提交给巴达维亚荷印总督和东印度公司评议会的关于中国贸易问题的简要报告》，摘自〔英〕甘为霖《荷兰人侵占下的台湾》，见《郑成功收复台湾史料选编》，第109页。

② 转引自〔日〕岩生成一著，刘聘棠译《下港（万丹）唐人街盛衰变迁考》，刊于《南洋问题资料译丛》1957年第2期，第110页。

③ 〔清〕屈大均：《广东新语》卷十五《货语·银》，第406页。

者，作为预支工本。手工业者再按照揽头所规定的式样、规格制造产品用来抵偿。

当时的海商已聚集巨量的商业资本，据《孔恩文件》第 1 卷记载，万历四十年（1615）已出现拥资达 5500 英镑至 7500 英镑的中国帆船商人。①这已接近 1602 年荷兰东印度公司最大股东勒迈尔拥资 8100 英镑的数额。

从上可见，庶民商人冲破势家豪绅垄断广州海贸的格局。广州商人不仅主动走出去开拓海外市场，而且还建立了国内外相互联系的贸易网络。

4. 与广州相联系的市场网络的变化

广州传统的市场功能是满足特权阶层所集聚的岭北各大都会，尤其是满足京师和运河沿岸、长江三角洲的大都会的需要。基于农村市场尚未兴起或发育水平甚低，加之广州贸易的特点，广州市场与农村市场没有发生联系。明代后期，这一情况也发生了变化。

随着明代中叶商品经济的发展，农村市场蜂起。江南地区农村市场的发育程度已经很高，而开发较晚的岭南地区农村市场也在发育之中。珠江三角洲市场的发育尤其迅速，同岭北广阔的市场发生了密切的联系。前述的江南、安徽、福建等地区商人以"走广"为时尚"争趋"，即一例证。

值得注意的是，也正是此时，由于珠江的长期统合作用，岭南经济巨区已具雏形，广州成为其市场的中心地。

市场网络和水运网络的形成是同步的。大凡市镇皆有港口或码头、津渡的设施；所有的郡县治所都有水道可通；新兴的市镇更是以水运条件为最优原则。随着民生日用商货进入流通领域，自然水道便作为商路被利用。②

最明显的是珠江三角洲，它是由西、北、东三江汇形成的河网区。佛山、澳门、江门等市镇兴起，在那里已形成等级不同、功能各异的地方性市场，并与广州市场相联系而形成市场网络。③ 珠江三角洲也因而成为广州市场腹地的核心区。

广州贸易的海外市场仍以传统的东南亚市场为主，但南海贸易的格局已

---

① 参见田汝康《15 至 18 世纪中国海外贸易发展缓慢的原因》，刊于《新建设》1964 年 8 - 9 期。

② 请参考叶显恩主编《广东航运史（古代部分）》第二章《明代广东初具规模的水运体系》。

③ 参见叶显恩、谭棣华《明清珠江三角洲农业商业化与墟市的发展》，刊于《广东社会科学》1984 年第 2 期，第 73 - 90 页。

因西方殖民者的东来而发生了变化。东南亚市场日渐为西方殖民主义国家划地分割而占据。因此,广州商人在东南亚市场上与西方殖民主义商人开展贸易,已带有中西贸易的性质。与广州市场相系的海外市场也间接地延伸到欧美地区。

5. 因应市场的转型,广州愈发繁荣

广州自古以来是以作为中国对外贸易的门户而驰名中外的。其市区的变迁自与海贸联系一起。北宋熙宁四年(1071)增建东、西二城。据《唐垧记略》云:

> 广于五岭为大府。地控蛮粤,列郡倚以为重。其商船物货之聚,盛比杭、益,而天下莫及。旧有城在广州之东,规模迫隘,仅能藩篱官舍及中人数百家,大贾巨室生齿之繁几千万,皆处其西,无以自庇。①

可见,宋代增建东、西二城是为了适应唐代以来海外贸易繁盛的需要。明洪武十一年(1378)前后,旧城与东、西二城被连接起来,并向西北、东北扩展。这表明南宋末年至元代,由于政治、地理等因素起作用的结果,广州曾降格屈居泉州之下,但广州的海贸依然较前有所增长。明王朝一建立,便恢复广州传统的中国主港的地位。

明代前期,广州城的居民是由政府官员、富商大贾及为之服务的市民组成。同宋元时期一样,市面的商货依然是"珍物奇货"。嘉靖以降,广州城区出现了与以前不同的新气象。店铺摆卖平民百姓的日用百货日渐增多,集散的珠江三角洲和省内外的农产品也越来越多。这同农业商业化的兴起密切相关。嘉靖四十四年(1565),徽州人叶权在《游岭南记》一文中写道:

> 广城人家,大小俱有生意。人柔和,物价平。不但土产如铜、锡俱去自外江,制为器。若吴中,非倍利不鬻者。广城人得一、二分息成市矣。以故,商贾聚集,兼有夷市,货物堆积,行人肩相击,虽小巷亦喧填。固不减吴阊门、杭清河坊一带也。②

---

① 转引自黄文宽《宋代广州西城与蕃坊考》,见陈柏坚主编《广州外贸两千年》,广州文化出版社1989年版,第130页。
② 〔明〕叶权:《贤博编》,中华书局1987年版,第43-44页。

可见，居民构成、市面情态也相应发生变化。庶民商人、小商贩开始活跃于广州市井街道，旧有的城区已经不能提供足够的商业活动场所。城南门之外一带空地，即濠畔街一带及其以南地带，因以成市，且繁盛一时。时人霍与瑕曾说：

> 城南门外，东西亘六、七里，人烟辐辏，货贿山积，盖会城繁华之所都也。①

屈大均在《广东新语》中也指出：濠畔街一带有"百货之肆，五都之市，天下商贾聚焉"，又说"香、珠、犀、象如山，花、鸟如海，番夷辐辏，日费数千万金。饮食之盛，歌舞之多，过于秦淮数倍"。② 当时流传广州"计天下所有之食货，东粤几尽有之；东粤之所有食货，天下未必尽有之也"③；"金山珠海，天子南库"④ 等说法，反映了时人对广州的艳羡。

出于治安的考虑，朝廷于嘉靖四十四年（1565），围绕城南这片商业区扩建城墙，即扩建"自西南角楼以及五羊驿，环绕东南角楼，以固防御。长一千一百二十四丈，高二丈八尺，周三千七百八十六丈。上广二丈，下广三丈五尺。为门八：其东曰永安，西曰太平，南曰永清，东南曰小南，西南曰五仙、曰靖海、曰油栏、曰竹栏"。⑤ 广州城的人口也从洪武年间的2.75万人增至嘉靖四十一年（1562）的30万人。⑥

从上可见，广州市场从明代中叶开始出现转型，从服务于京师、长江三角洲及运河沿岸城市等高消费的富人聚集区的转运贸易外贸中心，向兼充岭南区贸易中心地转化；作为外贸转运中心，其发展不受岭南区域或其所在地珠江三角洲经济发展水平的影响。作为岭南巨区贸易中心地，广州的盛衰则与其贸易腹地，尤其是与贸易腹地的核心区珠江三角洲密切相联。广州市场的转型给珠江三角洲经济以强烈的刺激，对于珠江三角洲的商业化来说，这是一难得的机遇。"珠玑巷人"善于把握这一历史性的机遇，利用广州市场

---

① 〔明〕霍与瑕：《霍勉斋集》卷二二《碑铭·吴自湖公生祠碑》。
② 〔清〕屈大均：《广东新语》卷十七《宫语·濠畔朱楼》，第475页。
③ 〔清〕屈大均：《广东新语》卷九《事语·贪吏》，第304页。
④ 〔清〕屈大均：《广东新语》卷十五《货语·黩货》，第432页。
⑤ 光绪《广东府志》卷六四《城池》。
⑥ 转引自黄启臣主编《广东海上丝绸之路史》，广东经济出版社2003年版，第444页。

和珠江三角洲区位优势率先发展商品性农业,并由此带动各个行业的发展。商业化的日益增进又不断引起当地社会的变迁。我们将在下面分别论述。

三、珠江三角洲社会结构与社会风尚的变化

1. 社会基层结构的演变与宗族组织的庶民化、普及化

在珠江三角洲因广州市场的转型而引起商业化的同时,当地社会基层结构也在发生演变。个体小农原是一个耕、织、渔、副相结合的多功能的经济实体,此时其功能趋向专业化,以从事蚕桑、果木、蔗糖等为专业;从繁杂到愈来愈趋向单一。以整个基层社会而言,从多功能角色的结构向数个专业化结构演化。

社会基层组织也出现了宗族组织的庶民化和普及化。至于明代中叶以后南方宗族制盛行,原因是多方面的。有南来移民开发过程中为了与土人竞争的需要而高扬团体组织的原因,也有为适应南方耕作系统需要的因素等,在前面章节已有探讨,故不再赘述。这里只想指出,明代中后期珠江三角洲宗族组织的普及化和庶民化,还有其特殊的原因,这就是由商业化而引起的平民百姓自我意识的抬头。他们在当地经济普遍增长中所起的作用,使他们感到自己存在的价值。于是,他们利用从商业化中得到的经济实力,仿名宗大族建立起宗族组织来。这就冲破了传统的宗族制与庶民隔绝的藩篱,使原为豪门大姓所垄断的宗族制也走向民间,成为庶民的组织形式。

值得注意的是,平民百姓利用取得的经济实力,或借助宗族的力量培养子弟,并通过科举仕宦而进入特权统治集团。一批活跃于明后期政坛的珠江三角洲的官僚,就是这样被培植出来的。"名重士林,德高朝野"的状元南海伦文叙出身贫寒,其子以训会元榜眼,以谅解元进士,以诜进士,世称其父子为"四元双进士",[①] 成为一时佳话。官至礼部尚书的霍韬,其先祖原以孵鸭为业,景泰年间"昼则鬻布于市,暇则作扇,市取值以起家"。[②] 崇祯朝户部尚书李待问,其祖先也是因"得铁冶之法"始发家。[③] 由此可见,

---

[①] 参见〔清〕屈大均《广东新语》卷九《事语·状元》,第281页;又,同卷《事语·五里四会元》,第282页。

[②] 〔明〕霍韬:《又序》,见〔清〕霍熙(南海石头)《霍氏族谱》,第1、3-4页。

[③] 〔明〕李待问:《李氏族谱》卷五《广成公传》《祖考冈野公传》。

商业化加速了珠江三角洲社会的纵向流动。这一取得显贵的新兴集团，修族谱、造祠堂、置族产，进一步提倡宗族制，使得宗族组织愈加普及化，更深刻反映了这种宗族组织的庶民化、普及化与商业化的关系。

2. 社会风尚从质朴向奢侈、从重义向求利的转变

珠江三角洲迟至南宋才得到大规模开发，一直栖息于历史的角落而未受世人注意。方志记载明代以前当地的官绅传，皆称颂传主重节操守，以道义相砥砺，提倡"舍生取义，千古纲常"。他们都系来自中原大族之胄，继承了中原的士风。明初，顺德平步唐豫等"六逸"，以隐居乐澹自况，出行"衣冠整肃"，道貌岸然。尝定乡约，"行一年、争讼息"。① 又有黎和者，"辟莱芜以耕，吟啸自如。尝揭八行为家训，乡人化之"。② 新会的陈献章，为岭南一代儒学宗师，也是恬淡寡欲，靠田两顷，耕以自养，拒绝官府所赐。③

与重节操士风相应的是质朴、敦厚、宁静的乡村民俗。庶民百姓生活在主要由士绅豪强治理的乡族共同体中。是非曲直的标准，是由士绅制定的"乡约"或"家训"。纠纷争讼甚寡，即使发生纷争，也得听士绅的裁决。元代，从化县张元俊拒绝朝廷授官，"归筑园圃自娱，晚尤好施。遇岁凶，散谷以济"，"乡间诉曲直者，片言剖析，无不悦服"。④ 在这里，小农家庭的相对独立与对士绅豪强的依附被合理地综合在一起。

随着商业化潮流的出现，原来的社会风尚被破坏了。经济的增长刺激了人们的贪欲，士子不是耻于言利，而是汲汲以求。从商之风甚炽。屈大均在《广东新语》里指出：

> 今（指明末）之官于东粤者，无分大小，率务朘民以自封，既得重赉，则使其亲串与民为市，而百十奸民从而羽翼之，为之垄断而周利。于是民之贾十三，而官之贾十七。⑤

原以求功名为上进的士子，也纷纷"弃儒从商"。甚至农民也以"拙业

---

① 光绪《广州府志》，卷一一五《列传四》。
② 光绪《广州府志》，卷一一五《列传四》。
③ 参见〔清〕屈大均《广东新语》卷九《事语·白沙逸事》，第278页。
④ 光绪《广州府志》卷一一四《列传三》。
⑤ 〔清〕屈大均：《广东新语》卷九《事语·贪吏》，第304页。

力苦,辄弃耒耜而从之"。① 宁静、敦厚的乡村人际关系为争竞之风所取代,社会上的不安定因素也随之增加。

从颜俊彦《盟水斋存牍》一书所记载的诉讼案牍看:当地衙役、土宄、哨兵,因贪利而为虎作伥,横行乡里;民间为争家产、山塘、田地、坟场、公房隙地、继嗣、债务、商务等,纠葛争讼纷起。另外,从此书所反映官府加强对当地基层社会组织,如里排、保甲、宗族,团练等的控制,并使之严密化的描述,也可看出社会的动荡和失衡。

值得回味的是,仕宦也被视为一种求利之举,品评官僚好坏的标准发生了变化。万历《新会县志》甚至是这么说的:

> 正、嘉之前,仕之空囊而归者,间里相慰劳,啧啧高之,反是,则不相过。嘉、隆以后,仕之归也,不问人品,第问怀金多寡为重轻。相与姗笑为痴牧者,必其清白无长物者也。

从讲求节操、清廉不贪腐的官僚却被乡人讪笑为"痴牧"可见,到了这个阶段,连官场也商业化了,以得巨利(赃物)为高,又可见珠江三角洲居民的价值观念也在发生变化。

明代后期,伴随广州市场的转型而出现商业化,珠江三角洲的经济、社会形态经历了一场深刻的变化。如果没有爆发明末清初长达 40 年的动乱,导致这一社会、经济演变的趋势被打断的话,珠江三角洲历史的归宿,也许会是另一幅图象。

---

① 〔清〕屈大均:《广东新语》卷十四《食语·谷》,第 372 页。

第七章　明清之际社会经济凋敝与清代经济的复兴

经济的演变不能脱离非经济因素的影响与制约,其中包括政治制度、社会结构,以及习俗心态等文化因素。当政者施行的政策更对当时的经济起直接的影响。广东16世纪与17世纪之交的经济发展令人瞩目。17世纪中叶,明清嬗递的战乱使其顿陷低谷。经过广东巡抚李士桢大刀阔斧的整顿,实施有效的政略,满目疮痍的广东经济终于得以复苏,尤其是他实施"恤商"政策,创立洋货行(广州十三行)等措施,对海上贸易的发展,意义尤为重大和深远。学术界关于李士桢(1919—1695)的生平、宦绩的研究,据笔者所知,已有王利器的《李士桢李煦父子年谱》一书,① 汤开建的《李士桢〈抚粤政略〉中四篇关于澳门的奏章》与谢中凡的《论李士桢抚粤》两文,此外,谢中凡的《清初闽、粤藩王大吏对海上贸易的影响》一文也有所论及。② 本章的主旨是探讨李士桢的抚粤政略与17世纪末广东经济复苏的关系。

一、李士桢受命于广东经济凋敝、藩孽横行之时

17世纪是岭南地区两个经济发展周期的交替期。1627年爆发的明末农民大起义中,李自成领导的一支农民军以中原地区为主要战场,张献忠领导的一支则以长江中上游为活动地盘。岭南僻居南隅,兵锋未及,与以江南地区为主的国内商业往来,以及同南海弧形岛国的贸易关系依然正常开展,因而17世纪上半叶尚能保持自16世纪以来经济的持续增长。以岭南地区的经济核心区——珠江三角洲而论,正是商业化不断深化的时期。开始于明代中

---

① 王利器:《李士桢李煦父子年谱》,北京出版社1983年版。
② 汤开建:《李士桢〈抚粤政略〉中四篇关于澳门的奏章》,见汤开建主编《明清士大夫与澳门》(澳门基金会1998年版);谢中凡:《论李士桢抚粤》,刊于《广东社会科学》1988年第2期,第75-81页;《清初闽粤藩王大吏对海上贸易的影响》一文是谢先生在中国社会科学院研究生院的硕士学位论文,未刊稿。

叶的广州市场的转型给珠江三角洲的强烈刺激,① 促使商品经济的崛起,出现了以广州贸易(或称之为出口贸易)为导向的农业、手工业的商业化。最具特色的是水、陆交相作用的"桑基鱼塘"生态农业的出现。于17世纪初在南海、顺德和鹤山三县交界处的九江、龙江、龙山、坡山四乡连成一片的河网区,正是实施了这种独特的商业化经营形式。制糖业、丝织业、铁冶业、陶瓷业等也于此时勃兴。农产加工品和手工业品源源流入广州市场,或径运于岭北内地市场以及海外东南亚洲市场销售。珠江三角洲愈来愈成为对外出口贸易的重要基地。

自顺治四年(1647)二月清军攻入广州起,至康熙二十年(1681)的30余年间,南明小朝廷及其后来联合张献忠余部大西军与清军在岭南地区进行的拉锯战;明降将李成栋的"反正"及其遭到平南王尚可喜和靖南王耿继茂两藩王的镇压与尚、耿两藩的肆虐;境内小股农民、"社贼"(佃仆、家仆之类依附者)等的纷纷起义所造成的连绵不断的动乱,给社会经济以沉重摧残。② 珠江三角洲地区遭受的祸害尤为严酷,其中清远"县城四万余户(口?)",五罹兵火之后,"民不满百户";③ 新会县城死于战乱者"更不下十余万"④;等等,导致人口剧减。据笔者估算,珠江三角洲人口从明末的132万口降至康熙十一年(1672)的92万口。⑤ "迁海"事件更是千年未遇的浩劫。为防范郑成功父子的反清势力,朝廷于康熙元年(1662)下令迁虎门以西、崖门以东的大奚、黄梁、潭州等地居民;康熙三年(1664),迁广州府番禺、顺德、新会、东莞、宝安、香山和新宁等7县沿海居民。规定"片板不许下海,粒货不许越疆"。村落、市镇夷为废墟,田园荒芜。被迁之民,少壮流离四方,老弱转死于沟壑。"昔之村,大者或数千家,小者亦数百家。今则间井萧条,无复鸡犬相闻之旧"。广、惠、潮、肇、高、

---

① 参见本书第六章《广州于明后期的转型与珠江三角洲社会结构、风尚的变化》。
② 参见陈舜系《乱离见闻录》,见中国社会科学院明史研究室编《明史资料丛刊》第3辑,江苏人民出版社1983年版。按:陈舜系(1618—1679),广东吴川人。他目睹明、清嬗递期间岭南地区的动乱,曾一度被胁迫充当李定国农民军的医生。于是根据亲身经历,着重写下高、雷地区动乱的情景。此文可补史乘之阙如(参见《丛刊》第3辑之"说明",第229页)。
③ 民国《清远县志》卷二《县纪年上》。按:户数不确。
④ 康熙《新会县志》卷首,苏楫汝《序》。
⑤ 参见叶显恩《明清珠江三角洲人口问题》,见中国人民大学清史研究所编《清史研究集》,光明日报出版社1988年版,第141-168页。

雷、廉等7府所属27州县、20卫所沿海迁界并海岛港洲田地共31692顷，内原迁抛荒田地达28192顷。① 其中，广州府七县因被迁丢荒的土地达2404500亩，占总面积4920900亩的50%。② 康熙七年（1668），得旨展界，迁民方得重归故园。但海上依然封禁，镇守广东的平南王尚可喜和靖南王耿继茂两藩王照旧横行施暴。

顺治七年（1650），尚、耿二藩入镇广州后，对城内居民大加屠杀，"血洗十八甫"。藩兵强占民房，城内隙地与城郊鞠为茂草以养马，以衙门、学宫充当马厩，城中居民被赶往位于西门以外的所谓新城。作为中国海贸中心、岭南巨区市场中心地的广州，满目疮痍，成为二藩的军营和横行肆虐的指挥所。

二藩恃其兵权在握，擅自横征暴敛，搜刮民财。③ 私设"总店"，罗踞津口，滥征货税。从无收税之例的日用鸡豚乃至蔬果都在私抽之列。尤其是垄断海贸，大搞走私贸易。因其滥征苛税，行商望而却步，"两江之船遂不往来"④。商业凋零，市镇残破。时人黄居石的《哀江门》诗写道：

> 甲辰移海尽邱墟，
> 古庙独存新市侧。
> 毁瓦颓墙塌平道，
> 四顾萧条目空极。⑤

可谓当时市镇惨状的真实写照。康熙帝也不得不承认：

---

① 〔清〕杜臻：《粤闽巡视纪略》卷三"四月癸亥朔甲子"条，《拜广东耕种防守事宜疏》。

② 《珠江三角洲农业志》第5册《珠江三角洲主要作物和畜牧、林木的历史发展概况》，第9页；又，马楚坚：《有关清初迁海的问题——以广东为例》，见《明清边政与治乱》，天津人民出版社1994年版，第257-277页。

③ 先是尚、耿二藩并临，后于顺治十七年（1660）靖南王耿继茂移镇福建，继续留镇广东的尚藩也没有减弱其苛毒。关于两藩在广东的暴虐行径，可参阅罗一星《清初两藩肆虐广州考》（《广州研究》1984年第1期，第57页）与《清初两藩踞粤的横征暴敛及对社会经济的影响》（《岭南文史》1985年第1期，第75页）两文。

④ 乾隆《广州府志》卷二八《名宦四·金光祖》。

⑤ 转引自李德超《清初迁界及其时之港澳社会蠡测》，见黄璋编《明清史研究论文集》，香港珠海书院1984年版。

广东人民，为王下兵丁扰害甚苦，失其生理。①

加之受"路易十四小冰期"的影响，17世纪后半期，广东的气候恶劣，自然灾害频发（详见表7-1）。

表7-1 1648—1694年间广东特大的自然灾害②

年份	旱	水	风	冷冻	冰雹	地震	虫害鼠疫
1648	●						●
1649			●				
1651					●		
1652			●				●
1653						●	
1655					●		
1656				●		●	
1661					●		
1665						●	
1667			●				
1669			●				
1670					●		
1672					●		
1673			●				
1678					●		
1679			●		●		●

---

① 《清实录·圣祖仁皇帝实录》卷十四，康熙四年乙巳正月三月乙未。
② 参见梁必骐主编《广东的自然灾害》（广东人民出版社1993年版）第三章第四节《冷冻火害史》，第60-66页。按：17世纪下半叶在世界气候史上被称作"路易十四小冰期"。据竺可桢的研究，寒冷气候在中国从1620年一直延续至1720年。参见竺可桢《中国近五千年来气候变迁的初步研究》，见《竺可桢文集》，科学出版社1979年版，第486页。

续表 7-1

年份	旱	水	风	冷冻	冰雹	地震	虫害鼠疫
1683				●		●	
1687					●		
1690				●			
1694		●	●				

以上所列，都是广东历史上的特大自然灾害。不难看出，17世纪后半期是各种灾害的密集期，从40年代末至80年代初的30多年间，人祸和频仍的自然灾害交相肆虐，使广东的社会经济陷入低谷。不仅明代中后期蓬勃发展起来的商品经济横遭摧残，就是正常的生产活动也无法维持。

海禁给海贸带来的打击尤其沉重，它切断了沿海居民靠海活命的生路。虽然广东当时也同某些国家发生贸易往来，如暹罗于康熙二年（1663）、六年（1667）、十年（1671）皆来过贡舶，① 荷兰、英国也来过商舶，但贸易额甚微。藩王和总督、巡抚趁火打劫，通过委托商人做海上走私，大发其财。尚之信便委任沈上达为藩王府贸易总管，大搞贸易走私活动。在广东各级官员的庇护下，沈上达成为显赫一时的富商。当时广东的各级官员都从沈上达处得到余润。康熙二十年（1619）九月十二日，康熙帝对随奉折本面奏请旨的大学士说："沈上达系尚之信所属富商，朕闻广东大小官员无不用伊银两。"② 所以，当尚之信反迹暴露后，有关的官员为免受沈上达的牵连而将其杀人灭口。③ 两广总督卢兴祖在康熙六年（1657）也指使香山知县姚启圣阴与澳门为市，从事走私。④ 他们为了继续独享战时体制下走私贸易的专利，往往以防范郑氏反清集团势力为名，要求继续海禁。尚之信于康熙十

---

① 〔清〕杜臻：《粤闽巡视纪略》卷二。
② 《康熙起居注》第1册，中华书局1984年版，第750页。
③ 《康熙起居注》第2册，第1146-1147页。
④ 《明清史料》己编第6本，刑部残题本，台湾"中央研究院"历史语言研究所1957年版，第597-599页。关于卢祖兴指使姚启圣往澳门走私一事，参见汤开建《李士桢〈抚粤政略〉中四篇关于澳门的奏章》一文（收入他的《明清士大夫与澳门》一书）。

六年（1677），在广东全省"已底定"的情况下，还上疏请求申严海禁。①甚至在"三藩"剪平，台湾郑克塽也已经降附之后，沿海督、抚依然阻扰开海贸易。对于这一点，康熙帝是洞若观火的。被差往广东、福建开拓海界的内阁大学士石柱回京复命，于康熙二十三年（1684）七月十一日为康熙帝召见时，康熙帝说："百姓乐于沿海居住者，原因可以海上贸易捕鱼之故。尔等明知其故，海上贸易何以不议准行？"石柱以"海上贸易明季以来原未曾开"，又援引闽、粤总督、巡抚、提督认为台湾新复为由作答。康熙帝斥之曰："今虽严海禁，其私自贸易者何尝断绝？凡议海上贸易不行者，皆由总督、巡抚自图便利故也。"② 可谓一语中的。

应当指出的是，藩王、总督、巡抚趁海禁做海上走私，以官僚政治与商业结合，霸占商利，形成政治和经济一体的特权阶层，这对皇权是一大威胁。这是康熙帝之所以不顾劝谏，决意平藩的原因。这些封疆大吏本已争名于朝，今又争利于市。他们擅夺海利，垄断商业，破坏了市场的正常运转。明代中叶发育起来的城乡市场网络体系遭到摧残。

明清易代之乱，岭南来得较晚，结束也最迟。康熙帝对镇守岭南的尚、耿二藩在广东的种种劣迹十分清楚，但为了利用其消灭南明政权和郑氏的反清势力，故对尚、耿二藩采取了宽容的态度。康熙十二年（1713），当尚可喜上疏要求归老辽东，请由其子尚之信承袭王爵时，康熙帝认为时机成熟，决定下旨撤藩。三藩以此为由公然发动叛乱。经过八年战争，清廷终于于康熙二十年（1681）剪灭三藩，结束了藩王的暴政。但岭南各地，"民困未苏，疮痍未起"。广东为紧要之地，当兵燹扰攘之后，诸务急待剔厘。非得才望风力、谙练行间大有材具之臣不能胜任。李士桢正是在此情况下，于康熙二十年十二月二十三日奉旨"以原衔（按：指江西巡抚）调补广东巡抚"③ 之重任。

---

① 康熙十六年（1677）十月《裕亲王福全等题复尚之信请申海禁事本》，见《康熙统一台湾档案史料选辑》，福建人民出版社1983年版，第147页。
② 《康熙起居注》第2册，第1200页；又，《清实录·圣祖仁皇帝实录》卷一一六，康熙二十三年甲子九月甲子朔。按：《起居注》与《实录》的记载，文字稍有出入，但文意相同，因《实录》转录《起居注》时，做了文字的润饰。
③ 〔清〕李士桢：《李大中丞政略·抚江政略》卷一《奏疏·谢调补广抚疏》。

二、整顿吏治，以兴利除弊，安定商民

李士桢，字毅可，世居东莱之都昌（今山东昌邑市），生于万历四十七年（1619）四月二十三日。① 本姓姜，其先人入辽东，当后金在征服辽东时被捕获成为包衣。"从龙辽左，寄旗籍，以李为氏"。② 他于顺治四年（1647）贡生廷对中选，授长芦运判。③ 顺治七年（1650）转任河东运副。④ 顺治十年（1653）升安庆知府。顺治十四年（1657）调任延安知府。同年十月，升广东按察司副使分巡岭东道。⑤ 顺治十六年（1659），擢山西阳和道副使。⑥ 顺治十七年（1660）升山西布政司参政分巡冀宁道。⑦ 康熙元年（1662），以荫授内阁中书，在都候选。康熙三年（1664）补江西湖东道。康熙六年（1667），升河南按察使。康熙十二年（1673）九月升福建布政使。次年李士桢取道浙江赴任闽省，因耿精忠已经在福建叛乱，无任可到。适浙藩出缺，为浙江总督李之芳题留浙省补授。康熙二十年（1681）五月，升江西巡抚。八月初二日至赣省入署受事，甫数月即于同年十二月二十三日改任广东巡抚。

从上可见，李士桢由府道而陟臬藩，近30年溯豫、浙以至晋、秦的地方官，历练地方政事，具有丰富的经验。而且他在地方官任内受到地方士民和同僚的赞许。他在康熙三年（1664）分守江西湖东道时，驱逐自称"王商"的建昌奸民出境，"一郡如出汤火"。⑧ 康熙六年（1667）在河南按察

---

① 参见〔清〕杜臻《广东巡抚都察院右副都御史李公士桢墓志铭》，见〔清〕钱仪吉《碑传集》卷六六《康熙朝督抚中之下》。
② 乾隆《昌邑县志》卷六《人物·政迹》。
③ 〔清〕杜臻：《广东巡抚都察院右副都御史李公士桢墓志铭》。
④ 参见雍正《河东盐法志》卷七《官职·运副》。
⑤ 参见康熙《安庆府志》卷十二《秩官志·郡政绩传》，中华书局2009年版，第573页；嘉庆《重修延安府志》卷十八《吏略一·职官》。又，见《清实录·世祖章皇帝实录》卷一一二，顺治十四年丁酉十月丁亥。
⑥ 参见〔清〕杜臻：《广东巡抚都察院右副都御史李公士桢墓志铭》。
⑦ 《清实录·世祖章皇帝实录》卷一四〇，顺治十七年庚子九月丙寅。
⑧ 乾隆《建昌府志》卷三六《名宦》。

使任内，他逐案亲鞫奏谳，全活者以万千计，中州有"青天"之颂。①他在任浙江布政使时，正值清军平定闽省耿藩变乱，粮饷等军需皆取给于藩司，军檄如雨，克期责办。他"应机立断，以惠感民，而输将者不敢后；以正率僚，而催科者不敢私"，为转运，充蓄积以佐军旅，大展其理财之能。上司与同僚对此好评如潮，②其享有善于理财、清正贤能的声名。康熙二十年（1681）五月十四日，明珠等大臣奏请擢授他以江西巡抚时，康熙帝说："朕亦素闻其贤。"钦准授此官。同年十二月十三日，吏部题补广东巡抚员缺，开列副都御史余国柱等五名候选人，呈康熙帝钦定。康熙帝思之良久，令九卿会推。同月二十二日，康熙帝否定九卿会推关于广东巡抚的人选。他说："广东甚为紧要，江西巡抚李士桢任浙江布政使时，居官循良，办事亦优，着补调广东巡抚。"③

李士桢于康熙二十一年（1682）孟夏度岭抚粤。同年七月，康熙帝赐他以"清慎勤"御书匾，以示对他的器重和期许。广东当时尚藩刚平定，"兵燹甫息，比间凋残"，藩党余孽尚存，其垄利害民等种种弊端未除。于是在是年五月，即入粤后的第二个月，李士桢发布《抚粤条约》文告，计有：励官方、肃武备、端士习、清钱粮、慎刑狱、革火耗、禁私派、除私税、严保甲、弭盗贼、厘盐法、饬海防、省讼词、劝输将、汰冗役和省差扰等16条。这是他抚粤的施政纲领，其要旨是：察吏诘戎，兴利除弊，以安商民。

从李士桢入粤伊始颁布的16条施政纲领来看，为首的两条是整顿吏治和军队。原掌握军权的平南王尚氏凌驾于总督、巡抚之上，清除尚藩在军队的余孽，是当务之急；李士桢的前任王来任、金俊，总督卢兴祖等"品行贪污"④，吏治败坏。从藩王到总督、巡抚，乃至属下官员，皆通过其亲信经商以渔利。官商勾结，垄利害民，是当时吏治败坏的主要表现。当时屈大均不胜感慨地说，这种贾官结合，"其祸不知所底，非有圣君贤相，端本澄源，以节俭为之创率，禁难得之货，明贪墨之刑，则东粤一隅，何以有匹夫

---

① 参见〔清〕杜臻《广东巡抚都察院右副都御史李公士桢墓志铭》；乾隆《昌邑县志》卷六《人物·政迹》。

② 参见〔清〕魏象枢《寒松堂全集》卷三《奏议·遵旨保举事疏》；卷九《书简·寄李毅可藩司书》；〔清〕陆元辅《寿两浙方伯毅翁李公六十序》，见《菊隐文集》卷八，《清代诗文集汇编》第61册，上海古籍出版社2010年版，第422页。

③ 《康熙起居注》第1册，第695页；又，第799页。

④ 《康熙起居注》第2册，第1201页。

匹妇之性命也哉！"① 更甚者，平南王尚之信私设"总行""总店""总埠"等名色，罗踞津口，滥征货税；又纠集一批资产雄厚的商人，名为"藩商"，专管朝贡贸易和海上走私贸易。尚之信藩王府参将沈上达是其总头目。沈上达利用特权，大搞海上走私贸易，"一年之中，千舡往回，可得利银四五十万两，获利甚大"。② 广州市内形同军营，商人望而却步，西江舟楫一度断其往来，广州沦为死港。佛山于此时顿然繁盛也与此有关。要恢复广州港市贸易，唯有通过整顿吏治，打击藩党余孽，才能招徕、安定商民。基于此，李士桢抚粤伊始，便查出负责征收自康熙十八年（1679）恢复的澳门界口旱路税的提举官张溱的贪赃行径，并加以惩处。③ 在处置尚之信和沈上达二案时，变产株连，李士桢奏请豁免30余万人，案牍为之一清。④他以清理积案、纠正冤案来昭示政治清明。将藩党霸占民产清还原主，"凡田庐之为藩者，店舍之为兵踞者，一一给还"⑤，从而取信于民。他强调安民必先察吏，大官守法，小官才能清廉。并选补缺官，⑥ 或裁、或添设道员，⑦ 赏罚分明。于康熙二十四年（1685）纠劾官员4人，荐举卓异官员6人。要求所属官吏文武生员捐监武举人等，"务各恪循职业，安分守己如一，应举监生员不许干预外事"。⑧ 他在《诫谕官绅》的文告中，痛心疾首地指出：

  现任文武官弁及绅举贡监生因循以前积弊，擅用告示封条朱笔标贴，或纵容家人亲戚串同地棍土豪擅给印记小票，霸占私抽，招摇诈

---

 ① 〔清〕屈大均《广东新语》卷九《事语·贪吏》，第305页。
 ② 〔清〕李士桢：《抚粤政略》卷七《奏疏·议覆粤东增豁税饷疏》。
 ③ 参见〔清〕李士桢《抚粤政略》卷七《奏疏·议覆粤东增豁税饷疏》。据该疏记载，澳门界口旱路税，康熙十九年（1680）收得26两4钱8分3厘；康熙二十年（1681）得12270余两，李士桢查出是年提举官张溱及各衙役私抽7980余两；康熙二十一年（1682）一月至六月得7900余两，查出同期衙役私抽5000两。私抽已占正额的60%以上。
 ④ 参见〔清〕杜臻《广东巡抚都察院右副都御史李公士桢墓志铭》；乾隆《昌邑县志》卷六《人物·政迹》。
 ⑤ 道光《广东通志》卷四三《职官表三十四》。
 ⑥ 参见〔清〕李士桢《抚粤政略》卷七《奏疏·粤东缺官就近先选补急限赴任疏》。
 ⑦ 参见〔清〕李士桢《抚粤政略》卷七《奏疏·请留岭南等三道疏》。
 ⑧ 〔清〕李士桢：《抚粤政略》卷五《文告·教诫吏士》。

骗。甚有前朝废绅子孙膏梁醉梦，不谙废兴，尚借祖父名色封条灯笼，狐假影射，雄行乡曲，欺压小民。

并且申明，如再有前述劣迹出现在"市场、海口、墟场各处"，地方官应"立时尽行收缴，严行谕禁"。① 对在地方为虎作伥的胥吏衙役，进行剔厘汰除。规定自司道而府县，乃至首领佐贰卫所，各衙门吏书皂快门役等，必须严格额定；如有副役朋役，曾经缘事革逐，与更名改姓，作奸犯科之人，尽行革汰。这些人自明末起便肆虐于民间，成为地方的一大毒瘤。崇祯年间广州府案牍汇编《盟水斋存牍》对这些地方上黑恶势力行径便已有充分的揭露。李士桢深明此弊，所以将其列作施政纲领之一。

他一针见血地指出："安民必先察吏，职守各有官方。故大臣法，小臣廉，则天下无不理之事，地方无不安之民。"他在《抚粤条约》中的"励官方"文告中，对僚属没有装腔作势，而是开诚布公，谆谆告诫。因能有效地约束僚属，所以赢得"娴于吏治"的美名。②

基于顺治七年（1650）平南王入粤后，"驻阃署为府。城内皆藩王官兵，四民不得复逼此土。其院司道守令治所，皆于外城权设，巡抚公署迁之靖海门总镇府"。由于"官兵悉居城内，官衙民舍，迁于城外"，重新调整八旗、绿营官兵的驻地，整治广州市区，便成为急务。李士桢会同两广总督吴兴祚、广州将军王永誉等经过区划后规定：

> 以旧城西首归德门起，至西门、大北门，大街以西止，一应公署房屋，俱为将军、副都统及八旗驻防官员甲兵居住；归德门至大南门、大东门、小北门、大北门，大街（按：这里的大街是指归德门内大街；有时称"归德大街"，见《巡抚广东都察院题名碑记》）以东，一应公署房屋俱为地方文武各官衙宇及仓库、廨狱、公所、臣标绿旗官兵居住。仍招徕士民商贾安插复业。③

"自归德门内大街以西驻兵，以东处民，兵民各有攸处，官署民居，悉

---

① 参见〔清〕李士桢《抚粤政略》卷六《文告·诫谕官绅》。
② 康熙《安庆府志》，朱建寅《序》。
③ 〔清〕李士桢：《抚粤政略》卷七《奏疏·报官兵到粤起行及移署各日期并安插兵民疏》；卷四《符檄·重建镇海楼碑记》。

还城内"。将原尚之信王府等房屋改为督、抚公署。"劝谕招徕年久失业之氓，一旦争寻故庐，皆奔走恐后"。经过一年左右的清理，百姓终于获得安居。① 广州的正常生活秩序得以恢复。此后，广州日渐恢复往日的繁荣盛况。粤缎广纱"皆为岭外京华、东西二洋所贵"，而且深受英、法等欧洲国家的商人欢迎。他们在广州原来采购的是丝织品，此时也采购生丝。康熙三十六年（1697），英国人首次购买生丝30吨，尔后法国、荷兰、丹麦、瑞典等国商人也相继在广州采购生丝。运销于东南亚市场的广货，也正在恢复明末的盛况，"帆樯鳞集，瞻星戴斗"②，一时间出现了海上贸易的活跃景象。

三、"恤商裕课"与经济复苏

"恤商裕课"是李士桢抚粤政略的重点。广州是中国对外贸易的中心港市，又是岭南商品流通的中心地，恢复广州市场的机能，无论是从"裕课"，或是从满足朝廷对舶来品的需求着眼，都是迫在眉睫的。作为广州市场腹地的核心地区珠江三角洲，明后期蓬勃发展起来的商品经济于战乱中所遭受了巨大摧残，亟待恢复，李士桢曾在商品经济比较发达的浙江担任过布政使，对此也是容易理解的，而且他也正是受到江、浙一带市井文化的影响而萌生对商品经济的注重。几乎与李士桢同时从福建调粤任两广总督的吴兴祚也是一位主张发展对外贸易的官员。李士桢在实施"恤商"举措时不仅无受牵制之忧，而且还得到吴兴祚的有力支持。因此，李士桢在抚粤期间雷厉风行地推行了一系列的"恤商"措施。

李士桢的"恤商"措施是从合理征收税额，保障商路的畅通安全，以及城镇与农村市场的安定、有序等方面着手的。

在奏疏、符檄、文告中，他揭露了尚、耿二藩摧残商业的种种劣迹：在《赋役全书》规定的税目和税额之外，横征苛敛，税一技三，额外勒索更倍于正数。"又各府、州、县关厢、市镇、河口等处，私设肆厂，擅立总店、总行、总埠等项名色，索取往来商民"。"凡遇商民贩到稻米、猪、牛各物，锅、铁、铜、锡、蒲席货物等项，不容民间自相交易，悉归总行把持，横索

---

① 〔清〕李士桢：《抚粤政略》卷四《符檄》之《重建镇海楼碑记》《巡抚广东都察院题名碑记》。

② 〔清〕梁廷枏：《粤海关志》卷五《口岸一》。

牙用，商贾受其剥削，贱收贵卖，价值任其低昂。甚而柴、炭、窑陶等货，若不经由总行发卖者，概为私货，必要重加勒索。领给小票，方许在地头发卖。几同科头簸敛，算及鸡豚矣。以致物价腾涌，商民侧目"。① 他三令五申，一再申明禁革总行、总店、总埠等名色，严禁私派、私抽，不准增设税收名目、附加税额。

在整顿税收，取缔私设征税机构，申明税目、税额的同时，李士桢又清理商路的积弊，以保证商路畅通。他发布文告，严饬商道沿途的汛防弁兵不得借故白勒或短价压买。在《禁兵棍抽压》文告中，"示谕抚属文武官吏兵民人等知悉：嗣后通省河道各塘汛哨该管将领，必须申严纪律，约束兵丁，加谨防卫地方。凡有商船载运茅草、火柴、谷米、豆、麦、茶、油、糖、果、竹、木等项货物，任从往来贸易，不许仍蹈故辙，横行抽剥及不肖官司短价压买，借端诈害"；又严禁"无赖棍徒，呼朋引类，佩箭悬刀，或称盘诘，或称封船当差，恐吓取财"。② 李士桢于上任之初巡视海疆时，发现处于广州经惠州通往潮州、闽省咽喉的羊蹄岭路（位于今汕尾市海丰县赤石镇和梅陇镇的交界处），"险阻难行"，"行旅咨嗟"，于是颁发符檄，责令惠州府官吏转檄海丰县，速将岭路"上下处所修治宽平，其扁窄处，将山根开辟，斗绝处，用土块培填，阔以八尺为度"③，以利商旅。他竭力奏请增设花县，固然出于治安防盗的目的，但为了使花县山区的"沿山大路，自此而商贾行旅，坦坦周行"，亦是一原因。④

关于城乡市场管理，他不遗余力地加以整治，对省城和佛山尤为关注。如前所述，广州旧城区内"自归德门内大街以西驻兵，以东处民。兵、民各有攸处，官署、民居悉还城内。招徕年久失业之氓"。⑤ 回归的流民争相寻找故庐，恢复了城区市场的商业活动。佛山由于"藩孽棍徒勾通地方土宄肆播，商民吞声蹙额"。李士桢屡经颁饬，禁止棍蠹为害，清理积弊。但"仍有憨不畏死之辈，违法横行，不知省改"，依然有借揭帑本，开张总行，垄断市利，残害商民的现象。例如，田彪、王豹、葛友亮和杨四等，自称

---

① 〔清〕李士桢：《抚粤政略》卷五《文告》之《抚粤约束》《禁革总行》。
② 〔清〕李士桢：《抚粤政略》卷六《文告·禁兵棍抽压》。
③ 〔清〕李士桢：《抚粤政略》卷四《符檄·谕平治岭路》。
④ 〔清〕李士桢：《抚粤政略》卷七《奏疏·请设花山县治疏》。
⑤ 〔清〕李士桢：《抚粤政略》卷七《奏疏·报官兵到粤起行及移署各日期并安插兵民疏》；卷四《符檄·重建镇海楼碑记》。

"旗下人",在佛山播虐日久,"有拦路虎之名"。这伙人竟然集伙"乘船摆列门枪四杆,擅挂巡抚、都院大灯一对",招摇撞骗,吓唬市民。李士桢将他们逮捕惩处。① 又如,投藩剥民巨棍徐彦蕃、吕迥宸、陈俊初等,"私抽茶毒","势张则狼狈作奸,事败则互相攻讦"。亦将他们逮捕法办。徐彦藩,除追回"前欠帑本"外,枷号佛山镇,再作发落。吕、陈二犯,着枷号一月在佛山镇,满日各责20板,逐释。② 以此打击把持、扰乱市场的当地恶势力,还大小市利于民。

税收对商业起调节、制约的作用,商税是否公允、合理,关系着商业的兴衰。李士桢检阅《收税则例》后认为,"税饷虽有旧定之章程,而物价低昂则又因时而迥别。准今酌古,不能无损益于其间也。查省城、佛山二埠,为商贾辏集之区。凡商货到埠发卖,具单开报税课司。官按照定例征收落地税饷。惟今升平日久,物价较昔稍平。若仍照往例征收,商民未免苦累"。所以,他对广州、佛山两地的旧税例,逐一细加参酌,制定《酌减则例》③,颁布施行。其删减的内容有:

1) 高、雷、琼南料船装载货物到埠,例定纲纪法度字号丈抽;与高、琼船只到埠,货物不拘名色,俱要就船逐件验明征收。今查出海船只已属关部稽征,则此二款应照删除。

2) 砂仁每百斤原增税银三钱二分五厘,今酌减,照原定每百斤税银二钱五分。

3) 山马皮每十张原税银六钱五分,但皮有大小不等,今酌定每百斤税银二钱六分。

4) 土葛布、雷葛、闽夏布原俱每百匹税银七钱八分,但布有轻重,今酌定每百斤税银五钱。

5) 水银每百斤原增税银一两八钱二分,今酌减定每百斤税银一两二钱。

6) 湖丝每百斤原增税银二两八分,今酌减定每百斤税银一两六钱。

7) 绸缎、纱罗、绫绢原俱论匹,分别上、中、下三号征收,今酌

---

① 参见〔清〕李士桢《抚粤政略》卷八《批答·高通判呈详一件为发审事》。
② 参见〔清〕李士桢《抚粤政略》卷八《批答·按察司呈详一件为私抽茶毒事》。
③ 〔清〕李士桢:《抚粤政略》卷四《符檄·酌减则例》。

定俱应论斤计算，每百斤税银一两六钱；至于豆、麦、芝麻、砖瓦之物，乃民间日用之需，与夫磁器、香炉、神像为数不多，俱应一概免其征税。

这里，除海船税饷因交纳重复而删除，以及将原税例按张、按匹（不分大小轻重）征税这一不合理标准改为统一按斤计算，使其规范化外，其余的都做了削减。

为了使税收增豁适当，在修订《收税则例》时，既要参酌旧例，又要因时变异。因此，他注重调查研究，倾听不同的意见。他曾会同署理布政司的按察使郎廷枢、驿盐道佥事李毓栋，传集盐商，征求商人的意见。经听取商人刘吉昌、黄功裕等意见后，对盐课税额做出调整。他对盐政的整顿取得了令人瞩目的成效。① 传集商人，倾听其意见，在当时既体现了深入市井、讲求实际的作风，也表示了对商人的尊重。

李士桢的"恤商"举措收到了明显的效果，有效地促进了商品经济的复苏。商品性传统手工业的各个部门都得到了恢复，有的行业还有所增进，丝织业更有所发展。佛山丝织业便已有八丝缎行、什色缎行、元青缎行、花局缎行、纻绸行、蟒服行、牛郎纱行、绸绫行、帽绫行、花绫行、金彩行、扁金行、对边行、栏杆行、机纱行、斗纱行、洋绫绸行等18行。② 珠江三角洲的丝织品和生丝，如果说在明末时还是崭露头角的话，那么，到17世纪末以后便日渐为人们所注目了。珠江三角洲社会经济的恢复与发展尤为显著。到了17世纪末18世纪初，珠江三角洲的商品经济不仅已经恢复到了明末的水平，而且还有所增进。西樵山附近的乡村相继发展为基塘区，形成以九江为中心，包括原有的龙山、龙江、坡山，以及不断发展起来的海洲、镇涌、金瓯、绿潭、沙头、大同等在内的连成一片的商品性基塘专业区。在晚明发展起来的以广州为中心，南至番禺沙湾、古坝，东至黄埔、茭塘，西南至顺德陈村、南海平洲、番禺韦涌的一片老沙田区，以及东莞北部、增城西南部低丘陵地带的果木业也得到恢复，并发展成为商品性专业区。

---

① 〔清〕李士桢：《抚粤政略》卷七《奏疏·议覆粤东增豁税饷疏》。关于整顿盐政方面的贡献，可参见谢中帆《论李士桢抚粤》一文（《广东社会科学》1988年第2期，第75－81页）。
② 参见佛山市档案馆编《佛山史料汇编》第2辑，第134页。

由于被迁的沿海居民得以复还家园，他又反复请旨豁免战乱中遭受劫掠焚毁，灾情最严重的高、廉地区吴川、合浦、钦州、灵山等州县钱粮。又四请豁免琼州府临高、澄迈二县的钱粮。① 招集流民、移民，动员流民"早回故土，垦耕税亩"。着府、州、县官查访荒田，设法招垦。对灾民加意抚恤，量贷牛种，恢复生产。这些措施安定了地方，使生产得以正常进行。康熙二十三年（1684），据广东各府、州、县、卫所呈报，复业丁口31300余名，开垦的土地有10146顷。② 17世纪末，人口已有了巨量增长。据笔者估算，珠江三角洲的人口至康熙末年已恢复至明末的水平。③ 广东的社会经济在农业、手工业、商业和海外贸易等方面都已得到全面复苏，或有所增进。

四、广州十三行的创立和"恤商"思想

"恤商"举措中尤其令人瞩目的是，继康熙二十四年（1685）设立作为行政掌管海外贸易事宜的粤海关之后，又创设金丝行与洋货行，以分别办理国内商业贸易和国外进出口贸易业务。李士桢会同两广总督吴兴祚、粤海关监督宜尔格图商议后，于康熙二十五年（1686）四月发布《分别住行货税》文告，曰：

> 省城、佛山旧设税课司，征收落地住税。今设立海关，征收出洋行税。地势相连，如行、住二税不分，恐有重复、影射之弊。今公议：设立金丝行、洋货行两项货店。如来广省本地兴贩，一切落地货物，分为住税报单，皆投金丝行，赴税课司纳税。其外洋贩来货物及出海贸易货物，分为行税报单，皆投洋货行，候出海时洋商自赴关部（粤海关）纳税。④

这里规定，凡国内贸易作为"住"税，赴税课司纳税；对外贸易作为

---

① 参见〔清〕李士桢《抚粤政略》卷七《奏疏·请豁吴川等县卫所荒残无征钱粮疏》；卷二《奏疏·四请免临、澄二县钱粮疏》。
② 〔清〕杜臻：《粤闽巡视纪略》卷三"四月癸亥朔甲子"条，《拜广东耕种防守事宜疏》。
③ 参见叶显恩《明清珠江三角洲人口问题》，见《珠江三角洲社会经济史研究》，台湾稻乡出版社2001年版，第237－278页。
④ 〔清〕李士桢：《抚粤政略》卷六《文告·分别住行货税》。

"行"税，赴粤海关纳税。把两种商人严格区分开来，其目的是不致于"层叠影射，致滋重困"，损害商人。也就是说，既是为了避免住、行混淆，重复征税，又尤其在于防止富商大贾把国内和国外贸易的操纵权合二为一，孳生弊端。显然，这是吸取了尚藩垄断国内外贸易，以此作为搞"独立王国"的经济基础的惨重教训。

这一文告的颁布，标志着洋货行的成立。① 洋货行，即名闻中外的广州十三行。广州十三行商人多由珠江三角洲（广州府）本来充当海贸牙行的商人转充。② 在明代后期，广州商人已与徽州、泉州的商人共同垄断广州海外贸易的商业利润，致力于发展海外贸易。③ 新创立的广州十三行依然由广、徽、泉这三个商人集团所控制。他们介乎外商、华商和官府的三角关系之中，享有特许的社会身份地位，垄断对外贸易，因而富极一时。嘉道年间，广州十三行商人拥有的资本当已凌驾徽商、晋商等商人集团之上。广州十三行商人于清代中叶已经径往欧美的一些国家经商或投资当地企业。如同文行商人潘振承在19世纪初就已经将其贸易网络伸展到欧洲；丽泉行商人潘长耀曾借贷与美商，因得不到及时偿还，不得不于1815年写信给麦迪逊总统，抱怨美国商人欠他100万美元没有偿还；怡和行商人伍氏家族也在美国的铁路和其他商业活动中做了投资。④ 近年，西方学者经过努力，已经从美国贝克图书馆、印度孟买档案馆、瑞典档案馆、荷兰档案馆等发掘出许多记载中西贸易实况的档案，并有研究成果发表。研究证明，十三行商人的商业网络不仅越过传统的活动海域伸展到欧美各地，而且与国际的贸易网络相交织，甚至已经直接投资于美国等地。这虽是后话，但它与李士桢创立洋货行的举措有密切关联。可见，李士桢创立广州十三行，既培植了一个富闻中外的商人集团，对清代前中期的海外贸易也起了推动的作用。近代买办阶层

---

① 关于广州十三行设立的年代及其源流，历来聚讼纷纭。彭泽益《清代广东洋行制度的起源》（《历史研究》1957年第1期，第1-24页）和《广州十三行续探》（《历史研究》1981年第4期，第110-125页）两文，以及李龙潜《明代广东三十六行考释——兼论明代广州、澳门的对外贸易和牙行制度》（《中国史研究》1982年第3期，第33-47页）可资参考。

② 参见叶显恩《明清珠江三角洲商人与商业活动》，刊于《中国史研究》1987年第2期，第41-56页。

③ 参见［法］裴化行撰，肖浚华译《天主教十六世纪在华传教记》，第94页。

④ 参见［美］穆素洁《全球扩张时代中国海上贸易的新网络（1750—1850）》，刊于《广东社会科学》2001年第6期，第79-89页。

的出现亦与此有密切的关联。可见,广州十三行的创立是李士桢在商业史上写下的浓墨重彩的一笔。

李士桢在《分别住行货税》文告中明确地提出,"凡系通商裕课之事,无不竭力讲求"。他的"恤商"旨在"裕课",而"裕课必先恤商"。① 他是以发展商业来达到"裕课"的目的,而不是通过加重盘剥商人来增加税收。

李士桢是于康熙二十一年(1682)夏就任抚粤的,据《抚粤政略》所收文稿统计,从康熙二十一年五月至年底,他先后呈上的奏疏和发布的符檄、文告等共54份,其中,有关商业的便有23份,占总数的42.6%。从他的奏疏、符檄、文告和批答中不难看出他的"恤商"思想。其"恤商"思想主要内容包括:①按则例合理征收商税。洋货行与金丝行正是为区分行、住税,避免重叠征税而设立。②整顿市场,提供良好的商业环境。他铲除藩孽,打击"王商",整顿广州和佛山市场秩序,都是为此目的。③加强商路治安,保证商路畅通。他颁布"文告"约束文武官吏兵丁对商路沿边的骚扰,开辟羊蹄岭路,设立花县都含此目的。尤其是传集商人,征求商人意见,倾听商人的呼声,尊重商人等,更是他"恤商"思想的一个独特方面。不难看出,这种"恤商"思想既有时代的痕迹,也与他的官宦生涯有密切关系。李士桢处于一个向海洋挑战、远洋航海的时代,也是全球一体化肇始,葡萄牙、西班牙、荷兰、英国等国商人来东方从事商业殖民的时代。而他所历练的政事,或因与商业有关,或因处于沿海商业区,所以他对大航海商业时代的脉息感受更为真切。可以说,李士桢的"恤商"思想是时代的产物,同时也是康熙降服台湾郑氏反清集团后,实行开海贸易的产品。

康熙二十二年(1683)五月清军平定台湾后,兵部议请开界,十月二十二日得旨:"江南、浙江、福建、广东沿海田地应给民耕种,其紧要地方仍应做何防守等项事宜,着部院堂官前往会同该督抚详察确议具奏。"于是,朝廷派工部尚书杜臻、内阁学士石柱等前往粤、闽巡视。其任务有四:首在察地还民,以广皇仁;移屯戍于界外,不忘固圉也;弛鱼盐之禁,利民也;酌番舶之通市面上,兼柔远也,而开设云台山、宁波、漳州、广州四海关于此时已做考虑。② 十一月十二日,杜臻一行就道,于次年,即康熙于二十三年(1684)正月初二抵粤省城。会见督、抚等大

---

① 〔清〕李士桢:《抚粤政略》卷六《文告·分别住行货税》。
② 参见〔清〕杜臻《粤闽巡视记略》卷一;又,见徐嘉炎《序》。

吏后，李士桢偕同杜臻从钦州之防城始，自西向东，沿海巡察。历时三月，于四月初一日结束粤省沿海勘视。李士桢沿着海疆，观其形势冲要、阴阳向背、民情风俗。这对他制定抚粤政略是至关重要的。同年，朝廷全面取消海禁；康熙二十四年（1685）宣布开海贸易。这意味着沿海居民恢复了以海为生的传统生业。李士桢对康熙帝的这一决策是殚精竭虑，全力以赴地加以贯彻执行的。他在广东的"恤商"思想，正是在这一背景下得到充分的表现。

李士桢于康熙二十一年（1682）夏入粤受事，时年63岁；康熙二十六年（1687）十一月按老例休致，抚粤历时5年多。据杜臻《墓志铭》说："年六十九，致政归，士民辍耕罢市。无不奔走哀号而不能舍。"同僚部属如张志栋、魏象枢、杜臻、尤侗、高琦等对他赞誉有加，不仅称颂其治粤宦绩斐然，而且赞扬其才品优良，操守清介。① 他也自诩要以明代周忱、海瑞为立身蕲向。② 这些评价是时人从当时的标准出发，着眼于他对清王朝的忠诚而做出的，应当说是确切的。从其子李煦不断受康熙帝所重用，终视其为心腹而委以苏州织造的要任，以及康熙三十年（1691）秋康熙帝从口外回京经通州时曾临幸李士桢府第并出尚方之膳以赐，③ 可见康熙对他之倚重与眷顾。至于他的为官操守，并非如同其属下同僚所称颂般清廉。他入粤受事之初，即康熙二十三年（1684）七月十一日，康熙帝曾问刚从广东返京的学士石柱曰："巡抚何如？"石柱奏曰："巡抚李士桢虽六十余岁，容貌甚少。据彼处人云，李士桢虽稍受礼物，为人和平，不生事端，较前任巡抚金儁为优。"④ 康熙二十六年，左都御史王鸿绪疏参李士桢"贪污不法，年老昏愦"，当非无中生有。此事以"事在赦前，及款无确据"为由，免以追究，只以"昏愦是实"，"照年老例休致"。⑤ 可见他居官时，只虚称以周忱、海瑞为圭臬罢了。在笔者看来，李士桢最值得称许之处是他的"恤商"

---

① 参见〔清〕张志栋《李大中丞实政录序》，见《李大中丞政略》卷首；〔清〕魏象枢《寒松堂全集》卷三《奏议·题为遵旨保举事》；〔清〕杜臻《广东巡抚都察院右副都御史李公士桢墓志铭》；〔清〕尤侗《艮斋倦稿》卷十一《东莱政纪序》，见《尤侗集》下册，上海古籍出版社2015年版，第1286－1287页；〔清〕高琦《李大中丞政略跋》，见《抚粤政略》卷末。
② 参见〔清〕李士桢《抚江政略》卷一《符檄》之《饬料漕船檄》《禁参谒檄》。
③ 参见〔清〕杜臻《广东巡抚都察院右副都御史李公士桢墓志铭》。
④ 《康熙起居注》第2册，第1200－1201页。
⑤ 《清实录·圣祖仁皇帝实录》卷一三一，康熙二十六年丁卯十一月壬午。

政略，尤其是他所创建的行商机构——广州十三行及一系列与之相关的制度。他的"恤商"思想反映了他对时代脉息的把握与敏感，不愧是清初站在时代前沿的一位封疆大吏。单凭此，李士桢已经是官僚中的翘楚。

第八章 18、19世纪世界商业扩张时代的广州贸易

15世纪末新大陆的发现和东方航线的开通，揭开了海洋时代的序幕。16世纪，随着葡萄牙、西班牙、荷兰等殖民国家海商来到东方，传统南海①水域的贸易网络已经西越印度洋，延及大西洋，东通太平洋彼岸的美洲新大陆，初步形成世界性的海洋贸易圈。

如果说，16世纪是世界性海洋贸易圈形成的时代，那么，18世纪则是全球化商业扩张的时代。继葡萄牙、西班牙、荷兰来到东方之后，英国、法国、丹麦、瑞典以及美国等新、旧大陆国家，也自17世纪起先后涉足南海水域进行商业扩张。18世纪是一个商业竞争趋向激烈的时代。这一新世界贸易格局的出现，对于作为传统海贸中心的广州而言，既是机遇，也是挑战。在这种全球化商业扩张时代的形势下，广州贸易也做出了积极的回应。

一、南海贸易格局的变化

广州自古以来就是中国海贸的中心（除元代一度为泉州所取代外）。明代于宁波、泉州和广州分别设置市舶提举司，明确指定宁波通日本，泉州通琉球，广州通占城、暹罗和西洋诸国。也就是说，广州被指定为南海各国朝贡贸易的港口，所管辖的范围也最为广阔。南海贸易局势的变化与广州贸易息息相关。探讨广州贸易时，当应从南海贸易谈起。

环列南海的东南亚各国，历来就不间断地、经常地向中国朝贡。有些地方如越南北部（古称"交趾"）在汉唐时期就是中国的郡县。中国的古文献上称东南亚各国为"南海诸蕃国"。这些王国被视为藩属而负有朝贡的义

---

① 南海是中国五大海中最大的一个，面积约350万平方公里，占五大海区面积的74%。中国古文献中的南海，初无明显的定义范围，直到元、明之际，才有东、西洋（东南海、西南海）之分。以文莱为界，其东为东洋（东南海），其西为西洋（西南海）。西洋（或称大西洋）有时也包括印度洋与东非沿岸。本章所说的南海，是指明清时期习称的范围。

务。中国自中唐起,中西交通以海上为主,海洋的发展逐渐受到重视。从南宋赵汝适的《诸蕃志》和元代汪大渊的《岛夷志略》看,中国海洋贸易网络已分布在南海水域各地,以及印度洋、阿拉伯海、波斯湾、红海沿岸的南亚、中东和东非等地。明初郑和下西洋的壮举,不仅延续了元代的余绪,而且把古代中国的海洋战略推向巅峰。就当时世界海洋贸易的大势看,中国居于领先地位,这是中国的大航海时代。遗憾的是,自此之后,明王朝不仅没有后续的举动,而且明帝国的影响力已龟缩至南海范围之内。

明帝国与南海地区国家的宗藩关系趋向制度化:册封与朝贡都立有规章,有行人司、会同馆等部门专管。永乐年间(1403—1424),就曾经赐予满剌加、淳泥、柯枝和日本四国以镇国山碑铭,作为藩属的标志。明代中叶以降,朝贡贸易衰落,官方的市舶贸易已经不能满足中国与南海诸蕃国的需求,私人海上贸易(走私贸易)勃兴。南海地区自宋元以来,尤其郑和下西洋期间,已有华人不断移居,此时更成为中国商民活跃的地方。往往有侨居不归,至长子孙者。当地的华侨取得南洋经济上的领袖地位,同时参与政治,有为当地执政者乃至为国王者。当地社会文化因而有汉化的倾向。北婆罗洲有自称中国人之苗裔,采用中国之耕织法。菲律宾由游牧时代进入农业时代,是受闽人林旺之启导。南海地区不少地名也中国化了。① 明代中叶,在马尼拉已有超过一万华人居住。② 华侨在东南亚占据着绝对的优势。

葡萄牙、西班牙、荷兰等国海商于16世纪先后前来,改变了南海政治与贸易的局势。

首先,中国与南海诸藩国间传统的宗藩关系和华商的贸易网络受到冲击、削弱和破坏。葡人于1511年攻占满剌加(今马来西亚,明末称马六甲),是西方势力东渐的滥觞,也是宗藩关系受到冲击和破坏的开始。作为明帝国藩属国的满剌加陷落达十年之久,朝廷才得知这个消息。明帝国也曾严词申斥葡人,责令其退出,返回故土,并下诏谕近邻暹罗(今泰国)诸夷救援,但未曾取得任何效果。从此时起,明帝国与南海诸藩的宗藩关系日渐式微,在南海的政治势力逐渐衰落。尔后南海诸藩先后沦为西方的殖民地。

---

① 参见吴晗《十六世纪前之中国与南洋》,见北京市历史学会主编《吴晗史学论著选集》第一卷,人民出版社1984年版,第604-645页。

② [美] 穆素洁著,叶篱译:《中国:糖与社会——农民、技术与世界市场》,广东人民出版社2009年版,第211页。

满剌加为葡萄牙人占据之后，与明帝国的关系就中断了。满剌加海峡是南海通往印度洋的咽喉。葡萄牙人据此控制了欧洲与东亚的贸易。原流寓马来半岛的华商，基于满剌加为葡萄牙人所占夺，无奈纷纷转往东南亚其他地方从事商贩。一些地方如哑齐（今苏门答腊）等因华商的转来而兴盛起来。

葡萄牙人继而前来中国沿海活动。先是勾结中国的海商、南海诸蕃的一些商人在杭州湾外的双屿岛建立国际性市场（于1548年被明将朱纨发兵捣毁），继而以"租借"形式占据澳门做贸易据点，并建立东亚与欧洲间的贸易网络。

继葡萄牙人之后，西班牙人于16世纪中叶占据菲律宾，并以马尼拉为贸易基地。16世纪末，荷兰共和国（16世纪时其领土包括今日的比利时、荷兰、卢森堡和法国北部法兰德斯一带）也来到吕宋（菲律宾），由于遭到海上竞争对手葡萄牙、西班牙的抵制，荷兰国内的各贸易公司联合组成荷兰东印度公司，并配有强大的武装舰队，以增强其在南海的竞争力。它极力排斥葡、西势力，甚至进攻其贸易殖民基地。17世纪初，荷兰营建巴达维亚城（今雅加达）作为殖民统治的据点；继而侵占锡兰，并从葡人手中夺取马六甲；又占据台湾，以大员（今安平）作为贸易据点（1662年郑成功驱逐荷兰势力，收复台湾）。巴达维亚和大员两据点形成犄角之势，相互奥援。继葡萄牙人之后，荷兰称雄于东南亚海域。

英国于1600年组建的东印度公司也前来加入南海水域的商战。由于其资本和武装力量皆不及荷兰东印度公司，故不能与之相抗衡。1613年在日本平户开设的商馆，因经营不善，也于1623年关闭。英国东印度公司在17世纪20年代把殖民扩张重点转移到印度和波斯，唯留下爪哇岛的万丹作为其在南海的基地。

前来南海水域的葡、西、荷和英等国的贸易公司，不仅拥有以先进技术武装起来的舰队，而且有本国政府做其政治与经济的坚强后盾，有垄断某一地区贸易的特许状，甚至享有殖民地军事和政治的全权。他们凭借其船坚炮利，一方面主张公平贸易，另一方面在遇到失利时，则拦截掠夺海上商船，甚至对沿海居民烧杀掳掠，无恶不作。他们在南海地区建立起各自的殖民基地，实行殖民统治，一改东南亚海域由华商独领风骚的传统贸易局势。荷兰、西班牙在其所建立的据点及其控制的地区，凭其武装舰船的优势而独占贸易，还对华商征税。例如，凡到由荷、英分别控制的旧港和占碑的船只，必须取得他们颁发的许可证；规定采购胡椒的数额，还要征收人头税。① 在这些地区，华商受制于西人，有时为西人做短程运输，而沦为其附庸。即便在这种情况下，华商仍然不屈不挠，采取化整为零、化零为整、"萍聚雾散"等方法，勉力抗衡。② 西方各国海商的先后到来，导致东、西两半球海商直接交遇的新局面出现。此时，南海贸易的网络既连结太平洋彼岸的南美洲，又重新伸展到永乐之后中断往来的印度洋，并扩及大西洋，初步形成横跨亚、非、欧、美四大洲的世界性海洋贸易圈。我们看到，中国商品供应的多寡，会直接影响到其他地方。例如，中国的生丝供应不足，便直接影响墨西哥的丝织业。中国于 1639 年因台风导致甘蔗受损，糖产量下降，驻台湾的荷兰代表给巴达维亚总部报告说："您那里以及波斯均不会获得所需的糖量。"中国和西方国家彼此间都需要交换各自的产品，正如荷兰人说的："中国人需要我们的白银，正如我们不能没有他们的商品一样。"③ 可以说，16、17 世纪的世界已经开始趋向一体化。

如果说，16 世纪是海洋时代，是世界趋向一体化的开端，那么，18 世纪是全球商业扩张的时代，也是世界一体化加深而发生贸易格局重组的时代。

18 世纪全球商业扩张时代是伴随着西方产业革命的兴起和成功而出现的。产业革命为市场制造了愈来愈多的产品，它们迫切需要推向市场。从英国在 18 世纪的出口商船总吨数、贸易输入额和输出额成倍地增加中，可以看到产业革命带来的结果——工业产品对市场需求的迫切性。据统计，离开英国港口的商船总吨数，1700 年为 31 万多吨，1800 年为 192 万多吨，增加了 5 倍多；商品输出额，1700—1710 年为 600 万～700 万镑，1800 年却达到 4187 万镑，增加了约 6 倍；商品输入额，18 世纪初为 400 万镑，到 1800 年已增达 3000 万镑，增加了 6 倍多。如果把以上数据置于坐标图上，可以看出，这三项指标都在扶摇向上，在 18 世纪的最后 20 年间更是直线上升。④ 18 世纪的南海贸易，除老牌的葡、西、荷等国商人相互竞争外，又增

---

① 参见程绍刚译注《荷兰人在福尔摩莎》，台湾联经出版事业公司 2000 年版，第 211 页。

② 参见张彬村《十六至十八世纪华人在东亚水域的贸易优势》，见《中国海洋发展史论文集》第 3 辑，台湾"中央研究院"中山人文社会科学研究所 1980 年版。

③ 程绍刚译注：《荷兰人在福尔摩莎》，第 216、221 页。

④ 参见［法］保尔·芒图著，杨人楩等译《十八世纪产业革命：英国近代大工业初期的概况》，商务印书馆 1983 年版，第 76—78 页。

添了英商这一强劲的对手。跟踪而来的还有欧美其他国家，如法国、丹麦、瑞典和刚刚建国的美国等国的商人。此时，南海市场的竞争愈发激烈，而且更加带有疯狂性与倾轧性。

商业是以国家的实力为后盾的。国家实力的消长，直接影响其商业的竞争力。自重商主义流行以来，商业扩张的胜利就是市场、资本和政治权力结盟成功的结果。商业资本的张缩是与其国家实力的兴衰联系一起的。对此，近来已有学者做过专门的研究。[1] 而西方各国海商在南海势力的消长与其国家实力的隆替相一致的现象也支持了这一观点。取得产业革命成功的英国日益强大，其在南海贸易的地位也随之而与日俱增。英国东印度公司早在创立伊始，就以印度为掠夺对象进行蚕食。18世纪30年代起占据了马德拉斯等3个管区，并在其他地区建立了商栈，至18世纪末，印度最终沦为英国的殖民地。有了印度作为基地，英国更变本加厉地在南海水域开展掠夺性的贸易活动。1756年，英商通译员洪任辉（James Flint）秉承英国东印度公司的旨意，乘武装船闯入宁波、定海和天津等港口，向中方提出了诸多蛮横无理的要求。基于历史上双屿岛与澳门由洋人引诱而聚集成市的历史教训，洪任辉的举动引起了清廷的警惕。为了"防微杜渐"，又顾及广州僻处南疆，其出海孔道的黄埔、虎门，"在在设有官兵"，可以保证国土安全，所以于次年，亦即乾隆二十二年（1757）下诏令："将来止许在广东收舶交易。"[2] 从此，清政府只允许欧美各国商人在广州一个口岸通商，不准再往厦门、宁波、上海口岸从事商业活动。这就是大家所熟悉的规定广州为"独口通商口岸"的由来。

二、"独口通商"与广州贸易

广州被指定为中西贸易的独口通商口岸的由来已简述如前。此事常为中外学人所称引，几乎已经成为常识。然而引述得太多，有时却使人望文生义，以为除了广州以外，其他通商口岸都被关闭了，或认为东亚各国也和西方国家一样只许来广州口岸通商。其实，独口通商仅限于对欧美各国商人做

---

[1] 参见［意］杰奥瓦尼·阿锐基著，姚乃强等译《漫长的20世纪：金钱、权力与我们社会的根源》，江苏人民出版社2003年版。

[2] 《高宗对训》卷二八一《饬边疆》；〔清〕王先谦：《东华续录·乾隆朝》卷四六，"二十二年十一月戊戌"条。

出限制,而并不禁止他们在南海地区殖民地的商人前往厦门、宁波和上海等口岸贸易。事实上,厦门、漳州、上海、宁波和镇海等港口,在广州被规定为独口通商口岸之后,还一直接待来自吕宋、爪哇、苏禄和暹罗的商船。甚至一些欧洲人还被允许在广州之外的其他港口继续进行贸易。例如,西班牙人就被允许在厦门贸易;英国等欧洲船只只要悬挂葡萄牙的旗帜,也可以在对之关闭的港口停泊。英国的散商(英文:country merchant,指不属于东印度公司管理的民间商人,嘉庆年间官方文献对其音译作"港脚商人")与广州的华商合作,便是利用西班牙的旗号于厦门从事商业。西班牙公司的合伙人詹姆斯·马西森(James Matheson)于 19 世纪初的数十年中便在厦门经营与马尼拉之间的定期贸易。

"独口通商"规定的利弊及其后果尚待深入的研究,但有一点是明显的,即给广州贸易带来了空前的繁荣。中西间的贸易原来主要是在南海区域内西方各国的殖民地或商业据点进行的;实行"独口通商"后,广州成为中西直接贸易的市场,中西贸易也从原来的以间接贸易为主转为以直接贸易为主。

独口通商给广州带来繁荣的一个明显的证据是各国来船显著增多。据文献记载,在独口通商规定实施的头 10 年,平均每年近 20 艘船来到广州口岸,尔后不断上升;到 1833 年竟达 189 艘。据统计,自 1759 年至 1833 年共来船 5072 艘,平均每年达 67.6 艘。[①]

18 世纪 80 年代以后,就中西贸易而言,中国的主要对手是英国(包括其殖民地印度)。早在 18 世纪初,以开拓毛织品市场为主要职责的英国东印度公司船舶每年往返于中国东南沿岸各港口。在广州被确定为中西贸易独口通商口岸的第 3 年(1759)之后,英国每年来船 10 艘左右,18 世纪 70 年代以后有时增至 20 艘左右,1786 年激增至 62 艘,1833 年达 107 艘,其中,港脚商人(散商)船 82 艘。美国虽然姗姗来迟,但其来船之多仅次于英国,跃居第二位。现以 1833 年为例,将西方各国来船只数和吨数做统计如表 8-1 所示。在中英贸易中,中国输往英国的商品占总出口额的 70% 左右,从英国进口的商品占总入口额的 80%~90%。据 1833 年在伦敦的东印度公司的听证会记录:英属殖民地印度和中国之间的贸易总额每年为 3200 万美元,而中国和英国之间的贸易总额是 1100 万美元。另据同时代人菲普斯(Phipps)估计,中国与英国贸易额达 4445 万美元,英属印度和中国间

[①] 参见〔清〕梁廷枏《粤海关志》卷二四《市舶·历年夷船来数附》。

的贸易额为2743万多美元。[①] 这两种说法对中英两国贸易额的估计差距甚巨，但有一点是相同的，即英国本土没有足够的被中国接受的商品与中国交换，只有以其殖民地印度的商品来与中国做三角贸易，而且以印度产品为主。

表 8-1　1833 年广州外国船运情况

国别		只数	吨数
英国	公司	25	28167
	散商	82	35326
美国		59	24000
荷兰		8	3200
法国		7	2800
丹麦		4	1600
比利时		1	400
普鲁士		1	400
汉堡		1	400
墨西哥		1	400
总数		189	96693

资料来源：[美] 马士著，区宗华译《东印度公司对华贸易编年史》第四卷。

其次，从广州出口产品多样化，商品种类增多。虽然不乏地方性的特产，但更多的是普通的农产品。后者的种类达80多种，以茶、生丝、绸缎、土布、糖等为主。从中国传往欧洲的饮茶风气，到18世纪已经成为习惯。从18世纪20年代起，茶叶已取代传统的商品丝货的地位，成为贸易额最大的单项商品。18世纪80年代，茶又成为美国的重要饮料，其需求量益增，输入量更大。我们从表8-2可以看出18世纪80年代、90年代和19世纪30年代广州出口贸易的大致情形。值得注意的是，土布（南京布）和食糖贸易在18、19世纪之交日显重要。从与英国的贸易看，土布的贸易额有不

---

① 参见［美］穆素洁《全球扩张时代中国海上贸易的新网络（1750—1850）》，刊于《广东社会科学》2001年第6期，第79-83页。

断上升的趋势；糖和糖制品也成为中国出口英属印度市场的主要商品。据 1716 年英国"马博罗"（Marlborough）号的船货清单显示，糖和糖制品是主要的商品。从中国前往印度的船只，除载有数十万磅的中国糖（大多数船的载重量为 400000～800000 磅）之外，还装载有铜器、白铜（在印度用于造船的一种铜、锌和镍的合金）、水银和明矾。至 1833 年，糖的出口占中英两国贸易总额将近 1/4。①

表 8-2　1776、1795 和 1832 年广州出口贸易情形举例

年份 项目		1776 年			1795 年				1832 年				
		船只	茶叶(担)	生丝(担)	船只	茶叶(担)	生丝(担)	土布(匹)	船只	茶叶(元)	丝货(元)	土布(匹)	食糖(元)
英国	公司	8	41820		16	112840	711	80000	23	8017810			
	散商	16	731	965	17	1814	460	45000	67	795361	2401936	85050	221885
法国		5	42893	576									
荷兰		4	36427	259									
瑞典		2	22868	16	10	20699		45000					
丹麦		3	18730	45									
美国					10	21147		685000	62	5925541	166137	30775	42300
其他国家									21	50300	22800	13000	264185

资料来源：[美]马士著，区宗华译：《东印度公司对华贸易编年史》第二、四卷。

各国用来与中国交换的产品主要是棉花，尤其是英属印度产的棉花，其次是英国的毛织品和其他工业产品。18 世纪，广州贸易处于出超，各国的补偿物是白银。英国运来的毛织品赚不到什么钱，有时甚至亏本，但可从出口棉花等盈利。例如，1796 年从伦敦来船 18 艘，运来毛织品成本价 612464 镑，售得款 1666602 两，亏损 9.3%；运来的棉花 5589 担，成本 103968 卢比，售得款 69858 两，盈利 105.3%；同时运来银元 120960 两，以做其入超的补偿。这一年美国和丹麦的船只除运来广州"微不足道"的货物外，差

---

①　参见［美］穆素洁《全球扩张时代中国海上贸易的新网络（1750—1850）》，刊于《广东社会科学》2001 年第 6 期，第 79-83 页。

不多都是用白银补偿的。两艘丹麦船运来的白银价值为 650000 元。① 据估计，从 1784—1844 年间，美国商人把价值 15 亿~18 亿美元的银币带到中国，这有助于扩展国际金融市场。18 世纪中叶，鸦片贸易日益增长，且迅速扩展，各国来船，尤其是英船，往往夹带鸦片毒品来广州贩卖。19 世纪后，输华鸦片数量剧增，据 1818—1827 年的统计，运进广州的鸦片已达 69262 箱，价值 78224871 元。② 各国进口的货物，以 1831 年为例，详见表 8-3。

表 8-3 1831 年广州进口贸易情况

单位（元）

货物	英国			美国	其他国家	总计
	公司	散商	总计			
毛织品	2130638	220783	2351421	144440		
棉制品	273681	227043	500724	483382		
五金	195047	106979	302026	958575①		
毛皮				166736		
其他西方产品		25229	25229	177010②		
西方产品小计	2599366	580034	3179400	1930143		5109543
棉花	1088308	3842935	4931243	1890		
鸦片		11304018	11304018	221100	1497585	
檀香木		74471	74471	7000		
锡		85544	85544	17152		
胡椒		110397	110397			
其他东方产品		835154	835154	206400		
东方产品小计	1088308	16252519	17340827	453542	1497585	19291954
进口产品总计	3687674	16832553	20520227	2383685	1497585	24401497

---

① 参见［美］马士著，区宗华译《东印度公司对华贸易编年史》第一、二卷合订本，中山大学出版社 1991 年版，第 589-591 页。

② ［美］马士著，区宗华译：《东印度公司对华贸易编年史》第四、五卷合订本，中山大学出版社 1991 年版，第 402 页。

续表 8-3

货物	英国			美国	其他国家	总计
	公司	散商	总计			
进口白银		16000	16000	667252③		683252
进口货总计	3687674	16848553	20536227	3050937	1497585④	25084749

原注：①包括水银 10295 担，720650 元。②包括人参 2698 担，159550 元。③另有 24801871 元汇票。④属葡萄牙的。

资料来源：[美] 马士著，区宗华译：《东印度公司对华贸易编年史》第四卷。

这里应当指出，本书所引用马士《东印度公司对华贸易编年史》的资料中，关于英国的资料是相对比较可信的，因为他是根据当时的档案编著的。但其他国家的资料，马士只据自英国公司的记录，所以很可能是不完整的；而英国散商的资料也同样存在这一问题。

除中西贸易集中在广州以外，逐渐沦为西方殖民地的南海沿岸各国的商人也来广州贸易。据 1833 年在伦敦的东印度公司的听证会记录，中国与东南亚、日本的帆船贸易，估计每年的总额是令人印象深刻的 7000 万～8000 万美元。① 这一贸易额几乎相当于中英贸易的两倍。可以想象，其中有相当大的一部分是属于广州贸易的。

广州的贸易是在清政府制定的体制下进行的：由粤海关负责税收并管理行商；指定黄埔为外国商船的停泊所；澳门为各国商人的共同居留地；广州十三行负责中外贸易并管理约束外商。这四个环节又各自形成一套制度，目的是以官制商，以商制夷，确保税收。广州十三行是广州外贸体制中的重要环节。它原是广东巡抚李士桢在康熙二十五年（1686）在广州设立专营"外洋贩来货物及出口贸易货物"的洋货行。有学者认为广州"十三行"的名称于晚明已经出现，清代的十三行源于此。② 充当广州十三行行商者，需经政府特许并颁发执照。他们各自经营，彼此间难免出现矛盾和倾轧。为了协调行内关系及处理行外事宜，以加强共同对外的竞争力，行商于 1720 年成立公行。公行的成立被外商认为是损害了其利益，因而遭到他们百般阻挠和要挟，次年便无疾而终。乾隆二十五年（1760），清政府允准行商潘振承

---

① 参见 [美] 穆素洁《全球扩张时代中国海上贸易的新网络（1750—1850）》，刊于《广东社会科学》2001 年第 6 期，第 79-83 页。

② 参见梁嘉彬《广东十三行考》，广东人民出版社 1999 年版，第 437 页。

等9家呈请,重建公行,嗣后分设外洋、本港、福潮3个名目,以分别办理欧洲、南洋以及福州、潮州贸易货税事宜。这样,负责办理欧洲贸易货税事宜的外洋行(即十三行)便成为垄断广州中西贸易的外贸机构。

应当指出的是,广州贸易的繁荣是以牺牲沿海各港口的贸易作为代价取得的。我们不能以此推论当时中国外贸的整体发展程度。中国各地的产品不能就近运往便捷的港口,而必须远途跋涉运来广州,商品的运输费用也自然会上升。从全局看,这显然有损于中国经济的发展。但是,毫无疑问,独口通商给广州带来的商业繁荣对岭南经济的发展是十分有利的,尤其是强烈刺激了珠江三角洲的经济。正是在这一期间,珠江三角洲由于广州市场的需求而不断加深其商业化,从而跃居中国先进经济区的行列。各地通往广州商路沿边的市镇也于此时勃兴。

值得注意的是,作为中西贸易的唯一口岸,广州引进了西方商业的经营理念与管理方法,诸如理性主义、"有限负债责任"(limited liability)观念、复式会计法,等等。再是通过承充行商、买办等角色,培养出一批熟悉近代商业的人才,推动了中国商业的近代化。19世纪60年代,基于国内尚无以华商的名义自行投资的规章和经营环境,所以尽管是以华商投资为主创办的公司,也不得不以外商之名注册挂牌。上海的公正轮船公司即一例,它本来是由著名的广东香山买办唐廷枢、郑观应和郭甘章等共同筹办的。[①] 还值得注意的是,这一时期出现了一批能与西商进行商战的广州本土豪商,他们长袖善舞,在与西商的竞争中不断增殖资本,并将其贸易网络伸展到欧美各地。

三、广州华商资本的发展与卷入世界市场

在18世纪50年代至19世纪40年代的世界商业扩张时代,大量的英国、美国和其他国家商人的到来,并没有把广州的华商挤垮,反而造就了广州十三行商业资本的黄金时代。广州十三行商人(亦称"行商""中介商")是清政府特许的商人,他们又往往通过捐纳而取得虚职官衔,因此一般也称他们为官商。他们介乎外商、华商和官府的三角关系中,不仅享有特殊的社会身份地位,而且垄断着对外贸易。他们除包揽对外贸易外,还负责

---

① 参见刘广京《唐廷枢之买办时代》,见《刘广京论招商局》,社会科学文献出版社2012年版,第146-184页。

把外商进口货税在洋船出口时亲自赴海关缴纳，以防止税收人员从中勒索；负有管理、保护外商之责；居间办理广州官府与外商交涉、往来文件等事务，俨然兼办洋务了。他们垄断对外贸易，意味着垄断货源，垄断价格（名义上是广州的官员定价，由他们出面宣布），垄断利润。所以，行商往往短期内即可暴富。据怡和行商人伍秉鉴在道光十四年（1834）自己统计，其所有田地、房屋、铺店、钱庄，以及与英、美两国贸易的商业资本共达2600万元。① 又据咸丰十年（1860）法国一家杂志的"广州通讯"记载，同孚行商人潘正炜的家产总额也达1亿法郎以上，其财产已富于一国王之资产。② 行商这一商人集团继徽商、晋商之后称雄中国商界，其商业资本额也远超徽商、晋商。③ 如果说，徽、晋两大商人集团在明清时期只涉足于东亚海域各国的话，那么，以广州行商为代表的商人于晚清已经走向世界，前往欧美进行商业扩张了。

广州豪商的出现，与世界商业扩张时代提供的舞台有密切联系。西欧各国原以享有垄断特权的"东印度公司"的名义在亚洲和广州市场出现的。18世纪出现了众多的散商（港脚商人），他们是一批在广州市场上越来越活跃的自由商人。1784年美国商人的到来，以及1834年英国东印度公司垄断特权的取消，更增添了商业自由竞争的活力。自由竞争逐渐取代垄断，有利于商人精英脱颖而出。广州华人豪商如潘氏、伍氏等，就是在这一形势下出现的。

广州华商的经营活动，因国内资料阙如，有许多商情一直沉埋在黑暗之中。随着荷兰、丹麦、瑞典、印度和美国等国关于中外贸易的档案被发现、整理和利用，其鲜为人知的史实慢慢地浮出水面。据西方学者的研究，18世纪，广州华商已经经营广州与欧洲间货运的帆船贸易。据荷兰和瑞典有关18世纪50年代至70年代广州帆船贸易的档案记录，有27～37艘中国帆船经常出入广州。投资于这一帆船贸易的有广州十三行商人，也有外国商人。据瑞典档案记载，在37艘帆船中，有不少于9个华人商号和13个华商投资，另外还有7位充当管理者。有的帆船属于十三行商人如潘振承、颜瑛

---

① 参见［美］威廉·C.亨特著，冯树铁译《广州"番鬼"录》，第36页。
② 参见［美］威廉·C.亨特著，沈正邦译《旧中国杂记》，广东人民出版社1992年版，第89－90页。
③ 明代中叶的晋商、徽商拥有的商业资本已超过一百万两白银，到了清代前期达千万两，这是其发展的顶峰。

舍、陈捷官等拥有。帆船的货仓，往往为外商所租用。根据美国学者范岱克（Paul A. Van Dyke）以1763年为例所做的估算，广州帆船所承担的广州港对外贸易货运量已占总量的30%，约略与英国的货运量相等，余下的40%由各国来广州的货船分担。① 由此可见，广州帆船货运在当时世界船运中的地位。

以行商为代表的广州豪商，已如同其印度、美国商人伙伴一样，成为国际性商人。华商以输出中国的茶、棉、丝、糖等商品而同国际商人连结在一起，同时又利用他们的关系在亚洲以外的地区营运其商业资本。

18世纪50年代，广州十三行的主要商人之一同文行潘振承（1714—1788）已经与英国东印度公司建立贸易关系。他本人曾有几次马尼拉之行，并能用英语与西班牙语与外商洽谈生意。他在东南亚其他港口也有贸易关系。除了与东印度公司发生贸易往来，潘振承在18世纪70年代开始投资瑞典东印度公司。在这层国际贸易关系中，瑞典的铜、铁和木材产品被销售，以换取在加地斯（西班牙西南部之一海港）的西班牙银元，这些银元后来流入广州。他与西班牙人也有密切的合作关系。他死后，其子继承了价值约2000万西班牙银元的财产。②

19世纪初，丽泉行商潘长耀（1759—1823）租用美国的货船来贩运货物。中外商人都因期货交易体系中资产流动问题遭受过损失。许多美国商人因营运的需要而向中国商人大量借钱，潘长耀是其债主之一。美商借债逾期不还，单在费城，便有21名商人欠他的债款合计达50万美元。为此，潘长耀在1815年曾写信给美国麦迪逊总统，抱怨美国商人欠他100万美元还没有偿还。③

伍秉鉴（1769—1843）是19世纪最著名的广州十三行商人。他不仅通过充当美国人的代理商销售中国和欧洲的商品，而且凭借与各国商人的关系，建立起庞大的世界性商业网络。

美国学者穆素洁根据伍秉鉴写给他的美国经理人的50多封信件（这些

---

① Paul A. Van Dyke. *The Canton Junk Trade as Revealed in the Dutch an Swedish Records from the 1750s to the 1770s* 讲演稿。

② ［美］穆素洁著，叶篱译：《中国：糖与社会——农民、技术与世界市场》，第162页。

③ ［美］穆素洁：《全球扩张时代中国海上贸易的新网络（1750－1850）》，刊于《广东社会科学》2001年第6期，第81页。

信件藏在哈佛大学贝克尔图书馆，以及他写给与之有密切商业联系的印度帕史（Parsee）商人詹姆塞特吉·吉吉博伊（Jamsetjee Jeejeebhoy）的信件（藏于孟买的马哈拉施特拉邦档案馆），并参照其他文献资料，在她的《中国：糖与社会》一书中，对伍秉鉴过去鲜为人知的商业关系和贸易网络，尤其对其在欧美经营商务的情况做了揭示，使我们对伍氏的商业活动有了进一步的了解。

伍秉鉴继承他的父亲伍国莹（1731—1800）的商务而成为洋行商人。他商业上的成功，除了他自身的人格魅力外，与他的诚信、大度、富有同情心的个人品质亦大有关系。他广结善缘，与许多国家的商人都建立起私人友谊，而且彼此信赖。他被美国商人认为是一位可靠的商业合伙人，所以乐于与之合伙经营。

伍秉鉴于19世纪初开始贩运茶叶到欧洲销售，租用的是美国货船。在1810年两艘美国船只被丹麦海盗劫掠后所提交的保险赔偿申请中表明：开往瑞典哥德堡的一艘船上，除美国商人的货物外，还装着广州华商的价值38000多美元的茶叶；而另一艘船上完全没有美国商人的货物，只有属于伍秉鉴的价值58000美元的茶叶和属于潘长耀的价值32000美元的茶叶。旗昌洋行（Russell & Co.）的一名合伙人约翰·库欣（John Cushing），在1833年作为一名代理人与伍秉鉴一起工作，伍秉鉴贩运茶叶到汉堡，租用的是一艘载重200吨的普鲁士货船。

尽管已到了耄耋之年，但出于对美商的信任，伍秉鉴决定与旗昌洋行签订合同，在美国做实业投资，条件是美方要把每年的利息支付给他的后裔。鸦片战争期间，他通过旗昌洋行的股东约翰·默里·福布斯和罗伯特·福布斯投资美国的密歇根中央铁路、柏林敦和密苏里河铁路。默里·福布斯进一步将伍的基金用于建立美国股票投资公司，以及包括如阿尔巴尼和波士顿矿业公司的投资。

从现存的信件中可以看到，与伍秉鉴保持通信的有在广州与他会见过，或有商业往来的美国商人，如约翰·库欣、约翰·格林（John Green），以及拉尔夫·贝内特·福布斯（Ralph Bennet Forbes）的三个儿子，即托马斯、罗伯特和约翰（他们三人同伍氏都是旗昌洋行的合作伙伴），还有纽约商人A. A. 洛（A. A. Low）和小约瑟夫·库利奇（Joseph Coolidge Jr.）等。伍秉鉴正是通过这些美国人以及欧洲、印度的商人着手打造他在各国的贸易网络。

19世纪初，伍秉鉴就通过曾在广州营商的印度帕史商人默万吉·马尼克吉·塔巴克（Merwanjee Maneckjee Taback）等，在印度建立其商业网络。塔巴克的远亲、印度拜火教徒商人詹姆塞特吉·吉吉博伊在19世纪的头10年从孟买前来广州经商而与伍秉鉴相识。他在拿破仑战争期间因把棉花运到英国贩卖发了财，从而成为孟买鸦片贸易的主要商人之一。伍氏便委托他作为自己在孟买的代理商，负责印度的商务，并用孟加拉邦的汇票结算。其他的印度商人如孟买的莫霍马达利·阿利·罗盖（Mohomadally Ally Rogay）、以澳门为基地的达达布霍伊·拉斯托姆吉（Dadabhoy Rustomjee）等，也都与伍氏有商务关系。伍氏在孟买的代理商詹姆塞特吉经营有方，到了19世纪30年代初已在印度建立了独立的贸易网络。一份1842年4月24日的账单显示，詹姆塞特吉受伍秉鉴之托，购买"重量为5.1 cash和6 cash的珍珠各600颗，重量为1 conderin的80颗"，① 送到旗昌洋行，所需的款项可用孟加拉邦当局的7000卢比支付，如果不够，再请旗昌洋行代垫。詹姆塞特吉还受托在印度和英国经销中国的丝货和肉桂，并要求把在伦敦经销丝货所得的款项归入加尔各答的东印度公司账目中。由此透露出伍氏与各国商人，乃至与孟加拉邦当局间的复杂关系。

  伍秉鉴还经营与美国和欧洲的直接贸易。我们从他给美国商人的通信中可以窥见一些信息。鸦片战争期间的1841年11月21日，他给已经从广州回到波士顿的库欣写信说："四月和五月，我把价值约一百万美元的茶叶用船运到纽约和伦敦，我认为有希望取得好的结果。"两天后，在写给罗伯特·福布斯的信中则说他正将三四百吨的茶叶装船运往荷兰。信中还透露，以前贩运的商货已经取得约50%的利润。

  我们还可从这些信件中看到伍秉鉴对其国际上商业伙伴的关照和慷慨。在1840年6月1日写给库欣的信中说："我现在写这封信，主要为了说明，我已经把茶装上了'阿克巴'（Akbar）号，总额约五万美元，茶将随船前往新加坡，如果茶不能够在新加坡以40%的利润销售，它将随英国船只被运往伦敦的福布斯公司。同时，在得到8%的年利率后，我将把该次商业投机所得的全部利润给J. P. 斯特奇斯（Sturgis）先生，倘使赔本，我将独自承担。我希望斯特奇斯先生今年将创造大约四万或五万美元，并且，我放弃他欠我的在老账目上约三万美元的利息。"

  伍秉鉴似乎最看重的是通过金融市场投机而大赚其钱。他从美国人那里

---

  ① [美] 穆素洁：《全球扩张时代中国海上贸易的新网络（1750 – 1850）》，刊于《广东社会科学》2001年第6期，第82页。

取得现金，为美国和印度商人提供信用贷款，收取利息，之后又在美国投资而得益。这是他抓住美国在中国和印度洋贸易扩张，以及新加坡港市于1819年建立而出现的机遇而采取的举措。他投入的资金是相当巨大的。信件中就提及通过口头协约而借贷31020美元给予库利奇（Coolidge），又给予A.A.洛一笔25000美元的信用贷款。在1840年6月28日给约翰·福布斯的信中说："我在美国和欧洲拥有大量基金，这些基金你必须尽可能谨慎管理，保证其安全，并让它产生利润；在英国商业确定以后，把我的所有基金以孟加拉邦的硬币或账单的形式，送回中国我的朋友旗昌洋行那里。"伍秉鉴在1834年估约拥有2600万两银币（折约5600万美元）的财富，被认为是当时世界上最庞大的商业资本。

伍秉鉴于1843年逝世后，由其子伍崇曜（1810—1863）继承家业。伍崇曜与旗昌洋行合伙继续做大规模的投资。他从其父通过巴林洋行（Baring Brothers）在美国铁路和其他项目的投资中获得定期的收益。1858—1879年间，伍氏家族似乎收到了125万多美元的红利。当旗昌洋行于1891年宣布破产，约翰·默里·福布斯成为伍氏家族的受托人时，记录显示旗昌洋行拥有属于伍氏家族的100万多美元受托基金。在1878—1891年间，该家族的代表每年从此项基金得息39000～45000美元。一些逸闻趣事表明，一些卷入世界市场的豪商是如此富裕，以至于他们能够一掷万金，以解人之困。伍秉鉴有一次就撕毁一份美国商人72000美元的借据，使这位商人能够返回家园。

从伍秉鉴与美商的关系中已经不难看出中、美商人贸易网络的彼此交织。这种情况从其他美商同广州华商的关系中也可得到说明。许多广州的华商与在波士顿设有商行的美商珀金斯（Perkins）都建立有密切的商务伙伴关系。华商中有一位名为叶盛（音译）的就因与珀金斯做丝货贸易而积聚了巨大的财富。在19世纪40年代爆发鸦片战争期间，美商设在广州的公司也为华商所利用，以帮助中国商人捍卫他们应得的权益。旗昌洋行的职员爱德华·德拉诺（Edward Delano）于1841年留下了这样的记录："日日夜夜忙于为各洋行商人写委托书，以期他们有可能最后取回茶钱。这些茶是他们销售给自称美籍、名为T.W.斯蒂凡斯的商人。T.W.斯蒂凡斯在前往英、法途中，逃到了孟买。"这些在战争中向广州华商伸手相助的美国公司，很显然，与华商彼此间本就有商业上的伙伴关系。①

从上可见，广州的豪商已经置身于当时的国际市场之中，与传统的中国商人的经营理念不啻天壤之别。广州华商的商业网络不仅越过传统的南海水域伸展到欧美各地，而且与国际的贸易网络相交织，甚至已经直接投资于欧美各地。

---

① 参见［美］穆素洁著，叶篱译《中国：糖与社会——农民、技术与世界市场》，第167页；［美］穆素洁《全球扩张时代中国海上贸易的新网络（1850—1850）》，刊于《广东社会科学》2001年第6期。

第九章　商风炽烈下各种商人的商业活动

明代中叶以降，珠江三角洲社会经济发展的一个鲜明特点是商品性农业和手工业的不断增进。这同商业的繁荣、商业资本的活跃是互为因果的。明清时期，由于商品性农业和手工业的发展，社会分工的不断扩大，商品流通量与日俱增，流通领域也日益广阔。商人集团因之而纷起，角逐商界的徽商和晋商固然为世人所称道，粤商也为时人所瞩目。所谓粤商（或称广商），其主力就是珠江三角洲商人。清嘉庆年间致仕乡居的顺德人龙廷槐曾经指出："省会（广州）、佛山、石湾三镇，三镇客商，顺德之人民居其三，新会之人居其二，番禺及各县各府、外省之人居其二，南海之人居其二。"[①] 可见，珠江三角洲的南、番、顺、新等县居民从商之众，他们垄断了广州、佛山和石湾三镇的商业。珠江三角洲商人大致可分为广州口岸对外贸易商、海商、内地贩运商和小商贩等四种。本章拟分述这四种商人的商业活动及其历史作用，尤其是后三种商人在本地区农业商业化过程中所充当的角色和起到的作用，并且对该地区商人和商业资本与商品性农业之间的关系做一探讨。

一、海贸中心港市的产物：口岸商人

广州口岸对外贸易商指的是明代承揽贡舶、市舶贸易的牙行商人，清代广州十三行商人和近代的买办商人。这一类型的商人是广州作为对外通商口岸的产物。

广州（秦汉时期称番禺）从秦汉起就是对外贸易的港口；晋代、南朝起，取代徐闻、合浦，成为中国南海市舶之首冲。明清时期，尽管别的口岸有关闭、革罢之时，而广州却未曾闭锁，[②] 基本上一直保持与海外各国的贸易关系。嘉靖三十二年（1553），葡萄牙殖民者入踞香山县澳门。澳门随之

---

① 〔清〕龙廷槐：《敬学轩文集》卷二《初与邱滋畬书》。
② 《明史》卷八一《食货志五》与卷七五《职官志四》所载有异，这里从《职官志》之说。

发展成为广州对外贸易的外港。鸦片战争后,英国占据的香港也迅速崛起,成为对外贸易的港口。广东海外贸易的发达是其他任何沿海省份所不能比拟的。

明代的牙商是伴随广州、澳门对外贸易的兴旺而发展起来的。明代前期,贡舶贸易数量不多,客观上限制了牙商的发展。当时的牙商纯粹是买卖的中介人。明代后期,尽管官方对海外贸易有种种限制,但毕竟出现松弛的趋势。隆庆元年(1567),因福建巡抚、都御史涂泽民之奏请,穆宗"除贩夷之律"①,即废除下海的禁令,"准贩东、西二洋"。② 此后,凡领到"引票"的商人均可出海贸易,说明已部分开放海禁。万历、崇祯年间,夏、冬二季还在广州举行定期集市,由中外商人进行商品贸易,每次开市为期数周,甚至更长。海外贸易有了新的势头,牙商也因而得到迅速发展。

凡充牙商者,必系殷富之家,并要彼此互保,经官府批准,发给牙帖,方取得合法资格。明代后期的牙商不仅充当中介人,而且兼营商业。由于他们的特殊地位,因此在同外商洽谈贸易时,容易得到比普通商人优惠的价格。因利薮之所在,未领到牙帖者也多冒充牙人,从中渔利。嘉靖三十三年(1554),有一叫周鸾者,替葡萄牙殖民商人冒用他国名义,请求海道副使汪柏允许通商,其人就是一个所谓"号客纲"的牙商。③ 有的牙人则与外商狼狈为奸,隐漏税饷。基于牙行的种种弊病,嘉靖三十五年(1556),汪柏整顿牙行,"乃立客纲、客纪,以广人及徽、泉等商为之"。④ 客纲,由若干牙行结成一纲,设立纲首,即客纲,总理该纲行事宜。此前已经存在,而汪柏的整顿使之严密。客纪,即牙行经纪人。据裴化行《天主教十六世纪在华传教志》一书记载,此时"商业的利润被原籍属广州、徽州、泉州三处的十三家商号垄断着。他们不顾民众的反对,一味致力于发展外人的势力"。这十三家商号是否为汪柏所立的牙行尚待考据,但从他们不顾民众反对,一味致力于发展外人势力看,他们系属承充对外贸易的牙商,却是无可置疑的。由此也可看出他们同外商勾结之一斑。他们对广州商业利润的垄

---

① 〔明〕张燮:《东西洋考》,周起元《序》,中华书局1981年版,第17页。
② 〔明〕张燮:《东西洋考》,周起元《序》,第17页:"分市东西路"。
③ 见〔明〕郑舜功:《日本一鉴·穷河话海》,"海市"条。按:因葡萄牙海盗商人作恶多端,明廷自嘉靖初年以来一直禁止同他们做买卖,所以才冒他国名。
④ 〔清〕俞昌会:《海防辑要》卷十五《广东略下》;嘉靖《广东通志》卷六八"外志三·杂蛮"。

断,表明其拥有的商业资本之雄厚。

此后,牙商的职责比明前期有了扩大。外商货物上岸之前,广州牙商先到船上估价,议定税额,并负责征收。他们还负责供给外商船上人员所需的粮食和日用品。在这贸易关系中他们可攫取35%~50%的利润。① 他们对外商生活的管理,以及在对外贸易中所起的半官方的作用,为后来清代广州特殊的行商制度开启了先河。

清初至康熙二十三年(1644—1684),即开海贸易之前,尽管清廷屡颁禁海迁界的法令,② 但广州依然保持同某些国家的贡舶贸易往来,如暹罗、荷兰等,英国商船也来过一两次。诚然,这种合法的贸易额甚微。康熙十七年(1678),恢复广东和澳门的陆路通商;康熙二十三年,取消海禁;次年(1685),设立粤海关,正式宣布开海贸易,使广东的对外贸易开始发生很大的变化。为了适应形势的需要,广东巡抚李士桢会同两广总督吴兴祚、粤海关监督宜尔格图商议后,于康熙二十五年(1686)四月发布《分别住行货税》文告,规定分别征收"住""行"两种货税。凡国内贸易作为"住"税,赴税课司纳税;对外贸易作为"行"税,赴海关纳税。把国内商业税收与海关税收分开。又设立金丝行和洋货行,分别办理经营国内商业和从事对外贸易业务,把两种不同的商人严格区分开来。这一文告的颁布标志着洋货行的成立。③ 洋货行即广州十三行,专营"外洋贩来货物及出口贸易货物"④,成为一种专门的行业。康熙五十九年(1720),十三行商人组成公行,以此作为自己共同的组织,来协调行内关系及处理行外事宜。

承充广州十三行商者,其条件与手续同明代承充牙行商人的几无差异。值得注意的是,在《分别住行货税》文告中特别明示:"省城、佛山商民牙行人等知悉,嗣后如有身家殷实之人,愿充洋货行者,或呈明地方官承充,或改换招牌,各具呈认明给帖"。据此可知,珠江三角洲牙商中当有许多人入清后转充洋货行商人。据梁嘉彬《广东十三行考》对行商籍贯的考证,

---

① 参见李龙潜《明代广东三十六行考释——兼论明代广州、澳门的对外贸易和牙行制度》,刊于《中国史研究》1982年第3期,第33-47页。

② 禁海迁界,即从顺治十八年(1661)起,清政府为了防范郑成功父子领导的反清军队而采取的对沿海坚壁清野的措施。

③ 关于广州十三行的设立年代,学界数十年来众说纷纭。这里从彭泽益先生之说。参见《清代广东洋行制度的起源》(《历史研究》1957年第1期,第1-24页);又,《广州十三行续探》(《历史研究》1981年第4期,第110-125页)。

④ 〔清〕李士桢:《抚粤政略》卷六《文告·分别住行货税》。

除闽商外，多为珠江三角洲商人，如：广利行卢氏，新会人；怡和行伍氏①、会隆行郑氏，南海人；西成行黎光远、福隆行关成发，顺德人；天宝行梁氏，番禺人；孚泰行易元昌，鹤山人；同顺行吴天垣（即吴健彰），香山人；隆纪行张氏，广州人。即使是原籍福建的行商，其中的许多人也先后落籍珠江三角洲，如：同文行潘启，乾隆年间定居广州河南；义丰行蔡昭复落籍广州下九铺；丽泉行潘长耀寄籍南海县。

广州十三行商人，顿起顿落，荣枯无常。② 总的来看，到了鸦片战争前夕，这一商人集团已经江河日下，陷入困境，行商制度也日薄西山。维系着行商命运的垄断对外贸易特权日渐丧失，受挟于外商与日俱厉，他们从享有种种行政、外交、贸易特权转为屈从、依赖于外国资本。行商还受到封建官府用税饷、贡纳、捐输等名目的勒索，因此，他们相继破产、倒闭，有的还被查抄家产，发边充军。中英《南京条约》规定废止行商制度，只不过是对既成事实的法规化。在此之后，行商中的许多人便从屈从、依赖而转为公开受雇于外国资本，充其买办。③

继行商之后兴起的买办阶层是中国近代史上一个引人注目的特殊的商人集团，珠江三角洲是这一商人集团的重要故乡之一。19世纪20年代，番禺黄埔岛乃数千人之大镇，"几乎所有的居民都同外国船舶有直接或间接的联系"，充当买办是其重要职业之一。④ 澳门所属的香山县也是买办的重要出生地，林则徐提及的鸦片买办大多为香山人；近代史上的著名买办，如鲍鹏、唐廷枢、徐润、郑观应、容闳等，皆出自香山。据西人统计，道光十五年（1835），在澳门居住的中国人（多系香山人）约3万，⑤ 其中许多人也是以充当买办为生的。尤其值得注意的是，许多买办是由原广州十三行商人转充，例如近代最早的买办官僚之一吴健彰，就是原广州十三行中的同顺行

---

① 怡和行伍氏，原籍福建，康熙初年由闽迁粤，籍南海县。参见梁嘉彬《广东十三行考》，第289页，注10。
② 关于广州十三行行商代表人物的事迹，参见本书第八章 三、广州华商资本的发展与卷入世界市场。
③ 近代买办阶层的形成经过了长期孵育、演变的过程。关于买办的起源，参见章文钦《明清广州中西贸易与中国近代买办的起源》，见《明清广东社会经济形态研究》，第813—848页。
④ ［美］威廉·C. 亨特著，冯树铁译：《广州"番鬼"录》，第39—41页。
⑤ 张西平主编：Chinese Repository（中国丛报），Vol. IV，广西师范大学出版社2008年版，第292页。

商人。以富名而风闻海内外的买办,因多属福建和珠江三角洲人,故史料上往往称之为"闽、粤巨商"。他们从外国商人的高额利润中分取余利,又受到在华洋商所享特权的庇护,可免纳税饷,免受清政府的敲诈勒索,因此积累了雄厚的资本。有人估计,1840—1894年,全国的买办从利润、佣金等种种项目中得到的收入达49000多万两白银。① 珠江三角洲的买办历来享有富名,其收入虽无法做出确切统计,但可推论其数额当甚属可观。

由上所述,珠江三角洲的广州口岸对外贸易商人,是随着广东海外贸易的繁荣而发展起来的;并根据不同历史时期海外贸易的需要,变换其组织形式,其职能也因之而有所不同。从明代的牙商,到清代前中期的行商,继而近代的买办,彼此间固然有种种的差异,而近代买办和前两者的差别尤大,但他们都有一脉相承的渊源和许多共同点,即:充当对外贸易的中介人而收取佣金(除明代前期充当纯粹中介人的牙商外);利用其特殊的身份地位,包揽或参与经营对外进、出口贸易而赚取高额利润;同封建官府、外国商人关系密切,享有一定的政治、经济特权。但他们所起的作用,却各有不同。明代的牙商和清代的行商,在促进合法海外贸易的发展上起了一定的积极作用,但又必须指出,明后期牙商承揽对外贸易,如广州十三家牙行商人垄断商业利润,特别是清代广州十三行商人对外贸的垄断,显然不利于商业的自由竞争。这种垄断货源、垄断价格、垄断利润的官商行径无疑对海外贸易的发展是起束缚作用的。至于充当外国资本之近代买办,其作用就待细论了。②

二、庶民海贸商人的兴起

海商,是明代出现的一种经营海外贸易的新型商人。文献记载的所谓"海盗""海寇",实际上就是指这类人。闽、粤素有"舟楫之利甲天下"之称,海外贸易之发达,亦首推福建、广东,在广东则以珠江三角洲为最。

明、清两朝基本上奉行闭关自守的政策,即使在开海贸易时期也颁布种种条规以约束人民出海经商。但是,海外贸易既然作为一种社会经济的必然

---

① 关于买办收入的估计,史学界有种种说法。这里取王水之说,参见《清代买办收入的估计及其使用方向》一文,见《中国社会科学院经济研究所集刊》第5集,中国社会科学出版社1983年版。

② 买办阶层内部的情形是复杂的,不能一概而论。

要求，就不是统治阶级的意愿所能阻挡的。即使在朱元璋厉行海禁的时代，珠江三角洲沿海居民依然有人"通番"。所谓"通番"，即私通番货。据文献记载，洪武二十六年（1393），香山县三灶岛吴进添就已"通番"。① 明代中叶以后，"通番"现象愈加普遍。通番形式有：①勾通番船，从事洋货走私贸易。例如，嘉靖年间（1522—1566），每当外国商船一到，珠江三角洲的游鱼洲居民（内有船夫、海商）即会同居住在广州濠畔街的外省富商驾驶多橹船只，满载瓷器、丝绸、私钱、火药等违禁商货到洋船上卖给外商，又向外商买回洋货。据当时南海人霍与瑕说，这种情况"习以为常，官兵不敢谁何"，等到官府派人来船上检验、抽分洋货时，外商的货物已几乎私卖精光了。② 有的海商与外商勾结，负责接应洋货，即所谓"各有接引之家"。③ "接引之家"亦称"窝主"，他们为番货提供贮仓，包揽推销接应的洋货，从中取利。这种人一般都兼充牙行，介绍买卖，充当外商与华商非法贸易的中介人。②经营帆船海外贸易。我国先进的帆船为海外贸易提供了可能。④ 据西方人记载，正德六年（1511），已发现马六甲港湾内停泊有6艘巨大的中国帆船。尔后中国的帆船到菲律宾贸易已成惯例。⑤ 葡萄牙著名航海家和作家孟德斯·宾多的保护人佛里亚，在嘉靖十六年（1537）曾在南中国海看到拥有40艘大帆船的中国舰队。⑥ 这些走私贸易的商船，当有珠江三角洲的海商。隆庆元年（1567），朝廷弛海禁，实行引票制⑦，持有引票的商船，可到东、西二洋贸易，这对海外贸易无疑是一促进。此后到海外贸易的商船日多。到马尼拉的中国帆船，单万历十五年（1587）一年内即

---

① 〔清〕杜臻：《粤闽巡视纪略》卷二："洪武初，属黄梁籍居民吴进添通番为乱。二十六年（1393），都指挥花茂奏讨平之。"

② 〔明〕霍与瑕：《霍斋勉集》卷十二《书·上潘大巡广州事宜》。

③ 参见〔明〕严从简《殊域周咨录》卷八《暹罗》按语，第284页。

④ 参见田汝康《十七世纪至十九世纪中叶中国帆船在东南亚洲航运和商业上的地位》，刊于《历史研究》1956年第8期，第1-21页。

⑤ 参见田汝康《十七世纪至十九世纪中叶中国帆船在东南亚洲航运和商业上的地位》，刊于《历史研究》1956年第8期，第1-21页。

⑥ Henry Cogan., *The Voyages and Adventures of Fernando Mendez Pinto*, p. 82.

⑦ 引票是有限额的，开始时是一年40张，万历二十五年（1597）增至117张，加上备用的20张，共137张，是发引票最多的一年。而事实上无引票的走私贸易商船远超此数。

达 30 多艘，至万历末年每年增加 40 艘或以上。① 这些船运去生丝和"甲天下的粤纱与广缎"等广货，② 换回从墨西哥运来的银元。珠江三角洲的海商在明代主要活动于中南半岛诸国、南洋各地和日本；到了清代后期，其足迹已遍及欧美各国了。

经营帆船海外贸易的组织有独资经营和合资经营两种。独资经营者多系豪门巨室和富商大贾。这些人中，"远涉重洋，经商异域，获厚赀，满载而回者，所在皆有"。③ 他们与封建官府有千丝万缕的联系，有的本身就是在朝的官僚，或是官宦之家。屈大均曾指出："民之贾十三，而官之贾十七"。他们"遍于山海之间，或坐或行，近而广之十郡，远而东、西二洋"④。这里指的是明清之际，但在其他时期，或明或暗地充当海商的官宦当亦不乏其人。官僚兼充海商者，最典型的莫若清初尚之信藩王府的参将沈上达，他利用特权，大搞走私贸易活动，"一年之中，千舡往回，可得利银四五十万两，获利甚大"。

合资经营者中，有的以一人为主，纠集族人、亲戚、朋友共同置办帆船和商货。据明万历时人周玄暐《泾林续记》记载："闽、广奸商，惯习通番，每一舶推豪富者为主，中载重货，余各以己资市物，往牟利恒百余倍。有苏和本微，……计所得殆万钱。"⑤ 这里所谓"重货"当系集资者共同购买。没有出资者，在船上当员役水手。顾炎武所说的"富者出资，贫者出力"⑥，指的就是这种情形。船上员役水手均可各以己资置办货物附船贩卖以取利，很可能像清代实行的工资分红制那样，以其采办私货所赚的利润作为他在船上服役的工资。据道光八年（1828）克劳弗特《使暹日记》记载，来往于南海的闽、粤海商，除筹集资金造船外，邀集具有航海经验和技术的人充当船上员役水手。由出资多者出任船主，除船上的重要职员如伙长、财副和总杆等给予补贴工资以外，其余人役一概不发工资。所有员役（包括已发补贴工资者在内）按规定携带私货，附船贩卖，所得的利润便等于工资了。员役不仅是船主的雇员，也是船上商货的主人之一，商船安危，与每

---

① 参见全汉昇《明清间美洲白银的输入中国》，见《中国经济史论丛》，第 443 页。
② 嘉靖《广东通志》卷六六《外志三·夷情上》："西洋交易，多用广货"。
③ 〔清〕关兆熙：《南海九江关树德堂族谱》卷十七《坟茔谱·皇清直隶州州同达轩关君墓志铭》，光绪二十三年（1897）刻本，第 57 页。
④ 〔清〕屈大均：《广东新语》卷九《事语·贪吏》，第 304 页。
⑤ 〔明〕周玄暐：《泾林续记》，中华书局 1985 年版，第 27 页。
⑥ 〔清〕顾炎武：《天下郡国利病书》之《广东备录下》，第 3444 页。

个人的利益攸关,可收同舟共济之效。也有的商船是由众多小商、小贩合资经营的。嘉庆九年(1804),不到1000吨的帆船往往由100多小商贩集资购置;1000吨以上的商船则常载有二三百小商贩。据描述,小商贩在船上各有其舱位,情形"与广州近郊的墟镇完全相仿佛"。各个技工,如象牙雕刻工人、油漆书匠、铁匠、金银匠等,各有舱位出售自己特制的商品。① 这显然是为了方便顾主到船上选购而设置的。

小商、小贩和被雇充海船员役的沿海"贫者",需要自筹资金,以购买商货附船往海外贸易,因而他们势必"称贷于富豪",遭受高利贷的盘剥,所以他们的前景并不美妙。他们即使有倍息之收入,也因"称贷于豪富者,羡余于持权者,侵蚀于胥吏者,各取什之三"②,所剩无几。这一部分人远涉狂涛,懋迁于海外,是为了糊口活命。他们要积累商业资本是很困难的。

这些独资经营和合资置办的商船,从明代中叶起,从珠江三角洲的8个出海口,"百十为群,往来东西洋"。③ 清代,"自海禁既开,帆樯鳞集,瞻星戴斗",往来于海外各地更为频繁。

在16世纪及其之前,不仅中国帆船的制造水平居于世界领先地位,而且中国的手工业品的生产在世界上也处于先进水平。例如,丝绢、铁器、陶器、棉布等均著称于世。生铁的产量与冶炼钢铁的技术居世界首位。16世纪初,西班牙商人手持大量的白银到菲律宾向中国海商购买生丝与丝织品等商货。尽管中国海商以高于国内数倍的价格卖出,西班牙商人仍认为价贱而争相购买,所以得利甚厚。据明代文献记载,海商的利润可达数倍、十倍乃至"数十倍","恒百余倍",④ 这是珠江三角洲海外走私贸易的黄金时代。清代前期,尽管中国的帆船业已趋于停滞,英国航海业在政府的鼓励下迅速发展起来,但因葡萄牙和西班牙趋向衰落,荷兰和英国在东印度群岛等地竞争激烈,海外贸易仍有发展的余地,珠江三角洲的海商在东南亚各地还是受欢迎的,依然有利可图。嘉庆、道光之后,因中国政治腐败,社会经济的衰退,尤其是鸦片战争后,在外国资本的打击下,中国的海外贸易每况愈下,

---

① 参见田汝康《十五至十八世纪中国海外贸易缓慢的原因》,刊于《新建设》1964年8-9期。

② 参见吴震方《岭南杂记》,中华书局1985年版,第32页。

③ 〔明〕郭春震:《备倭论》,见乾隆《潮州府志》卷四十《艺文上》。

④ 〔明〕王在晋:《越镌》卷二十,《禁通番议》卷二一《杂记·通番》;〔明〕王临亨:《粤剑编》卷三《志外夷》,第92页;〔明〕周玄暐:《泾林续记》,第27页。

在国际上已无竞争能力,珠江三角洲的海商也随之衰落。但是,这里所说的"海商衰落",是就其在世界市场上的地位而言,而不是指海商的队伍规模和贸易额的衰减。珠江三角洲的海商并没有因处境的恶劣而退出历史舞台,即使在五口通商之后,他们依然在逆境中挣扎,奔波于世界各国。

珠江三角洲海商的商业活动对本地区社会的影响是深远的。由于经商的缘故,有的人留居世界各地,成为海外华侨的重要来源之一。他们源源不断地带回世界各国的信息,开拓了家乡人的眼界,使这一地区容易浸染近代之文明,得近代风气之先,推动了当地思想文化的发展。尤其重要的是,他们沟通当地市场与世界市场之间的联系,推动了该地区农业商业化的发展。

三、内地贩运商人

内地贩运商人是珠江三角洲商人的重要组成部分。他们"或行或坐",集行商、坐贾于一身。在正德朝(1506—1521)之前,这部分商人已经抬头。他们不仅在岭南地区从事商业活动,而且将商品运往岭北。但因当地农产品商品化尚未得到发展,他们贩运至岭北的皆系粗重商品。正德十二年(1517)刊行的《张东海集》记载:"盖北货过南者,悉皆金、帛轻细之物;南货过北者,悉皆盐、铁粗重之类。"① 明代嘉靖以降,珠江三角洲农业商业化日益增进,这部分商人越发活跃起来。他们贩运往北的南货品种增多,尤以糖为大宗。清代褚华撰《木棉谱》说:"闽、粤人于二月、三月载糖霜来卖。秋则不买布,而止买花衣以归,楼船千百,皆装布囊累累,盖彼中自能纺织也。"② 佛山的铁锅、南海九江的鱼花等,也为岭外所重。贩运这些货物的商人,奔波于江、浙、赣和湖广等地的名都大邑。有的世代从商,老死于外地。据顺德《黄氏族谱》记载,从黄芝鸾于明末清初开始营商起,其子伟文,其孙观英,三世孙德成、德柔,相继以营商为务。这一家族除在省内石龙、阳江、广州、海南等地营商外,还远及苏州等地。三世孙德成、德柔兄弟就分别于乾隆三十六年(1771)和四十八年(1783)死于苏州的岭南馆,为商业献身于异地。顺德羊额翁祖珩于康熙年间曾"远涉松江、

---

① 〔明〕张弼:《张东海集》,《文集》卷二《梅岭均利记》。
② 〔清〕褚华:《木棉谱》,中华书局1985年版,第11页。

吴山、楚水","操奇赢而游都市"。① 明末清初,他们的活动主要限于长江中下游及其以南区域。正如究心时务的屈大均所指出的:"广州望县,人多务贾与时逐。以香、糖、果箱、铁器、藤、蜡、番椒、苏木、蒲葵诸货,北走豫章(按:南昌)、吴、浙,西北走长沙、汉口。"②

清代中期之后,内地贩运商人的活动范围更加广阔了。乾隆、嘉庆年间(1736—1820),顺德龙山乡的商人,"或奔走燕、齐,或往来吴、越,或入楚、蜀,或客黔、滇。凡天下省郡市镇,无不货殖其中"。③ 东莞的石涌、牛眠诸处商人,"度岭峤,涉湖湘,浮江淮,走齐鲁间,往往以糖、香牟大利"。④ 他们的足迹几乎遍及全国各大都会和要津。珠江三角洲的商人在各地城市往往设有会馆,作为本地商人聚会之所,以共谋商务利益。南海、番禺、顺德、新会乃广州府望县,清初,该四县商人在湘潭合建会馆;后则分开,即南海为粤魁堂,番禺为禺山堂,顺德为凤城堂,新会为古冈堂。康熙五十一年(1712),这四县又在汉口合建会馆。清末,在上海,设有南海邑馆、顺德邑馆;在苏州,设有冈州(新会)会馆;在汉口,设有香山会馆。包括地域范围更大而命名为岭南会馆、广东会馆、两广会馆者,更是各大城市皆有。⑤ 从一个县的商人在许多城市建有会馆看,其商业资本是相当雄厚的。

内地贩运商人中,以丝商、果商、糖商和米商等为最著名。生丝与丝织品是顺德、南海基塘区的主要产品,因而顺德丝商的势力也最为雄厚。入清以后,珠江三角洲的蚕桑区设有丝市或丝栈。据统计,宣统年间,顺德县便有茧市19座,丝市20座,茧绸市、沙绸市、茧纱市等4座。⑥ 这些生丝和丝织品的专业墟市是丝商收购商品的渠道。他们把丝货贩运到外地,或在广州、佛山开铺销售。例如,顺德水藤隔塘邓仲豪、邓仲钊兄弟,"弱冠经商,以贩丝为业","初在泮塘开张义和纺织生理,后在(广州)第七甫创

---

① 〔清〕翁张宪等:(顺德)《翁氏族谱》卷六《行状上·怀远公行略》,孝思堂刻本,第2页。
② 〔清〕屈大均:《广东新语》卷十四《食语·谷》,第37页。
③ 嘉庆《龙山乡志》卷四《食货志·物产》。
④ 光绪《广州府志》卷十五《舆地略七·风俗》。
⑤ 参见仝汉昇《中国行会制度史》,台湾食货出版社1986年版,第六章《会馆》;何炳棣《中国会馆史论》,台湾学生书局1966年版。
⑥ 据民国《顺德县续志》卷三《建置略二·墟市》〔见《顺德县志(清咸丰·民国合订本)》,第1001-1002页〕的记载而做的统计。此书叙事至宣统三年(1911)。

萃和祥洋庄丝店"。仲钊在家乡收购生丝,仲豪在城中开张店铺,"一外一内,各展所长",终于"积蓄十万"。① 珠江三角洲的丝商在清代末年俨然成为广东商界的执牛耳者,与山西票号商人一同垄断着广州金融界的顺德银号商人,便是或由丝商转化,或与丝商合二为一的。

在明代后期,南货越岭北而去者以糖为大宗。贩运荔枝、龙眼等果品,必"挟诸瑰货"。瑰货即海外奇珍,可见糖商和果商拥有的资本是很雄厚的。他们的活动范围广远,在集散本地产品,开辟外地市场等方面均起到了作用。关于糖商、果商的活动下面还要提及。这里需要特别指出的是米商的巢窠活动。

自明代中叶起,随着经济作物种植面积的日益扩大,珠江三角洲的缺粮现象从局部渐及广大地区。尤其清代之后,农业的商业化越发加深,缺粮也随之益烈。在明代晚期,从邻近的罗定等地贩运米粮接济尚可度日。清初起,则非从广西、长沙和江西等地大量贩入米粮不可,尤以从广西贩运为最多,还有少量是依赖于海外贩入,即所谓洋米。道光以后,洋米输入与日俱增,同时还从镇江、芜湖等地贩入。② 广州、佛山是当时广东省内最大的粮食市场。珠江三角洲各县以贩米谷为业者甚众,他们用本地出产的"服用百货",诸如食盐、布料、铁器等,换回广西大量的米谷。西江又为运输米粮提供了便捷的天然孔道。"桂、柳、浔、梧诸郡,岁浮江而东下者,凡数百艘。"③ 西江岸边的戎墟④、江口墟是广西米粮输入珠江三角洲的著名口岸。清初,珠江三角洲的米商已聚集戎墟,并于康熙五十一年(1712)在该墟建立了粤东会馆。道光之前,每当收获季节,从水陆两路运往戎墟的米

---

① 参见顺德《水藤隔塘邓氏家谱》。

② 据光绪《南海乡土志》之《输出品》记载:光绪年间,"由香港运安南、暹罗米入省,每年约五百万;芜湖、镇江米到省,每年约二百万;西江米(按:指广西米)到省、佛,每年一百四十万"。按:广西米除运广州、佛山之外,还有运往珠江三角洲的其他地方。即使如此,广西米的地位似已稍退。

③ 〔清〕吴兰修:《论米舶》,见《广东文征》第3册,香港珠海书院1977年版,第33页。

④ 乾隆五十三年《重建戎墟会馆记》云:"西省田畴广美,人民勤动性成。中岁谷入辄有余,转输络绎于戎,为东省赖。故客于戎者,四方接辚,而莫甚于广人。集于戎者,百货连橋,而莫多于稻子。凡两粤相资,此为重地"。见《太平天国革命在广西调查资料汇编》,第253-254页。

谷平均每天可达二三十万公斤。这些粮食主要是运到佛山、西南、勒流一带。① 于乾隆年间兴起的江口墟也因集散粮食而繁盛一时。自戎墟到佛山,扬帆西江,"往返才数日"。② 米商枭桀以致富者在文献中屡见记载。番禺五凤林仕经,于康熙五十四年(1715)往广西贵县营商,先是经营土布、故衣等日用百货,历四十年的惨淡经营,盈余寥寥。乾隆十九年(1754),其孙林大桢一改为贩运米谷,便时来运转,大赚其利。后由大桢之弟大懋在贵县开设林宝昌铺号,做大宗米谷生意,一次贩回的米谷多达十万斤之巨;又兼开当铺,家业大振,成为当地富豪,直至咸丰年间才败落。③ 米商往往在大批贩运米粮的同时,在本地开铺零售。高要县黄升仁就是于康雍年间"常往广西贩谷,又在本埠开米店"而致富。他在晚年建书房,以"贻谷居"名之,以示不忘发家之本。④ 粮食是人们不可须臾或缺之物,如果没有米商源源不断地贩运愈来愈多的粮食,莫说农业的商业化得不到发展,就是已经出现的经济作物区也不可能维持下去。

　　珠江三角洲贩运商人还操纵本地区产地市场,或深入农村直接控制小生产者。他们在产地市场——墟市,设立粮食行、杂货店和农产品收购站。一方面,将从外地贩运来的产品在墟市销售,以满足急于获得日用百货的小生产者之需,因为农产品的商品化与日用品的商品化是齐头并进的,所以从事商品生产的小生产者已很少再为自己制造日用品了;另一方面,又利用季节的有利时机和自己包买垄断的地位,压价收购产品,攫取超额利润。他们本身往往又是当地的地主士绅,因此,他们不是根据利润的平均法则来赚取商业利润,而是凭借在农村市场上的特殊地位,通过其控制的行、栏、埠等牙行组织,压价收购,或以高利贷的交换方式压榨小生产者的。据屈大均《广东新语》记载:

　　　　广人饮馔多用糖。糖户家家晒糖,以漏滴去水,仓囷贮之。春以糖

---

① 《太平天国革命在广西调查资料汇编》,第19页。按:戎墟日集粮食二三十万斤之数,系当地居民口述资料。
② 参见《太平天国革命在广西调查资料汇编》,第18页:"一戎二乌三江口";又,参见第253页。
③ 参见《林光运堂族谱》,民国十九年(1930)刊本;又,《太平天国革命在广西调查资料汇编》,第28-29页。
④ 黄圣河等:高要《黄思廉祖族谱》卷一,大昌号民国七年(1918)刊本,第103页。

本分与种蔗之农,冬而收其糖利。旧糖未消,新糖复积,开糖房者,多以此富。①

开糖房的糖户,即经营糖业的包买商。春天,他们将货币作为糖本分给蔗农;冬天,令蔗农用蔗糖偿还债务。这是用商业资本和高利贷资本相结合的形式支配蔗农的生产,切断了蔗农与产品市场的联系,使之屈服于自己。在明末清初,有一种所谓"揽头"的包买主,负责收购珠江三角洲所生产的供海商出口的服食器物,如生丝、丝麻织品、瓷器、食糖、铁制品等。据《广东新语》记载:

> 闽、粤人多贾吕宋银至广州,揽头者就舶取之,分散于百工之肆。百工各为服食器物偿其值。②

这里是说,揽头向舶主海商取得银两,用以分发制造服食器物的手工业者,作为预支工本,手工业者再用自己的产品偿还。在这种情况下,手工业者所制造的"服用物器"被人为地降低了价格;作为预付工本的银两要按高利贷盘算其利息。以上两种包买商与小生产者之间,由于债权人与债务人的不平等地位,必然使后者处于人身依附的地位而受到不公正的待遇。

包买商还深入农村的果园,目测果树花势,进行果品包买。对荔枝、龙眼的包买尤为盛行。每当二月果树发花时,"估计者,视其花以知其实多少而判之,是曰买焙。其人名曰焙家。龙眼亦然。……每岁估人鹜者,水枝七之,山枝三四之。载以栲箱、束以黄白藤,与诸瑰货向台关而北,腊岭而西北者,舟船弗绝也。然率以荔枝、龙眼为正货。挟诸瑰货,必挟荔枝、龙眼。正为表而奇为里。奇者曰细货,不欲居其名,所谓深藏若虚也"。③ 从"挟诸瑰货"可见果商亦兼销洋货。这里值得注意的是,这些果品包买商(即焙家)必先做果品的加工、包装,才能做长距离的贩运。鲜果易腐烂,

---

① 〔清〕屈大均:《广东新语》卷十四《食语·糖》,第389页。
② 〔清〕屈大均:《广东新语》卷十五《货语·银》,第406页。
③ 〔清〕屈大均:《广东新语》卷二五《木语·荔枝》,第624-625页。关于荔枝的类似记载,可见〔清〕范端昂《粤中见闻》卷二九《物部九·荔枝》;〔清〕吴应逵《岭南荔枝谱》卷三,见《历代岭南笔记八种》,广东人民出版社2011年版,第325-326页。

需经加工方能久贮。加工的方法，或日晒烘干，或以"红盐之法"处理。①。经营此业者是资本雄厚之大贾，必然做大宗的果品贩运。因此，加工、包装、贩运等都需雇用许多佣工。由此可见，商人资本的活动已经超出单纯的贩运贸易范围，从产品的生产、加工到贩运，都处于同一商人支配下。明末清初，资本与雇佣的关系应该说已经在这里开始出现了。

在清代晚期，有的贩运商人在蚕桑区的墟市设有茧市或茧栈，通过贩家（俗称"水斗"，即牙人）向农民收购蚕茧。这些茧市或茧栈垄断着蚕茧的收购。在广州经营棉布业的商人对郊区的纺织手工业者采取以原料支付的办法收购产品，即"织造棉布匹头的老板给纺工棉花二斤，收回棉纱一斤"。②包买主不仅切断了纺工同成品（棉纱）市场的联系，而且切断了纺工与原料（棉花）市场的联系，这样就使纺织手工业者完全从属于自己。它已属于列宁所指出的商业资本的第四种形式，③已经带有新的生产关系的因素了。

四、小商贩的活跃

小商贩是商品买卖的劳动者，他们在珠江三角洲地区内部短途商品流通中是一支重要的力量。④ 他们活跃于本地区商品流通的网络——墟市之中。小商贩阶层的兴起和活跃同本地区农产品的商品化关系更为密切。大体上，可以明嘉靖朝（1522—1566）为界。在此之前，某些地区如较早出现农产品商品化的南海胥江，据文献记载，在弘治年间（1488—1505），居民已经以"事耕凿、商贩为业"。⑤ 以商贩与耕凿并提，可见其人数之众。但是，较大地区的农村出现以商贩为业，商业呈现出繁荣景象，则在嘉靖朝及其之后。嘉靖朝是农产品商品化较大量出现，民间独立的手工业开始抬头，商品经济出现兴盛的年代；也是经济生活、社会风俗转变的年代。那时，"鱼、

---

① 〔宋〕蔡襄：《荔枝谱》篇六（见彭世奖校注《历代荔枝谱校注》，中国农业出版社2008年版，第15页）："红盐之法：民间以盐梅卤浸佛桑花为红浆，投荔枝渍之，曝干，色红而甘酸。"

② 《一八二一年（道光元年）广州英商致印度英商的信》，见彭泽益编《中国近代手工业史资料（1840—1949）》第一卷，中华书局1962年版，第257页。

③ 参见〔苏〕列宁《俄国资本主义的发展》，人民出版社1960年版，第328页。

④ 集资合造商船出海贸易的小商、小贩，前文已经论及，故不属此讨论范围。

⑤ 〔明〕伦文叙：《伦状元迂冈文集》卷七《青云桥记》。

米本贱,而又有番舶贸易之利。故家虽无十金之资,而用度自足。负担者苟持一钱,出市可以得饱,盖操利易,而物价平故也"。① "正、嘉以前,仕之空囊而归者,闾里相慰劳,啧啧高之。反之,则不相过。嘉、隆以后,仕之归也,不问人品,第问怀金多寡为重轻。相与姗笑为痴物者,必其清白无长物者也"。可见,嘉靖朝是社会风气由质趋文,从淳朴至浸染骄奢,从安于耕作趋向汲汲求利的时期。

嘉靖以降,珠江三角洲商业的繁荣与日俱增。屈大均曾指出:"农者以拙业力苦利微,辄弃耒耜而从之。"② 南海、番禺、顺德、新会等诸望县出现了一批弃耒耜而从事商贩的"农者"。他们或在墟期到墟市上摆摊零售,或穿村过巷,肩挑叫卖。这一商人阶层的大量涌现,正是商品经济发展到一个崭新阶段的标志。

到了清代,尤其是清代中后期,由于农业商品化程度加深,商品经济不断增进,商业益加昌隆,"弃本争毫末利"③ 成为社会风尚。南海的官、瓦、蠕冈等地,"逐末者众","其小民贸易者多作髹金轻薄之器,而店肆多悬炙牲萃藏肉"。④ 顺德的大良堡,"商贾阜通,为鱼、米、果、布之凑";白藤"商贾伙颐;龙江"民务农业(按:桑),逐商贾之利";龙山"居者力乎农桑,行者勤于商贾";黄连"为商贾舟楫之凑";伦教堡的北海"群事商贾";桂林堡的"简岸多商";羊额上村多从事"贩籴";龙津则以"花果之异,售于诸乡";登州民"贩木为商";江村、石涌、都粘、甘溪、石碣、平步、葛岸、龙头等地也是农、商混杂。⑤ 据顺德人龙廷槐于嘉庆年间对广州府属各县从商人数所做的估计:南海名列榜首,商贾占6/10;顺德、新会次之,占4/10;番禺、东莞、新宁、新安又次之,占3/10;增城、三水、花县占2/10;香山、从化、清远居末位,占1/10。龙廷槐还声称,"各县情形,据所闻书其大概",并"非无所据"。⑥ 这里商贾所占的比例显然是指户数而言。南海、顺德、番禺、新宁、东莞、新安等县从商者已占总户的十分

---

① 嘉靖《广东通志》卷二十《民物志一·广州府》。
② 〔清〕屈大均:《广东新语》卷十四《食语·谷》,第372页。
③ 〔清〕陈璸:《送叶南田枢部出守广州序》,见《广东文征》第4册,香港珠海书院出版委员会1977年版,第85页。
④ 道光《南海县志》卷八《舆地略·风俗》。
⑤ 咸丰《顺德县志》卷三《舆地略·风俗》,见《顺德县志(清咸丰·民国合订本)》,第80-81页。
⑥ 〔清〕龙廷槐:《敬学轩文集》卷二《初与邱滋畲书》。

之三以上，可见商贾人数之众。但是这些商贾中绝大部分是"弃耒耜"而从商贩的本少利微的"农者"。黎春曦指出："商贩熙攘，亦皆区区蝇头。殊绝阳翟之贾。"① 这些小商贩未必完全脱离农业，在农产品市场之淡季，他们回家从事农业、家庭手工业或其他副业。以从事小商品生产为目的的专业户，诸如香户、花户、茶户、葵扇户、草织户、蔬菜户、果木户、蚕桑户、鸭户等，也常常兼任推销员，到墟场上去推销自己的产品。也有的以耕为主，农闲时兼营商业。②

小商贩成批地兴起，其人数不断增多，是由于农业商业化而引起的小生产者对市场依赖日益加深的结果。自嘉靖、隆庆以降，随着珠江三角洲农业的商业化、专业化，愈来愈多的农民家庭已不能单独完成某一产品生产的全部过程。例如，基塘区的农民需要仰赖九江的鱼花，果木区的家庭则需来自陈村的果树苗，鱼花与果树苗都得到墟市去购买；南海烟桥的"冬造蚕种，多取给附近墟市"③，蚕农一旦桑叶不继，亦需取给于墟市。从农业分离出来，以生产小商品为目的的独立手工业者也不断增多。小商品生产者制造产品过程中需要不断地从市场得到原料，而他们制造出来的商品也需要通过市场交换以实现其价值。由此可见，在产地市场上流通的商品无论是品种或数量都愈来愈多，而这些商品流通的承担者主要是这些小商贩。小商品生产者生活所需的日用百货也需要通过这些小商贩的活动来得以满足。在农业商业化未曾出现之前，农民很少同市场发生联系，偶然需要做剩余产品的调剂，他们自可彼此间直接进行，以有易无，买卖一次完成。现在，市场牵涉着千家万户，在流通的产品种类繁杂，数量巨大，又有本地商品与外地商品乃至外国商品相互交流的情况下，没有一定数量的小商贩居间起作用，商货将壅滞而得不到畅通。当地居民的生产和生活上的需求也将因商货的壅滞而得不到满足。小商贩队伍的出现并且不断扩大，正是商业化兴起之时，势所必然。

---

① 顺治《南海九江乡志》卷二《生业》。
② 〔清〕霍承恩：佛山《霍氏族谱》卷九《艺文·十七世祖乡进士阳春教谕春洲公家传》，第63页载：霍春洲"耕石云山中，晨光初动，负担亲锄畚，手扒粪土。获时腰镰以往，自扬稻子从作。暇时兼服贾，来往滦头、太江间"。又据屈大均《广东新语》卷二五《木语·荔枝》，第625页载，屈大均本人曾当过荔枝小贩。
③ 何毓桢等：《南海烟桥何氏家谱》卷九《杂著谱》，民国十三年（1924）刻本，第43页。

珠江三角洲星罗棋布的密集的墟镇网络为本地区商品流通提供了广阔天地，也是小商贩队伍得以发展的重要原因。商品流通量的巨大，势必要求有相应的流通场所。据文献资料的不完全统计，狭义的珠江三角洲（小三角洲）于永乐年间墟市有33个；嘉靖三十七年（1558）增至95个；万历三十年（1602）发展到176个。其中，以农业商业化程度较高的南海、顺德、番禺、新会和东莞为最多。明末，顺德有墟市36个，东莞29个，南海、新会各25个，单此四县便共有115个。① 清代，墟市数量更是急剧增加，尤以专业墟市发展为最快。② 道光十五年（1835）前，南海县专业墟市只有17个，到同治十三年（1874）增加了15个，宣统二年（1910）又增加24个，共为56个。这一类墟市中，又以销售蚕、桑、丝、鱼等中的某一产品之专业墟市为最多，可见，蚕、桑、丝、鱼等商货流通量特别大。四通八达、交织如网的河涌为本地区各墟市间商品的流通提供了方便的渠道。从上可见，巨大的商品流通量，与之相适应的流通场所——墟市，三角洲交织如网的河涌，是促进短途商品贩运发达的重要条件。

小商贩在本地区内部商品的流通中，在本地产品与外地产品的交流中，都起了重要的居间作用。它表现在：一方面将在甲地向小生产者收购来的商品短途运到乙地销售，又将在乙地聚集的产品运回甲地推销，使本地区内部的产品得以交流；另一方面将零星的商货加以收集，然后成批地卖给批发商以做长途贩运，又从批发商处贩来外地商品，零售给本地的居民。他们接近消费者，不限定销售量和营业时间，可以送货上门，也可收购陈旧品，对熟悉的顾客还可以赊销，在居间转手中获得些许利润。但是他们有的充当长途贩运批发商的分销网点，因而不得不屈从于批发商，为其所操纵。他们营运的资金也常常求贷于债主，所得的利润大半为债主所分割。众多的小商贩求贷于债主，也当是珠江三角洲高利贷资本活动特别猖獗的重要原因。③ 至于那些穿村过巷、肩挑叫卖的小贩，处境更是恶劣。他们所得的蝇头之利，与其说是商业利润，毋宁说是变相地出卖劳动力的收入。总之，小商贩是一种便利产销者的，与明清时期出现的封建地主土地所有制基础上由个体小农经

---

① 《珠江三角洲农业志》第1册《珠江三角洲形成发育和开发史》，第97页。

② 关于珠江三角洲各县墟市的增加情况，请参见第十四章《地方市场网络的形成与不断完善》。

③ 关于珠江三角洲高利贷资本的活动，请参见第十三章《信贷金融业及其在商业化中的作用》。

营的农业商业化相适应的商业形式。

五、商业资本在当地所起的作用

珠江三角洲商人的活跃与商业资本的发展，是适应当地农业商业化不断增进的需要而出现的。如前所述，海商、内地贩运商的抬头，小商贩的成批涌现，均在明嘉靖、隆庆之际，也恰逢此时，当地的商品性农业开始兴起。各种经济作物的种植虽然早已存在，挖低洼之地为塘以养鱼，基面树果木的"果基鱼塘"形式明初也已经出现，但把经济作物和果基鱼塘真正做商品性的经营则在嘉、隆年间。万历朝及其以后，商品性的农业经营又得到发展，桑基鱼塘逐步取代了果基鱼塘的经营方式，商业资本也随之有了增进。但是明末清初的动乱，加上番禺、顺德、新会、东莞、香山等5县蒙受"迁界"之祸，田园荒芜，商品性农业、手工业受到破坏，商业资本也遭受打击，出现逆转之势。直至平定尚之信之乱，严禁其余孽"擅盐、铁重利"，据市籍、抽重税；取消禁海令、设粤海关，开海贸易之后，社会趋向稳定，商品性农业才得以复苏。

康熙朝晚期（即18世纪初），珠江三角洲形成了九江（南海）、龙江、龙山（顺德）、坡山（鹤山）、海洲、镇涌、金瓯、绿潭、沙头和大同（皆属南海，处于西樵山附近）十乡连成一片的桑基鱼塘专业区。以广州为中心，南到番禺的大石、沙湾、古坝，东至黄埔、茭塘，西南至顺德的陈村、南海的平洲、番禺的韦涌，纵横100里的一大片老沙田区，也在此时形成以果木为主的专业区。甚至以某一种经济作物为主的中心产地，也与此同时纷纷出现。例如，蒲葵的中心产地在新会之西头沙、西涌、黎乐、新开窖等地，周回20余里；香在东莞的石涌、牛眠石、马蹄石、马蹄冈、金钗脑、金桔岭诸乡；茶在南海的西樵山；茳芏（水草）在东莞的军铺到虎门一带的卤田；等等。农业商业化的发展，引起了农业加工业及与之相关的手工业，诸如缫丝业、纺织业、制糖业、制葵扇业，以及包装、运输等行业的发展，同时商业资本也得到进一步发展。无论是资本的增殖额，还是活动的范围，较之以前都有过之而无不及。到了乾隆、嘉庆年间，珠江三角洲商品性农业更是迅速地发展，其主要表现在出现"弃田筑塘，废稻树桑"的热潮。九江等十乡桑基鱼塘区进一步扩大基塘范围，如顺德的桑麻乡（今杏坛镇）在乾隆年间遍种桑树；中山的小榄也在乾隆年间扩大蚕桑和果树的种植，成为以蚕桑和果树为主的产区。珠江三角洲商品性手工业也相应得到发展。这一时期,当地商人的队伍益加扩大,如前所述,有的县从商户的比例达十分之四(顺德、新会),甚至达十分之六(南海);商业资本越发雄厚,它在广商或粤商的名义下,已经跻身全国大商人集团的行列。鸦片战争以后,农业商业化在核心区继续增进,同、光年间再次出现"废稻树桑"的热潮;商品性农业扩展到边缘地区,如花县、清远、四会等。这一时期珠江三角洲的商业资本较之清代中叶得到进一步发展,尤其当地华侨商业资本的崛起,更加增强了它的力量,它在国内的商界已处于举足轻重的地位。

从上可见,大致说来,农业商业化兴起于明嘉隆年间,明末有初步的进展,清初一度受挫,但康熙中期之后,便很快复原并得到增进,清代中叶是其迅速发展期,鸦片战争后,既向纵深增进,又横向地扩展到边缘地区。商业资本(除牙商资本外)是以本地区商品性农业和手工业为基础发展起来的,商业资本同农业商业化两者的发展进程是基本一致的。应当指出,前述的以农产品为主要内容的商品经济,就其整体而言,既不同于旧的传统的商品经济,又区别于资本主义的商品经济,它是一种在封建土地所有制基础上由个体小农经营的农业商业化。① 与之相适应的珠江三角洲商业资本,基本上也是与封建官僚、地主结为一体的。

商人的活跃和商业资本的发展,对本地区农业商业化的进程无疑起了促进作用。

第一,沟通了本地市场和国内外市场的联系,开拓与扩大了本地产品市场,特别是为生丝开拓了海外的销路。由于市场的开拓,种植商品性作物变得有利可图,从而诱使农户敢于冒险进行商品性的农业经营。而市场的机会又促进经济活动的多样化,进而引发了农产品加工业和与之相关的其他手工业,以及包装业、交通运输业和服务性行业的兴起和发展,这一切又引起居民产业结构的变化。顺带指出的是,市场的力量引起的后果往往利弊相掺,祸福相倚。例如,市场的开拓引起产品的畅销,经济作物的种植因而获利。然而,正是经济作物收益的增加引起租额和地价抬高,对佃户来说无疑是一种灾难。但也恰恰是因租额和地价的抬高,才刺激了堤围的兴修和对新沙的围垦,以及耕种技术的改良。明清时期珠江三角洲之所以能迅速开发,甩掉"落后"帽子,一跃而进入全国先进经济区行列,其原因固然是多方面的,但市场的力量所起的作用是极其重要的原因。

第二,商人的活动是通过市场取向来起作用的,市场的取向是农户选种

---

① 关于农业商业化的性质,请参见第十章《商品性农业的发展》。

经济作物的重要依据。我们看到，有一些经济价值很高的作物，不仅得不到发展，而且渐趋减少，最终灭绝，其中东莞的莞香即一例。莞香是一种古蜜香树的液汁凝结成固体，犹如松香、琥珀状的东西，成熟时，多由妇女从根部掘取。明末清初，莞香畅销岭北，获利甚巨，"故莞人多以香起家"。① 但是，这种产品纯系豪门大户的奢侈消费品，销路是非常狭窄的。随着西方香料的源源输入，时尚发生变化，市场越发缩小，加之清朝政府对香户的严酷盘剥，香户无利可图，因而斩树毁香，改营别业，莞香后来终于绝灭。蚕桑的种植却与此相反。生丝和丝织品历来远销海外，是中国传统的海外销售产品。嘉靖四十四年（1565），西班牙殖民者从墨西哥出兵占据菲律宾后，带着大量的秘鲁银元在马尼拉高价收购中国的生丝和丝织品。中国丝的海外市场益加扩大，珠江三角洲的蚕桑业就是在丝市场扩大的刺激下发展起来的，并于康熙年间形成以鱼、桑为业的九江等十乡的专业化区域。从公元1565年起的两个半世纪内，马尼拉一直是中国生丝和丝织品大量销售的市场。乾隆二十二年（1757），清廷关闭江、闽、浙三关后，欧洲商人采购生丝和丝织品都集中于广州市场。乾隆二十七年（1762），清政府又限制（太）湖丝的出口，而珠江三角洲的丝具有纤细、柔软、有光泽、易于吸取染料的特点，为江、浙及日本生丝所不及，所以外销量越发巨大，价格日高。正是在高利润的吸引下，乾隆、嘉庆年间出现了"弃田筑塘，废稻树桑"的热潮。鸦片战争失败后，中国陷入半殖民地半封建社会的境地，珠江三角洲的生丝对国际生丝市场的依赖进一步加深。咸丰、同治年间，法国等欧洲产丝国因蚕病严重，生丝产量锐减，加上1869年苏伊士运河的开通，使得从中国到欧洲的航程缩短，因而中国生丝的出口量上升；适逢咸丰年间，江、浙蚕桑区因太平天国革命军与清军的战争而大受破坏，珠江三角洲生丝在出口中的地位更显重要；又因当时洋米进口与日俱增，米价跌落，种稻无利可图，益显蚕桑有利。

由于以上种种原因，19世纪中叶珠江三角洲再次出现"废稻树桑"的热潮。除陈村及其周围的果木业中心区和某些零星的基塘继续保持种果木和养鱼外，所有的基塘均改为树桑养鱼。顺德残存的稻田也于此时纷纷改种桑树，实现了以蚕桑为主要内容的农业商业化。原未种桑养蚕的东莞县，也于光绪初年由"诸缙绅立普善堂，提倡蚕桑，购桑栽于顺德，并请养蚕之善

---

① 〔清〕屈大均：《广东新语》卷二六《香语·莞香》，第677页。

者为之师,自是播种渐兴,峡内、石步、周屋、厦半、仙山诸乡,产丝尤夥。① 蚕桑的大量种植直接推动了缫丝业和丝织业的发展。值得注意的是,华侨商人陈启源于同治十一年(1872)在南海简村堡创建中国第一家机器缫丝厂——继昌隆,这是我国最早出现的民族工业。因获利甚厚,丝厂相继蜂起,到宣统三年(1911),顺德的机器缫丝厂已发展到142家以上,工人6万多人;② 南海县在清末也有丝厂35家。③ 商业资本较大量地向产业资本转化,采用近代的生产关系。

从上可见,市场的取向不仅直接推动农业商业化的发展,而且影响、支配着农业商业化的具体内容和发展道路。市场的取向还刺激人们不断追加投资,提高耕作技术,改善经营管理,从而取得更大的经济效益。例如,基塘的经营方式就在市场取向的支配下,经历了一个不断完善的过程。明代前期的基塘是用沼泽地改造而成,可收排涝防潮之效。基面种果木,塘以蓄鱼,旨在供高门大户享鱼池、竹木之乐,以及"日供二膳""家益赡饶",④ 基本上是供消费之用。明代中叶之后,基塘增多,或用来种蔗养鱼(称蔗基鱼塘),或用来树桑养鱼(称桑基鱼塘)。由于市场取向的制约,果基鱼塘和蔗基鱼塘终于改为桑基鱼塘。经过200多年的实践,桑基鱼塘的连环性生产技术到清代咸丰、同治年间进入成熟阶段。明代"基"略小于"塘"的比例已改为"基六塘四",从而更适合于连环性的生产。根据当地老农提供的材料,大约8担蚕沙可养大1担塘鱼。按一般产量计算,每亩桑基产桑叶25担,6亩基面可产桑叶150担;用以养蚕,可得蚕沙90担和蚕蛹三四担;按塘面亩产四五百斤大鱼计,这些蚕沙、蚕蛹足供4亩鱼塘之所需。塘泥又是桑基的优质肥料。这样,种桑、养蚕和养鱼三者按比例配搭,互相促进,协调发展。此外,有的基塘还结合养猪,即利用涌埕和部分基边基面养殖水浮莲、假苋菜等青饲料用来喂猪,猪屎也可肥桑饲鱼。桑基鱼塘多种经营、循环利用的生产结构更臻完善,经济效益越发提高。这种经营方式被时人赞

---

① 民国《东莞县志》卷十三《舆地略十一·物产上》。
② 参见程耀明《清末顺德县机器缫丝业的产生、发展及其影响》,见《明清广东社会经济形态研究》,第237-278页。
③ 〔清〕姚绍书:《南海县蚕丝调查报告》,见《农学丛书第六集》第十册,光绪年间石印本。
④ 参见《秋坡黎先生集》卷六《记》;陈云龘(新会)《陈氏族谱稿》之《四世祖泉石公嘱》,第19-21页。

之为"足食有方"。①

第三，华侨商业资本流向家乡，是珠江三角洲商品性农业得到发展的一个重要原因。华侨商人，即海商等侨居海外的商人，尽管久居异地，仍然乡情浓烈，十分关心桑梓事务。珠江三角洲兴修堤围、围垦沙田，需要巨量的资金自不待言，即便是将田地深挖成基塘，"废稻树桑"，也需要较大的投资。华侨商人源源不断地寄回家乡的汇款便成为农业商业化过程中所需资金的重要来源之一。关于清代中叶之前的华侨汇款，我们还缺乏可供参考的数字。最早的估计数字是1877年美国加利福尼亚州参议院所做的美国华侨汇款估计，平均每年约为18000万美元。② 又据旧金山领事黄遵宪查银行汇票总簿的记录，20世纪头几年，华侨汇回广东省的款项最多为一年一千五六百万银元，古巴、秘鲁、西贡、新加坡等地汇款尚未计算在内。③ 这里虽然没有珠江三角洲的侨汇数字，但它作为重要的侨乡之一，其数额当甚属可观。有的华侨商人回到家乡投资兴办企业、开办商埠、建筑铁路。前述的陈启源创办机器缫丝厂即一例。又如光绪三十二年（1906），美国侨商陈宜禧回台山创办新宁铁路；台山县公益埠、香洲商埠（今珠海市）也是侨商伍于政等开辟的。④ 侨商回家乡所做的这些投资对推动本地的农业商业化无疑也是起了积极作用的。

至于商业资本的其他作用，诸如建祠堂、修族谱、置族田以加强宗族制，通过捐输、捐纳而取得官爵，或支持科举仕途以培植封建官僚，从而加强了地方上的族权和绅权等，在本章就不详述了。

---

① 〔清〕赖逸甫：《岭南蚕桑要则·序》，第1－2页。
② 转引自姚曾荫《广东省的华侨汇款》，商务印书馆1943年版，第31页"注一"。
③ 参见郑林宽《福建华侨与华侨汇款》，商务印书馆1940年版，第26页。
④ 郑砺石：《辛亥革命前夕华侨在香山开辟香洲商埠之经过》（稿本）。

第十章 商品性农业的发展

一、在生计胁迫下的利润动机与经济作物的种植

在第三章,我们已经指出人口压力对农业耕作系统与经营方式的影响,说明人口趋向与农业商业化有密切关系。但是,商品性农业的发展不能归因于单一的因素。除人口因素外,珠江三角洲适宜种植甘蔗、蚕桑、水果、花木等多种经济作物和养殖鱼类的生态环境也是一重要原因。另外,珠江三角洲濒临南海,有珠江水系和南海水域的便捷水上交通网络为商品的运输提供优越的条件。商品流通先于商品生产,如果费力费时的交通运输限制了自然天赋优势的实现,商业化也是难以兴起的,所以有西方经济学家把交通运输视为经济活动区位结构和区位经济学的三个基石之一。① 再者,农田改种经济作物,必须以取得商品粮食的供应为前提。从西江运进的广西和湖南等地的粮食,以及从南海输入的东南亚地区的洋米解除了珠江三角洲因种植经济作物而出现的粮食匮乏之忧,可谓是"乡无耕稼,而四方谷米云集"。② 由此可见,珠江三角洲商品性农业的发展,是由生态环境、资源分布、交通条件、商业资本的活跃等经济因素交相作用的结果。但是,商业化何时兴起,则有待机遇的出现。

如何应对出现的机遇,往往因人而异,而历史上不同民族、不同地区的人的气质和文化特点与经济发展状况是有关系的。经济发展理论大师彼得·托马斯·鲍尔在追溯他对经济发展因素的认识过程时指出:"不同文化群体在经济效率上的显著差异是经济发展史上的主要特征。"③ 另外两位曾获得

---

① 参见［美］埃德加·M. 胡佛《区域经济学导论》,商务印书馆1990年版,第一章。
② 参见道光《顺德龙江乡志》。
③ ［英］P. T. 鲍尔:《以往研究的回忆:追溯第一步》,见［美］吉拉德·M. 米耶、都德莱·西尔斯编,刘鹤等译《经济发展理论的十位大师》,中国经济出版社2013年版,第31页。

第十章 商品性农业的发展

诺贝尔经济学奖的经济发展理论大师刘易斯和舒尔茨也从不同的角度强调了人的气质对经济发展的重要性。珠江三角洲人所蕴含的是南迁的士民和土著俚人相互融合而形成的独具特点的所谓"珠玑巷人"气质。他们继承了中原文化的精华,又汲取了"越人擅舟",善于海上活动的传统。基于所处的环境和人口压力,明代后期以降,他们寡于保守,多于进取,对经济机遇有较高的敏感性,其商品意识是浓厚的。嘉靖至万历年间广州市场的转型为他们实施商业化提供了难得的机遇。但是作为个体的农户,其商品意识所导致的利润动机只能服从于人口压力下求生存的需要。我们从农民对种植农作物的安排便可看出这一点。

珠江三角洲的农民并非一开始便放弃粮食作物的种植,粮食作物如水稻、麦类、薯类、豆类和粟类等依然保持一定的比例,明末还从海外引进番薯、玉米等高产作物。[①] 但与此同时又兼种桑、甘蔗、蒲葵、水草、茶、烟草、蔬菜、花果等经济作物。有的农户甚至以种植后者为主,或从事池塘养鱼业、畜牧业、家禽养殖业等商品性的多种经营。农民的这一做法是明智的。因为处于不稳定的自然环境,要预测"看天吃饭"的农业丰歉是比较困难的。为了避免风险,农民不愿采用一种未经使用过或还未十分熟习的方法去为一个不了解的市场种植一种生疏的农作物。多种经济作物的种植或从事商品性的农、牧、副、渔多种经营,可以增加保险系数。由此可见,农民改种商品性的农作物,主要不是出自追求利润、扩大再生产的动机,而是在生计胁迫下,为了求生存而做出的抉择。

种植经济作物存在丰歉难测和市场滞销的风险,但可取得比种植粮食作物更多的经济效益。在明代中叶,一亩田种水稻最多只能收谷"十石"("乡俗以五升为斗",实为五石),折米3.5石,折银约0.815两。[②] 如用来经营蚕桑,"计地一亩,月可得叶五百斤;蚕食之,得丝四斤"。明代晚期

[①] 杨宝霖在《我国引进番薯的最早之人和引种番薯的最早之地》一文中认为:东莞人陈益于万历十年从安南(今越南)引进番薯,先在其家乡花坞种植,继在土名小捷獭前租地35亩雇工种植。此为最早的引进者和最早的引种地。此文见杨氏《自力斋文史农史论文选集》,广东高等教育出版社1993年版,第306—312页。

[②] 亩产量10石,见诸霍韬《霍渭厓家训》卷一《田圃第一》的记载;谷出米率按67%计,此数字见《广州之米业》,第2页;折银则根据彭信威《中国货币史》第703页记载换算。

广州的丝价每斤从 0.4～1.4 两银不等,① 以 0.8 两做概数计之,4 斤丝可得 3.2 两。由此可见,经营蚕桑的经济效益远非种植粮食作物可比,这是具有商品意识的农民接受承担种植经济作物风险的原因。随着蚕桑经营的不断改善,种桑养蚕的经济效益也逐步提高。到了清末,如前所述,一亩桑地的收益已达 46.4 两白银,相比之下,种水稻至多只收入 13.53 两。同时应当指出,总收入的提高实际上掩盖了边际效益的下降,因为收入的增加是以不断追加投入劳动力为代价的,而生产率的增长是微乎其微的。但是,对于一个有富余劳力的农户来说,出自谋生的需要,只要每个劳动日的边际劳动产品为正数,即可增加总收入。在劳动时间的机会成本为零的情况下,增加劳力投入量直至边际生产率为零的做法是合理的。②

关于种植商品性农作物所增加劳动力投入量的情况,嘉庆时人包世臣在《安吴四种》中写道:

> 种烟必须厚粪,计一亩烟草之粪,可以粪水田六亩,旱田四亩。又烟叶除耕锄之外,摘头、捉虫、采叶、晒帘,每烟一亩统计之,需人五十工而后成。其水田种稻,合计播种、插秧、莳禾、芸草、收割、晒打,每亩不过八九工。旱田种棉花、豆、粟、高粱,每亩不过十二三工,是烟叶一亩之人工,可抵水田六亩,旱地四亩也。③

这里说的是江南地区的情况。珠江三角洲的情况则因历史文献记载缺略而不得其详。但据今人调查研究:每亩桑地每年共需 135 个工人,每亩鱼塘需要 80 个工人。④ 再加上轮、套、间种,以及加工工业所需劳动力,其数量就更多了。由此可见,种植经济作物与栽种水稻所投入劳力差异之巨大。

---

① 参见邓开颂、黄启臣编《澳门港史资料汇编》,广东人民出版社 1991 年版,第 95 页。

② 关于生产量的增加和实际生产率的下降等问题,黄宗智在他的《华北小农经济与社会变迁》(中华书局 1986 年版)和《长江三角洲小家庭与乡村发展》(中华书局 1992 年版)两书中,根据个人的研究做了严谨的论证,可资参考。

③ 〔清〕包世臣:《安吴四种》卷二六《齐民四术卷第二》。

④ 参见钟功甫等《珠江三角洲基塘系统研究》,科学出版社 1987 年版,第 15 页。

二、经济作物专业区的形成

各种经济作物对不同土壤的适应能力及其产生的经济效益是有差异的。珠江三角洲本着"因地制宜"的原则,选种不同的经济作物。明代晚期,各种经济作物在自然形成的传统土特产的基础上扩大种植面积而陆续形成各自的专业区。

甘蔗,原产地在中南半岛至印度一带。据日本学者加藤繁考证,甘蔗传入中国,可能在战国末期。① 宋玉曾在《楚辞·招魂》中说:"胹鳖炮羔,有柘浆些。"柘浆即蔗糖。② 据《西京杂记》载:"闽越王献高帝石蜜五斛"。③ 石蜜即蔗糖。此说如可信,说明汉代之前岭南地区已经生产蔗糖。又据东汉时蛰居广州河南的杨孚在《异物志》中说:"甘蔗,远近皆有。交趾所产特醇好,本末无薄厚,其味至均。围数寸,长丈余,颇似竹。斩而食之,既甘;迮取汁为饴饧,名之曰'糖',益复珍也。又煎而曝之,既凝,如冰,破如博其(按:其,即棋;博棋,即博戏之棋子)。食之,入口消释。时人谓之'石蜜'者也。"④ 可见珠江三角洲种植甘蔗历史之悠久。在宋之前,甘蔗和其他经济作物如蒲葵、香、花、果等一样,是一种自然形成的土特产,而并非作为商品生产。这一情况到了明代中叶才发生变化。

明代中叶以降,珠江三角洲甘蔗的种植面积迅速扩大。⑤ 明末,甘蔗"连冈接阜,一望丛若芦苇"。⑥ 东莞县东坑、大朗之间,"其利山蔗";石

---

① 参见〔日〕加藤繁《支那经济史考证》下卷,日本东洋文库昭和二十八年(1953)版,第676—687页。

② 农史学家梁嘉勉在《中国甘蔗栽培探源》(见《中国古代农业科技》,农业出版社1980年版,第403—419页)一文中认为,人们对甘蔗的利用,最初是直接用口"咋啮其汁"。甘蔗称"柘""蔗",都是从"咋"的音义演变而成的。

③ 此书凡六卷,或说系晋人葛洪所撰,或说属葛洪采自汉人刘歆所说。参见《新译西京杂记》"导读"之一《关于〈西京杂记〉的作者》,台湾三民书局1995年版,第1—11页;同书卷四《闽越鹳蜜》,第159页。

④ 引自〔北魏〕贾思勰著,缪启愉校释《齐民要术校释》卷十《甘蔗》,中国农业出版社1998年版,第722页。

⑤ 〔明〕宋应星:《天工开物》卷六《甘嗜》,中华书局香港分局1978年版,第162页;甘蔗"产繁闽广间,他方合并,得其十一而已"。

⑥ 〔清〕屈大均:《广东新语》卷二七《草语·蔗》,第689页。

龙"其地千树荔,千亩潮蔗（俗名白蔗,又名紫蔗）";篁村、河田则"甘薯、白紫二蔗,动以千顷"。① 甘蔗有不同的品种,计有雪蔗（亦名扶南蔗）、白蔗、药蔗②、竹蔗、荻蔗等。雪蔗、白蔗可供口食;竹蔗、荻蔗专供榨糖。增城所产的白蔗最负盛名。"增城之西洲,人多种蕉。种至三、四年,即尽伐以种白蔗。白蔗得种蕉地,益繁盛甜美。而白蔗种至二年,又复种蕉。……其蕉与蔗,相代而生,气味相入,故胜于他处所产。"③ 通过蕉、蔗轮种,既可保持地力,又提高了甘蔗的质量。

如前所述,明末珠江三角洲已形成以番禺、东莞和增城为中心的甘蔗产地。清雍正以后,甘蔗的种植不仅已恢复明末的盛况,而且有所扩大。④ 东莞县种植甘蔗面积已扩大到"与禾田略等"。⑤ 尽管如此,甘蔗的种植依然未衰。到了19世纪80年代中期,相当数量的洋糖从马尼拉输入;⑥ 甲午战争后,日本侵占我国盛产蔗糖区台湾。这些外部因素都有碍珠江三角洲蔗糖的出口,因此,珠江三角洲的甘蔗栽种面积日渐减少。到了20世纪初,蔗田更是锐减,有的土地不宜改种其他作物,干脆"抛荒"。⑦ 第一次世界大战期间,蔗田虽稍有复苏,但起色不大。直至20世纪20年代末,在资本主义经济危机的打击下,珠江三角洲丝货滞销,蚕桑业荒废。为了寻求出路,很多地方开始转种甘蔗。有的塘基原种蚕桑,此时改种甘蔗。尤其陈济棠主政广东时,在1934—1936年间兴建市头、新造、顺德和东莞四间糖厂,从而刺激了甘蔗的种植,并从菲律宾等地大量引入甘蔗良种,大幅度提高了甘蔗产量。到抗日战争前夕,珠江三角洲的甘蔗种植面积升至30万～40万亩之谱。⑧ 抗日战争期间,蔗田又大为锐减,直至1949年仍未恢复元气。

---

① 雍正《东莞县志》卷二《风俗》;又,参见〔清〕屈大均《广东新语》卷二《地语·茶园》,第59页。

② 药蔗,又名紫蔗,系白蔗之属,"以夹折肱,骨可复接"（参见屈大均《广东新语》卷二七《草语·蔗》,第689页）,故有此名。

③ 〔清〕屈大均:《广东新语》卷二七《草语·蔗》,第688页。

④ 参见范端昂《粤中见闻》卷二五《物部五·蔗》。此书有乾隆四十二年（1777）和嘉庆六年（1801）刊本传世,成书则在雍正八年（1730）。有许多资料袭自屈大均的《广东新语》。

⑤ 雍正《东莞县志》卷四《物产》。

⑥ 参见 Trade Reports and Returns, 1875. Canton, p. 33.

⑦ 参见赵天锡《调查广州府新宁县实业情况报告》,1904年。

⑧ 黄水光:《珠江三角洲的蔗糖业》,《南方日报》1950年7月17日。

蒲葵，出产于新会。东晋名相谢安有一位罢了官的老乡，从中宿（清远）持带五万把葵扇作为"归资"，运到京师（南京）销售。① 可见，蒲葵早在晋代已经种植。蒲葵种植面积的扩大则在明代。明末清初，"新会之西沙头、西涌、黎乐（礼乐）、新开滘诸乡多种之，名曰葵田。周回二十余里，为亩者六千有余，岁之租每亩十四、五两。中人之产，得葵田十亩，亦可以足衣食矣。……凡新会若男与女，所以资生者，半出于蒲葵焉"。② 到康熙五十三年（1714），已是"栽遍城南无剩土"。③ 清代中后期，蒲葵种植益加发展。乾隆六年（1741）编纂的《新会县志》已将葵扇列为"货属"之首位。道光年间，"葵虽通邑所产，然以城南三丫营为佳，盖近城者心蒂园正，骨格细匀，他乡莫及。其植法：每数十亩，或一二顷，外筑基围之"。④ 可见，此时蒲葵已大面积栽种，并注意利用优越的水肥条件，精心培育出"心蒂园正，骨格细匀"的葵叶。"乡民视为利薮，率多易农而商。并将沃壤膏腴不种稻，而种葵"。⑤

清末，蒲葵的种植面积缩减，⑥ 民国年间更是张缩不定。⑦ 抗日战争时期，有2/3的葵田改为稻田。如新会小冈、冈背、仙洞等地，葵田基本上消失了；著名的产区城南也有一半葵基改为稻田。⑧ 抗日战争胜利后，蒲葵业虽稍有起色，但1948年葵田面积也只有11450亩，没有恢复清中叶的盛况。⑨

香，是由一种古蜜香树的液汁凝结而成的固体，犹如松香、琥珀状的东西。海南岛五指山，以及德庆、高明、新兴等县山区都有香出其间，这是未经人工培植的野香。自从在东莞出现人为地移植香树之后，"诸州县之香山

---

① 《晋书》卷七九《谢安传》。
② 〔清〕屈大均：《广东新语》卷十六《器语·蒲葵扇》，第453-454页。
③ 梁迪：《蓉园古葵树行》。
④ 道光《新会县志》卷二《舆地·物产》。
⑤ 〔清〕聂尔康：《拟将新会葵扇改抽买扇之人以恤葵户谕》，见氏著《冈州再牍》。
⑥ 〔清〕蔡垚爔：《新会乡土志辑稿》卷十四《物产》。
⑦ 参见《珠江三角洲农业志》第5册《珠江三角洲主要作物和畜牧、林木的历史发展概况》，第50页。
⑧ 参见《珠江三角洲农业志》第5册《珠江三角洲主要作物和畜牧、林木的历史发展概况》，第50页。
⑨ 《新会葵业发展史》，新会葵类公司1959年版。

皆废矣"。① 在明清之际，高明、新兴老香二山，"未尝无香，而地苦幽深，每为虎狼所扼"，已不易开采。东莞的"石涌、牛眠石、马蹄冈、金钗脑、金桔岭诸乡，人多以种香为业。富者千树，贫者亦数百树"。② 这一地区成为种香的专业区。

种香技艺，世代相传。香树由"祖、父之所遗，世享其利。地一亩可种三百余株。为香田之农，甚胜于艺黍稷也"。③ 前述的石涌一带的一些土质硗确之地，"不生他物而生香。有香而地无余壤，人无徒手"。莞香有生熟两种，未经加工制造者曰生香，亦称为生结、血格、铁格等名目；经过加工"蒸炙成纹"者，曰熟香，亦曰黄熟，下者曰水熟。"香农之家，其妇女辄取香之棱角潜割少许藏之，名曰女儿香。"④ 在寥步设有香市，各种生熟香聚此销售。当莞香盛时，其销售额已"逾数万金"。⑤ 清初的战乱、"迁海"给莞香种植以严重摧残。动乱结束后，老香树被砍伐殆尽，新植的香树不多，原有香农唯十分之一重操旧业。尔后莞香日渐衰落。

茶。早在6世纪初，东莞茶山人已经种茶，茶山乡就是因此而得名的。⑥ 可见珠江三角洲种茶历史悠久。明代中后期，茶的种植多集中在南海西樵山和广州的河南等地。⑦ 据《广东新语》记载：明末清初，"（广州）珠江之南，有三十三村，谓之河南。……其土沃而人勤，多业艺茶"。"西樵号称茶山。自唐松移植顾渚茶其上，今山中人率种茶。间以苦蔃。蔃树森森，望之若刺桐丛桂。每茶一亩，苦蔃二株，岁可给二人之食。……文简（按：湛若水）尝治云谷精舍，中有稻田、茶丘十余亩。旁有人居七、

---

① 〔清〕屈大均：《广东新语》卷二六《香语·莞香》，第674页。
② 〔清〕屈大均：《广东新语》卷二《地语·茶园》，第59页。
③ 〔清〕屈大均：《广东新语》卷二六《香语·莞香》，第677页。
④ 〔清〕张渠：《粤东闻见录》卷下《莞香》，第135页。
⑤ 〔清〕屈大均：《广东新语》卷二六《香语·莞香》，第677页。
⑥ 据民国《茶山乡志》卷一《舆地略·物产》记载："相传南朝梁武帝时期，东莞铁炉岭创建雁塔寺，寺僧沿山种茶。茶山乡因此得名。"若然，6世纪初茶山一带已有茶之种植。又据嘉靖《广东通志》卷十三《舆地志一·南海县》记载：唐代晚期（9世纪中后期），诗人曹松因累试不第，隐居西樵山，引入浙江长兴县之顾渚茶，自种山中，并传授乡人种茶与制茶技术。
⑦ 参见嘉靖《广东通志》卷十三《舆地志一》。

八村,皆衣食于茶"。① 此外,肇庆鼎湖、新安怀度山、②顺德大良附近的塘基在明代中后期也有零星种植茶树。③ 清代中后期,茶的种植益加扩大。鹤山的古劳地区以盛产茶叶著称。乾隆年间,古劳地区的丽水、泠水等地,"山阜皆植茶"。④ 道光年间,茶区又进一步扩大。"自海口(古劳北)至附城(今鹤城),无论土著、客家,多以茶为业"。葵根山、大雁山,"一望皆茶树","来往采茶者不绝"。⑤ 老茶区西樵山此时也已"间有隙地,类皆辟治种茶,以为恒产,实无荒而未垦之区"。⑥ 香山县的恭常都会同乡(今属珠海市香洲区前山镇)"里余其地,旧为莫姓所居"。"道光二十八年(1848),里人莫维墉始于其地种茶",辟成茶园。⑦ 同治年间,番禺的蓼涌、南村、市头等地,也已种上茶树。慕德里的茶山、鹿步的慕源(今属广州郊区)也"多种茶"。⑧ 清远的笔架山等地的茶叶年产量达六七十万斤。⑨ 新会县绿护屏以西数十顷山地,也种上茶树。⑩ 因茶叶远销欧美各国之故,清代中后期,珠江三角洲种茶业达到鼎盛期。光绪朝之后,中国茶在国际茶叶市场上的份额受到日本茶、印度茶的侵夺。日本茶商甚至故意将中国茶掺杂物造假发售,以败坏中国茶的声誉,因而中国茶叶销量一落千丈。西樵山的茶园"往往将地售作坟墓。所产茶株比前百不存一"。官山墟的茶市,也"夷为民居"。⑪ 广州河南茶,也于此时濒临绝灭。

水草(又名茳芏),以东莞、宝安为产地。据《尔雅·释草》:"芏,夫王。"郭璞注云:"芏草,生海边,似莞藺,今南方越人采以为席。"⑫ 郭璞是晋代人,这说明早在4世纪初,越人已懂得利用水草纺织为席。明代中叶

---

① 〔清〕屈大均:《广东新语》卷十四《食语·茶》,第384页。
② 〔清〕屈大均:《广东新语》卷十四《食语·茶》,第384页。
③ 万历《顺德县志》卷十《杂志》记载:"堑附郭之田为圃,名曰基,以树果木。荔枝最多,茶、桑次之。"
④ 乾隆《鹤山县志》卷七《食货志·物产》。
⑤ 道光《鹤山县志》卷二下《地理·物产》。
⑥ 道光《南海县志》卷八《舆地略四·风俗》:"西樵号茶山,今山中人率种茶。"
⑦ 光绪《香山县志》卷五《舆地下·物产》。
⑧ 同治《番禺县志》卷七《舆地略五·物产》。
⑨ 民国《清远县志》卷十四《十产物·茶》。
⑩ 〔清〕蔡垚爔:《新会乡土志辑稿》卷十四《物产·植物·茶》。
⑪ 宣统《南海县志》,卷四《舆地略三·物产》。
⑫ 庄雅州、黄静吟注译:《尔雅今注今译》,台湾商务印书馆2012年版,第339页。

以降，东莞、宝安的水草产区更是以之为生活之源。明人卢祥写的《莞草》诗已有道及。其诗云："苑彼莞草，其色芃芃。厥土之宜，南海之东。……宜之为席，资民衣食。邑之攸名，实维伊昔。"① 由此可见，东莞县因之而得名；又可见至晚于明代中叶，已有一部分居民以采集水草，纺织席、绳为业，以此为衣食之源。清代之后，自军铺（今东莞市厚街镇附近）至虎门一带的千顷卤田皆产水草，可供织席；还出现有人雇工织席，以求高利的情况。② 19世纪30年代，当地人已开始在万顷沙栽种水草，以加速沙坦淤积，当时草田已有1万多亩。③ 鸦片战争后，因水草、草席的外销量日增，东莞的草织业得到迅速发展。19世纪70年代，东莞厚街乡已有1万多人从事草织业。当时道滘有"黄祥记""国顺"等店号从事水草的加工。1901—1906年间，每年运到香港的"街市草"（作市场绑肉、菜用的草）1.8万担，扭草2.5万担，席类每年出口量约10万包。第一次世界大战前夕，东莞的草田面积达2.6万多亩，年产量约35万担。④ 受第一次世界大战的影响，水草外销受阻，很多草田改种水稻，水草生产趋向衰落。战后，生产虽得到复苏，但抗日战争期间又横遭摧残，直至新中国成立前夕，仍未能挽回衰败的局面。

烟草，盛产于鹤山、新会。烟草原产于南美，明万历年间通过吕宋传入

---

① 〔明〕张二果、曾起莘著，杨宝霖点校：崇祯《东莞县志》卷七《艺文志·观感》，东莞市人民政府办公室1995年版，第903－904页。

② 雍正《东莞县志》卷十二之十《列女传》："陈氏，名阿坤，……嫁刘姓，家贫，为人织席。"

③ 民国《东莞县志》卷九九《沙田志一·公牍一》。

④ 刘炳奎、方玉成：《东莞草织业简史》，见《广东文史资料》第15辑，广东省政协文史资料研究委员会1964年版，第154页。

福建,① 然后传入全国各地。广东大约与福建同时传入。② 据乾隆《鹤山县志》记载,在雅瑶、禄洞、平冈等地,利用地势较高的田地种烟,收获后再种晚造禾,被认为是"耕凿之民,恒以是致富"。道光年间,新会的何村、天等(今司前镇),"田宜旱烟,故种烟者十之七八,种稻者十之二三"。③ 鹤山县"种烟村落甚多,……田一亩约种烟草一千四百斤,烟叶干后约得三百余斤"。④ 古蚕、芸蓼、沐河等地烟叶被视为上品。该县收购烟叶的机构,如朱广兰〔设于道光二十三年(1843)〕、罗奇生〔设于咸丰六年(1856)〕、公和堂〔设于同治三年(1864)〕等相继出现。⑤ 光绪年间,新会县何村、杜阮,番禺县棠下、天河等地成功地培植了冬烟,⑥ 从而克服烟草与水稻争田的矛盾。

辛亥革命后,在帝国主义国家向中国倾销洋烟的情况下,鹤山的红烟凭其浓馥香醇的特点,依然畅销于东南亚各地。到了20世纪30年代,由于东南亚各地提高烟叶进口关税,烟叶出口大受打击,加之国民政府增收烟税达到烟叶生产成本的两倍多,种烟无利可图,种植面积不断缩小。抗日战争期间,烟叶生产更受摧残,直至新中国成立前夕仍处于萎靡不振的状态。

商品性的蔬菜,以广州西郊为主要产地。蔬菜的栽培历史悠久。早在西汉已见诸文献记载,而且种类繁多,尔后品种日增。在元代,据大德《南海志》记载,蔬菜种植品种已达60多种。但是蔬菜做明显的商品性经营则

---

① 关于烟草产地及其传入中国的途径,古代文献记载纷纭,莫衷一是。如〔明〕谈迁《枣林杂俎》中集"金丝烟"条(中华书局2007年版,第478页)记载:"金丝烟,出海外番国,曰淡巴菰,流入闽、粤。"崇祯《恩平县志》卷七《地理志》则说,烟草"出自交趾,今所在有之"。从吕宋传入福建说,据〔明〕姚旅《露书》卷十《错篇下》(福建人民出版社2008年版,第261页)载:"吕宋国出一草,名淡巴菰,一名曰醺。以火烧一头,以一头向口,烟气从管中入喉,能令人醉,且可辟瘴气。有人携漳州种之,今反多于吕宋载入其国售之。淡巴菰,今莆中亦有之,俗曰金丝醺,叶如荔枝,捣汁可毒头虱。"另一说是通过日本传入我国,如康熙《宁化县志》卷二《土产志·淡芭菰》和道光《赣州府志》卷二一均持此说。道光《肇庆府志》卷三则俱列上述两种说法。
② 〔明〕张介宾:《景岳全书》卷四八《隰草部·烟》记载:"此物自古未闻也。近自我明万历始出于闽、广之间。"
③ 道光《新会县志》卷一《图说·石碑部》。
④ 道光《鹤山县志》卷二下《物产》。
⑤ 参见谢焕庭《鹤山烟草概况报告》,刊于《农声》1936年第200–201合期。
⑥ 〔清〕蔡垚爔:《新会乡土志辑稿》卷十四《物产·植物·烟草》。

在明代才开始。明代中叶,广州的西郊,"土沃美宜蔬,多池塘之利",是盛产藕、蕹菜、菱、茨菰等水生蔬菜的地区。自浮丘以至西场,自龙津桥以至蚬涌,周回20余里,"种莲者十家而九"。"每池塘十区,种鱼三之,种菱、莲、茨菰三之,其四为蕹田。"所谓蕹田,即以竹篾架搭成革,浮在水上面,用以种蕹菜。因竹草随水降落而浮动,故又名浮田。浮田之下养鱼。屈大均有诗咏之曰:"上有浮田下有鱼,浮田片片似空虚;撑船直上浮田去,为采仙人绿玉蔬。"冬天,将竹草撤掉,种上芹菜。① 池塘既养鱼,又种藕、菱、茨菰、蕹菜和芹菜等多种蔬菜。这种循环的综合经营充分发掘土地潜力,收到了很高的经济效益。嘉庆年间,蔬菜的种植已扩大到城西南16里的扶南水一带,以及城东北的五桂庵、江村等地。城内的湛家园以南,天关里以北,以及小北门一带也有种植。他如道光年间,佛山南郊的锦澜铺书院前已有27亩连成一片的田地专种蔬菜。香山石岐城南狮子洋,东莞城之西博下一带,都是蔬菜的产区。②

清代中叶,蔬菜形成各自特产区。诸如:冬瓜以南海绿谭堡隆庆乡为最著名,萝卜以南海沙头、豆角以广州西园、竹笋以香山基围、大头菜以新会潮连所产为最盛。又从海内外引进一些新品种,例如:黄芽白于清初从北方引入高要;大头菜于雍正年间从江南引入顺德;辣椒在明末清初由南美洲引入珠江三角洲;等等。

鸦片战争后,随着城镇人口的增多,郊区的蔬菜种植也日渐扩大。新会县城的北门外,香山县城的城北一带,都新辟为蔬菜区。有的蔬菜经加工后出口外销,如清末东莞的糖姜制品每年出口额达10万两白银。民国初至20世纪20年代,蔬菜出口日显重要。除为香港、澳门供应新鲜蔬菜外,还有不经加工贩销东南亚新加坡等地区。东莞糖姜此时的出口额已增至数十万银元。20世纪30年代,由于香港新界大量种植蔬菜,东南亚蔬菜市场又不景气,珠江三角洲生产的蔬菜滞销,价格跌落,种植面积日益缩小。抗日战争期间,蔬菜种植业更惨遭破坏。战后数年虽有所复苏,终不能恢复晚清的

---

① 参见屈大均《广东新语》卷二七《草语·莲菱》,第704-705页;《草语·蕹》,第702-703页。

② 参见《珠江三角洲农业志》第5册《珠江三角洲主要作物和畜牧、林木的历史发展概况》第九章。

盛况。①

　　花木园艺，产地也在广州近郊。花木作为统治阶级赏心悦目的专品由来已久，专任经营者，历代不绝；作为商品性作物来经营，则在明代中叶以后。广州市西南的花棣（嘉庆年间改名为花地），万历时已成为"有花园楼台数十，栽花木为业"的花木产区。诗人咏之曰："海色四围无税地，香浓百亩有花田。"② 清代花木业愈加发展。花棣的花园盆景业于乾隆年间兴起后，花园数量不断增加：在道光年间只有4座，光绪年间增加至11座。又如广州河南的庄头，于明末清初悉种素馨，"家以艺素馨为业，多至三百亩"，是盛产花卉的专业区。③ 嘉道年间，庄头村素馨的种植日益扩大，"村前弥望皆花"，种植之多"胜于菜圃"；村人"一生衣食素馨花"。④ 至清末，该村"益拓地，凡茉莉、含笑、夜合、鹰爪兰、珠兰、白兰、玫瑰、夜来香"等作香料的花品，"皆广为种植"。⑤ 露头花"多产番禺蓼涌"。⑥ 鹿步都自小坑、火村至萝岗山一带，以及顺德陈村、弼教、双洲等地，也是著名的花木园艺业区。香山小榄自乾隆朝之后也以盛产菊花闻名。乾隆五十六年（1791），小榄首次举行具全县规模的菊花会。尔后，嘉庆十九年（1814）、同治十三年（1874）和民国二十三年（1934），当地每隔60年举行一次菊花会。民国二十三年的菊花会，会场共分为五个场区，花田面积达6998亩，前来参观者达90万人。⑦

---

　　① 参见《珠江三角洲农业志》第5册《珠江三角洲主要作物和畜牧、林木的历史发展概况》第九章。
　　② 〔清〕胡高德：《大通烟雨》，见〔明〕郭棐编撰，〔清〕陈兰芝增辑，王元林点校《岭海名胜记增辑点校》卷一《仙城古迹记》，三秦出版社2016年版，第85页。
　　③ 〔清〕张渠：《粤中闻见录》卷上《花田花冢》，第33页。又，参见〔清〕屈大均《广东新语》卷二七《草语·素馨》，第695－697页；〔清〕钮秀《觚剩》卷七《粤觚上·花田花冢》。
　　④ 〔清〕梁九图：《十二石山斋诗话》卷九。
　　⑤ 民国《番禺县续志》卷十二《实业志·树艺》。
　　⑥ 〔清〕屈大均：《广东新语》卷二七《草语·露头花》，第700页。
　　⑦ 《榄镇菊花大会之连日盛况》，刊于《中山言报》，民国二十三年（1934）十一月二十一日。

三、出现果木专业区域和以雇佣劳动经营的果园

珠江三角洲的果木种植历史悠久，品种繁多。据文献记载，汉代已有荔枝、龙眼、柑橘、香蕉、大蕉、橄榄、梅、稔（即杨桃）、人面子、余甘（一名油柑）等；南北朝时已有柚、枇杷、频婆子、古度树、波罗蜜、枸橼（包括香缘、佛手）、海枣等；唐宋已有黎檬、黄皮、黄肚子（即番石榴）、蜜望子（即芒果）；明末清初又传入蓬生果（番木瓜）、番荔枝等品种。民国年间，常见的果树已达五六十种，尤以荔枝、柑橘、香蕉和菠萝为最佳水果，被称为"四大名果"①，驰名中外。果木业开始进行商品性生产，其产品被大宗地投入市场，是在明代以后。明初，广州及其附近地区如泮塘、荔枝湾和柳波涌一带，所种的荔枝、龙眼等已达到前所未有的规模。如上所述，九江、龙山等地，从明初至明代中叶，以塘基专种荔枝、龙眼等果树。景泰年间，黄萧养领导的农民起义军攻打九江乡时，明官军大砍果树（荔枝、龙眼等）"重迭塞路"，借此负隅抵抗。由此可见果树之多。直至万历年间，才逐渐被桑、麻所替代。明代中叶以后，果木业得到迅速发展，逐步形成果木种植的专业区域。在明代晚期，以广州为中心，南至番禺的大石、龙湾、古坝，东至黄埔、菱塘，西南至顺德的陈村，南海的平洲、番禺的韦涌，纵横一百里的一大片老沙围田地区成为果木的中心产地。顺德的陈村及其附近的碧江、龙津、古楼、冲鹤、鹿门等地，早于16世纪后期，已经"堑负廓之田为囿，名曰基，以树果木。荔枝最多，茶、桑次之，龙眼则树于宅（旁），亦有树于基者"。②到了清初，屈大均根据自己目睹陈村果木的情况写道：

> 顺德有水乡曰陈村，周回四十余里……居人多以种龙眼为业，弥望无际，约有数十万株。荔支、柑、橙诸果居其三四。比屋皆焙取荔支、龙眼为货，以致末富。又尝担负诸种花木分贩之，近者数十里，远者二三百里。他处欲种花木及荔支、龙眼、橄榄之属，率就陈村买秧，又必

---

① 龙眼亦负盛名，然而其未列入最佳名果之内，似因它有"荔枝奴"之称（参见《岭表录异》），"本荔枝之族"的缘故。
② 万历《顺德县志》卷十《杂志·俗产》。

使其人手种搏接，其树乃生且茂，其法甚秘，故广州场师，以陈村人为最。①

业专易精。专业化的果木种植使陈村人具有高超的技艺，因此，有清一代，陈村及其附近地区一直坚持果基鱼塘的生产布局，成为珠江三角洲果木生产的重要基地。"自南海之平浪（今平洲）、三山而东一带，多龙眼树。又东为番禺之李村、大石一带，多荔枝树。龙眼叶绿，荔枝叶黑，蔽亏百里，无一杂树参其中，地土所宜，争以为业，称曰龙、荔之民。"② "番禺鹿步都，自小坑、火村至罗冈三四十里，多以花果为业。其土色黄兼砂石，潮咸不入，故美。每田一亩种柑桔四五十株。"③ 番禺 "韦水（即韦涌）故多龙眼，沿岸而种，傍水而栽，迤逦周回数百步、中无杂树，荫森茂密，结子离离，乡人以是为业"④。"广州凡矶围堤岸（按：指广州河南的沥滘、土华、仑头一带）皆种荔支、龙眼，或有弃稻田以种者，田每亩荔支可二十余本，龙眼倍之。"⑤ 从上可见广州的西南面、南面和东郊等邻近地区果木业发展之盛况。

东莞的北部和增城的西南部，即石龙、新塘一带的低丘陵地区，果木业也得到巨大的发展，形成仅次于以广州为中心的果木专业区的又一重要产区。东莞石龙，"其地千树荔，千亩潮蔗。桔、柚、蕉、柑如之"。⑥ 关于清初番禺的化龙沙路一带和广州东郊萝岗的庙西经南冈以至增城的西洲、东洲而到新塘一带果木业生产的盛况，屈大均根据自己的亲身经历有过生动的真实的描写：

予家在扶胥南岸（按：今广州番禺区化龙镇沙路）。每当荔枝熟

---

① 〔清〕屈大均：《广东新语》卷二《地语·陈村》，第44页。
② 〔清〕屈大均：《广东新语》卷二五《木语·龙眼》，第626页；又，参见范端昂《粤中见闻》卷二九《物部九·龙眼》。
③ 〔清〕屈大均：《广东新语》卷二五《木语·橘柚》，第633页；又，参见范端昂《粤中见闻》卷二九《物部九·柑桔》。
④ 〔清〕赵古农：《龙眼谱》之《自序》，道光刊本。
⑤ 〔清〕屈大均：《广东新语》卷二五《木语·荔枝》，第624页。
⑥ 〔清〕屈大均：《广东新语》卷二《地语·茶园》，第59页。又据乾隆《广州府志》卷二《舆图·东莞县图说》载："石龙一镇……蕉、荔、桔、柚之饶，亦为东南诸邑之冠。"

时，舟自扶胥历东、西二洲至于沙贝（今新塘），一路龙丸凤卵，若丘阜堆积。估人多向彼中买卖。而予亦尝为荔枝小贩，自酸而食至甜，自青黄而食至红，自水枝食至山枝，自家园食至诸县，月无虚日，日无虚晷，凡四阅月而后已。比邻有大石村，荔枝尤盛。①

……自黄村至朱村一带，则多梅与香蕉、梨、栗、橄榄之属，连冈接阜，弥望不穷。②

此外，零星或小面积地种植果木，各县皆有。屈大均在《广东新语》曾经概括指出："广州诸大县村落中，往往弃肥田以为基，以树果木，荔支最多，茶、桑次之，柑、橙次之，龙眼多树宅旁，亦树于基。"又说，"近水则种水枝，近山则种山枝"。③事实也如此。在清代中叶，中山的小榄盛产荔枝，香蕉、橙、柑等，④新会的源清（今东甲）、礼乐已以柑、橙驰名于世。南海官蚺一带的西瓜，东莞麻涌、蕉利所产的香蕉，也都甚负盛名。

鸦片战争之后，果木的生产一改过去以荔枝、龙眼为主的经营方式，注意增加品种，栽培佳品。梨、甜黄皮、橙、胶柿、乌榄、白榄、番石榴、杨桃等果品在番禺得到了较大的发展。罗峰山一带，"横亘数十里，田狭山多，居民种梅为业，无虑数十万树"。⑤广州市西郊的泮塘，"居人以种荷、树荔为业"。⑥中山县的蕉及该县小榄一带的橙，广州附近的木瓜（亦名万寿果），在此时期也都有较大面积的种植。尤其值得注意的是，低丘陵地带的增城出现了许多规模较大的果园，据宣统《增城县志》记载，有启芳园、适可园、釜叟园、蹄峰园、植芳园和平畴园等。这些果园种植的品种多样，注意选择佳品。例如，光绪三十四年（1908）由朱云生、朱采田合资五千金开办的启芳园，植珍品荔枝1000株，乌、白榄各600株，橙、柑、橘各两三千株，菠萝不可胜数。其他花、竹、树等以千万计，还兼养牛、羊牲畜。适可园所种的180株荔枝皆系佳品；还有其他果类；另辟花畦植玫瑰万

---

① 〔清〕屈大均：《广东新语》卷二五《木语·荔枝》，第625页。
② 〔清〕屈大均：《广东新语》卷二五《木语·橘柚》，第634页。
③ 〔清〕屈大均：《广东新语》卷二二《鳞语·养鱼种》，第564页；卷二五《木语·荔枝》，第623页。
④ 参见中山小榄人何大佐《榄溪竹枝词》。
⑤ 〔清〕毛鸿宾：《广东图说》卷二《番禺》。
⑥ 叶官谦：《祠堂铭》，见《叶氏族谱》，民国十三年（1924）版，第28页。

余株,"岁撷其花,售为酿糖品,获利颇厚"。① 经营如此规模的果园,已非一个家庭的劳动力所能胜任,显然已采取新的雇佣劳动的经营方式。

四、农业商业化的发展水平及性质

珠江三角洲各地农业商业化的发展水平是不一致的。一般来说,以南海、顺德的经济作物中心产地和专业性农业区域发展较为充分,形成该地区的经济核心区。农业商业化以此两县为中心向外扩展,次及新会、番禺、东莞、增城等县的一些地方,发展水平稍逊于南海、顺德。边缘地区的农业商品化出现较晚,程度更低。如花县在清初"百里荆榛,弥目绝无商旅之踪";②"土瘠民贫,无商贾货殖之利。工作畜牧之赢,惟事耕凿。间一养鱼、樵采而已"。③ 到清代末年,花县的北部依然维持传统的农业,商业化尚未波及。又如四会县,据光绪《四会县志》载:

> 乾嘉以前,俗尚敦朴,富者守田业。贫者勤职事,物价不昂,家易给足。民无越境以谋生者。士之藉授徒以糊口者,亦上至广宁而止。嘉庆末年,乃有遣子弟学工艺,佐懋迁。于佛山省城者,已固讳言之,亲友亦私相谓曰:"某近果切干耶?何使子弟出外学生意也。"盖俗谓贫曰切干。谋生曰做生意也。道光之初,俗渐奢华,富者日贫,贫者益不给,遂相率往佛山省城以图生计。而士亦多就馆于省镇南海名乡。洎乎各口通商而后,之上海,之福州,之天津,之九江,之汉口者,实繁有徒。父诏其子,兄勉其弟,皆以洋务为汲汲,而读书应试之人日少。即青衿中亦有舍本业而从事于斯者。同治以来更远赴外洋各埠矣。男既轻去其乡,妇亦从而效之,而奢华之习乃日甚一日,至于今为极。④

从上可见,至嘉庆末年,亦即19世纪初,四会县才开始受商业化的浸染;光绪年间,已经蔚然成风了。香山县因相当多的土地系新辟的沙田,"地多卑湿斥卤"。据乾隆十五年(1750)刊行的《香山县志》记载,"昔

---

① 民国《增城县志》卷九《实业·种植》,"适可园"条。
② 〔清〕黄士龙:《抚军李大中丞靖寇安民碑》,见康熙《花县志》卷四《艺文》。
③ 康熙《花县志》卷一《风俗》。
④ 光绪《四会县志》编一《舆地八·风俗》。

则土旷人稀,生计全无。今则民繁地瘠,家鲜余资,衣食则取给于农、圃、渔、樵","小民务本力田,安分守业"。清远和香山一样商业化程度较低,这两县的非农业人口所占比例也最少,仅占总人口的10%（见表10-1）。

农业商业化的增进,势必带来农产品加工业、手工业和商业的发展,从而引起居民产业结构的变化。根据顺德人龙廷槐的记载,[①] 嘉庆年间广州府属各县居民产业结构统计如表10-1所示。由此表来看,南海、顺德从事非农业职业者最多,它意味着由于农业商业化引发的经济机会增多,反映了其商业化的水平最高;新会、番禺、东莞、三水次之;香山、清远最低。留心桑梓事务的龙廷槐所做的估计,大体上是符合事实的。

表10-1 嘉庆年间广州府属县民户职业结构统计（%）

县名	田亩	商贾	手工、佣作	附注
南海	20	60	20	
番禺	60	30	10	
东莞	60	30	10	
顺德	30	40	30	
新会	50	40	10	
香山	90	10		
清远	90	10		
新宁	70	30		"商贾皆以海船为务"
新安	70	30		"商贾皆以海船为务"
增城	80	20		
三水	60	20	20	
从化	80	10	10	
龙门	80		20	
花县	80		20	

珠江三角洲各地区间农业商业化发展的不平衡的原因在于地理环境、交通条件不同,市场的影响力也有差别。商品性农业发展水平高的核心区是该

[①] 〔清〕龙廷槐:《敬学轩文集》卷二《初与邱滋畲书》。

地区贸易中心地广州、佛山,其与内地及海外的交通便畅,市场的力量对这两地影响激烈。农业商业化程度较低的边缘区,则或因靠近山区,有部分土地处于丘陵地带,交通条件较差;或因系开发较晚的新沙田区,距广州、佛山等贸易中心地又远,国外市场影响薄弱,只受内地市场缓慢的影响,受刺激的因素不足,不能引发剧烈的频繁的市场活动。

  珠江三角洲的农产品商品化和传统的土特产投放市场性质是不相同的。明代之前也出现过经济作物的中心产地或专业户,但这是一种世袭的,而非以商业性质出现的形态。这些土特产只供统治阶级消费,是单向流入城市,而不是作为日用百货在市场上做交换的。明清时期,珠江三角洲商品性农业的产品已进入广阔的流通领域,糖、生丝、葵扇、草织品、果品等运销国内外,做远距离的贩运,与各地产品相交换。这种商品经济已导致耕、织分离,使日益增多的劳动力从农业中分离出来,从事非农业的经济活动。但是,它仅仅为资本主义生产方式的出现创造了必要的历史前提,却不同于资本主义发展初期的单纯商品经济形态。珠江三角洲的商品性农业基本上是由个体小农家庭独立经营的,还停留于简单的商品生产阶段。虽然他们也以交换价值为目的,旨在追求利润,但这是为了补偿其物化劳动和自身劳动的消耗,解决生计之需,并非为了剥削他人的剩余劳动,追求剩余价值。诚然,香户、蚕桑户、果木户等之中,也有些人因经营商品性农业而致富,可能已采用雇佣劳动方式进行商品生产。惜历史文献记载或过于简略,或含混不清,难以对此做出明确的论述。在清末,增城、中山、新会等县出现的一些颇具规模的果园和茶园采取雇佣劳动的经营方式,无疑已是具有一定的资本主义色彩。然而这种情况毕竟是不多的。总之,珠江三角洲的农产品商品化,就整体而论,既不同于传统的商品经济,又区别于资本主义的商品经济。它是一种在封建地主土地所有制基础上的由个体小农经营的农业商业化,它不是生产的扩大和生产方式革命的结果,而是珠江三角洲卷入国外市场之后,商业化使生丝等农产加工品变成商品的结果。它是在以地主经济为主的基础上产生出来的经济之果。

  珠江三角洲的农业商业化为什么不能再跨越一步,进入资本主义的单纯商品经济呢?

  第一,如上所述,它是建立在封建地主土地所有制基础上,受到高额地租的制约。富裕的农民雇佣长工经营租进的土地所得的余额本就有限,而地主还要通过不断增租、增押的办法,攫取这些余额。乾隆年间,东莞县胡成大佃耕温日宣田75亩,年租银70两。当胡成大雇佣长工惨淡经营,取得较好的收益时，田主便于乾隆十七年（1752）二月提出"加租银十两"即一例。① 田地经过改善经营，收益固可提高，但增租、增押却也随之而来。明末清初，新会的葵田一亩租额已达十四五两，不仅比其他类型田地的租额高得多，就是比当地非葵田的土地价格也高出约一倍。② 清代晚期，南海的基塘一亩租额一般也达 20 银元（折银 14.4 两）之谱，比其他类型土地的租额同样高得多。在这一情况下，富裕的佃耕农民宁可大量包佃，然后分租出去，从中分割地租，而不愿意亲自做佃富农式的经营。清初以降，包佃制盛行；清代后期，还出现层层包佃，形成多层次的复杂的租佃关系；坐享同一块地租的居间地主竟多达二三人。③ 租额既可无限制地提高，封建地主自可乐于坐享高额地租，而不愿向经营地主转化。

第二，经营商品性的农业需要巨大的投资，而其收益不仅依赖于自然条件，还受制于市场，因此风险甚大。佃农受生计胁迫下的利润动机的驱使，才不得不改为种植经济作物。为了筹备生产资本，他们往往不得不求贷于债主，这是当地高利贷盛行的重要原因。④ 在求贷者众且迫切的情况下，利息必高。拥有货币者，自当感到与其投资经营商品性的大农业，不如坐收高利贷利息收益更高。

第三，没有形成统一的国内市场，农户所依赖的产地市场又为商人资本所操纵。商人通过开设行、栏、埠等牙行来控制小生产者。在没有机会选择市场的情况下，农户只有忍痛接受商人的压价收购。在成交过程中，小生产者要交纳名目繁多而又苛重的捐税，诸如地税、墟场税、摊规、秤用（借用公秤）、保护费等，还有墟主势豪私设牙行所征收的"纳行钱""买牌钱"等。产地市场价格的不合理和所受的盘剥已使有条件做大农业经营者望而却步。再者，在缺乏国内统一市场的情况下，珠江三角洲因优越的地理位置和交通条件，其产品已被卷入国外市场。鸦片战争之后，对国外市场的依赖尤甚。在国外市场上，产品一旦失去竞争力，商品性农业便难逃衰败的厄运。前述的光绪朝之后，西樵山的茶园售做坟场，茶市也"夷为民居"即一例。

---

① 中国第一历史档案馆藏《档案乾隆十八年三月二十九日苏昌题》。

② 〔清〕屈大均《广东新语》卷十六《器语·蒲葵扇》，第 454 页；又，见笔者收藏的新会土地买卖契约。

③ 关于多层次包佃的情况，参见叶显恩与谭棣华合著《论珠江三角洲的族田》，见《明清广东社会经济形态研究》，第 22 - 64 页。

④ 关于当地高利贷盛行的情况，参见本书第十二章《信贷金融业及其在商业化中的作用》。

即使是在国内市场也受到外货的竞争。由于中国丧失了关税自主权，又无法采取任何保护本国产品的措施，从这一意义上说，其境遇无异于国际市场。在这种情况下，自少有人敢于做大规模的资本主义农场经营了。

第四，受到封建势力的种种阻挠。雍正年间，广西巡抚韩良辅曾把珠江三角洲等地的农业商业化痛斥为"贪财重利"，"以致民富而米少"。雍正帝根据他的奏折，也认为"不得贪利（指种经济作物）而废农功之大"。从封建帝王到地方官员，对农业的商业化都忧心忡忡，都要悉心劝导农民，"不得逐忘稼穑之艰"，并且通过苛重的封建捐税来加以抑制。其他如宗族制的社会结构、官僚政治的体制、封建思想文化等方面也对农业的商业化产生了抑制。限于篇幅，这里暂不做讨论。

由上可见，珠江三角洲的商品性农业虽取得了迅速的发展，却并不能引起社会经济实质性的变化，是有其多方面的深层原因的。

第十一章　桑基鱼塘生态农业与珠江三角洲社会

桑基鱼塘生态农业是中国精耕细作传统农业发展到极致的光辉典范，是中国古代萌发的环保意识——"天人合一"思想结下的一朵奇葩。20世纪七八十年代，联合国粮食及农业组织把桑基鱼塘评价为"农业循环经济的典范"。1992年，桑基鱼塘被联合国教科文组织称誉为"世间罕有美景、良性循环典范"。

关于桑基鱼塘的研究始自20世纪50年代。钟功甫教授在《地理学报》上发表关于桑基鱼塘的专题论文，指出种桑、养蚕和养鱼的循环性生产特征，并分析了其产生的原因。1976年佛山地区革委会出版的《珠江三角洲农业志》，除了分别论及池塘养鱼业、蚕桑业外，对桑基鱼塘也有介绍。从生态学观点出发，把桑基鱼塘作为一个人工生态系统来论述则是20世纪80年代才开始的，其成果最卓著的是钟功甫等著的《珠江三角洲基塘系统研究》（科学出版社1987年版）一书。此书以生物学和生态学相结合的研究方法，论述了基塘系统的形成及其演变、系统结构与功能、系统能量交换和物质循环、各种类型基塘系统的经济效益及其优化问题，还就如何发掘该系统的生产潜力以及对其推广和发展前景提出了看法。

本章的旨趣，是就桑基鱼塘生态农业出现的机缘、历史演变的过程、对经济社会发展的推动作用，及其文化涵蕴做一探讨。

我们知道，中国是一个半大陆半海洋的国家，自古以来就是农耕文化与海洋文化并存。但是农耕文化处于核心的地位，海洋文化则被边缘化。传统的农耕文化以中原农耕文化为主体，以皇权专制和官僚政治为特征，成为中国历史的重要"基因"，而对物质文明和精神文明的各个方面产生影响。它既使中华文明经受起伏跌宕而始终未曾中断，但也使中华文明于16世纪以后坐失时机，未能跟上大航海时代的步伐，走上近代化的道路。辉煌的农耕文化愈来愈成为阻碍中国近代化的绊脚石。

而与传统农耕文化相区别的，是中国东南沿海自古以来就存在的海洋文化，后者长期受到强势的中原农耕文化的压抑。中原农耕文化不断地向东南扩张，于唐宋时期开始形成经济重心向南移的格局。到了16世纪（明代中叶），由于世界性的大航海时代来临，以珠江三角洲为故乡的中国海洋文化才有了明显的发展,并以海贸的形式逐步北渐。到了近代,海洋文化终于在珠江三角洲占据主流地位。

海洋文化具有重商、冒险、开放、进取的特性。海是传播文化的桥梁,易于集纳各种文化。只有多种文化彼此撞击,融会和合,且处于流动的状态,才能保持文化的生机活力。近代珠江三角洲之所以能在经济、思想、社会领域掀起了一系列波澜壮阔的近代化风云,实拜海洋文化之所赐。珠江三角洲之所以成为民族工业近代化、商业革命、变法维新、民主革命的策源地也源于此。

种桑养蚕本是最古老的农耕文化的重要内容之一。珠江三角洲桑基鱼塘的生态农业与传统的农桑的不同之处在于,前者是在16世纪以后出现的海上贸易市场取向下兴起的,马尼拉丝市的需求是其直接的动因。其指导思想是重商重利,目的在于满足海上贸易的需要。它既脱胎于旨在自给自足的精耕细作的传统农业,又是在海洋文化(亦称商业文化)的浸渍下,以丝货出口贸易为导向,服务于海洋贸易的生态型农业。因之,从文化的层面看,珠江三角洲桑基鱼塘生态农业是借传统农耕文化之躯壳融入海洋文化特质的一种文化。

一、桑基鱼塘的出现及其历史演变

桑基鱼塘是珠江三角洲特定的自然生态条件和社会生态条件下的产物,是珠江三角洲人继承古人的"天人相参"的思想,根据因时制宜、因地制宜、因物制宜的"三宜"原则来应对自然的举措。它是一种通过水陆相互作用,通过多样化的循环和功能交换,使资源得到合理、充分的利用,从而产生较好的生态效益、经济效益和社会效益的人工农业生态系统。它由三个子系统,即陆地子系统、淡水子系统和养蚕子系统组成;基面种桑、桑叶喂蚕、蚕沙养鱼、塘泥肥桑就是三个子系统之间的循环;物质和能量通过桑叶、蚕沙、塘泥把三个子系统连成一个完整的农业生态系统。

桑基鱼塘的生产形式也经历过一个从简单到复杂的不断演变、发展、完善的过程。

在古代,珠江三角洲水域广阔,天然鱼类丰富,无须人为养殖。越人农耕、鱼猎相兼,史称"饭稻羹鱼",可见鱼类在食物构成中所占的重要地位。

在中国渔业史上,唐代是鱼类养殖发生重大变化的历史时期。不光出现了利用水草收集鱼卵养鱼、开荒种稻,驯养鱼獭捕鱼等新技术,珠江三角洲人工养鱼首先见诸文献记载的也是在唐代。成书于唐代咸通年间(860—873)的段公路《北户录》一书,记载了珠江三角洲利用水草采集鱼卵的方法。① 从该书记载的鱼卵"着草上"带黏性,二月由虾蟆子状孵化成细鱼看,这种鱼种当系鲤鱼。在唐代,李唐王朝出于对"李"与"鲤"同音的忌讳,规定不得捕食鲤鱼,违者重罚。② 鲤鱼本系中国主要的传统养殖鱼种,官方忌讳鲤鱼,却使青鱼、草鱼、鲢鱼、鳙鱼等鱼类的养殖趁机发展起来。珠江三角洲属荒服边陲,也许是中央政权鞭长莫及之故,当地人依然养殖鲤鱼。从《北户录》的记载看,当早春二月之时,人们已将鱼种在墟市出卖。这说明至迟在唐代,鱼类的人工养殖在珠江三角洲已出现。

宋元时期,南迁的北方士民和当地居民一起利用江南治理低洼沼泽地的经验兴修堤围,垦辟沙田。在修筑堤围时,把筑堤取土留下的洼坑改为鱼塘,或将一些小河涌堵塞而做鱼塘,或在河边低洼地做人工养殖,即所谓的"堵河筑堰而养鱼"。据文献记载,明初一些富家大户把凿池畜鱼作为"治生裕家"之道。东莞县翟寿藏就曾"日督家人开池养鱼,藩辅种橘,修畦以艺桑麻","不数年,益赡饶。上足以供赋役,下足以给家用"。③ 新会梁彦明也曾"凿池引流以畜鱼,植修竹以来幽鸟,筑场圃以散鸡豚"。④ 永乐年间,新会外海的一位陈氏地主买香山田73顷80亩,将其中一些田"凿池寻乐。数年之间,日供二膳"。⑤

毫无疑义,这些乡居缙绅地主在池中饲养鱼、鸭、鹅等,池边及府第周围的园圃栽种竹木和荔枝、龙眼等果树,以及蔬菜、瓜类,起初并非作为一种农业耕作的形式来经营。真正目的是用来祭祀祖宗、招待宾客、馈赠亲友,以及日常食用。主人空闲时,可在池边树下垂钓,或读书消闲,享受鱼

---

① 〔唐〕段公路:《北户录》卷一《鱼种》记载:"南海诸郡,郡人至八九月,于池塘间采鱼子着草上者,悬于灶烟上。至二月,春雷发时,却收草浸于池塘间。旬日内如是虾蟆子状,悉成细鱼,其大如发。土人乃编织藤竹笼子,涂以余粮,或遍泥蛎灰,收水以贮鱼儿,鬻于市者,号为鱼种。鱼即鲶、鲫、鳢、鲤之属,蓄于池塘,一年内可供口腹。"

② 〔唐〕段成式:《酉阳杂俎》卷十七《鳞介》,台湾汉京文化公司1983年版,第163页:"国朝律,取得鲤鱼即宜放。仍不得吃,号赤鲽公,卖者杖六十。言鲤为李也。"

③ 〔明〕陈琏:《琴轩集》卷二六《墓志铭·宝安翟公寿藏志》。

④ 《秋坡黎先生集》卷六《记》。

⑤ 陈云羲:(新会)《陈氏族谱稿》之《四世祖泉石公嘱》,第19-21页。

池、竹木之乐。这是当时乡居士大夫的一种生活方式，在江南称作庭院农业或庭院经济。

但是，与此同时，珠江三角洲也已经出现凿池养鱼做商品性经营的例子。东莞县附城张氏族下子孙便有人曾"置水岸地十九亩及鱼池一口三亩"作为祭田。[①] 这三亩池塘饲养的鱼，显然是为了出售，以之作为祭祀经费。

从捕捞天然的河涌之鱼到凿池养鱼的转变，是由于兴修堤围，垦辟沙田导致天然水域缩小，以及人口增多。本作为主食之一的鱼，此时也降为佐餐之物了。这一过程反映了珠江三角洲对鱼的捕捞和人工畜养有着悠久的历史传统。

珠江三角洲虽沿江修建了堤围，但西、北、东三江洪峰到达时间不一，又有海潮顶托，堤内河水不易宣泄，堤外之水更难排除，易成内涝。于是，人们便在这些易招内涝之低洼地凿池养鱼。据文献记载，明洪武十年（1377），南海县已有322亩池塘（见表11-1）。人们利用沿江两岸修筑的堤围和鱼塘四周的基面种植荔枝、龙眼等果树，这就是最早出现的果基鱼塘形式。基围种植果树，既能加固基堤，又可获得收益。将内涝低洼地改造为基塘，化祸害为有用，并充分利用了土地资源。

较大规模的商品性养鱼业的出现是在明代中叶及其之后，它同基塘的形式是联系在一起的。根据文献记载，现将洪武十年（1377）和万历九年（1581）南海等县的鱼塘亩数及其与田亩总数之比例做统计如表11-1所示。从表11-1看，南海的池塘面积最大，其次是顺德。东莞乃系溪塘，塘的面积实际有多大就不得而知了。从万历九年民塘与民田的征税等则和税粮额来看，民塘除香山的列为中则外，其余各县的全属上则。而在同一等则中，塘的税额又比田高（详见表11-2）。从此可见，池塘的收益远比稻田要高，这说明池塘所畜养的鱼已作为商品出售。

[①] 东莞附城《张氏族谱·祭田记》。

表 11-1 洪武、万历年间珠江三角洲部分县田地、池塘面积统计

县名	洪武年间			万历年间			备注
	田亩数 洪武十年	池塘亩数 洪武二十五年	池塘所占比例%	田亩数	池塘亩数 万历九年	池塘所占比例%	
南海	2700914	322	0.01	1580922	48326	3	
顺德				871655 万历四十八年	40088	4.6	咸丰县志
香山	390240			749907 崇祯五年	711	0.09	康熙县志
新会	1117932			1197928 万历十年	6588	0.55	康熙县志
番禺	876882	有，缺数字		1193939	10702	0.9	
东莞		有，缺数字		1313536	32659	2.5	溪塘
三水				501759 万历三十年	10250	2	嘉庆县志
高明				339565 万历三十年	7910	2.3	康熙县志
鹤山					8600		
新安				402083	2698	0.67	
资料来源	梁方仲《中国历代户口、田地、田赋统计》，《永乐大典》			凡未加注者，皆引自梁方仲《中国历代户口、田地、田赋统计》、乾隆《广州府志》、康熙《高明县志》、道光《鹤山县志》			

表 11-2 万历九年（1581）南海等县民塘和民田每亩征税等则与征税粮额

县名	民塘		民田	
	上则（升）	下则（升）	上则（升）	下则（升）
南海	5.35		3.21	
番禺	3.03		3.03	

续表 11-2

县名	民塘		民田	
	上则（升）	下则（升）	上则（升）	下则（升）
新会	5.35		3.21	
新安	5.51		3.43	2.47
香山	3.75	3.01	3.75	3.01
顺德	3.35			3.92
三水	5.41		3.49	

备注：各县民塘均无下则，除香山有中则外，全系上则。

资料来源：《珠江三角洲农业志》第3册《珠江三角洲池塘养鱼业发展史和捕捞渔业、海水养殖的历史发展概况》，第12页。

养鱼业以南海九江乡为最发达。九江乡人多以捞鱼苗为业，鱼苗本由疍户捕捞，再由九江人放在鱼苗之池畜养。后因渔课苛重，"各水蛋户流亡，所遗课米数千石"。[①] 弘治十四年（1501），朝廷据两广制台刘大夏所奏，降旨召九江民承西江两岸鱼埠。从此，九江乡垄断了西江的鱼花业。[②] 西江自封川（今封开县）至高明一段，设鱼花埠八九百处，春初专由九江乡人捕捞，然后运回塘内畜养。

明末清初，已有7/10的鱼塘养鱼花，3/10的鱼塘养大鱼。捕捞和养育的鱼苗，据屈大均《广东新语》记载："水陆分行，人以万计，筐以数千计，自两粤郡邑，至于豫章（古指淮南江北之间，后指江西南昌，此泛指江西）、楚、闽，无不之也。"[③]

---

① 〔清〕屈大均：《广东新语》卷二二《鳞语·鱼饷》，第566页。又，参见〔清〕黄芝《粤小记》卷二；〔清〕李调元《粤东笔记》卷十《鱼花》。

② 明弘治时人陆深在《豫章漫钞》卷三《俨山外集卷二十一》（见《百部丛书集成》第16册《纪录汇编》，台湾艺文印书馆1966年版，第7页）说："今人家池塘所畜鱼，其种皆出九江，谓之鱼苗，或曰鱼秧。南至闽、广，北越淮、泗，东至于海，无别种也。"按：有学者因陆深曾宦游江西，又以"豫章"为书名而误认为此处的九江系属江西省。实际上这里所谓"豫章"，是指传说中的奇木，此树主九州岛，可"占九州岛吉凶"（参见东方朔《神异经》之《东荒经》，中华书局1991年版，第4页。此书是摘抄各地奇闻逸事的汇集）。

③ 〔清〕屈大均：《广东新语》卷二二《鳞语·鱼花》，第557页。

九江的养鱼业已出现明确的专业分工。"以捞鱼花为业曰鱼花户；由埠捞鱼，得鱼上塘曰装家；从装家买鱼，养于鱼花塘，俟成薛鳢，取以售卖曰造家；从造家买鱼养于大鱼塘，至满尺后，或岁暮涸塘，鬻于墟市曰耕种家。"① 从其分工之细可见养鱼业之发达。

有塘必有基，基塘系统的端倪也当在此时。当地居民将低洼易生水患的土地深挖，取泥覆四周为基，中凹下为塘。基种农作物，塘中养鱼，基塘互动，形成"基塘系统"。在这个系统中，水体与陆地之间进行复杂多样的能量交换和物质循环，水体资源和陆地资源相互制约，相互依存，两者结成不可分割的整体。这种形式具有区域性，在江南等地区也曾零星出现过。在不同地区，水陆结构和生物的构成不同，水陆互动也有较大的区别。

在鱼塘基面上，或种桑树，或种果树，或种甘蔗，或种花卉，于是出现了桑基鱼塘、果基鱼塘、蔗基鱼塘、花基鱼塘等不同形式。

明代中叶以后，基塘系统首先在南海的九江、顺德的龙江、龙山、鹤山的坡山等地出现。据文献记载，当地农民将地势低洼，"淹水易为患"的土地深挖，"取泥覆四周为基，中凹下为塘"，② 基上种果、蔗和桑等经济作物，塘用以养鱼。据万历九年（1581）清丈土地的结果，顺德龙山乡田、地、山、塘共44947亩，其中塘8124亩，占总面积的18%，加上基面约占总面积的30%。③ 南海九江基塘面积于明末占田、地、山、塘总面积的比例更高达80%。而且九江、龙山、龙江和坡山等四乡相连成片，形成了一个以九江为中心的，以蚕桑、养鱼为业的商业化专业区。蚕桑区虽受清初"迁海"之祸的惨重摧残，但到18世纪前后得到了恢复，且有所增进。南海西樵山附近的乡村相继发展成基塘区，形成以九江为中心，包括原有的龙山、龙江和坡山，以及不断发展起来的邻近西樵山的海洲、镇涌、金瓯、绿潭、沙头、大同等在内的连成一片的商业性基塘专业区。④

乾隆二十二年（1757），广州被确定为中西贸易独口通商口岸。广州对中西贸易的垄断有力地刺激了珠江三角洲蚕桑业的发展，因此出现了"弃

---

① 光绪《九江儒林乡志》卷五《经政略·鱼饷》。
② 光绪《高明县志》卷十《水利志》。
③ 据民国《重修龙山乡志》记载，万历九年（1581）清丈土地的结果，龙江乡田、地、山、塘共44974亩，其中塘8124亩，占耕地总面积的18%，当时基面略比塘面小，加上塘面则占30%左右。
④ 顺治《九江乡志》卷二《生业》。

田筑塘,废稻树桑"的高潮,形成一个"周回百余里,居民数十万户,田地一千数百余顷"的专业蚕桑基地。①

咸丰、同治年间,因欧洲产丝国蚕病引起的产丝不足,江、浙蚕丝的出口又由于太平天国动乱而受阻,丝价上涨,珠江三角洲又掀起"废稻树桑"的热潮,蚕桑区不断扩大。

桑基鱼塘的形式是经过反复实践,不断改进,逐步完善的。基堤的面积和池塘水面的比例,后来认定"基七塘三"或"基六塘四"较为合理。基堤之上所种的果树、甘蔗、花卉、蚕桑等作物,经反复比较,也认为种桑可以与养蚕和缫丝相结合,是一种取得高产值的最优形式。

桑基鱼塘是由水体、陆地和蚕丝三个子系统组成的。我们知道,生物和周围环境是一个相互依存的统一体,两者之间通过不断进行物质循环和能量交换来实现平衡。桑基鱼塘的生物和环境也是如此。桑基鱼塘中的塘基陆地子系统,只具有作物的初级生产品,即桑叶;鱼塘淡水子系统则具有初级生产品,即浮游植物,还有次级生产品,即鱼;蚕丝子系统,即养蚕产丝,这

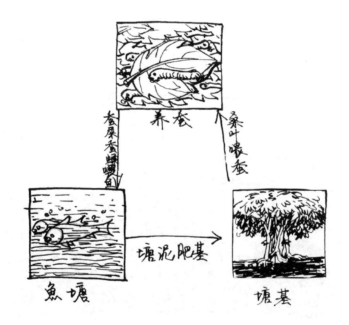

图 11-1　桑基鱼塘水体、陆地、蚕丝三个子系统间的相互联系

---

① 康熙《南海志》卷六《风俗志》。

一子系统还充当前两个子系统的联系环节。例如，基面种的桑叶可用来喂蚕，这意味着陆地子系统与蚕丝子系统发生了联系；蚕丝子系统的产品除丝货外，其初级产品蚕沙（蚕的粪便）和蚕蛹可投入鱼塘中喂养池中的浮游生物和鱼，这又意味着蚕丝子系统和水体子系统发生了联系。

鱼粪、水生物的代谢产物及其死亡后的残体等有机物，有的在微生物分解作用下分解成有机养分，可供浮游生物生长需要，有的沉淀成塘泥。塘泥在冬季戽泥而回到基面，以肥桑树。这意味着水体子系统和陆地子系统发生了联系。物质和能量通过桑叶、蚕沙和蚕蛹、塘泥进行反复交换，把三个子系统联结成一个完整的农业生态系统。三个子系统间相互依存，相互促进，彼此不断循环往复，从而保持了生态平衡。

在桑基鱼塘系统的能量交换和物质循环过程中，因呼吸作用和生命活动过程所损失的能量和被消耗的物质，可从光合作用以及系统外输入的有机物中不断得到补充。因此，系统的能量交换和物质循环从一个生物转达到另一个，自然资源和人力资源可保持平衡，又可通过改进人力资源的投入而取得持续的发展。

图 11-2　水体子系统立体养鱼内部循环

桑基鱼塘中的各个子系统又形成更复杂的结构和层次。例如，水体子系统的层次较多，食物链较长，能量和物质的投入、输出也比较复杂。按照鱼类的特性，鱼塘一般分为三层：表层适合喂养鳙鱼、鲢鱼，中层喂养鲩鱼，底层则主要喂养鲮鱼、鲤鱼。鳙鱼以食浮生动物为主，鲢鱼则以食浮生植物为主。食剩的饲料、蚕沙、浮游生物尸骸等有机物质下沉底层，一部分成为鲮鱼、鲤鱼和底栖动物的食物；一部分经微生物分解而充当浮游生物的食物和养分。鲩鱼以吃蚕沙和青饲料为主。鱼类排放的粪便，既可促进浮游生物的繁衍，又可成为杂食性鱼类的食物。就水体子系统本身而言，也是环环相扣，互相促进，不断循环往复的。至于蚕丝子系统，除作为陆地和水体两个子系统的联系环节外，更重要的是，其产品蚕茧可制成高价的丝货。由此演绎出农、牧、渔、副相结合的经济整体。

珠江三角洲的果基鱼塘、蔗基鱼塘、花基鱼塘等都属于基塘系统，而在基塘系统中最具创意、最具经济与社会效益的是桑基鱼塘。桑基鱼塘这一经营形式合理地利用农业本身的自然环境，开展多种经营，使之互为条件，互相依托，互相促进，形成水、陆结合的良性循环的生产体系，既改造利用了低洼易涝的土地，又增加了经济效益。这种集约化、专业化、多样化的农业经营形式，是我国历史上最早开辟的经济与环境、资源、社会协调发展的途径；是实现生态效益、经济效益和社会效益三统一原则，并实现可持续发展的伟大创举。

二、商业性基塘生态农业与相关的社会因素

基塘生产形式始于明代中叶，经历了一个不断复杂化，不断完善的过程，才最终形成桑基鱼塘生态农业系统。商业性基塘生态农业的发展不仅受制于自然条件，而且需要与之相适应的社会人文环境和经济运行机制。

第一，珠玑巷移民的迁入是桑基鱼塘生态农业的源头。唐代以前，珠江三角洲还是一片岛丘林立的浅海，可谓是沉睡于历史角落的处女地。北方南来的移民虽有零星的移入，但多限于政治性的迁移，而且数量不多，不可能对当地社会经济文化起多大的作用。而对珠江三角洲的开发史真正起重大作用的是北宋末年北方士民集团性的移民，即所谓珠玑巷移民。珠玑巷移民既为珠江三角洲带来了人力资源和资金，又汲取了宋代江南筑堤围垦、实施农业"绿色革命"的成果，把珠江三角洲这片烟瘴之地带进了一个崭新的生机勃发的历史时期。

以珠玑巷移民为契机开始的珠江三角洲初步的开发，历宋、元、明、清

四代，不断地开拓进取，尤其是借鉴宋代以来江南治理地势低洼、水潦频仍地区的经验，开发出富有商业精神的桑基鱼塘生态农业这一生产形式。这是珠玑巷移民对珠江三角洲的巨大贡献。

珠江三角洲家喻户晓的"珠玑巷移民"传说的一个重要意义，正是表彰这一移民集团所做的历史性贡献的口头纪念碑。珠江三角洲人乐于以"珠玑巷人"自称，并引为自豪，也是源于此。

第二，明代中叶以降珠江三角洲宗族制的盛行对桑基鱼塘生态农业的稳定性发挥了作用。当地的农耕系统需要群体力量来维持运作。从堤围的兴修，沙田的开发、基围的修筑、沟渠的开凿、水窦的排灌，到桑基鱼塘的经营管理和防卫，都需要有组织的群体力量，并且往往需要协作一致的行动。这是宗族制盛行，乡族士绅对地方的控制力得以建立的重要原因。

第三，高密集劳动力的基塘生产形式是同明代中叶以后人口迅速增殖、出现富余劳动力的社会因素相适应的。人口的因素对基塘生态农业的出现起到催化剂的作用。

从明代中叶起，珠江三角洲开始出现人口繁衍速度超过田地增辟的现象，局部地区已感受到人口压力。清代中叶以后，人口问题尤为突出，而且呈日益加剧之势。清代学者洪亮吉曾考察一个人需要多少田地才足以养活的问题，他根据江南亩产平均一石的生产力水平，估算"一岁一人之食约得四亩"。

根据我们的估算，珠江三角洲明末清初人均耕地面积为 5～7 亩。但当时的单位面积产量比江南低下，又有 1/4～1/3 的土地改种经济作物，所以粮食缺乏，需要从广西、湖南和江西等地运来粮食接济。到清代中叶，单位面积粮食产量虽然有所提高，但人均耕地面积已降至约 1.52 亩。①

珠江三角洲人口密度急剧上升，清康熙十一年（1672）为每平方公里 55 人；嘉庆末年升至每平方公里 318 人；宣统年间更升到每平方公里 418 人。② 清代中叶以后，珠江三角洲的人口密度除略低于全国密度最高的江苏省〔嘉庆十七年（1812）为每平方公里 382.95 口；咸丰元年（1851）为每平方公里 448.32 口〕以外，皆远远高于其他地方。按当时的生产力水平，清代中叶以后珠江三角洲的土地已难以养活迅速增加的人口。人口对土地与日俱增的压力对社会经济产生了深远的影响。

---

① 参见本书第三章表 3-8。
② 参见本书第三章表 3-8。

人口压力直接影响到传统农业形式的演变。"桑基鱼塘"是一种劳动力密集型的农业经营模式，可以为利用相对过剩的劳动力提供出路；而且由其引发的手工业、包装运输业、商业等行业的兴起，也为社会提供了更多的经济机会。

桑基鱼塘是由养鱼业、蚕桑业、缫丝业和丝织业等多种行业相结合的经营形式，拥有繁多的工种，可为老、弱、妇、幼等各类型劳动力提供选择。这些工种又不受场所、季节的限制，雨天、晚上也可劳作。充分开发的劳动力资源不断追加投入，即使边际报酬已递减至最低限度，但其经济效益比起传统农业要高得多。例如，到了清末，据宣统《南海县志》记载统计，一亩田种桑养蚕，一年可得纯收入46.4两银；如种水稻，至多也只收10石谷，折米6.7石，值银13.53两，种水稻的收入只相当于种桑养蚕的1/3。正因为如此，清初人屈大均说："家有十亩之地，以桑以蚕，亦可充八口之食矣。"宣统《东莞县志》的作者说：清末，种桑之户"家有十亩，可以致富"。以十亩地种桑养蚕从"可充八口之食"，到"可以致富"，反映了经营水平的不断改善，经济效益也愈来愈高，时人赞之为"足食有方"。

第四，当地形成的民田区、围田区和沙田区的聚落格局以及经济社会的运作机制，为桑基鱼塘生态农业提供了因发展商品性农业而缺乏的粮食和资金。

北宋以前，土著居民和零星南迁的汉人聚居于三角洲边缘的台地和三角洲未成陆的岛屿高地。他们只利用了三角洲边缘和其中岛屿的小平原、台地、谷地和峒地。在那里可避开洪水的浸淹，也可利用泉水灌溉。这些地方通常称之为"民田区"。

珠玑巷移民进入珠江三角洲后，兴筑堤围，开发沙田。堤围可利用潮水涨落进行灌溉；又因堤围束水归槽，促进下游海滩的淤积，然后开发成田。沙田开发的先后之分导致了主从关系的宗族聚居格局的形成。珠玑巷移民移住沙田区之后，首先开发了西、北江老三角洲（即以三水河口镇为顶点，北以西南水道，南以西江到甘竹滩段正干为界的三角洲范围），在那里最早圈筑基围，并有排灌设施。通常称之为"围田区"。

尔后，随着开发的深入，三角洲的前缘不断向南伸展。西海十八沙、东海十六沙等被开发，称之为"沙田区"。沙田区的村落是受雇工筑沙田的疍民和失业游民因耕佃的需要而定居下来的，即所谓"因农成村"。士绅巨族都居住在民田区和围田区。他们建立了对地方的控制权，沙局、公约等乡族组织即其控制地方社会的工具。

沙田区原来是一片茫茫水域，生活条件恶劣，在此定居被视为畏途。最初的"落沙者"（定居者）主要是习惯水上生活的蛋民，后来一些单寒小姓被生活逼得走投无路，才不得不移居沙田区。据道光《南海县志》记载："业主固居乡中大厦，即家人、佃户亦不出乡。其于田者，止为受雇蛋户、贫民。佃户计工，给足米薪，驾船而往。出入饮食皆在船中，无须庐舍。"可见，沙田区始时无人居住，"因农成村"是在生产和居住条件有所改善之后才出现的。在沙田区这种沿着堤围搭寮而居的线状聚落是没有宗族组织的，在此居住的蛋民等为民田区和围田区的大族所支配和役使。

从区域社会看，民田区（北宋之前先民开发区）、围田区（珠玑巷迁民开发、居住区）与沙田区（西海十八沙、东海十六沙等新开发区，由蛋民、流民等居住）之间，形成了控制与被控制、支配与被支配的主从关系。

值得注意的是，这种主从关系的聚落格局成为当地农业系统的一个环节：民田区和围田区因改种经济作物，以及改作桑基鱼塘的生态农业而缺乏的粮食，其中一个补给来源就是专种水稻的沙田区。清末和民国年间，珠江三角洲的商人通过在广州的银号以及陈村等米粮集散中心的谷埠（粮食通过西江取自广西），把资金投入沙田的垦筑，然后又以货币地租的形式，迫使佃户、耕仔向陈村谷埠等米粮集散中心低价出售粮食。商人把沙田开发和米粮贸易结合起来，使沙田的开发和商业资本的增殖相得益彰；而且陈村等谷埠收购的粮食又有力地支持了民田区和围田区商业化。可见，珠江三角洲内部的聚落格局反映了耕作系统的地域分工，而这种地域分工适应了商业化的需要。

第五，最重要的因素，也是最直接的诱因是 16 世纪开启的大航海时代提供的商机。16 世纪是发现新大陆，开通东方航线，葡萄牙人占据澳门并以此作为远东贸易中心，出现世界贸易新格局的时期。广州作为中国海上贸易的中心，也因应这一新形势发生了历史性的变化。广州自古以来经营的朝贡贸易是一种以进贡与回馈为主要形式贸易。自隆庆、万历以后，广州的贡舶制贸易从以怀柔为主趋向计值贸易，并日渐式微；商舶贸易迅速发展，成为广州对外贸易的主要形式。商品结构也从经营高价奢侈品到以民生日用百货为主，从"随其乡宜以为货"到以市场取向为货。广州一改过去贩销高价奢侈品，只与京师以及江南、运河沿岸富人区发生联系的"特殊性"的发展模式，而与其所在地珠江三角洲的经济发生了日益密切的联系。广州市场的转型与珠江三角洲的深化开发产生了互动的关系。

例如 16 世纪，西班牙殖民者占领菲律宾后，菲律宾出现了新兴的国际市场马尼拉丝市。这是太平洋丝路的中转站，对丝货的需求量很大。16世纪末，墨西哥丝织业的从业者有14000多人，其需要的原料生丝就靠广州的海商运往马尼拉丝市，然后由西班牙商人转运至墨西哥。在文莱以西的东南亚各地，明代中叶以降，桑基鱼塘所生产的丝货，或称"广货"，除销售国内岭北各地外，也通过广州或走私运往马尼拉和东南亚市场。

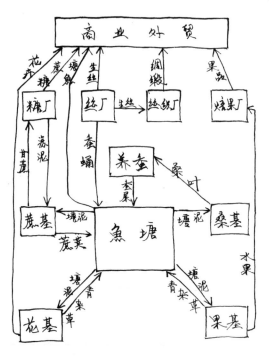

图10-3 基塘系统间的联系及其与商业外贸的关系①

三、丝货的海贸市场取向促使贸—工—农经济体系的确立

蚕丝业在珠江三角洲本有悠久的历史，但一直得不到发展。丝货（包括生丝和粤缎、广纱等丝织品）作为一种农产加工品被大量投入市场，这一现象完全是在出口贸易的需求下引起的。在需求日益增大的马尼拉生丝市

---

① 本图是参阅钟功甫等著《珠江三角洲基塘系统研究》一书的相关图表绘制的。

场的强烈刺激下，珠江三角洲蚕丝业开始兴起。明代中叶，珠江三角洲产的蚕丝业仅是初露头角，不为国内有关商业记载的文献作者所注意。实际上，其丝织品在某些方面已超过江南地区的产品。据沈廷芳于乾隆年间修纂的《广州府志》记载：

> 粤缎之质密而匀，其色鲜华，光辉滑泽。然必吴蚕之丝所织，若本土之丝，则黯然无光，色亦不显，止可行于粤境，远贾不取。粤纱，金陵、苏、杭皆不及。然亦用吴丝，方得光华，不褪色，不沾尘，皱折易直，故广纱甲天下，缎次之。①

屈大均在《广东新语》中说：

> 广之线纱与牛郎绸、五丝、八丝、云缎、光缎，皆为岭外、京华、东西二洋所贵。

珠江三角洲向江南输出广货，购回吴丝，巧织成广纱、粤缎，以供出口。在这里，出口贸易明显成为丝货生产的导向，也说明其贸易已具有促使资源配置优化的意义了。

在清代，日显重要的珠江三角洲蚕丝业，因乾隆二十二年（1757）广州被确定为独口通商口岸而得地利；加之乾隆二十四年（1759），国内严禁丝货出口，后改为只允许土丝（指粤丝）和二蚕湖丝出口，又使之受益，生丝的出口规模与日俱增。传统的手工缫丝方法是手车缫丝，它和蚕桑业是连在一起的。作为一种家庭副业，它流行于南海、顺德和香山一带的蚕桑区。当地诗人陶靖节有诗云："相见无杂语，但道桑麻长。"② 又有一首竹枝词写道："呼郎早趁大冈墟（按：大冈墟在蚕丝核心区顺德龙山乡），妾现蚕缫已满车；记问洋船曾到几，近来丝价竟如何。"③ 蚕丝区农户的经济生活在乾嘉年间已开始与海外丝市联系在一起，丝市的行情、动向成为农户所关心的话题。

早在明代后期以广纱、粤缎驰誉海外的丝织品，入清以后也以佛山为重

---

① 乾隆《广州府志》卷四八《物产二》。
② 光绪《九江儒林乡志》卷三《舆地略·风俗》。
③ 〔明〕张臣：《竹枝词》，见嘉靖《九江乡志》卷十二。

要产地。清初佛山经营丝织业的商行已增至十八行,计有八丝缎行、什色缎行、元青缎行、花局缎行、纻绸行、蟒服行、牛郎纱行、帽绫行、绸绫行、花绫行、金彩行、扁金行、对边行、栏杆行、机纱行、斗纱行和洋绫绸行等。清代中期益加繁盛。早在雍正年间,广州已有机行设立,并聘请江、浙产丝区的师傅前来传授丝织技术,分有蟒袍行(朝袍行)、十八行、十一行、金彩行和广纱行等五个行,产品多种多样,工人有三四万之众。

18世纪20年代,丝货的出口额在中国出口商品中已退居茶叶之后,但就珠江三角洲而言,丝货却升至首位。到了乾嘉年间,珠江三角洲的丝织业大放异彩,成为出口生丝的重要产地。珠江三角洲的生丝在国际市场上真正具有竞争力则要到19世纪70年代以后,这同海洋贸易格局的变化以及土丝为机丝所取代有密切关系。

1869年11月苏伊士运河的正式通航,使得从亚洲到欧洲的航程大大缩短;紧接着,1871年6月上海经伦敦到旧金山、新加坡到香港这两条海底电缆的接通,使得不同区域间信息传递更加便捷。这些因素使海洋贸易发生了巨大的变化。海外市场对生丝的需求量日益增加,咸同之际珠江三角洲掀起的"废稻树桑"高潮就是在这一背景下出现的。

1872年,英国驻广州领事馆的商务报告指出:"粤丝出口的增长是很显著的,并且已达到几年来没有预期到的数量和重要地位……(粤丝售价的提高)大大地刺激了这一贸易,向来种稻的大片土地现已经或正在辟为桑林。因此,每年的出口都可望增加。"① 海关副税务司班思德在论述1859—1871年间中国丝类贸易情况时指出:"中国运销外洋之丝类,生丝实占极大部分,大抵由沪、粤两埠输出。……广州输出之数,初时仅占全国总额8%,嗣后该省蚕丝事业愈加发展,故输出数量,亦见增进。迨至同治九、十年(1870—1871),输出之丝约占总数的四分之一。"②

广州生丝出口量在19世纪五六十年代还只占全国出口量的8%,到70年代初已上升至25%了,并一直保持增长的趋势,展现了生丝出口的大好前景。正如《1878年广州口岸贸易报告》中所说的:"在出口货物中,丝及

---

① 姚贤镐:《中国近代对外贸易史资料》第3册,第1488页。
② [英]班思德:《最近百年中国对外贸易史》,海关总税务司统计科民国二十年(1931)译印,第124页。

丝织品是迄今最重要的品种。"①

到 20 世纪 20 年代，珠江三角洲的蚕桑区除原有的基地南海、顺德和中山外，已经扩及新会、三水、番禺、鹤山、东莞等十余县，桑田面积达万顷左右，操蚕桑业者达 200 余万口，蚕茧年产量为三四十万担，价值 6000 余万元。蚕桑业成为珠江三角洲经济的两大支柱之一（另一支柱是侨汇）。②

前述的丝货出口的需求日益增长以及迫切的海贸市场取向促进了贸—工—农经济体系的确立和不断完善。

缫丝业、丝织业等手工业及其他农产品加工业是根据出口贸易的需求创建的，其命运也取决于出口贸易的兴衰。例如，丝织业产品市场的兴旺直接推动了缫丝手工业的发展，后来还诱发了缫丝业的产业革命——继昌隆机器缫丝厂的诞生。广纱、粤缎的畅销也催生了佛山丝织手工业的繁荣。

农业则根据出口加工业的需要来确定经济作物的品种选择和专业种植区域。番禺、东莞、增城等县成为甘蔗的专业化种植区，明末，蔗糖收入已占农户总收入的 40%。蒲葵的种植以新会为中心，香山的古镇次之。香以东莞为产地。茶多集中在南海西樵山、广州的河南岛、肇庆的鼎湖和新安的怀度山等地，大良附近的基塘也有零星的种植。水草，以东莞、宝安为产地。鱼花，以南海九江所出产的最负盛名。果木业迅速发展，逐步形成专业化区域。其范围以广州为中心，南至番禺的大石、沙湾、古坝，东至黄埔、茭塘，西南至顺德的陈村、南海的平洲、番禺的韦涌等地一片老沙围田区，其中以陈村的果木最负盛名。珠江三角洲有"食香衣果"之谚，这一果木区在明清交替之际虽遭到沉重的打击，但 18 世纪前后得到了恢复，而且东莞北部和增城西南部低丘陵地带的原有果木区得到了进一步的发展。前述的农田不断转做基塘经营，也正是为了生产丝货，以满足国际生丝市场的需要。

以经营某一经济作物为业的农业专业户，如香户、花户、果木户、蚕桑户、鸭户、鱼花户等，也因应广州市场的转型，迎合出口贸易的需要而兴起。

从上可见，珠江三角洲的经济结构发生了变化，形成以蚕丝产品为拳头产品，以出口贸易为导向，手工业和农业生产服从于出口贸易需要的贸—

---

① 广州市地方志编纂委员会办公室等编译：《近代广州口岸经济社会概况》，暨南大学出版社 1995 年版，第 862 页。

② 参见许檀《鸦片战争后珠江三角洲的商品经济与近代化》，刊于《清史研究》1994 年第 3 期，第 70–78 页。

工—农经济体系。

四、率先近代化的丝业推动珠江三角洲近代化风云

由于丝货出口贸易的扩展，并因此而引发当地居民大量移民海外，珠江三角洲成为中西文化、经济交流的前沿。珠江三角洲固有的海洋文化于近代得到空前的发展。海洋文化的深厚底蕴，铸就了珠江三角洲人敢为天下先，勇于探索创新的品质。珠江三角洲引领时代之潮流，率先实行产业革命和商业革命。

以香山人唐廷枢、徐润和郑观应等为代表的珠江三角洲买办商人成为19世纪四五十年代至90年代中国买办阶层的主体。买办，是中西方文化的中介人，是最直接、最广泛与西方人接触的中国人；他们体现了华洋一体的文化背景。随着西方商人商务的扩大，买办的活动远超过中国境外，已经涉足亚洲的其他地区，19世纪70年代，从东亚的日本到南亚次大陆的印度，都留下其足迹。活动范围的广阔，有助于拓宽其视野。他们在西方列强发动的商战中学习了西人的商业知识和企业管理方法。中国早期的工业近代化是由他们推动的。1862—1868年，最早在上海创办的三家外国轮船公司中，他们认购了500万两白银，占全部股份的1/3[①]；1873年组建中国轮船招商局，也正是由他们所策划和推动的。先是由香山人容闳等向洋务派官僚建言、策划；继而由香山籍买办唐廷枢、徐润、郑观应等主持局务。郑观应主张对西方"体、用"兼学，以商立国，发出与西方进行商战的呼唤。在唐、徐、郑等人身上，体现了中西文化融汇的近代企业家的精神。[②] 尽管他们作为近代买办阶层的代表曾经受到一些非议，但是于今天看来，他们主持的招商局却推动了中国早期的工业近代化，促进了新经济因素的增长，对中国社会的进步是起了积极作用的。千秋功罪，非情绪化的轻加断言所能论定的。

尤其是安南华侨陈启源，于1872年回到家乡南海简村堡，次年创办继昌隆丝厂，着中国民族工业近代化的先鞭，具有划时代的意义。珠江三角洲的机器缫丝厂不是建置于城市，而是分散于乡村、墟镇，说明早在一个多世

[①] Kwang-ching Lui, Steamship Enterprise in Nineteenth-Century China, *The Journal of Asian Studies*, 1959, 18（4）: 439.

[②] 参见叶显恩《粤商与广东航运业近代化：1842—1911》，见《徽州与粤海论稿》，安徽大学出版社2004年版，第316-342页。

纪前，乡村工业化建设、发展乡镇经济的道路就已经开创。

美国侨商陈宜禧于光绪三十二年（1906）回到故乡台山，自己筹款、设计、主持修筑新宁铁路。其建成、通车时间上虽然稍迟于潮汕铁路，但它是中国第一条纯粹由民族资本投资兴建的铁路。

随之出现的是港口、轮船、以蒸汽作为动力的机器制造业等近代器具，以及银行、百货公司、企业管理等近代经济组织和管理方法。以近代港口理念创建的台山公益埠和中山香洲商埠，是由侨商伍于政等开辟的。香山商人郭甘章，早于19世纪60年代已置有轮船在广东航行；70年代拥有轮船达13艘。① 与此同时，佛山人梁定荣创办广德泰轮船公司。② 80年代，广州商人苏惠农也创立平安轮船公司，用小轮拖带轮渡在珠江三角洲一带航行。③ 从19世纪90年代起，经营内河客运的小轮船公司纷纷兴起。1903年在香港创办的四邑轮船公司、1910年在广州创办的侨轮公司等，都出自侨商之力。④ 充满商业革命精神的百货批发商和百货公司也先后出现。1868年，在广州出现任万利百货批发商，19世纪80年代在长寿里、同兴街一带形成了批发市场；20世纪初，香山华侨马应彪、郭乐兄弟、蔡昌兄弟和李敏周、刘锡基等在香港、广州、上海先后开设先施、永安、大新、新新等百货公司，高举起商业革命的旗帜，这就是当时齐名的所谓"四大百货公司"。

商办的金融业如大信银行、广东银行等也相继出现。蚕丝业作为珠江三角洲乃至广东省经济支柱地位的确立，更引发了珠江三角洲近代金融业的发展。20世纪20年代，由广州运往顺德各地的现银平均每天达30万元，每月有上千万元的现金流动，顺德成为广东省金融业的中心。

华侨将世界文明之果带回家乡，推动了家乡珠江三角洲的近代化，寄回的侨汇连同蚕丝业并称为珠江三角洲的两大经济支柱。

我们应当记住恩格斯的名言："贪欲和权势欲成了历史发展的杠杆。"⑤ 对历史事件的评价不能从好恶的道德标准出发，应当理性地从其对社会进步

---

① G. B. Endacott, *A History of Hongkong*, p. 105, 转引自聂宝璋《中国近代航运史资料（第一辑）》下册，上海人民出版社1983年版，第1355页。

② 民国《佛山忠义乡志》卷十四《人物志八·货殖》。

③ 伍锦：《广东近代民间航运业发展史略》，见广州市政协文史资料研究委员会《广州文史资料》第28辑，广东人民出版社1983年版，第218页。

④ 参见本书第十二章 三、水运业的近代化。

⑤ ［德］恩格斯：《路德维希·费尔巴哈和德国古典哲学的终结》，见《马克思恩格斯全集》第21卷，第330页。

上所起的正、负面作用来评价。因此，我们不能把外来的政治、经济侵略与先进事物的传入混为一谈，把"脏水和孩子一起倒掉"。

珠江三角洲人在引领近代化风骚的同时，高扬人文精神。容闳、康有为、梁启超、苏曼殊等做出卓越贡献的杰出人才，灿若群星。尤其是中国民主革命先行者孙中山及其战友，诸如杨鹤龄、孙眉、陆皓东、孙昌等人更是耀眼的晨星。他们汲取西方的民主思想，并付诸革命实践，前仆后继，不畏艰险，终于推翻清廷，创建共和国。因而，珠江三角洲也成为中国民主革命的故乡和策源地。

珠江三角洲北缘的广州、南端的澳门和鸦片战争后沦为英国殖民地的香港，形同三足鼎立，充当通往各国的孔道。珠江三角洲也因此而成为中、西经济文化交流的前沿地带。

自1978年我国实行改革开放政策以来，珠江三角洲人又迅速做出抉择，以"珠玑巷人"敢于开拓、敢于创新的精神，勇于创风气之先的气慨，充当社会主义市场经济的领头羊。在短短的40年中，珠江三角洲社会经济以惊人的速度取得了举世瞩目的成就，开辟了一条具有中国特色的沿海地区新工业化道路，成为我国发展社会主义市场经济的典范。历史有其延续性和继承性，珠江三角洲正在新的历史时期发挥了其应起的作用。

第十二章　由广州市场转型而出现的水上航运业的发展

一、水上交通运输业与区位优势

1. 海河水道交汇之区

在古代，社会与经济的决定性进步，一般是水上长途贩运带来的结果。大凡集团性的移民和文物的传播，都是跟着商人的足迹，沿着水上商路而流布边陲海隅的。在这一点上，古人与今人的认识是一致的。明代卓越的经济思想家丘濬认为，接通珠江水系与长江水系的大庾岭路的开通是岭南社会进步的原因。他在《唐丞相张文献公开凿大庾岭碑阴记》中说："兹路既开，然后五岭以南人才出矣，则货通矣，中朝之声教日被矣，遐陬之风俗日变矣。"① 今人推崇的"区位理论"的核心和出发点也是运输因素。所谓"区位优势"，主要也是强调运输条件的优越，亦即强调吨公里的转移运费、运距、运向等因素。② 在货物流通中，驮一袋谷物到 325 公里之外的费用已相当于这些谷物的成本；如果驮运的是煤炭，则 40 公里的费用便和其开采成本相等了。③ 2000 多年前，司马迁曾引用当时的谚语云："百里不贩樵，千里不贩籴。"④ 丘濬也说："河漕视陆运之费省什三四，海运视陆运之费省什七八。"⑤ 这里强调了运费与贩卖的关系，而运费则与交通条件相联系。在主要依靠江河和沿海水运的情况下，没有水上的交通，就没有长途的商业活动，也就不可能有农业剩余产品的异地交换，只能建立小地域范围的自然农业的共同体。

---

① 参见〔明〕丘濬《丘文庄公集》卷五。
② 参见［美］埃德加·胡佛著，王翼龙译《区位经济学导论》。
③ 参见［美］施坚雅著，王旭等译《中国封建社会晚期城市研究》，吉林教育出版社 1991 年版，第 60 页。
④ 《史记》卷一二九《货殖列传》。
⑤ 〔明〕丘濬：《大学衍义补》卷三四《治国平天下之要·制国用·漕挽之宜下》。

第十二章 由广州市场转型而出现的水上航运业的发展

珠江三角洲处于珠江水系的河网区，具有天然的区位优势。如本书第一章所述，有珠江水系的自然河道可资舟航而通往岭南巨区各地；又因其地处南海之滨，湾澳众多，可充良港；海岸线曲折，便于航行；沿海边，西向可通高、廉、琼、崖，东向可达惠、潮、瓯、闽；经南海，弘舸巨舰，舳舻千里，风帆高张，可抵达东南亚各地，甚至远涉重洋。

珠江三角洲与岭北内地的交通，[①] 虽然僻居南隅，走陆路到达各大城市易达性差，[②] 但是通过西、北、东三江，或直通，或经陆上短途接驳，可抵达岭外各地。这些水道成为广州市场和明代中叶以后珠江三角洲同岭外各地贸易往来的商路。

溯西江而上，经上游可达云南、贵州乃至四川，又可沿西江至梧州转入桂江、漓江，经灵渠（即穿过越城岭隘口）进湘江而与长江水系相通；这条经灵渠的所谓"越城岭路"，在我国南、北无天然直通河道的情况下，早在秦代已是中原王朝经略岭南的主要运输线；从汉代至唐代前期则是通往长安、洛阳等都市，输送南海贡舶贸易品的常道。

此外，逆西江经肇庆抵梧州，转西南行，过容州（治所在今广西北流市），出鬼门关，可往广西南部、安南和琼州各地。此乃所谓的"容州路"。

自唐开元四年（716）武水的逐步修浚和大庾岭道的开凿，由浈水、武水和连江组成的北江水道取代西路的越城岭道成为珠江三角洲与岭北交通的主要孔道。

溯武水和连江可分经乐昌和连州同穿骑田岭峤道进湘江，经洞庭湖而与长江水系相联结。这条所谓"骑田岭路"在唐宋时期是一不容忽视的通道。由于洞庭湖继鄱阳湖之后得到开发，长江中游、汉水流域经济的增进，骑田岭路的重要性虽稍逊于大庾岭路，但其运输量仍呈不断增长的趋势。19世纪下半叶，骑田岭上陆路段运输的脚夫，据容闳估计"至少有十万人"。[③]

溯浈水抵南雄，经大庾岭道，下章水，入赣水，越鄱阳湖，可与长江水

[①] 关于以广州为中心与内地联系的商路，参见曾一民《唐代广州之内陆交通》（国彰出版社1987年版）；彭泽益《清代各省以广州市场为中心的商品流通与商路运输》（台湾《九州岛学刊》1993年10月第6卷第1期，第95—119页）；汪廷奎《两宋时期的北江水运》（《中国水运史研究》1991年第2期，第56—63页）。

[②] 参见许学强主编《珠江三角洲城市环境与城市发展》，中山大学出版社1988年版，第250—252页。

[③] 参见梁方仲据容闳《西学东渐记》原文第87—88页修订译文，转引自前揭彭泽益《清代各省以广州市场为中心的商品流通与商路运输》一文，第100—101页。

系相通。随着经济重心日渐向江南转移，唐代广州贸易地位的提高，通往江南经济富裕区及运河沿岸富人集聚的城市较之于越城岭路和骑田岭路为近的大庾岭路日显重要。诚如主持开凿大庾岭道的张九龄在《开大庾岭记》中所云："海外诸国日以通商，齿、革、羽、毛之殷，鱼、盐、蜃、蛤之利，上足以备府库之用，下足以赡江淮之求。"① 江淮乃富人居住区，故与长安、洛阳并称，成为海外奇珍和土特产品的主要供应地。宋人余靖指出：北路三途中"下真水者十七八焉"。② 这反映了它同唐宋间经济重心南移，江南地区成为经济发达地区有关。明永乐九年（1411）重开会通河，运河畅行无阻。运河原为漕运，因官船均带私货，而商船一有官员乘坐，凭此也可免税通行。实际上，运河已成为一条重要商路。长江固然是一条最重要的流通渠道，但据吴承明先生的看法，即使已是长江贸易有了发展的明代后期，其主要贸易活动还是在长江中下游。长江流域东西部贸易的重要性，还不如南北间的贸易。大运河的畅通，以及沿赣江南下过大庾岭进北江到广州一线成为沟通南北的大商道，③ 加之鄱阳湖的开发，福建经济作物的大量种植，进入市场产品的增多，通往这些地区较为便捷的大庾岭商道益显重要。据统计，19世纪在大庾岭道上从事肩挑背负的搬运人夫约有15万之众。④

东路溯东江，经惠州，抵老隆（龙川县城）后，登陆越大帽山之蓝关，可与源自长乐（今五华县）的梅溪相接。沿梅溪入程乡（今梅州市），到三河坝，转溯神泉河和鄞江（今汀江），可通闽西；或沿梅溪下韩江经潮州出海，沿海边航行可东上闽、浙。

海上的对外商路是以广州为中心，凭借与东南亚地区朝贡贸易关系而建立起来的交通网络，其肇始于汉代，尔后又不断地增进和完善。西汉，自日南障塞（今越南境内）、徐闻、合浦入海，沿海岸行驶，到马来半岛的克拉地峡东岸后，舍舟登陆，经地峡抵西岸再西航经孟加拉国湾抵达印度东南岸、斯里兰卡等地。⑤ 这条经水陆接驳而抵达印度东南部的传统商路，据唐

---

① 《广东通志》卷二〇一《金石略三》。
② 〔宋〕余靖：《武溪集》卷五《韶州真水馆记》。
③ 参见吴承明《中国资本主义与国内市场》，中国社会科学出版社1985年版，第223页。
④ 参见梁方仲据容闳《西学东渐记》原文第87-88页修订译文，转引自前揭彭泽益《清代各省以广州市场为中心的商品流通与商路运输》一文，第100-101页。
⑤ 参见张难生、叶显恩《海上丝绸之路与广州》，刊于《中国社会科学》1992年第1期，第207-227页。

人贾耽对"广州通海夷道"的记载，后来已改为从广州启航，历南海、印度洋、阿拉伯海和波斯湾，云帆高挂，涉彼狂澜，直驶巴士拉港和红海沿岸，已经不需要陆路接驳。① 晚近学者经研究后几乎一致认为，中国的帆船越印度洋到达红海沿岸地区的时间最迟应在 5 世纪前后。② 自葡萄牙人达·伽马于1497 年绕航好望角，1498 年夏抵达印度马拉巴尔海岸（Malabar）之后，葡萄牙人不断率舰队前来做非法贸易，并采取蚕食手段，不断地扩大其在东方的势力范围。1511 年侵占马六甲，继而于嘉靖三十二年（1553）窃踞位于珠江三角洲南端的澳门。葡萄牙人绕过好望角远航东来，使广州—南海—印度洋—大西洋的航线得以开通。自 16 世纪 70 年代到 17 世纪 40 年代出现了以澳门为中转港的三条国际性海上商路：①澳门—果阿—里斯本；②澳门—长崎；③澳门—马尼拉—墨西哥，③ 更使珠江三角洲成为东西方贸易的桥梁。④

2. 海岸线、季风和西江流向

珠江三角洲的区位优势不仅表现在可经河、海水道与国内各地相通，经南海可通往南海沿岸各地，甚至远渡重洋，形成所谓海、河水道交汇区；而且海岸线的走向、季风的风向、主要内河西江的流向，都对珠江三角洲商品经济的发展有潜在的、长时段的作用。

珠江三角洲的纬度介于北纬 21°30′～23°40′之间，面向热带海洋，因而形成热带和亚热带季风气候。雨季长，河流的洪水期也较长，约 4 月间涨水，9 月间回落，内河具有水量丰盈、经冬不冻的特点，有利于航行。又因

---

① 参见《新唐书》卷四三下《地理志七下》。按：《新唐书·地理志》的这部分资料录自贾耽的著作。贾耽（736—805），字敦诗，沧州南皮人，唐德宗贞元年间（785—805）曾被任为右仆射、同中书门下平章事（相当于宰相职务）。《旧唐书》卷一三八《贾耽传》与《新唐书》卷一一六《贾耽传》皆有其记载。他所著的《古今郡国县道四夷述》和《皇华四达记》，原书已佚。《新唐书·地理志》录自其所述唐时通往四邻的七条国际通道，内有两条海道，广州通海夷道是其中之一。

② 参见田汝康《十七世纪至十九世纪中叶中国帆船在东南亚洲船运和商业上的地位》，刊于《历史研究》1956 年第 8 期，第 1－22 页。

③ 葡萄牙人麦哲伦受命于西班牙国王组织环球航行，开辟自美洲越太平洋到东方的航线之后，西班牙殖民者于嘉靖四十四年（1565）以武力占据菲律宾。此后，马尼拉成为中国的丝市、广州—菲律宾—墨西哥商路的中转站。

④ 关于以澳门为中转站的三条商路，可参见黄启臣《澳门历史》，澳门历史学会 1995 年版，第 59－82 页。

受季风的影响，进入南海的洋流有暖流和寒流两种。夏季由于西南季风的吹送，有一股被称为季风海流的暖流从爪哇前来，循东北方向流向台湾海峡。冬季由于东北季风的吹送，菲律宾以东暖流的一支由巴士海峡流入南海，沿逆时针方向流向越南海岸；另一股寒流（中国海流）也同时乘东北风沿海岸线南下，经台湾海峡进入南海，流向海南岛东岸。这一东北—西南流向的季候风海流恰好与广东省海岸线走向相同，① 故有利于珠江三角洲沿海水运的发展；又因南海上的主要贸易航线是从东北方的一端延伸至西南方的另一端，位于两次季候风所必经之道，故适合于借助季候风的航行。

西江从西向东的流向，自明末起有利于将广西盛产的粮食东运而支持珠江三角洲的商业化（详见本书第八章《商风炽烈下各种商人的商业活动》）。顺流而下的是以米粮为主的廉价粗重的初级产品，逆流而上的则属价值高、体轻量小的日用百货。西江的流向符合货流的特点使流通费用低，风险小，因而，利润率接近市场的有效性也高。

就全国而言，在帆船贸易时代，由于海贸以南向为主，货流的特点也是以南北双向为主要，由北江越大庾岭入赣水，经鄱阳湖进长江，再接运河而形成的南北大商道也适应了货流的特点。作为南北大通道的终点、岭南交通枢纽的广州自应成为海贸的中心。

还应当指出的是，珠江三角洲内部又是河网区，河涌纵横交错，交通极为便畅。这种区位的优势对三角洲内部地区间技术和文化的交流，经济和社会的进步无疑具有积极的作用。

二、以广州为中心地的水运体系的形成与穗、港、澳三足鼎立

广州作为中国海贸的中心，在明代中叶之前其功能是满足特权阶层所聚集的岭北各大都会，尤其是京师和长江三角洲、运河沿岸大都会的需要。随着明代中叶广州市场的逐渐转型，珠江三角洲农村商业化的兴起并不断深入，地方市场的迅速发育，流经珠江三角洲的干流要冲和海滨的海、河交汇要地，如澳门作为广州的外港，佛山、江门、石龙、陈村、小榄等集散一方商品的港口也先后兴起。府（如肇庆府）、州（如罗定州）、县的治所，皆以便于行政管理为最优原则，选在河海要冲。明代中叶以后，府、州、县的

---

① 参见陈正祥《广东地志》，香港天地图书有限公司1978年版，第30页。

治所也从军事防御重镇日渐向商贸市镇转化。就是贸易腹地只有几平方公里的新兴的小墟市，处在水乡泽国的三角洲地带，也把水运作为其选址的一个重要条件。府、州、县治所设置有港口或码头固不待言，即便是"有人则满，无人则虚"的小墟市，也备有渡口，以便于舟楫停泊、装卸货物或运载行客。市镇与港口、水埠是合二为一的。广州市场的日渐转型，意味着它与珠江三角洲的联系日益密切，并以之作为其贸易腹地的核心区。珠江三角洲的市镇都以广州为中心地，相互联结，逐渐形成水上交通运输网络。

雄踞珠江三角洲北缘的广州，其市区如前所述，唐宋年间，不断朝东、西方向扩展。北宋因"大贾巨室生齿之繁几千万，皆处其西，无以自庇"①，于是在其西及其东扩建城区。城区由一而三，面积扩大了四倍。新建的东、西城区，皆筑有城墙。明初，连三城为一。明代中叶，因城南为会城之所都，商业繁盛，故于嘉靖四十四年（1565）又在城南建城墙以围护，辟成新的城区。崇祯十三年（1640）增筑北城。自此之后，城墙不再扩建。城区虽然也继续向西和向南扩展，城南对面的河南也不断繁荣起来，但城区主体大致稳定。广州市场转型的一个重要特点是从贩运土贡特产、海外舶来货等奢侈品转为以民生百货为主，其流通量大为增加，贸易规模越发增大。然而，广州的城区并没有相应地扩大，主要原因是：在外贸方面，澳门于嘉靖中期崛起，作为广州的外港起到截流、分流商货的作用。在国内贸易方面，佛山于明代中叶兴起，尤其清初迅速繁荣，作为广州内河外港而起卫星城的作用。加之1841年，英国通过发动鸦片战争强行占领香港岛后，于同年宣布香港为自由贸易港；它不断吸引世界各地的货物、资金、技术和人才，以开发这个渔岛。19世纪下半叶，香港作为转口贸易的港市，也越来越多地分担了广州的贸易。顺德的陈村也因作为粤海关常关的分关，而分担了本应由广州经香港出口的帆船海上贸易。

尽管广州的城区从明后期乃至清代没有大幅的扩充，但其港口的设施是在不断改善的。诚然，明清嬗递之际，广州港市为平南、靖南二藩王所霸占，藩兵强占民房，市区隙地与市郊鞠为茂草，港口的原有设施遭到破坏，商船望而裹足；又因迁海、禁海，广州港市几乎陷入废弃的境地。但自康熙二十一年（1682）夏，李士桢度岭抚粤，采取了"恤商裕课"的抚粤政略，创设洋货行（广州十三行）和金丝行，把外贸和内贸分开，有效地执行了

---

① 参见《唐埙记略》，转引自黄文宽《宋代广州西城与蕃坊考》，见陈柏坚主编《广州外贸两千年》，第130页。

康熙的开海贸易、设粤海关管理等政策，一度处于绝境的广州港市一时间得以复苏，并不断繁荣起来。李士桢在担任广东巡抚期间对广州市区的整治是相当重视的。他重划公署、衙门、八旗和绿营官兵驻地，"招徕士民商贾，安插复业"，整顿税改，恢复港市正常的贩运活动。据文献记载：

> 内城古渠有六脉渠。渠通于濠，濠通于海。所谓六脉者，草行头至大市，通大古渠，水出南濠，一；净慧寺街至观堂巷、擢甲里、新店街、合同场、番塔街，通大古渠，水出南濠，二；光孝寺街至诗书街，通仁王寺前大古渠，水出南濠，三；大均市至盐仓街，及小市，至盐步门，通大古渠，四；按察司至清风桥，水出桥下，五；子城城内出府学前泮池，六。六脉通而城中无水患，盖城渠之水达于闸，闸之水达于濠，濠之水入于海。此城内水利所由通也。①

所谓濠，即东濠、西濠、南濠，按方位而称之。三濠相通，绕城二千余丈。实亦即清水濠也。②"渠通于濠，濠通于海"。市区渠、濠与珠江相通，构成交通网络，利便商民往来，转输商货。尽管这些濠渠兴废无常，历代的人工修浚也因时而异，但都能保持港市内部交通的便畅。清初战乱造成的破坏在李士桢抚粤期间也很快得到恢复。例如，南濠淤塞，康熙二十二年（1683）由广东布政使郎廷枢主持疏浚，使南濠"复通舟楫，民称便焉"。③尔后，广州港市的濠渠、码头也时有修浚。如西濠于乾隆年间"濠身日淤"，濠道变狭；嘉庆十五年（1810），经广东布政使曾燠的疏浚，"顿还其旧观"。④

乾隆二十二年（1757），广州被指定为中西贸易的独口通商口岸。朝廷的特殊政策给广州港口带来了前所未有的繁荣。珠江北岸的沿江地区，十三行街的南面，混杂排列地建有十三行的行商馆和各国的商馆。每座商馆都有自己的码头。有几家行商在对岸的河南建有巨大的货仓或栈房。同文街北面尽头处之北，亦即十三行街的北面，建有十三行商人的"公所"（又称洋行

---

① 〔清〕仇巨川：《羊城古钞》卷一《城池·六脉渠》。
② 〔清〕仇巨川：《羊城古钞》卷一《城池·六脉渠》。作者在征引古籍之后所加的按语。又，参见《职方典》卷一三〇〇《广州府部汇考·广州府山川考》。
③ 〔清〕仇巨川：《羊城古钞》卷一《城池·南濠》。
④ 〔清〕仇巨川：《羊城古钞》卷一《城池·西濠》。

会馆），是行商与外商洽谈商务之处。① 这一片地区成为行商与外商进行商务活动的专用地区。1840年爆发的鸦片战争给广州带来了巨大灾难。而且由于战争期间清军为了防止外国军舰入侵广州而在珠江设置的障碍物未加清除，大船也无法直驶广州港。鸦片战争后，广州十三行解体，新的外贸体制还来不及建立。由于西方列强坚舰利炮的侵略行径引起了广东人民的反抗，外商在广东的活动受到一定的限制。以上种种原因，加之上海港本身在轮船时代所具有的优越性，② 于是，自19世纪50年代起，上海便取代广州的地位，成为中国外贸新的中心。刚刚兴起的香港也趁机发展起来，成为与中国沿海口岸贸易和与各国贸易的转运港市，广州在对外贸易中的地位不断下降。尽管如此，广州仍不失为岭南地区的中心地。

在帆船时代，广州的港口设施可以说是完善的，它同当时国内的经济发展水平相适应，但较之于同时代的西方各国则显得大为落伍了。广州港的航政建设与航政管理的近代化要到1840年鸦片战争以后才开始。近代化的航运业是由外国资本移植广州的。自19世纪40年代起，英国人柯拜等外国资本先后在黄埔兴办近代化的轮船修理业。外国资本继而在广州创立轮船公司。英国太古洋行公司于光绪二年（1876）在广州沙面设立分行后也插手航运业，于光绪三十年（1904）前后，在广州河南白蚬壳建有码头、货仓多处。③ 于同治四年（1865）秋由英、美资本合办的驻香港的省港澳轮船公司，自同治六年（1867）起，先后在珠江北岸丁字码头东西两侧建筑码头、货仓多处。④ 中国资本不甘落后，如同治十一年十二月（1873年1月）在上海成立的官督商办的轮船招商局，于光绪初年也在广州建有栈房、码头，并设立仁和保险分公司，"担保商货，堆积货物，以便商旅"。⑤ 粤汉铁路公司

---

① 参见[美]威廉·C.亨特著，冯树铁译《广州"番鬼"录》，第15-22页。又，威廉·C.亨特著，沈正邦译：《旧中国杂记》，第240-246页。

② 由于中国东部海岸线相对平直，不利于帆船的航行，而对于靠机器动力行驶的轮船而言却不造成障碍，因此外国轮船可以直达上海。尤其上海处于长江口，通过长江水系，可以将南北广阔地区纳入其贸易腹地。在轮船时代，上海具有远比广州优越的条件，所以取代广州势所必然。

③ 光绪三十二年（1906）、三十三年（1907）《通商各关华洋贸易总册》卷下《广州》。

④ 宣统年《广东财政说明书》卷三；光绪二十七年（1901）《通商各关华洋贸易总册》卷下《广州》。

⑤ [清]徐润：《上合肥相国遵谕陈明前办商局各事节略》（光绪二十三年丁酉），见《徐愚斋自叙年谱》，江西人民出版社2012年版，第106页。

在广州黄沙建有铁路轮驳码头;广三铁路公司在石围塘建驳轮码头,以便船舶接驳陆运商货。宣统年间,珠江北岸的长堤竣工后,也作为码头分段招租。洲头咀河道中设置有浮桩,以供没有自己码头的华人商船系泊。尤其令人注目的是,华商梁定荣(佛山人)创办广德泰轮船公司,"置海舶,由粤直走天津"。① 这是广东近代首家民族资本航运公司。继之而起的是广州富商苏惠农于光绪十三年(1887)斥巨资建立的平安轮渡公司,置小轮拖带木船,行驶于珠江三角洲一带。黄景棠于光绪三十二年至宣统三年间(1906—1911)也在芳村购地修堤岸,"建造货仓、码头,楼房、铺屋"②,形成拥有码头、货仓和商店的综合性企业。值得注意的是,自光绪二十五年(1899)起,广州的航运业先后成立业缘组织,如"轮船公所""轮船行"等,成为广州"七十二行"之一。光绪三十三年(1907),根据清政府颁布的《商船公会章程》,广州成立商船公会,制定章程,选举公会的总理和协理,并得到广东农工商局的批准。次年,珠江三角洲的佛山、江门、陈村、惠州、清远、石龙、新安、肇庆、增城、恩平、开平等地也成立商船公会分会。这意味着按行政区划分别设立的行业组织出现,并获得政府的批准。

至于清除两次鸦片战争和中法战争期间清军在广州河道内设下的障碍,以及填筑堤岸,要到光绪十五年(1889)才由两广总督张之洞首其端实施。广州珠江前、后航道障碍物的彻底清除,则要到光绪三十年(1904),由粤海关经办,历时一年方得完成。珠江北堤的填筑,并于堤旁修筑马路、美化市容的工程,历时甚久。直至宣统元年(1909),这一工程方告竣工。东起大沙头,西达黄沙,"一律筑成新堤,更有宽广马路,利便行人,沿河一带顿改旧观"。③

商船的安全行驶和停泊标准,清朝政府虽然最早是以案例的形式颁布各地执行,但只是零星的规定。④ 而制定系统的条例,也是鸦片战争后参考并部分吸收西方的章程后才完成的。在粤海关下,设有港务司(亦称理船厅),负责掌管航政事务。其职掌有:"指定泊所,建筑码头、驳岸,稽查

---

① 民国《佛山忠义乡志》卷十四《人物志八·货殖》。
② 《署粤督又奏籍绅黄景棠等合资购置地段开作商场立案片》,刊于《政治官报》,宣统三年正月二十一日(1911年2月19日)第一一八五号。
③ 宣统元年(1909)《通商各关华洋贸易总册》卷下《广州》。
④ 参见《广东清代档案录》之《商渔、渡船、关税》,见《广州大典》第346册,广州出版社2015年版,第232-236页。

出入船只，考验船员证书，勘量轮船吨位，检查浮标，指示航路，选用领港，管理火药暨爆炸物、储藏所、防设所、守望台、水巡等各项事务。"[①] 同治六年（1867）颁行的《粤城停泊轮船章程》规定：各国大型商船不得从鱼珠沿珠江前航道进入广州，只能从后航道驶进广州，停泊在沙面对面的"大洋停泊之界"内，亦即宽阔的白鹅潭一带。随着商船的不断增多，船只的停泊所逐渐向珠江后航的方向延伸，即向后航道两岸的洲头咀、芳村、大冲口、白鹤洞、白蚬壳等处扩展。原来的停泊所沙面以东的前航道，由于北堤岸的修筑完工，建有顺岸式的码头，以作为内河船舶的停泊、装卸之所。因第二次鸦片战争期间，英法联军占领广州，外国海舶商轮自可直驶广州城下，冲破外国船舶只准停泊黄埔的旧章，昔日作为海舶集聚之所的黄埔港趋向衰落。

总之，广州在明清时期作为一个位于珠江入海的感潮河段上，距珠江口145公里的河口港，较之于海岸港、岛港、内河港，都有其不可比拟的优越性。它把港区设在河道两旁沿岸或支流上，庇护条件良好；依靠西、北、东三江深入内陆，既可做海、河转运，又可于珠江水系流域形成天然的腹地。

至清末为止，广州的港区布局，码头、货栈的设施以及航政管理有了巨大的进步，从而初步构成一个近代化的港市，但港口的功能和货物的吞吐量还不能适应客、货运输的需要。据当时的调查报告透露，20世纪30年代初，因缺乏码头装卸而延滞货物之损失，每年达400万元。[②] 因此，也正在此时，先后建筑了河南洲头咀内港、填筑海珠新堤，完成将原凹入成反弓背形的珠江北堤拉直、修筑河南堤岸、架设珠江铁桥、疏浚珠江后航道等工程；并初步修建黄埔港，旨在使之成为水、陆接驳，南、北铁路干线的终点。珠江后航道的疏浚也与黄埔港的修建有关，目的是使广州与黄埔港连成一气。后因1937年抗日战争爆发，黄埔港的修建被迫停顿。与此同时，市政当局对广州市区旧有码头也加以改造，提高了装卸货物的效率，从而使广州港的近代化程度得到增进。其他珠江三角洲的干流要冲，如佛山、江门、石龙、三水、小榄、陈村等港市的面貌也发生了相应的变化。

距广州20公里的佛山，早期作为一个聚落，相传"肇于汴宋"。它经

[①] 关瑞麟：《交通史航政编》第1册，交通铁道部交通史编纂委员会1931年版，第12页。按：基于海关理船厅为外国人所把持而引起广东人民的不满，当局于民国二十一年（1932）撤销海关理船厅，先后单独成立的机构改称港务管理局和航政局。

[②] 《广州市工务报告》，广州市公务局1933年版，第64页。

历宋、元两代，并没有得到多大的发展。元大德《南海志》只留下"佛山渡"三个字；南海上园《霍氏族谱》称元代的佛山为"佛山墟"。那时渡口与墟地位相当，这些记载当属可信。佛山作为市镇，兴起于明代中叶。它地处佛山涌要冲，西通北江、西江干流，东流至广州与流溪河交合。明代晚期，从广州通往西、北江干流的便捷航道官窑涌日益淤塞难行，于是佛山涌取代官窑涌，佛山港因此而勃兴。清初，广州港为平南、靖南二藩所蹂躏而陷入废弃之时，佛山却没有遭殃。此时佛山几乎接替了广州对内贸易的功能，尔后是作为广州的内河外港而起作用。康熙二十五年（1685）李士桢创立洋货行和金丝行时规定，客商货物区分为"来广东本地兴贩"的"落地货物"与"外洋贩来货物及出海贸易货物"。前者在佛山税课司缴纳"住税"，后者向粤海关缴纳"行税"。① 可见，李士桢已属意于与广州密迩的佛山起分担对内贸易的功能。佛山港区的码头繁多，"凡舟所泊处曰马头，货舟所泊曰埠头，又曰步头。有大马头，汾水接官亭，栅下天妃庙之类是也。有小马头，汾水尹陈口、栅下塘大涌之类是也"。② 其中尤以正埠码头为咽喉，是最重要的商船停泊所。

江门是珠江三角洲西南部的河口港，位于崖门进口处，西江下游的要冲，兴起于明末。据文献记载，崇祯年间，"江门巨镇，交易百万，不比村庄"。③ 清代前期趋向繁荣。江门除与三角洲内部的港口有密切关系，尤其以潭江流域的开平、恩平县为其天然的腹地外，还与高、雷、琼三府，与潮州以及福建的厦门、漳州等地，都有船舶往来，做海、河的转运，到19世纪益显重要。马丁在《中国的政治、商业与社会》一书中谈及1831年的中国沿海贸易时，便一起统计在江门与澳门这两处停泊的沿海贸易船只。④ 可见江门在沿海贸易中的地位。也正因为如此，帝国主义列强通过1902年9月5日中英签订的《续议通商行船条约》，于1904年强行把江门作为通商口岸对外国开放。

东莞石龙处于东江下游，扼广州、惠州间水道之要冲，是东江三角洲水上交通的中心地。兴起于清代中叶，清代晚期至广九铁路开通之前，有

---

① 〔清〕李士桢：《抚粤政略》卷六《文告·分别住行货税文告》。
② 乾隆《佛山忠义乡志》卷三《乡事志》。
③ 同治《广州府志》卷一二二《胡平运传》。
④ R. M. Martin, *China, Political, Commercial and Social*, Vol. II, p. 137, 转引自聂宝璋《中国近代航运史资料（第一辑）》上册，第60页。

"省（广州）、佛（山）、陈（村）、（石）龙"之称，列入四大市镇之一。

其他如三水县的西南、河口，顺德县的大良、容奇，南海县的九江，香山县的石岐、小榄，等等，皆因处于珠江干、支流的要冲而形成一方面积大小不等的中心港口。清代中叶以后兴起的众多的集散一方的墟市，也都设置渡口、码头。

清代中叶之前，港口还只限于在珠江干流要冲、府县治所设置，这是由商品经济的发展水平所决定的。乾嘉以后，随着商业化的深入发展，墟市蜂起，而这些墟市则与水埠合为一体。这些大、中、小港口相结合，适应了运输方式和船舶发展的需要；还出现了码头专业化与综合利用相结合的方式，例如在广州港区就有盐运专业码头。港口的设施是与自然河道的利用联系一起的。一般地说，明代嘉靖、隆庆以降至清代中叶，自然河道的航道化还只限于珠江干流与重要的支流。这些航道形成水运网络，而当时的港口则是这网络上的节点。清代中叶以后，因日益增长的商品运输的需要，三角洲自然的小支流、河涌也开始航道化，使原来的运输水网越发细密，集散一方的墟市即密织的水网上的节点。珠江三角洲河汊网络化，唯近代的黄浦江水系可差相比拟。

澳门，本是南海诸国朝贡贸易船只的临时停泊所。明初起，每年有30多艘贡舶抵达广州。当这些船舶进入珠江口前，必须停泊在澳（泊口）接受澳官的检查。当时有新宁之广海、望峒，新会之奇潭，香山之浪白、十字门、蚝镜，以及东莞之虎头门、屯门、鸡栖等处诸澳。其中蚝（濠）镜即后来的澳门。澳门属香山县南端的一个半岛。明代中叶，这一泊口成为蕃夷市舶交易之所。"夷人入贡，附至货物照例抽盘。其余蕃商私赍货物至者，守澳官验实申海道，闻于抚按衙门，始放入澳，候委官封籍，抽其十之二，乃听贸易。"① 嘉靖三十二年（1553），葡萄牙人千方百计地用欺骗贿赂等卑劣手段，买通广东海道副使汪柏，托言舟触风涛缝裂，水湿贡物，愿借地晒晾，得以入居澳门。② 葡萄牙人入住澳门后，擅自修建房屋、城垣，设置防

---

① 〔明〕庞尚鹏：《区画濠境保安海隅疏》，见〔清〕印光任、张汝霖《澳门记略》上卷《官守篇》。

② 关于葡萄牙人入居澳门的时间，有种种说法。其中，戴裔煊教授的说法较符合情理，故取其说。可参见其著作《〈明史·佛朗机传〉笺正》，中国社会科学出版社1984年版，第66页。

卫。在明朝官员的默许下，成为享有某种自治的形同唐宋的"蕃坊"。① 嘉靖三十六年（1557），澳门初具城市的规模。成书于万历二十五年（1597）的《广志绎》说："（澳门）今则高居广厦，不减城市，聚落万头。"② 可见，经历四十年的经营后，已颇具规模了。万历二十九年（1601）来广州办理司法案的王临亨在其《粤剑编》中说："西洋之人，往来于中国者，向以香山澳（即澳门）中为舣舟之所，入市毕则驱之以去。日久法弛，其人渐蚁聚蜂结，巢穴澳中矣。……今聚澳中者，闻可万家，已十余万众矣。"③ 葡人一经在澳门"聚众筑城，自是新宁之广海、望峒、奇潭、香山之浪白、十字门，东莞之虎头门、屯门、鸡栖诸澳悉废，而蚝镜独为舶薮"。④ 澳门既成为广州海贸的唯一泊口，葡萄牙人又先后建立起澳门—果阿—里斯本、澳门—长崎，澳门—马尼拉—墨西哥等贸易航线，在明后期进行以澳门为中转港的国际"大三角贸易"。外商视澳门为利薮，纷至沓来，在不到半个世纪内，即在万历中期已成为拥有十余万人口的海岸港口，成为西欧国家在东方进行国际贸易的中心。但是，澳门依然同时起贡舶贸易的"舣舟之所"，亦即"泊口"的作用，具有广州外港的功能。主管贡舶、外贸事务的市舶司驻于被钦定为对南洋诸国互市口岸的广州，而互市贸易却在澳门办理。嘉靖四十三年（1564），广东御史庞尚鹏指出："（澳门）乃蕃夷市舶交易之所。往年夷人入贡，附至货物照例抽盘，其余蕃商私赍货物至者，守澳官验实申海道，闻于抚按衙门，始放入澳。候官封籍，抽其十之二，乃听贸易。"⑤ 万历六年至崇祯四年（1578—1631）间，广州每年于一月与六月举行集市，允许包括葡商在内的东南亚各国商人前来贸易。有人估计，这期间，葡萄牙人每年在广州购货，约用银100万两或以上，⑥ 是广州集市上的主要购货者。广州贸易的许多货物由葡萄牙人经澳门输出。

入清之后，澳门依然起着分担广州外贸活动的作用。雍正二年

---

① 关于政治体制上的蕃坊说，参见吴志良《澳门政制》第一篇第四节《明清政府的管理》，澳门基金会1995年版。
② 〔明〕王士性：《广志绎》卷四《江南诸省》。
③ 〔明〕王临亨：《粤剑编》卷三《志外夷》。
④ 〔清〕屈大均：《广东新语》卷二《地语·澳门》，第36页。
⑤ 〔明〕庞尚鹏：《区画濠境保安海隅疏》，见〔清〕印光任、张汝霖《澳门记略》上卷《官守篇》。
⑥ 全汉昇：《明代中叶后澳门的海外贸易》，刊于《香港中文大学中国文化研究所学报》1972年第5卷第1期。

(1724),规定西洋各国商船到澳门后,必须在澳门同知所拨给引水员的带领下,才能沿珠江河道驶入黄埔港停泊;① 一旦商务结束,外商必须随船回国,不许继续逗留广州;如商事未完,必须到澳门过冬。② 乾隆二十二年(1757)规定中西贸易仅限于广州一口后,又进一步健全中西贸易体制:粤海关负责征收税务并管理行商;十三行负责同外商贸易并管理约束外商;指定黄埔港为外国商船的停泊所;澳门为各国商人的共同居留地。这四个环节又各自形成一套制度。③

在明、清两代,广州口岸对外贸易的部分商务移到澳门办理,显然是出于官方在"防夷"的宗旨下对省城安全的考虑。而这一做法却使澳门起到分担广州外贸的作用。正如马士在《中华帝国对外关系史》中所说的:"它(澳门)在中国人的监督下,变成各国与广州间贸易的基地。一切进口船只,都在那里雇用引水和买办。他们也从那里决定出发的方向。商人们在每年年末,都从广州商馆回到那里,在那里等候下一季度的来临。使他们得以重新进入广州。"④

我们这里说澳门分担广州对外贸易,具有广州外港的功能,但并没有否定澳门也有单独的对外贸易活动。同时,应当指出,本以租借名义于明嘉靖三十二年(1553)占据澳门的葡萄牙人,趁清王朝昏庸软弱,也于光绪十三年(1887)通过与清政府签订《中葡和好通商条约》取得澳门的"永居管理"权。但由于澳门港口不断淤浅,加上邻近的自然条件更为优越的香港兴起,因此,外商甚少涉足澳门,其贸易几靠华商的支持。在19世纪下半叶,澳门主要充当罪恶的鸦片贸易和"苦力"贸易的基地,其对广州贸易截流和分流的作用大为减弱。但作为对外贸易的港口,在鸦片战争后,澳门仍勉为穗、港、澳三足鼎立中的一足。

---

① 《宫中档雍正朝奏折》第三辑,台湾故宫博物院1979年版,第392页。
② 关于每年东北季风结束时,在广州贸易的外国商馆人员必须迁往澳门的情形,可参见〔美〕威廉·C.亨特著,冯树钦译《广州"番鬼"录》,第59页。
③ 张难生、叶显恩:《海上丝绸之路与广州》,刊于《中国社会科学》1991年第1期,第207-223页。
④ 〔美〕马士著,张汇文等译:《中华帝国对外关系史》第一卷,商务印书馆1963年版,第50-51页。

三、水运业的近代化

1. 在舰炮开道下移植的航运业近代化

随着18世纪工业革命的深入发展,以蒸汽为动力的铁壳轮船在19世纪上半叶开始制造。1830年4月19日,英国在印度制造的轮船"福士"号来到珠江口的伶仃岛,当接纳中国的引水员上船时,它顶风逆潮,破浪前进。其情景令人惊奇。这是中国人首次见到的轮船。① "渣甸"号继于1835年5月20日抵达伶仃岛,本拟做穗、澳间客船之用。1836年1月1日,此船溯珠江航行时遭到虎门两岸炮台的炮击而退回伶仃洋,并由此而引起纠纷,最后被迫开往新加坡。② 直至1838年,有轮船欲从虎门驶至广州时,有人称轮船不仅将尽杀水中鳞虫,而且会破坏风水,小艇疍户也将因此而失业,当地商民为此纷起反对。③ "福士"号和"渣甸"号的到来只引起了中国人的惊慌和担忧,而中国人真正领略到西方轮船的威力及其引起的时局的变化,是在鸦片战争期间。

尽管铁壳轮船在19世纪50年代之前还处于实验阶段,但英国从30年代起就开始用以装备海军。当时的轮船吨位小,火炮少,且不是主力,但其航行快速、机动性能强、吃水浅,在武器装备落后的中国沿海和内河又可横行肆虐,显示出无以伦比的威力。整个鸦片战争期间,从广州至南京,大小10次战役,英军凭其船坚炮利以少胜多,横冲直撞,几乎如入无人之境。清军将领中骁勇善战、屡建奇功如杨芳者,当被道光帝任为参赞大臣派往广州主剿英军时,闻说"夷"军利炮坚舰的杀伤力,也不得其解。他一进入广州即发议论:"夷炮恒中我,而我不能中夷。我居实地,而夷在风波摇荡中。主客异形,安能操券若此?必有邪教善术者伏其内。"④ 他采用"以邪制邪"的"法术",传令保甲遍收被时人视为最不洁净的妇女溺器以迎击

---

① B. Lubbock, *The Opium Clippers*, pp. 78–79,转引自聂宝璋《中国近代航运史资料(第一辑)》上册,第36页。
② 此据 *Chinese Repository*(《中国丛报》)Vol. IV, p. 438 及 G. Lanning & S. Couling, *The History of Shanghai*, p. 208 的记载。另一说是,经过排解纠纷,误会消除,此船航行于澳门、伶仃洋、广州间,参见 J. B. Eames, *The English in China*, pp. 267–269,转引自聂宝璋《中国近代航运史资料(第一辑)》上册,第37页。
③ 《筹办夷务始末·同治朝》卷六三,上海古籍出版社1995年版,第76页。
④ 〔清〕梁廷枬:《夷氛闻记》卷二,中华书局1997年版,第58–59页。

之。他的看法及所采取的举措反映了当时清朝官绅中一部分人的心理状态。一般说来，中国人"天朝大国"的迷梦终被英国战船上的炮声所震醒，隐约感受到一个新时代——商战与海权时代的来临。

面对突如其来的巨变，官绅首先的、直接的反应是仿制轮船，这是从加强防卫的目的出发的。

先是林则徐在1840年看到英军的"车轮船"，引起其特别的重视。他下令仿造优于中国帆船的"夹板船"，并从外国买了一艘夹板船。据当时任英国海军军官的J. E. Bingham的记载，道光二十年（1840）4月15日林则徐检阅的新海军中，就有"剑桥"号军舰（夹板船）、两艘纵式帆船、一艘明轮小轮船，以及沙船等。林则徐以为凭此装备就可扫荡英舰，但英军进攻广州时，这些船却轻而易举地为英军所掳获。[①]他在鸦片战争期间曾提出"以船炮而言，本为海防必须之物，虽一时难以猝办，而为长久之计，亦不得不事先筹帷"。道光二十一年（1841）三月，他被贬为四品官衔赴浙江军营效力，从广州启程时就携带有战船图式8种，其中一种即车轮船图，可见，他对改造中国帆船之重视。后来其好友魏源发挥其思想而提出"师夷之长技以制夷"的主张，并建议在珠江口虎门外之沙角、大角二处建厂仿造西方的轮船。

以1841年5月26日奕山派广州知府余保纯前往商馆与英军全权代表义律签订《奕山—义律停战协定》为标志，中英在广州的战事结束。在英军主力转攻江、浙沿海之际，广东的官绅已有仿制轮船以求自强之举。主要人物是户部员外郎许祥光、广州知府易长华、兵部郎中潘仕成、候选通判潘世荣、批验所大使长庆等。长庆主持制造的轮船，因魏源的《海国图志》对其有所记载而能得其详：

> 船身长六丈七尺，舱面至船底深四尺三寸，头尖连阳桥宽五尺三寸，中连阳桥宽二丈，两头安舵，两旁分设桨三十六把。中腰安水轮两

---

① J. E. Bingham: *Narrative of the Expedition to China from the Commencement of the War to Its Termination in 1842; with Sketches of the Manners and Customs of that Singular and Hither Almost Unknown Country*（Second Edition, 1843），转引自吕实强《中国早期的轮船经营》，台湾"中研院"近代史研究所1976年版，第9页；又，参见广东省文史研究馆《鸦片战争与林则徐资料选译》，广东人民出版社1986年版，第399页。按：这里言及的明轮小轮船，当是受了西方明轮船的启发，又仿效我国古代"车船"而造的脚踏明轮。

个，制如车轮。内有机关，用十人脚踏旋转。轮之周围，安长木板十二片，如车轮之辐，用以劈水。……此船约可容百余人，共享工料银七千余两。①

由此可见，其结构与设置都已达相当高的水平，唯其运行是以人力而不是以蒸气做动力。

道光二十二年（1842）春，潘仕成仿造轮船一只，船底全用铜片包裹，以防虫蛀。此船曾在广州白鹅潭操练。约与此同时，潘世荣也续造新船一只，乏于记载，不得其详，只知道地方当局奏报：此船"放入内河，不甚灵便"，打算"将来或雇觅夷匠仿式制造，或购买夷人造成之船"。②但道光帝闻奏，却廷寄谕旨曰："火轮船式，该省所造既不适用，着即毋庸雇觅夷匠制造，亦毋庸购买。"③既然皇上有此谕旨，战事又以英军进迫南京，清政府签订城下之盟而结束，战后自当恢复常态，享"升平"之乐了。尔后，随着再次感受到西方坚船利炮被用于镇压太平天国起义军时所发挥的威力，以及在第二次鸦片战争中所受到的教训，广东的地方大员如劳崇光、郭嵩焘、蒋益澧、瑞麟、刘坤一、张之洞等，也曾提出过仿制的主张或购买战船，但同样是为了适应"数千年来之大变局"④的海防需要。这对推进航运业近代化的意义是不大的。

广东的近代航运业是作为西方列强在炮舰开道下商业扩张的先行行业而被移植的。英国等西方列强凭借不平等条约下的特权，利用其快速、安全、准时、省费的轮船，以及利用被英国侵夺殖民的香港作为他们航运业的基地，以解决中国的货物装卸、轮船给养和维修，在本国政府的支持下，迅速地将其日益完善的近代航运业在广东推行。

1846年，英人柯拜先在黄埔兴办轮船修理业，继之而起的有美资琼记

---

① 〔清〕魏源《海国图志》卷八四《仿造战船议》。
② 《筹办夷务始末·道光朝》卷六三《靖逆将军奕山两广总督祁𡋗广东巡抚梁宝常奏查明丁拱辰演炮图说及造船配药各缘由折》，道光二十二年十一月乙卯，中华书局1964年版，第2470页。
③ 《筹办夷务始末·道光朝》卷六三《廷寄：答奕山等折》，道光二十二年十一月乙卯，第2470-2471页。
④ 中国历史上一贯着眼于防御北方少数民族的南侵。古代主要防犯的是陆上的威胁，而近代受到的威胁却是来自海上。因此，当时的官绅惊呼，此乃"数千年来之大变局"。

洋行的旗记铁厂和英资的诺维船厂、于仁船坞公司等，于 1850—1853 年间先后创办，并在广州修筑码头、货栈。由英、美资本合办的驻香港的省港澳轮船公司，自同治六年（1867）起，先后在珠江北岸丁字码头东西两侧建筑码头、货仓多处。① 除建船坞、修筑码头、货仓外，早于 1846 年就已有两艘外轮从事香港—广州间的运输业务。② 尔后经营香港至广州等各口岸的轮船公司相继开展业务（见表 12-1）。

表 12-1　1850—1874 年以香港为基地经营至广州等口岸的轮船公司①

开航年份	公司名称	外文名称	通商口岸
1849—1854	香港广州快轮	Hong Kong & Canton Steam Packet Co.	广州
1849	大英火轮公司	P. & O. S. S.	广州/上海
1862	法兰西火轮公司	Des Wessageries Imperial Marseilles②	上海
1863	道格拉斯	Douglas Lapraik	福州/中途各站
1865	省港澳轮船公司	The Hong Kong, Canton & Macao S. B. Co.	广州/澳门
1867	海洋轮船公司	The Ocean Steam Ship Liverpool②	上海/中途各口

资料来源：《孖剌报》，1850—1874，船期表，《行名录》（China Directory），1864 年香港等。本表采自聂宝璋《中国近代航运史资料（第一辑）》上册，第 317 页。

原表附注：

①除本表列专业轮船公司外，自香港经营上海及中途各口航运的其他洋行有：旗昌洋行（1855 年起，开行香港至上海）、宝顺洋行（1855 年，上海）、怡和洋行（1855 年，该行从加尔各答至香港线延伸至上海）、禅臣洋行（1857 年，厦门、福州）、阿波卡洋行（1861 年，该行从加尔各答至香港线延伸至上海）、琼记洋行（1864 年，上海）。

②总行在欧洲。

此外，各国轮船公司又在上海先后成立，计有美资的旗昌轮船公司、英资的中日（沿海和长江）轮船公司、英印合资的中国商业（商人）轮船公司，以及英资的公正、北清、太古、华海、怡和等轮船公司。太古、怡和轮

---

① 宣统年《广东财政说明书》卷三；光绪二十七年（1901）《通商各关华洋贸易总册》卷下《广州》。

② Returns of the Trade of the Various Ports of China, Down to the Latest Period, *British Parlimentary Papers*, pp. 39-40.

船公司等也有船南下广东沿海参加竞争,加之各个洋行兼营航运,竞争益加激烈。例如,1860年1月1日汕头正式开埠后,当地航运始由英轮垄断,1867年以后,美国、德国、西班牙、俄国等也相继加入竞争。19世纪六七十年代,在此港进行竞争的国家便约有10个之多,① 其中以英、美、德三国势力尤为雄厚。在各国的轮船竞相在广东沿海迅速扩张势力的情况下,广东沿海原有的帆船运输很快为洋轮所排挤、取代。"外商与洋船之地位,则得条约与领事之保障而愈趋优越。"② "来往于各港口间的无数艘轮船,运费一律低廉,毫无例外,低到中国商人甚至可以利用轮船来运酱菜了。在这种情况下,帆船根本没办法与轮船竞争。"③

再就是海上保险制度,也增强了轮船的竞争力。中国的帆船不仅安全性能差,而且往往是海盗袭击的目标。正如《海关十年报告》中所说:"海上保险原则消灭了中国帆船。'你能保险吗?'几乎是所有中国商人必然要回答的一个问题。"④ 我们看到,19世纪下半叶,就是江上轮船和洋式篷船间也迅速此消彼长,比例愈拉愈大。⑤ 1873年,英国驻广州领事的商务报告中说,广州的海上运输已为外国人所垄断,"他们的轮船抢夺了木船货运,以致该业全部消失"。⑥ "全部消失"之说虽然过于绝对,但在向外国人开放的沿海与内河水域,的确均属外轮的天下了。

这种航运业的革命既是在炮舰开道下移植而不是出自广东地区内部自发的,那么必然遭到顽强的抵制。据粤海关《1874年广州口岸贸易报告》说:"这里有相当大的进出口贸易是由民船来往广州及广州以东或以西的沿海各小城镇与属于外国的两个自由港即香港和澳门之间所进行的"⑦,因为在河涌如织的珠江三角洲地区,未属开放的河道甚多,帆船、舢板依然可以在此行驶。外轮所不能涉足的水域,自当不能与之竞争了。曾任过海关副税务司

---

① 参见蒋祖缘主编《广东航运史(近代部分)》,人民交通出版社1989年版,第12-17页。
② [英]班思德:《最近百年中国对外贸易史》,第77-78页。
③ 《中国海关:各口海关贸易报告册,1865—1881年》"附录",第131-132页。
④ Commercial Reports, 1862-1864, 天津, p.121, 转引自聂宝璋《中国近代航运史资料(第一辑)》上册, 第602页。
⑤ 《近代广州口岸经济社会概况》,第1132-1136页附表4。
⑥ Commercial Reports, 1873, 广州, p.11, 转引自聂宝璋《中国近代航运史资料(第一辑)》下册, 第1309页。
⑦ 《近代广州口岸经济社会概况》,第106页。

的班思德就指出,"珠江三角洲各处,亦为帆船麇集中心。驻华英领事于同治十一年(1872)曾做估计,英货自香港由帆船输入粤省者,每年所值不下英金三百六十万镑之多,其他不易损坏的笨重货物,如米、豆、盐、木材等亦率借帆船输运国内各处"。① 基于这些帆船所进行的贸易,其"货物未按关税税率课税"②,因此,难以对其数量做出统计。珠江三角洲河网区用传统的帆船、舢板运输的情况,一直维持到19世纪90年代以后才发生了变化(详见下文)。

就沿海及开放的内陆河段的航运工具从帆船至轮船的革命性变化而言,的确是一种趋向进步的近代化的变迁。从外部移植的近代化,在远如欧美,近如日本都有先例。但这一近代化是不平等条约带来的,它使广东地区的船民饱受失业、剥削之苦自不待说,更重要的是由于严重地损害了民族的自尊心,自然遭到非理性的抵制。

2. 从接受与合作到与西商一争短长

面对不平等条约下海权与航权被侵夺,面临广州原有的航运业首当其冲地被西方的火轮所摧残,并日益为其所取代,以广州口岸商人为主的粤商,既不做无理智的排斥,也不做无理性的抗拒,而是先做出理性的接受与合作。他们利用与西方人长期接触所积累的经验和知识,在新的形势下同西方人打交道,亦即先充当东西方之间贸易的桥梁,利用向西方商人学到的新的商业知识,以及充当买办的特殊身份,积累资本,以轮船业作为与西方商战的前驱。

扩大通商口岸,改善通商条件,是英国发动鸦片战争的重要目的。上海被迫对外开埠后,由于其地处长江入海口、可通过长江水系和南北洋航线将全国纳入其贸易腹地,具有如此优越的自然条件,自然成为西商投资首选之地。香港的崛起本已分享了广州的贸易额,鸦片战争中广州人与英国入侵者结下的仇视情结一时不能解开。鸦片战争后十几年发生的"亚罗"号事件,以及抵制西人入城等,即可证明这一点。加之太平天国运动及由此而引起的洪兵起义使珠江三角洲地区处于动乱的环境,不利于商业的进行。因此上海勃兴并取代广州就成为势所必然了。原充当十三行买办、通事、跟随、仆役等人,本与西商有种种联系,就他们与西商的人际关系、具备西方的知识以

---

① [英]班思德:《最近百年中国对外贸易史》,第214页,转引自聂宝璋《中国近代航运史资料(第1辑)》下册,第1257页。

② 《近代广州口岸经济社会概况》,第107页。

及语言条件等而论，是国内其他地区的商帮所不能比拟与替代的。西商去到人地生疏的上海，非由他们充当中介不可。他们既不能困守广州，只好理智地同西商一起转移上海，以图发展。这一商业阵地和商业人员的转移，导致上海的崛起与广州的衰落联系到一起。

广州的衰落和上海的兴起，对于广州商人既是一种危机，又是一种新的机遇和挑战。从此他们走上更广阔的天地，扮演了一个商场上伴随着骂名的显赫角色——买办商人。

广州商人对于上海本来就不陌生。松江（上海）与广东之间，早有传统的棉、糖航运贸易。① 据乾隆《潮州府志》说，"妇女装束，以航海往来苏、松间，相仿者多"。② 从妇女模仿苏、松的装束可见两地交往之频繁。上海开埠后，有经济敏感性的粤商相伴纷至沓来。19世纪四五十年代，中西贸易中的捐客、通事、买办有一半是广东人。③ 有人甚至说，50年代上海有8万广东人。④ 此说虽不确，但其人数在当时上海人口中比例之高是毋庸置疑的（见表12-2）。

表12-2 清末上海公共租界内粤籍人口数及在客民中的比重⑤

年份	粤籍人数	客民总人数	粤民占客民总数的比例（%）
1885	21013	109306	19.22
1890	22295	143154	15.57
1895	31200	219306	14.23
1900	33561	299708	11.20
1905	54559	390397	13.98
1910	39366	413314	9.52

---

① 清嘉庆年间人士褚华在《木棉谱》云："闽、粤人于二月、三月载糖霜来卖，秋则不买布而止买花以归。楼船千百，皆装布囊累累，盖彼中自能纺织也。"
② 乾隆《潮州府志》卷十二《风俗·服食》。
③ 〔清〕王韬：《瀛壖杂志》卷一。
④ 〔美〕晏玛太著，简又译：《太平军纪事》（讲词），见中国史学会编《中国近代史资料丛刊：太平天国》第6册，上海人民出版社1957年版，第926页。
⑤ 此表采自冯尔康的《清代广东人在上海》（未刊稿）一文。承作者慨赐阅读，顺此致谢。

在上海的广东人不仅人数多,而且素质高。上海初开埠时,外商几乎都用广东人当买办,甚至连厨师也是从广州带去的。美国的琼记洋行、旗昌洋行,英国的怡和洋行和宝顺洋行转往上海等新口岸时,几乎全都用广东籍的商人当买办(见表 12-3)。

表 12-3 琼记、旗昌、怡和、宝顺洋行广东籍买办人数统计[①]

洋行名	买办人数	已知籍贯人数	广东籍人数	统计时间
琼记	23	20	20	1850—1860
旗昌	15	11	8	1830—1870
怡和	31	20	17	1850—1910
宝顺	21	14	14	1830—1860

从表 12-3 中仍可看出广东人在买办商人中所占比例之高。而所谓广东人,则几乎全是珠江三角洲人。在上海等口岸充当买办的广东人,有的原是广州一口通商时代的买办,有的是后来由广州的买办推荐委任的。例如,1843 年 11 月 11 日,英国的怡和洋行在上海设立分行,先是带去广东籍的雇员,尔后经向香港总行申请,又派去一个叫阿三(Asam)的广东人担任买办。阿三因病于 1846 年离开洋行,由另一位广东人阿陶(Atow)被派往接替。众所周知,19 世纪 50 年代以后,怡和的大买办如雅记(50 年代末)、林钦(任期至 1863 年 9 月)、唐廷枢(1863 年 9 月—1873 年 6 月)、唐茂枝(1873 年 6 月至 1897 年 7 月)和唐杰臣(1897—1904 年)等,无一不是珠江三角洲人。[②] 1843 年,英国领事巴富尔抱怨说:"我刚到上海,就立刻注意到广州的一些人已经纷纷来到这个口岸,并且把广州流行的许多最坏的习惯和观念,也带了进来",亦即"非常普遍地倾向于结成行帮来和外国人进行贸易"。[③] 大凡在上海大洋行充当买办者,都扮演着长江沿岸和

---

① 根据[美]郝延平著,李荣昌等译《十九世纪的中国买办——东西间桥梁》,上海社会科学院出版社 1988 年版,第 287-290 页,"附录"表 1—表 4 制作。

② 参见[美]郝延平著,李荣昌等译《十九世纪的中国买办——东西间桥梁》,第 61-62 页。

③ Stanley F. Wright, *China's Struggle for Tariff Autonomy, 1843-1938*. Shanghai: Kelly and Walsh, 1938, p.84.

北方各口岸总买办的角色，对各口岸的买办可起协调、处理纠纷的作用，如著名的买办、香山人唐廷枢、徐润、郑观应等即是。他们因此而建立了其买办网络。

上海以外的各口岸初开埠时，也多由珠江三角洲人充当洋行的买办。琼记洋行于1854年在福州设立分行时，由该行在香港的老买办莫仕扬推荐其广东同乡唐隆茂为买办。当唐隆茂忙于自己的商务不能履行其职责时，他的兄弟阿启接替了他。① 19世纪60年代，琼记洋行在九江设分行时，出任买办的也是广东人阿明（Aming）、梁南记（Agunn，Leang Nan Chi）等。② 有些口岸出现"非广东籍买办不能参加"的商业组织。③ 甚至琼记在日本横滨、越南西贡设立洋行时，起用的买办也是广东人。④

以广府商人为主体的买办阶层因中国新的贸易格局出现而兴起。在增加通商口岸，废除旧行商制度，扩大中外贸易的形势下，买办已不是一般所说的从事为外国人采购日常生活用品的特许代理人，而是代替原先的行商充当与西商合作的中国商人。西商到被迫开放的新口岸，就犹如当年初到广州时非要得到十三行商人的帮助不可的情形。因此，在广州半官方的行商制度下历练了中西贸易业务，具有丰富阅历和经验的广府商人，自然是充当买办的首选。在一定意义上可以说非他们莫属。他们既是为外国商人所雇用，充当其帮手；又不同于完全听从主人的雇员，因为他们允许有同时经营自己商业的独立性。这一特殊的身份使买办便于从西商处学习其一套崭新的商务知识，又可利用其充当帮手、受西商庇护的角色，发展自己的商业。历史传统使粤商天然充当买办的主角，在各通商口岸称雄达40年之久，直至19世纪80年代以后，才先后受到宁波买办和江苏买办的挑战，并随着西商对中国商情的熟悉，对买办的依靠日减而逐步衰微。

在19世纪四五十年代，中西间新的贸易秩序还没有建立起来，加之1850年11月太平天国发动起义以后社会处于动荡之中，中西贸易无法走上正常的轨道。这期间，已经被废弃的行商制度依然以其惯性在运转，因为旧

---

① ［美］郝延平著，李荣昌等译：《十九世纪的中国买办——东西间桥梁》，第60页。

② ［美］郝延平著，李荣昌等译：《十九世纪的中国买办——东西间桥梁》，第287页，"附录"表1。

③ 《捷报》1864年1月9日"附录"。

④ ［美］郝延平著，李荣昌等译：《十九世纪的中国买办——东西间桥梁》，第287页，"附录"表1。

的一套规矩是《南京条约》签订后充当买办的粤商所熟悉的。① 第二次鸦片战争后，随着通商口岸的增辟，广商更纷纷到新开的口岸充当买办。太平天国运动被镇压之后，社会趋向稳定，中西贸易建立在稳定的基础上，贸易额不断扩大。买办通过收取佣金、经营私人商业等，积攒了大量的财富。他们以附股的形式在外资企业中占据相当可观的份额。例如，据1882—1891年《中国海关：海关贸易十年报告》记载："听说一些外商公司的股票，至少有40%掌握在中国人手里。"② 西方的学者曾指出，"许多由外国人控制的公司，中国人握有的股份占很高的比例，中国人还据有董事会的席位"。③《1866年海关贸易报告》中甚至说："我相信，在当地（上海）的轮船公司中，大股东都是中国人。"④ 拥有百万巨资的买办不乏其人。例如，香山县商人郑观应在19世纪末单在近代企业就可能投下了40万两。⑤ 唐廷枢早年着力于轮船业的投资，一些其他行业（如保险、货栈、码头等）也有插手，单1877年在开平煤矿投下的资本便约30万两。⑥ 徐润于光绪九年（1883）拥有的资产也达3409423.3两。⑦ 学者对买办的总收入有种种估算。⑧ 据王水先生的估算，1840—1894年，买办的总收入为49300万两。其中粤人买办究竟占有多少，因记载的缺略难以做出确切的估计，但从粤人买办人数之

---

① John King Fairbank, *Trade and Diplomacy on the China Coast: The Opening of the Treaty Ports, 1842–1845.* Vol. I, California: Stanford University Press, 1953, p. 47.

② 《中国海关：海关贸易十年报告，1882—1891》，转引自聂宝璋《中国近代航运史资料（第一辑）》下册，第1358页。

③ G. C. Allen, *Western Enterprise in Far Eastern Economic Development, China & Japan*, pp. 131–132, 转引自聂宝璋《中国近代航运史资料（第一辑）》下册，第1358页。

④ *Trade Reports*, 1866, 上海, pp. 15–16, 转引自聂宝璋《中国近代航运史资料（第一辑）》下册，第1271页。

⑤ ［美］郝延平著，李荣昌等译：《十九世纪的中国买办——东西间桥梁》，第122页。

⑥ 参见［美］埃尔斯沃思·卡尔森《1877—1912年的开平煤矿》，马萨诸塞，坎布里奇，1957年。转引自郝延平《十九世纪的中国买办——东西间桥梁》，第123页。

⑦ 〔清〕徐润：《记地亩股票合业始终兴败事略》（光绪九年癸未），见《徐愚斋自叙年谱》，第47页。

⑧ 据黄逸峰《关于旧中国买办阶级的研究》（见《中国近代经济史论文集》，江苏人民出版社1981年版）一文的估计，自鸦片战争后至甲午战争期间为4亿两；［美］郝延平《19世纪的中国买办——东西间桥梁》一书估计为53000万两（参见该书第126页）。

众且称雄约40年看，其收入应占此数额的大半。

应当特别指出的是，正是积累巨资的广府人买办在上海等口岸极力推进民族航运业近代化，力图和西商抗衡。中华民族的蒙耻是因西人用利炮坚船打开国门而感受到的。西方列强也正是以利炮坚船开路，再辅以外交之运用，取得条约特权，置我于任其宰割之境地。因此，仿制西方的轮船自然也成为商人关注的焦点。洋务派代表人物奕䜣、文祥、曾国藩、李鸿章、左宗棠等从加强防卫出发，进而实现军用与通商兼顾，筹划与推动仿西方制炮造船。同治六年（1867）春夏间，曾留学美国，回国后曾在香港当律师，继而在上海当过买办的香山县人容闳和淮南名绅、沙船主许道身联合提出要在上海学习西方的商业体制，发起组建华商轮船公司。同治七年（1868），最早提出请求允准购买轮船四艘以承办漕运者，也是粤人吴南记。吴南记，又名吴南、吴炽昌，是19世纪60年代初就在"夷人处作伙"，"熟悉商务"，"通晓西国语言文字"[①] 的"广东帮人"。[②] 如果说，他们制船还停留于倡议、计划，尚未付之于行动的话，那么，当过大英轮船公司买办的香山商人郭甘章，在70年代初已在香港拥有多艘轮船，开始从事航运业了。[③]

至于买办以附股的形式参加外商在中国创办的轮船公司则早已经开始。早在19世纪50年代，广州地区就已有华商投资于轮船业。他们采取悬挂洋旗、雇用外籍船员的办法进行经营，也是因为国内尚无以华商的名义自行投资的规章和经营的环境，也是因为缺乏政府的保护而不得不采取此策。[④] 19世纪60年代附股于外轮公司者更是屡见不鲜了。例如，外商在上海成立的旗昌、公正、北清三家轮船公司中，买办商人的投资就占了全部资金的1/3。[⑤] 公正轮船公司是由香山籍买办唐廷枢、郑观应、郭甘章等共同创办的。唐廷枢不仅在公正轮船公司，而且在北清轮船公司也有投资，并同时任两家

---

① 〔清〕李鸿章：《吴炽昌调办矿务片》（光绪七年十月二十六日），见宁波主编《李鸿章全集》第3册，时代文艺出版社1998年版，第1667页。

② 静吾等：《吴煦档案中的太平天国史料选辑》，生活·读书·新知三联书店1958年版，第71页。

③ G. B. Endacott, *A History of Hongkong*, p. 195，转引自聂宝璋《中国近代航运史资料（第一辑）》下册，第1355页。

④ 聂宝璋：《中国近代航运史资料（第一辑）》上册《序言》，第24页。

⑤ Kwang-ching Lui, Steamship Enterprise in Nineteenth-Century China, *The Journal of Asian Studies*, 1959, 18 (4): 439。

公司的董事。自1869年起，他的注意力日益集中于轮船的投资。① 1870年，他投资3万两于"南浔"号，由怡和洋行经营。随后三年他又投资于另外两艘轮船，其中一艘由琼记洋行经营。1872年，当怡和洋行将其船运业务合并于华海轮船公司时，他被选为董事。唐廷枢投资的轮船计有："苏王那达"号（Suwonada，属琼记洋行）、"女神"号（Norna，未见有他股份，由他拉给怡和洋行经营）、"洞庭"号（Tungting，属马立司洋行）、"永宁"号（Yung-ning）、"满洲"号（Manchu）、"汉阳"号（Hanyang）和"南浔"号（Nanzing）等。② 在华海轮船公司成立前，怡和洋行的船舶代理部就设在唐廷枢的事务所内。在这家公司中，一期股本1650股，他一人独买400股，几乎占有公司股本的1/4，是最大的股东之一，并担任了公司的襄理。他还"在港集股银十万元，先租两船，来往港、沪"。③ 他们之所以甘于附股实出自无奈，因为在当时的政治体制下，既无成例可循，即使是独立的公司也难以立足。

尽管如容闳、吴炽昌等买办商人在洋行学得西方商战知识，并利用依附洋行进行独立经营之机积累资本后，曾建议或申请创办民族轮船公司，但都得不到官方的支持。唯由洋务派官僚李鸿章等筹办并委派唐廷枢、徐润、郑观应等主持的上海轮船招商局，才成为他们实现其理想抱负，施展其才能的舞台。招商局因此成为与西方进行商战的具体载体。

同治十一年（1872）由李鸿章委托朱其昂任总办的招商局，因得不到商人的信任，处于难产之中。值此时，"精习船务生意"④，"才识练达，器宇宏深"，具有管理新企业的知识和能力的唐廷枢为李鸿章看中，李于同治十二年（1873）委任唐为招商局总办，主持局务。唐廷枢之所以被李鸿章青睐，还有一重要原因，即为了招徕粤商。在此之前半年，为了吸引粤商，李鸿章已经通过应宝时拉拢广东籍的上海知县叶廷眷入局，以便向粤商筹资；此时委任唐廷枢也出于同样的目的。唐廷枢不负所望，由于他的影响力，粤商踊跃投资，纷纷入局。7名商董中，徐润（上海商董）、刘绍宗

---

① 刘广京：《唐廷枢之买办时代》，见《刘广京论招商局》，社会科学文献出版社2012年版，第146-184页。

② 参见聂宝璋《中国近代航运史资料（第一辑）》下册，第531页。

③ 〔清〕郑观应：《盛世危言后编》卷十《船务·复张君弼士书》，见夏东元编《郑观应集》下册，上海人民出版社1988年版，第828页。

④ 〔清〕李鸿章：《复沈幼丹船政》（同治十二年闰六月初六日），见李长仁主编《李鸿章全集》第6册，第3547页。

（汉口商董）、陈树棠（香港商董）、范世尧（汕头商董），和他自己，共五人是广东人，其中四人为珠江三角洲人。除范世尧背景不明外，唐、徐、刘、陈均系买办；另外两位是官员，即朱其莼（浙江人）、宋缙（籍贯不明）。广府商人不仅实际上控制了招商局的董事会，而且被安排到局下的各级机构。据说"执事者，尽系粤人"。① 总局、分局以及各栈、各船的总管"非唐即徐"。② 由于粤商的支持，前任总办朱其昂主持招商局时资本筹集一筹莫展的局面很快被打破。"初时奉发公帑及新、旧所招股本仅有60万两。"当唐廷枢、徐润接手后，资本不断扩大。徐润本人先后投资48万两。③ 唐廷枢不仅做了投资，又将前面提及的由他投资而委托洋行经营的轮船"南浔"号、"洞庭"号、"永宁"号、"满洲"号等附搭招商局中营运。④ 到光绪八年（1882）招商局筹资已经达到预定的100万两资本的目标。光绪九年（1883）更增至200万两。⑤ 局内的劝股、添船、造栈、揽载、开拓航线、建造码头等事务，均由唐廷枢一手经理。在唐廷枢的主持下，招商局重订章程，效法西方企业，筹划增资，扩大业务，兴办与航运相关的工业。他在局内附设同茂铁厂以修理船舶；筹办开平煤矿并修建铁路，以解决船舶所需的煤炭及其运输问题。他的这些举措的确显示出以西方的经营方式运转的本国企业的崭新气象。

除唐廷枢及其助手、会办徐润以外，另一位对招商局做出巨大贡献的人物是郑观应。他是广东香山人，与唐、徐属同乡。1873年郑观应出任太古洋行买办，次年受任太古轮船公司总理兼管账房、栈房。在太古历练航务8年，展现了卓越的商业眼光和才能。由于唐、徐的推荐以及李鸿章的赏识，郑观应于光绪七年（1881）出任招商局帮办的职务。入局不久，便拟订《救弊大纲》16条。⑥ 其宗旨是：贵在得人；责任宜专；赏罚分明。他于

---

① 《申报》，1875年3月31日。

② 马良：《改革招商局建议》，见中国史学会编《洋务运动》第6册，上海人民出版社1961年版，第125页。

③ 〔清〕徐润：《上合肥相国，遵谕陈明前办商局各事节略》（光绪二十三年丁酉），见《徐愚斋自叙年谱》，第106页。

④ 参见汪敬虞《唐廷枢研究》，中国社会科学出版社1983年版，第7页，"注"4。

⑤ 〔清〕徐润：《上合肥相国，遵谕陈明前办商局各事节略》（光绪二十三年丁酉），见《徐愚斋自叙年谱》，第106页。

⑥ 〔清〕郑观应：《盛世危言后编》卷十《船务·禀谢李傅相札委帮办轮船招商总局》，见夏东元编《郑观应集》下册，第781页。

1880年在上海织布局任职时,就把用人、筹款、立法三项视为办厂关键。明确提出"求声誉素著之人以联众志",认为贵在招揽人才;强调"专用西法以齐众力"。① 此时已朦胧地意识到西方的"体、用"应当兼学,不仅要仿制西方的器物,也要运用其制度。到了1884年,他明确地提出,"余平日历查西人立国之本,体、用兼备……中国遗其体效其用,所以事多扞格,难臻富强"。② 他和唐、徐一样,在主持招商局局务中,效法西方企业,经营日有起色。为此,1883年11月他被升为总办。他先后三次进入招商局总办局务,所服膺的宗旨正如他所说的:

> 夫西人之胜于我者,以能破除情面,延揽人才,官绅属托有所不顾,亲友推荐有所不受,是以所用司事人等,不但事情习熟,且为、守兼优。董事由股东而举,总办由董事而举,非商务出身者不用……此西国公司之通例也。③

以郑观应为代表的广府商人,尽管还存有传统社会的特征与遗习,以及受传统心态,例如裙带关系、乡土观念强烈的持续影响,也捐了道台衔等,但其思想深处却是西方的商人意识,主张对西方要"体、用"兼学。正是他发出了"以商立国",与西方进行商战的呼唤。

就航运业而言,学自西商然后与之战,在粤商中是有具体表现的。在招商局创办伊始,外国的各个轮船公司共同把"各项水脚减半,甚至减少三分之二","合力以倾我招商局"④,欲挤垮它而后快。但自唐廷枢入主局务后,招商局不仅站稳脚跟,而且当旗昌轮船公司亏损难支之时,还将其购买而兼并之;并与太古和怡和先后签订齐价合同,以保持在竞争中共存;注重开拓海外航运业务,与英、美、日等国进行商战。他于同治十二年(1873)六月上任不久,即派招商局汉口分局商董刘绍宗赴日本筹备中日航运事宜。1879年,派招商局轮船首航美国。与此同时,在南洋设招商局公局,招徕

---

① 〔清〕郑观应:《盛世危言后编》卷七《工艺·上海机器织布局同人会衔禀复北洋通商大臣李傅相》,见夏东元编《郑观应集》下册,第532-533页。
② 〔清〕郑观应:《南游日记》,原稿影印本,第67页。
③ 〔清〕郑观应:《盛世危言·商务三》,"附录"《论招商局及肇兴公司事略》。
④ 《光绪二年十一月二十七日两江总督沈葆桢奏》,见中国史学会编《洋务运动》第6册,第13页。

侨商资本。1881年，派招商局轮船首航英国。为了增进对外国商务、船务的了解，唐廷枢于1883年亲往英国考察。① 由于他敢于进取，不断增强实力，招商局在激烈的竞争中，除少数的年份外都能保持赢利。从《国营招商局75周年纪念刊》附表看，自1873—1895年，除1875和1877年两年亏损外，其余年份都保持盈余。②

由于航运业商战的日趋激烈，1879年，英国运价联盟在约翰·施怀雅主持下成立。这是一系列类似联盟中的第一个。③ 尔后，针对运价联盟对中国市场的控制，驻华商人协力轮船公司于19世纪80年代创立。④ 继而出现了"各独立的航业公司合作经营一条定期航线的协定"。⑤

这里应当指出，当唐、徐主持招商局局务时，有用人"尽系粤人""非唐即徐"的非难。如果从航业人才的成长背景看，却恰恰是为了"用人唯贤"而没有避嫌，因为熟悉西方企业管理方法，尤其是轮船业者，唯有粤人。唐、徐、郑先后主持局务时，都力图使招商局按照西方企业的规则运转。唐、徐在主局时期极力提高局内商人的地位。在郑入局期间，通过他的努力，招商局从"官督商办"转变为商办。很显然，粤商在航运业中不仅促进航运器物的革命，而且也力求制度上的近代化。由此可见，以招商局的创办为标志的近代化民族航运业，主要是由珠江三角洲商人支撑和推动的。他们利用在洋行中学得的商战知识，然后在招商局施展其才能，开始与西商较量。

3. 避实就虚，以"小"胜"大"，推进广东民族航运业近代化

广州商人于鸦片战争后往上海等新口岸转移，并不意味着粤商对家乡近代化的漠视。基于历史的原因与地缘的关系，粤商对西方的认识和警觉最深。西方的入侵，珠江三角洲因处于前沿而首当其冲。其境内的香港一开始

---

① 参见汪敬虞《唐廷枢研究》"附录"《唐廷枢年谱》，"出国考察商务船务"条，第207页。

② 参见聂宝璋《中国近代航运史资料（第一辑）》下册，第1000页。按：张维安根据交通部大陆档案整理小组印行的《迁台以前之招商局》第74-78页资料制成的"招商局历年盈亏状况"表显示，自1874—1911年间，除1876、1902、1909、1910、1911等5年亏损外，其余年份皆盈余。参见张维安《政治与经济：中国近世两个经济组织之分析》，台湾桂冠图书公司1990年版，第153页。

③ 参见聂宝璋《中国近代航运史资料（第一辑）》上册，第697页。

④ 参见聂宝璋《中国近代航运史资料（第一辑）》上册，第706-713页。

⑤ 参见聂宝璋《中国近代航运史资料（第一辑）》上册，第726页。

便作为外商在华轮船业和船舶修造的基地而发展起来的,外国在广东沿海的轮船业实力特别雄厚。广府商人把航运业的重心置于上海等其他开放口岸而不是在广州与此有关,有避实就虚之意。而且鸦片战争后相当长的一段时间内,广州地区对西人的积恨殊深,缺乏推行西人器物的投资环境。当然,与北方的洋务派势力雄厚,推行航运业的近代化容易得到其支持亦有密切关系。

粤商在上海等商埠推进近代航运业的同时,在广东地区着重发展内河和沿海内港的小轮船,并仿西法致力于以广州港市为中心的航道网络和港口、码头的建设。

诚然,早在同治五年(1866)大英轮船公司买办郭甘章已置轮船在广东"未开放的西海岸的一处口岸"航行,光绪三年(1877)拥有的轮船已多达13艘。[1] 而他是以买办的特殊身份进行经营的。自19世纪70年代后,在广州也出现了民族资本的轮运企业或公司,例如,约在19世纪70年代中期,粤商梁定荣在家乡佛山创办广德泰轮船公司,"置海舶由粤直走天津"。[2] 但因资金少,规模不大,难以同外轮竞争,广德泰轮船公司便很快歇业。唯19世纪90年代兴起的小轮船航运业在推进内河和沿海的航运近代化上才具有重大的意义。

轮运在广东内河水域的推行,先是由广州富商苏惠农于光绪十三年(1887)斥巨资创立平安轮渡公司,置小轮拖带木船,行驶于珠江三角洲一带。因唯恐外国小轮趁机深入内河,时任两广总督张之洞曾勒令平安轮渡停航。苏惠农的试航证明小轮带渡船可避免盗贼与风涛。[3] 所以,珠江三角洲的船主、航商纷纷向官府提出申请,要求允准用轮船拖带木船。这一要求终于光绪十五年(1889)六月得到张之洞的批准。轮拖渡船很快便在珠江三角洲推广。虽然因所收轮渡饷银分摊不均而中经波折,但是,珠江三角洲内较大的河涌,三角洲边缘外的潭江、西江都有轮渡行驶。光绪二十四年(1898),清朝政府颁布《内港行轮章程》,对有签订条约的国家开放内港,这意味着允许外轮涉足河网如织的珠江三角洲。但是在浅的河涌里,外轮是难有用武之地的。粤商所置的小轮船反而能够派上用场,加之对当地情况熟

---

[1] G. B. Endacott, *A History of Hongkong*, pp. 195, 414 – 416, 转引自聂宝璋《中国近代航运史资料(第一辑)》下册,第 1355 – 1356 页。

[2] 民国《佛山忠义乡志》卷十四《人物志八·货殖》。

[3] 伍锦:《广东近代民间航运业发展史略》,见《广州文史资料》第 28 辑,第 218 页。

悉，有利于组织运输，而内港行轮开禁后，税饷又有减轻，因此一时间，粤商的小轮船公司蜂起，出现了轮船运输深入广东中、小河流和沿海内港的新局面。虽然也有外资小轮船参加竞争，但是粤商的小轮船始终居于绝对优势。例如，光绪二十六年（1900），全省小轮已达200艘，其中洋商的小轮船只占极小的份额。① 在南海、番禺、顺德、香山等县水网区，不仅乡镇间互通小轮船，而且与邻县、佛山、省城等地也有轮船往来，甚至"凡在略有市廛交易之乡墟，每日间小轮经过开行，纵或无二次亦必常有一次"。②

在西江，既有江轮又有内港轮船。江轮被指定在西江航道上，内港轮船不受此限，可择道自航。因为西江上有浅滩，吨位较大、尖底、吃水深的外轮行驶时险阻重重，所以，粤商一度以小轮取胜。外轮后来经过改进，改为平底，把螺旋桨轮船改为尾明轮，华轮又陷于劣势。光绪三十四年（1908），两广商人集资创立西江航业公司，所置的"广泰"号和"广威"号投入使用后，才使华轮的处境逐渐改观，但终无法在西江航运上挽回劣势。

至于北江和东江，自1899年清远至广州间出现小轮船通航始，尔后也有小轮相继在这些河道上往来。沿海的内港轮运，据《通商各关华洋贸易总册》记载，自光绪三十年（1900）起，江门有"数艘单行，来往水东（电白境内）、阳江、雷州各处沿海贸易"。③ 此外，江门也有"至港、澳各轮船"。④ 1910—1911年，广东沿海内港轮运，已有海平轮船公司（行驶海晏、广海经斗山至马骝洲）、侨轮公司（行驶广州经新会至海南岛嘉积）、海利轮船公司（行驶珠江三角洲内河经马骝洲至广海）、永亨轮船公司（行驶广州至水东）和保安轮船拖渡公司（自东陇经汕头至陈村）等，分段做航运。⑤ 据光绪二年至三年（1876—1877）"注册给照表"统计，广东经登记注册的小轮船公司已达41家，每家公司只拥有一艘轮船，共有41艘，3070吨，轮船价值达491600元。⑥ 一些稍大的公司，如西江航业公司、轮船公司等还未计入。正因为新型的小轮船运输公司的大量出现，光绪二十五

---

① 参见蒋祖缘主编《广东航运史（近代部分）》，第82页。
② 光绪三十年（1904）《通商各关华洋贸易总册》卷下《三水》。
③ 光绪三十年《通商各关华洋贸易总册》卷下《江门》。
④〔清〕蔡垚燨：《新会乡土志辑稿》卷十二《水道》。
⑤ 蒋祖缘主编：《广东航运史（近代部分）》，第84-85页。
⑥ 参见蒋祖缘主编《广东航运史（近代部分）》，第91-92页，表2-3。

年（1899）起，广州的航运业先后成立业缘组织，如"轮船公所""轮船行"等，成为广州"七十二行"之一。光绪三十三年（1907），根据清政府颁布的《商船公会章程》，广州成立商船公会，制定章程，选举公会的总理和协理，并得到广东农工商局的批准。次年，珠江三角洲的佛山、江门、陈村、惠州、清远、石龙、新安、肇庆、增城、恩平、开平等地，也成立商船公会分会。这意味着按行政区划的行业组织出现，并获得政府的批准。

应当指出的是，在清末，珠江三角洲华侨商人中经营从南洋地区至广东各地的航运者也不乏其人。侨居泰国的华人张建三于1908年"邀集闽、粤二帮商人并暹国官绅会议，合设华暹轮船公司"①，1910年有轮船行驶于汕头—曼谷、琼州—暹罗间。②

由于航运实力的悬殊，在广东海河干线航道上，粤商不同西商做正面的竞争；而在内港（包含沿海、沿江原不对外通商的口岸）的轮运上，根据中、小河道的特点，利用机会成本、人力成本等优势，主要采用不足100吨的小轮船，终于取得内港航运的垄断地位。关于广东主要内港华、洋轮船数的对比及其消长情况，根据《通商各关华洋贸易总册》1904—1911年各年卷上全国内河轮船按年挂号总数做广东省境内的广州、汕头、江门、三水、琼州和北海6个内港的统计，如表12-4所示：

表12-4 1904—1911年广东省内主要内港华、洋轮船年挂号数量对比

年份	华轮（艘）	洋轮（艘）
1904	168	82
1905	178	89
1906	192	117
1907	154	97
1908	257	35
1909	279	22

① 《交通：侨商航业》，刊于《东方杂志》1908年第5卷第6期，第119页。
② 宣统元年（1909）、二年（1910）《通商各关华洋贸易总册》卷下《汕头》《琼州》。

续表 12-4

年份	华轮（艘）	洋轮（艘）
1910	301	18
1911	310	17

由表 12-4 可见，华洋内港轮船数量的对比，总的趋势是华轮日增，洋轮日减，华轮终于占绝对的优势。1911 年，广东拥有内港小轮船 310 艘，占同年全国内港小轮总数的 1/3 以上，仅次于包括上海在内的江苏省。[①] 内港的轮运（含九龙、拱北的内港轮运数）170 余万吨，[②] 成为全国民族航运业的一支重要力量。

再是仿效西方，进行以广州为中心的航运网络和港口、码头的近代化建设。19 世纪 70 年代以后，广东开始进行近代化航运设施的兴建。先是唐廷枢、徐润和郑观应等以轮船招商局的名义，于光绪八年（1882）在佛山渡头修建码头，这是因为在广州"觅地甚难"。[③] 光绪二十六年（1890），唐廷枢与郑观应等又在广州城南"建筑轮船码头、栈房，运销开平煤到粤销售，揽装客货回津"[④]，并设立仁和保险广州分公司，"担保商货，堆积货物，以便商旅"。[⑤] 粤汉铁路公司在广州黄沙建有铁路轮驳码头；广三铁路公司在石围塘建驳轮码头，以便船舶接驳陆运商货。宣统年间，珠江北岸的长堤竣工后，也作为码头分段招租。洲头咀河道中设置有浮桩，以供没有自己码头的华人商船系泊。尤其令人注目的是，黄景棠自光绪三十二年至宣统三年（1906—1911）间，也在芳村购地修堤岸，"建造货仓、码头、楼房、铺

---

① 宣统三年（1911）《通商各关华洋总册》卷下《通商各关内河轮船按年挂号总数》。
② 蒋祖缘主编：《广东航运史（近代部分）》，第 85 页。
③ 参见汪敬虞《唐廷枢研究》"附录"《唐廷枢年谱》"与郑观应徐润商办佛山码头"条，第 205 页。
④ 参见汪敬虞《唐廷枢研究》"附录"《唐廷枢年谱》，"与郑观应等集资在广州修建轮船码头运销开平煤"条，第 220 页。
⑤ 〔清〕徐润：《上合肥相国，遵谕陈明前办商局各事节略》（光绪二十三年丁酉），见《徐愚斋自叙年谱》，第 106 页。

屋"①，形成拥有码头、货仓和商店的综合性企业。

鸦片战争和中法战争期间清军在广州河道设下的障碍于光绪十五年（1889）由两广总督张之洞首其端进行清理，并做堤岸的填筑与修建。广州珠江前、后航道障碍物的彻底清除，则到光绪三十年（1904）由粤海关经办，历时一年，终得完成。珠江北堤的填筑，并于堤旁修筑马路、美化市容的工程，历时甚久。直至宣统元年（1909），这一工程方告竣工。东起大沙头，西达黄沙，"一律筑成新堤，更有宽广马路，利便行人，沿河一带顿改旧观"。② 在修筑这一堤岸的同时，其航道也得到改善。为了解决众多民商小轮的停泊问题，北岸被划段招租作为码头。番禺各乡商人就租有十座横、宽各二丈的堤岸作为轮渡拖船到省城所泊的码头。

省属内河港口中有的已建成一些较好的码头。如在汕头，由唐廷枢、徐润、郑观应先后主持的招商局于1882年已策划建筑码头，虽中经波折，至1892年终于完成；尔后又陆续扩建，并建仓库、栈房，以及仁和保险公司汕头分公司等。③ 香山小榄镇的成美码头和麦氏学校码头，"建筑之费不赀，规模宏敞，上盖木屋，下驾波涛，为一邑码头之巨观"。④ 1906年，侨商伍于政等还在台山和香山分别开辟了公益埠和香洲商埠。⑤

制定商船的安全行驶和停泊的规章、制度是政府行为，商人自然不能自行制定。乾隆年间，清朝政府曾以案例的形式颁布各地执行，但只做零星的规定⑥；系统的规条是在鸦片战争以后经参考并部分吸收西方的章程而制定的。关于航政事务，在粤海关下设有港务司（亦称理船厅）负责掌管。其职掌有："指定泊所，建筑码头、驳岸，稽查出入船只，考验船员证书，勘量轮船吨位，检查浮标，指示航路，选用领港，管理火药暨爆炸物、储藏所、防设所、守望台、水巡等各项事务。"⑦ 具体的施工往往由广府商人分

---

① 《署粤督又奏籍绅黄景棠等合资购置地段开作商场立案片》，刊于《政治官报》，宣统三年正月二十一日（1911年2月19日）第一一八五号。
② 宣统元年（1909）《通商各关华洋贸易总册》卷下《广州》。
③ 参见胡钧《清张文襄公之洞年谱》，台湾商务印书馆1978年版；关瑞麟《交通史航政编》第1册，第239页。
④ 民国《香山县志续编》卷四《建置·津梁》。
⑤ 郑砺石：《辛亥革命前夕华侨在香山开辟香洲商埠之经过》。
⑥ 参见《广东清代档案录》之《商渔、渡船、关税》，见《广州大典》第346册，第232—236页。
⑦ 关瑞麟：《交通史航政编》第1册，第12页。

别承包。同治六年（1867）颁行的《粤城停泊轮船章程》规定，各国大型商船不得从鱼珠沿珠江前航道进入广州；只能从后航道驶进省城，停泊在沙面对面的"大洋停泊之界"内，亦即宽阔的白鹅潭一带。随着商船的不断增多，船只的停泊所逐渐向珠江后航道的方向延伸，即向后航道两岸的洲头咀、芳村、大冲口、白鹤洞、白蚬壳等处扩展。原来的停泊所沙面以东的前航道，由于北堤岸的修筑完竣，建有顺岸式的码头，作为内河船舶的停泊、装卸所。第二次鸦片战争期间，英法联军占领广州，外国海舶商轮自可直驶广州城下，从而冲破了外国船舶只准停泊黄埔的旧章，过去作为海舶集聚之所的黄埔港因而式微。在海河岸边或水中要处也着手设置导航的标志，如沿海设有东澎岛、鹿屿、表角、石碑山、遮浪角、横栏洲、海口湾、关窖尾、临高9处灯塔；[1] 在珠江河道、沿海要区，还设置一些小型的灯塔、灯浮和灯桩等。

至清末为止，广州的港区布局，码头、货栈的设施以及航政管理有了巨大的进步，从而初步构成一个近代化的港市。以此为中心，形成了大、中、小港口相联、互通轮船的航运网络。这显然也是珠江三角洲商人推动航运业近代化中的一个贡献。

广东航运业发生革命性变化过程，说明西方以炮舰开道，辅以外交，以缔结条约而取得特权的条件下所移植的近代化航运，是受西方刺激而兴起的民族轮船业所不能与之竞争、抗衡的。珠江三角洲地处前沿，受西方经济与炮舰的冲击最早、最烈，对西方的认识与警觉也最深。面对广州作为对外贸易中心的丧失，不平等条约宣告行商制度的消亡，广州商人没有如同闽商般无所作为，而是因应形势的变化，随同西商迁移上海做战略转移，先从之学，再与之战。从19世纪从40年代至80年代，粤商充当了买办的主角。他们利用这一特殊身份，为兴办近代化实业积累了巨量的资本。广商在家乡避实就虚，利用机会成本、人力资源等优势，在西商难以涉足的中、小河涌，以小轮船推进了航运的近代化。他们中的代表如唐廷枢、徐润、郑观应等在被迫开放的上海等口岸致力于航运近代化，与西商进行商战。尽管作为买办也受到人们的诟病，但他们在兴办实业、推进近代化进程方面做出了不可磨灭的贡献。

---

[1] ［英］班思德：《中国沿海灯塔志》，海关总税务司公署统计科1933年印行。

第十三章　信贷金融业及其在商业化中的作用

借贷资本是一种古老的资本形态，因历史时期的不同，它的表现形式与作用也随之而异。明清时期，高利贷资本得到了长足发展，不仅资本庞大，形式繁多，而且所起的作用亦巨。它在商品经济发展水平较高的地区尤为恶性膨胀。在近代银行业出现之前，金融组织除为各地大行商做汇兑服务的山西票号，以及提供地方性商号资金并做区域性汇划资金的钱庄外，就是典、当、质、押等形式的高利贷组织。银行业出现之后，典、当、质、押等高利贷组织不仅没有被取代，而且随着商品货币经济的发展而日渐盛行，从通都大邑到穷乡僻壤，几乎都为高利贷的魔影所笼罩。

明清时期，始由徽商占据高利贷资本的鳌头，有"无徽不成典"之谚。晋商的高利贷虽稍逊于徽商，但亦处于举足轻重的地位。晋商于明末开创山西票号，"以汇款及放债为业"①；于清代又广开典当业，到雍正、乾隆年间，终于取代徽州典商而"高踞首席"。② 广东的高利贷资本崛起于清代，为时稍晚，但发展迅速。嘉庆之后，广东的典税收入已常列榜首。可见，清代晚期广东典当业所处地位之重要。

广东高利贷资本是以珠江三角洲为其中心地盘，尤以广州、佛山等城市为主要据点。珠江三角洲地区的高利贷，无论资本之雄厚，经营形式之多样，抑或对社会经济影响的深重，都为全省之冠。本章旨在探讨珠江三角洲地区高利贷资本的形式、来源，及其发达的原因。

一、明清时期，珠江三角洲高利贷资本的经营形式

借贷的经营形式，大体说来可分为信用借贷和抵押借贷两种。

信用借贷由来久远，明清期间依然流行。无需抵押的私放钱债就属于这

---

① 〔清〕徐柯：《清稗类钞》第5册《农商类·山西票号》，中华书局1984年版，第2307页。

② 罗炳绵：《近代中国典当业的分布趋势和同业组织（上）》，刊于《食货月刊》复刊1978年第8卷第2期，第1-20页。

一类。小额的债款，只要立下债券，就可向债主借贷。据《粤东简氏大同谱》记载：顺德县勒竹简桂香，正统时人，"素好施，每贷金与人，皆无德色。人或负之，竟以其券付焚，无问也"。① 简桂香其人是否果真如此慷慨，姑且勿论。但从债券一烧，便无追讨的凭据看，可见并无财物做抵押。② 又如南海县简村堡例贡生陈家修，在清雍正年间对"农家举债为耕种资，商贾揭母钱为贸迁本者，手书一券，慨然给之"。③ 嘉庆年间，苏州大贾唐景泰来南海县经商并私放钱债，回苏州时，将欠债者所立的债券交由南海县九江堡人朱成发代追讨。④ 这里都同样以债券为凭据，没有任何财产做抵押，也没有提及中人作保。⑤ 有的借债甚至没有立契约。嘉庆元年（1796），归善县"黄文兴向黄秉遂借过花银二圆，每月二分起息，议定次年春间清还。未经立约"。⑥ 信用借贷一般仅限于小额的贷款，债主事先也已考虑到借贷人的偿还能力，出借的款额绝不能超过求债者的实际财产；同时，债主本人又往往是豪强士绅，对求贷者具有强制力而不担心他赖账。至于不立约的借贷关系，多数是宗族内部或亲戚近邻间的应急周济。

这种以信用借贷的方法来私放钱债，不需要开铺领帖（执照），又无饷税之忧。一切有相当财力的人，只要愿意将自己的钱、谷当作高利贷资本使用，皆可经营。有的祠堂和合会（详见本章第二部分）也采用这种方法。

抵押借贷，是指以日用货物、珠宝，乃至田宅等财产做抵押的借债。为

---

① 简竹居：《粤东简氏大同谱》卷九《家传谱世传·勒竹系九世桂香公》，第102页。
② 修谱是以隐恶扬善为原则的。为了扬善，族谱中屡有关于债主对无力偿还的欠债者焚其债券的记载。有关这方面的记载，请参见东莞《鳌台王氏族谱》卷四《墓志·凤梧公墓志铭》（民国重刊乾隆刻本），第65页；〔清〕霍承恩（佛山）《霍氏族谱》卷九《十五世祖西城公家传》，第44页；冼宝干《岭南冼氏宗谱》卷三之六《清故诰赠朝议大夫斯立冼公府君墓志铭》，第7页；张锡麟《番禺张氏克慎堂家谱》之《世系》，第15页。
③ 同治《南海县志》卷十九《陈家修传》。
④ 同治《南海县志》卷十九《朱成发传》。
⑤ 明末凌濛初编纂的《初刻拍案惊奇》卷十三：赵六老的儿子结婚，因手头窘迫，"只得央中写契，借到某处银四百两。那中人叫做王三，是六老平日专托他做事的，似此借票已过了几纸，多只是他居间"。这虽然是文学作品中的描写，但它毕竟反映明代的社会现实。由此看来，有的借债是要有中人作保的。
⑥ 中国社会科学院经济研究所藏刑部抄档。转引自李文治《清代鸦片战争前的地租、商业资本、高利贷与农民生活》，见《中国资本主义萌芽问题讨论集》下册，生活·读书·新知三联书店1957年版，第635页。

了保证届期收回本息，债主要求告贷者立下文契，写明抵押家产的具体名称，并交上产业红契作押。据石湾《太原霍氏崇本堂族谱》，霍氏族人霍晚节（成化时人）撰写"家箴"，其中的"放债之诫"说："务要写田地立约，或银物交手，才有凭据。收债之时，耕田者禾熟催取，租者见卖缸瓦即问。"① 在霍氏族规中还规定："放债固须有田产红契按押，但借银一百宜有现值二百之田产为按，方足抵后日本利"；对按押的红契，还"须查明其实否分值典借之人"。到期不偿本付息，债主便可占有押物的所有权。如果典当物是土地，到期不回赎，则需根据地价的差额加找银两，立新契转为断卖，才能取得所有权。例如，南海廖维则堂于嘉庆初年用2900余两银子典进顺德大良陈寮采水田1顷37亩，每年得租息银300余两。历二十多年，坐享租息6000两以上，已比本银加倍有多。道光初年，典主无力回赎，经加找600两银子后，终于断买而占有该田地的所有权。②

典、当、质、押店铺所经营的高利贷亦属抵押借贷一类，它是抵押借贷的高级形式。前述的抵押借贷没有专设店铺，在家中、祠堂，或任何指定的地点都可办理借贷手续；典、当、质、押则开铺领帖，并悬挂招牌，每天定时营业。为安全计，店铺"大都为方印式，崇垣坚厚，窗棂狭小"③，其坚固程度，规模大小，因其资本之多寡而异。

典当业的起源较之于前述的借贷形式为晚，其始自南北朝时寺院所设的当铺。寺院设当铺的初衷，一在济贫，一在生息。当时，寺院所收的利息低微，收赎期限较为合理。通过调剂金融来使贫穷者得以周转，寺院又可获取利润，各得其利。典当业愈到后来愈加发展，已经毫无济贫的味道，只剩血淋淋的抽剥。珠江三角洲的典当业始自何时，无征于文献。据《当行会馆碑志》记载："南海地当省会，当行凡数十间，其先原有会馆，以垫隘弗堪，聿谋创建。至雍正十一年（1733）始卜地于状元坊。"番禺当店亦有二十余家，也在"老城流水井"建有会馆。④ 明清时南海、番禺的县治均在广州城。广州当业已发展到如此之繁盛，绝非一朝一夕之功，自有其长期发展

---

① 石湾《太原霍氏崇本堂族谱》卷三，霍晚节《家箴·放债之诫》。
② 廖星照等：民国《南海廖维则堂族谱》卷三《事纪》，民国十九年（1930）刻本，第71页。
③ 区季鸾：《广东典当业》第二章《组织》，见《民国史料丛刊》第481册《经济·金融》，大象出版社2009年版，第144页。
④ 区季鸾：《广东典当业》第一章《沿革》，见《民国史料丛刊》第481册《经济·金融》，第140页。

的过程。当业在清代以前已存在，当是无疑。当时的典当业似仅限于一种组织形式，即"当"。典与当本有区别，以全国一般的情况而论：资本最大者称为典，押期三年；次之为当，押期二年；质（按）、押又递相次之，押期分别为一年和六个月。① 雍正之前，珠江三角洲的典当业取"当"名，而不称"典"，似是由于其营运的资本还不足与徽州、山西商人典业的资本相颉颃的缘故。但是，珠江三角洲的典当业自从清代崛起后得到迅速发展，高利贷资本不断增殖，而且日渐雄厚起来。乾隆年间，"典"的名称出现了。据《粤东例案》中《当钱扣底》文告记载：

> 为尊示奏明事，乾隆十九年七月抚部院官批本司详查得佛山同知详称：佛山镇典、当、按铺按钱告底一案。②

可见，乾隆十九年（1754）以前，佛山已有典铺出现，在其他文献中也屡有记载。新会潮连乡卢继恪于乾隆时，"自置商舶，来往于南洋者凡数十艘，于高州各方设典肆者凡七区"。③ 同乡陈洪茂"先世设典肆于乡，既而广、梧、浔、柳皆分设"。④ 东莞鳌台王省轩"所持筹典库以及蚬埠诸务，指划精详，家道由此而昌"。⑤ 又据《粤东例案》中的"按押一例取息三年为满"一文写道：

> 乾隆四十八年六月奉布政司郑牌：照得承开按押等铺，因不容违禁取利，亦不便短揩赎剥削贫民。⑥

从以上的记载中我们还可以看到，佛山等地于乾隆十九年前已有"按"

---

① 参见罗炳绵《近代中国典当业的社会意义及其类别与税捐》，台湾"中研院"近代史研究所1978年版；林仲荣、李达才《旧社会广东的当押业》，《广东文史资料》第13辑，广东省政协文史资料研究委员会1964年版，第195页。
② 《粤东例案》，见桑兵主编《清代稿钞本》第146册，广东人民出版社2010年版，第531页。
③ 卢子骏：《潮连乡志》卷五《人物略·卢继恪》。
④ 卢子骏：《潮连乡志》卷五《人物略·陈洪茂》。
⑤ 王瓒等：东莞《鳌台王氏族谱》卷四《墓志·省轩公墓志》，第77页。
⑥ 《粤东例案》，见桑兵主编《清代稿钞本》第146册，第534页。

铺出现,乾隆四十八年(1783)前已有"押"铺存在。① 道光年间撰修的《广东通志》中还详列各县开设的"当押"店铺数(见表13-1)。

表13-1 道光年间珠江三角洲各县当押店铺数统计②

县名	番禺	顺德	中山	三水	新会	南海	东莞	鹤山	新安	增城
当押店铺数	218	119	51	36	112	347	122	22	16	32
县名	从化	新宁	花县	清远	四会	博罗	开平	恩平	高要	归善
当押店铺数	2	48	20	36	8	30	30	28	48	51

这里只提"当"和"押",而不提"典"和"按"。"当"和"押"显然是一概称之词,不能据此而否认典、按之存在。咸丰八年(1858)以后,押店日多,它在典当业中已占压倒性优势,所以,南海和番禺在广州城的押行均成立独自的行会组织。③ 押店本小易于筹资,加之利高,许多人尤其是不轨之徒竞相开设。从民国十九年(1930)前番禺县当、按、押铺的统计数字中可看押店数量占据绝对优势(见表13-2)。

表13-2 民国十九年前番禺县当、按、押、小押铺数统计④

司名	当		按		押		小押		小计
	铺数	占总数%	铺数	占总数%	铺数	占总数%	铺数	占总数%	铺数
沙湾	3	20	6	40	6	40	—	—	15
茭塘	1	1.8	4	7.3	36	65.5	14	25.5	55
鹿步	4	57.1	1	14.3	—	—	2	28.6	7
慕德里	—	—	—	—	12	100	—	—	12

---

① 吴荣光:《佛山忠义乡志》卷六《乡事志》记载:乾隆五十一年(1786)"有湖南武生区任贤充军至乡(按:指佛山),出其资以押物件,名曰收买旧料,实操贫民缓急而朘削之,迄今益盛。乡有小押,自此始。"据此记载,小押的出现似在大押之后。

② 参见道光《广东通志》卷一六七《经政略十·榷税一》。

③ 区季鸾:《广东典当业》第二章《组织》,见《民国史料丛刊》第481册《经济·金融》,第140页。

④ 据民国《番禺县续志》卷十二《实业·工商业》。

续表 13-2

司名	当		按		押		小押		小计
	铺数	占总数%	铺数	占总数%	铺数	占总数%	铺数	占总数%	铺数
合捕	—	—	2	3.9	37	72.5	12	23.5	51
合计	8	5.7	13	9.3	91	65	28	2	140

从表 13-2 看，押店数量（包括押和小押）已占 85%，可见其发展之蓬勃。

典、当、按、押店铺是先以物抵押而后借贷的。抵押之物，从衣服器皿到珠宝首饰，乃至于农具均有。以当始，以赎终。当主赎回原物时，必须偿还当本及利息。期满不赎，债主便取得押物的所有权。抵押的物品本是低价典进的，对断押的物品自可高价卖出，两者之间的差价又是高利贷利息的一个重要部分。

关于高利贷的利息，《大明律》明确规定："凡私放钱债及典当财物，每月取利并不得过三分。年月虽多，不过一本一利。"①《大清律例》完全照抄《大明律》上述的条文，而地方政府就高利贷的利息问题颁布了一系列的补充规定。例如乾隆年间规定："按押一例取息三年为满。"② 这是对《大清律例》条文的具体化。因月息 3 分，年息已是 36%，三年利息，大体相当于本银了。它同"年月虽多，不过一本一利"的法律条文精神是相一致的。又如嘉庆五年（1800）规定："每年十二月十五日起至次年正月十五日，减利取赎"；嘉庆十六年（1817）把减利取赎的时间定为十月初一至十二月三十日，比以前时间增加了一个月。而且对减息做了具体规定："即原月息三分者以二分放赎，二分半息者以一分半放赎，二分息者以一分放赎。分半息者以八厘放赎。"③ 从这些补充规定中可以看出债主并没有按法律规定取息，也说明政府已意识到高利贷的极度朘削给社会治安和稳定带来了严重恶果，所以不得不采取一定的抑制措施。事实上，在咸丰年以前，借贷关系中很少恪守"月息三分"的法律规定。据中国社会科学院经济研究所刑

---

① 姚思仁：《大明律附例批注》卷九《户律六·钱债》，"违禁取利"条，北京大学出版社 1993 年版，第 446 页。
② 《粤东例案》，见桑兵主编《清代稿钞本》第 146 册，第 531 页。
③ 《粤东例案》，见桑兵主编《清代稿钞本》第 146 册，第 534-535 页。

部档案抄件统计，嘉庆年间广东的抄档原件24件，利率不满1分者1件，1～1.9分者1件，2～2.9分者6件，3分以上者16件。利率3分以下的共8件，占总数的33.3%，3分以上的16件，占总数的66.7%。① 还应当注意的是，有的债主趁求贷者急迫的窘境对其打折扣付款，还强迫其按十足数目立债券还本付息，把高利隐藏在浮开的本银之中。② 这是"精明"的债主为避免与法律条文相抵触而耍弄的花招。这种手法到了清末民初演变成所谓"九扣"和"九出十三归"。"九扣"即按押店"九折付给当本，十足取赎"③；"九出十三归"即付九折押本，加月息三分取赎。这种打折扣付本银的行径，多见于小押，它押期短，利息亦高。群众对此最为痛恨，诅咒这种押店为"雷公轰"。④ "九扣"的陋规，民国成立以后，广东省政府屡禁屡弛，直至民国二十二年（1933）八月一日才最后宣布永为禁止。但仅是具文而已，私下打折扣付本银，按十足还本付息的行径是无法禁止的。

从晚清和民国初年的数据看，一般地说，利息距"月息三分"的规定不会太远，有的还低于三分。番禺石楼陈启秀堂于光绪二十三年（1897）发放的五笔债款是以田地作押，用地租充利息。现列表统计，如表13－3所示。

表13－3　光绪二十三年陈启秀堂放债利息统计⑤

序号	本银（两）	借债者	抵押田地名称	利息（两）	年利率（%）
1	400	善世堂	合兴围	40	10
2	200	善世堂	海心沙南围	18.48	9.24
3	2000	成庆堂	成庆堂围	160	8

---

① 转引自李文治《清代鸦片战争前的地租、商业资本、高利贷与农民生活》，见《中国资本主义萌芽问题讨论集》下册，第643页。

② 参见韦庆远《康雍乾时期高利贷的恶性发展》，见《档房论史文编》，福建人民出版社1983年版，第15－41页。

③ 区季鸾：《广东典当业》第八章《取消九扣之经过》，见《民国史料丛刊》第481册《经济·金融》，第199页。

④ 林仲荣、李达才：《旧社会广东的当押业》，见《广东文史资料》第13辑，第194页。

⑤ 根据番禺石楼陈启秀堂租部编制。

续表 13-3

序号	本银（两）	借债者	抵押田地名称	利息（两）	年利率（%）
4	1000	善世堂	海心沙北围	92.4	9.24
5	1500	观农翁	沙心沙天字号围	120	8

从表13-3看，这五笔债务年利率都在8%～10%。必须指出，这是巨额的借贷，其利息是偏低的，而且十分明显，利息的来源是地租的转化。小额的短期借贷利息则要高得多。有的债主乘人之危，刻意勒索，其凶狠程度是触目惊心的。同治年间曾任新会知县的聂尔康在其《冈州公牍》中收有"梁李氏批"一文，其文曰：

> 氏夫梁重永于道光三十年（1850）代舅父林道聘认揭梁永屏银五两，每两月息五分。岁计不过息银三两。何以至咸丰八年（1858）十月本息迭银至八十五两之多？数目已属不符，氏夫既于是月还银七十五两，子浮母已十余倍之多。其带欠之十两，至十年四月亦只年半之久。何又迭算至七十五两之多？氏夫性纵愚直，何肯以代人认借五两之数，已经还过十余倍，又立揭约，按田批租等字，统计竟至一百四十余两耶？据称梁永屏母诱氏夫饭醉，以致写田作按，批租作抵。

从这一批文看，借贷时定月息5分，已远超于法律规定。后来又滚息做本，复利计算，经8年后，5两本银迭算至85两。偿还后带欠的10两，只经过一年半，又混骗迭算至75两，并以酒灌醉借债人，诱其写"以田作按，批租作抵"的揭约。这是地方恶棍之所为，虽然不属正常的借贷关系，但类似此种劣迹当不是绝无仅有。这里顺带指出的是，梁重永所偿还的利息来自他本人的必要劳动，而不同于地主或商人偶尔借贷所偿还的利息。后者的利息或是地租转化，或是商业利润的瓜分，亦即农民剩余劳动的再分配。这些利息寻根究底，最终还是落在农民的头上。

从我们涉猎的数据还可以看出，民国初年，按、押店中流行的"九出十三归"被视为朘削苛刻而咒之为"雷公轰"，可见已属于非正常的利率。"九扣"的陋规也屡遭群起而攻之，最后不得不宣布永为禁止。凡抵押贵重的物品，押本达一定数额的，债主和求贷者双方可面议减低利息。有的押店为了使资金灵活使用，不致滞呆，或是为了避免押物堆积，也往往采取年晚减息的办法来促使当主快赎。这些情况的出现，显然是咸丰年之后按、押店蜂起，农村的合会、义会、银会一类组织又纷纷出现的缘故。这样一来，求贷者易找债主，有更多选择的余地；而债主众多，也势必引起竞争。为了战胜同行，使自己在竞争中处于有利地位，债主不得不适当降低利率以招揽主顾。

二、借贷资本的来源

借贷资本的来源，大体言之，一是商人地主投资，二是官府出资，三是宗族的祖尝银，四是农民以合会的形式集聚零散的资金。现分述如下。

商人地主的投资是高利贷资本的主要来源。在封建社会，地主、商人、高贷者本是三位一体的，地租、商业利润和利息，互相转化，循环不息。在商品货币经济发展，对货币需求量大的情况下，地主尤其希望其地租转化为商业利润或高利贷利息。地主、商人不仅私放钱债，就是巨大的典当铺也几乎都为他们所把持，也唯有他们才有能力开办典当业，或做大宗的信用借贷。同治、光绪年间的张凤华，"与贷者积至四十万金"①，可见其投入高利贷资金之巨。嘉庆二十二年（1817），顺德县地主何朝钰（监生）等在佛山开"张中泰"银店，店伙梁津昌暗中挪用10800两，未曾被发觉，直至查账时，梁以已经出贷搪塞。由此也可见其营运资本之大。② 有的渔商设有"鱼栏"，垄断鱼的销售，兼营发放钱债。渔民出海所需工钱食用等费"均须向鱼栏息借"；船归，则将鱼交售"鱼栏"。③ 有的商人墟头设当押店，墟尾设粮面杂货店。农民从其押店得到的押金，用来购买其杂货店的粮面、杂货；收获后，农民又将农产品压价售给他，得到的现款用来赎回押物。④ 以此循环剥削农民。有的商店则兼营借贷。南海县西樵黎爵明，"在本乡设店沽售酒米，……遇告贷钱银者，亦必慨然与之"。⑤ 在这里，商业资本与高

---

① 参见番禺《张氏克慎堂家谱》。
② 〔清〕朱橒：《粤东成案初编》卷二二《扰害诈骗下》，"店伙侵用银两，捏造他人借票，借图掩饰"案。
③ 民国《番禺县续志》卷十二《实业志·渔业》："归，船中咸鱼交市由鱼栏代售，除本息及佣，所获余利，悉归船中之人。"
④ 林仲荦、李达才：《旧社会广东的当押业》，见《广东文史资料》第13辑，第185页。
⑤ 南海《黎氏族谱》之《列传》。

利贷资本完全融为一体。一些官僚缙绅也插手高利贷活动。雍正年间,驻顺德总兵刘某便"纵子放营债"。① 官至山东盐运使的佛山李可琼(嘉庆、道光时人),退居佛山期间,除了占有晋丰银铺股金 3/11 外,在给儿子李应棠的信中说,还拟从"安盛"店中陆续收回本银,"自行经营";认为"佛山殷实银铺如福记等,可以按月计息者亦有数家,得些微利充补家用,方为长策"。② 把放债吃息视为"长策",可见,时人对放高利贷的观念已有变化。在这位老官僚的心目中,放高利贷已不是一种受道德抨击的行业,而是一种正当的生意。

在清代,从皇帝内帑到地方各级衙门拨出的库银是借贷资本的一个重要来源。皇帝发内帑充高利贷资本始自康熙帝,其继任者相继效尤,尤以乾隆帝为盛。地方各级衙门也将库银投入高利贷资本,以放债取息来解决政府财政支出的一些困难。雍正十年(1732),雍正帝胤禛发帑银十万赏赍广东督府提镇标下的兵丁,作为"生息银两,以济其缓急之用"。两广总督郝玉麟等便"或借给盐商,或开张当铺"。③ 又如"嘉庆十五年前任广州将军庆溥等奏准将扣存驻防八旗马价、谷价两项银四万六千二百余两,发给盐、典二商,每两一分二厘生息"。④ 官府公然出资参与经营典当业,有时则勒迫商人捐献银两,用来放债取息。嘉庆十四年(1809),经奏准由洋商捐银十万两,"分于初、二、三限解交藩库,以三分之二发交南海、番禺、东莞、顺德、香山、新会六县当押生息;以三分之一交肇庆府属典当匀摊生息。初限银两于嘉庆十七年十二月初四日起息(发南、番二县典商),二限银两于嘉庆十八年十月二十二日起息(发肇庆属典商),三限银两于嘉庆二十年六月十一日起息(发顺德、东莞、香山、新会典商),每月各输息一分(四季解缴)。定于每年正、四、七、十等月由州县催商按季汇缴,依期批解司库"。这笔捐银每年可生息 12000 两,足以支应前山等军营的饷银。⑤ 必须指出,这里所说的利率是指官府对典当商而言的。至于典当商出贷时,其利率则视当时当地借贷双方的供求情况,以及典当中彼此竞争的程度而定,但不论如

---

① 〔清〕罗天尺:《五山志林》卷二《识今·徐侯政迹》,第 20 页。
② 李可琼信札原件藏佛山博物馆。
③ 道光《两广盐法志》卷二八《生息》。
④ 道光《两广盐法志》卷二八《生息》。又,可参见道光《粤东省例新纂》卷三《户·税饷》。
⑤ 道光《粤东省例新纂》卷三《税饷》。

何，高于政府所指定的利率是毋庸置疑的。也有的是为解决水利经费而由国库拨款放债取息的。例如，嘉庆二十二年（1817），珠江三角洲水灾为患，在兵部侍郎、顺德人温汝适的授意下，由总督阮元、巡抚陈若霖面奏准发帑银8万两交当商生息，"岁得息银九千六百两，以五千还帑，以四千六百备岁修"。① 这种以息银做水利的投资，对发展生产是有积极意义的，但它不是官营高利贷的主要目的与用途。

宗族的祖尝银是高利贷资本的又一个重要来源。珠江三角洲各个宗族，大凡都有数量不等的族田，以及铺舍、码头、瓦窑、墟肆等族产，所收得的祖尝银均可用来"放债生息"。家法祠规中屡有将闲置的尝银出贷取息的告诫：

顺德龙氏著存堂规定，尝银有余积，要"找寻殷实之人出揭"。②

新会云步李氏允成堂规定，"余存二百两以上，须集祠择殷实商店附生取息"。③

番禺潘氏荥阳书院旧例规定，"其尝银存箱五十两以上者，俱汇交本城殷实银铺周年出息"。④

族产未丰的宗族，则发动族人捐银，用来"生息裕尝"。例如，据顺德《黄氏族谱》记载："乾隆九年甲子岁二月初一吉日，岭芝堂四房子孙等共议"，捐得银三百五十两司码，每年一分二算息，自甲子至癸酉止共十年，共长本利息银一千零八十七两二分八厘。"⑤ 利息已为本银的三倍。有的宗族捐银两取"论丁论税"的方法。南海廖维则堂属下子孙，因康熙年间"尝业无几"，议定"每人一冠，科银二星；又复论丁论税捐银两，以资生息"。经过十几年变本加厉，终于建成始祖祠。到了乾隆年间，同样以放债取息的方法积聚尝银，两次用来修葺始祖祠，并"增厢于左、右翼"。嘉庆十三年（1808），该祠堂因年代久长需要维修，但感"尝银微薄"，又"集

---

① 咸丰《顺德县志》卷二七《温汝适传》；民国《龙山乡志》卷二《舆地略》；道光《粤东省例新纂》卷八《工·水利》。

② 咸丰顺德大良《龙氏族谱》卷二《著存堂规条》。

③ 李扬芳：（新会）《云步李氏宗族》之《祠宇谱·允成堂祠规附例》，李太白印书馆民国十六年（1927）年版，第70页。

④ 〔清〕潘达祥主笔，潘周询等修：（番禺）《荥阳潘氏家乘》卷七《荥阳书院旧例》，光绪八年（1882）刻本，第8页。

⑤ 〔清〕黄廷畅：《建造祖祠乐助捐资附息总录》，见顺德《黄氏族谱》，光绪二十三年（1897）抄本。

祠酌议，照前论丁派捐银两"，即"每丁科银三钱六分，限以两次交收"，"如不交清，余欠照例行息"。又"各子孙身家每百两助银一两，无论远近生理及本县、别县田业、铺店、典按等项，俱要一统计算，只可过额，不得欺隐，各私房祖尝仍照子孙事例签助"。还规定额外捐助，给予悬花红、胙肉、勒碑等种种奖励。① 名为助捐，实际是按丁、按财产摊派尝银，经放债生息后，用来修建祠堂。这种做法在当时相当流行。这里值得注意的是：摊派的尝银，"如交不清，余欠照例行息"，实即将交不出尝银的族人置于债务人的地位。族人欠祖尝银转为借债取息的情况并非仅限于南海廖氏一族。南海县迭滘麦氏敦孝堂规定，如果族人欠祖尝款项，"立单业按行息，以六个月为期，如到期本息不交，再宽限两个月，为仁义皆尽。如过期仍未履行，则集众将其本人在族中所有权利估价抵偿。如仍不足，查抄产业。若仍未足，则移及三服内亲人，以讨回原数为率，毋得徇情，以重公款"。② 这里族人欠祖尝银同样转为借债行息，但若不能偿还本息，则查抄产业，甚至株连至三服内的近亲。有的宗族规定，借尝银"一两以上，即要产业为按，写立文契"。③ 宗族制本是提倡患难相恤，以敦亲睦族为宗旨的，但是在这里，温情脉脉的面纱被撕破了，露出来的是债主的面孔。可见，在商品货币经济发展、高利贷恶性膨胀的情况下，传统的观念已受到无情的冲击。

　　用合会的形式筹集资金也是高利贷资本的一个来源。合会的名目很多，有义会、银会等。有时按其用途取名，诸如敦本会、光宗会、报本会、平粜会等。④ 合会出现伊始，旨在互相帮助，济人之急。例如某人忽遇窘迫，可首创合会，由亲戚近邻认股出钱，凑集起来，供其使用，不付利息或只付少许。有的合会，遇会友病故，"即向各会友科会金，除照例给寿金外，稍有赢余，即存贮生息"。⑤ "存贮生息"，只是大家凑钱殓葬病故的会友后对剩余部分会金的处置方法，并非义会的主旨。后来，合会一类的组织一反初衷，以生息为务，成为会首生财之道。相互效尤，一时蔚然成风。

　　合会大体分两类，一是宗族合会，即由族人凑合会银，生息积蓄，以增

---

①《南海廖维则堂族谱》卷三《嘉庆十三年戊辰重新大宗祠劝捐序》。
② 南海迭滘《敦孝堂麦氏族谱》，《敦孝堂公定族规》。
③ 石湾《太原霍氏崇本堂族谱》卷四《霍氏尝例小引》。
④ 顺德水藤沙边乡《何氏事略》，民国十二年（1923）版，第12页。
⑤ 高明三玉《谭氏族谱》卷十八《文集·千益会始末序》，民生书局民国二十一年（1932）版，第24页。

殖族产为目的；一是由有信誉的人首倡，认股出供养会银，以坐享利息为目的。会期有一年一会，亦有一年两会。合会一开始就规定供养至多少会为止，每一会以投标的方法决定执会人，以出最高利息者得。凑齐合会的供养银交由执会人营运，除偶尔用作投机生意外，几乎都用来发放高利贷；所得的高额利息，除交出投标时所认算的利息额外，余下的归执会人私囊。执会者可赚其利，未执会者也可分享利息。

  宗族的合会的确是创置或增广尝业的途径。顺德羊额翁氏环洲祖支下子孙散处，无力兴建祖祠。"乾隆辛未（1751），众子孙合银会二个"，通过生息，集资建宗祠一间，后因尝银不足而中途停顿。到乾隆四十一年（1776），"复合银会二个"来生息蓄积，加之族众的赞助，终于建成宗祠。① 又如南海九江关氏祖祠，于"道光初年，风雨毁坏，檐宇颓然"。"爰集子孙谋请江南会八股。十有三年，会满，财用略丰，于是鸠工庀材，聿新栋宇"，动工修建，终于在道光二十年冬建成。② 高明谭氏宗族也组织"千益会"生息银两，"购置田亩有三百余亩，凡公用之支需，皆借千益会以资挹注"。③ 有的宗族因种种开销，尝银入不敷出，"时形支绌，辗转称贷"，也创合会"借本生息"，既备不时之需，又可偿还债款。顺德大良龙氏在乾隆二年（1737）凑集139人组成百益会，将所得会银的一部分付给"质库"，经营高利贷。到了乾隆七年（1742），用生息银两赎回典出的尝业并购进土地。现列表统计，如表13－4所示。

表13－4 顺德大良龙氏百益会生息银两赎回尝业和购进田地统计④

尝业名称		赎或买	耗费会银（两）
下基口海旁铺	第一间	赎	50
	第二间	赎	70
	第四间	赎	24

---

① 〔清〕翁张宪等：（乾隆顺德）《翁氏族谱》卷十。
② 〔清〕关兆熙：《重修济美堂碑记》，见《南海九江关树德堂族谱》卷十五《祠宇谱碑记附》，光绪二十二年（1896）刻本，第36页。
③ 高明三玉《谭氏族谱》卷十八《千益会始末序》，第24页。
④ 根据咸丰顺德大良《龙氏族谱》卷三《碑记·百益会碑记》的记载统计。

续表 13-4

尝业名称		赎或买	耗费会银（两）
社学前铺	第一间	赎	40
	第二间	赎	35
	第三间	赎	35
	第四间	赎	40
迎恩市铺	第一间	赎	30
	第二间	赎	50
	第三间	赎	70
苏州沙背田中税70亩		买	427

从表13-4看，百益会创立后仅历五年便赎回尝业九项，购进一项，耗费836两。难怪《龙山乡志》的作者称赞合会为"生财之道亦莫妙于此"。① 顺德大良龙氏《请会章程》中也说"查近年（按：指清末）尝项多因凑会蓄积，渐次广置产业"。② 可见，珠江三角洲族产之发达，其原因固然很多，以创立合会生息银两来购置尝业当是其中的一个重要原因。

应该指出，也存在着有的族人以合会生息为名，中饱私囊，"反累及祖尝"的情况。据民国十一年（1922）刊印的顺德大良《龙氏族谱》记载：

> 凡属近支祖及子孙有请会者，必须将首会作按田亩契据开列查验属实，其租在供数三倍以上，经阖族承认，即将该契照及上手契一统交出祖尝存贮。递年仍须将所发耕之佃人姓名、住址及租价通知当值理，设簿登记。如祖尝投中，值会收银，而首会及会友欠交供养银两，须要首会于三个月内如数填足。又如中途散会，亦要将祖尝所会本及养过多少银两，如数三个月内交还，恕不计息。若甜延不交，除将按产投变外，永远罚胙，以示惩儆，而免效尤。此乃公私两尽，例在必行，毋得

---

① 民国《龙山乡志》卷三《舆地》。
② 龙建章：《请会章程》，见龙景恺纂（民国顺德大良）《龙氏族谱》卷一，第96页。

徇情，以保尝业。①

显然是有族中不肖子孙，有时以请会为名，自任会首，混骗尝银，故有以上规定。但是，合会对尝业的这种消极影响是微小的。

有的合会挂着宗族的名号以吸引会友。其规模甚大，股份多，地域广；创会的目的在于追求利润，并非为宗族谋利益。较典型的是番禺碧沙王秋波祖三益银会，该会以王秋波祖名之，以吸引其属下及各地不同姓氏者454人参加。内设51首会（亦称51大股），每个首会为33股，全会共1683股。第一会每股各养银三两三钱三分四厘。除去银会经营费用外，投入生息资本的会银共5100两。参加的有士绅、地主、商人，以及不同族姓的祠堂。地域包括乡村和市镇，计有：市桥、新桥、傍江、石岗、罗家、沙墟、黄编、沙湾、龙洋、北洋、莲湖、平步（南、北约）、榄塘、东沙、史庄、朱坑、白沙步、甘棠、蔡边、左边、丹山、榄山、广州、土浦、汀根、北津、本乡（碧沙）本房等共27个地区。主持此会者都是族绅，目的是把零散的游资汇集起来投入高利贷活动。规定利银由"未执会与现执会者均分，与已执及首会无涉"。首会之所以未参加均分利银，是因为他已得"酬劳费银"，而已执会者则因他执会期间已从营运会银中得到好处。这种合会与非宗族的合会无异，不同的是它的规模更大些罢了。关于王秋波祖三益银会的组织及经营管理的具体情况，请参阅本章末附录《碧沙王秋波祖三益银会规》。

三、借贷资本盛行的原因

如前所述，珠江三角洲地区高利贷资本于清代崛起后发展迅速，到了清末，本地区高利贷资本的发展已使广东的典当业名列榜首，在全国占据极其重要的地位，而且值得注意的是，高利贷资本几乎都是采用货币的形态运作。这种情况的出现是有其原因的。

第一，经过宋、元、明三代的开发，对自然条件做了因地制宜的改造，珠江三角洲已显示出其优越性。始时"凿池蓄鱼"，基面"树果木"，即所谓"果基鱼塘"。十五六世纪，又演变为塘以养鱼，基以树桑。18世纪以后，桑基鱼塘日益发展。塘泥可肥桑地，桑叶可喂蚕，蚕沙、蚕蛹又可饲

---

① 龙建章：《请会章程》，见龙景恺纂（民国顺德大良）《龙氏族谱》卷一，第96页。

鱼。这样，种桑、养蚕、养鱼，综合经营，循环利用。除种水稻外，又种甘蔗、果木等，形成种植多种商品性作物的复杂的农业结构，农业商品化水平已达到较高的程度。当地的陶瓷、冶铁、纺织等手工业也有了长足的发展。珠江三角洲濒临南海，对外贸易发达；河流纵横，内部交通便捷，手工业中心和市镇增多，商品经济繁荣，商业资本活跃，从商者甚众。道光时，番禺、东莞和新安等县从商者达 3/10，顺德达 4/10，南海竟达 6/10。① 白银已在明代作为交易通货的手段，商品货币经济迅速发展，尤其是康熙中期开洋贸易以后，经济生活上发生了一系列重大的变化。舶来洋货，诸如各种羽缎、哔叽、玻璃、香料、钟表、洋药、玩艺之类，成为最时髦最能代表高贵身份的享用物，因而也就成为地主阶级追逐的商品。金、银货币在社会经济生活中越发显得重要，这些都大大刺激了地主阶级对货币的追求。为了满足其贪婪的欲望和对穷奢极欲生活的追求，地主往往将地租转化为高利贷资本，通过生息来获取更多的货币。

第二，商品经济的发展，促进了小农的分化。商品性农业容易获得较高的收益，但对市场的依赖性大，市场风险亦大。那些因农产品价格跌落而陷入窘境的农民成为高利贷朘削的对象自不待言，就是正常的年景，耕作的资金一时周转不来，也难免会陷入高利贷的罗网。我们知道，商品性农作物的种植较之于传统的农作物所花费的成本要大得多，佃农要筹足耕作的资金不容易。有的佃农"牛种灰粪，悉贷于豪黠"。② 自耕农的境遇虽然稍好，但当他的简单再生产无法维持之时，也不得不去敲债主之门。自耕农是债主理想的债务人，因他们还具一定的偿还能力，不至于像佃农那样，当"力诎负重"之时"罄室以逃"。③ 广泛存在的自耕农为高利贷的猖獗提供了广阔的天地。同时，珠江三角洲地区的租佃关系中，预租和押租相当流行。④ 交不出预租和押租的农民只好求贷于银主，而银主与收到预租和押租的地主又往往是一家。从上可见，珠江三角洲商品性农业和租佃制都为生息资本提供了可乘之机。

第三，社会舆论对高利贷的看法在逐步改变。经营高利贷，历来备受鄙

---

① 〔清〕龙廷槐：《敬学轩文集》卷二《初与邱滋畬书》。
② 乾隆《花县志》卷之一《风俗》。
③ 乾隆《花县志》卷之一《风俗》。
④ 关于珠江三角洲的预租和押租，请参见本书第四章 二、沙田的开发与宗族制的发展。

视、受道德谴责，社会上把"举债"视为"逆情敛怨"。① 但在清代，地方政府的布告公然声称："典当之设，上裕国课，下便民生，实于地方大有裨益"。② 更甚者，从皇帝到督、抚、州、县衙门，以及各级官僚、贵族都在带头放高利贷。上行下效，民间也以"举债"为正途而趋之若鹜。广州城南的杜镜堂（道光时人）就把放高利贷视为"可以周人之急"，而"专向典库租息以寄意"。③ 正是这些舆论上的变化，以及皇帝、官僚、贵族和各级衙门的躬身力行，助长了社会上借贷之风的盛行。

第四，宗族制的盛行与高利贷资本的发达亦不无关系。珠江三角洲的各个宗族，皆多聚族而居，"或一乡一姓，或一乡二三姓"。④ 宗族内部有严密的组织，一族之内设有族长，各分房又各设有房长，从纵向观之，自族众而房长，而族长，秩然有序，等级森严；从横向观之，有嫡庶、尊卑之分，穷富之别。打出尊祖、敬宗、睦族的旗号可用来收买人心，也可以此为由敛聚族产。放高利贷正是创置或增广族产的重要方法。各个宗族无不修墓建祠、撰写族谱、祭祀祖宗、演戏、大搞迎神赛会等，活动所费浩繁。当一时筹措无着，也向银主大举借贷。正如一些宗谱作者所哀叹的，"旧贷未偿，新贷又起，重重负累"⑤；"揭款会项，棼如乱丝"。⑥ 有的宗族甚至因债台高筑而拍卖族田偿还。⑦ 各宗族或放债或借贷，这种从事借贷的活动无疑助长了高利贷资本的凶焰。

第五，清代流行的合会一类的组织也加强了高利贷资本的势力。合会其始本在互济互助，周人之急，以免借债人受高利贷的盘剥，带有反对、抵御高利贷的性质。但到后来，会银也用来生息，甚至取高息，成为高利贷资本的一个来源。

由于以上种种原因，珠江三角洲高利贷资本的活动遍及各地，深入每一个角落。高利贷资本的发达，对珠江三角洲经济的影响是巨大的、深远的。

---

① 万历《新会县志》卷五《区鉴传》。
② 《禁作贼当铺》，见清代《杂抄布告》。
③ 道光广州《城南杜氏家谱》之《镜堂公事略》。
④ 〔清〕屈大均：《广东新语》卷十七《宫语·祖祠》，第464页。
⑤ 咸丰顺德《龙氏族谱》卷二《碑记》。
⑥ 中山小榄《泰宁李氏家谱》卷六。
⑦ 据光绪佛山《梁氏家谱》记载：梁氏宗族因所欠债务，如牛负重，不得不"将蚬涌沙田（210余亩）出账受价偿还欠项"。计得实银15200两，用来偿还欠项债务本银10682两，息银1606两。

第一，地主为了满足一时寄生性生活的需求，商贾为了解决贸迁本银之窘，手工业者和农民为了筹措生产资金，都曾告贷于债主。高利贷资本也的确使他们的窘迫得到一时的纾弛，但它并不能推进社会经济的发展。地主所承担的利息可通过榨取高额地租来偿还，实际上压力最终转嫁到农民头上；商人的商业利润一般低于高利贷利息，商人告贷营商，纾缓一时资金窘迫尚可，靠长期借贷营商，只能使其破产；手工业者和农民一旦陷入高利贷的魔掌，便只好任其敲骨吸髓而不能自拔。被"拘禁"、鞭扑者有之，[1] 被迫"鬻庐舍、妻孥"者有之，[2] "罄室以逃"者亦有之。[3] 可见，高利贷以纾弛债务人窘迫始，以债务人破产，乃至鬻儿卖女终。珠江三角洲的缙绅地主本有蓄奴的恶习，有的名宗大族如新会梁氏等还坚持落后的佃仆制。高利贷的猖獗，恰可源源不断为名门富户输送奴婢。在某一地主（阙名）《家用开支簿》[4] 记载道光二十一年至二十九年（1841—1849）的收支流水账中，除了二十七年（1847）外，每年都有买卖婢女的记载。卖女为婢的原因没有明载，但高利贷的逼迫当是其原因之一。借贷解困，无异于饮鸩止渴。道光二十四年（1844），香山知县陆孙鼎在告示中曾痛切地指出："放债取利，一其母而百其子，曰引子账。勾引良家子弟书券为质。日月既久，子息愈多；或挟之冶游，贷以少许钱银诱写祖父田产，预为争耕抢割之地。于是或外迫豪强而破家，或内畏父兄而自尽。其害殆不可胜言。"[5] 此话颇能道出其中祸害。从上可见，高利贷资本固然可以融资济急，使生业得以正常运转，但在小生产者处境每况愈下的情况下，也往往导致生产萎缩。

第二，高利贷资本是土地兼并的祸根之一。如前所述，借贷时，债主动辄勒迫以田产作抵押，或以田产作典，将来兼并这块土地的往往就是债权人。番禺石楼陈启秀堂就典进巨量的土地。现据该祠堂租簿[6]的记载，列表统计如下（见表13–5）：

---

[1] 〔清〕罗天尺：《五山志林》卷二《识今·徐侯政迹》，第20页。
[2] 光绪《香山县志》卷十四《郑光佑传》。
[3] 乾隆《花县志》卷之一《风俗》。
[4] 原件藏于广东省立中山图书馆。
[5] 光绪《香山县志》卷五《舆地下·风俗》。
[6] 原件藏于广东省立中山图书馆。

表13-5 光绪二十三年前陈启秀堂典入土地统计

序号	土名	面积（亩）	贷出本银（两）	租息（两）
1	合成围	数额不明	80 40	6.4 3.3 3.2
2	涡口三围	324.935	—	550（租息） 400（又利息）
3	大沙集兴元字号围田	546.63	—	1276.38
4	钩沙第14份水田	数额不明	80	数额不明
5	海心沙大西围	100	—	319
6	沟沙第23份水田	27	—	64
7	涡口二围	10	—	数额不明
合计		1008.565（有两项不明，未包含在内）	—	2622.28（有两项不明，未包含在内）

从表13-5看，陈启秀堂在光绪二十三年（1897）典入土地，除去两项数额不明未包含在内，共1008.565亩。这些田地的地租就是借出的本银的利息。唯有第二号涡口三围，显然因地租不足以抵偿所借本银的利息，所以另交400两利息银。这些土地很可能最终为该祠堂所兼并。比起直接买田，典田对兼并者更为有利。因为典田意味着自耕农在将来更不利的条件下出卖这块土地，从典田之日起，土地所有权已在暗中离开原来的主人，向债主手中过渡。典期一到，典主无力取赎时，债主便据为己有。从这个意义上说，债主所付的本银相当于预付了低廉的地价，地租则相当于利息。根据陈翰笙先生20世纪30年代的调查，广东农民70%～80%的失地情形是先典后卖的。做抵押的田地，过期本、利还不清时，照例被债主没收；典出的田地过期不赎，也要断卖给债主。① 债主乘人之危，以或典或抵押的方法来兼并土地，加剧了土地兼并的过程。

第三，高利贷资本不仅加剧了土地兼并的过程，加速了农民的破产，摧

---

① 陈翰笙：《广东农村生产关系与生产力》，第53页。

残了社会生产力,并且由此而引起社会基本矛盾的激化。明嘉靖年间,阳山、连山二县因"多江西人在地方放债,害民激变,良民甘于从盗"。① 入清以后,珠江三角洲地区赌博、宗族械斗和偷盗成风,阶级矛盾日益尖锐。高利贷资本的猖獗对于这种情况无疑起了火上浇油的作用。正如梁汝璠在《弭土盗议》中所指出的,"承平久而生齿繁,富者拥有赢余,贫者艰于口食,即少有资借,而为本既少,所获不丰,农功甫毕,称贷频仍,此穷而为盗者也"。②

明清时期,由于高利贷资本自身的封建性,它既不像商业资本那样可以促进商品的流通,又不能像近代银行资本那样帮助工业资本家发展生产,因此,起了非常消极的作用。

附录:碧沙王秋波祖三益银会规

——议会期一年两会,以六月十一、十一月初五日为期,风雨不改,闰月不算。

——供养会银以六月十二、十一月初六日起收,限期五日内扫数完供,如过期未供,每两每日加收利银一分,至过期十日,大份即将作按之田,或典或租,连利供足。如租期与会期不合,每两每月加收息银三分行算。其小份,从前所养之银八折交回,缴簿注销,召人预补。

——投会现开现收,均四筒下票投收,每筒开一十股,俱以出利多者为首中,顺递而下,四筒合共开五十一股为度,其利银统计多少,系未执会与现执会者均分,与已执及首会无涉,其现执会者,是会亦照未执会充养小份。若执中不要,每股罚东银三两三钱,另行再投,如越宿方说无契交接,即将所投中之银交首会代贮包供,议回每两周年利息银六分行算,脱本脱利供足,余银送复。如该银不足供,必要本人供足,毋得托词推诿。

——投会不得补贴入利,倘无人下票,则将股份编列入筒阄票,执着者为中,小份照例供养。

——交收会银,俱用毫子,出入均无补水。

——投中会者,立即交出附近实潮田红契,坦税红契,要丈验印照为

---

① 〔明〕霍韬:《霍文敏公全集》卷十下《两广事宜》;〔明〕郭棐:《粤大记》卷三《山箐聚啸》,第42页;〔清〕顾炎武:《天下郡国利病书》之《广东备录下·连州》,第3360页。

② 《广东文征》卷十八《策议》,第169页。

真，每股约田四五亩，每年值租银一十两，俟查访明白，写立典田，领会银数印着殷实人作中保，竖明本祖按会石杙，乃得领银。倘与别人借田红契作按，亦要契主亲写典田数，并竖明按业石杙，方得领银，混失按会红契，首会照价印复。如系白契地契、铺契、屋契，一概不得作按，特此声明。如用村边坑田红契作按，随时妥议。

——竖按杙以六月十二、十一月初六日起至六月二十一、十一月十五日为期。所有工人船只，首会雇便。届期投中会者，着人到本会所同理事齐到田所竖杙。倘逾期不到，迨后补竖，费用系过期者出，其会银仍俟杙后十日乃得收领，如有换契再竖杙，费用亦系换契者所出，并先要交新红契到会所，本祖将交来红契土名标贴访查，竖杙十日后乃得交回旧按红契，先此声明，以免后论。

——本会各会友账目及别会之数，均不得在会内扣搭分毫，虽至亲兄弟，至爱戚友，亦要兑足银两，交理事收贮，乃得入簿，不得借口入数，以至嗔论。

——每会每股东银三两三钱正，系现执会者所出，首会代办酒席，倘银到而人不到，每股送东银一钱正。

——执中会者，按业未便以会按会，准在二十二会以后乃得按会。

会簿每名各执一帙，执中会者，领银之日即要携簿到会所注销，以免舛错。如有遗失，不得领银。

——上会欠供，不准下票，即中票亦无效。

——各友所执之会须至十四会乃得贮供。

——第一会以乙丑十一月初五日起，每三十三股为一个首会，不计第一会，每股各养银三两三钱三分四厘，每个共银一百一十两正。每个内除银一十两作为纸、墨、刻字、石杙，并首会办理酬劳之费，每个余银一百两正，计会五十一个，共银五千一百两正，将银五千一百两交出投收，自第二会以下，大份每股供银三两八钱正，供至三十三会为止，小份每会照额银除利供足，无利亦照额供足。

第二会各养银三两三钱一分九厘。
第三会各养银三两三钱零三厘。
第四会各养银三两二钱八分七厘。
第五会各养银三两二钱六分九厘。
第六会各养银三两二钱五分。
第七会各养银三两二钱三分。

第八会各养银三两二钱零八厘。

第九会各养银三两一钱八分四厘。

第十会各养银三两一钱五分八厘。

十一会各养银三两一钱三分。

十二会各养银三两一钱。

十三会各养银三两零六分七厘。

十四会各养银三两零三分。

十五会各养银二两九钱八分九厘。

十六会各养银二两九钱四分四厘。

十七会各养银（缺）。

十八会各养银二两八钱三分七厘。

十八会各养银二两七钱七分三厘。

二十会各养银二两七钱。

二十一会各养银二两六钱一分六厘

二十二会各养银二两五钱一分六厘

二十三会各养银二两四钱。

二十四会各养银二两二钱六分。

二十五会各养银二两零八分八厘

二十六会各养银一两八钱七分五厘。

二十七会各养银一两六钱

二十八会各养银一两二钱三分三厘。

二十九会各养银七钱二分。

三十会小份。自此会后，执中收银者免供，未执中者亦不用充养，其从前已执者，每股每会仍要银三两八钱正，首会除应得酬劳费银外，即将会银五千一百两交出票投，仍开五十一股，以出利多者为中，其利银系未执者均分，已执，现执，首会俱无涉。

三十一会小份，每股得银一百两投收。

三十二会小份每股得银一百两投收。

三十三会小份每股得银一百两正。

——大份倘有欠供一会，定必插禾抵供，该插禾使用及交涉沙夫、更练、插禾、票银，俱系欠供者出。至欠供两会，任由本祖得此按业出招耕，在本会所投献现租银抵供。如投一年，现租不足欠供之数，递年又将此按业再投现租银，至供清楚该欠供之本息为度。

碧沙王秋波祖三益银会绅董：

仲持、式三、杞园、成新、耀干、定华、藻康、典八、卉伯、铭康、敏章、锐康、爵成、广成、绵泾、明华、玉成、培根、学安、作权、敏经、用韶等拜。

第十四章　地方市场网络的形成与不断完善

农村墟市是商品经济发展状况的探测器，它的发展水平取决于商品化程度、交通条件和人口密度等因素。明代中叶以降，珠江三角洲的农村墟市所呈现的繁荣景象显然同这些因素有着密切的联系，其中同农业商品化及以此为起因而引起的与农业相关的其他生产部门的相应变化的关系尤为重大。本章拟就农业的商品化与墟市的发展做一些叙述和分析，旨在说明明清时期农业经济结构的变迁过程中，农村墟市的地位及其所起的作用。

一、商品性农业、手工业的发展

珠江三角洲"僻在海隅"，古代的生产力水平远比中原地区落后。直至隋代之前，农业生产的水平依然很低下，基本上停留在"火耕水耨"[①]的阶段。唐宋时期，中国经济的重心日渐南移。在这一总的历史趋势影响下，宋元两朝，珠江三角洲进入一个开发的阶段。堤围水利工程陆续兴建。根据文献记载的不完全统计，宋代共修堤围28条，长达66024丈，捍卫农田24322顷；元代除维修旧堤围外，又新修堤围34条，长达50526丈，捍卫农田2332顷。[②] 由于兴修水利，耕作条件得到改善。明代以后，特别是从明代中叶起，珠江三角洲进入迅速开发期。不仅在沿河两岸进一步修筑堤围，还进行了较大规模的海滩围垦。围垦范围不断扩展，与江海争田，扩大耕地面积。在扩大耕地面积的同时，还实行深耕细作，以提高单位面积产量。16世纪前半叶，南海县的一些高产田亩产已达十石，[③] 居于全国之冠。但是，可供开垦的土地面积总是有限的，集约化的耕作也不可能无止境地提高单位面积产量。在同一技术条件下，当投入的劳动力达到一定程度后，边际递减率便趋向于零。因此，单靠扩大耕地面积和实行集约化的耕作并不能解决明

---

① 《隋书》卷三一《地理志下》。
② 参见《珠江三角洲农业志》第2册《珠江三角洲堤围和围垦发展史》，第5、12页。
③ 〔明〕霍韬：《霍渭涯家训》卷一《田圃第一》。

344

代以后，特别是从明代中叶起日益沉重的人口压力问题。[①] 而商品性农业可为劳动力提供更多的就业门路，收到比传统农业高得多的经济效益。因此，明代中叶以后，农业发展的趋向是不断商业化的。商业化的程度愈高，经济循环过程给社会劳动力提供的就业门路也就愈广泛、愈多样。再则，商品性农业所做的多种经营，便于同技能、强度不同的各类型劳动力进行合理的搭配，使劳动力得到充分的发挥，从而取得比传统农业大得多的经济效益，在一定程度上缓解了人口增长带来的压力。

商品性农业的发展固然是由于许多经济因素，诸如适合多种农作物生长的生态环境、交通便畅、商业资本向农村的渗透与农业相关的手工业的发展等交相起作用的结果；但是，明代中叶以后日益加重的人口压力确是其中不容忽视的重要因素，它对珠江三角洲农业的商业化起催化剂的作用。

珠江三角洲商品性农业发展中，值得注意的是专业化农业区域的出现。

明初出现的把田地改为基塘，是专业化农业区域的端倪。先是果基鱼塘，塘用来"蓄鱼"，基面"树果木"，称为"果基鱼塘"。这种经营方式从明初起一直存在于南海的九江、顺德的龙山等地。据万历九年（1581）清丈土地的结果，龙山全乡田、地、山、塘共计44947亩，其中塘8124亩，占耕地面积的17%。[②] 可见，从明初到万历初年的200多年间，"果基鱼塘"的经营方式并没有多大的改变。明末清初出现了"桑基鱼塘"，即将原来基面种的果木改为蚕桑。桑基鱼塘一经出现，便很快地取代了"果基鱼塘"，并得到了长足的发展。康熙后期（即18世纪初），南海县西樵附近的海洲、镇涌、金瓯、绿潭、沙头、大同六乡也相继发展成桑基塘区，以养鱼、蚕桑为业。这六乡同先前的九江、龙山、龙江和坡山等地连为一片，形成以九江为中心的、以养鱼、蚕桑为专业的农业区域。乾隆二十二年（1757），广州成为中西贸易独口通商口岸，欧洲商人采购的生丝及丝织品都集中于广州。生丝的外销量越发巨大，价格也越高。因高额利润的吸引，乾隆、嘉庆年间又出现了"弃田筑塘，废稻树桑"的热潮。

除以蚕桑、养鱼为专业的区域外，还出现了以种植果木为主的专业区域。从明代中叶起，逐步形成以广州为中心，南至番禺的大石、沙湾、古坝，东至黄埔、茭塘，西南至顺德的陈村、南海的平洲、番禺的韦涌，纵横一百里的一大片老沙围田果木种植区。其中尤以陈村的果木业最负盛名。至

[①] 详见本书第三章《人口的增殖与耕地的扩大》。
[②] 参见《重修龙山乡志》，1930年版。

于零星的小面积种植果木,各县皆有。这些小面积的果木区,往往以盛产某一品种而驰名于世。鸦片战争之后,果木的生产一改过去以荔枝、龙眼为主的经营方式,转为注意增加品种,栽培佳品。梨、甜黄皮、橙、胶柿、乌榄、白榄、番石榴、杨桃等果品在番禺县得到了较大的发展。此外,还出现了商品性农作物的中心产地。例如,蒲葵以新会为中心产地,中山县的古镇次之。种香,则以东莞为中心产区。明末清初,"西樵号称茶山"。水草(茳芏),则以东莞、宝安为产地,它可用来编织睡席、草绳等。

  商品性农作物种植面积的扩大促进了农产品加工行业的发展。擅长某一加工技艺的农民逐步从农业分离出来,变成独立的手工业者,缫丝、丝织、制糖、制葵扇等手工业相继勃兴。

  手车丝是当地传统的手工缫丝的方法,作为一种家庭副业流行于南海、顺德等县。南海籍的华侨商人陈启源仿外国人用机器缫丝的方法,于同治十一年(1872)在简村堡创建继昌隆机器缫丝厂,他注重改进缫丝机器的技术,于光绪十年(1884)发明单车缫丝机(又称踩车,即足踏丝车),大大提高了缫丝的效率,并且质量也远远优于手工丝品。此后,手车丝逐步被足踏车丝所代替。由于机器缫丝获利甚厚,丝厂相继蜂起。据统计,光绪六年(1880),在南海的简时、学堂乡、吉水、大同及顺德的部分地区,丝厂已经发展到12家;到光绪十三年(1887),仅顺德一县丝厂已达42家;至光绪二十八年(1902),珠江三角洲的丝厂已发展到68家,丝车34600台。① 这些丝厂的缫丝工人都是附近的农村妇女,丝厂的发展意味着越来越多的农妇从农业分离出来,变成了产业工人。缫丝业因工厂的出现而快速发展,同时还带动了丝织业的发展,首推南海县的西樵、民乐、佛山、九江、欧村等地,尤以西樵、民乐为盛。顺德县的伦教、沙滘、勒流、黄连等地丝织业亦甚负盛名。

  麻织业在新会的田边、潮连、牛矢湾、沙塔、天亭等地颇为发达,这些地方出产的夏布为世所重。据卢子骏《潮连乡志》记载:潮连"妇女亦以织麻为手工",咸丰至光绪初年,"直街一带,机房林立。机杼之声,昼夜轧轧"。又说,"故麻一项,赖以为衣食者甚伙"。"布麻既盛,染事随之。于是有染房之设。染房数间,列于巷头市,贸易颇大,染房兼有掮石,布有掮之使光滑者,故与染房连属然。"② 可见,手工业部门之间是彼此联系,

---

① 参见《珠江三角洲农业志》第4册《珠江三角洲蚕桑业发展史》,第30-31页。
② 卢子骏:《潮连乡志》卷一《舆地略·布类》。

互相带动的。

制糖业也发展到一定的规模。所制的糖有黑片糖、黄片糖、赤沙糖、白沙糖、瀵尾、冰糖等品种。白糖的上品——洋糖，"售于东、西二洋"；"次白者售于天下"，销路甚广远。①

制葵扇业以新会为中心，中山古镇所产的葵叶也多运到此处进行加工。葵叶可加工成葵扇、葵笠、葵簦衣、葵水贝、葵扫寻、葵席等，尤其以葵扇最受重视。葵扇的花式品种不断增加，雅俗皆备，畅销国内外。乡民以此为业，正如咸丰年间聂尔康所指出的，"前此寰瀛静谧，商货流通，葵扇所行，周于天下"。②

草织业因东莞种植水草面积扩大而发展起来，到19世纪70年代，东莞厚街乡从事草织业者已有10000多人。

东莞种香区的农民，"其为香箱者数十家，借以为业"。③ 又如荔枝、龙眼的装箱、打包、运输也都由专业工人负责。正如屈大均所指出的，"广人多衣食荔枝、龙眼，其为栲箱者、打包者各数百家。舟子、车夫皆以荔枝、龙眼赡口"。④

由上可见，商品性农业的发展，不仅使农业中分出更多的商品生产部门，而且分出更多的手工业部门和包装、运输行业，从而促进了社会分工的扩大和细化，以及商品经济的繁荣。从事加工等手工业部门和包装、运输行业的人口日益增加，而农业人口则相对地在减少。

商品性农业的发展使传统的生产与消费的自然联系被切断了。农户生产的自给量不断减少，从市场的购进量日益增多。因手工业从家庭中分离出来，原料与成品的生产地也出现了分离。传统的农民家庭，"从采掘各种原料开始，直到最后把这些原料制造成消费品"⑤，形成单一的经济单位。但我们看到，明清时期，珠江三角洲有愈来愈多的农民家庭已不能单独完成某一产品生产的全过程。基塘区的农民需要仰赖九江的鱼花，果木区的家庭则需要来自陈村的树苗，鱼花与树苗都得到墟市去购买。南海烟桥的"各造

---

① 〔清〕屈大均：《广东新语》卷二七《草语·蔗》，第690页。
② 〔清〕聂尔康：《冈州再牍》之《拟将新会葵扇改抽买扇之人以恤葵户论》。
③ 〔清〕屈大均：《广东新语》卷二六《香语·莞香》，第677页。
④ 〔清〕屈大均：《广东新语》卷二五《木语·荔枝》，第625页。
⑤ 〔苏〕列宁：《俄国资本主义的发展》，第17页。

蚕种（按：当地育蚕，每年六造）多取给付（附）近墟市"。① 一旦桑叶不继，蚕农亦需取给于墟市。可见，农民家庭已不复成为单一的经济单位。而小生产者生产与消费的分离，原料与成品生产的分离，为商业资本的活动提供了条件，因此从商之风甚盛。据嘉庆年间龙廷槐的估计，商贾之多，首推南海，从商的人户占6/10；次为顺德、新会，占4/10；再次为番禺、东莞、新宁、新安，占3/10；从商较少的为增城、三水也占2/10；香山、清远、从化等则占1/10。龙廷槐声称，这些比例数是他"据所见书其大概"。② 这些商人经营的商业同传统的土贡式的贸易有所不同。他们深入农村，充当农产品与手工业产品的中介人，使供求关系层次日益复杂。有些商人操纵小农户的生产。例如，《广东新语》记载，糖户"春以糖本分与种蔗之农，冬而收其糖利，旧糖未消，新糖复积，开糖房者以是致富"。③ 就是说，糖户于春天向蔗农贷放用来开办糖房的资本，冬天再令蔗农以蔗糖偿还。商人既开糖房，又放高利贷，使商业资本兼有产业资本和高利贷资本的职能。商业资本对农村的渗透使农户与市场的距离缩短，因为有的商人到产地直接收购；还使生产与消费的分离、原料与成品生产的分离越发加剧，从而使小生产者对市场的依赖加深。

我们知道，农民种植商品性的农作物，无不以交换价值为目的。其商品价值的实现必须仰赖墟市。因此，市场的供求状况，价格的高低，都与农民的利益攸关。冯栻宗《九江儒林乡志》写道："村人以鱼、蚕为本业，新鱼花到海，纷纷趁市。相逢偶语，辄问有鱼多少？承价若何？见担桑者辄问桑价，或问有蚕多少，蚕几眠。陶靖节诗：'相见无杂语，但道桑麻长。'"④ 有一首竹枝词也写道："呼郎早趁大冈墟，妾理蚕缫已满车。记问洋船曾到几，近来丝价竟何如？"⑤ 可见，到了清代中叶，当地的丝市已开始被纳入国际丝市场的范围，市场动态已成为人们相见言谈的话题。农民对市场的依赖，还表现在对粮食的需求。由于商品性农作物种植面积的扩大，自明末起，珠江三角洲的粮食已经"仰籴于外"。屈大均曾指出："东粤少谷，恒仰资于西粤。粤西之贵县尤多谷。然其地僻在山溪，稻田亦少，其谷多半出

---

① 何毓桢等：民国《南海烟桥何氏家谱》卷九《杂著谱》，第43页。
② 〔清〕龙廷槐：《敬学轩文集》卷二《初与邱滋畬书》。
③ 〔清〕屈大均：《广东新语》卷十四《食语·糖》，第419页。
④ 《九江儒林乡志》卷三《舆地略·风俗》。
⑤ 〔清〕张臣：《竹枝词》，见嘉庆《龙山乡志》卷十二《艺文志》。

于东粤灵山。"① 而对广西粮食源源东运的情况，雍正五年（1727），广西巡抚韩良辅在一篇奏折中抱怨说，"在广东本处之人，惟知贪财重利，将地土多种龙眼、甘蔗、烟草、青靛之属，以致民富而米少。"② 清代中叶，粮食仰籴于外更显迫切。顺德龙江简梦岩有一诗云："贫无隔宿舂，富无十日粮，龙江龙山称大乡，大乡乐岁忧饥荒。今春西谷来何迟，谷之丰歉米市知……富人轻田里，贫人又不亲耒耜，万口嗷嗷竟何恃。"③ 诗中反映了当时人们对粮食市场供应的关注和忧虑。珠江三角洲的粮食，除从广西贩来外，还从湖南、江西、镇江、芜湖等地采买，以及主要从暹罗和安南进口。粮食是生活中须臾不可或缺之物，而要从市场上买到粮食，以及其他生活必需品和生产资料，就得先销售自己的产品以取得货币。可见，农民家庭生产的商品性农产品能否通过市场兑现其价值，关系着能否维持其正常生活及再生产的全过程。农户与市场的关系已经不是明代以前偶发的、稀少的关系，而是经常性的、大量的、普遍的关系。这部分小生产者的利益几乎已同市场这一经济脉搏的跳动融为一体了。因此，农村墟市的发展与繁荣就势所必然了。

二、墟市发展的概况

墟市作为实物交换的场所，起源甚早。在传说的神农氏时代，《易经·系辞》中已有"日中为市"的记载。珠江三角洲的农村墟市始自何时已难以确考。《南越志》中写道："越之市为墟，多在村场。"④ 此书作者沈怀远是刘宋时人，可见，至少在南北朝时期农村已有墟市之设。尔后的唐宋元诸朝文献上也屡有墟市的记载。但是墟市的繁荣与发展则在明清时期。

一个令人注目的史实是，明清时期墟市的数量不断增加。根据不完全的文献资料统计，狭义的珠江三角洲于永乐年间墟市有 33 个；嘉靖三十七年（1558）增至 95 个；万历三十年（1602）发展到 176 个，其中以顺德、东莞、南海、新会为多。明末，顺德的墟市有 36 个，东莞 29 个，南海、新会

---

① 〔清〕屈大均：《广东新语》卷十四《食语·谷》，第 371 页。
② 《清实录·世宗宪皇帝实录》卷五三，雍正五年丁未二月乙酉。
③ 简竹居：民国《粤东简氏大同谱》卷十《家传谱世传·龙江系十六世永庵公梦岩公》，民国十七年（1928）铅印本，第 80 页。
④ 参见林桑禄编《岭南古方志辑录》上册，岭南美术出版社 2007 年版，第 304 页。

各 25 个，单此四县就共有 115 个。① 清代，墟市数量更是急剧增加，尤以专业性农业区域和经济作物的中心产地为最。明清时珠江三角洲各县墟市数量，根据地方志的记载统计，如表 14-1 所示。

从表 14-1 看，21 个县的墟市数量都有不同程度的增多。增加幅度最大的是南海、顺德、番禺、东莞和新会等县。一个县内，各乡堡增加的情况也不尽一致。笔者曾将南海县各乡堡的增加情况做过统计，墟市数量增加最快的首推商业化程度最高的九江堡。据历朝修的《南海县志》记载，道光十五年（1835），九江堡共有墟市 17 个；同治十三年（1874）增加了 4 个；宣统二年（1910）又增加了 8 个。统计数字表明，墟市的增加是同农业和手工业的商品化并驾齐驱的。各类墟市中数量增加最多、增加速度最快的是专业墟市（详见本章第三部分）。

墟市不仅数量增加，规模也不断扩大，景观愈加繁荣。万历九年（1571）前，顺德龙山乡大墟只搭廊肆作为"聚货交易"之所，挑卖酒食者于肆市两旁张伞招客，"席地而饮"，没有固定的酒店。后来扩大规模，设立店铺。到清代已是"百物辐辏，商贾常满"了。② 中山县小榄，自宋代开村之时始，至明万历年间，一直只有林步一墟；天启年间，于相距数里的聚源里增设一墟；到了清乾隆年间，两墟发展到连成一体，被时人称颂为"林步酒家，……每夜灯烛辉煌，彻夜不灭"③ 的市镇。番禺县的黄陂墟，嘉庆十九年（1814）已"建铺四百余"。④ 同县的新造墟，崔弼有诗云："新造是墟场，铺户多排比。"⑤ 四会县的隆庆市，嘉庆初年已拥有"铺户百六七十间"。⑥ 陈村与石龙也发展成为三角洲的重要市镇，可见，原来的墟市已经改形换貌，今非昔比了。佛山的变化尤为巨大。佛山作为一个聚落，"相传肇于汴宋"⑦，元代还只是一个渡口。到了明景泰年间，佛山陡然崛

---

① 参见《珠江三角洲农业志》第 1 册《珠江三角洲形成发育和开发史》，第 97 页。
② 嘉庆《龙山乡志》卷十一《艺文志·杂著·龙山堡议设乡兵则例》；又，卷二《乡事志·墟市·大冈墟》。
③ 〔清〕何大佐：《榄屑》，见《广州大典》第 394 册，第 198 页；卢新贡：《小榄镇晚市由来》（未刊稿）。
④ 同治《番禺县志》卷十八《建置略五·墟市》。
⑤ 〔清〕崔弼：《珍帚编时集》卷一《五言古·哀新造一百韵》。
⑥ 光绪《四会县志》编二下《建置十·墟市》。
⑦ 乾隆《佛山忠义乡志》卷三《乡事志·纪略》。

表 14-1 明清珠江三角洲墟市发展情况统计表

县 名	番禺	南海	顺德	东莞	新会	花县	从化	增城	中山	三水	高明	台山	开平	鹤山	恩平	惠阳	博罗	高要	四会	宝安	清远
土地面积	1794	1264	752	2721	1923	864	1809	1740	2877	851	1030	2991	1173	1076	2035	5517	2925	2784	967	1298	4093
明方志记载的墟市数	嘉靖省志 17	嘉靖省志 19	嘉靖省志 11	嘉靖省志 12	嘉靖省志 16 万历县志 37		嘉靖省志 10	嘉靖省志 11	嘉靖省志 9		嘉靖省志 11	嘉靖省志 8			嘉靖省志 9	嘉靖省志 9	嘉靖省志 7	嘉靖省志 10	嘉靖省志 8		嘉靖省志 7
全县人口数	嘉靖元年 63584	崇祯五年 114361		崇祯五年 85730	嘉靖年间 65052 万历二十年 73127			弘治五年 42870	嘉靖十一年 18090		嘉靖三十一年 15146				嘉靖十一年 13413	嘉靖元年 27975	嘉靖十一年 27713	万历年间 47332	万历元年 33971		
每墟市平均人口数	嘉靖六年 3740	嘉靖年间 6019		嘉靖年间 7144	嘉靖年间 4066 万历二十年 1976			嘉靖年间 3897	嘉靖年间 2010		嘉靖年间 1377				嘉靖年间 1490	嘉靖年间 3108	嘉靖年间 3959	嘉靖年间 4733	嘉靖年间 4246		
每墟市交易范围平均面积	105.5	66.5	68.3	226.7	嘉靖年间 120 万历二十年 51.9		180.9	158	319.6		93.6	373.8			226	613	417.8	278.4	120.8		584.7
清康雍乾方志记载的墟市数	康熙县志 73 乾隆县志 82	雍正省志 54 乾隆县志 46	康熙县志 43 雍正省志 36 乾隆县志 42	雍正县志 49 雍正省志 29	康熙县志 44 雍正省志 45	康熙县志 9 雍正省志 8	康熙县志 14 雍正省志 5 雍正县志 13	雍正省志 26	雍正县志 12 雍正省志 12	雍正县志 10 雍正省志 20	雍正县志 29 雍正省志 29	雍正省志 22	雍正省志 15		康熙县庄 18 雍正省志 18	雍正省志 13 乾隆县志 12	雍正省志 24 乾隆县志 31	雍正省志 22	雍正省志 11	康熙县志 30 雍正省志 31	康熙县志 16 雍正省志 7 乾隆县志 15
全县人口数	康熙年间 56593	康熙元年 101921	康熙年间 36995	乾隆四十年 446802	雍正年间 31674	雍正年间 16246	雍正年间 7802	康熙四十九年 30339	雍正年间 15488	雍正年间 18398	康熙二十四年 14318	康熙元年 13738	雍正年间 17769	乾隆年间 8871	康熙 11 年 5065	康熙年间 14331		雍正元年 58504		雍正年间 7294	雍正年间 7508
每墟市平均人口数	康熙年间 775	雍正年间 1887	康熙年间 860	雍正年间 9118	雍正年间 704	雍正年间 2030	雍正年间 1560	雍正年间 1167	雍正年间 1291	康熙、雍正年间 494	雍正年间 624	雍正年间 1185			雍正年间 281	雍正年间 1102		雍正年间 5318		雍正年间 235	雍正年间 1072
每墟市交易范围平均面积	康熙县志 24.5 乾隆县志 21.8	雍正省志 23.4 乾隆县志 27.4	康熙县志 17.4 雍正省志 17.9	雍正县志 55.5 雍正省志 93.8	康熙县志 43.7 雍正省志 42.7	康熙县志 96 雍正省志 108	康熙县志 129.2 雍正县志 139		康熙县志 66.9	康熙县志 239.7	康熙县志 85.1 雍正省志 42.5	35.5	135.9	78.2		113		雍正省志 424.3 乾隆县志 459.7	雍正省志 121.8 乾隆县志 94.3	126.5	87.9	康熙县志 43.2 雍正省志 41.8	康熙县志 255.8 乾隆县志 272.8

续表 14-1

县 名	番禺	南海	顺德	东莞	新会	花县	从化	增城	中山	三水	高明	台山	开平	鹤山	恩平	惠阳	博罗	高要	四会	宝安	清远
清嘉道方志记载的墟市数		道光县志 160		嘉庆县志 83	道光县志 69			嘉庆县志 40	道光县志 32	嘉庆县志 23		道光县志 56	道光年间 24（根据民国县志推算）	道光县志 26	道光县志 22			道光县志 39			嘉庆县志 36
全县人口数		道光年间 111934			道光十九年 688412			嘉庆二十四年 190000				道光年间 196977	嘉庆年间 68991		道光年间 254235						嘉庆年间 225979
每墟市平均人口数		道光年间 6996			道光年间 9977			嘉庆年间 4750				道光年间 3517	道光年间 2875		道光年间 11556						嘉庆年间 6277
每墟市交易范围平均面积		7.9		32.7	27.8			43.5	89.9	37		53.4	48.8	41.3	92.5			71.3			36
清咸丰以后方志记载的墟市数	同治县志 99① 光绪县志 107 民国县志 124	同治县志 201 宣统县志 244	咸丰县志 90 光绪府志 88		光绪县志 70	光绪府志 22 民国县志 30	光绪县志 20	光绪县志 29 民国县志 52	光绪县志 37 光绪府志 31	光绪府志 22	光绪府志 30	光绪县志 72 光绪府志 58	民国县志 47	民国县志 63				光绪县志 29	光绪府志 24	光绪府志 33 光绪县志 40	
全县人口数	宣统年间 996513		咸丰年间 103347		宣统年间 152500													光绪年间 96548			
每墟市平均人口数	光绪年间 9313		咸丰年间 11483		光绪年间 6932													光绪年间 3329			
每墟市交易范围平均面积	同治县志 18 光绪县志 16.7	同治县志 6.2 宣统县志 5.1	咸丰县志 8.3 光绪府志 8.5		27.4	光绪府志 39.2	90.4	光绪府志 60	光绪县志 77.7	38.6	34.3	光绪县志 41.5 光绪府志 51.5	24.9	17				33.3	54	124	

注：表中：嘉靖省志即嘉靖《广东通志》，雍正省志即雍正《广东通志》。面积单位均为平方公里。光绪府志即光绪《广州府志》。①包括广州市内 7 市。

起，已是四远商贾萃集，"凡三千余家"的规模了。① 清代以后，佛山益加发展，成为"岭南一大都会"②、"天下四大聚"③ 之一。清末，佛山镇内有三墟六市，三墟即大墟、普君墟、盘古墟，六市即官厅市、公正市、早市、晚市、三元市、朱紫市等。这些墟市是周围农民交易的场地，可视为佛山镇中的农村墟市。

墟市的交易额不断增加。据统计，光绪三十二年（1906），顺德县属的丝墟，每墟土丝交易额达十多万元。④ 有的墟市缩短墟期，墟日营业的时间延长。大的墟市已是墟中有市，如南海的九江大墟。这些墟市已是常日开市，一改过去"无人则墟"的状态。

清代以后出现了专业性的墟市，这是墟市发展的一个重要方面。专业墟市多设在专业性的商业化农业区域，如顺德、南海、番禺、新会等县的桑基鱼塘区。专业墟市有桑市、蚕市、丝市、鱼种市、塘鱼市、海鲜市、猪墟、牛墟、布墟、鸡鸭市等名称。民国《番禺县续志》记载：

> 依期常开者谓之墟。如新造之牛墟，黄陂之猪仔墟；市桥、蔡边之布墟是也。届时乃开者谓之市。如大塘之果市，南村之乌榄市，钟村、南村之花生市是也。⑤

由此可见，不分季节，四时都有货源，如牛、猪、布等的专业交易场所，称之为墟；有定期收获季节的农产品，如水果、花生等的专业商场，称之为市。四会县三甲竹社村上的地豆（落花生）市，就是在"七、八月地豆收成乃开市，以一、四、七为期"。⑥ 这些专卖农作物产品的墟市，是随着专门化的商品化农作物的种植而出现的，并且随着其种植面积的扩大而增加。南海县在道光十五年（1835）前，专业墟市只有 17 个；到同治十三年（1874）增加了 15 个；宣统二年（1910）又增加了 24 个，共为 56 个。专业墟市增加远比非专业墟市的增加速度要快。这些墟市中，又以蚕、桑、

---

① 参见明景泰二年（1451）立的《灵应碑》。
② 乾隆《佛山忠义乡志》卷一《乡域志·佛山镇论》。
③ 〔清〕刘献廷：《广阳杂志》卷四，中华书局 1985 年版，第 177 页。
④ 参见〔清〕赖逸甫《岭南蚕桑要则·序》，第 1 页。
⑤ 民国《番禺县续志》卷十二《实业志·工商业》。
⑥ 光绪《四会县志》编二下《建置十·墟市》，"地豆墟"条。

丝、鱼等产品的专业墟市为最多。南海县道光十五年（1835）前的17个专业墟市中，桑、丝市就有12个，而又集中在蚕桑区的九江和沙头。① 又如清末珠江三角洲蚕桑业最发达的顺德县，桑、茧、丝等专业市也特别多。根据民国《顺德县续志》的记载，顺德"县属各乡，均有桑市，不能悉数"。② 经过统计可知，蚕桑业相关的专业市共48个，另有桑栈约100个，充分反映了蚕桑发展之盛。

道光《南海县志》曰：

> 南海城乡，商货所聚，墟市之外，有行、有栏、有埠头，有马头。……省河旁，客舟所泊曰马头；货舟所泊曰埠头，又曰马头。有谷埠、鱼埠、糠步、炭步、均琐不备志。③

这里所说的行、栏、埠头很值得注意。所谓行，即由牙行控制的，经营某一商品的专业性交易场所，如丝行、布行等。所谓栏，据光绪《九江儒林乡志》记载，"广州凡食物所聚，皆名曰栏。贩者从栏中买取，乃鬻诸城内外"。④ 可见，栏是指经营某一食物产品的批发部，如果栏、菜栏等。所谓埠头，本是指船只停泊之区，正如前引的资料中所说的，"货舟所泊曰埠头"⑤。大凡载运同一产品的船只按习惯都集中于某一埠头，船一到，便在埠头抛售，这埠头便变成了某一产品的专卖场所。栏与埠头交易的都是专一产品，一般也都在所属的某一牙行之控制下。行、栏和埠头等都设在规模较大的墟市之内。

专业墟市的出现不是偶然的。它无疑是为了适应农业的商业化，及由此而兴起的手工加工业发展的需要。专业化农业区域出现之后，农民要求有专售的场所，以方便他们推销产品，行商也希望有专卖的墟市，以便根据自己的需要前往采购商品。可见，专业墟市是珠江三角洲商品性农业专业化的必然产物。

---

① 分别参见道光《南海县志》卷十三《建置略五·墟市》；同治《南海县志》卷五《建置略二·墟市》；宣统《南海县志》卷五《建置略二·墟市》。
② 民国《顺德县续志》卷三《建置·墟市》，见《顺德县志（清咸丰·民国合订本）》，第1002页。
③ 道光《南海县志》卷十三《建置略五·墟市》。
④ 光绪《九江儒林乡志》卷二一《杂录》。
⑤ 民国《开平县志》卷十二《建置略六·墟市》。

珠江三角洲的墟与市本来是有区别的，后来发展到彼此可以互称。墟与市名称趋向合一，也可反映墟市发展变化之一斑。咸丰《顺德县志》记载：

> 广管生齿日繁，贸迁百货，随地流通。凡名镇巨村，必有购求物力之地，即谓之市。大率所在备饔飧为多，其或合数村、十数村于适中处所，晨朝趋至，迄午而罢。一旬之内，咸定以期，所近各不相复，则谓之墟。旧志先市后墟，今从阮志（按：道光二年阮元修的《广东通志》）亦大先小之义也。①

民国《佛山忠义乡志》记载：

> 粤俗以旬日为期，谓之墟；以早、晚为期，谓之市。墟有廊，廊有区，货以区聚，盖犹有市域遗制，市则随地可设，取便买卖而已。故墟重于市，其利亦较市为大。……墟期以日利四方，市期以早、暮利近地。②

从以上的记载看，墟与市的区别在于：①墟大市小，亦即墟重于市。这一点究属古来已然，抑或后起之义，有待考据。但可以肯定的是，至少在嘉庆之前已经有此区分。这从嘉庆《东莞县志》所载的"杂沓交易之场，大曰墟，小曰市。墟有常期，市无虚日"③可见。②交易的商品品种和流通量不同，服务对象的侧重也不同。墟固然也供应日用百货，小生产者也可在此做彼此间一次完成的产品交换，但它着重流通大宗的商品性的农产品和经加工后的手工业品，其商品种类也远胜于市，以四方的行商为其服务对象，即所谓"墟期以日利四方"。④市（除专业市外）则着重供应日用百货，以满足日常生活之需求，如饔餐之类。它是以附近的顾客为服务对象的，即所谓"市期以早、暮利近地"。③墟的场区选址较讲究，既做大宗商品的交易，势必选交通便捷之地点充当场区，设备也较复杂。大的墟有廊、区之设，并

---

① 咸丰《顺德县志》卷五《建置略二·墟市》，见《顺德县志（清咸丰·民国合订本）》，第136—137页。
② 民国《佛山忠义乡志》卷一《舆地·墟市》。
③ 嘉庆《东莞县志》卷九《坊都》。
④ 道光《南海县志》卷十三《建置略五·墟市》。

且"货以区聚",亦即货物按区域摆卖。市则随地可设,市区设置较简单。④营业的时间不同。墟固定有墟期,即一旬中定相间隔的数日为期,而市则往往以早、晚为期。有些大墟的内部已划有区场为市,即墟中有市。市可早、晚甚至常日开市,即所谓"市无虚日",或谓"聚会不限以期日",但原定的墟期不废。① 南海九江之大墟,虽依然保持三、六、九日为墟期,但墟内设有"行市七",又设有"铺肆一千五百有奇",常日开张,已经是"从未有'无人则虚'之时"了。②

随着商品经济的不断发展,墟虽保持固定的墟期,但因墟内设有市,已经常日开市;而原来规模较小的市,经不断调整,或合并,或废弃,③ 规模也不断扩大,商品种类和数量不断增多。到了晚清,从规模、功能看,市同墟已几无区别。以实正名,两者已经没有区别的必要,所以遂趋合流,彼此可以互称。正如民国《顺德县续志》所说的:

> 后来墟市之名,不免淆乱。如大良之细大墟,陈村之新旧墟,平葛之乐从墟,勒楼之人和墟,商店所在,即以墟名。伦教之茧绸市,各乡之丝市,容奇之上街市,虽有定期,亦以市名。盖名称之混久矣。④

又如开平县,"旧称贸易之场,小曰市,大曰墟,尤大者曰埠";到了民国年间,已经"无问大小,齐之曰市"。⑤ 墟和市名称趋向合一,反映了墟、市在明、清两代所经历的发展变迁。

三、墟市的分布网络、层次与功能

墟市的分布基于单位面积的购买力,亦即取决于人口密度和家庭依赖市场的程度。珠江三角洲墟市的分布网络,大致说来,是以广州、佛山为中心,从密到疏地分布在其周围。靠近广州、佛山的南海、番禺、顺德等县,

---

① 道光《南海县志》卷十三《建置略五·墟市》。
② 光绪《九江儒林乡志》卷三《舆地略·风俗》。
③ 参见道光《南海县志》卷十三《建置略五·墟市》。
④ 民国《顺德县续志》卷三《建置志·墟市》,见《顺德县志(清咸丰·民国合订本)》,第1002页。
⑤ 民国《开平县志》卷十二《建置下·墟市》。

因人口众多，资源密集，商业化程度高，对市场的依赖性大，墟市分布最密（见表14-1）。南海县在明嘉靖年间，墟市贸易范围平均面积为66.5平方公里，平均人口为6019口；清雍正年间，贸易范围平均面积为23.4平方公里，平均人口为1887丁；同治年间，贸易范围平均面积为6.2平方公里。而处于珠江三角洲边缘的恩平县，于明嘉靖年间，墟市贸易范围平均面积为226平方公里，平均人口为1490口；康熙年间，贸易范围平均面积为113平方公里，平均人口为281丁；道光年间，贸易范围平均面积为92.5平方公里，平均人口为11556口。两者差异如此之大，是因为南海县的资源和人口密度、交通条件都胜于恩平县，尤其重要的是商业化程度更高。光绪三十四年（1908），南海县商品输出额达578万元，按该县估计人口130万计，[①]每人平均约达50元，单蚕丝一项每年运销外洋者达100万元，营销内地者55万元。[②] 可见农业商业化程度之高。

珠江三角洲地区农业商业化程度最高、历史最早的，当首推连成一片的九江（属南海县）、龙江、龙山（属顺德县）和坡山（属高明县）四乡。现以龙山为例，考察其墟市分布的情况。该乡土地面积为62.33平方公里，嘉庆四年（1799）人口约10万人。墟市有大冈墟、螺冈墟、涌尾墟、苏埠市、三合市、旺村市、仙塘市、小圃市、冈贝市、海口市、沙坑口、凤塘市和三个桑市（一在冈贝、一在排涌、一在官田），共15墟市。每市贸易范围平均面积为4.16平方公里，平均人口6667人。这些墟市中，大冈、螺冈和涌尾称墟，其余称市。大冈墟和螺冈墟规模最大，体现了"墟大市小"的原则。作为弹丸之地的龙山，墟市达15个之多，其中桑市竟有3个，正是其单位面积购买力所决定的。

墟市的定点是根据供求情况、交通条件确定的。较大的墟市都设在地理要冲、交通孔道或联系四方的枢纽区。东莞的石龙，处于东江岸边，是东江水系之枢纽，可扼通广州、惠州之孔道。四会的隆庆市，地当四会、清远和广宁三县交界处要区。佛山更是"地合西、北二江之流，从外省来者，皆问途于此"。[③] 在封建社会，运输主要靠水道，水运较之陆运既便捷，费用又低廉。在商品价格相同的情况下，为贩运商品付出高昂的运费，其利润率

---

① 参见道光《广东通志》卷九十《舆地略八·南海县》。
② 参见光绪《南海乡土志》之《输出品》。
③ 同治《南海县志》卷十九《吴弥光传》。

显然要更低，甚至还会蚀本。正因为如此，"百里不贩樵，千里不贩籴"①，成为交通运输不发达的情况下商人的信条。小的墟市则设在交易范围的适中地，目的在于使四周村民趁墟方便。《麦村舆图纪略》记载："按麦村形势，以红花山为中心点，向来于对面山八图社处设立一墟，名曰中心墟，盖取居麦村之中之义也。"② 其交易的范围，以麦村为限，在商品经济不发达的情况下，村民对中心墟所起到的交换和调剂产品的作用已感到心满意足了。随着商业化农业的发展，他们需要市场推销其产品，以换回其所需的消费品，因此，他们对市场的依赖更迫切，要求更多了。于是，廓村附近的四九墟、榕树下的龙山墟也应运而兴起。四九墟坐落在鹤山来水边上，享有水运之利。麦村中心墟终于在乾隆年间因"贸易人稀，货物留滞"而毁废，为条件优越的邻近墟市所取代。它的结局代表了许多类似的小墟市的命运。前述的南海九江乡是农业商业化程度最高的地区之一，但是在清代后期，原有墟市被废弃的也最多，其理由也正是这些墟市已经不适应日益发展起来的农业商业化的需要。由此可见，墟市的布局不是一成不变的，而是根据商业化水平、人口密度、交通发达程度等条件的变化，而经历着一个兴废无常的不断调整的过程。

大小墟市的布局也不完全和政治中心的布局相一致。因为政治中心是出自治安的目的，根据山川形势而设置的，它同墟市所需要的条件不同。九江大墟是南海"邑中墟市之大者"，但县的治所并非设于此。石龙在晚清被称为"广东四大镇"之一，但也不是东莞县治所之所在。明代中叶以后，佛山虽已成为珠江三角洲地区的中心市镇，但也不是府、县治所的所在地，其作为南海县的治所是在民国之后的事。

墟市由于功能的需要，其内部设置也由简而趋繁，从粗陋到不断完善。它最初作为小生产者之间产品交换、调剂的场所时，只需提供一处能遮蔽风雨的地方即可。《从化县志》记载："于村围适中之地，架木为梁，覆茅代瓦，以蔽风雨，仿佛太古之窠窟焉，故曰墟也。"③ 县志关于墟市内部设备的描述反映了这种原始墟市的面貌。一般地说，作为当地产品向外界市场销售起点的墟市，大都具备：①墟廊、墟亭、墟肆之类的设备，以供从贸易腹地范围内运来的产品作交易场地；②固定的店铺，以出售日用百货；③酒

---

① 《史记》卷一二九《货殖列传》。
② 参见岭南《麦氏族谱》，乾隆三十五年（1770）抄本。
③ 康熙《从化县志》卷一《疆域·墟市》。

店、客店、牙店等设施,以便为外地客商服务。例如,顺德县龙山乡的大冈墟,唐宋年间原设"在村头凰凤山之阳"。明洪武二十九年(1396)始迁到"介于天湖、金紫间","东界基礎,西界水沟,南界山松、北界绝户蔡亚女地,东西一十二丈,南北四十二丈"的狭长地带上。始时搭有廊肆,作为"聚货交易"之所,尚无固定店铺。经营酒食的商人,"挑酒列于肆市之两旁招客,张伞席地而饮"。万历九年(1581)以后,"富家大户自恃地段枕近,乘机包占,侵基越沟,种棘为围"①,不断地扩大墟市范围,固定店铺也不断地增置。从嘉庆《龙山乡志》所刊出的《大冈墟图》(见图14-1)看,市区的建置已很繁杂了。"建武庙肃镇中土,前楹后殿,左为四图公馆,右为龙山重镇",还有华光庙于南侧,财神庙于北侧。于武庙南、北侧及正西面均设有供交易用的廊肆,形成圆形。有茶店等店铺分布于廊肆的东南、西南、西北和东北边上。当时"百物辐辏,商贾常满",酒店、客店等当必备而不可少。有石板路通向四周,和河涌相衔接。明末,因群盗出没,逢"墟日百货骈闐,余时则人踪闃寂"。为了保障墟市的正常开业,由乡绅出面组织乡兵45人,除墟内驻一小营外,又分驻于该墟四周的金紫峰,天湖岭和苏埠山等险要之地,巡逻守卫,相互策应。② 南海县鼎安堡箩行墟"分上、中、下三处,上墟皆民居,中、下墟店铺相连,二百余家,墟内以织造竹货为大宗"。③ 供民居的上墟显然是从事织造竹箩业的手工业者的住宅区,其中也当有织造竹箩的场地。除原始的墟市外,一般的墟市都根据当地农产品加工的需要设有手工业作坊。种麻较多的新会潮连乡的墟市,于晚清就有机房、染房之设。④ 已具有市镇规模的墟市,设备就更复杂了。南海九江大墟,光绪年间,"街弄二十有六,为行市七(曰丝行、曰布行、曰蚕纸行、曰鸡鸭行、曰鱼种行、曰旧桑墟、曰新桑墟),为铺肆一千五百有奇"。在这个墟市中,街弄纵横,按行业设牙店,墟中有市,并设有各种手工业作坊,拥有各种手艺的工人,即所谓"百工填委"。⑤ 清代以后,各墟市几乎都设有典当铺。据道光《广东通志》所载的典当铺数分县统计,番

---

① 嘉庆《龙山乡志》卷十一《艺文志·杂著·通堡里排甲保耆老勘结》。
② 嘉庆《龙山乡志》卷首《大冈墟图说》;又,卷十一《艺文志·杂著·龙山堡议设乡兵则例》。
③ 宣统《南海县志》卷六《建置略·墟市》。
④ 参见卢子骏《潮连乡志》卷一《舆地略·布类》。
⑤ 光绪《九江儒林乡志》卷四《建置略·墟市》。

禺有218个，南海347个，顺德119个，东莞122个，新会112个，中山51个。① 顺德龙山小陈涌就设有公顺当、遂和当；沙富设有方来当、元吉当等。从小陈涌公顺当于道光二十五年（1845）四月初五日晚被劫中"失赃万余金"② 看，其规模甚可观。晚清，有的墟市设有娼寮、赌场。据民国《顺德县续志》记载，陈村墟及容奇墟头皆设有娼寮。光绪末年，顺德县虽经禁革，但始终不可能禁绝。③ 晚清，顺德龙山大冈墟便设有赌场。④

墟皆有墟期。墟期是以农历的旬月为基础的，大体分为一旬一市、一旬二市、一旬三市、一旬四市和一旬五市（即逢单或双日开市）。大凡一旬三市的，其墟期都分别排列为一—四—七、二—五—八、三—六—九。这一排列使相邻的墟墟期错开，以便于专业的背负肩挑的小商贩和手艺工人巡回营业于各墟市之间。大凡一旬四市的，其墟期则分别排列为一—四—七—九、二—五—八—十、一—三—六—八，小商贩和手艺工人同样可以天天到各墟市巡回营业。事实上，实行一旬三市、一旬四市和一旬五市三种不同墟期的墟市是相互交错的，需要天天营业的手艺工人和小贩也可以巡回于这三种不同墟期的墟市之间。

墟期间隔的长短取决于单位面积购买力。在单位面积购买力相同的情况下，增加墟期就意味着需要交易范围面积的扩大。所以，墟期保持间隔有利于墟市的密集。密集的墟市方便农民就近贩卖产品，它可节省小生产者趁墟的工夫。假定一个墟市交易范围内的人丁为2000，每丁一月有趁墟需求三次，一个月趁墟的人次为6000，墟市的容量限于1000人，则墟期只能定为一旬二市，亦即一月六市，以与6000人次趁墟要求相适应。如果每丁的市场要求增至六次，那么，解决的办法只有增加墟期为一旬四市，或则另设一个同等规模的墟市。我们看到，珠江三角洲地区随着单位面积购买力的增长，分别采取了增加墟期与增设墟市的办法。如前所述，有些墟市后来发展到墟中设有规模较小、常日开张营业的市和行、栏、埠等，而原有的墟期依然保持不变，这实际上是变相地增加墟期。

---

① 详见本书第十三章表13-1。

② 民国《龙山乡志稿》卷二（抄本）。按：关于墟市设典当铺情况，请参见本书第十三章《信贷金融业及其在商业化中的作用》。

③ 民国《顺德县续志》卷一《舆地略·风俗》，见《顺德县志（清咸丰·民国合订本）》第944页。

④〔清〕徐赓陛：《不自慊斋漫存》卷六《学堂乡滋事情形第一禀》。

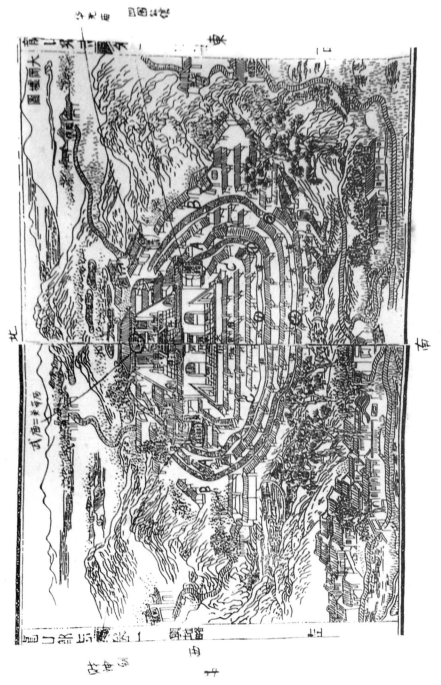

图14-1 大冈墟图（见民国《龙山乡志》卷一，原载嘉庆《龙山乡志》）

珠江三角洲地区的墟市，按其功能大抵可分为原始墟市、基本墟市、专业墟市和市镇四种类型。

属于原始墟市一类的墟市，如前所述，起源甚早。据文献记载，至少南北朝时期已经出现。其功能仅仅满足当地居民"以有易无"的要求，亦即作为小生产者产品的交换和调剂的场所。趁墟者出售多余的产品、换回自己不能生产的产品，既是产品供应的起点，也是销售的终点，一次完成，没有居间、转手的行为。它的出现并非由于商品经济发展的需要，而是自然经济本身的要求。它是自然经济的内容之一，因此我们称之为原始墟市。明代中叶以后，由于商品性农业的抬头和商品经济的发展，它便日益衰微。前述的那些于晚明以后被废弃或合并到别的墟市的小墟市当属这一类型。但是它并没有在珠江三角洲销声匿迹，终明清两代，它依然残存于某些边缘的村落。

基本墟市是指既能满足家庭正常交易的需求，又起到土产品集散的作用的墟市。也就是说，这一类墟市既是集聚土产品以供应外地市场的起点，又是家庭需要的消费品销售的终点。它起着承上启下的作用，依赖高一级的墟市销售其集聚起来的农产品和手工业品，又将外地运来的货物销售给当地的居民。它是商品经济流通网络中最基本的环节，所以称之为基本墟市。

专业墟市是指那些专做某一商品交易的墟市。它着重聚集本地出产的某一产品，并作为向外地市场推销的起点。也就是说，他是为满足专门生产某一产品的小生产者销售其产品的需要而设置的。例如清代中叶以后顺德县水藤堡的丝墟、江村堡的蚕丝墟，中山县小榄镇的茧市，等等，都是因其所属的贸易范围已形成蚕桑区，为了适应小生产者销售其产品的要求而出现的。这是专业性商品性农业区域和商品性农作物中心产地形成之后的产物。

市镇是指在集散商品中起居间、转手作用的墟市。它的规模比一般的墟市大，货物品种繁多，即所谓的"百货丛集"，商品流通量亦大，货源广泛而充足。市区范围内还设有数量不同的小市，以及行、栏等，常日开市，但又保持原有的墟期不变。它既有一定区域范围内商品集散的功能，又有满足周围小生产者对市场经常性需求的作用。例如南海九江大墟，在光绪年间，"万货丛集，百工填委"，内有行市七个，常日营业，但依然保持三、六、九为墟期，交易中小卖、趸卖都很发达。它对周围的墟市具有一定的支配力，或销售其集聚起来的土产品，或供应其所需要的日用百货，其盛衰影响到周围墟市荣枯隆替。它的腹地包括受其支配的墟市所拥有的交易范围，但又具有前述的基本墟市功能的一面。清代后期，中山的小榄、番禺的市桥、东莞的石龙、顺德的陈村、四会的隆庆、高明的三洲市等，均属这一类型。

这四种类型的墟市，彼此间虽然不完全是互相统属的关系，但它组成递向高级发展的四个层次。基本型的墟市中，有的名称依旧，却慢慢发展成为以经营某一两种货物为主，趋向专业化。例如，南海县绿潭堡的紫洞墟，因农业商业化的发展，后来析为紫洞旧墟与紫洞新墟二市，"旧墟百货咸集，新墟唯市土布"。① 就是说，新墟已趋向专业化。从墟市的规模看，专业型未必比基本型的墟市大，但它承担着专门商品的流通职能，显然比后者进了一步。至于市镇，则已具有一定区域范围的商品集散的功能，其内部已往往有专业市、行、栏、埠等，专做某一商品的营业；无论从规模、商品流通量，或从市区设备、市民阶层结构看，都表明它是农村墟市发展的高级形式。它对基本墟市、专业墟市具有相对的支配作用。晚清，它同外地的市镇建立了一定的联系，甚至同国际市场发生了某些断续的关系。

处于不同层次的墟市，除前述的各自功能外，还有其他共同的功能。它可为周围的居民提供手工工艺服务。② 每逢墟日，铁匠、木匠可根据村民的订货制造农具、炊具等产品，也可为村民修理农具、补锅等；裁缝师可为居民裁缝衣裳；剃师、郎中等可为村民理发、看病；道士、地师等也可在墟场招揽顾主。珠江三角洲本系越人故地，重鬼神，堪舆之说由来已久，这帮地师、神棍是很容易混饭吃的。

墟市又是社交的场所。清代饮茶之风日盛，茶馆、酒楼是村民聚会之场所；高利贷者与求贷者往往在那里商谈债务；跨村的合会也在那里筹划养会银和投标、定选会首；商贾在那里洽谈生意；媒人在那里介绍婚姻；文人墨客有时也在那里聚会，谈学论道。

墟市又是提供信息服务的场所。村民间的信息，诸如喜庆、丧祭消息，农事的递话，乃至外面寄给士绅大户的书信，都是墟日村民乘趁墟之便义务代劳的。朝廷及各级官衙的旨令、政事动态、外地新闻也可借助于墟市而得以传闻。

墟市又是增广见闻、消遣娱乐的地方。大凡一个人从孩提时起就开始趁墟。始时，仅为开发幼聪；长大以后，除做产品交易外，逢年过节也以趁墟为乐。墟场上有闯江湖者表演武功、耍把戏；有卖膏药者变戏法、兜售"祖传秘散"和"独步单方"之药丸；弹琴说唱者在管弦之音缭绕下，演唱

---

① 道光《南海县志》卷十三《建置略五·墟市》。

② 这里所谓的手工工艺，是指按照消费者的订货来制造商品，还包括对产品磨损后的修理。

着朝代的盛衰和世态的炎凉；那些为农事担忧、为债务烦恼的村民，到墟市一逛，确可收到驱忧解闷之效。墟市大都设有供一方朝拜的神庙，每当迎神赛会、演技斗艺，更是村民难得的娱乐的机会。顺带指出，有的迎神赛会（或称庙会）本身也是一次当地商品的展销会。

有的墟市又是劳动力买卖的市场。据清代档案记载，雍正元年（1723）八月二十九日，新会县何称可的家仆，因秋季稻禾成熟，而主人又患病，便同佃户李永春"出墟雇工人江名显，张邦彦，关子旺，张翰艺，并雇李有派小船一只，于九月初一日午，驾船去田割禾"。① 由此可见，已有出卖劳动力的农忙工在墟市上等候雇主雇用。又如清末，番禺县"南村沙市街，每岁正月初二日晨，亦有打耕，种工者，群集以待雇，至十一时而止，受雇者为一年之长工。欲雇工人者，须按时往商，迟则不及矣。以工为市，此则尤为特别者也"。② 主雇双方可在墟场商议雇佣条件。

四、墟市的建立、管理与封建宗族势力

明代中叶以后墟市的蜂起无疑是商品经济发展的结果。但是在地主、官僚和商人三位一体的中国封建社会里，墟市在创建和发展过程中始终没有逃脱封建宗族势力的控制。墟市固然有由某一士绅富户所独建，或由他们倡首建置的，但更多的是由一个或数个巨姓大族所创立，也有由寺庙创建的。有的墟市名为一乡或数乡合建，实际上是由该墟市贸易范围内的士绅或各巨族的族绅所操纵。在地方志、族谱和文集中都不乏关于士绅富户和巨姓大族建置墟市的记载。必须指出，即使是由士绅个人独建的墟市，由于时间的推移，后代人口的繁衍，其后裔自当形成一个宗族；而墟市又不能像其他家产一样可以拆碎瓜分，世代相承，因此，该墟市成为创建者秩下子孙共有的族产，原为绅权掌管，后来也演变为族权所管辖。值得注意的是，佛山虽然已发展成为市镇了，但依然处于宗族势力的控制之下。居住在佛山的各大族共推玄武帝（又称北帝）为祖宗，"以神为大父母"，以供奉玄武帝的庙宇为大宗祠（亦称祖庙）。以祖庙中的玄武帝作为精神上的维系，以佛山地域为纽带，先后成立由致仕官僚、乡绅、耆老，亦即各巨族的族绅所把持的嘉会

---

① 参见《雍正二年九月十七日广东巡抚阿尔松阿题》，转引自刘永成《清代前期农业资本主义萌芽初探》，福建人民出版社1982年版，第91页。

② 民国《番禺县续志》卷十二《实业志·工商业》。

堂、大魁堂。他们打着"劝诱德业，纠绳愆过""风励流俗，维持世教"①的旗号，执行与农村的祠堂族长一样的职能，把农村的封建宗族关系移植到市镇中来。祖庙拥有田地、铺舍等产业，置有义仓，并拥有民兵武装——忠义营。祖庙的豪绅乡族集团，既有精神力量，又有物质力量，集族权、绅权于一身，不仅对市民颐指气使，任意主宰，就是外来客商也"靡不望祖庙荐享而输诚"。②明代中叶，该乡族集团的头目冼林佑，"悬大鼓，有事凡三挝，则乡人环集应命"。③乡族势力之强大，由此可见一斑。佛山这样大的市镇已难逃乡族势力的控制，遑论其他中小墟市了。

墟市是由创建者，亦即由其所属的士绅、宗族、乡族集团负责管理的。凡属宗族所有的墟市，都作为族产由祠堂值理管理。有的则设有墟主（亦称墟长、墟甲），管理一墟之事。墟主或由乡绅、族长、族绅自任，或由他们指任并操纵。墟市一旦发展成市镇，官府往往派官员进驻，甚至派官军驻防，但这并不排斥或取代原来的宗族对该市镇的控制。南海九江大墟发展为市镇后，于康熙二十三年（1684）有广州协左营守备之设，乾隆五十一年（1786）又有主簿之设。佛山则于顺治四年（1647）开始有清军驻扎；雍正十一年（1733）以后，陆续设置"文武四衙"，即佛山同知署、都司署、千总署和巡检司署，④旨在加强控制。在一般的墟市，地方官府虽然没有驻军或设官，但墟市建立时必须呈请官府批准。这从嘉庆七年（1802）南海知县示文中提到同意胡挺等建丝墟之请，饬禁在该墟旁新设丝墟可证。⑤早在明代嘉靖年间，墟主就要经呈请官府给帖（一种任命状）认可，方能取得合法地位，自立墟主是在禁革之列。由于墟主向官府交纳一笔银两作为墟市税之后，就可以任意抽分，收取其税，营私自肥，所以势豪视之为肥缺，或"夤缘立为墟主"，或"不假官府下帖为重，自立墟主"。⑥

墟主（或称墟长、墟甲）或祠堂值理所掌有的管理墟市之权中，最主要是征税权。拥有仁和墟的东莞凤冈陈氏宗族在其《家规》中写道：

---

① 乾隆《佛山忠义乡志》卷十《艺文志·乡仕会馆记》。
② 道光《佛山忠义乡志》卷十三《乡禁·禁颁胙碑示》。
③ 民国《佛山忠义乡志》卷十四《人物六》。按：关于宗族势力对佛山的控制，请参见叶显恩《封建宗法势力对山经济的控制及产生的影响》一文，刊于《学术研究》1982年第6期，第78—84页。
④ 乾隆《佛山忠义乡志》卷二《官典志》。
⑤ 参见道光《南海县志》卷三《南海知县示文》。
⑥ 参见嘉靖《广东通志》卷二五《民物志六·墟市》。

牙行名目，混行抽收，或狡狯顽徒，逐队白拈，致使四方裹足不前，殊属恨事。今墟市渡头，原以通客商，便贸易也。圈套强压，使人含怨固不可。至若私借地主、后严行禁止。倘仍前放肆，重则呈究，轻则在祠责罚。墟甲容忍，一并责革。①

从这段记载可知，墟甲对于族中各种恶势力在墟中的恶劣行为有权干预；如干预无效，可诉诸祠堂责罚；如果墟甲没有尽责，对这些行为加以容忍的话，他本人也一并受责。可见，墟甲是祠堂族长的代表，对之负责。墟主除征税外还负责管理墟市的日常事务，没有设置墟主或墟长、墟甲的墟市则径由祠堂值理负责管理。

凡属数族共有的墟市，一般都由各宗族轮流管理，② 有的则由其中势力最强大的宗族所掌管，利益由各族分摊。由地方士绅集团共同创建的墟市，或则举一人为墟长③负责管理，或则由某士绅一手控制。也有的墟市是采取认股集资的形式建置的，其控制权也操在首创的乡绅手中。东莞茶山乡布墟即一例，它由合乡的绅耆共议，租乡绅袁定宇之地做墟场，又由乡人（或一族，或个人）认股集银三百两建铺亭而成。"岁中租利俱以四股均分，地主袁定宇得一股，其余三股分为一百五十分，每捐银二两者得一分。"④ 虽然按股分益，但该布墟实由袁定宇等乡绅所把持。

墟市的税收大体可分为两个系统，一为墟市的所有者征收，一为官府通过牙人征收，或依靠牙人监收。

占有墟市者通过墟主或墟长、墟甲、祠堂值理征收的墟税，名目繁多，税额有轻重不同。但从涉猎的数据看，一般都以墟场税的名义征收。凡于墟日来做交易的小生产者，都得视其交易的品种，成交的贸易额，按规定交纳墟场税。于墟日在廊亭摆摊营业的小贩要交廊亭（或称市肆）税，那些在墟市有固定店铺的商人、手工艺者则要交店铺地租。此外，还可借别的名目收税，诸如摊规、秤用（借用公秤）、保护费等，不一而足。⑤ 至于某些墟

---

① 同治《凤冈陈氏族谱》卷三《家规》。
② 〔清〕韦勋表等：(香山翠微)《韦氏族谱》卷十二《杂录·十排考》，第22页。
③ 见民国《易氏族谱》卷十一。
④ 民国《茶山乡志》卷二《建置略·市墟》。
⑤ 参见郎擎霄《清代粤东械斗史实》，刊于《岭南学报》1935年第4卷第2期，第108－156页。

主势豪,设私牙,巧立名目"纳行钱""买牌钱"① 等,"任意抽分",柴、米、鸡、豚、油、盐、酱、醋,也无不收取其税。其所征收的税款除完纳国家赋税及豪绅、墟主贪污自肥外,余下的部分成为族产收入,用于宗族活动,或地方公益开销。九江儒林文社丝墟,就"岁取厘(税),供通堡士人课文之费"。② 佛山通济桥外所设的瓜菜市,就是"收其市入,以济河工"。③

政府对墟市除征收地税、墟场税外④,还通过牙行、牙人来征收或监收商税。《明会典》载:

> 务令牙人尽数开报收税,仍将收过数目送付监收御史主事稽考。⑤

可见在明代,牙人是代官府收商税的。牙人须经过呈请官府批准,并取得"印信文簿"者,方为合法。这些牙人往往"假借权势,把持行市,评估物价,抽取钱物,强夺民利"。明嘉靖年间,东莞县牙人"卢孟吉违例用强抽取墟税","抽税五年得银八百余两",却买通该县书吏瞒报为七十八两。至于主持交易中所收的"牙钱"还不知凡几。这些牙人皆投靠势豪,"每行皆有某大家之管辖"。⑥ 到了清康熙年间,商人必须先赴税收机关交纳商税,然后凭票到牙行发卖商货。⑦ 凡赴县申请承充牙人者,要"互保殷实",才"给执照,以免骗赊货物"。⑧ 就是说,充牙人者要系殷实之家,彼此还要互相作保。为了防止牙人与客商铺贩之间混赖之弊,规定:"凡遇客贩报行,及铺取行货,令行户、客商、铺贩彼此各一簿,将货物、银钱数目

---

① 咸丰《顺德县志》卷二一《蔡璋传》,见《顺德县志(清咸丰·民国合订本)》,第 656 页。
② 参见道光《南海县志》卷十三《建置略五·墟市》。
③ 光绪《南海县志》卷十八《列传·善行》。
④ 关于墟场税,可参见陈邦彦《龙山堡议设乡兵盟词》,见嘉庆《龙山乡志》卷十一《艺文志·杂著》;又,道光《南海县志》卷十四《经政略·杂税》。
⑤ 《明会典》卷三五。
⑥ 嘉靖《广东通志初稿》卷八《风俗·御史戴璟正风俗条约》。
⑦ 〔清〕李士桢:《抚粤政略》卷六《文告·分别住行货税》。
⑧ 《粤东例案》,"商贩行市各设簿据,承免行户取结给照",见桑兵主编《清代稿钞本》第 146 册,第 544 页。

一样登记。客贩之簿用行户图记交客贩收执,行户之簿用客贩图记交行户收执。"① 这样彼此互有凭据,可使牙人更有效地监督商税的征收。

除商税外,随着墟市不断增设各种行业,如典当、赌场、娼寮等,其税目也随之而起。清代后期,以珠江三角洲地区典当税为主的广东典当税额已跃居全国榜首,可见墟市典当税是一笔可观的收入。

随着墟市的发展,征得的墟场税等也日多。因利数之所在,墟市成为各宗族或势豪间争夺的对象。争夺的方式是多样的,最常见的是在原有墟市之旁另建一墟,吸引商民来做交易,以搞垮对方,独占其利;至少也可以两墟并存,利益均沾。顺德县鼎安堡南面乡于光绪十六年(1890)建有永安墟,到了光绪二十七年(1901),矶头、桥头、豸浦、沙头、白藤等乡士绅又于永安墟毗连之处建置太平墟,永安墟遂废。又如该县星槎乡兴隆墟于光绪二十年(1894)建成,"而太华墟遂废"。② 南海县海口菜市本为庞氏宗族所建,迨咸丰初年,势豪陈锡荣和冯廷魁纠合大富、溶洲及附近各乡村,另立一新菜市,夺海口菜市之利。庞氏不甘失败,"亦迫得联合大江乡冯姓及本乡何姓,附近各姓为对峙,故有新旧菜市之分,缠讼经年"。③

数族合建的墟市,有的是划分场区归由各宗族征收墟税;即使是一族占有的墟场,有的也按房派划分场区,分别占有。④ 围绕征墟税问题,各宗族或各房派间也屡屡发生争斗,往往诉讼经年不息,或者旧讼方了,新讼复起。

在墟市控制权的争夺中,一旦有乡宦、巨绅参加,往往酿成械斗。据张二果《东莞县志》载:崇祯年间,东莞茅州旧墟原有数百家,因"乡宦争墟"发生械斗,终于使该墟"荡然,颓垣瓦砾垒垒矣,此数百家之民,死者半,窜者半,敢怒不敢言。争(墟)之流祸至此"。⑤ 到了晚清,因争墟而酿成械斗之风益炽,为害更烈,迄民国年间依然未息。番禺县竹料附近的公正墟,本为竹料与十五乡共建,因竹料特强独占该墟权益,终于酿成械

---

① 《粤东例案》,"商贩行市各设簿据,承免行户取结给照",见桑兵主编《清代稿钞本》第146册,第544页。

② 民国《顺德县续志》卷三《建置志·墟市》,见《顺德县志(清咸丰·民国合订本)》,第1002页。

③ 庞藻生:(南海弼唐)《庞氏族谱》卷十六《杂录谱》,大昌友店民国二十一年(1932)铅印本,第94-95页。

④ 参见民国鹤山县《易氏族谱》。

⑤ 转引自民国《东莞县志》卷二一《建置略·墟市》。

斗。从化县木棉村与西湖村也因争墟场及渡头而起斗祸。花县的上古岭六乡也因与大水坑、大东埔争墟场而发生械斗,伤亡200余人,损失钱财达百万之巨。①

综上所述,我们可以得出如下几点简短的结论。

第一,明清时期珠江三角洲地区愈来愈重的人口压力是农业商业化的催化剂。商品性农业不仅为劳动力的集约化提供了广阔的余地,伴随农业商业化而兴起的手工业、交通运输业也为过剩的劳动力找到了出路。商品性农业带来的经济效益"数倍"乃至"十倍"于传统农业,这种高效益的农业经营方式有效应对了日益加剧的人口压力。商品性农业的发展推进了社会分工的扩大,促进了商品经济的繁荣,加深了小生产者家庭对市场的依赖,因而也就自然而然带来了农村墟市的蓬勃发展。农业经济结构的变迁是明清时期农村墟市勃兴并日趋繁荣的经济背景。

第二,墟市的发展取决于农业、手工业商业化的程度,交通条件和人口密度等因素。墟市的分布网络不是一成不变的,它随着单位面积购买力的增减,亦即人口密度、家庭依赖市场的程度、交通状况的变化而经历了一个兴废无常、不断调整的过程。因而大、小墟市的布局也就不可能和政治中心完全相一致。

第三,墟市经历了一个从低级向高级层次发展的过程。原始墟市、基本墟市、专业墟市和市镇四种类型,构成向上递进的四个层次。它们彼此间虽然不完全具有统属的关系,但市镇对基本墟市、专业墟市却具有相对的支配作用。由于商品经济的发展,原始型墟市日渐式微,市镇则不断增多。乾隆二十二年(1767)广州成为中西贸易独口通商口岸后,珠江三角洲益加浸染近代文明,得风气之先,封建传统不断受到近代精神的冲击。广州、佛山及其周围的墟市迅速发展,并形成了"都市集聚"的现象。商业化和都市化是跨进近代化的前提,明清时期珠江三角洲墟市的发展已经预示着该地区有可能充当中国近代化先行者的角色。

第四,除残存于边缘地区的一些原始墟市外,其他类型的墟市已经摆脱了作为自然经济内容之一的地方小市场的格局。墟场交换的商品已经不仅仅是满足统治阶级奢侈生活需要的产品,即已经不是传统的土贡式的地方特产,而是广大小生产者所需要的民生用品。专业性的墟市主要是以某一商品

---

① 参见郎擎霄《清代粤东械斗史实》,刊于《岭南学报》1935年第4卷第2期,第108-156页。

为其交换内容的，更显示出与旧的墟市之不同。不管是基本墟市、专业墟市还是市镇，都不同程度地具有商品集散的作用，反映了商品流通的扩大。这些墟市不仅彼此建立了一定的联系，而且还同外地市镇乃至国外市场发生了某些经济关系。

第五，墟市是为适应商品经济发展的要求而兴起的，但墟市几乎都为巨姓大族或地方士绅所建立，并始终处于在他们的控制之下。他们把农村的封建宗族关系移植到墟市中来。加之墟市一旦发展成市镇，封建政府便在市区建置官署，派军驻防，加强控制。因此，本是商业性的聚落，其封建性的因素却日益加深。工商业者没有成为墟市的支配者，反而被迫屈从于封建宗族势力。那些发迹的工商业者最终向士绅转化，就是屈从于封建势力的一种表现。正因为如此，尽管珠江三角洲的墟市繁荣一时，最终仍然不能像西欧的城市那样走上独立发展的道路，成为封建势力的对立物，成为资本主义产生、发展的基地。

第十五章　华侨与珠江三角洲近代化

沉浸于"天朝大国"迷梦的中国人，是被19世纪中叶英国战船的炮声震醒的。从此刻起，"近代化"这个令人魂牵梦绕的字眼，一直牵动着炎黄子孙的心扉，企望有朝一日，中国也能跨过近代化的门槛，以彻底洗刷鸦片战争以来落后挨打的耻辱。

但是，当时的国人对于什么叫"近代化"却不甚了了，只模糊地认识到是指近代的先进技术、器物而已。当然，时至今日，近代化（它与"现代化"为同义语）仍无经典定义。一般来说，它是从深度和广度双方推进的。深度是由物质层次，而制度层次，再而思想层次；广度有知识、政治、经济、社会和心理五个方面。

面对突如其来的近代化的胁迫，朝野的有识之士开始思考并提出对策。林则徐、魏源提出"师夷之长技以制夷"，并希望能仿造西方的轮船；曾国藩、李鸿章、沈葆桢等则推动以科技为主的，以船、炮、路、矿为内涵的新政，企图在中国实施他们所理解的近代化。但是，他们虽然认识到近代化的重要性和迫切性，却不敢提出对清朝已病入膏肓的政治体制实行改革。这种不涉及"体"，只停留在"用"的层次上的近代化，自当不可能奏效。

真正对中国的近代化做出贡献的是漂泊海外，念念不忘家国的华侨。

由于珠江三角洲的地缘和社会历史特点，移居海外的华侨人数众多、分布地区广泛，对祖国的贡献尤其卓著。在清末民初的珠江三角洲，侨汇与蚕丝经济并列为两大经济支柱。更为难得的是，华侨将西方文明之果带回家乡，推动珠江三角洲近代化，为中国历史写下了浓墨重彩的一笔。

一、珠江三角洲乃中国著名的侨乡

华人移居海外的历史十分悠久。因政局因素而零星移往海外的华侨，最早出现于秦汉之前。移居地系藩属国，如朝鲜，但并不以外国视之。商朝末年，被视为商代三贤人之一的箕子就移居朝鲜半岛，箕子有后裔繁衍至今。儒家经典《尚书》的《洪范》篇相传为箕子所作。《洪范》著作的年代早于孔子出生之年，所以如今有的韩国人认为朝鲜半岛是"儒学故乡"。尔后历代不乏侨民之例。

华侨聚居海外而形成社团、社区的时间，似限定在明后期为宜。16世纪以后，以民生日用百货为主要内容的商品经济蓬勃发展，广东、福建等地的东南沿海庶民商人冲破势家豪绅垄断海上贸易的格局，主动开拓东南亚市场，建立了与国内相互联系的贸易网络。但是，直至19世纪中叶之前，华人的移入地主要限于东南亚地区。18世纪末至19世纪初，虽然已经出现零星的华侨移居于夏威夷和北美加利福尼亚等地，但除东南亚地区之外，华人团体性的侨民社区在世界各地出现，要到19世纪中叶。

明清时期，东南亚地区的社会发展水平远比中国落后，而且土人稀少，一些素质较高、有见识、有组织能力的华侨，如农民起义领袖、海盗头目（实际上是有见识的大海商）等，往往被推为首领，领导华人和土人反对东来的西方殖民主义者的压迫和掠夺。有的甚至建立华侨自治政权，罗芳伯于乾隆四十一年（1776）在西婆罗洲（今属印度尼西亚）建立的"兰芳大统制共和国"即一例。

东南亚地区的华人华侨社区一直坚持祖国的传统文化。1891年出任驻新加坡总领事的黄遵宪在一份报告中说："（新加坡的侨民）虽居外洋已百余年，正朔、服色，仍守华风，婚丧演祭亦沿旧俗。"可以说，东南亚华侨是以母体文化去开化土著居民，即使后来土著居民也汲取先后东渐的西班牙、荷兰、英国、美国等西方文化，但只限于实用部分，主体还是中华文化，亦可谓是"以中为体，以西为用"。

我们知道，19世纪中叶以前移居东南亚地区的华人，其文化素质较当地土人要高得多。他们筚路蓝缕，以启山林，为当地经济文化发展做出了决定性的贡献。因而华侨社团在这些地区往往反客为主，成为当地政治和经济的主体。东南亚地区虽然先后受到印度文化和阿拉伯伊斯兰文化以及后来东渐的西方文化的影响，但中华文化的浸染一直是深刻的。所以，近来海外汉学的研究者往往把东南亚地区和朝鲜半岛、日本一起，划为"儒家文化圈"。

19世纪，大量的华人移居美洲大陆。据统计，19世纪上半叶的50年里，全国共有32万华工出国，主要来自闽、粤。1851—1875年25年间，出国华工猛增至128万人，尔后华工出国人数增加越来越快，19世纪晚期趋向高潮，同样主要属福建、广东人。因此，闽、粤两省成为著名的侨乡。目前，全国移民海外的人数估计已超过6000万，是全球最大的移民团体。

在众多侨乡中，珠江三角洲尤其受人瞩目。珠江三角洲的华侨不仅人数多,而且在侨居地取得成就者亦众,尤其是对家乡近代化的贡献最为突出。华侨将世界文明之成果带回家乡,推动了家乡的近代化。

珠江三角洲处于南海的北缘,通过南海可抵达中南半岛中南部和南洋群岛诸国,乃至经各大洋而与世界各地相交往。夏季来自西南和冬季来自东北的季风所形成的东北—西南季节性互相流向的季风海流,使其与东南亚地区间的海上航行更加便捷。

自秦汉起,中国海上贸易的主要对象是南海诸国。据《汉书·地理志》记载,西汉王朝曾在北部湾派遣船队出使中南半岛,并经转驳抵达印度东南海岸等地。这是最早见诸载籍的海上丝绸之路的滥觞。充当这次船队的所谓"应募者",当是熟悉海路和当地语言的北部湾俚族商人和水手。就当时熟悉南海商路并有海上航行经验而言,只有俚人最能胜任。到了3世纪,东吴政权开辟了从广州穿越海南岛东部海面直通东南亚地区的航线,广州自此始成为中国海上贸易的中心。明代中叶以降,珠江三角洲与海外贸易往来越发频繁。1553年,葡萄牙租占澳门;鸦片战争后,英国占据香港。澳门、香港和中国传统的海上贸易中心广州成为东西交通的桥头堡,珠江三角洲也日益成为中国与世界交往的门户。处于南海北缘的珠江三角洲与南海沿岸的弧形岛国的往来极为便捷,东南亚地区首先成为华人的移居地是很自然的。

珠江三角洲人本是南迁的北方士民与土著俚人相互融合而形成的独具特点的"珠玑巷人"后裔。他们继承了中原文化的精华,又汲取了"越人擅舟"的传统。具有海洋文化特质的珠江三角洲人寡于保守,多于进取,勇于开拓,富有重商思想和冒险精神。明代后期,以广州市场的转型为契机,在商品经济的推动下,对珠江三角洲进行了全面深入的开发。珠江三角洲人抓住机遇,趁隆庆元年(1567)实行"引票制",有限度开海贸易的时机,纷纷下海营商。有的商人留居东南亚地区而繁衍子孙。华侨主要发端于此。

在东南亚的华侨商人,一方面为珠江三角洲的广纱、粤缎、铁锅、糖、陶瓷等"广货"开拓市场,尤其是使海外华商之间、海外华商与国内海商之间结成了稳定的产销网络。据侯德孟《航海日记》记载,万历年间,侨居下港(在今印度尼西亚万丹一带)的华商,个个手提天平秤到周围村庄去购买胡椒,并将购得的胡椒包装好,以等待每年一月从中国开过来的船舶运送回国。香料和"吕宋银"(即墨西哥银)等是华侨商人运回国内的舶来品。国内的接应者称为"揽头",揽头将运回的银两分发给制造服饰器用的手工业者,作为预付工本;手工业者则按照揽头所规定的式样、规格制造产品,用来抵偿。珠江三角洲运往东南亚的商货,则由那里的华商由其散置网络推销。

侨居东南亚的华商通过其散置网络,使家乡人对遥远异国的商情了如指掌,对各种经济机会具有高度敏感性。他们对推动本土的农业商业化、农产品加工业和商业性手工业的发展做出了历史性的贡献。

鸦片战争后,珠江三角洲成为内外矛盾的聚焦点。从鸦片走私到虎门禁烟,并爆发了作为中国近代史序幕的中英鸦片战争,英国割占香港岛,到葡萄牙单方面宣布"永占"澳门,这些都使珠江三角洲处于特殊的前沿地位。尤其是珠江三角洲成为外国合法倾销鸦片的主要口岸所在地。道光二十九年(1849),全国消费鸦片约 5 万箱,而以广州为主要市场的南方消费量便占了 3/5,由此导致了银贵钱贱,社会风气败坏,游民无业者日增。广州港市的衰落,使很多为广州贸易服务的行业陷入停顿或衰微。珠江三角洲数以万计十万计的船夫、舵工、水手、商伙等"借外来洋船以资生计者"成为生计无着的游移人。

花县人洪秀全创立拜上帝教,早期曾在顺德、南海、番禺等地进行宣传鼓动。当他发动太平天国起义后,在珠江三角洲地区也引起了强烈的反响。咸丰四年(1854)初夏,何六(何禄)等首先在东莞石龙竖旗举义;接着,陈开、李文茂建号"大宁",于佛山起事;顺德陈吉、香山搭栅英亦起兵响应。他们多是天地会的成员,又自称"洪兵"或"红兵"。数月之间,攻克府、州、县城40余座,卷入的群众达百万人,并邀集各路人马20万人联合从水、陆四面围攻广州城达半年之久,最后遭中外反动势力联合镇压而失败。咸丰七年(1857)年底,英法联军侵占了广州,并维持了 3 年多的统治。咸丰六年至同治六年(1856—1867),珠江三角洲西南部新宁、开平、恩平等县爆发了持续 11 年的大规模土客械斗,死伤者达 20 万,亡散者 30 万以上。亡散者中有相当数量的人逃往海外。

由此可见,战争与动乱频仍,社会持续动荡,是鸦片战争后珠江三角洲地区的时局特点。凡此种种所引起的经济混乱和社会动荡,是导致出现移民海外热潮的重要原因。

人口压力的日益加剧,也是造成移民海外的重要因素。清初,珠江三角洲一度充当南明抗清斗争的据点,继而又惨遭"迁海"之祸,曾出现田地荒芜、城镇丘墟、人口减少的情况。但解除禁令、开海贸易之后,珠江三角洲社会经济迅速复苏,到康熙晚年已经恢复到明末的经济发展水平。乾嘉之后,随着商业化的进展,珠江三角洲的经济发展越发迅速。但是人口增长的速度远比经济增长为快。据笔者就南海、番禺、新会、香山和增城等老五县及先后由此五县析地设置的顺德、从化、新宁、三水、花县等共十县的统计：明初洪武年间人口493427口，明末崇祯年间增至1321280口，清嘉庆末年剧增至5372259口，清末宣统年间更增至7054274口。从明初至清末，珠江三角洲人口的增殖是扶摇直上的。清末较之明初，即在500多年间，人口已增13倍之多。尽管因沙田的开发，珠江三角洲的田地面积已从明初的3470561亩扩大到嘉庆末年的8179723亩，但人均耕地面积却在不断减少：从洪武年间的7.04亩降至明末的5.45亩，康熙十一年（1672）因人口剧减曾升至7.48亩，康熙六十一年（1722）又降至5.25亩，嘉庆末年，续降至1.52亩（详见本书第三章）。由于人均土地面积日益减少，自产粮食不足，富余劳动力势必要面向海外，另觅生计。乾隆七年（1742），署理两广总督庆复就曾向朝廷奏报：

> 窃照粤东生齿日繁，山多地窄，每岁产谷约供半年，虽遇丰收之岁，亦必借资（广）西省。又，各郡沿海之地，东西千有余里，防海重兵营镇相望，其地皆斥卤，不产五谷，居民以渔盐为业者不下数十万，……濒江附城，番舶估船，商贾辏集，转移受雇及艺业糊口之人，总计亦不下数十万，食指均属浩繁。一遇米谷价贵，皆赖官谷平粜，别无可以得食之计。

这说明，人口与土地的严重失调，也促使珠江三角洲人移居海外以谋生。

由此可见，由于国内政治经济形势的变化、经济机会的吸引和心理因素的作用等多种原因的驱策，到了晚清，珠江三角洲终于出现华工出国谋生的狂潮。在争相出洋的氛围下，既给拐匪歹徒以可乘之机，又使人们容易受骗，受尽苦难的所谓"猪仔""猪花"等华工出洋就是从此时开始的。

二、珠江三角洲的所谓"猪仔""猪花"等华工

早在明代晚期，珠江三角洲人已经"帆踔二洋"，出没于烟波浩渺的南海水域，经商于南海对岸的弧形岛国各地；在清代，往海外营生者更多。明

清王朝视之为"莠民""奸民""弃民",而采取了一系列严厉的举措。① 但是在珠江三角洲,自 1859 年起,先由广州府属下两个县的知县出告示,继而广东巡抚柏贵批准了移民制度,承认凡属自愿的属民,"可以听其任便前往"。② 尽管这一地方性的制度未曾得到朝廷的认可,却为珠江三角洲人出洋谋生之举开了一个口子。由于其自身的原因和海外经济机会的吸引,他们要往海外谋生的愿望越发强烈。清末竟演变成华工出洋的狂潮,五大洲遍布了珠江三角洲人的足迹,珠江三角洲也因而成为我国著名的侨乡。

所谓出洋华工,原指自发地订立公凭(即约据),规定在一定时间内以部分劳动所得扣还"客头"垫付的船费。这种习俗后来演变成"猪仔贩运"和"苦力贸易"两种形式。前者是以诱骗、拐带的手段,将华工运往海外贩卖,在契约期内,或期满未还清身价前,买主可视之为债奴而任意奴役;后者是指强迫华工签订条约后,即运往拉丁美洲、加勒比海地区、大洋洲各岛以牟利,华工必须履行所签订的契约内容,属于契约工性质,是一种"隐蔽的苦力奴隶"。

自 16 世纪以来,中国大陆与西方各国的贸易往来即渐趋频繁。清代自康熙二十三年至道光二十年(1680—1840),荷兰、西班牙、葡萄牙、英国、法国、美国等国家的"番舶"先后来华,这些船只大都经过澳门进入广州,随船而来的既有从事正常商品互贸的正当商人,也有不少人是带着强烈殖民意识,企图以洋货、鸦片加炮舰来打开中国门户的冒险家,其目的在于进行非法掠夺。鸦片战争前后,恰逢西方列强被迫解放奴隶,又值他们大力开发各自的殖民地和领地的时期。当时,西班牙占领的古巴正在发展甘蔗种植业和蔗糖业;荷兰控制的爪哇岛正在大力开发锡矿和种植橡胶、胡椒、咖啡等经济作物;英属圭亚那及以新加坡为中心的海峡殖民地的种植、开矿和海运等行业也处于上升阶段;秘鲁则决定利用鸟粪资源以取得巨额财富。其后,美国因开发西部,修筑贯连大陆东西的铁路等举措而急需人力。上述正在开发的地区,当时都处于草莱初辟、地广人稀的阶段,而且或处于深山巨壑、菁深林密、烟瘴迫人之地,或是孤悬海外的穷岛,工作待遇既菲薄,

---

① 上谕档,《着两广总督李侍尧整饬边界民人出入境事宜谕》[乾隆四十年(1775)五月十五日],中国第一历史档案馆藏件。本章引用档案,除另注明者外,均为该馆所藏,不再一一注明出处。

② 参见[澳]颜清湟著,粟明鲜、贺若夫译《出国华工与清朝官员》,中国友谊出版公司 1990 年版,第 93 - 101 页。

伤亡率又极高。这是一般的白人和当地人所不愿或不屑于去劳动的地方，为了解决迫切需要补充劳动人手的问题，各国政府和商人都认为从中国吸收大量的廉价劳动力是最有利可图的办法。他们坦然承认，从中国招引而来的劳力，是"上帝给予殖民地的一种恩赐"①，中国人是"驯服、守法和勤奋的人民"。② 其中，以珠江三角洲人为主的广东籍劳工，由于气候适应、生产技能和劳动习惯等方面的原因，受到殖民者的瞩目。英国对华贸易监督包令宣称："在全中国的人民中间，广州人是最强健，最聪明，最勤劳省俭的人，他们工作勤奋，生活有规律，而且知道怎样照顾自己。他们比其他地方的中国人更重视宗族关系，我认为他们是最适宜于在西印度做工劳动的人。"③ 他们在其他地区也被认为是最好的人选，美国人丁韪良也认为，"粤人（按：主要指珠江三角洲人）习于蔗事，且勤不辞劳，古巴人益赖之"。④

但是，所有力图招引中国劳工前去的各国政府或公司，都不愿给予中国劳工最起码的平等报酬，或给予必要的劳动条件和合乎人道原则的待遇。他们之所以近乎狂热地争取得到中国劳工，无非是基于各自利益的迫切要求，很大程度上乃企图乘中国积弱，清政府缺乏保护本国人民能力之机，以"黄奴"代替"黑奴"。正如丁韪良在其所著的《中西见闻录·古巴近事》中指出："禁止贩卖黑人之议起，诸皆争先释放，古巴迫于公论，不得已最后将黑奴释放，而重兴以羊易牛之法，其所用之羊，则中华之粤人也。"西班牙如此，荷兰、葡萄牙、英国、法国、美国等莫不如此。不少被视为"黄奴"的珠江三角洲人，成为填充"黑奴"空缺的最佳人选。

在无法按照正常途径招雇到自愿出洋华工的情况下，西方殖民者于是收买和勾结中国一些不法官役和黑社会的地痞、歹徒等，以卑鄙的手段掳掠和拐骗中国人"过番"。受雇于西方殖民者的大小歹徒，被称为"客头"，广东人呼之为"猪仔头"，在其主子的唆使下，于广州、澳门、香港以及珠江

---

① ［英］约翰·弗尔曼：《菲律宾群岛的历史、地理、种族、社会商业及其政治依附的概述》，1899年伦敦版，第118页。转引自陈翰笙《华工出国史料汇编》第4辑《关于华工出国的中外综合性著作》，中华书局1985年版，第50页。

② ［英］罗斯·史密斯：《给南非（白人）劳工协会的报告书》（1903年），转引自陈翰笙主编《华工出国史料汇编》第4辑《关于华工出国的中外综合性著作》，第70页。

③ 《包令致马姆兹伯利文》（1852年），收入《华工出国史料汇编》第2辑《英国议会文件选译》，第8页。

④ ［美］丁韪良：《中西见闻录·古巴近事》。

三角洲的一些城镇设立了名为商号、招工馆，实际上是从事拐骗、掳掠勾当的"卖人行"机构。这些"猪仔头"又以重金收买一些暴徒骗子深入墟镇、乡村，视不同对象施以不同的强掳胁迫手段：或设立圈套利诱，或通过软硬兼施，务求将一些因生计困窘而轻信的人攫入魔掌。这些拐匪往往"暗在各处，私设窟穴，藏匿被拐之人，伺机偷运出海"。① 在广州竟然有悬挂着不同国别旗帜的"洋舶"，还有在广州郊区的黄埔、长洲一带的河道上，经常泊有40～50只排列成行的趸船，用以随时接受拐匪押送前来的所谓"猪仔"。在船上，在"猪仔馆"中，拐匪以绑吊毒打、泡水饿饭等酷刑，逼迫被拐人同意出洋，可谓是无所不用其极，诸如"毒打幽禁之，绝之食，更甚者或于夜半毙死之"。② 有时为了防止被害人的惨叫声泄闻于外，还故意燃放鞭炮或猛敲锣鼓以掩盖罪行。对华工被拐骗、施暴的情形，晚清名臣彭玉麟曾有如下的描述：

> 粤东澳门、汕头等处，西人设招工馆，应其招者，其人为猪仔。人也，而畜名之，即以兽畜之。命名之意，已乖天和，然此尤明招之也。更有寓粤洋人串通奸商，诱卖乡愚于秘鲁、古巴亚湾那等处。其始或炫以财，或诱之以赌。又或倷指为负欠，强曳入船，有口难伸，无地可逃。每年被拐者动以万计，及抵彼埠，充以极劳苦之役，少憩即刑，告假不许。生入地狱之门，死作海岛之鬼。③

这时期的广州及四邻乡镇已成为恐怖之域，"省城附近一带村落，行人为之裹足，民情汹惧异常"。④ 单身行人偶有外出，往往即被下蒙汗药、打闷棍，甚至套进麻袋劫持而去。父失其子，妇失其夫，街衢贴满寻人启事；到处可听到沉痛的控诉和血泪交织的呼声，真是令人毛骨悚然，悲叹人间何世！在广州的一个美国传教士卜列斯顿于1860年2月3日写给美国驻华公使华若翰的信中也承认："黄埔这个地方不幸已成为最猖狂的拐匪围场，他

---

① 咸丰十一年（1860）元月，两广总督劳崇光告示。
② 《受害人李洪忠给新加坡华民政务局的禀词》，转引自温维飞《南洋华侨通史》，河南人民出版社2016年版，第172页。
③ 〔清〕彭玉麟：《海国公余辑录》卷三六。
④ 《河南道御史杨荣绪奏粤省匪徒拐掠良民贩卖出详请敕惩治折》（咸丰十年闰三月乙未），见《筹办夷务始末·咸丰期》卷五十，第1864页。

们轻易杀人，罪行累累。"① 特别是当时贩卖华工的罪恶活动都是以殖民国家官商合伙为后台，使用了中外黑社会势力联合组成的严密网络；从中国内地直到外国岸埠，以及买主的各个环节都做了有组织的、严密的安排。"英、荷两属各大埠交通地点之客栈，皆其机关巢窟。在海面者，各轮舶之船主、水手、买办，小艇舢板之摇橹荡桨者，亦其爪牙耳目也。"② 如此这般，在国内外水陆之间都撒下了罗网，善良贫弱的人们一旦误投罗网，焉有能力逃出魔窟，摆脱魔掌？！

  运送华工的船只，人们称之为"浮动地狱"；经营这种航运业务，被称为"偷运人类血肉勾当"。当时由中国内地口岸或港澳到达拐卖华工的外国口岸，都需要长时间的航行。由香港到夏威夷群岛要航行 56～175 天；到美国加利福尼亚要 75～100 天；到秘鲁要 120 天。船商贪利而逾额多载，竟将数以百计的成年男子关在一个窄小的底舱中。"苦力们被赶到甲板下面，像罪犯一样禁闭在里面，完全没有光线和空气"，赖以存活的粮、水也被克减到最低限度。有些船主和押运人员还不时地对一些被认为有反抗意识的华工进行捆绑毒打，甚至装入笼、锁入铁槛，或倒吊在旗杆之下，禁水禁饭。有些人中途生病，"四五天内没有治好，就用麻绳把他捆起来，抛到海里，或海滩上"。③ "华工们要在这个'地狱'里从中国运往哈瓦那，需要越过中国海、印度洋和大西洋"。翻开任何一本各国关于 1850—1875 年间契约华工的记载，都可以看到触目惊心的巨大的中途死亡者数字，其中有病死的、饿死的、渴死的、被吊打折磨而死的、被推下海溺死的、被抛弃在荒岛上自生自灭的，以至自刎、上吊、服药、投海而死的。例如，咸丰八年（1856），英国船"波特兰公爵"号自香港装 332 名华工去古巴，在中途病死、被打死和自杀死的就有 128 人，死亡率达 39%；英国船"约翰嘉尔文"号在同年装 298 名华工去古巴，途中死亡 139 名，死亡率达 45%；同治十一年（1872），秘鲁船"路意沙卡尼伐鲁"号装载 739 名华工到秘鲁，因逾

---

  ① 陈翰笙主编：《华工出国史料汇编》第 3 辑《美国外交和国会文件选译》，第 216 页。

  ② 温维飞：《南洋华侨通史》，第 174 页。

  ③ 参见《美国众议院第 657 号法案附件》（1860 年 4 月 16 日），见《华工出国史料汇编》第 3 辑《美国外交和国会文件选译》，第 65－90 页；又，参见 1874 年古巴华工李肇春等 166 人向中国官员呈上的禀词，见《华工出国史料汇编》第 1 辑《中国官文书选辑》第 2 册，第 585－589 页。

额超载多达50%，途中死亡192名，死亡率达24%。①

以上所述，是指在所谓"正常航程"中出现的死亡，还有一些更令人不忍卒睹的惨状。例如，咸丰八年（1858），美国船"花坛"号将载运的850名华工禁锁于舱底，用木杠把舱口封死，仅留几个小洞送入食物。此船在途中触礁沉没，但"船长命令放下小船，不去救苦力（不论全部或一部分），而是保全他们自己和水手们，……根本没有为可怜的苦力作任何准备。……850名苦力个个都葬身鱼腹了"。② 又如美国船"威佛利"号，在咸丰五年（1855）10月装着450名华工开往哈瓦那，途中经过马尼拉。代理船长怀疑船上的华工可能组织反抗，于是先开枪镇压，其后又把华工们赶下底舱，并予封固，翌日，发现约有300名已窒息死亡。③ 就这样，几乎每座"浮动地狱"都用数以百计的无辜生命作为代价，记录着苦力贸易的罪恶。

即使幸而挨过在国内受拐骗、掳掠的苦难，又幸免死于航运途中，华工到达劳作地点后所面临的境遇依然是严峻的。同治十三年（1874），当时奉派到古巴调查华工情况的陈兰彬报告说：

> （华工们）其功夫过重，其饮食过薄，其作工时刻过多，其被棍撞、鞭拷、锁闸等诸般荼毒又最多。递年各处打死、伤死、服毒死、投水死、投糖锅死者，迭迭不绝。现时折手、坏脚、瞎目、烂头、落牙、缺耳，皮开肉裂指断，请验伤者亦复不少，凌虐实迹，人所共见。④

同治末年，奉派随郑观应视察华工情况的吴剑华也说道：

> 所到之处，按猪仔禀词辄数百纸，据其所述苦情及寮主苛虐之状，受者丧胆，闻者酸鼻。闻各工每日晨起以铁锁牵就役，饷食不过面包一块，香蕉二枝。日晚牵归，监以黑奴，稍怠则鞭棒交下，鞭死勿论。夜

---

① 参见陈泽宪《十九世纪盛行的契约华工制》，刊于《历史研究》1963年第1期。
② 《美国人列威廉致友人书》（1859年1月），见《华工出国史料汇编》第3辑《美国外交和国会文件选译》，第81页。
③ 《美国众议院第657号法案附件》（1860年4月16日），见《华工出国史料汇编》第3辑《美国外交和国会文件选译》，第72页。
④ 〔清〕陈兰彬：《古巴华工事务各节》，晚清广东地方当局又将其中一部分重印，名为《醒迷编》。

则严闭一室，用铁环桎其手于木榻边柱之上，转侧皆难，恐其逃也。又有恶犬数十头，间有逃工，则放犬四出嗅气寻觅，十无一免。觅者咬噬拖回，用手枪击死；不回，则终亦吓死，或用火烧死，或置于水牢之中泡烂而死。有一寮主尤凶异常，杀华工以千百计，积其颅骨，累砌花台，俨似奇观之意。噫！何其酷也。……约计年来物故者，已有十余万人，再愈十稔，秘境华工，无类矣，悲夫！①

吴氏所言绝无夸大，甚至连一些比较客观的外国史学家也承认：当时"在秘鲁，华工被分派做的一种恶劣的劳动，就是挖鸟粪石的工作，……一年之中，大部分时间都是酷热的，湿度很高，而且终年无雨，……为了使恶神息怒并满足其报仇之心时所曾设想的地狱，也比不上秘鲁鸟粪矿藏的开采和装船时的毒热和恶臭，以及被迫来这里劳动的人们所受的苦刑"。②

华工的遭遇在不同国度和地区虽然有所区别，但所受到的歧视、凌辱、排斥却是共同的。"华民所寓新加坡、旧金山、卡（加）拿大，均有身税；至于越南，日斯尼亚（按：指西班牙）于小吕宋、古巴，荷兰于三宝垄，均征华人身税。泰西嗜利无厌，其情然也。"③ 至于美国，清朝驻美公使张荫桓于光绪十二年（1886）评论说：初时"志在开辟西境，招致华人唯恐不力。转瞬而火车铁路四达旁通，沿山煤铁五金之矿采掘不竭。金山荒芜之区蔚为都会。杰构云连，商旅阗隘，微华人之力，曷克臻此？乃不数年而谋限制矣，不数年而谋驱逐矣。近且焚掠枪杀，惨毒不堪"。④ "荷属苏门答腊之日里埠，每岁所到华工以八九千计，皆从英属华人猪仔馆分雇前往。猪仔馆之人半由拐卖。荷之园主，虐待华工，往往终身为奴"。⑤ 凡此记载，都以具体确凿的事实为根据，如实地反映了中国劳工在各国各地所曾蒙受过的灾难性遭遇。光绪三十年（1904）十月，有一朝廷命官称：

陈子卿者，粤人也。以军功膺受五品蓝翎之秩，竟被招工者诱至该

---

① 〔清〕吴剑华：《查视秘鲁华工记》，转引自郑观应《盛世危言·贩奴》。
② 参见姚贤镐《中国近代对外贸易史资料》第1册，第907页。
③ 〔清〕崔国田：《出使美、日、秘三国日记》，见《小方壶斋舆地丛钞》再补编第11册。
④ 〔清〕张荫桓：《三洲日记》，光绪二十二年（1896）刊本。
⑤ 〔清〕薛福成：《出使美、法、义、比四国日记》，光绪八年（1882）刊本。

处（按：指南非洲）当矿工，不堪其苦，自念曾受朝廷恩赐，以不得见用，而至海外受此惨虐，遂吞服阿芙蓉毙命，临死自题数句云：生长中华四十三，今日不幸来到番，英雄到此也无法，想返中国难上难，我今舍命别阳世，难为众人在此间，同乡做满三年后，顺带弟魂返唐山。末署"五品蓝翎陈子卿绝命书"。①

陈子卿的身世虽与一般华工不同，但其惨遭的厄运却是一样的。多少同胞在饱受迫害和完全绝望之时，仍然关怀着同受诱骗的同乡工友，仍然眷念远在祖国的父老乡亲，仍然希冀能魂兮归来。陈子卿临自尽时的心声正代表华工们的心境。百年之后，读陈氏这一留言，仍不免一掬同情之泪！

当然，中国人民绝不会甘受凌辱，任其宰割。一部晚清华工史，实际上是一部中国劳工坚韧不拔，英勇抗争，以争取应有的人身权利和合法权益，争得在侨居地生根立足，并坚持为当地经济文化建设做出贡献，坚持与当地人民增进了解和互助，和睦共处的历史。华工及其家乡的父老乃至全国人民，一直与西方殖民者的暴行展开坚决的斗争，这在珠江三角洲表现得尤为突出。处于珠江三角洲北缘的广州，人民群众对于以诱卖本国同胞牟取私利的掯客和贩子极其愤怒，纷纷自发行动起来，对这些败类严加惩处。据当时在广州的英国官员记载，"这些人时常遭到中国老百姓的报复和杀害"②。"广州城内和附近地区的居民，已经意识到大家共同面临着一场重大灾难。有些人已经愤然行动起来。……只要那些拐掠人口、为非作歹的匪帮有一个落入他们手里，便按他们自己的方式伸张正义，发泄怨愤。因此，在过去十天之内，已经有许多人被群众当作拐子杀掉，群众使出了广东人通常在比这为轻的刺激下，惯于使用的那种出名残酷的报复手段，他们疯狂地惩罚了拐子"③。面对中国人伸张正义的行动，这些英国官员忧心忡忡，并惊呼："这种拐掠人口行为，特别易于使到广州城外附近各地游历的小帮或单身外国人处于异常危险的境地，……不满情绪可能变成仇恨，……不久就要由敢于进

---

① 转引自〔清〕谢子修《游历南非洲记》。
② 《包令致拉包契里文》（1856年7月26日），见《华工出国史料汇编》第2辑《英国议会文件选译》，第151页。
③ 《英国驻广州领事馆阿礼国致包令文》（1859年4月12日），见《华工出国史料汇编》第2辑《英国议会文件选译》，第173页。

入这个国家内地的一切外国人用血来偿还了。"①

中国人民对外国殖民者和地方黑恶势力拐掠人口罪行的愤怒,很快便影响到海外的侨胞,他们义愤填膺,对这种罪恶勾当进行了口诛笔伐。同治十一年(1871),原籍顺德县狮江乡,旅居日本横滨的华侨谭禹(又名谭警迷子)愤然撰写,并自费大量印发《戒拐贩人口出洋论》一书,②痛斥洋人勾结国内歹徒拐骗人口的罪行,文曰:

> 盖闻……挺刃杀人,按律犹当严办,机谋陷众,于理实所难容。今有俗名猪仔头者,居心奸险,立志凶狠,惟知益己射利归囊,专以贩人出洋为业,乡隅竖子,既每受其樊笼;村市贫民,更多遭其蛊惑,恶经习惯,罪已贯盈。迩因外国求沽,较诸曩时尤盛,多多益善,逐逐招寻,价值倍增,老幼不择,致使奸们图富,私与番客主谋,……不拘各处童男,纷将拐诱;渐至良家妇女,竟欲搜求,鬼蜮猖狂,蝎蛇充溢。名开招工之馆,实为陷命之场,薄海痛心,于兹为甚。
>
> 迨天番舶开行,引赴议亭讯问,当官报号,悉皆以羊易牛;循例呼名,无非指鹿为马,哀情莫白,隐念难鸣。押送者狞目张张,赴行者低头窜窜,鱼贯蚁队,概行带下乎舟中;犬伏蛇行,遂即拘囚于舱内,呼号对泣,涕泪交横。遍体之衣褐未完,果腹之饔飧莫继,饥寒屡受,苦病丛生,食无箸而卧无床,直等同槽之牛马;身以羁而足以锁,真如入笠之豚。……颠连殆尽,喘息微留。……试问一年装去若干,十载回来有几?

谭氏泣血锥心,其爱乡爱胞之情跃然纸上,允称至情之文。谭氏的呼吁抗议绝不是孤立的个人感慨,而是代表了海内外正直人士和珠江三角洲人民的心声。《戒拐贩人口出洋论》一书一经发表,番禺陈玉池即捐资印送3000本,香山缪辉堂亦捐资印送3000本,郑怡怡堂2000本,番禺胡达朝2000本,南海何雁宾和香山张熙堂亦各捐资印送1000本,其他顺德、三水、新会、新宁各县人士,在横滨等地开设的华资商店如广利和、东同泰、广裕

---

① 《巴夏礼致斯陶本文》(1859年12月3日),见《华工出国史料汇编》第2辑《英国议会文件选译》,第269页。
② 〔清〕谭禹:《戒拐贩人口出洋论》,1871年在日本横滨刊刻发行,今东京国立古文书馆有藏。

兴、东兴、福记庄、德大庄等，亦各认捐300～500本不等。先后踊跃捐资加印此书者有几百人之多，印数累计达2万册之谱。各界人士通过各种渠道将此书派送回国内以及各国有华工的地区，希望唤起海内外华人觉醒，共同抵制贩卖"猪仔"的罪恶勾当。旅日人士共同议定：此书印版保存在横滨市中华会馆内，以免费提供任何人加印赠送。① 在19世纪70年代初，一个名不见经传的人物所写的一本小册子，竟然在珠江三角洲旅外同乡中引起如此巨大的轰动，可以说是前所未有的。究其原因，实在是珠江三角洲人民在被当"猪仔"拐卖之患中首当其冲，受害最深。因此，谭禹登高一呼，珠江三角洲各县旅日同胞才如此强烈地纷起响应。由此可见，晚清华工被拐骗出洋的苦难，珠江三角洲社会各界人士以及旅外同胞均怀有无限的恻悯同情和愤慨伤痛。

被拐掠的华工自不甘受折磨送死，在被押运往海外途中，华工进行了英勇的反抗。押运华工的船几乎都从澳门启航。道光三十年（1850），法国船"阿尔培"号运载华工去秘鲁，为反抗船主的虐待，华工起来反抗制服了船主和水手，将船驶回中国；咸丰二年（1852），一艘美国船"罗伯特勃朗尼"号开往古巴，船上的华工不甘受凌辱，杀了船主和船员，把船搁浅在沙滩上，弃船逃生；咸丰七年（1857），在开往古巴的法国船"海丽塔·玛利亚"号上，350名华工举行暴动，迫使船长和水手弃船而逃；同治四年（1865），华工在开往古巴的意大利船"拿破仑卡尼伐鲁"号起事失败，竟全部被关在已起火的船舱中烧死。这些事迹表明，在被押运出洋的途中，华工们以死相拼，宁可用性命相殉以换取自由。

外国对华工的虐待往往会激起中国国内的爱国运动。光绪三十一年（1905），美国国会连续通过苛例，强迫清政府签订限制华工赴美和同意美国驱赶部分华工的条约。对此，广州和上海等地纷纷组织"拒约会"，并发动抵制美货运动，珠江三角洲各城镇商号也纷起响应。广州由潘达微、高俭文、陈垣等人士主办的《时事画报》上刊载《华人受虐原因图》《西关抵制图》《广东拒约公所图》《龟抬美人图》等图画，都曾对鼓舞居美侨胞、华工以及国内同胞的反美斗争起过重大的作用。

---

① 参见《戒拐贩人口出洋论》附载《喜认芳名》。

三、坚守传统文化，报效乡里，推动家乡近代化

珠江三角洲本是移民的社会，人民来自五湖四海；19世纪中叶以后，他们又走向四洋五洲；大凡海水所到之处，都有珠江三角洲人的足迹。据笔者推论，自19世纪40年代至20世纪初，珠江三角洲出洋的华工达三四百万之谱，这里因而成为我国重要的侨乡。顺带指出，几乎与此同时，欧洲有5000多万人移居海外，其中大部分移往北美洲。不同的是，移居海外的欧洲人的乡土观念和宗亲观念远没有中国华侨浓重。强烈而牢固的血缘地域观念是中国人的特征。

美洲的华侨与东南亚的华侨有所不同。19世纪远渡重洋迁徙美洲的中国移民，如上所述，多系以"苦力贸易""猪仔（女的称'猪花'）贩运"的形式被掠往当地当劳工。他们文化素质较低，是怀着赚钱养家的目的被诱骗或掳掠而去的。他们往往怀过客的情怀，并非像东南亚的华侨多有落地生根的思想而要求与当地文化交融。而且就总体而言，他们在20世纪50年代以前，大部分开始在矿山荒野、农场当劳工，继而在饭店、洗衣店充当佣工。既没有被置于与西方人相同的生活环境之中，也没有获得可以接受近代化的工作条件。即使置身于近代化的生活、工作环境，对具有独特体系（包括民族性格、宗教信仰、道德习俗等）、高度成熟的母体文化的华侨而言，也不容易改变其文化观念。据西方社会学家的一项调查及六种变量分析认为，即使是进入现代化工厂的工人，如果缺乏开明管理，在监督下从事单一的苦力工作，没有发现自己的价值，则很难认同西方文化的优越性而对自己的文化观念做出更改。因此，在相当长的时间内，在西方各国的华侨同东南亚的华侨一样，都尽量维持中国传统的文化生活方式。

在聚居华人人数较多的地方，他们以地缘、宗族、堂会等形式结成社团，提倡忠义仁勇、亲爱精诚、团结互助、共谋福利。并且按照本土民间的文化，以供奉的关帝庙、天后庙之类的庙宇结成信仰圈。这些华侨社团组织既可联络乡情，加强凝聚力，又可为内部排难解纷。他们恪守中国民间的文化传统，以故乡的伦理道德和社会风习作为判断是非的标准。从中山（香山）县迁往夏威夷的移民，经过几近一个世纪聚居在檀香山的唐人街。1950年有人撰写观感道："那里华侨的乡音，社会风俗和特性包括风采，差不多个个是中山县人。"正是这种民族特性所具有的乡情观念，使他们对家乡、对祖国怀抱执着的爱恋之情。

在美洲的华侨中也不乏成为大亨的幸运儿，如19世纪末夏威夷侨商领袖陈芳等。但是他们并未因为取得事业的成功、在当地享有名望，而背离祖国的传统文化。例如，陈芳虽然与夏威夷王国贵族之女结婚，广交显贵名流，乃至与国王交厚，跻身于王国贵族行列，也操英语，跳洋舞，而且汲取西方的经济管理知识，创建农场、兴办公司，但拖在脑后的辫子是绝对不能割掉的。不论是家中的摆设、吃用、穿着，还是认知思考和对土王的道德观念，也始终坚持以中国的文化为根本。正因为文化与体质特征和白人迥异，陈芳从被猜疑而最终遭到排斥、迫害，他不得不变卖大部分家产，退居澳门，颐养天年。大致说来，美洲的华侨都怀着过客的思想，坚守中国的传统文化。一些如陈芳这样的发迹者，也只不过汲取了一些西方有用的东西，如经济上的经营管理知识等，谈不上与西方文化交融。

　　华侨坚守祖国的传统文化，念念不忘家乡的建设。华侨中的一些精英，一旦在侨居国学到了一些新技术和近代经营管理知识，便力图把文明之果带回家乡，嘉惠乡亲父老。他们带着资本和技术返乡创办近代化的农场、制造业企业。

　　在推动家乡近代化中夺得头功的是南海人陈启源。陈启源侨居安南，后来带着其积蓄的资金及从西方学得的先进技术和经营管理的知识回到家乡南海简村堡，1872年创办继昌隆缫丝厂。将先进的机器缫丝工艺引进来，这对几千年来的手工缫丝业是一场革命，机器缫丝提高了生产率，产品质量也远胜于手工产品。因此，机器缫丝厂在顺德、南海迅速推广，"各处闻风兴起，纷向南海、顺德产蚕地方竞相设立"，从数家、十余家到五六十家。到20世纪20年代，珠江三角洲地区的机器缫丝厂已增达200余家。陈启源所创办的继昌隆机器缫丝厂，成为中国民族工业的摇篮，具有划时代的意义。

　　蚕丝上市的季节，由广州运往顺德各地的现银平均每天达30万元，每月有上千万元的现金流动，顺德一度成为广东省金融业的中心。机器缫丝厂不是建置于城市，而是分散于乡村、墟镇，开启了乡村工业化、发展乡镇经济的道路。

　　珠江三角洲较之于江南地区是较晚兴起的蚕丝区，但在清末民初，珠江三角洲机器缫丝厂设立的数量、资金以及工厂的规模均超过江南，其中一个重要原因是资金上享有海外华侨商人汇款的优势。由于机器缫丝厂的大量发展，厂丝逐步取代土丝，至20世纪20年代，丝货（包括水结和丝织品）出口价值占广州出口总值的70%～80%，成为广州外贸的主体产品。蚕丝业不仅和侨汇成为珠江三角洲的两大经济支柱，而且也是广东全省的经济支柱。这是华侨在家乡推进近代化最显著的成果。

在交通运输业方面，美国侨商陈宜禧于光绪三十二年（1906）回台山，自己筹款、设计、主持修筑新宁铁路。虽然在建设和开通时间上稍迟于潮汕铁路，但它是国内第一条纯粹由民族资本兴建的铁路。以近代港口理念创建的台山公益埠和香洲商埠，是由侨商伍于政等开辟的。1903年在香港创办的四邑轮船公司、1910年在广州创办的侨轮公司等，也是出自侨商之力。

华侨还在能源、工矿，以及银行等行业建立起近代企业。作为民族工业，有的还属国内首创。例如，旅日华侨卫省轩于光绪四年（1879）在佛山开办巧明火柴厂；美国华侨黄秉常、李荣邦1890年在广州开设发电厂等。华侨开办的金融业也令人瞩目。银行、银号（钱庄）和侨批业（经营侨汇业务）等，几乎遍布整个侨乡。

百货批发商和百货公司也先后由于华侨的移植而在中国出现。1868年，在广州出现任万利百货批发商，19世纪80年代，在长寿里、同兴街一带形成了批发市场；20世纪初，中山人华侨马应彪、郭乐兄弟、蔡昌兄弟和李敏周、刘锡基等举起了商业革命的旗帜，在香港、广州、上海也先后开设先施、永安、大新和新新公司，被称为"四大百货公司"。四大公司还在广州经营旅馆等，而且皆兼营储蓄业，"隐然商店与银行相结合"。

除前述的华侨精英做出贡献外，那些被迫卖身为"猪仔""猪花"，在海外充当受尽折磨、凌辱的劳工，也将用血汗换来的微薄工钱，积米成山，作为侨汇寄回家乡，同样为家乡的发展做出了自己的贡献。关于侨汇的数额，我们尚缺乏完整的确切的数据。最早的估计数字是1877年美国华侨汇款每年平均为1.8亿美元。又据旧金山总领事黄遵宪查银行汇票总簿的记录，20世纪的头几年，华侨汇款回广东省最多的一年为一千五六百万银元，古巴、秘鲁、西贡、新加坡等地汇款未计在内。这仅限于一国一地的数额。就中国重要侨乡珠江三角洲而言，有人估计，华侨较多的县每年可达数千万元。侨汇已经成为家乡的近代化建设的资金来源。据不完全统计，自19世纪六七十年代至20世纪抗日战争前，华侨在珠江三角洲的投资达2.4亿元，其中相当大一部分成为家乡近代化的资金来源。

华侨的贡献远不止于此。更为重要的是，他们最早接触现代文明，接受新思想新事物，开阔了眼界，并把现代文明之果带回家乡，使之生根开花。南海康有为、新会梁启超的变法维新思想，孙中山的民主革命思想，显然是因华侨之故而受到西方思想层面影响的结果，也是近代化在珠江三角洲深入思想层次的产物。

结语 珠江三角洲的开发及其近代化进程

珠江三角洲位于广东的中南部，濒临南海。它原是一处烟波浩渺的浅海湾，经过漫长的复杂的变化过程，才形成一片岛屿林立、沼泽星罗的冲积平原。

珠江三角洲的北缘有古老的港市番禺。在汉代，番禺是见载于《史记》的19个都会之一。番禺是来自交趾湾各港市的海上商品的转运点，与东部（今汕头）之间的沿岸贸易也偶有发生。孙吴黄武五年（226），番禺改名广州。3世纪中期，广州取代交州蠃陵而成为南海贸易首冲、中国海上贸易中心，唐代更以"世界东方大港"而著称于世。

然而，它是汉人集聚的少数民族地区的边疆城市，城里居住着"使价之客和守土之臣"。广州贸易因经营的是以富人集团为消费对象的奢侈品，只能与京城和岭北各大都会相联系。值得注意的是，直至唐代，广州还是兼营奴隶买卖的"生口"市场。因此，广州贸易并不能惠及广大农村，广州贸易与未经开发的珠江三角洲农村经济几乎处于隔绝的状态。

北宋之前，珠江三角洲依然是草莱未辟、蝮蛇猛兽横行、烟瘴肆虐之地。居住于斯的俚人，"率皆半蠃，生齿不蕃"，平均寿命在30岁以下。当时的珠江三角洲地广人稀，粗放的农业和自然水产已足供"饭稻羹鱼"之需。在那里，生产要素的供应与需求是均衡的。一切都世代相传，从秦汉到北宋的一千多年中，几乎没有多大变化。尽管到了北宋，江南地区已经开发，农业正经历一场"绿色革命"，传统农业日臻成熟，但珠江三角洲依然沉睡未醒，栖息于历史的角落之中。

珠江三角洲处于亚热带，气候温和，土地肥沃，有西、北、东三江汇流而形成河网区，又同南海相通，交通便捷，具有气候和地理的潜在优势。但是，时机不至，现实需要不起。唯有机遇的出现和外力的刺激，地区的开发和进步才有可能。

珠江三角洲人是一个善于把握机遇、创造历史奇迹的群体。珠江三角洲在历史上曾出现的四次大的机遇，都为珠江三角洲人准确把握，并创造出骄人的业绩。珠江三角洲从栖息于历史的角落变成广州贸易腹地的核心地、中西经济文化的交汇地；并引领潮流，率先实施商业革命和工业近代化；高扬人文精神，成为中国民主革命的故乡和策源地。

（1）第一次机遇是北宋末年因战乱而出现的中原士民集团性移民珠江三角洲，并以此为契机开始了初步的开发。

靖康元年（1126），金兵南侵，北宋首都汴京陷落，宋高宗仓皇南逃。中原士民一部分随宋高宗进入太湖流域；而大部分则随隆佑太后前来赣南。随隆佑太后南逃的士民有一部分越大庾岭，先居住于南雄珠玑巷一带，继而进入珠江三角洲。南宋咸淳六年（1246），王兴起义军转战广州，使得当地人口剧减，朝廷曾下诏迁移南雄的居民（实际上是暂住于此的南来中原士民）充实珠江三角洲。德祐二年（1276），元军攻陷南雄、韶州时，居住于南雄地区的北方士民继续南迁至珠江三角洲，这就是"珠玑巷移民"传说的由来。

这些南迁的中原士民，与在此之前或因官宦或经商而留居者不同，他们往往是以家庭或家族为单位，举家搬迁。他们之中不乏"中原衣冠华胄"，属素质较高的移民集团。他们不仅带来了具有较丰富农业生产经验的劳动力，也带来了治理低洼沼泽地的先进技术，尤其是带来了先进的中原文化。

流动的人口本是文化最忠诚、最活跃的载体，同时，人口流动又是优存劣汰的过程。这些素质较高的北方士民进入珠江三角洲后，"易俗移风"，促进了当地俚人的汉化，使社会风气渐开，尤其是启动了对珠江三角洲的开发。

南迁的士民汲取江南地区治理低洼沼泽地的经验，沿西、北、东三江干流两岸修筑堤围，尤以西江沿岸为多。元代，在对原有堤围加高培厚的同时，对西江沿岸续修新堤。沿岸的沼泽地和沙丘被开垦为良田。宋元两代修筑堤围的结果是，泥沙被冲积在堤围以下南部地区，因而加速了甘竹滩以南的今中山市北部沙丘浮露成陆。人为的开发导致泥沙淤积而扩大了珠江三角洲的陆地面积，加速了珠江三角洲的发育。

以集团性大规模移民为契机开始的初步开发，使长期栖息于历史角落的珠江三角洲进入一个崭新的生机勃发的历史时期。珠江三角洲家喻户晓的"珠玑巷移民"传说的一个重要意义，正是表彰这一移民集团历史功绩的口头纪念碑。珠江三角洲人也乐于以"珠玑巷人"自称，并引以为傲。

（2）第二次机遇是珠江三角洲回应明代中叶即16世纪大航海时代的广州贸易转型，以加深开发并实施农业商业化而取得社会经济的进步。

明代中叶，珠江三角洲的全面深入的开发，并由此而引起的商业化的勃兴，以及人文郁起，宗族庶民化等社会经济变迁，是以广州市场的转型为契机，在市场经济的推动下发生的。这是珠江三角洲受到第二次机遇刺激的结果。

新大陆的发现，东方航线的开通，西方葡、西、荷、英等国殖民者的东来，打破了南海贸易的传统格局。中国内部的经济结构也发生了明显的变化，商品经济得到令人瞩目的发展。为因应国内外形势的变化，古老的广州港市无论在贸易形式、商品结构、商人构成、市场功能，还是商业运作方式上，都发生了历史性的变化。1553年被葡萄牙人租借的澳门迅速发展起来，成为广州的外港。广州市场流通的商品已从高价值的奢侈品趋向以民生日用百货为主。因而，广州市场与周边的社会经济发生了密切联系，特别是对广州贸易腹地珠江三角洲产生了强大的刺激与推动。

面对广州市场转型带来的机遇，珠江三角洲人的回应首先是实施农业商业化，因地制宜，形成了各种经济作物专业化种植区。番禺、东莞、增城为甘蔗专业化种植区，蔗糖收入占农户总收入的40％。香木以东莞茶园，果木以顺德陈村等地为专业种植区，有"食香衣果"之谚。最值得注意的是"桑基鱼塘"专业区，它首先在南海、顺德、高明和鹤山四县交界处出现。当地人将低洼易生水患的土地深挖，"取泥覆盖四周为基，中凹下为塘"，"基种桑，塘蓄鱼，桑叶饲蚕，蚕矢饲鱼，两利俱全"。蚕桑业和养殖业互相依托，互相促进，形成良性循环的生态型农业。

同时还出现了香户、花户、果木户、蚕桑户、鸭户、鱼花户等专业户。他们敢于种植经济作物取代粮食作物的冒险之举，同他们能通过西江从广西粮产区便捷得到粮食补给有关。

其次是利用广州市场的优越条件，发展农产品加工业和商品性手工业。在当时马尼拉生丝市场的刺激下，从江南输入吴丝，织成广纱、粤缎，打造成所谓"广纱甲天下，缎次之"的名牌产品。佛山的冶铁业和石湾的陶瓷业崛起：铁锅等铁器畅销"东西二洋"，陶瓷则有"石湾缸瓦，胜于天下"之誉。珠江三角洲所生产的丝货、糖、铁锅、陶瓷等所谓广货成为广州出口的重要产品。

商业化引起了珠江三角洲人自我意识的抬头。他们在当地经济普遍增长中所起的作用使其感到自己存在的价值。于是，他们利用从商业化得到的经济实力，仿名宗大族建立起宗族组织。这就使豪门大姓垄断的宗族制走向民间，成为庶民的组织。

社会阶层的上下流动日益加速。一批活跃于明后期政坛的珠江三角洲籍官僚，如伦文叙和伦以训、以谅、以诜四父子，霍韬，李待问，等等，正是于此时先后从农民、鸭户、铁匠等社会底层上升到朝廷大臣或地方官僚。珠江三角洲出现一个人文郁起、英才辈出的局面。社会风气从质朴向奢侈，从重义向求利变化。宁静、敦厚的农业社会的人际关系为喧嚣、争竞之风所取代。

（3）第三次机遇是清乾隆二十二年（1757）确定广州为中西贸易独口通商口岸，珠江三角洲人以扩大桑基鱼塘发展蚕丝业，建立了以出口为导向的贸—工—农体系，经济一跃而追赶先进的江南地区。

明代后期珠江三角洲取得的经济普遍增长和社会全面进步，皆因明清朝代嬗递之际的战乱而被葬送，直至康熙晚期才得以恢复。清廷完善广州进出口贸易管理体制：设立粤海关负责进出口贸易税收；设广州十三行负责进出口贸易事宜，并居间协调官府与外商间的关系；指定黄埔为外来商船的停泊处，澳门为外商的居住地。尤其是乾隆二十二年关闭江、浙、闽三关以后，广州成为中西贸易的唯一港口。以广州为中枢，佛山为内港，澳门为外港，相互配合，广州港市的条件越发完善。西方各国与中国的贸易原是通过东南亚市场进行的，此时也径来广州直接贸易。这一系列变化越发增加了珠江三角洲出口贸易的优势。

珠江三角洲人以商业贸易为先导，根据市场取向自发地调整其产业结构。自16世纪马尼拉丝市出现以来，世界市场对丝货的需求有增无减。于是，珠江三角洲着力发展蚕丝业。乾嘉年间，桑基鱼塘从原有的九江、龙江、龙山、坡山、海洲、镇涌、金瓯、缘潭、沙头和大同等十乡专业区，扩展成一片"周四百余里，居民数十万户，田地一千数百余顷"的专业生产基地。丝货跃升为珠江三角洲单项商品的首位。

花茶、广彩、棉纺织等新兴产业也都是为适应出口的需要而创置并发展起来的。

茶的出口量入清之后就呈现不断上升之势，到了18世纪20年代终于跃居中国出口商品的首位。珠江三角洲趁机发展制茶业，高明、鹤山、香山、番禺、新会、清远等县自清代中叶起不断扩大茶园面积；又根据西方人的口味改进制茶方法。广州珠江南岸茶庄、茶行，比屋相连，内设有茶叶加工厂，研制出一种用不同的花熏染而带有不同花香味的所谓"花茶"，所制的珠兰茶等花茶在伦敦等国际市场备受欢迎。

新型的所谓广彩，是将景德镇烧造的白瓷器贩到广州，在广州的河南、西村设厂，请擅长绘画的工匠仿照西洋画法在白瓷器上绘西洋人喜欢的图画，再开炉烘制成彩瓷，然后售给西方商人。

受海外市场的刺激而兴起的棉纺织业，意义尤为深远。棉纺织业在珠江三角洲本不发达，这是由于当地气候潮湿不适宜棉花生长。当地以前是通过与松江的"棉糖贸易"来解决对棉花的需求和本地所产糖的销路问题，这是一种经济资源的互补。18世纪下半叶，英国人运来曼彻斯特布等纺织品不为中国人所接受，而中国的"南京布"反而受到欧美各国的青睐。市场取向促使珠江三角洲人发展起棉纺织业。佛山设有22间棉花行户经营棉花业务。珠江三角洲人购买英国商人从印度运来的棉花，在本地设厂仿制"南京布"以出口英国。珠江三角洲人进口原料，输出成品，一进一出，得到了增值效益。

珠江三角洲原有的制糖、果品、蒲葵和水草等农产品加工业，以及石湾的陶瓷业、佛山的铁冶业都有增进。这些产品除通过广州出口外，还直接贩运到东南亚各国销售。

珠江三角洲人以商业贸易为先导，带动蚕丝业和其他手工业的发展，农业则处于为商品性手工业出口生产服务的从属地位，形成以蚕丝业为主体的贸—工—农的经济体系。

商业化的增进引起了社会的变迁。从业结构发生令人瞩目的变化，约有30%的人口直接或间接服务于商品流通的各个环节。宗族组织愈加普及，功能越发扩大。智力开发备受重视，社会上下阶层间纵向流动日益加速。学校、社学、书院遍布乡村墟市，人文郁起，科举之盛已超明代。珠江三角洲开始跻入先进地区行列。

以广州十三行商人为代表的广州豪商，已如同其印度、美国商人伙伴一样，成为国际性的商人群体。华商以输出中国的茶、棉、丝、糖等商品而同各国的商人连结在一起，同时利用与他们的关系在亚洲以外的地区营运其商业资本。伍秉鉴（1769—1843）是19世纪最著名的广州十三行商人，他不仅通过充当美国人的代理商销售中国和欧洲的商品，而且仰仗他与各国商人的关系，建立起其庞大的世界性商业网络。

广州的豪商已经置身于当时的国际市场之中，与传统的中国商人的经营理念不啻天壤之别。广州商人的商业网络不仅越过传统的南海水域伸展到欧美各地，而且与国际的贸易网络相交织，甚至已经直接投资于欧、美各地。

（4）第四次机遇是珠江三角洲因19世纪清廷开放通商口岸而走向世界，珠江三角洲人将充当劳工、经营商务而得的侨汇率先用于商业革命和工业近代化，引领潮流，珠江三角洲成为中西经济文化交流的前沿。

清朝在鸦片战争失败后，广州外贸中心的地位为上海所取代，由此引起珠江三角洲经济的混乱和社会的动荡，并导致移民海外谋生的热潮出现。珠江三角洲人善于调整自身，化消极因素为积极因素。

人口移动是社会通过自身的调整以适应新的形势的表现形式。基于人口的压力，随着海上贸易的扩展，珠江三角洲人移居海外者日多。19世纪中叶以后，更因广州贸易的萎缩，珠江三角洲出现了移民海外的高潮。单往美国加利福尼亚一地，就有"一年达十万"的情况。19世纪以降的二三十年间移往澳洲者有8万～10万之多。这些都以珠江三角洲人占多数。自鸦片战争后至20世纪初，移民数量达300万之多。珠江三角洲人在海外积攒的血汗钱积米成山。19世纪末20世纪初，汇回家乡的侨汇成为珠江三角洲与蚕丝业并举的两大经济支柱之一。最早的估计数字是1877年美国加利福尼亚州参议院所公布的，美国华侨汇款年均为1.8亿美元。这些侨汇除部分用于侨眷的消费外，其余的投入家乡建设。侨汇不仅为家乡的商业化和沙田的开发提供了资金，而且成为家乡近代化的资金来源。

由于海外贸易扩展和大量移民海外，珠江三角洲把中国传统的海洋文化发展到了极致。海洋文化的深厚底蕴造就了珠江三角洲人敢为天下先、勇于创新奋进的品质。首先实行商业革命，创办先施、永安、大新和新新四大百货公司的，是中山华侨马应彪、郭乐兄弟、蔡昌兄弟和李敏周、刘锡基。在移植西方工业近代化方面，珠江三角洲人的业绩尤为卓著。以郑观应、唐廷枢和徐润等为代表的香山买办商人群体参与创办近代工业，促进了中国早期近代化。在他们身上，体现了中西文化融汇的近代企业家精神。

华侨将世界文明之果带回家乡，推动了家乡的近代化。尤其是安南华侨陈启源回到家乡南海简村堡创办继昌隆缫丝厂，着中国民族工业近代化的先鞭，具有划时代的意义。又如美国侨商陈宜禧回国投资并设计修建了中国第一条完全由民族资本建设的铁路——新宁铁路。以近代港口理念创建的台山公益埠和香洲商埠，是由侨商伍于政等开辟的。1903年在香港创办的四邑轮船公司，1910年在广州创办的侨轮公司等，也是出自侨商之力。华侨还在能源、工矿，以及银行、百货公司等行业建立起近代企业。

珠江三角洲人在引领近代化风骚的同时，高扬人文精神：容闳、康有为、梁启超、苏曼殊，等等，灿若群星。尤其是中国民主革命先行者孙中山及其战友如杨鹤龄、孙眉、陆皓东、孙昌等更是耀眼的晨星。他们汲取西方的民主思想，并付诸革命实践，前仆后继，不畏艰险，终于推翻清廷，创建共和国。因而，珠江三角洲也成为中国民主革命的故乡和发源地。

珠江三角洲北缘的广州、南端的澳门和鸦片战争后被英国统治的香港，形同三足鼎立，充当中国通往各国的孔道。珠江三角洲也因而成为中西经济文化交流的前沿地带。

珠江三角洲北缘的广州、南端的澳门和鸦片战争后沦为英国殖民地的香港，形同三足鼎立，充当通往各国的孔道。珠江三角洲也因此而成为中、西经济文化交流的前沿地带。

自1978年我国实行改革开放政策以来，珠江三角洲人又迅速做出抉择，以"珠玑巷人"敢于开拓、敢于创新的精神，勇于创风气之先的气慨，充当社会主义市场经济的领头羊。在短短的40年中，珠江三角洲社会经济以惊人的速度取得了举世瞩目的成就，开辟了一条具有中国特色的沿海地区新工业化道路，成为我国发展社会主义市场经济的典范。历史有其延续性和继承性，珠江三角洲正在新的历史时期发挥了其应起的作用。

附 录

疍民源流及其生活习俗

关于广东的疍民（旧称"蛋民"，也有"蜒人""蜑人"之称）研究，在20世纪三四十年代，中国学术界已有一批田野调查报告和论著问世。1932年春，岭南社会研究所成立之后，即开展对疍民的田野调查。诸如该所于1934年发表的《沙南蛋民调查》（《岭南学报》第3卷第1期），伍锐麟1936年撰写的《三水河口蛋民调查报告》（《岭南学报》第5卷第2期），陈序经的专著《蛋民的研究》（商务印书馆1946年版），等等，都是该所研究的重要成果。中华人民共和国成立之后，广东省人民政府民族事务委员会于1952年年底至1953年春又组织专人到阳江县属沿海和中山港口沙田地区，陆丰、海丰、惠阳等县属沿海以及粤北地区，对当地疍民做了实地调查，并将调查材料整理发表。1985—1986年，笔者前往珠江水系干流及沿海各港湾做实地考察时，也曾对疍民的情况做过调查。研究所得的一些成果已经反映在笔者主编的《广东水运史（古代部分）》（人民交通出版社1989年版）之中。1989年6—10月，笔者先后同美英学者肖凤霞、科大卫，日本学者滨岛敦俊、片山刚在珠江三角洲做田野调查时，又搜集了有关疍民的资料。在此基础上，笔者以《明清广东蛋民的生活习俗与地缘关系》为题写出论文，呈交1990年4月在美国芝加哥举行的亚洲学年会讨论，次年刊于《中国社会经济史研究》第1期。此文旨在探索疍民同陆上汉人在种族和阶层上的区别，以及疍民如何在千百年来汉族大传统文化主流下，保持其独特的文化特点等问题。但该文对于疍民的族源未曾涉及。

当下由于发掘中华文化传统热潮的激荡，疍民问题日益受到关注。学术界的同仁和地方上的博雅之士纷纷在刊物和网络上发表看法。笔者受此鼓舞，旧题再作，把过去研究成果和当下思考所得写成此文，以就正于各位同仁。

这里应当说明的是，自中华人民共和国建立以后，疍民的生活方式和文化观念已经历了快速的巨大的变化，有的甚至发生了根本性的变化。因此，这期间的疍民不属本文讨论范围。

一、疍民族源

　　这一问题历来众说纷纭，同中有异，异中有同，莫衷一是。笔者认为，一个族群，除非坚持与世隔绝的生活环境，否则是不可能保持其纯粹的血统和文化传承的。疍民和其他族群一样，应当有它自己的族源，但难免掺杂其他族群的血脉和文化。拥有诸多族群的中华民族已经绵延数千年，它是由数以千计的氏族、部落经过长期融合而成的。其间有同源异流，也有异源合流。各个族系间你中有我，我中有你，纯血统的族系是不存在的。今日，我们以炎帝、黄帝为中华民族的代表，但并非意味着今天的各个民族都是炎黄族系。炎黄族系是通过兼并、融合其他族系而不断扩大的。炎黄族系中也有一些支系与别的族系融合，形成新的族系。例如帝舜之裔瑶人，多数与华夏族系融合了，还有一部分成为古代南蛮集团的重要族系。可见，现存的族群并非单纯以血统为标准。融入、归附某一族群，就称为某族群，亦即按照生活习俗、文化来判定。陈寅恪先生就曾说，"汉人与胡人之分别，在北朝时代文化较血统尤为重要。凡汉化之人即目为汉人，胡化之人即目为胡人，其血统如何，在所不论"。① 想来大家都能认可这一观点。

　　但是，我们也不能因此而否定追寻疍民族源之必要与可能。

　　蜑人即古亶人（亦称句亶人，句是发语词，无意）。亶人约在夏商之际，起源于古澶水一带（今河南清丰县南，即公元1005年宋、辽缔结"澶渊之盟"的地方）。由于受商朝的胁迫，亶人的一支东迁山东亶丘（今山东临沂县东北），其中有的继续向东，渡海迁入亶州（今日本九州岛）。亶人的另一支迁汉水中游檀溪（今襄阳市襄州区檀溪，亦即《三国演义》中刘备跃马檀溪处）；尔后续迁江陵。亶人为楚王熊渠兼并，熊渠封其长子康为句亶王。

　　"亶"与"但"通。②《淮南鸿烈集解·说林训》云："使但吹竽，使氏

---

① 参见陈寅恪《唐代政治史述论稿》，台湾"中研院"史语所1971年版，第12－13页。

② 何光岳：《南蛮源流史》（江西教育出版社1988年版），第397－412页，对亶、但、瞫、蜑称呼的转换，以及亶人的迁移历程都有论列。何先生从广东的古地名考据，认为蜑人曾迁往广东。但南迁广东的蜑人不同于与闽、粤的水上的疍民。又，徐松石认为："亶州实即蛋州。这一个亶字，惰娴切，音但。"参见徐氏《民族学研究著作五种》下册（广东人民出版社1993年版），第911页；又，参见〔清〕钮树玉《说文新附考》。

（工）厌窍，虽中节而不可听，无其君形者也。"高诱注："但，古不知吹人"。① 意思是说，如果使但人来吹竽，那怕使工于吹竽的人来按竽孔，虽中节，却吹不出曲子的神韵（君形）来。此故事既列入笑林，说明两千年前西汉时的疍人的文化艺术水平较低，才成为取笑的对象。

大约春秋时期，江陵地区的疍人溯长江三峡迁往川东、黔北一带。晋代常璩《华阳国志》记载：

（巴东郡）东接建平，南接武陵，西接巴郡，北接房陵。有奴、獽、夷、蜑之蛮民。②

唐人樊绰《蛮书·南蛮疆界接连诸蛮夷国名》引《夔城图经》云：

夷、蜑居山谷，巴、夏居城郭。与中土风俗礼乐不同。③

萧子显《南齐书·明僧绍传》云：

建元元年，为巴州刺史，绥怀蛮、蜑，上许为益州。④

可见，蜑人在川东一带是很活跃的，故为当道者所安抚，并见诸载籍。大约春秋中期，又有一支疍人从江陵向西南迁往清江流域（即今湖北西南部和重庆一带），与巴人等共五姓杂居，结成巴、樊、瞫、相、郑五姓联盟⑤，共推巴人子务相为盟主，称廪君。"瞫"与"蜑"通。瞫氏即蜑人。⑥ 范晔撰《后汉书·南蛮西南夷列传》记载此事曰：

巴郡南郡蛮，本有五姓：巴氏、樊氏、瞫氏、相氏、郑氏。皆出于

---

① 刘文典：《淮南鸿烈集解》卷十七《说林训》，中华书局1989年版，第563页。
② 〔晋〕常璩：《华阳国志》卷一《巴志》。
③ 〔唐〕樊绰：《蛮书》卷十《南蛮疆界接连诸蛮夷国名》。
④ 〔南朝·梁〕萧子显：《南齐书》卷十五《明僧绍传》。
⑤ 关于巴子五姓，可参见董其祥《巴子五姓考》，见《巴史新考》，重庆出版社1983年版，第66—77页。
⑥ 董其祥《巴子五姓考》（见《巴史新考》，第73页）认为"瞫"乃蜑人之音译。

武落钟离山（今湖北长阳县）。其山有赤、黑二穴，巴氏之子生于赤穴，四姓之子皆生黑穴。未有君长，俱事鬼神，乃共掷剑于石穴，约能中者，奉以为君。巴氏子务相乃独中之，众皆叹。又令各乘土船，约能浮者，当以为君。余姓悉沈，唯务相独浮。因共立之，是为廪君。乃乘土船，从夷水至盐阳。①

夷水即清江，因水澄清，故名之。
到了战国末期，蜑人的一支从清江流域进入澧水、沅水一带（即今常德、怀化、湘西和川、黔交界地区）。北宋乐史《太平寰宇记》记载：

> 巴子兄弟五人（指前述的五姓联盟）流入五溪，各为一溪之长。一说五溪蛮皆盘瓠子孙，自为统长，故有五溪之号焉，古谓之蛮、蜑聚落。②

据文献记载，六朝时期，蜑人依然与巴、俚、瑶杂居，活动于澧水和沅水流域。《三国志》载：

> （武陵郡）诸幽邃巴、醴（俚）、由（瑶）、诞（蜑）邑侯君长，皆改操易节，奉礼请见，郡境遂清。③

《隋书·南蛮传》亦载：

> 南蛮杂类，与华人错居，曰蜑、曰獽、曰俚、曰獠、曰㐌。④

留守清江流域的蜑人（以瞫或覃为姓），后与其他族群融合成今天的土家族。
谭其骧先生经研究认为"蜑族最初见于巴中，六朝以来，始辗转流入

---

① 《后汉书》卷八六《南蛮西南夷列传》。
② 〔宋〕乐史：《太平寰宇记》卷一二〇《江南西道十八·彭水县》。
③ 《三国志》卷五五《吴书·黄盖传》。
④ 《隋书》卷八二《南蛮传》。

粤东"。① 笔者认同谭先生所言。蜑族是六朝以来始从巴中和澧水、沅水地区辗转移居两广、福建等地的。唐、宋以降，蜑民始在岭南见诸载籍，且有关记载日益增多详备。

唐人柳宗元《岭南节度使飨军堂记》载：

> 卉裳鬝衣，胡、夷、蜑、蛮，睢盱座列者，千人以上。

从唐代及其之前的记载看，蜑人与南蛮的其他族群一样，划地而居，住在溪边山洞，其数量甚为可观。但到了宋代以降，没有被汉化的蜑人则移居水上，以舟为宅了。

乐史《太平寰宇记》记载：

> 蜑户县所管，生在江海，居于舟船，随潮往来，捕鱼为业。②

这是现在所看到的记载蜑民水上生活的最早的史料。

宋人陈师道（1053—1102）《后山谈丛》云：

> 二广居山谷间不隶州县，谓之瑶人；舟居谓之蜑人；岛上谓之黎人。③

这条史料同样透露出，宋时迁来两广的蜑人，除舟居者外，已经融入汉族。

与陈师道为同时代人的苏轼于绍圣元年（1094）贬谪岭南写下的《连雨江涨（其一）》中有这样的诗句："床床避漏幽人屋，浦浦移家蜑子船。"④ 印证了前说的"舟居谓之蜑人"。

两宋之交时人蔡绦著《铁围山丛谈》载：

---

① 谭其骧：《粤东初民考》，刊于《禹贡半月刊》1937年第7卷第1－3期合刊，第45页。
② 〔宋〕乐史：《太平寰宇记》卷一五七《岭南道一·新会县》。
③ 〔宋〕陈师道：《后山谈丛》卷六《瑶蜑黎人》。
④ 《苏轼全集》诗集卷三九，上海古籍出版社2000年版，第482页。

（合浦）凡采珠必蜑人，号曰蜑户，丁为蜑丁，亦王民尔。特其状怪丑。能辛苦。常业捕鱼［为］生，皆居海艇中，男女活计，世世未尝舍也。采珠弗以时，众咸裹粮，会大艇以十数环池，左右以石悬大絚至海底，名曰定石。则别以小绳击（系）诸蜑腰。蜑乃闭气，随大絚直下数十百丈，舍絚而摸取珠母。曾未移时，然气已迫，则亟撼小绳。绳动，舶人觉，乃绞取。人缘大絚上。出辄大叫，因倒死，久之始苏。或遇天大寒，既出而叫，必又急沃以苦酒，可升许。饮之醋，于是七窍为出血，久复活。其苦如是，世且弗知也。①

练成这般采珠本领，且世世传承，说明合浦蜑人早在作者书写此文的北宋末年之前，就已经移居此地了。除此以外，宋人范成大（1126—1193）在《桂海虞衡志》中也有类似的记载；② 乃至明人陶宗仪《辍耕录》也有如是描述，③ 可见历元至明，蜑人依然保留这种采珠传统。

明清时期岭南的疍户已经被列入国家正式编籍，有专门机构管辖。此事容后再论。这里需要讨论的是，从巴中和澧水、沅水地区移居两广、福建等地的蜑民，除被汉化的部分外，为何与水结缘，采用舟居的生活习俗呢？

历史证明，强盛的汉族正是融合了数以千百计的部落、氏族而形成的。在强势的汉文化影响下，除非认同汉文化，归入汉族，否则，要想继续坚持原先文化和生活习俗者，只能退居生活条件恶劣的山区或水域。这就是为什么越是较原始的少数族群，其居住的条件便越差。

蜑人本幽居溪洞，不知中原礼俗，文化发展缓慢。南北朝时，与廪君蛮、盘瓠蛮和白虎蛮等杂居而称为"蛮蜑""夷蜑"。宋代以降，在汉化日益加剧的情况下，他们趋居水上，以舟楫为家是其最优的抉择。

疍民的先人亶族就习于水居而不擅长骑马，其骑马时每每晃荡缓行，"驙"字就是为形容亶人骑马之状貌而创造的。④ 历史文献上称为"巫蜑"的，就是两汉魏晋南北朝时期活动在巫山一带长江三峡地区的蜑民。他们与江水结缘，善于水战。开皇九年（589）隋军平定陈朝时，陈将吕仲肃据荆

---

① 〔宋〕蔡絛：《铁围山丛谈》卷五。
② 参见胡起望、覃光广校注《桂海虞衡志辑佚校注》，"志虫鱼·珠"条，四川民族出版社1986年版，第102页。
③ 见〔明〕陶宗仪《南村辍耕录》卷十《乌蜑户》。
④ 参见何光岳《南蛮源流史》，第483页。

门之延洲,负隅顽抗。隋将杨素"遣巴、蜒卒千人,乘五牙四艘,以柏樯(按:当系"拍竿",用以弹石)碎贼十余舰,遂大破之"。① 陈朝其他将领不敢镇守巴陵以东。这是蜒人擅于水战之一例。《资治通鉴》载:杨素征陈,遣巴蜒千人,大破吕仲肃于荆门之延洲。胡三省注云:"蜒,亦蛮也,居巴中者曰巴蜒,此水蜒之习于用舟者也。"②

与水结缘、习用舟楫的疍民,当移居岭南后要量身选择职业和生活环境时,自然择优选取水居,以舟楫为宅。前述的移居广西北海的疍民之所以能沉海"数十百丈"采珠,正是由于他们有源远流长的习水传统所使然。

河海水居,以舟楫为宅的生活方式,成为明清时期疍民的基本特征。他们同其他族群一样,随着时代的变迁,生存环境的改变,有的被汉化,终融入汉族。与此同时,也有一些特殊的个体或群体出自某种原因也源源加入其中。他们在同其他族群建立关系的过程中,难免也汲取一些别的族群的文化。

这里仅就明清时期疍民的族源做了简要的追溯。任何一个族群的传承,无论是血缘抑或文化,都不可能是纯粹的。这是本文开始应当说明的。

二、逐水而居的另类社会

明清时期,岭南的内河和沿海湾澳皆有疍民。明代,广东省属下各府均设有河泊所专门负责管理疍户并征收鱼课,广州府河泊所额设的疍民便有十九种名色。③ 在海南岛,"蛋人各州、县皆有,居河滨沙洲,茅檐垂地"。④ 例如,儋县"新英南滩上下二十四埠,渔户环列居焉,每风大时,蛋船四百余只咸渔其中"。⑤ 惠、潮、兴、梅等粤东地区疍户,"河海在在有之"。⑥ 由于经济条件的变迁,愈来愈多的疍户聚集于珠江三角洲的河网区,尤以广州市河面的疍家艇最为密集。据西人记载,鸦片战争前,广州市的疍家艇便

---

① 《隋书》卷四八《杨素传》。
② 《资治通鉴》卷一七七《隋纪一》,高祖文皇帝开皇九年己酉正月。
③ 〔清〕屈大均:《广东新语》卷十八《舟语·蛋家艇》,第486页。
④ 正德《琼台志》卷七《风俗·蛋俗》。
⑤ 〔明〕顾岕:《海槎余录》,见〔明〕冯可宾辑《广百川学海》,中国书店2015年版,第698页。
⑥ 顺治《潮州府志》卷七《兵事部·瑶人来朝之始》;卷十《轶事部》,"輋户、蛋户"。

约有84000艘之多。① 关于疍民的人数,言人人殊。据前人的记述,明代疍民人口估约50万。② 1952—1953年间,广东省人民政府民族事务委员会组织的疍民调查组前往沿海与内河各地做实地调查后所做出的人口估计为:沿海各港湾约15万;珠江三角洲沙田区约40万和滨海区20万,共60万;内河区15万,以上相加总共90万。③ 这同清代的估计数字相差无几。广东省的人口数于1947年为2870万,1953年为3240万,疍民的人数已几占全省人口1/30,是广东境内各少数族群中人数最多的一个。

从文化景观上很容易看出疍民是不同于陆上汉人的一个族群。他们"以舟为宅",终年浮荡于海河之上,或编蓬濒水而居。这种被称为"水栏""疍棚""草寮"的住宅处于岸边的水、陆之间,其形很像一只船,顶部是圆拱形,内部间隔也同船上差不多。④

他们同水域结下了不解之缘,终生终世,而且世代相承,皆生息于水上,从水域索取生活之源。河海是其劳动对象,船艇是他们主要的劳动工具,也是他们栖身生息之所。

他们一家一艇,一艇就是一个经济单位,其经营组织的规模,视家中的劳力而定,平均每艇两人以上。撑船者多是妇女,一般是一人在后站起来操两橹撑水,一人在前面坐撑一橹。生活于明清之际的屈大均曾这样绘声绘影地描述珠江三角洲的疍民在河海劳作营生的情形:艇中的妇女,一手把舵,一手煮鱼,背上用襁褓裹着的幼儿有如重瓜下垂。当拖网摇橹,批竹纵绳,忙得不可开交之时,往往顾不上哺喂啼饥的婴儿。他们常常光着脚板出没于波涛之中,无论男女都穿木屐。男人不管寒冬炎夏,只穿一短袄;妇女唯一裙罢了,而且要三年一换。⑤ 当子女长大成家,便分出去另住一艇,组成小

---

① 姚贤镐:《中国近代对外贸易史资料》第1册,第304页。
② 陈序经:《疍民的研究》,第57页。又,姚贤镐:《中国近代对外贸易史资料》第1册,第304页。
③ 广东省人民政府民族事务委员会:《阳江沿海及中山港口沙田疍民调查材料》;广东省人民政府民族事务委员会:(1953年)《粤东疍民调查材料》;广东省人民政府民族事务委员会:(1953年)《粤北疍民调查材料》。又见广东省民族研究所编:《广东疍民社会调查》(中山大学出版社2001年版),该书汇集了前列的广东省民族事务委员会1952—1953年进行的疍民调查的三个报告。
④ 广东省人民政府民族事务委员会:(1953年)《阳江沿海及中山港口沙田疍民调查材料》,第42页。
⑤ 〔清〕屈大均:《广东新语》卷十四《食语·舟楫为食》,第395页。

家庭。这种一艇一家的小规模组织形式经历千百年来而未曾变动。他们缺乏生活之外的富余的自有财产,加之萍踪未定,无法维持扩大亲属群组织;没有宗祠、族谱,没有形成如陆上汉人宗族般具有内聚力的共同体。

世代的水上生活已经使他们在生理上具有适应水上生态环境的特点。有的疍民上岸后有"晕陆"的感觉,不适应陆居的环境。他们"自云龙种"①,认为自己是龙、蛇的后代。虽陆上不习惯肩挑,走远路,但在水中却很勇猛。男人善没水,每持刀槊于水中与巨鱼斗,可以钻入水中的岩穴捕捉巨鱼;妇女嗜生鱼,能泅浮。疍民往往绣面文身,以像蛟龙之子,旨在水中活动不遭物害。② 因局踏舟中,妇女的臀部肥大,形圆如蛋。

他们的衣着、生活习俗也同陆上居民有明显的不同。妇女穿一种称"扎衣"的两色衣,结银或铜的纽扣,无领,在领圈上捆着五色线;上衣阔,长可及膝,袂则短;头梳髻,配插一支银质的"筐牌"。汕尾地区的疍妇髻形大而多饰物,有的一人戴多至三斤的银饰物。手套银鈪(镯子),脚戴银圈,左右手六个手指套十个大小不等的戒指。已婚妇女耳戴长约二寸的耳钩,重约一两,如果耳孔崩后不能再戴,则改用小链挂在耳上;未婚女子戴较小银牌。男子也穿无领两色银钮的大襟衣,头包长一丈三尺至一丈六尺的蓝色或黑色的头巾。③ 女子嫁到男家后的一二个钟头便回娘家重新打扮,再回男家,称为"回脚步"。④ 东部沿海如汕尾疍民,在结婚前一日,新娘都各请喃呒佬念佛,后重新换上新衣服,叫"脱壳"。⑤ 跣足,船内或陆上皆不坐椅子,盘足而坐。⑥ 上岸与陆上居民做交易时,低头弯腰地靠着路边走。凡是熟悉疍民生活的人,到了河海地区,一望便可分辨出疍家艇和疍民。

疍民被编入专门的户籍。明代,疍民与乐户、佃仆、惰民、渔家九姓、娼妓、优伶等同属一类,皆为"贱民"阶层,备受剥削与欺压、凌辱。"其

---

① 〔明〕邝露:《赤雅》卷上《蜑人》。
② 〔清〕屈大均:《广东新语》卷十八《舟语·蛋家艇》,第485–486页。
③ 广东省人民政府民族事务委员会:(1953年)《粤东蛋民调查材料》,第20页。
④ 广东省人民政府民族事务委员会:(1953年)《粤东蛋民调查材料》,第22页;(1953年)《阳江沿海及中山港口沙田蛋民调查材料》,第45页。
⑤ 广东省人民政府民族事务委员会:(1953年)《粤东蛋民调查材料》,第22页。
⑥ 广东省人民政府民族事务委员会:(1953年)《阳江沿海及中山港口沙田蛋民调查材料》,第43页。

籍属河泊所"。① 洪武年间，仿陆上的里甲制度做编制管理，设有里长。东莞县"沿海蛋民分为上、下十二社，编次里甲，督征鱼课，如县之坊、都"。② 因其飘忽不定，自难如陆上里甲一般严密控制。明末，每每有人建言加强蛋民组织管理。新安知县周希曜在《条例》中提出："编蛋甲以塞盗源。……今议十船为一甲，立一甲长；三甲为一保，立一保长。无论地僻船稀，零屋独钓，有无罟朋、大小料船，俱要附搭成甲，编成一保，互结报名，自相觉察，按以一犯九坐之条，并绳以朋罟同踪之罪。"③ 可见，政府对蛋民的编制管理与陆上居民是不一样的。政府对其征课也与陆上农民不同。鱼课是其正赋，每年"计户验征"，渔课折米征收。正课之外，还要交纳翎毛、鱼油、鱼鳔等附加税，各地还有所谓"丁银""水脚银"等种种滥征妄取。④ 因此蛋民所受的剥削是十分惨重的。清初，据文献记载，有些地方"裁革所官，归课于县，而社如故"。⑤ 就是说，有些地方裁汰了河泊所，但依然保留其单独的组织管理，甚至趋向严密化，包括蛋家艇在内的所有大小渔船"逐一编号"，由县发牌照，以备稽查。⑥

诚然，雍正七年（1729），雍正皇帝下旨宣布"蛋户本属良民"，允许蛋户登岸建屋居住，力田务本，与齐民一同编列甲户，势豪土棍不得借端欺凌驱逐。⑦ 但这只不过表示雍正皇帝对蛋民的悯恻之心和良好愿望罢了，其执行度是有限的。乾隆元年（1736），下诏将归善等县加收的渔课"悉予豁免"，"捕鱼小船不应在输税之内"。⑧ 由于生活习俗和观念文化，诸如价值观念、思维方式、审美情趣、道德情操、宗教信仰、民族心理等所形成的蛋民与陆上居民间之区别，并不是一纸谕旨所能清除的。甚至到了现代社会，某些蛋民依然没有离开水域。

居住于沿海、内河和珠江三角洲内河区的蛋民，由于环境的变迁，各地生活习俗、文化信仰等虽有稍微的差别，但其主要特征是共同的，这些共同点构成其文化特征的同心圆。水、舟对他们具有人群的同质性。作为他们生

---

① 〔清〕顾炎武：《天下郡国利病书》卷一百《广东四》，卷一〇八《广东八》。
② 嘉庆《东莞县志》卷九。
③ 嘉庆《新安县志》卷二二《艺文志·条议》。
④ 〔清〕顾炎武：《天下郡国利病书》卷一百《广东四》。
⑤ 嘉庆《东莞县志》卷九。
⑥ 叶显恩主编：《广东航运史（古代部分）》，第198-202页。
⑦ 光绪《广州府志》卷二《训典二·雍正七年》。
⑧ 光绪《广州府志》卷三《训典三·乾隆元年》。

活之源的水域，因万流归海，就形成了他们彼此间亲切的联系。当广东民委调查组在1952—1953年到各地区调查时，到处都可听到"我们是水上人"这一共同的自称，表明他们相互间的"认同感"。陆上居民一致地用"蛋家佬"一类含侮辱性的称呼称之，说明的确存在着一个逐水而居的相对于陆上的另一个社会。

应当指出的是，疍民居住的水域有相对的固定性，但由于社会和自然环境的变迁，就要流动到别的水域，不同于固定僻居某一溪洞之间的与世隔离的其他少数族群；又由于单靠水域资源往往难以自给，他们需要学会所在水域陆上居民的语言，以便上岸做资源交换。所以，因水域居住的固定性和流动性相结合的特点，以及出自上岸交换资源的需要，导致不同地区疍民的语言、信仰稍有不同。

三、与水结缘，历尽沧桑而不改

据文献记载，如前所述，宋代以降，疍民已采取舟居，靠水产品为生的生活方式。南宋诗人杨万里《蜑户》诗云：

> 天公分付水生涯，从小教他蹈浪花。
> 煮蟹当粮那识米，缉蕉为布不须纱。
> 夜来春涨吞沙嘴，急遣儿童斸荻芽。
> 自笑平生老行路，银山堆里正浮家。[①]

这里把疍民出入水中，以水产品及水滨植物如荻、蕉（麻类）等作为衣食之源，视为出自上天的安排，亦即一种先天的本性。岭南所具有的温和气候、绵长曲折的海岸线、众多的港湾、纵横境内的珠江水系、密织的河涌、星列的湖沼，自当成为疍家优越的自然生态环境。他们以较单纯的职业——渔业为生，食于斯，生息于斯，形成与陆上社会不同的另一天地。

然而，自然生态环境不是一成不变的。"沧海桑田"这一成语如实反映了广东水乡地貌的变迁。例如，水域面积广阔的珠江三角洲，自从宋代开始在其西北部和东部地区建筑堤围之后，河床为堤围所固定，水流加速，水速攻沙，被冲击的泥沙由于海潮顶托的关系，迅速地在甘竹滩以下地段的浅滩

---

① 〔宋〕杨万里：《诚斋集》卷十六《南海集》。

淤积，因而浮露成陆者日渐增多。堤围是沿着西、北、东三江的干流自上而下修筑的。在宋、元的基础上，明代所修的堤围已伸展到甘竹滩附近的河涌沿岸，清代所修的堤围又继续伸展到三角洲漏水湾内部和沿海地带。到了清末，堤围已遍布三角洲的河网地带。人为的开发加速了三角洲的发育。例如，中山县北部和新会东南部（即今西海十八沙），番禺沙湾以南一带（今东海十六沙），便从浩瀚的浅海陆续浮露成陆地，并围垦成田。宋元时期还是孤悬海外的中山县也是因此而同大陆连成一体。泥沙淤积成陆的面积不断增大，水域自然随之而缩小，又因沙田的垦辟形成了纵横交错的有固定水道的运输网。疍家的活动地盘和生活之源也因此而相随紧缩、减少。又由于农业商业化的发展、市镇的兴起，商品经济日趋繁荣，这些都为疍民提供了日益增多的经济机会。疍家为适应不断缩小的水域地貌的变化和陆上社会的变迁，便以经济机会作为其流动的取向，纷纷迁移到靠近市镇的河面，尤其是广州、佛山、江门、韶关、潮州等商业发达的市镇一带。例如，嘉庆、道光年间，佛山镇从汾江新涌口至太平沙数千米河面上，"蛋民搭寮，水面以居，几占其半"。① 如前所述，鸦片战争前夕，也有约84000艘疍家艇聚集于广州河面上。三水县芦苞，处于北江进入三角洲河网区的要冲，客商云集，商业兴隆，加之20世纪20年代兴工建筑规模巨大的芦苞水闸，益增芦苞的繁荣。由于经济机会日渐增多，疍家人纷纷云集此地。每当过年酬神庆典时，芦苞河道之两旁鳞次栉比地各排列着三排疍家艇，长达两公里，估计达1000余艘。② 他们从单纯"以渔为业"转为多元化的职业结构，亦即除捕捉鱼、虾外，还从事水上运输和削竹、编竹等手工业，以及水上本小利微的叫卖活动。用经营多种职业来摆脱他们随着水域的减少而面临的谋生越发艰难的境地。

又如，疍民原来栖身的中山北部和新会东南部、番禺沙湾以南浅海地带，因这两片浅海先后浮露成陆，并围成所谓的西海十八沙和东海十六沙，宽阔的水域变成了沙田和纵横其间的沟渠。而这些沟渠又为陆上的地主，亦即沙田的主人所占据，这就等于切断了疍民的生路。基于这一情况，疍民被迫受雇于陆上的地主，用船艇运着农具、种子到沙田耕作，有的后来还成为耕作沙田的佃户。但是他们并未因为从事农业而改成陆居，而是依然坚守水滨，在沟渠岸边半陆半水地搭茅寮居住。1989年夏天，笔者曾访问番禺县

---

① 道光《佛山忠义乡志》卷一《乡域志·水利》。
② 陈忠烈：《三水县芦苞镇水上居民梁广、梁正祥访问记》（未刊稿）。

沙湾蚬涌村曾充当沙田佃户的疍民。据他们说，这些地方（按：指他们今居的周围）古时本是浅海，是他们活动的天地。后来围垦成沙田，并为陆上地主所占有。他们之所以租一丘沙田来种，是为了取得沟渠的捕鱼权，并能在田与沟间建一栖身之茅寮。这些茅寮已从20世纪70年代起先后改建成瓦屋或钢筋水泥的小楼房，因新屋皆是在旧茅寮的基地上建筑的，所以今天住宅的布局依然同过去相差无几。如在高处鸟瞰蚬涌村的景观，便会发现它是沿着沟渠建筑的呈线状的路村。这种情形在东海十六沙和榄核镇属下村尤其突出。有的沟渠的线状村竟绵延长达10公里。

内河与沿海的水面也往往被陆上的势家豪绅所霸占。明末，新安县"豪而有力者""假宦势之雄，指一海面，捏两土名，借此缯门，截彼鱼埠，漫影图占"。① 直至民国时代依然如此。粤北始兴县的土豪劣绅控制着曲江至始兴的北江水道，商货必先由其船只装运，然后才轮及疍家艇，而且疍家艇接运这些货物时，还必须借挂其船的招牌方能通过。② 三水县芦苞附近的北江水面也为当地的曹氏和韩氏所分占，疍家在这一带捕捉鱼、虾须向曹、韩两宗族交水面费。至于各豪绅在河道私设的关卡多如牛毛，大肆横征勒索更是罄竹难书了。1989年7月，笔者在沙湾镇紫坭村做调查时，有一疍民说，20世纪40年代的某一天，他带着在沙湾买的8个番薯驶小艇回紫坭，短短的几公里路程，每过一关卡就被取走一只番薯，后来只剩下三个，迫使他只能上岸走路带回家。在不堪压迫剥削的情况下，有的疍户只有逃往他处水域另谋生路了。

就总体而言，不管如何颠沛流离，迁徙移动，他们都依然坚守水滨，不肯离开水域。他们的生活习俗与观念文化并没有向汉族传统文化转型。

四、文化的僵化和停滞

疍民以舟为家、以水为生活环境的传统习俗和传统文化，在千百年里面临种种自然的和社会的生态条件变迁的情况下，只做了适应性的调整和某些边际性的变迁，而没有发生任何实质的变革，更没有被消融于汉族传统文化之中。这是为什么呢？揭开其中的奥妙是一饶有兴趣的问题。现将浅见分述如下。

---

① 嘉庆《新安县志》卷二二《艺文志·条议》。
② 广东省人民政府民族事务委员会：(1953年)《粤北蛋民调查材料》，第31页。

（1）陆上居民对疍民长期的族群歧视和阶级压迫，既养成疍民的自卑心理，也培育了疍民对陆上势家巨室的恶感。尽管疍民同陆上居民也发生日常贸易行为，但是族群的藩篱妨碍了彼此间的思想文化的正常交流。文献记载上多以"蛮蛋""瑶蛋"称之，视之为"生番化外"之民，"非我族类"。尤其是以法律条文确定了疍民"贱民"的地位，其身份地位与汉人是不平等的，如犯法量刑要比汉人重。同时法律还规定：疍民不准上岸定居，不准与陆上人通婚，不准入学读书，不准参加科举考试，等等。至于各地不成文的针对疍民的民俗规定更是不胜枚举，诸如：喜庆不准张灯结彩，上岸不准穿鞋，不准穿华丽的衣服，陆上走路要弯腰缩颈，靠路旁行走，等等。甚至疍民死后葬于荒山海滩，也要给势家巨族交纳坟墓钱。据调查，阳江、阳春地区的疍家，头顶中间的头发要剃成一个十字，以示与汉人区别。故当地对疍户有"剃十字"之称。[1] 疍民穿新衣上岸，往往被陆上人撕破和嘲笑。[2] 种种不平等的待遇自然引起疍民的怨恨。珠江三角洲沙田区的疍民在民国时期有一歌谣唱道："水大鱼吃蚁，水干蚁吃鱼，大欺小，小欺矮，无可欺就欺蛋家仔。"[3] 这是他们对自己不公平命运的无可奈何的哀叹！这种族群歧视和阶级压迫的社会氛围容易养成疍家文化的排外力，并促使其独立地顽固传承。

由于生活习俗的特点，同是在水上活动的船民，疍民与非疍民的区分是明显的。非疍户的船民，自当不会因经营同样的职业而愿意认同于疍民。疍民也不会，而且不敢认同本族群以外的船民。这是因为彼此之间有"良贱"区别的鸿沟。

民间流传或文献偶有记载的"水上蛋民""山上瑶人（或黎人）"只是一种笼而统之的说法，事实显然要比这复杂得多。一般的文献载籍是把渔民与疍户区分的。学者常引用的卢湘父新会县《潮连乡志》"自序"就说：

在南宋咸淳以前，潮连仅一荒岛，渔民、蛋户之所聚，蛮烟瘴雨之

---

[1] 吴家柱：《两阳蛋民生活与歌谣》，刊于《民俗》1936年复刊第1卷第1期，第213－216页。

[2] 广东省人民政府民族事务委员会：（1953年）《阳江沿海及中山港口沙田蛋民调查材料》，第41页。

[3] 广东省人民政府民族事务委员会：（1953年）《阳江沿海及中山港口沙田蛋民调查材料》，第16页。

所归。

在这里，渔民与疍户并列，并非混同。

在中国传统社会，尽管等级之分，良贱之别森严，但等级、良贱间的纵向流动始终无法杜绝。奴仆一类"贱民"抓住某种契机，采用种种方法脱离贱籍，改为良民的现象是存在的，疍民应当不例外。但是为了避免后患，绝不会见诸文字，留下证据的。惟在诉讼案例中可以看到这种纠纷。据《粤东成案初编》记载，在道光五年（1825）的一个案例中，便说及一个移居陆上三代的疍户，企图鬻买功名，因他既没有向官府报告其原先的身份，又有同疍户通婚等情，因此被处以重罚。① 尽管此事发生在雍正七年（1729）下诏将疍民等"贱民"开豁为良之后。此例说明疍户脱籍之难，但同时也折射出，随着珠江三角洲商业化的发展，某些疍户趁机发家，移居陆上之后，就有可能通过读书科举，或经捐纳买官而改变其"贱民"身份。1953年，广东省民委组织调查组深入实地调查，发现有些疍民在社会地位得以提升之后掩盖其"贱民"的出身，也说明了这一点。②

总之，良贱的鸿沟，身份的歧视，严重影响了疍民与陆上居民间的文化交流。这是造成疍民文化僵化和停滞的一个重要原因。

（2）陆上的势家大族虽力图将疍民文化传统统合于传统文化之中，以使其更能遵循良贱等级的规范，但事实上几乎没有收到什么效果。从地方祭祀活动上则可看出来，疍民是以宗奉水神为主的多鬼神信仰者。天后、洪圣等水神是各地的疍家都共同信奉的，由于这些神明都受到了封建王朝的敕封，因而也为各地豪绅所倡导信奉。疍民既被邀参加由地方豪绅领导的对这些水神的神诞庆典，也被允许参加所在地方的其他神祇的祭祀活动。但是疍民是抱着自己的目的和愿望来参加庆典的，而且要按自己的传统进行活动。从芦苞北帝的过年酬神庆典可以看出同一祭祀活动中汉、疍两种文化的对立。

供奉北帝的芦苞祖庙，是芦苞的主庙，由地方的势家巨族所把持。每逢过年，酬神庆典规模巨大，非常热闹。这几天请戏班演戏，而且是广州名班，如"永寿年""汉寿年""仁寿年"等，在祖庙右侧固定的所谓"梗戏台"上演出。农历正月初四，祖庙"烧炮"，一般放十二只炮，最多时可达

---

① 〔清〕朱橒：《粤东成案初编》卷三一。
② 参见广东省民族研究所编《广东蛋民社会调查》。

十五只。每只炮皆有命名，头几只炮尤为重要。人们都以抢到这几只炮为最大的荣幸，因为它是幸运、吉祥的信物象征。祖庙前面的北江有一湾澳，称为"避风塘"，是疍家参加这一盛典的活动地盘。他们从农历十二月二十八日始，便纷纷聚集芦苞，疍家艇在北江河道两旁各按三排鳞次栉比地排列，长约两公里，数量达1000艘以上。他们用人人凑份的方法筹集参加庆典活动的经费。酬神庆典的领导机构叫"福兴堂"，管理"福兴堂"的值事通常是四到五人，由疍民公开推选。福兴堂在与祖庙相对的避风塘上半水、半陆地搭起些所谓"蛋家老（佬）棚"，其上可摆数十桌酒席。福兴堂给疍家派"饭筹"，一筹收银一毫七分二，凭筹入棚宴饮，连吃数日，以示庆祝。当年初四在祖庙后右侧的山坡烧炮地上烧炮时，福兴堂组织强壮的人去抢炮。但头几炮疍民是不敢抢的，抢的都是中、后炮，如"润五炮""润七炮"等。按规定，抢到头几炮者，必须负责次年庆典的出色，出色的费用很大，非疍家的经济能力所能承担；抢到中、后炮，只负担次年庆典的一些费用，称之为"还炮"。据疍民说是因为唯恐负担不起，所以不敢抢头几炮。依笔者看来，头几炮是最幸运、最吉祥的信物和象征，作为"贱民"阶层的疍民自然与头几炮是无缘的。疍民之所以不敢去抢，是理所当然的。允许他们抢中、后炮，则意味着北帝降福保安之德泽是分等级布施的。在疍民抢到炮的当天晚上，个个欢欣雀跃，先是纵情宴饮，以示庆祝。酒宴全是席地而坐，不用抬凳，一如船上生活的格局。乘酒后兴高采烈之际，由福兴堂把炮圈和炮座，装饰的旗帜、灯笼、纸扎人物之类的吉祥物拆开来，逐一以投标方式拍卖，即所谓"开投"。疍民把投得的吉祥物拿回自己船上供奉。福兴堂则将开投得来的钱，留待次年"还炮"之用。继开投之后的是改选福兴堂值理。值理可连选连任。改选完毕，疍民便各自散去，各奔前程。

从疍民参加北帝的酬神活动看，陆上的祖庙祭祀组织领导者显然力图将等级、贫富、贵贱的差别渗透到祭祀活动之中。例如，花炮是按先后烧放来规定其等级的，级别愈高，愈标志着吉祥、幸福，但获得的代价也愈高。贫贱者，对前几炮是可望而不可即，犹如现实中的富贵对他们也是可望而不可得。他们的经济能力已排除了其在祭祀中处于平等地位的可能。之所以吸收疍民参加庆典，是为了维持社区的一体化。然而，疍民在庆祝活动中依然坚持其水上的神圣性，用水上的"蛋家老棚"来与北帝祭坛相对。他们在棚上纵情宴饮，表示庆祝，并将得到的花炮"开投"，表示他们在祈求幸福机会均等。可见，他们实际上是依然按照其传统的文化规范来开展活动的。他们是按自己的面貌去塑造北帝，把这一神祇纳入自己的文化，以期起到保护作用。

（3）疍民由于处于"贱民"的阶层，不准上岸入学读书，从而排除了这一阶层通过读书科举而发生纵向流动的可能性。尽管清代雍正七年（1729）降旨取消了这一规定，但不成文的民俗依然对此起维护的作用。他们的经济能力也不可能让其子弟入学读书，以进行精神财富的再生产，因而他们的文化更谈不上改造和丰富发展，甚至始终没有出现文字记载，只靠口耳相传，几无变异。以疍民的信仰来说，他们是以宗奉水神为主的多鬼神信仰者，不具备完整的哲学、伦理体系。按理说，这种信仰一旦被更令人信服的具有完整体系的信仰学说侵入或吞噬之后，其原来的信仰特征当在生活领域中消失，或显得不明显。事实上，疍民的信仰历程虽有所变化，不同的时期所信仰的神祇也有所差异，但是以宗奉水神为主体的多鬼神信仰始终未变。基督教南中国艇舶传教会曾组织人力物力，花了九牛二虎之力，踏遍海河，备受辛苦，在疍民中进行传教活动。尤其是特杜（Drew）女士，这位美国人自1909年来中国传教，直至1932年以身殉职于福音船上，可谓是极尽了布道的热忱。然而疍民参加者寥寥无几，据特杜女士说，20多年来，入教者总共不出70人。[①] 传教工作遭到失败，这是由于疍民文化的承传性处于休眠状态，缺乏接受外来文化的活力和创新的机制，因袭守旧的结果。如果说其文化在某些地方有所变异的话，如前所述，也是因迫于生计和社会环境的变迁而做出的一种适应性的调整和边际性的变迁。正因为如此，他们能在千百年来与汉族的传统文化并列存在，并顽强地保持其文化的特点。

从他们因适应生态环境而养成的身体、生理特征，他们的生活习俗到观念文化，都标志着他们具有依附于水域的黏着性。这种黏着性注定了他们世代相承地、执着地依恋着其水上的天国。

---

① 陈序经：《蛋民的研究》，第160–164页。

中山县移民夏威夷的历史考察[①]

历史上的自愿移民，以食物供应缺乏、自然资源耗竭和相对人口过剩为出移原因。移入地区的选择则由经济机会和生活条件之优越来决定的。据笔者对中山县移民夏威夷原因的初步考察，除经济因素外，还有心理因素，即乡族感情的吸引，向外求发展的心态等。本文拟对中山县（原名香山县，1925年孙中山逝世，为纪念孙中山而易名为中山县，1984年改制为中山市）移民夏威夷的历史背景、移民的过程及其导因、侨民和故乡的关系等问题做一探讨。笔者寡闻疏漏，谬误难免，敬请大雅君子纠谬匡正。

一

香山县位于珠江三角洲的南端，原属东莞县，称香山镇。香山镇有渔盐之利，其地形势，在宋代日显重要。南宋绍兴二十二年（1153），分出东莞县香山镇地置香山县，并割南海、番禺、新会三县濒海之地益之。在宋、元时期，香山北部还是一片浅海、沼泽地，淤积而成陆者甚寡；中部多山地、坑田、潮田；南部则岛屿星列。当时的香山县，田地零散，多山，不利于农业。至少在元代致和年间（1328），香山还是孤悬的岛屿。[②] 到了明代，随着北部的西海十八沙（位于小榄水道西南）和东海十六沙（位于小榄水道与桂洲水道间）先后淤积成陆，[③] 香山县才与大陆相连接。先在西海十八沙围垦耕植，明代中叶后又在东海十六沙围垦沙田。当时因受咸潮的侵蚀，田地产量甚低，居民稀少。香山北部一片一望无垠的沙田成为主要的繁庶的耕作区已是清代以后的事。明嘉靖（1522—1566）之后，珠江三角洲中部和北部农业迅速发展，商品性农业兴起，已出现经济作物的中心产地。靠近西

[①] 本文原刊于《华侨华人历史研究》，1988年第3期。

[②] 《永乐大典》内有陈大震《南海志》云："香山为邑，海中一岛耳，其地最狭，其民最贫。"

[③] 参见曾昭璇《中山县沙田形成考》，见华南农业大学农业历史遗产研究室编《农史研究》第10辑，农业出版社1990年版，第181–186页。

江粮道①的南海九江，顺德龙山、龙江等地已经出现以经营"塘基"②为内容的专业化农业，其集约化的程度日益提高。而处于三角洲南端的香山县农业耕作条件还得不到改善，经济水平依然很低。终明一代，香山被列为下等县。

入清之后，香山县生态系统的经济潜力才不断地得到发挥。珠江三角洲防洪、防潮的河道堤围的修筑是从三角洲顶部始，然后逐步向底部伸展的。护防河床堤围的修筑加速了三角洲底部沙田的围垦。雍正年间（1723—1735）香山县的田地面积约为70万亩，到嘉庆二十二年（1817），即不到一百年间增至125万亩，几乎增加了一倍。1926—1932年又续增至217万亩。（详见附表1）

附表1 明清香山县土地与人口增长情况

年　　代	雍正年间（1723—1735）	嘉庆二十二年（1817）	民国十五至二十一年（1926—1932）
土　地（亩）	707535	1253758	2170679①
人　口	15488	429215	822180②
人均土地（亩）	45.7	2.91	2.6

资料来源：叶显恩《明清珠江三角洲人口问题》。

备注：

①其中沙田为1973345亩，据孙稚良在《沙田志初稿》中估计，其他土地约占沙田的1/10，依此求得此数。

②宣统年间人口数，又据孙稚良在《沙田志初稿》中说，1946年人口约77万，据此，1926—1932年的人口数当与宣统相差无几。

沙田的耕作条件也在不断地改善。三角洲北、中部因商业化而兴起的市镇及广州、佛山等城市所消耗的大量的有机物不断地转化为肥料，随着河流往三角洲底部（包括香山在内）的沙田冲积，其丰度日益提高，沙田的经

---

① 明代晚期以后，广西贵县等地的米粮顺西江源源不断地运来佛山、广州等地。西江是广东取得广西米粮的水道。

② 所谓基塘的经营形式，在明代是桑基鱼塘、果基鱼塘和蔗基鱼塘三种形式并存。明末清初以后，除陈村等一些地方继续保留果基鱼塘外，原有的和新扩大的基塘区皆经营桑基鱼塘。

济效益与日俱增。明末清初,还属边陲地区的香山北部,如东海十六沙,原来只有15村,清代中叶以后皆因农成村、因村成市。这些墟市摩肩接踵,攘往熙来,其村场也云连檐比,大有成都成邑之势。①

人口的增殖与沙田的围垦,两者之间是相互促进的关系。但是,人口的繁衍速度远超过田地增辟的速度。据笔者统计,香山县的人均耕地面积:康熙十一年(1672)为18.85亩,嘉庆二十二年(1817)为2.91亩,不到150年人均耕地面积剧减了85%。② 人口对土地的压力愈来愈大,加之地权分配不均,存在着"一人而数十百顷,或数十百人而不一顷"③的情况,使土地问题显得日益突出;此外,香山县商业化的发展水平又甚低,其发展程度远逊于南海、顺德等县,无法提供足以容纳相对过剩人口的经济机会,因此,香山县面临着尖锐的相对人口过剩的处置问题。

香山县面临大海,当西江、北江和东江三江出海之处,扼珠江水系出口之要冲。境内河道众多,大小不一,蜿蜒曲折,分汊殊甚,分而复合,合而复分,交织如网,这为发展内河和海上交通运输提供了优越的自然条件。香港处于香山县之东,隔海相望,距县城仅80公里;广州、佛山处于北,距县城约70公里。经水道与这些城市互相往来甚为便捷,经南海可往东南亚各国,乃至世界各大商埠。尤其值得注意的是,依山傍海的港口澳门处于县境之南陲。澳门自嘉靖三十三年(1553)被葡萄牙殖民者窃踞之后,与西方各国的贸易不断兴旺起来,终于发展成为西方国家在东方的国际贸易中心。万历(1573—1620)中期,澳门人口已有10万之众,④俨然一都会了。入清之后,澳门虽经历坎坷的道路,尤其鸦片战争之后,其衰落之迹象尤为明显,但它始终不失为一个接触、联系资本主义的据点。澳门的居民多为香山人。由于通过近在咫尺的澳门可以得到西方各国之信息,因而香山受西方文明的浸渍、影响比内地深刻。当地人思想开阔,眼界高远,富有开放、新潮的风貌。随着西方资本主义对中国通商关系的繁密,嘉庆、道光之后,充买办者蜂起,对外情了解益多。林则徐提及的鸦片买办多为香山人;近代史上著名的买办,如鲍鹏、唐景星、徐润、郑观应、容闳等,也皆出自香山。

---

① 广州香山公会:《东海十六沙纪实》,广州1912年铅印本。
② 叶显恩:《明清珠江三角洲人口问题》,见《清史研究集》第6辑,光明日报出版社1986年版,第141-169页。
③ 参见冼宝干民国《佛山忠义乡志》。
④ 参见〔明〕王临亨《粤剑编》。

道光十五年（1835），在澳门的中国人约3万人，其中多系香山人，[①]他们中许多人也是以充买办为生的。香山人充当买办者之多，既表明他们同海外商人有千丝万缕的联系，也意味着他们受近代思想影响之深。首先赴欧洲留学者郑玛诺、首位留学美国者容闳都出自香山县，这绝不是偶然的，而是香山县得近代风气之先，较早接受西方近代化思想之结果。了解这一深远的历史渊源，对辛亥革命的领袖出自香山县，乃至对今天中山市在改革开放中又马着先鞭，充当"四化"建设的先锋，就不难理解了。总而言之，较早受近代思想浸染和面临南海、与各国交通利便的地理环境之影响，香山人富有外向的心态。

香山处于三角洲的最南端，北方士民移入为时较晚。秦始皇发卒50万戍岭南，这是首次有组织地向广东移民。尔后汉武帝派楼船征南越，东晋卢循义军进驻广州，尤其永嘉之乱（307—313）而引起中原士民南下，等等，皆有北方民众移居广东。但据史籍、谱牒记载，除香山沿海水上居民，即所谓卢亭户可能系卢循余部之外，这些南来的士民并没有迁往香山。这同香山孤悬海外，生活条件恶劣有关。据厉式金《香山县志续编》记载统计，迁入香山者最早见于唐代，仅1例；宋、元年间45例；从南雄珠玑巷一地[②]迁入者47例，时间也多在宋、元年间；明代149例；清代127例；尚余11例迁入年代未明。移入者虽是来自福建、江西、湖南和广东南雄等地，但按谱系探本溯源，多属中原士族。他们的祖先从北而南，几经辗转，不断开拓。所到之处，一旦感到人满之患，经济机会缺乏时，便分出支派迁徙，另谋出路。移入香山时，多系单家独户。到清末，有65支氏族繁衍到千人以上，有的甚至多达万人。例如，何氏两兄弟（称九郎、十郎）于南宋末年由南雄珠玑巷迁居小榄，经过25代繁衍，单留居小榄者已达6000人，其分支迁居东莞、顺德、龙门、清远等县者尚未包括在内。又如石岐高族，原籍

[①] 叶显恩：《明清珠江三角洲商人与商业活动》，刊于《中国史研究》1987年第2期，第41–56页。

[②] 关于南雄珠玑巷民族南迁事，据黄慈博辑《珠玑巷民族南迁记》一书记载，先后从珠玑巷迁珠江三角洲的姓氏有七十多姓，如包括同姓异宗者在内则达近百姓，在南雄城北通往大庾岭道上，确有一村名曰"珠玑巷"。笔者于1985年夏天曾实地考察，此巷长约不过500米，而南迁诸姓如此之多，不可能都是珠玑巷人。因南移广东之中原、江南士民多经此通道，故把珠玑巷作为中原和江南的象征，代表南迁人的故乡。而尤其重要的是，诸姓同出珠玑巷之说，可使他们结成乡族集团，以便于对珠江三角洲的控制。

闽之莆田。其族源可追至春秋时期齐国有势力的高氏家族，东汉著名学者高诱，即属这一姓氏；又，北魏有一鲜卑贵族娄氏后来改姓高氏，其后裔高洋就是北齐的开国皇帝。莆田高氏，不管是出自齐国的高氏，还是源自鲜卑的高氏，皆系名宗贵胄。莆田高师曾因出任保昌（今南雄市）县丞而在南雄定居。其子高南洲于南宋宝祐（1253—1258）年间迁到香山石岐。南洲之子高添曾捐献粮食支援败溃南逃的宋端宗赵昰的军队，并在冈州抵抗元军战事中牺牲。他的后裔到清末已繁衍至10000余人。这些外来的移民带来了中原的文化和生产技术，又凭其才识和经济实力，不久之后便在当地取得社会地位，有的通过科举仕宦而成为望族。土著的少数民族反而受制于他们，并且日益汉化，他们原来的部落名称也改从汉姓。这就是现存的文献、宗谱中找不出关于土著居民记载的原因。① 从上可见，香山县的居民本是迁移流徙而来的，即使到香山之后，也犹如树之枝干，展布县内各地或邻县。不断流徙、不断开拓之志与忍辱负重、坚韧不拔之精神成为传统的美德。一旦为海外传闻所吸引，自必产生冒险的进取的移殖行动。香山县人移居海外就是在这一历史背景下出现的。

二

夏威夷群岛耸峙于太平洋之荒野僻壤，自1778年英人库克船长发现夏威夷群岛始，外国商船出没此地，先将皮毛，继把檀香木运来广州发卖。② 夏威夷与广州间既发生了往来，零星华人也就有可能前往该群岛定居。据谢廷玉《檀香山先辈华人史》记载，早在1788年英国帆船路经夏威夷时，船上的华工中已有人登岸定居。但历史学家一般都认为中国人在该岛定居的最早年份是1789年。1797年，著名的夏威夷土酋长Kaina乘Nootka船前来中国游历，曾在广州逗留三个月。从此以后，夏威夷土人贩运檀香木于广州者

---

① 在厉式金编纂的《香山县志续编》卷三《舆地·氏族》中，唯有仁良都庞族，说是"世居隆都"。但对庞姓寻根探源起来，自可与三国庞统认同一姓，再往前追溯，则系战国时魏国大将庞涓之后裔了。可见"世居隆都"说可理解为冒称庞姓，或何时迁入已失诸传说。有一点可以肯定的是，香山县和广东其他地方一样，现在的居民是中原士民和当地少数民族经过长期文化上的融合，并相互通婚而生的后代。

② 汪敬虞：《十九世纪西方资本主义对中国的经济侵略》，人民出版社1983年版，第15页；陈翰笙编：《华工出国史料汇编》第7辑《美国与加拿大华工》，中华书局1984年版，第221页。

日多，夏威夷也因盛产檀香木而有了"檀香山"的俗称。1785年，美国"皇后"号首次航抵广州。尔后，美国每年有两三艘帆船贩运人参、皮毛到广州。1806年以后，即当美国太平洋西北沿岸的海狗和海獭被灭绝时，美国来广州的商船也运来夏威夷檀香木。①随着广州与夏威夷间来往的频繁，前往夏威夷的华商、华工也就日益增多。

纵观华人移居檀香山的历程，可大体划分为三个阶段：18世纪末至1851年，零星小量移民期；1852—1898年，移民的高峰期；1898年之后，移民的停滞期。这些移民中，之所以绝大部分系属香山人，则是由于乡情因素吸引的结果。

广东沿海居民本有悠久的移殖海外的历史。鸦片战争前，广东沿海，尤其珠江三角洲的居民已经纷纷地移民海外。除由乡情的吸引，随着商业活动自愿移往南洋各地谋生外，他们有的自发地订立公凭（即约据），规定在一定时期内，以部分劳动所得扣还"客头"垫付的船费。这种习俗后来演变成"猪仔贩运"和"苦力贸易"两种形式。"猪仔"是以诱骗、拐带的手段，被运往海外贩卖，在契约期内，或期满未还清身价前，买主可视之为债奴而任意奴役；"苦力"是19世纪中叶后，世界范围内的奴隶贸易受到舆论谴责，非洲的奴隶来源减少，而拉丁美洲的垦殖开发加速，对廉价劳动力的需求量大大增加的情况下，西方资本主义侵略者在澳门、厦门、汕头、广州、海口等沿海口岸或明或暗地设立招工机构，强迫华工签订契约后，即运往拉丁美洲、加勒比海地区、大洋洲各岛以牟利。华工必须履行所签订的契约内容，属于契约工性质，是一种"隐蔽的苦力奴隶"。这两种拐卖人口的事实是众所周知的。

（1）18世纪末至19世纪50年代以前，檀香山处于开发的准备阶段，生活条件恶劣。受经济机会和交通的限制，不可能吸引大量的华工。因此，到檀香山的华人是不多的，据不完全统计，嘉庆五年（1800）当地华人只有80名，到咸丰元年（1851）也只有200余人，这些人多是商人。在1852年，已有100余人在檀香山从事商业。1844年檀香山出现的15间商店中，华人占有3间。②19世纪的檀香山华人首富陈芳就是于1849年备办中国货物从香港运往此地发售而发迹的。早期檀香山华人有的则以种植水稻为业，

---

① 参见[美]费正清《剑桥中国晚清史》上册，中国社会科学出版社1978年版，第四章。

② 郑君烈：《檀山华侨》，檀香山华侨编印社1957年版，第12页。

也有的以专种甘蔗为生。嘉庆七年（1802），已有华人携带压榨甘蔗的石磨和煮锅至檀香山，此乃糖业之嚆矢。19世纪二三十年代，华人张宽、唐叙、黄朱、吴逢等首开蔗园榨糖，自携华人师傅刘璋、邓秋、邓善、杜佐、曾妹和曾成六人，分别担任糖房煮糖师和木匠，[①] 为蔗糖业之发展开启先河。甘蔗和波萝种植也随之而起。种禾稻和甘蔗乃珠江三角洲人之所长，经营这两种农作物，投资少，得利高，故华人乐而操此。他们在檀香山人数虽少，但取得了初步的成功。从1842年已有42人加入土籍一事[②]看，他们在檀香山已站稳脚跟并发扬其祖先的开拓精神，大展鸿图。

这一时期，在檀香山的华人筚路蓝缕，备受艰辛，用他们刻苦耐劳、坚韧不拔的精神，奠定了稻米和蔗糖业发展的根基，为第二时期的大量移民准备了条件。

（2）1852—1898年，是华人移入夏威夷的高峰期。

据夏威夷王朝时代有案卷可查的华人入境人数统计，自1852—1886年的35年间的累计入境人数达29018人，平均每年入境814.8人。其中尤以1876—1885年10年间入口数最多，累计达26055人，平均每年入境2605.5人。（详见附表2，这里只做移入的累计，缺逐年返回故土与死亡的数字）

附表2　檀香山王朝时期35年间华侨入境人数统计（1852—1886）

年　份	入境人数	年　份	入境人数	年　份	入境人数
1852	293	1864	9	1876	1283
1853	64	1865	615	1877	557
1854	12	1866	117	1878	2464
1855	61	1867	210	1879	3652
1856	23	1868	51	1880	2422
1857	14	1869	78	1881	3898
1858	13	1870	305	1882	1867

① 郑君烈：《檀山华侨》，第12页。
② 梁联芳撰，元章译：《檀香山采风记》，光绪二十九年（1903）铅印本。

续附表2

年 份	入境人数	年 份	入境人数	年 份	入境人数
1859	171	1871	223	1883	4295
1860	21	1872	61	1884	2693
1861	2	1873	48	1885	2924
1862	13	1874	62	1886	338①
1863	8	1875	151		

资料来源：郑东梦《檀山华侨》。

备注：①1886年华侨入入境人数顿减，是因为檀香山政府自此年起限制华人入境。檀香山议会通过决议，规定5个月内华人入境人数不得超过600人。未久，内阁又做出决定：如非商人及专业者不得入境。

据附表3的统计加以推算，从1852—1882年30年间先后回国和死亡人数为4475人。19世纪下半叶檀香山华人历年增加情况为：1852年约500人，1882年13500人，1886年20000人，1895年21619人，1898年27817人。这些数字表明移入檀香山的华人人数是直线上升的。

附表3　檀香山华侨人口历年消长情况（1794—1950）

年 份	人口数	年 份	人口数
1794	1	1898	27817
1800	80	1900	23500
1852	约500	1910	21674
1882	13500	1920	23507
1886	约20000	1930	27179
1895	21619	1936	27495
1896	21616	1950	32400

资料来源：郑东梦《檀山华侨》；刘振光《檀山华侨》；郑君烈《檀山华侨》；梁联芳《檀香山采风记》。

19世纪下半叶出现华人移民夏威夷高峰是有原因的。

首先,它是同檀香山种植经济发展相联系的。这期间,檀香山的开发步伐加速。19世纪五六十年代是蔗糖业勃兴之时,特别是1861—1864年美国南北内战期间,南方的路易斯安那州等地出产的糖出口被切断,使得糖价大涨。这就给夏威夷糖倾销美洲大陆以机会,单1861年输美糖的份额就骤增三倍。[①] 华人陈芳[Chun Afong,又名国芬,香山黄茅斜乡(今属珠海市)]就趁此机会,以经营蔗糖业致富。因华人开创的蔗糖业获利甚巨,英、法、德等国商人也相继挟资投入此业,蔗糖业得到迅速的发展。19世纪60年代至90年代檀香山蔗糖产量增长情况如附表4所示。

附表4　1860—1898年檀香山蔗糖产量

年　　代	产　　量（吨）
1860	572
1870	9392
1880	31792
1890	121083
1898	229414

可见,蔗糖业是以成倍乃至十余倍的速度增长的。稻米业、蔬菜、果类之种植业也同时得到发展。在19世纪下半叶,稻米种植成为仅次于蔗糖的行业。早在1848年始出现的美国加利福尼亚淘金时代,夏威夷已有稻米输往该州。19世纪60年代初,美国南北战争爆发,输往美国之米日益增多。到19世纪末,从事稻米业的华工有数千人。据统计,1900年禾稻收获时雇用华工达5000人。蔗糖业、稻米业和蔬果业的蓬勃发展,势必要求有相应的劳动力输入。

正是为了适应种植经济发展的需要,夏威夷皇家农业协会于1852年从中国招进首批华工共204名,其中家庭佣工24名。这批华工于1月3日抵岸时,皇家农业协会会长W. L. Lee对他们表示欢迎。他在致欢迎词中说:

　　彼等为一班沉静、能干、勤敏、乐干任事之人。由我人简短的经验,我将毫无疑豫地判断,我人以后将有比较当地土人更可确定、有系

---

① 郑君烈:《檀山华侨》,第16页。

统而平廉之（勤劳工）。每名苦力入口费用仅 50 元，每人每月工金及生活费充其量不及 7 元，此类苦力虽然大食，但其所食主要为米饭与少量肉品，所费最廉。

同年 8 月 2 日又招来第二批华工 98 人。① 从此时起，华工或被招来作为契约工，或以自动投靠亲友故旧的方式，纷纷前往檀香山。诚如 W. L. Lee 所说的，华工既能干、勤敏，招募费用又平廉，夏威夷的农场主自当乐于招收了。对于华工而言，因檀香山正处于种植经济方兴未艾之时，就业机会多固不待言，就是工资收益也不断有所提高。1852 年契约工月薪 3 元，衣食住医药费另外供给；1890 年已提高到 12.5 美元（因物价也在不断增长，当不能以此对应计算收益提高幅度）。契约工幸得被挑选为木工、铁匠、工程师和制糖师助手，而且能胜任、熟悉业务者，月薪还可增加到 30～50 美元。② 在 19 世纪 60 年代，一个在美国的华工一年只能寄回家 30 美元，而这笔侨汇已足以养活一个成人及一两个小孩了。③ 由此可见，檀香山给华工所提供的经济机会和经济待遇相对来说是不错的。有许多华工从美国转往檀香山（美国于 1898 年才正式吞并夏威夷，在此之前该地名义上是独立的王国）谋生，也说明这一点。

其次，香山县移民夏威夷高潮出现还有其本地的历史原因。鸦片战争之后，广州作为对外贸易的中心的地位日益式微，19 世纪 50 年代终为上海所取代。广州失去了昔日的繁荣，直接或间接为广州外贸服务的行业陷入停顿或衰落。这不仅对广州的居民，还有对珠江三角洲的农民也带来严重的影响。珠江三角洲的农业、手工业很大程度上是从属于广州城市经济的，广州城市经济的萧条使珠江三角洲的社会经济失调，数以千万计的人失去生计。被雇佣的团练、乡勇、佣工、水手、挑夫、小贩及市场恶棍等三教九流的人物，本是流动性很大的相对过剩人口，若社会经济一旦失调，他们很容易脱离社会的常轨而落草为寇。秘密结社和教派活动也趁机猖獗起来，终于酿成

---

① 郑君烈：《檀山华侨》，第 12 页；陈翰笙编：《华工出国史料汇编》第 7 辑《美国与加拿大华工》，第 220 页。

② 郑君烈：《檀山华侨》，第 12、17 页；陈翰笙编：《华工出国史料汇编》第 7 辑《美国与加拿大华工》，第 250、258 页。

③ 参见成露西《美国华人历史与社会》，见《华侨论文集》第 2 辑，广东华侨历史学会 1982 年版。

1854—1858年的洪兵大起义。同时天灾人祸纷至沓来。道光年间（1820—1850）水患频仍，"其间崩决基围无算"。咸丰、同治时期（1851—1874）水患愈演愈烈，祸害益深。① 从嘉庆年间（1796—1820）起，海盗一直扰乱，濒海的香山县受害尤深；海盗后来迫于英国的海军力量而由沿海流窜到三角洲内河骚扰，益增社会之不宁。加上人口对土地的压力日益严重，引起了"广府"人（较早迁来并与土著居民融合者）对较迟迁入的语言习惯独具体系的"客家"人之间的怨恨，终于导致咸丰六年至同治六年（1856—1867）连绵11年的大规模的械斗仇杀，死伤者达20万、亡散者30万以上。人口与土地比例的日益失调已隐藏着向海外移殖的潜流，当时出现的社会经济的凋敝和社会动乱便成为这一时期大量移民海外的诱因。

珠江三角洲的移民遍及海外各地，而中山人较集中地移入夏威夷则是由于乡情吸引的结果。

移入夏威夷的华人中，最早发迹者多是中山人，尤以陈芳为杰出。陈芳于1849年从香港贩运中国商品到夏威夷发售，开始时因货物遇火而一度亏损负债，但凭其勇于进取的精神、精明的头脑和经营有方，很快便转亏为盈。他看准正在兴起的蔗糖业是一具有广阔前景的行业后，便勇于投资此业，终于大获成功，成为华人在檀香山的首富。他的成功和才干使其成为檀香山社会的杰出人物。基于个人的财力和声望，他广交在檀香山的有势力的各国人士，乃至檀香山王室贵族，并成为华侨社团的领导人。最能表明他在檀香山社会影响力的，是1856年华侨社团在他的领导下为檀香山的国王加美哈美哈四世及其新娘开一盛大舞会。这一盛事博得王国的好感。1857年，他与后来登基的卡拉鸠王之义姊结婚，并于同年加入土籍。他为其妻所建的富丽堂皇的大厦成为当时达官显贵集会，乃至讨论重要社会、政治问题之场所。由于他的妻子与1874年登基的卡拉鸠王有义姊弟之关系，他在政治界亦成为知名人物。1879年，他成为历史上第一位被任命为夏威夷王国贵族的华侨。② 他先后创办的国芬蔗园、庇庇娇糖榨（Pepeekco Sugar），以及与程植合开的"芳植记"都是檀香山的著名企业。受清政府于1878年11月8月向旧金山委任总领事的鼓舞，檀香山华商在陈芳倡议下提议驻美、日、秘

---

① 参见〔清〕冯栻宗《桑园围志》。
② 郑君烈：《檀山华侨》，第23页。

三国公使陈兰彬向清廷上书，请求派遣一位领事驻檀香山。① 基于陈芳的声望和号召力，光绪五年（1879），陈兰彬公使奏派准任他为商董，1880年兼首任领事，② 负责管理夏威夷的侨务，他的官邸首次升起了中国的国旗。他的成功对其故乡香山县人产生了巨大的吸引力。陈芳在开办蔗糖业过程中曾与其他华侨商人回国招收华工。他主张对这些华工平等待之，反对奴役虐待。③ 除吸收到自己的蔗园工作外，又出面为这些华工与其他种植蔗园主签订契约，他对香山人移民夏威夷在心理上的影响和实际作用都是不能低估的。

继陈芳之后任商董和领事的程汝楫（即程利）也是香山人。他是一位经营商业兼种植业的巨商。1870年，他回香山携带儿子和乡亲前往檀香山。尔后每隔数年回乡一次，每次都带亲朋戚友同往。他任领事期间，为维护华侨利益不辞劳苦。檀香山政府颁布对华人苛例，多赖他据理力争而驳除之。19世纪80年代，轮船每年经檀香山四五次，每次载来华工数百人之多，他皆下船照料，妥当安排上岸。④ 此外，香山县人在檀香山发迹而足以充当华工靠山者，还有程直、陈宽、孙眉等。他们本人也同陈芳、程汝楫一样，回乡携带亲属故旧前往檀香山。⑤ 如孙眉，1871年随程名桂、郑强等赴檀香山投奔母舅杨文纳。后辟地千数百亩，牧畜垦殖，兼营商业，因而渐至富厚。1876年，夏威夷政府以他经营有方，成效卓著，特许他多招华工来檀香山。于是他趁1878年回家娶妾之便，在翠亨村招徕乡人，一时应者甚众。他便

---

① 《使美日秘陈兰彬等奏应派驻美中国领事以资保护侨民片》[光绪四年（1878）十一月十五日]，见王彦威、王亮辑编《清季外交史料》第2册，湖南师范大学出版社2015年版，第280页。

② [澳]颜清湟著，贺跃夫等译：《出国华工与清朝官员》，新加坡大学出版社1985年版，第149页。

③ 郑东梦：《檀山华侨》，檀香山檀山华侨编印社1929年版，第38页，"商董兼领事衔时期之情形"条载："陈国芬（即陈芳）在檀倡设客商会馆及国芬蔗园，有人招工150名，工人抵檀香山，闻国芬糖榨总管苛待工人，不肯承工，遂致闹事，彼此争执。陈公使兰彬闻之，遂撤销陈国芬差使，陈国芬因而撤销客商会馆。"关于他的总管苛待工人一事，同陈国芬主张不符，似非属他之旨意。至于总管苛待工人一事导致撤销陈国芬领事之职的说法，在同 Robert Paul Dye 先生商讨时，得益于他甚多，如此看来，这仅是表面的导因，更深层的原因有待日后专文探讨。

④ 郑东梦：《檀山华侨》，第400页。

⑤ 据郑东梦《檀山华侨》"闻人录"统计，全书198名"闻人"中，中山县人占140名。从此也可见中山县在檀的华侨，无论社会、经济实力，均占绝对优势。

租一大帆船载招来的乡人数百人同来。总之，由于陈芳等人之成功，其事迹口碑相传，故乡人多以檀香山为谋生圣地，自动前往投靠。

在种植园工作的华工大都聚居在一起，形成一个个华人村。契约合同工在期满后可离开农场改营别业，乡情犹如黏合剂把他们聚集在一起，年深日久，终于形成唐人街。19世纪80年代初，华人成立中华会馆，负责处理华人社区内部争执和纠纷，充当华人社团和当地政府的居间人。虽然也曾发生过一些令人遗憾的事情，但总的说来，华人在夏威夷的处境还是比较好的。因有陈芳、程汝楫等人对乡人的极力提携、关照，本已有意往海外谋生的香山人以檀香山为移入地蜂拥而去就不足为奇了。陈滚在《八一自述》中写道："十八岁（按：时1884年）时，有叔品连，自美国归，具道从兄金满旅旧金山、培发旅檀香山近况，更详道美、檀事业之盛，心向往之，亟欲前往谋生为快。老父嘉余志而笑许之。"次年，他取道旧金山抵檀，终成华人在檀香山富商之一。从他的自述中可见当时香山县人民对檀香山之羡慕，并以到该地谋生为快之心态。一旦一人在檀香山立足，后来人便相互吸引而去，有如雪团一般愈滚愈大，这是香山人在檀香山华侨中占绝大多数的原因。

（3）自1898年檀香山并入美国之后，因受美国移民法的限制，华工便不能再大量迁往夏威夷了。美国早在1880年便已要求与清政府签订了一项移民条约，规定华工被限制或暂时停止入境。1882年美国国会又通过禁止华工入境的法律，规定10年以内，中国人除学生、教员、官吏、商人及旅行家外，一概不得入美国之境。1892年美国国会又通过议案，继续禁止华工渡美。1894年中美签订《限禁来美华工保护寓美华人条约》，规定10年之内禁止华工入美境。至1904年条约期满，中国政府虽宣告该条约失效，但美国禁止华工入境反而较往日为甚。基于美国政府一系列的禁止华工入境的法令、条约之限制，1898年之后，新去檀香山者不能入境，回国省亲者虽持有"回头纸"，但再来之时，亦受移民局之种种刁难、苛待、盘查诘问有如囚犯，一语不合即被拒绝登陆，或判拨离境。故自1898年至1900年两年内檀香山华工人数已由27817人降至23500人，20世纪初仍有日渐消减之趋势（详见附表3）。20世纪20年代之后，华侨人数之所以有回升之势，是华人自身繁衍之故。

三

　　移民檀香山的中山县人，一直同其"根"保持着十分密切的联系。这种联系不仅表现为在侨居地主体上坚持故乡的伦理道德和民风习俗，尤其表现在与故乡、祖国休戚相关、患难与共上。这种浓郁的乡情观念是有其深远的历史渊源的。

　　"祖也者，吾身之所出，犹木之根也"。① 不忘其"根"，是华人传统的共同心态。香山县的居民是以南迁的中原民族与土著少数民族融合而成的。北方的民族自中原而迁江苏、浙江、江西、福建，继而多经南雄而移居香山。虽已经历七八百年，但对其"根"未曾忘怀。不忘其根的观念并不因迁徙海外而泯灭。在中国境内，无论移徙何处，"皆我疆域"；所遇之居民，都是炎黄子孙，"皆我族类"。所以在移入地容易确立安家立业的思想。他们到檀香山则有所不同，浮寄孤悬于异域，四顾茫茫，举目无亲，生死存亡，悉由天命。他们本是抱着碰运气、谋生的想法前往的。19世纪一位华工（香山人）在美国旧金山附近天使岛上被审讯、囚禁之地留下诗句云："日用所需宜省俭，无为奢侈误青年；幸我同胞牢紧念，得些微利早回旋。"② 这种出洋谋生的思想是共同的。因此，除营商者外，华侨稍有积蓄便思归故里，省亲娶妻，一叙天伦之乐。每年归乡，肩背相望，踵趾相接。1852—1882年间，从檀香山回乡者达4000多人。寄钱养家和回乡省亲被视为情之必至，理所当然。据《檀香山采风记》作者于1900年估计，每年从薪金中汇款回家者约有银洋240余万元，按当时在檀香山的华人计，人均汇回银洋已约有百元。许多人既不娶土妇，又不携妻同往。唐人街多单身汉的家庭结构本身也促使他们与故乡保持密切的联系。华工寄回的侨汇，除少部分用来改善家庭的耕作条件外，大都投入生活消费。这些货币投放市场，对促进侨乡商品经济的繁荣是起了一定的作用的。但每笔侨汇金额甚微，而且，在鸦片战争后西方列强与中国签订不平等条约的背景下，民族资本主义实业难以抬头，所以不能用"积米成山"的办法集资开办实业，以使之转为产业资本。因而，它也就不能在发展生产上发挥很大的作用。

---

　　① 〔明〕程一枝：《程典》卷十九。
　　② 成露西：《美国华人历史与社会》，见《华侨论文集》第2辑，广东华侨历史学会1982年版。

"不忘其根"还表现在主体上保持家乡传统的伦理道德和社会风习。唐人街可谓是移植中国乡族制度的社区。早在1882年,程汝楫就已创立中华会馆作为华人的乡族组织。尔后,又按地缘或血缘成立各种联谊组织。1891年,隆都人已组织"从善堂",其他各都(除榄都和黄旗都外)也相继成立各自的乡谊会,① 按姓氏组织者如彭氏宗亲会、李氏敦宗公所等也继之而起。这些组织既可联络乡情,又可为内部排难解纷。故乡的伦理道德和社会风习是判断是非曲直的标准,执行者是大大小小的乡族组织的长者。19世纪六七十年代,陈芳在华人社区担当犹如家乡长老的角色,遇事多以他一言为定。80年代程汝楫继他之后为唐人街的首领,凡事也是唯他旨意是遵。大大小小的组织,只要其领袖出来一呼,众人虽不明事情的真相,也赴汤蹈火,在所不辞。② 这种团结赴难的精神和举动同华人社区内会党组织的作用亦有关系。中国的文化传统从伦理道德、生活方式到语言口音都在唐人街被保持下来了。1950年有人撰写观感道:"那里华侨的乡音,社会风俗和特性包风采,差不多个个是中山县人。"③ 乡族观念使华工团结起来保卫自己的利益,但都往往流于宗派,而不利于群体间的交际和团结,从而易招猜疑与嫉妒,加深彼此间的矛盾。

如果说宗族思想驱动华人对故土亲属承担抚养责任,并移植乡族制度于唐人街的话,那么,乡情观念则使其对家乡、对祖国怀抱执着的爱恋之情。

檀香山的华侨身在海外,心怀桑梓。每当祖国有难,便解囊捐输,毫无吝惜,对家乡的善举,诸如修桥铺路、兴学赠医、救灾赈饥等,也无不踊跃输将。据刘振光《檀山华侨》一书记载,当地华侨为祖国、家乡捐赠的款额:1930年美金51546.48元;1931年美金22628.45元,洋银12310元;1932年美金76975.95元,洋银261392.5元,港币1000元;1933年美金7988.045元,洋银50922.72元。

尤其可贵的是,华侨以祖国的兴盛安危同自己的命运联系一起,他们飘零异域,愈受无强大祖国为后盾做保护之苦,奋起复兴祖国之情愈烈。返回祖国的华工,带回他们在海外所接受的近代化思想和技术,造福桑梓。自幼往檀香山的孙中山,则兹"慕西学之心,穷天地之想",领导数十名华侨在那里建立兴中会,发出"振兴中华,挽救防局"的呼号。檀香山成为中国

---

① 高民川:《中山华侨与檀香山的开拓发展》(未刊稿)。
② [美]谢廷玉:《檀香山先辈华人史》,夏威夷大学出版社1975年版,第220页。
③ 参见《广东中山华侨》1950年第2卷第3期。

资产阶级民主革命的策源地。为了中国革命，檀香山华侨输财出力，乃至捐躯就义，皆在所不惜。据不完全统计，1895—1912 年间，华侨为支持孙中山领导的革命活动，先后捐助美元 8000 元，银洋 63255 元。① 尤堪称道的是孙中山之胞兄孙眉。他乃"茂宜岛大畜牧家，牧场广千数百亩，有茂宜王之称"，为了筹备革命经费，"便以每头六七元之价贱售其牛牲一部，以充义饷"。② 邓松威（又名荫南、三伯）参加兴中会后，为跟随孙中山起义，"尽卖其商店及农场，表示一去不返决心"。③ 檀香山巨商杨昆之子杨仙逸，在美国学会航空技术后，回国追随孙中山革命，并为革命事业献出了生命。孙中山以檀香山为出发点，将革命的火种扩播于美洲、南洋、日本各地，故土神州大陆之能够推翻帝制，创建民国，檀香山侨胞之功不可磨灭也。

民国建立之后，檀香山华侨纷纷持一技之长，返回祖国服务。据郑东梦《檀山华侨》记载统计，从 1912 年民国建立至 1929 年间，回国从政者 55 人，从商者 38 人，从医者 6 人，从事文化教育工作者 28 人，从事工业、交通业者 7 人，共 145 人。侨商在国内开办商业者有上海大同有限公司，投资达 300 万大洋。他们在不同的岗位上为振兴中华贡献了力量。

1978 年中国实行改革开放以来，在檀香山的中山籍华侨爱国、爱乡之情益加浓烈。笔者于 1988 年春曾到檀香山华侨较多的中山隆都做实地考察。改革开放后几年来，祖籍隆都的华侨（包括檀香山以外的华侨）和港澳同胞捐款折值人民币 800 万元，创建学校 12 所，医院 1 座，宾馆 1 座，铺筑纵横贯穿隆都的水泥路 1 条；投资折值人民币 1300 多万元，创办来料加工厂 76 间；又投资 2000 万港币，创建宝珠工业新村。该地到处厂房林立，田园碧绿；妯娌从工，昆仲种养，各展其能，勤劳致富。工、农业之成就日新月异，呈现出一派蒸蒸日上的繁荣景象。现在，中山能作为珠江三角洲的"四小虎"（即中山、东莞、南海和顺德）之一崛起于南粤，华侨所起的作用是不可低估的。

本文参考著作目录
广东华侨历史学会编：《华侨论文集》第 1 辑、第 2 辑（1982）

---

① 参见郭景荣《爱国华侨在经济上对辛亥革命的支持与贡献》，见《华侨论文集》第 2 辑。
② 冯自由：《华侨革命开国史》，商务印书馆 1947 年版，第 26－27 页。
③ 冯自由：《华侨革命开国史》，第 27 页。

广东华侨历史学会编：《华侨论文集》第 3 辑（1986）
《广东中山华侨》第 2 卷第 3 期（香港：1950）
广州香山公会：《东海十六沙纪实》（1912）
龙廷槐：《敬学轩文集》（1822）
王亮：《清季外交史料》（1934）
王临亨：《粤剑编》（崇祯年间）
厉式金：《香山县志续编》（广东墨宝堂，1911）
邓开颂：《澳门的苦力贸易及其对世界经济的影响》（《广东社会科学》1988 年第 1 期）
叶显恩：《明清珠江三角洲人口问题》（《清史研究集》第 6 辑，光明日报出版社，1986）
叶显恩：《略论珠江三角洲的农业商业化》（《中国社会经济史研究》1986 年第 2 期）
叶显恩：《明清珠江三角洲商人与商业活动》（《中国史研究》1987 年第 2 期）
冯栻宗：《桑园围志》（1889）
刘振光：《檀山华侨》（檀香山华侨编印社，1936）
刘锦藻：《清朝续文献通考》，卷三三七"外交一"（商务印书馆，1937）
吴泽：《华侨史研究论集》（一）（华东师范大学出版社，1984）
佛山地区革命委员会：《珠江三角洲农业志》（1976）
汪敬虞：《十九世纪西方资本主义对中国的经济侵略》（人民出版社，1983）
何大章等：《中山县志初稿》（台湾学生书局，1947）
何大章、黄同慰：《广东灾害性天气气候变迁》［《华南师院学报》（自然科学版）1977 年第 1 期］
郑东梦：《檀山华侨》（檀香山华侨编印社，1929）
郑君烈：《檀山华侨》（檀香山华侨编印社，1957）
冼宝干：《佛山忠义乡志》（1926）
高民川：《中山华侨与檀香山的开拓发展》（未刊稿）
高民川：《谁是檀香山的华侨始祖》（未刊稿）
高民川：《隆都、隆都人、隆都话》（《佛山侨讯》1987 年 2 月 28 日、4 月 30 日、6 月 30 日、10 月 31 日）
祝淮：《香山县志》（1928）
陈滚：《八一自述》（1947）
陈澧：《香山县志》（1879）
陈翰笙：《华工出国史料汇编》（中华书局，1984）
《隆都沙溪侨刊》1—7 期（1984 年 6 月创刊）
梁联芳：《檀香山采风记》（1903）
程一枝：《程典》（万历年间）
费正清：《剑桥中国晚清史》（上册）中译本（中国社会科学出版社，1978）

吴相湘编:《中山文献》1—8册(台湾学生书局,1965)

曾昭璇:《中山县沙田形成考》(《中国农史》第6辑,1990)

暨南大学华侨研究所:《华侨史论文集》(1981)

潘光旦:《夏威夷之华侨》(《中国太平洋国际学会丛书》,1932)

暴煜:乾隆《香山县志》(1750)

聂宝璋:《中国近代航运史资料》第1辑(1840—1895)(上海人民出版社,1983)

颜清湟:《出国华工与清朝官员》(贺跃夫等译)(新加坡大学出版社,1985)

19 世纪下半叶夏威夷华人首富陈芳[①]

19 世纪下半叶，陈芳在夏威夷所走过的传奇式的道路给当地的历史留下了不可磨灭的一页。正如卢永昌所指出，"关于夏威夷华侨政治生活之讨论，若不提到陈阿芳 Chun Afong 则不完全。"[②] 关于他的业绩，西方的学者已有连篇累牍的论述，甚至成为小说家和剧作家的创作题材,[③] 纽约的百老汇还演出以他为题材的音乐剧。然而，在他的祖国——中国，迄今为止还没有人对他做过研究。有鉴于此，笔者根据夏威夷华人学者和西方学者的记载，拟对他走过的道路做一论述。限于条件，夏威夷档案馆所收藏的有关他的丰富的档案资料除间接引用外，还来不及利用。疏失之处，在所难免，敬请中外学者批评指正。

一、家庭、社会、时代背景

1825 年，陈芳（又名国芬）降生于珠江三角洲南端香山县黄茅斜（一名杨梅斜，今名梅溪，属珠海市）的一个富有的家族，黄茅斜是位于澳门以北约 9 英里（14.48 公里）的一个村落，背倚群山，前有五溪（梅溪、南溪、沥溪、东溪和福溪）围绕，被堪舆学家视为孕育精英的胜地。陈芳自幼聪颖，他有一次被带到神庙求签算命，签文说此童将成为一旅行家，秘密的际遇将使其富贵。风水之说和神明的预言往往成为一个人发奋进取的动力，陈芳的一生似乎是为应验神灵预言而做不懈的追求。

陈芳之父是从事农业的，但家族中不乏从商的叔伯。他有一叔父于 19 世纪 40 年代就是来往于香港与澳门间的买办。近在咫尺的澳门本属香山县，自明嘉靖三十二年（1553）被葡萄牙殖民主义者窃踞之后，它便成为中西

---

① 原刊于林天蔚主编《亚太地方文献研究论文集》，香港大学 1991 年版。

② 卢永昌：《夏威夷华侨政治生活》，见郑君烈《檀香华侨》，檀香山华侨编印社 1957 年版，第 23 页。

③ 以他的事迹为题材创作的文艺作品有：Jack London 的小说《陈阿陈》，Eaton Magoon Jr. 的剧本《十三个女儿》。

贸易、文化往来的桥头堡。入清之后，澳门虽经历坎坷，鸦片战争后尤显衰落之迹象，但它始终不失为接触、联系资本主义世界的据点。由于澳门的缘故，香山人受西方文明之浸渍、影响比内地早且深，所以思想开阔，眼界高远，富有开放、新潮的风貌。随着西方资本主义对中国经济侵略的加剧，嘉庆、道光以后，香山人充买办者蜂起。道光十五年（1835）澳门城的中国人约有30000人，其中多系香山人，他们许多人是靠充当买办为生的。对外信息的灵通，较早受近代化思想的浸染，加之香山县面临南海，有通往海外各地之便，导致香山人富有外向谋生的心态。

陈芳的青少年时代，亦即19世纪三四十年代，是英、美等西方资本主义国家正恃其船坚炮利在各地开拓殖民地，并打开闭关自守的中国大门，变中国为半殖民地的时代，也是西学东渐，中国传统的文化受到严重挑战的时代。在西方资本主义对中国的政治经济侵略中，首当其冲的是珠江三角洲，因而，这里的社会矛盾趋向尖锐。当地人受白莲教影响，流行秘密结社。嘉庆九年至十四年（1804—1809），沿海地区海寇肆虐，后慑于英国海军力量的加强，海寇由沿海窜入三角洲内河骚乱，益增社会之不宁。鸦片战争后，广州的对外贸易中心的地位日益为上海所取代。19世纪40年代起，广州经济的萧条使珠江三角洲社会经济失调。为广州经济服务的一大批流动性很大的过剩人口因此而脱离社会的常轨，落草为寇。50年代的洪兵起义其源盖自于此。19世纪三四十年代，珠江三角洲社会动荡，经济凋敝，导致移民海外热潮的出现。迁移海外的移民往往为集聚财富而做冒险的海外投机生意。

陈芳就是在这样的家庭、社会和时代背景下，走上充满传奇色彩的道路的。

二、从适应到进取

1848年春天，美国"金山"的故事传到了香港，于是，富有外向谋生心态的香山等珠江三角洲地区的人民乘着帆船，克服缺乏有利季候风的困难，一批批地涌向加利福尼亚谋生。次年，身高五尺半，装束朴素的25岁青年陈芳，没有随着新出现的移民热潮前往"金山"，而是购置中国货物从香港运到了耸峙于太平洋中央的夏威夷群岛。

陈芳的这一行动，显然是听到关于檀香山（夏威夷的俗称，源于当地盛产檀香木）的诸多故事、传说之后，经过审慎的判断才做出的。夏威夷早在1789年已有华人移居于此。①但直到1851年前，夏威夷尚处于华人零星的少量迁移期。当时的夏威夷生活条件恶劣，处于开发的准备阶段，那里丛林茂密，盛产檀香木及各种珍贵的野生动物，一派沉睡的荒陬僻壤，受经济机会和交通的限制，不可能吸引大量的移民。但是，它位于太平洋中央，是东、西航线的必经之地。土地肥美，气候温和，尤其是海光山色的秀丽风光，令人着迷。从夏威夷的地理位置、土壤、气象等方面考察，它具有潜在的优越的经济价值。以后事实说明，陈芳的这一抉择是有远见的。

当陈芳乘船抵达火奴鲁鲁港上岸入境登记时，他的名字用西文被写成"Chun Afong"，即"陈亚芳"的译音。②办理入境手续的官员不了解中国的习惯是姓前名后，也不了解广东人称呼自己的后辈或熟人往往会在名前加"阿"字表示亲切。但陈芳入乡随俗，接受这一倒名为姓的名字（按：即"陈·亚芳"）作为自己正式的西文名。从这一事件已经看出陈芳决心适应新的环境，力求不断地进取。

由于家庭和澳门社会的影响，陈芳懂得要在夏威夷舒展鸿图，首先必须适应环境，取得当地人的信赖。当踯躅于华埠到Waikiki的海滩一带，在迤逦的檀香山背后的热带树林下漫步时，他就深深地爱上了这块土地。他细心观察那里的风俗人情、高官显贵，乃至草木土壤。他在很短的时间内便学会了英语，并记住了当地各方面的重要人物，希望有一天同他们结识。他一开始便在贝特尔街开了间店铺，以出售其运去的商货。与他邻近的华人商店有一家酒馆，一间面包店和专为捕鲸船船员服务的洗衣店。③当时整个夏威夷王国大约有100名华人。④由于加利福尼亚黄金热的影响，一个商品和服务行业的新消费市场被建立了起来，以满足从加州金矿来此度假消遣的游客的需求。陈芳的店铺一开张，货物便被抢购一空，连他穿旧的衣服也被买走了。⑤生意兴隆的态势一直维持了好几年。1854年6月，他和陈冬（译音）合伙，在King街和Maunkea街的东北角落用1600美元从一华商手里租了一

---

① 关于华人移居夏威夷的最早年代，众说纷纭。有的说在1778年英人库克船长发现夏威夷群岛后，夏威夷与广州间发生了往来，零星华人已有可能移入该岛。有的则说，至1788年英国帆船路经夏威夷时船上的华工里已有人登岸定居。这里是取一般历史学家的说法。
② ［美］克拉伦斯·B. 泰勒：《夏威夷的故事——阿芳家史》。
③ ［美］克拉伦斯·B. 泰勒：《夏威夷的故事——阿芳家史》。
④ ［美］罗伯特·庇尔·戴：《豪商——陈阿芳在夏威夷1849—1890》。
⑤ ［美］罗伯特·庇尔·戴：《豪商——陈阿芳在夏威夷1849—1890》。

家铺面,以扩大经营。天有不测之风云。1855年7月7日晚,Varieties 剧院后面所堆的画和衣服起了火,恰逢信风猛吹,火很快蔓到陈芳和陈冬的商店,开张刚满一年的商店毁于一炬。陈芳因此受亏损而负债。但他没有气馁,而很快便回国购置商货,在火灾之后的几个月内又在夏威夷的一个公共大厅里重新开业。他没多久便转亏为盈,扩大了营业。1856年,当地处水滨的斯蒂芬·雷诺特旧店拍卖时,陈芳用1368.75美元买下,并把他的商店移往此地。大约同时,他买了位于莫加·奴亚奴邻近富裕白人区的一间房子和一块土地。陈芳凭其勇于进取的精神,精明的经营,使他的商业蒸蒸日上。

他尊重当地的风俗。为了商业上的需要,他对西方文化做出某些让步。例如他学英语,到舞蹈学院学习四对舞。他通过社交活动不断扩大社交层面。他于1857年加入了土籍,并与王国贵族之女结婚,为其妻筑了一座中西合璧、名噪一时的位于莫加·奴亚奴的私邸。他所做的这一切都力图表明自己没有"过客"的思想,已经立志在此地营生,以博取当地人士的信赖。他出外乘坐的是一辆两匹白马拉的精致马车,马车夫是白人。他神态飘逸而庄重、大度。他与阿里们(贵族)及老传教士的家庭都有来往。他从广泛的社交中获得的信息对他决策事业无疑起了极其重要的作用。

他意识到夏威夷具有开发农作物种植业的潜力,尤其是蔗糖业。蔗糖本是珠江三角洲的特产,从甘蔗的种植到制糖,珠江三角洲有着悠久的历史和丰富的经验,正是来自珠江三角洲的移民奠基了夏威夷的蔗糖业。① 然而19世纪50年代夏威夷蔗糖业的鳌头却为白人所独占。有鉴于此,陈芳终于决定投资蔗糖业。他同贵族之女茱莉娅结婚,后者虽然没有巨额的钱财当嫁妆,却带来了上层社交圈子和在希罗镇的土地。而且,茱莉娅的父亲、美国人费叶韦撒是第一位从南太平洋把波利尼西亚诸岛的居民带来进行糖蔗生产的。他于1835年(也许是他到夏威夷的第二年)便在蔗糖场工作,不久他便成为蔗糖业的投资者,并且做了卓有成效的经营。② 这些对陈芳决定投资蔗糖业都起了作用。陈芳在希罗的Kaupakuea蔗糖种植园就是由其妻茱莉娅的亲戚帮助开办的。③ 与此大约同时,他和程植合办了一间著名的企业,称为"芳植记"。在1870年火奴鲁鲁出版的R. T. 贝格的书中,它被列为夏

---

① 参见本书附录《中山县移民夏威夷的历史考察》一文。
② [美]克拉伦斯·B. 泰勒:《夏威夷的故事——阿芳家史》。
③ [美]罗伯特·庇尔·戴:《豪商——陈阿芳在夏威夷1849—1890》。

威夷八大企业之一。操蔗糖业之华人虽众,但他们泥守旧法,依然用人力或畜力来转动石制的磨盘,而未用西人机器制糖,故事业无多大成就。唯有陈芳能适应环境,善于经营,尤其是1861—1864年美国内战期间,南方的路易斯安那等地出产的糖出口被切断,糖价大涨,这就是为夏威夷糖倾销美洲大陆提供机会,单1861年输美糖额即骤增三倍。陈芳大赚其钱,取得了成功。因糖业获利甚巨,英、德等国商人也相继挟资投入此业,使竞争日益激烈。到了19世纪70年代,他又在希罗镇附近的一片土地上投资,进行蔗糖业的生产,这就是著名的波比可蔗糖农场。他在这一农场占有一半的股权。尽管1881年2月农场因放爆竹而被火烧掉了20间房子,但它很快便得以恢复,并继续发展。据1879年5月25日的《夏威夷日报》报道:"陈阿芳先生出资500美元到德国购买全套乐器,在他的农场上建立一支乐队。"可见其资金之雄厚。这一农场被视为夏威夷最好的农场,设置有最好的碾磨厂。《种植月刊》的编辑E. B. 惠特内曾做过这样的评论:

> 它有一座很大的煎熬房(用作烧糖浆),外表很堂皇。80×120呎的面积。蒸汽锅炉上装有加伐斯牌的警报器,那部庞大的布特南牌机器带动一双两滚筒与一只三滚筒的碾磨机,工厂是由夏威夷铁工厂承制的。
>
> 三滚筒的12吨碾磨机日产20至25吨,二滚筒碾磨机也具有同样的生产能力。①

1888年,该农场雇有326名劳工,种植1200亩的甘蔗田,以雇工人数来算,此农场规模居全境79间农场和碾糖厂中的第12位。②

陈芳的长子陈龙从耶鲁大学毕业后,也应父命来到这一农场,代表其父负责管理工人。他来往于夏威夷岛与火奴鲁鲁(位于瓦胡岛)之间照顾业务,他的工作是无懈可击的。但据斯鲁姆编的1889年《夏威夷年鉴》上记载,波比可农场的经理不是陈龙,而是王透。可见,陈芳在其儿子的管理能力没有真正培养起来之前,是不会轻易把农场交其主管的。在这本年鉴上还

---

① [美]克拉伦斯·B. 泰勒:《夏威夷的故事——阿芳家史》。
② Clarence E. Glick: *Sojourners and Settlers: Chinese Migrants in Hawaii*. Honolulu: Hawaii Chinese History Clenter and the University Press of Hawaii, 1980, p. 3。此书有吴燕和王维兰的节译本行世(台湾正中书局1985年版)。

记载：该农场每年产糖量为2500吨。华人"以糖致富者，仅有陈芳一人"。① 在蔗糖业上所取得的成功同他利用乡情的关系，源源不断地从家乡招徕劳工，从而保证其蔗糖种植园有足够的劳动人手有关。② 他还通过输入华人劳工和帮助这些劳工与夏威夷白人种植主签约而赚了许多钱。

陈芳在种植业、商业、航运业都有投资，并且一度操持在夏威夷以药用为名销售鸦片的特许权。显然是由于他的资助和牵引，他的两个堂兄弟在旧金山和香港也都开设有商店。他在商业上的成功使得他的社会声望与日俱增。他在夏威夷的商界异军突起，独树一帜，取得了令人瞩目的成就，成为华人首富。

三、"官商互济"

陈芳既有精明的商业经营头脑，又懂得政治上的钻营之术。他知道，要取得商业上的大发展必须有政治权力做后盾。因此，在经营商业的同时，他很留心政治，并致力于上层的社交。在陈芳太太茱莉娅的妹妹之孙女阿休娜·泰勒1935年为《夏威夷星报》撰写的一系列文章中，谈及陈芳与王国的贵族们及老传教士的家庭皆有来往。社会的名流、企业家皆是他的朋友，诸如金融家山姆尔·达蒙，巨商约翰·华特好斯，律师S.B.杜尔、T.W.奥斯汀、罗拔脱·G.戴维斯、约翰·H.柏地、A.F.朱特，传教士埃德温·霍尔，等等。他到夏威夷后的短短五六年间便出类拔萃，深孚众望。从1856年中国商人联合为檀香山国王加美哈美哈四世与爱玛·鲁克新婚所举办的盛大舞会，可看出陈芳的声望及其组织才能。陈芳是这次盛会的主办人之一。盛会是在宫廷新建的一座大楼内举行的，该楼大厅照明用的是中国式的灯笼，墙和天花板镶嵌着精致的中国式的装饰品，显得格外富丽堂皇。晚会用的糕点、盘菜也准备得精细、考究。耗费的3700美元，是由陈芳和其他华商捐献的。舞会参加者十分踊跃，而且皆系当地的达官显贵和社会名流。陈芳穿着华丽的丝缎长袍，长袍上挂满了金饰，头戴丝绣小帽，穿着绸缎便鞋，还拖着一条中国士绅的长辫。当他同一位王室高级官员的妻子翩翩起舞时，显得格外高雅而洒脱。这是一次显示华商的形象和影响的盛会，事实证明，陈芳等人的努力如愿以偿地收到极人的效果。《广告报》的

---

① 李增烨：《檀山华侨史略》，见郑君烈《檀山华侨》，第12页。
② 参见本书附录《中山县移民夏威夷的历史考察》一文。

主编后来对这一舞会评论说，"参加的人太多，被邀者几乎都是夏威夷的各界人士"。这一舞会成为压倒当时所发生的一系列事件的盛事而产生深远的影响，它有助于树立华商的声誉和威信，加强华商在夏威夷社会的竞争力。

在上流社会圈子的社交中，陈芳对一位美丽而且脱俗超凡的少女产生了爱慕之情，她叫茱莉娅·霍普·卡马凯·贝加莫加拉尼·乌·吉拿·贝克莱·费叶韦撤。从这一冗长的名字可以看出她家庭的背景以及她在当地社会中的地位："茱莉娅·霍普"是取自她的美国祖先；"卡马凯·贝加莫加拉尼·乌·吉拿"是她夏威夷的名字，隐含着朝廷命妇吉拿为她命名的故事，土语的含义是"专为吉拿划出的神圣用餐处"；"贝克莱"是取自她英国祖父的姓；"费叶韦撤"则是她美国父亲的姓。① 她的先辈是夏威夷王国的贵族或来自英、美的杰出移民。由于父母早逝，她从小便同后来得到陈芳财政的支持而登上王位的卡拉鸠一起，在吉尼马加家中被抚养长大，与卡拉鸠有义姐义弟之谊。在笔者看来，茱莉娅的美貌和高雅的神韵的确使陈芳倾心；但她的家庭背景对陈芳的择偶却起了重要作用。在陈芳看来，茱莉娅美貌动人，又"奇货可居"。在他的潜意识中，这一婚姻的成功不仅大大有助于他社会地位的提高，而且为他未来拓展商业提供了可靠的后盾。所以，他从1855年起便开始做追求茱莉娅的准备，不惜挪出大量资金投入兴建为结婚用的豪华的府第。过了两年，当陈芳征得茱莉娅的监护人、前王国的部长、传教士朱特博士的同意后，他俩便在1857年6月18日在陈芳专为她兴建的一座位于莫加·奴亚奴的中西合璧的受人瞩目的花园式府第中举行婚礼。1857年6月25日，《朋友报》公布了他俩结婚的消息，于此也可窥见陈芳在当时已享有一定的社会声望。

茱莉娅不仅给陈芳带来了在希罗镇的土地，更重要的还在于带来上层的社会圈子，以及与王室的纽带关系。这为他政治上的高升奠下了基础。基于其经济实力和社会地位，陈芳自然成为华人社团的领导人。这对吸引其老家——香山县人移民夏威夷起了重要的作用。1874年，茱莉娅的义弟卡拉鸠登上夏威夷王位，为他进入政界铺平了道路。

1874年2月3日晚，即前任国王去世次日，卡拉鸠公开了他作为王位候选人的身份，但遭到受英国支持的王后埃玛的反对。卡拉鸠得到美国和种植园主们的支持，尤其是得到陈芳和茱莉娅的妹夫贝诺尼·戴维逊的巨额财政帮助，例如陈芳就曾为卡拉鸠举办有音乐伴奏的夏威夷宴会和竞选活动出

---

① [美]克拉伦斯·B.泰勒：《夏威夷的故事——阿芳家史》。

了一大笔钱。① 卡拉鸠终于以 39 票对 6 票的绝对优势赢得了立法机关的推选。王后埃玛的支持者不甘失败，于是发动叛乱。茱莉娅的另一妹夫乔治·贝尔是这场叛乱的头子之一，结果被捕监禁。当陈芳确信贝尔已放弃自己的主张后，便和戴维逊一起通过他俩的影响，使其襟弟贝尔得到卡拉鸠的赦免。② 由此可见他对国王的影响力。如果说 1878 年以前，陈芳是在幕后对王国的政治产生影响的话，1879 年以后他便走上政治前台，接受公开的任命——枢密院顾问，是第一个成为王国贵族的华人。他在任内曾提出帮助麻风病人、合并中国基督教堂等议案，不久又出任华人商董。

陈芳就任夏威夷华人商董的经过是这样：作为驻美、西、秘三国公使的陈兰彬于 1878 年 6 月 1 日离开上海前往美国，9 月 28 日在华盛顿向美国总统递交国书，建立了他的公使馆，继而在旧金山建立领事馆。清政府在旧金山设立领事馆的成功对夏威夷的华人起了很大的鼓舞作用。在陈芳的倡议下，夏威夷的华商上书陈兰彬请求清政府给夏威夷派遣一位领事，并表示领事馆的一切费用由他们资助。基于夏威夷处于太平洋通道的战略地位，设立领事馆不仅对当地华人起保护作用，而且还可为在美国、古巴和秘鲁谋生的华人留一后路，即必要时可撤至该岛。那里种植经济方兴未艾，可容纳数万华人。但夏威夷当时尚未并入美国，非属陈兰彬履行公使职权的范围。所以，他向清朝总理衙门建议设立一个商董会，由陈芳为商董，可执行领事的职能，但还不是一个正式的领事馆。经陈兰彬的副手容闳与夏威夷、美国大使之间的成功谈判，陈芳被任命为商董。陈龙刚从耶鲁大学毕业便到驻华盛顿中国公使馆工作。1879 年 8 月 13 日，他将关于他父亲的任命通知当时驻华盛顿的夏威夷公使伊利思哈·埃伦。这位公使是支持这一任命的，他表示："我很高兴听到这一任命。陈芳先生是一位富有声望的人。我认为对他的国人将有良好的影响。"③ 但是，夏威夷王国内阁却认为这一任命是不适宜的，因此推迟到 1880 年 2 月中旬才给予承认。1880 年 3 月 13 日，大清帝国的龙旗终于飘扬在坐落于莫加·奴亚奴的陈芳房子的面前。陈芳因就任商

---

① Frank W. C. Loo：Political life in Hawaii. *The Chinese of Hawaii*, Vol. 3. 1956 – 57, pp. 13 – 18。

② ［美］罗伯特·庇尔·戴：《豪商——陈阿芳在夏威夷 1849—1890》。

③ *Allen to Kapena*. August 14, 1879. Fo & Ex, 夏威夷档案馆，转引自［美］罗伯特·庇尔·戴《豪商——陈阿芳在夏威夷 1849—1890》。

董之职而辞去了枢密院顾问职务。正因为如此，他的名字没有被列入贵族名单。① 一年后，商董会升格为领事馆，陈芳被任命为首任领事。②

陈芳在商董和领事任内致力于议订一些规章，以保障中国人受到与大多数优惠国公民同样的尊重——诸如不受限制地进出夏威夷，可以购买土地和田产，寻找合法的职业，将子女送进公立学校，劳工契约的签订出于自愿，等等。③ 其目的是力图使华人在夏威夷定型化。然而，他所议订的这些规章被夏威夷外交部认为是不能接受的。

当陈芳受陈兰彬之命对夏威夷的苦力贸易做调查时又遇到了困扰。1878年1月，香港总督下令停止中国人向夏威夷迁移；在广州，地方官员指控夏威夷华人朱米蓝的公司的三个成员从事苦力贸易而逮捕了其中二人，这些决定显然是根据来自夏威夷和香港东华医院董事会的抱怨而做出的。不期这一决定招来了轩然大波，首先是遭到夏威夷政府的反对，一些新闻报刊也对之加以抨击，或为之辩护。因此，陈兰彬责令陈芳加以调查澄清。1881年7月18日，香港的一家中文报纸发表了陈芳的一封信。陈在信中指出，迁移到夏威夷的一些中国人被强迫签订劳工契约，④ 而夏威夷政府对此表示否认。当这封信翻译成德文，而后又翻译成英文发表时，招来了很多的责难。这封信点了恐吓、强迫劳工签约的劳工输入代理人的名字，还谈到当他去找劳工了解情况时，这些人故意喧闹，使他的谈话没法继续下去。此信触痛了这些苦力贩卖者，所以纷纷起来反对陈芳。有33名夏威夷商人联合写信表示赞同夏威夷政府处理此事的态度，痛骂陈芳为"诡诈的人"，要求夏威夷政府出面消除因陈芳的信而造成的所谓"坏影响"。群情汹汹，陈芳有口难辩。早在担任商董之初，他已意识到存在着反对他的暗涌。夏威夷亲美内阁的反对是出自他与时任国王的卡拉鸠的亲密关系，唯恐他趁此扩大华人的势力；华人中的客家人又唯恐他助长广府人的势力而忧心忡忡。他上任一个月内，唐人街出现了许多反对他的大字报；加之受命调查苦力贸易之事一开始

---

① 参见［美］罗伯特·庇尔·戴《豪商——陈阿芳在夏威夷1849—1890》；又，［澳］颜清湟《出国华工与清朝官员》，新加坡大学出版社1985年版，第146-150页；又，［美］克拉伦斯·B.泰勒《夏威夷的故事——阿芳家史》。挂大清帝国国旗的日子取泰勒之说。

② 《总署奏檀香山设领事片》（光绪七年三月十六日），见王彦威、王亮辑编《清季外交史料》第2册，湖南师范大学出版社2015年版，第488页。

③ ［美］罗伯特·庇尔·戴：《豪商——陈阿芳在夏威夷1849—1890》。

④ ［美］罗伯特·庇尔·戴：《豪商——陈阿芳在夏威夷1849—1890》。

就遭到困扰。所以,当他在董事任职期满时便递上辞呈,旨在摸清陈兰彬对他的看法和态度。陈兰彬断然拒绝了他的辞呈,并于1881年3月17日任命其为夏威夷领事馆的首任领事,这表明陈芳没有错,而且是称职的。

他是因商业的成功跻身于官僚行列的,政治地位的上升,又有助于他商业的发展。他通过财政帮助,把其义内弟卡拉鸠推上王位一事,已足以显示其经济力量之强大。难怪有人担心他有可能用其经济力量把夏威夷从美国的势力范围拉到中国的圈子去。19世纪七八十年代,他的商业有了很大的发展,已负有"商王"之称。国王卡拉鸠统治时期是陈芳社会政治地位登峰造极之时,也是他的商业蒸蒸日上得到大发展的时期。他不仅是种植园主、豪商,而且成为夏威夷的杰出人物。尽管反对他的潜流与日俱增,但只要卡拉鸠在位,陈芳的政治经济地位就不会动摇。

四、在困扰中退居林泉下

陈兰彬对陈芳的支持并不能消除陈芳来自两方面的压力:一是在夏威夷的美国势力(包括亲美的内阁)的猜疑和憎恶,一是华人中客家人的反对。1881年1月,国王卡拉鸠首次展开世界性的旅行,受到各地华人的欢迎。在旧金山,国王受到当地华商的盛宴款待。3月30日,国王来到中国,与直隶总督李鸿章议订了移民协议。在此情况下,美国对陈芳的疑虑更甚了。美国担心由于陈芳的关系,国王卡拉鸠和中国人有把夏威夷变成中国殖民地的阴谋。[①] 卧榻之侧,岂容他人鼾睡?蓄谋吞并夏威夷的美国政府,是绝不允许任何其他势力对夏威夷觊觎的,哪怕是捕风捉影。美国把陈芳的活动视为实现他们吞并夏威夷计划之障碍而处处加以排斥。他们对1878年以后夏威夷华人数量急剧增加,且几乎都是能够服兵役的男性深感惶恐,认为华人有足够的力量可以击败白人。"中国人威胁美国文明,威胁白种人民族的生存"等谣言出现了,"黄祸论"成为西方种族主义者编撰历史和写小说的题材,陈芳则成为"黄祸论"小说的中心人物。陈芳感到独力难挽狂澜,事已无可为。于是,1882年3月,他递上辞呈,且很快被新上任的驻美、西、秘公使郑藻如所批准。

反华的浪潮并不因陈芳的辞职而消退,反而因陈芳的儿子陈龙于1887年获得销售鸦片的特许权而趋向高潮。在美国方面看来,只要国王卡拉鸠在

---

① [美]罗伯特·庇尔·戴:《豪商——陈阿芳在夏威夷1849—1890》。

位执政，陈芳在政治上的影响力就不可能消除。他们的矛头不仅指向陈芳，而且直接指向国王。夏威夷王国的亲美势力终于借鸦片贿赂事件向国王发动了强大的政治攻势。所谓鸦片贿赂事件，是销售鸦片的特许权本已授予陈龙，但宫廷官员 Junius Kaae 却以取得销售鸦片特许权为诱饵，向华人种植园主阿吉（Aki）诈骗了 71000 美元。当阿吉知道特权已为陈龙所得，要取回贿金时，Junius Kaae 却说这笔钱已作为给国王的礼物而用来偿还皇家债务了。这一丑闻授国王的反对派以把柄。攻击国王的谣言出现了，继之而来的是公众的抗议集会，提出"要有一个好的政府"的要求。在美国国务卿乔治·W. 曼里尔的建议下，以吉布逊（Gibson）为首的内阁宣布辞职。由国王的反对派白人改革者强行通过的新宪法剥夺了国王的权力。新宪法（又称"刺刀宪法"）否决了卡拉鸠的政治支持者华人，以及其他亚洲移民的选举权，像陈芳这样已加入土籍的人也包括在内。白人改革者占据政府机关，彻底推翻了卡拉鸠所制定的各项法规和措施，鸦片专利法自然也包括在内，又限令陈龙在三个月内结束其鸦片业务。作为陈芳靠山的卡拉鸠虽保住了国王的地位，但仅是傀儡而已。

陈芳外受美国势力的打击，内又不为客家人所理解和接受，尽管他为华人社团做了大量有益的工作，却陷入内外交困的境地。1889年，陈龙患急病逝世。正当他处于政治上的困扰和痛失爱子的心境时，陈龙的妻子、他的儿媳妇又规劝他说："是到了该回中国的时候了。你的儿子已逝世，你没有理由留在这里！"① 于是，他做出决定：急流勇退，叶落归根，告老还乡。他同朋友山姆·但孙商量后，出售泼比可蔗糖业公司，共卖得 600000 美金。② 他将这些资金转移到香港和澳门：投资了英人在香港开办的道格拉斯（Douglas）火轮公司，在澳门的南湾买了一间酒店，在家乡梅溪又购置房产，以及资助其他慈善事业。他将带回的资金一处置完毕，便将各处的产业交由他的儿子陈席儒、陈赓儒管理。他童年时立下的荣华富贵、衣锦还乡之梦想终于实现。他退居澳门颐养天年。直至 1906 年，这位传奇的人物才溘然与世长辞，享年 81 岁。

---

① ［美］克拉伦斯·B. 泰勒：《夏威夷的故事——阿芳家史》。
② ［美］克拉伦斯·B. 泰勒：《夏威夷的故事——阿芳家史》。

结语

由于时代、社会和家庭的影响，陈芳 25 岁时远渡重洋，懋迁于荒陬僻壤的夏威夷群岛。处于经济开发的前夕，具有潜在优越经济条件的夏威夷为陈芳提供拓展其商业的广阔天地，他一开始便将参与当地社会政治活动与追求商业上的成就结合起来。与小心行事、忌讳卷入华人社团以外社会政治的一般华侨不同，他以积极的方法去适应不利的环境，以勤勉、沉静、干练、诚实的品德取信于人；以他超人的胆略、果断和精明，克服商业伊始所遇到的回禄之灾，扭亏为盈。他千方百计寻找生存进取的好机会，在踏上夏威夷土地后的短短几年内便在商界崭露头角。

如果说，开始时他是以精明、勤勉发迹的话，那么，之后他就是运用中国商人传统的"官商互济"的法宝来不断扩展其事业的。他以普通一商人，与贵族之女结婚，广交社会显贵名流，乃至与国王交厚，跻身于王国贵族行列，又受命出任清政府驻夏威夷的商董、首任领事，可谓飞黄腾达。商业上，他从贩卖商货到投资蔗糖业，推动夏威夷种植经济的发展，终于成为夏威夷华人首富，享有"商王"之誉。他由商人而跻身官僚、贵族之列；而官僚、贵族的身份又作为他商业的后盾，促进其商业的发展。"官"与"商"两者互相依存，相互为用。

"官商互济"，是陈芳取得成功的诀窍，也是造成他最后难以立足于夏威夷，不得不转资于香港、澳门的原因。如前所述，由于卷入政治斗争的漩涡，他内外交困，尤其是 1887 年亲美势力通过新宪法剥夺国王卡拉鸠的权力之后，其子陈龙被勒令停止鸦片业务，他的商业因此受到了限制。此外，造成这一后果还有更深层的原因，这就是种族歧视和东西文化的冲突。诚然，陈芳学英语、土语，跳四对舞，入土籍，似乎已经"归化"西方文化。但这是其为适应新环境而采取的举措，实际上"过客"的思想没有消除，他始终保持中国文化的特质。他倡设华商会馆，① 在他的支持下，华人先后按亲属或地域关系组成社团，把崇奉天后等宗教信仰也移植至此地。"兄弟阋于墙，外御其侮"。对外依然强调华人整体的团结一致。他抱着"中学为体，西学为用"的宗旨，既坚持中国传统文化，又吸收西方文化的精华。

---

① 郑东梦：《檀山华侨》，"商董兼领事时期之情形"条，檀香山华侨编印社 1929 年版，第 38 页。

他把生于夏威夷的儿子陈席儒送回香山老家接受祖国文化的教育，又将老家出生的长子陈龙送往美国读书；他口操英语，跳西洋舞，但曳在脑后的辫子是绝对不能割掉的；家中的生活如摆设、吃用、穿着，也始终没有放弃中国的习惯；从他认知思考，到忠于卡拉鸠国王的道德观念，等等，都浸透着中国文化的特性。白人对文化与体质特征迥异的华人的歧视、猜疑，继而怨恨，终于掀起阵阵反华浪潮，作为华人社团的首领陈芳自然首当其冲。19世纪下半叶陈芳所走的成功的"官商互济"的道路，在海外华商中是罕见的，是充满传奇色彩的。但其最终受到排斥、迫害的结局却有一定的代表性。这是当时环境下多种因素合力起作用的结果。

后　记

　　珠江三角洲位于中国的南隅，由于自然现象和人文景观的大体近似，而且其内部经济联系密切，因而形成了一个有内在联系的区域，自16世纪广州市场转型而引起商业化的兴起以来，日渐成为广州贸易腹地的核心区。近代的商业意识、商业行为，乃至于充满产业革命精神的民族资本近代工业，也滥觞于此。在近代化浪潮的冲击下，因其处于中西矛盾、冲突的交汇地，中国传统社会与资本主义世界体系互相冲突、互相适应的关系在这里有极其典型的表现：新旧矛盾交织，富有超前意识，社会变迁急遽。近代史上诸多伟大的革命事件都在此地发生，是近代革命的策源地。在当代，珠江三角洲又充当了我国改革开放、实行社会主义市场经济的先行者。这是历史的选择。历史的选择应当做出历史的说明，这就是这一研究课题的缘起。

　　近代化激活了珠三角隐藏的社会、经济、文化等各种因素，诸如生态环境、人口增长、民生经济、阶级关系、宗族组织、民间社团、文化风习、价值观念，等等。这些因素间的相互作用引起了社会的急遽变迁。

　　关于社会变迁的研究在国内外日益成为热门的课题。以此为题的论著，在国内的主要有陈春声的《市场机制与社会变迁——18世纪广东米价分析》、郑振满的《明清福建家族组织与社会变迁》、贺跃夫的《晚清士绅与近代社会变迁》等；国外的有黄宗智的《华北的小农经济与社会变迁》等。这些论著从市场机制、家族制度、士绅、小农经济等问题探索社会变迁。

　　关于珠江三角洲的研究，中国和海外的学者做了大量的工作，并写出了一系列论著。在此难以一一胪列。这些著作多以某一专题，或以一个县、一个村、一个家族为研究对象，时间跨度也较短。本课题的研究是在前人研究的基础上，以大珠江三角洲范围作为一个整体，以明代中叶至清末民国年间商业化的演进和社会结构的变迁做交叉研究。

　　把珠江三角洲作为一个具有内在联系的经济区域和人文社区进行"区域体系"（Regional System）的研究，亦即对该地区的城乡社会经济诸方面进行综合的交叉研究，希望在学术功能上对区域社会经济史研究方法有所推进。最终的研究成果同研究课题的原先设计和期望未必是一致的，至于其结果到底如何，在本书即将出版之际，诚惶诚恐，只能有待读者做出评判了。

珠江三角洲研究,是继徽学研究之后,我倾注精力最多的一个课题。如果说,徽州是我的第一个学术家园,那么,珠江三角洲无疑就是我的第二个学术家园。我曾经设想将徽州与珠江三角洲做比较研究。然而,岁月不饶人,比较研究只做了一部分(见《徽州与粤海论稿》),便感力不从心而中断。如今已到耄耋之年,唯有徒叹奈何了。

　　本书从酝酿到脱稿,经历近 40 年的时间。耗费如此漫长的岁月,实出意外。1965 年,我在中山大学研究生毕业后留校任教于历史系。20 世纪七八十年代之交,即国家恢复大学高考后,我就开始关注珠江三角洲社会经济史的研究。我与我的同事谭棣华教授等,就开始到珠江三角洲各地做社会调查,并着手搜集有关的历史文献资料。1983 年,汤明檖老师和我共同担任"七五"国家社会科学重点研究项目"明清广东社会经济研究"主持人,我又于 1988 年承担国家社科研究项目"近代华南农村研究"主持人。之后,我曾鼓励、安排,或带领一些年轻学者如陈春声、刘志伟、戴和、陈忠烈、罗一星等,前往佛山等地做社会调查;还曾与海外学者滨岛敦俊、片山刚、科大卫、萧凤霞、罗思等到珠江三角洲做田野考察。

　　我对"明清珠三角商业化与社会变迁"课题虽有总体构想,但是它经历了一个从模糊到逐渐清晰的过程;先做专题研究,并随着研究的增进而不断使总体构想趋于完善。自 1982 年起,便陆续在学术会议上或学术刊物上发表初步的研究成果。曾经将部分已经发表的论文,请林燊禄教授编辑成《珠三角社会经济史研究》一书,于 2001 年由台北稻香出版社出版。此书的部分成果也曾由我的朋友周兆晴先生改写成科普文章,我二人联名发表在刊物上。

　　《明清珠江三角洲商业化与社会变迁》一书终得脱稿,与中华书局的鼓励是分不开的。早在 1986 年 10 月 10 日,中华书局编辑部给我寄来稿约,希望将此书纳入他们的"清史研究丛书"计划出版。但该计划终因不断变更书稿提纲而无限期地迁延。今日虽已完稿,但是除 1999 年在海口的一次学术会议上与当时负责此事的柳青女士谈及外,从未与中华书局有过联络,30 多年前的稿约当已失效。而学业上培育我成长并执教于此二十余年的中山大学,则是我最深的渊源所在,也是我最终的精神栖息地。所以,我的书最终由中山大学出版社出版。

　　此书稿的写作历经近 40 年,帮助过我,为此书稿做过贡献者不计其数。今难以一一致谢。特别需要提及的是老朋友、台湾中正大学博士生导师林燊禄先生。他做出的贡献,不是一句道谢所能得了的。早期打印的表格,有的

后　记

已经散架，是他帮我复原；当年录下的引文，也是他尽力帮我找原书校对补正。他还纠正了文稿中的一些舛误。若是没有他的倾力帮助，此书还真的不能杀青。

末了，还要特别感谢陈春声教授。他为《叶显恩集》写了序文《"预流"乃"古今学术之通义"》，并允许将此文作为本书的"代序"。其实，他对本书的写作也是贡献良多。早在20世纪80年代后期，此书的最早稿本就已请他提意见，这些手写的草稿尚留有他用铅笔留下的笔迹。本书第三章图3-1"明清时期南海等十县人口和田亩变动情况"也是他设计和绘制的。

此书得以出版，得到中山大学出版社王天琪社长的大力支持和嵇春霞副总编辑的精心策划。而责任编辑叶枫一丝不苟、认真负责的精神，令我感动。在此一并表示感谢！

叶显恩

2019年7月10日

于广州海龙湾水如轩幽篁室

跋

林燊禄

  年前,叶显恩教授掷来大作,命晚辈校对。这是一件既令人欢欣而又深感忧虑的事。欢欣的是,叶教授不以晚辈浅陋而委以重任,实属荣幸;忧虑的是,叶先生学问渊博、思维缜密、议论精深,兼且游历多国,资料出自各地,要查对覆核,绝非晚辈所能胜任。如今,付梓在即,忧虑已成事实,晚辈只能一方面向叶教授负荆请罪,另一方面则请读者谅恕。以此自解,情非得已,愧怍殊深。是为跋。